Kallwass/Abels
Privatrecht

Privatrecht

Bürgerliches Recht, Handelsrecht,
Gesellschaftsrecht, Zivilprozessrecht, Insolvenzrecht

von

Dr. jur. Wolfgang Kallwass

Diplom-Psychologe

Dr. jur. Peter Abels

Diplom-Psychologe

21., überarbeitete Auflage

Verlag Franz Vahlen München

ISBN 978-3-8006-3896-3

© 2011 Franz Vahlen GmbH, Wilhelmstraße 9, 80801 München
Satz: Textservice Zink, Neue Steige 33, 74869 Schwarzach
Druck und Bindung: Bercker Graphischer Betrieb, GmbH
Hooge Weg 100, 47623 Kevelaer

Gedruckt auf säurefreiem, alterungsbeständigem Papier
(hergestellt aus chlorfrei gebleichtem Zellstoff)

Vorwort zur 21. Auflage

Seit der ersten Auflage folgt dieses Buch dem Ideal, das Recht mit den Augen des Lernenden zu sehen und es in einer klaren, leicht verständlichen Sprache darzustellen. Das ist vielleicht der entscheidende Grund, weshalb das „Privatrecht" seit Jahrzehnten bei seinen drei Leserkreisen eine so weite Verbreitung findet.

Den ersten und größten Leserkreis bilden Wirtschaftsstudenten, die eine anspruchsvolle Prüfung im Fach Privatrecht ablegen müssen. Sie haben hier ein Buch, das den gesamten Prüfungsstoff des Bürgerlichen Rechts (auch: des Privatvermögensrechts) enthält, außerdem des Handelsrechts und des Gesellschaftsrechts, das an vielen Hochschulen zum Prüfungsstoff gehört. Nur wenige Hochschulen erwarten Basis-Kenntnisse im Zivilprozess und Insolvenzrecht – dieser Teil ist hier kurz gefasst.

Den zweiten Leserkreis hat das Buch unter Rechtsstudenten gefunden, vor allem in den neuen Studiengängen. Rechtsstudenten machen oft die Erfahrung, dass sie im Laufe ihrer Semester differenzierte Kenntnisse auf einzelnen Gebieten des Privatrechts erworben haben, dass ihnen aber eine solide Basis fehlt, in die sie ihr Wissen integrieren können.

Außerdem dient das Buch als Basis der Vorbereitung auf die Prüfung im Fach Wirtschaftsrecht für angehende Wirtschaftsprüfer; es gehört zum Lehrmaterial der Deutschen Akademie für Steuern, Recht und Wirtschaft in Köln.

Der Wissensstoff ist nicht nach dem äußeren Aufbau der Gesetze, sondern nach Sach- und Problemkreisen geordnet. Bei wissenschaftlichen Streitfragen wird im Text der Standpunkt der Rechtsprechung dargestellt; abweichende Ansichten und Kritik an der Rechtsprechung finden sich lediglich in den Fußnoten. Die Darstellung der einzelnen Rechtsgebiete beginnt jeweils mit einer einführenden Übersicht und endet mit einer Zusammenfassung in Form eines Klausurschemas für die Lösung eines praktischen Falls; Wissensstoff und Klausurtechnik werden also jeweils zusammen in einem integrierten Arbeitsgang vermittelt. Im abschließenden Abschnitt sind die einzelnen Schemata in zwei große Klausurschemata zusammengefasst, die in hoch konzentrierter Form den wesentlichen Inhalt dieses Buches, das Kernwissen für die Prüfung im Fach Privatrecht enthalten.

Seit ein paar Jahren bietet das Buch auch eine (lernpsychologisch fundierte) Gebrauchsanleitung. Wer ihr folgt, lernt nicht nur besser Jura, er lernt auch, lernpsychologisch besser zu studieren.

Seit der 20. Auflage hat das Buch zwei Autoren. Wir beide, Peter Abels und Wolfgang Kallwass sind Juristen und Psychologen; wir arbeiten seit vielen Jahren als Gesellschafter der Akademie zusammen und haben viele Teile des Lehrmaterials gemeinsam erarbeitet.

Die 20. Auflage war nach weniger als zwei Jahren vergriffen. Die hier vorliegende 21. Auflage berücksichtigt Rechtsprechung und Gesetzgebung nach dem Stand vom 1. März 2011.

Köln, im März 2011   *Wolfgang Kallwass*   *Peter Abels*

Bitte
lesen Sie zunächst diese
Gebrauchsanleitung

1. Die Reihenfolge

Wir raten Ihnen, dieses Buch mit einem **Kurzdurchgang** zu beginnen, der Ihnen ein erstes Wissen über die Grundstruktur und die wichtigsten Regeln des BGB vermittelt. Nach unserer langjährigen didaktischen Erfahrung ist diese „erste Bahnung" besonders lernökonomisch.

Am besten gehen Sie in dieser Reihenfolge vor:

§ 1 I   (Vorbemerkung)

§ 4 II   (Aufbau des BGB)

§ 8   (Die wichtigsten Rechtsbegriffe)

§ 10   (Vertragsfreiheit)

§ 28 I   (Stellvertretung)

§ 35   (Grundbegriffe des Schuldrechts)

§ 37   (Vertragsverletzung und unerlaubte Handlung)

§ 60   (Grundsätze über dingliche Rechte)

§ 61   (Besitz)

§ 62   (Übereignung von beweglichen Sachen)

§ 70 I, II   (Gutglaubensschutz bei beweglichen Sachen)

§ 74   (Übergabeprinzip und Eintragungsgrundsatz).

Nach dem Kurzdurchgang fahren Sie im Buch mit dem ersten Abschnitt oder mit einem Abschnitt fort, der Ihrem konkreten Bedürfnis (z.B. dem Thema in einer Nahunterrichtsveranstaltung) entspricht.

2. Lesen im Gesetz

Es ist **unerlässlich**, dass Sie **jeden** von uns zitierten Paragrafen im Gesetz nachlesen. Diese scheinbar lästige Aktion vermittelt Ihnen das notwendige Handwerkszeug. Eine Ausnahme bildet der 8. Abschnitt über das Prozess- und Insolvenzrecht, der für die mündliche Prüfung bestimmt ist.

3. Lernpsychologie

Sie können sich die Arbeit mit dem Buch erheblich erleichtern, indem Sie von den Erkenntnissen der Lernpsychologie Gebrauch machen.

a) Aktives Lesen

Es beginnt damit, dass Sie **aktiv lesen**, indem Sie die wichtigsten Textstellen **unterstreichen** oder mit einem **Marker** kennzeichnen. **Noch** besser arbeiten Sie, wenn Sie sich von dem Inhalt eine **gegliederte Zusammenfassung** anfertigen.

b) Die kleine Tagesportion

Wählen Sie für das Durcharbeiten **kleine Tagesportionen mit kurzen Wiederholungen**. Ein solches **verteiltes Lernen** ist ökonomischer als das sog. **massierte Lernen**, bei dem große Portionen durchgearbeitet und in größeren Abständen (falls überhaupt) wiederholt werden. Viele Studierende arbeiten auf diese unökonomische Weise: Sie schieben zunächst auf bis kurz vor der Prüfung und arbeiten dann bis in die Nacht, weil sie meinen, dass sie sonst zuviel Zeit verlieren. Das Gegenteil ist der Fall, da zuviel des Gelesenen schon vor der Prüfung wieder verloren geht.

c) Pausen

Machen Sie spätestens nach jeweils 45 Minuten eine Lernpause von 5–10 Minuten, in der Sie **nichts lesen**. Ihr Hirn braucht diese kleine Pause, um das Gelesene zu verarbeiten.

d) Die erste Wiederholung

Damit der Lernstoff in Ihr **Langzeitgedächtnis** eingeht, müssen Sie ihn **wiederholen**. Die erste Wiederholung machen Sie am besten **innerhalb von 24 Stunden nach dem Lesen**, also praktisch am gleichen oder am darauf folgenden Tag. Innerhalb dieser Zeit tritt nämlich der größte Informationsverlust durch Vergessen auf (**ca. 70%!**).

Für die erste Wiederholung reicht es aus, Ihre gegliederte Zusammenfassung und die relevanten Vorschriften im Gesetz durchzugehen. Nur wenn Ihre Zusammenfassung **sehr dürftig** ist, müssen Sie den Text im Buch nochmals kurz lesen.

e) Verbindung mit Nahunterricht

Besonders günstig ist es für Sie, wenn Sie das Durcharbeiten des Buches mit dem Besuch einer **Vorlesung**, einer **Übung** oder einer sonstigen Art von **Nahunterricht** verbinden. Im Idealfall – den Sie natürlich nicht immer erreichten – können Sie in drei Etappen vorgehen:

(1) Kurz **vor** dem Nahunterricht (z.B. am Vortag) lesen Sie die einschlägigen Stellen im Buch aktiv durch.

(2) **Während** des Nahunterrichts machen Sie sich Notizen, die Sie schon beim Niederschreiben etwas **gliedern** (aktives Hören). Außerdem lesen Sie **alle** von dem Dozenten zitierten Vorschriften im Gesetz nach (notfalls Mut aufbringen und den Dozenten bitten, dass er Ihnen dazu die nötige Zeit lässt).

(3) Kurz **nach** dem Nahunterricht arbeiten Sie die gegliederten Notizen aus dem Nahunterricht durch und lesen **nochmals** die zitierten Vorschriften im Gesetz nach.

f) Die zweite Wiederholung

Zur Absicherung des Lernerfolgs brauchen Sie eine **zweite Wiederholung**. Dafür bieten sich die vielen Zusammenfassungen in diesem Buch und die beiden großen Aufbauschemata am Ende an (§§ 125, 126). Für diese Wiederholung können Sie sich Zeit lassen.

Auch hier gibt es eine **ideale Kombination**, nämlich die Verbindung des Durcharbeitens mit dem Schreiben von **Übungsklausuren** aus dem behandelten Gebiet.

4. Motivation

Noch zwei Bemerkungen zur Motivation:

(1) Jedes Lernen wird durch **Spaß** an der Materie **erleichtert**. Sie sind deshalb im **Vorteil**, wenn Sie (ohne Selbstbetrug) feststellen, dass das Fach Privatrecht eine **interessante Materie** ist.

(2) Jedes Lernen wird durch zu viel **Angst** und **Stress** gebremst. Stellen Sie deshalb keine Superprogramme auf, die Sie nicht einhalten können. Den Erfolg bringen die kleinen Tagesportionen.

5. The Learning of the Learning

Wenn Sie es schaffen, sich mit dieser Gebrauchsanleitung anzufreunden, haben Sie nicht nur beim Erlernen des Fachs Privatrecht erhebliche Vorteile. Sie sind auch in allen anderen Fächern im Vorteil, weil Sie gelernt haben, **lernpsychologisch richtig zu studieren**.

Viel Erfolg!   *Wolfgang Kallwass*   *Peter Abels*

Inhaltsübersicht

Erster Abschnitt:
Einführung

Zweiter Abschnitt:
Rechtsgeschäfte

1. Kapitel:
Die Privatautonomie und ihre Grenzen

2. Kapitel:
Der objektive Teil der Willenserklärung

3. Kapitel:
Der subjektive Teil der Willenserklärung

4. Kapitel:
Das Wirksamwerden der Erklärung

5. Kapitel:
Abstrakte Rechtsgeschäfte

6. Kapitel:
Stellvertretung

7. Kapitel:
Rechtsschein und fehlerhafte Verhältnisse

8. Kapitel:
Zusammenfassung und Prüfungsschema: Rechtsgeschäfte

Dritter Abschnitt:
Schuldverhältnisse

1. Kapitel:
Vertragliche Primäransprüche

2. Kapitel:
Vertragsverletzung und unerlaubte Handlung

1. Unterkapitel:
Unerlaubte Handlung und Gefährdungshaftung

2. Unterkapitel:
Verletzung von vertraglichen und vorvertraglichen Pflichten

3. Unterkapitel:
Das Problem des Drittschadens

3. Kapitel:
Verbraucherschutz

4. Kapitel:
Geschäftsführung ohne Auftrag
als vertragsähnliches Schuldverhältnis

5. Kapitel:
Zusammenfassung und Klausurschemata:
Vertrag und unerlaubte Handlung

Anhang

Vierter Abschnitt:
Sachen, Sachenrechte, Kreditsicherungen

1. Kapitel:
Die Grundbegriffe

2. Kapitel:
Erwerb und Verlust des Eigentums an beweglichen Sachen

Sechster Abschnitt:
Wertpapiere

1. Kapitel:
Der Wechsel

2. Kapitel:
Der Scheck

3. Kapitel:
Die anderen Wertpapiere

Siebenter Abschnitt:
Gesellschaften und Vereine

1. Kapitel:
Die Ordnungsgesichtspunkte

2. Kapitel:
Die wichtigsten Fragen

Achter Abschnitt:
Zivilprozess und Insolvenzverfahren

1. Kapitel:
Der Zivilprozess

2. Kapitel:
Das Insolvenzverfahren

Neunter Abschnitt:
Die juristische Klausurarbeit

Inhaltsverzeichnis

Erster Abschnitt:
Einführung

Zweiter Abschnitt:
Rechtsgeschäfte

1. Kapitel:
Die Privatautonomie und ihre Grenzen

2. Kapitel:
Der objektive Teil der Willenserklärung

3. Kapitel:
Der subjektive Teil der Willenserklärung

4. Kapitel:
Das Wirksamwerden der Erklärung

5. Kapitel:
Abstrakte Rechtsgeschäfte

8. Kapitel:
Zusammenfassung und Prüfungsschema: Rechtsgeschäfte

Dritter Abschnitt:
Schuldverhältnisse

1. Kapitel:
Vertragliche Primäransprüche

2. Kapitel:
Vertragsverletzung und unerlaubte Handlung

1. Unterkapitel:
Unerlaubte Handlung und Gefährdungshaftung

2. Unterkapitel:
Verletzung von vertraglichen und vorvertraglichen Pflichten

Anhang

Vierter Abschnitt:
Sachen, Sachenrechte, Kreditsicherungen

1. Kapitel:
Die Grundbegriffe

4. Kapitel:
Der Gutglaubensschutz bei beweglichen Sachen

Fünfter Abschnitt:
Kaufmann, Firma, Handelsgeschäfte

1. Kapitel:
Kaufmann und Firma

2. Kapitel:
Handelsgeschäfte

Sechster Abschnitt:
Wertpapiere

1. Kapitel:
Der Wechsel

Siebenter Abschnitt:
Gesellschaften und Vereine

1. Kapitel:
Die Ordnungsgesichtspunkte

2. Kapitel:
Die wichtigsten Fragen

Achter Abschnitt:
Zivilprozess und Insolvenzverfahren

1. Kapitel:
Der Zivilprozess

2. Kapitel:
Das Insolvenzverfahren

Neunter Abschnitt:
Die juristische Klausurarbeit

Abkürzungen

Paragrafen mit der Bezeichnung „oben" (o.) oder „unten" (u.)
sind solche dieses Buches

a.A.	anderer Ansicht
a.a.O.	am angegebenen Ort
AcP	Archiv für die civilistische Praxis
a.E.	am Ende
AFG	Arbeitsförderungsgesetz
AG	Aktiengesellschaft; in Verbindung mit Ortsnamen: Amtsgericht
AGB	Allgemeine Geschäftsbedingungen
Anm.	Anmerkung
AO	Abgabenordnung
Art.	Artikel
BAG	Bundesarbeitsgericht
Baumbach/Hopt, HGB	Kommentar zum HGB
Baumbach/Hefermehl	Kommentar zum Wechselgesetz und Scheckgesetz
BB	Der Betriebs-Berater, Jahr, Seite
bestr.	bestritten
BetrAVG	Gesetz zur Verbesserung der betrieblichen Altersversorgung
BGB	Bürgerliches Gesetzbuch
BGH	Bundesgerichtshof; auch amtl. Sammlung der Entscheidungen des Bundesgerichtshofs in Zivilsachen, Band, Seite
BGH Warn	Rechtsprechung des Bundesgerichtshofs in Zivilsachen, begründet von Warneyer, Jahr, Nummer
BImSchG	Bundes-Immissions-Schutzgesetz
BiRiLiG	Bilanzrichtliniengesetz
Boehmer, Einführung	Einführung in das bürgerliche Recht, 19. Auflage
Boehmer, Grundlagen	Grundlagen der bürgerlichen Rechtsordnung, 16. Band, Halbband, Seite
BRAO	Bundesrechtsanwaltsordnung
BT-Drucks. 14/6040	Regierungsentwurf (eingebracht aus der Mitte des Bundestages): Entwurf eines Gesetzes zur Modernisierung des Schuldrechts
BVerfG	Amtliche Sammlung der Entscheidungen des Bundesverfassungsgerichts, Band, Seite
bzw.	beziehungsweise
c.i.c.	culpa in contrahendo
DB	Der Betrieb, Jahr, Seite
d.h.	das heißt
EG	eingetragene Genossenschaft
EG	Europäische Gemeinschaft
EGBGB	Einführungsgesetz zum Bürgerlichen Gesetzbuch
Enneccerus/Lehmann	Recht der Schuldverhältnisse, 15. Bearbeitung

Enneccerus/Nipperdey . . .	Allgemeiner Teil des bürgerlichen Rechts, 15. Auflage
EuGH	Europäischer Gerichtshof
e.V.	eingetragener Verein
EVO	Eisenbahnverkehrsordnung
EWIV	Europäische wirtschaftliche Interessenvereinigung
EWIVG	Gesetz zur Ausführung der EG-Verordnung über die Europäische wirtschaftliche Interessenvereinigung
EWIVVO	Verordnung des Rates der EG über die Schaffung einer Europäischen wirtschaftlichen Interessenvereinigung
FamFG	Gesetz über das Verfahren in Familiensachen und in den Angelegenheiten der freiwilligen Gerichtsbarkeit
Flume, Allg. Teil II	Allgemeiner Teil des Bürgerlichen Rechts, Zweiter Band: Das Rechtsgeschäft
Flume, Eigenschaftsirrtum	Eigenschaftsirrtum und Kauf, 1948
GbR	Gesellschaft bürgerlichen Rechts
gem.	gemäß
GesamtvollstreckungsO . .	Gesamtvollstreckungsverordnung in der Fassung der Bekanntmachung vom 23.5. 1991
GenG	Gesetz betr. Erwerbs- und Wirtschaftsgenossenschaften
GG	Grundgesetz für die Bundesrepublik Deutschland
GmbHG	Gesetz betr. die Gesellschaften mit beschränkter Haftung
GoA	Geschäftsführung ohne Auftrag
GVG	Gerichtsverfassungsgesetz
HaftPflG	Haftpflichtgesetz
HGB	Handelsgesetzbuch
h.L.	herrschende Lehre
h.M.	herrschende Meinung
HRefG	Handelsrechtsreformgesetz
i.e.S.	im engeren Sinne
InfV	Verordnung über Informationspflichten nach Bürgerlichem Recht
insbes.	insbesondere
InsO	Insolvenzordnung
i.S.v.	im Sinne von
i.w.S.	im weiteren Sinne
JW	Juristische Wochenschrift, Jahr, Seite
JZ	Juristenzeitung, Jahr, Seite
KAGG	Gesetz über Kapitalanlagegesellschaften
KG	Kommanditgesellschaft
KO	Konkursordnung
KommAG	Kommanditgesellschaft auf Aktien
LG	In Verbindung mit Ortsnamen: Landgericht
LM	Lindenmaier-Möhring, Nachschlagewerk des Bundesgerichtshofs
LuftVG	Luftverkehrsgesetz
MarkenG	Gesetz über den Schutz von Marken und sonstigen Kennzeichen
Motive	Motive zu dem Entwurfe eines BGB für das Deutsche Reich, 1988, Band, Seite

NJW	Neue juristische Wochenschrift, Jahr, Seite
OHG	offene Handelsgesellschaft
OLG	In Verbindung mit abgekürzten Ortsnamen: Oberlandesgericht; auch Sammlung der Rechtsprechung der Oberlandesgerichte, Band, Seite
PartG	Partnerschaft (Partnerschaftsgesellschaft)
PartGG	Gesetz über Partnerschaftsgesellschaften Angehöriger Freier Berufe
Palandt/Bearbeiter	Kommentar zum BGB, 70. Auflage
pF	positive Forderungsverletzung
ProdHaftG	Produkthaftungsgesetz
Radbruch-Zweigert, Einführung	Einführung in die Rechtswissenschaft, 13. Auflage
RG	Reichsgericht; auch amtl. Sammlung der Entscheidungen des Reichsgerichts in Zivilsachen, Band, Seite, Randnummer
SchG	Scheckgesetz
SE	Europäische Aktiengesellschaft (Societas Europaea)
SEVO	Verordnung des Rates der Europäischen Gemeinschaft über den Status der Europäischen Gesellschaft vom 10.11. 2001
SGB VII	Sozialgesetzbuch VII
SMG	Schuldrechtsmodernisierungsgesetz
s.o.	siehe oben
sog.	so genannt
Staudinger	Kommenat zum BGB (Auflage jeweils in Klammern)
StBerG	Steuerberatungsgesetz
stG	stille Gesellschaft
StGB	Strafgesetzbuch
str.	strittig
st. Rspr.	ständige Rechtsprechung
StVG	Straßenverkehrsgesetz
StVO	Straßenverkehrsordnung
s.u.	siehe unten
TRG	Transportrechtsreformgesetz
UklaG	Gesetz über Unterlassungsklagen bei Verbraucherrechts- und anderen Verstößen
UmwelthaftgG	Umwelthaftungsgesetz
usw.	und so weiter
UWG	Gesetz gegen den unlauteren Wettbewerb
VAG	Versicherungsaufsichtsgesetz
vgl.	vergleiche
VglO	Vergleichsordnung
WG	Wechselgesetz
WM	Zeitschrift für Wirtschafts- und Bankrecht, Wertpapiermitteilungen, Jahr, Seite
WPO	Wirtschaftsprüferordnung
z.B.	zum Beispiel
ZIP	Zeitschrift für Wirtschaftsrecht und Insolvenzpraxis, Jahr, Seite
ZPO	Zivilprozessordnung

Im Lehrtext sind

1. Paragrafen mit dem Zusatz „o." (oben) oder „u." (unten) solche dieses Buches,
2. Paragrafen ohne nähere Bezeichnung solche des BGB,
3. Art. (Artikel) ohne nähere Bezeichnung solche des WG.

Erster Abschnitt: Einführung

§ 1. Die Arbeit des Juristen

I. Vorbemerkung

1. Die beiden Prüfungsarten

Der Jurist unterscheidet sich vom Nichtjuristen weniger durch bestimmte Einzelkenntnisse als dadurch, dass er eine besondere Arbeitstechnik beherrscht: Er kann mit Gesetzen umgehen, mit solchen, deren Inhalt er kennt, und, wenn er ein guter Jurist ist, auch mit unbekannten. Der Unterschied liegt also mehr in der METHODE, wenn man dieses anspruchsvollere Wort gebrauchen will. Wir wollen einiges von dieser Methode in kurzen Worten darlegen und auf die Schwierigkeiten und Fehlerquellen hinweisen, mit denen derjenige zu rechnen hat, der sie erlernen will. Da man meist an den Richter denkt, wenn man von Juristen spricht, gehen wir von seiner spezifischen Arbeitsweise aus. Er hat in einem Rechtsstreit zweierlei Prüfungen vorzunehmen:

(1) Er muss den **Sachverhalt** erforschen, d.h. die einzelnen, von den Parteien vielleicht umstrittenen **Tatsachen** feststellen. Für diese Tätigkeit enthält die Prozessordnung Grundsätze. Bei den unteren Gerichten entfällt auf die Klärung von Tatsachenfragen die meiste richterliche Arbeit.

(2) Außerdem muss der Richter durch eine **rechtliche** Prüfung des Sachverhaltes die **Rechtslage** feststellen.

Diese beiden Prüfungsarten sind streng voneinander zu trennen. Interessant und für den Nichtjuristen zunächst überraschend ist, dass der Richter im Prozess **zuerst rechtlich** und **danach tatsächlich** prüft, um eine Beweiserhebung über umstrittene, aber für die rechtliche Entscheidung unerhebliche Tatsachen zu vermeiden.

2. Die Subsumtion

Da der Student in der Klausur fast durchweg Fälle zu bearbeiten hat, in denen die Tatsachen feststehen, können wir uns auf die **rechtliche** Prüfung beschränken. Sie erfolgt im Weg der sog. SUBSUMTION:

(1) Man nimmt die in Betracht kommende Rechtsvorschrift, die an einen abstrakt beschriebenen **Tatbestand** eine Rechtsfolge knüpft, als Obersatz.

(2) Dann stellt man den zur Beurteilung stehenden konkreten Lebensvorgang, den **Sachverhalt,** darunter und prüft, ob jedes einzelne Tatbestandsmerkmal der Rechtsvorschrift durch die Einzelheiten des Sachverhalts ausgefüllt ist. Das ist

eine lästige Kleinarbeit, aber man muss sie genauestens ausführen, weil sonst Fehler unterlaufen können, sei es, dass man ein Tatbestandsmerkmal übersieht, sei es, dass man etwas in den Sachverhalt hineinphantasiert, um ihn für den Obersatz „passend" zu machen (der Fachjargon spricht dann von „Tatbestandsquetsche").

(3) Je nach dem Ergebnis der Prüfung zieht man den Schluss, dass die in der Rechtsvorschrift abstrakt angegebene Rechtsfolge in dem konkreten Falle eintritt oder nicht eintritt.

3. Der Aufbau der Gesetze

Bekanntlich ist die Lösung eines praktischen Falles nicht so einfach, wie es nach diesem Schema aussieht. Um subsumieren zu können, muss man zunächst eine ANSPRUCHSNORM haben, die eine **mögliche** Rechtsgrundlage für den zur Entscheidung stehenden Anspruch ist. Wie kommt man an eine solche Anspruchsnorm? Der Weg des geringsten geistigen Widerstandes ist der, dass man im Voraus alle oder die wichtigsten Anspruchsnormen aus dem Bürgerlichen Gesetzbuch heraussucht (oder sich heraussuchen lässt) und auswendig lernt. Aber ein solches Verfahren ist nicht nur zeitraubend und langweilig, sondern auch unzuverlässig, es bietet keinerlei Sicherheit über die Grenzen dieses einen Gesetzbuches hinaus. Nach einem vielzitierten Satz braucht der Jurist nichts auswendig zu wissen, er muss nur wissen, „wo es steht". Das ist natürlich übertrieben, aber es enthält ein gutes Stück Wahrheit. Der sicherste und schnellste Weg ist ein gründliches Studium des AUFBAUS DES GESETZES. Wenn man weiß, wie das Gesetz aufgebaut ist, weiß man auch im Voraus, an welcher Stelle man für eine bestimmte Frage den entscheidenden Paragrafen finden kann. Die Übungen in den §§ 4, 5 dieses Buches dienen diesem Zweck.

4. Der innere Zusammenhang

Nun kommt der zweite Schritt, und der ist etwas schwerer. Unser Privatrechtssystem hat die Eigentümlichkeit, dass zur Entscheidung eines Falles ein einzelner Paragraf selten ausreicht. Meist müssen weitere Paragrafen herangezogen werden, die die Anspruchsnorm ergänzen, außerdem kann die Wirkung einer Anspruchsnorm durch eine andere Norm ganz oder teilweise aufgehoben werden. Ein Beispiel: A hat dem B in der Wirtschaft versehentlich sein Bier über den hellen Sommeranzug gegossen, wobei eine gewisse Unachtsamkeit des B mitgewirkt hat. Wenn B nun von A Ersatz der Reinigungskosten verlangt, so ist die in Betracht kommende Anspruchsnorm § 823 I. Diese Vorschrift verwendet das Wort „fahrlässig". Was das bedeutet, steht in § 276 II. Außerdem gibt § 823 I nur allgemein an, **dass** der „daraus entstandene Schaden" zu ersetzen ist. Die Frage, wie Ersatz zu leisten ist (nämlich in Geld), wird unter Heranziehung des § 249 S. 2 entschieden. Schließlich wird das Mitverschulden des B in § 254 berücksichtigt.*

---

* In diesem Buch sind Paragraphen ohne nähere Bezeichnung solche des Bürgerlichen Gesetzbuchs. Absätze werden mit römischen Ziffern, Sätze mit „S." und arabischen Ziffern bezeichnet.

Der Obersatz, der für die Subsumtion benötigt wird, muss also erst aus verschiedenen Einzelvorschriften **zusammengebaut** werden. Dafür reicht die Kenntnis vom äußeren Aufbau des Gesetzes nicht mehr aus, es kommt jetzt auf den INNEREN ZUSAMMENHANG DER NORMEN an. Dieser innere Zusammenhang macht einen Großteil des „Geheimnisses" der Jurisprudenz aus, und der Anfänger ist immer tief beeindruckt, wenn der fortgeschrittene Jurist bei der Lösung eines Falles Paragrafen aus den verschiedensten Ecken des Gesetzbuches hervorzaubert und virtuos zu einer Gedankenkette ordnet. Was der Anfänger zunächst nicht sieht, ist die Tatsache, dass es in den meisten Rechtsfällen immer wieder dieselben Paragrafen und Paragrafenketten sind, die zum Einsatz kommen, während die große Masse der übrigen Paragraphen ein ruhiges Reservistendasein führt, und dass es verhältnismäßig leicht ist, sich die Kenntnis der wichtigsten Querverbindungen anzueignen. Im Vorwort zu diesem Buch haben wir darauf hingewiesen, dass der Stoff nicht nach dem äußeren Aufbau des Gesetzes, sondern nach Sach- und Problemkreisen geordnet ist. Außerdem findet der Leser die Sondergesetze zum Bürgerlichen Gesetzbuch, insbesondere das Handelsgesetzbuch, nicht an einer Stelle gesondert behandelt, sondern über das ganze Buch verteilt: Die Sonderregeln erscheinen jeweils zusammen mit den Grundregeln, auf denen sie aufbauen. Dies alles dient dem Zweck, dem Leser mit dem Rechtsstoff gleichzeitig die Kenntnis der Querverbindungen zu vermitteln.

5. Die Gutachtentechnik

Das beste Mittel, Normenzusammenhänge zu erkennen, ist und bleibt allerdings die Übung im BEARBEITEN PRAKTISCHER FÄLLE. Der alte Spruch „Am Fall zeigt sich der Jurist" ist voll berechtigt. Wir möchten dem Leser raten, sich so häufig wie möglich in der Anfertigung juristischer Fallgutachten zu üben. Der korrekte Aufbau des Gutachtens bereitet gewisse Anfangsschwierigkeiten, die aber nicht allzu groß sind. Man neigt am Anfang zum **historischen Aufbau:** der Fall wird nacherzählt, dabei wird jede Einzelheit juristisch gewürdigt. Der Nachteil dieser Methode ist, dass man sich leicht in rechtliche Erörterungen verliert, die für das Ergebnis bedeutungslos sind. Ökonomischer ist der **systematische Aufbau,** der, wenn es sich um einen Streitfall handelt, von einer Anspruchsnorm ausgeht. Am besten schreibt man gleich im ersten Satz, **wer von wem was woraus** verlangt. In unserem obigen Bierfall beginnt man also: „Der Anspruch des B gegen A auf Ersatz der Reinigungskosten könnte aus § 823 I BGB begründet sein." Dann untersucht man, ob die Voraussetzungen für die Anspruchsnorm einschließlich der heranzuziehenden Ergänzungsnormen gegeben sind, prüft, ob die Voraussetzungen für eine Gegennorm vorliegen, und bringt **am Ende** das Ergebnis.

Als Hilfe für die Anfertigung juristischer Gutachten gibt es vorgefertigte Aufbauschemata, die unter Studenten sehr beliebt sind. Der Wert dieser Schemata liegt vor allem darin, dass sie den Bearbeiter davor bewahren, eine Anspruchsgrundlage zu **übersehen.** Außerdem erleichtern sie dem Bearbeiter die **Gliederung** des Gutachtens. Wichtig ist allerdings, dass man das Schema immer nur **selektiv** anwendet und bei den entscheidenden Fragen **Schwerpunkte** bildet. Der Leser möge sich dieser Einschränkung bewusst sein, wenn er feststellt, dass er die Zusammenfassungen, die er in diesem Buch oft am Ende eines Abschnittes oder Kapitels findet, gleichzeitig als Aufbauschemata verwenden kann. Gleiches gilt bei der Verwendung des großen Anspruchsschemas (u. § 125).

6. Die Sprache der Juristen

Eine weitere Schwierigkeit, die der Anfänger zu überwinden hat, ist das Erlernen der juristischen FACHSPRACHE. Jede Wissenschaft braucht ihre eigenen Fachausdrücke, damit die Fachleute sich schneller miteinander verständigen können. Die meisten Wissenschaften bilden ihre Ausdrücke aus „internationalen" Sprachen: aus dem Lateinischen und Griechischen, neuerdings mehr aus dem Englischen. Die deutschen Juristen sind hier eher national gesinnt: Sie bevorzugen Wörter aus der deutschen Umgangssprache und haben eine gewisse Abneigung gegen den Gebrauch von Fremdwörtern. (So haben sie z.B. das Kunststück fertig gebracht, für die 2385 Paragraphen der ursprünglichen Fassung des BGB mit sieben Fremdwörtern auszukommen.) Für den Anfänger hat das den großen Vorteil, dass er sich schnell einarbeiten kann; es bringt aber auch einige Tücken mit sich. Die deutschen Juristen gebrauchen nämlich ihre Fachausdrücke manchmal in einem von der Umgangssprache **abweichenden Sinn**. Der Leser tut deshalb gut daran, die Zusammenstellung der wichtigsten Rechtsbegriffe in § 8 dieses Buches gründlich durchzuarbeiten, bevor er an die Lösung von Fällen herangeht.

7. Die Wissenschaft vom Recht

Wenn der Student den Aufbau des Bürgerlichen Gesetzbuches und des Handelsgesetzbuches kennt und ungefähr weiß, „wo etwas steht", wenn er außerdem weiß, wie die wichtigsten Normen innerlich zusammenhängen, und auch gelernt hat, ein Gutachten halbwegs anständig aufzusetzen, kann er fürs Erste mit sich zufrieden sein. Er muss aber wissen, dass die Professoren das, was er gelernt hat, nur als „Technik" bezeichnen und dass er nun versuchen muss, sich vom Rechtstechniker ein klein wenig zum **Rechtswissenschaftler** hin zu entwickeln. Auf Fragen rechtswissenschaftlichen Charakters ist er schon öfters bei der Bearbeitung von Fällen aus dem täglichen Leben gestoßen.

(1) Betrachten wir noch einmal den erwähnten § 823 I: Was sollen wir eigentlich unter einem „sonstigen Recht" verstehen? Ist ein „sonstiges Recht" z.B. eine Kaufpreisforderung? ein Patent? ein Urheberrecht? Ist ein „sonstiges Recht" verletzt, wenn jemand meine Stimme heimlich auf Tonband nimmt? wenn mich jemand ohne meine Einwilligung auf der Straße fotografiert? wenn jemand den Bundeskanzler fotografiert? Hier müssen wir offenbar erst den genauen **Geltungsbereich** der Rechtsnorm klarstellen, ehe wir mit der Subsumtion anfangen können: die Norm bedarf der AUSLEGUNG.

(2) In einigen (sehr seltenen) Fällen kann sich sogar herausstellen, dass für den zu beurteilenden Fall das Gesetz **überhaupt** keine Regelung oder eine Regelung getroffen hat, die zu einem **unannehmbaren** Ergebnis führt. Hier kann die Auslegung nicht mehr helfen, es muss die RECHTSFORTBILDUNG einsetzen.

Natürlich wäre ein Student in der Prüfung überfordert, wenn man von ihm erwarten würde, dass er selbständig schwierige Auslegungsprobleme löst oder sich sogar Gedanken über die Rechtsfortbildung macht. Immerhin erwartet man aber von ihm gewisse Minimalkenntnisse über die Auslegung einiger wichtiger Paragraphen und über die wichtigsten Fälle der Rechtsfortbildung. Darüber hinaus muss er eine gewisse Ahnung von der METHODE der Rechtsfindung haben. Die Frage „Was ist der **Sinn** dieses Paragrafen?" ist eine beliebte Prüfungsfrage.

Wir werden im Folgenden versuchen, die Methode der die Gegenwart beherrschenden **Interessenjurisprudenz** und der **Wertungsjurisprudenz** möglichst kurz und so leicht verständlich wie möglich darzustellen. Um ihre Eigenart besser herauszuheben, gehen wir vorher auf die Methode der sog. Begriffsjurisprudenz und der sog. Freirechtsschule ein. Dann werden wir das Problem des juristischen Positivismus und des Naturrechts streifen. Schließlich zeigen wir die Arbeitsweise der Interessenjurisprudenz bei der Auslegung und der Rechtsfortbildung. Da wir mit Beispielen etwas sparsam umgehen, raten wir dem Leser, nach der Lektüre der ersten Hälfte dieses Buches den ganzen ersten Abschnitt noch einmal zu lesen. Manches wird dann für ihn anschaulicher sein.

II. Methoden

1. Begriffsjurisprudenz

Die (von ihren Gegnern später so bezeichnete) BEGRIFFSJURISPRUDENZ hängt eng mit dem juristischen POSITIVISMUS des 19. Jahrhunderts zusammen, der infolge seiner Gleichsetzung von Gesetz und Recht die juristische Dogmatik auf die rein technische Bearbeitung und Systematisierung des vorhandenen positiven Rechtsstoffes beschränkte. Die Begriffsjurisprudenz erreichte ihren Höhepunkt in der Mitte des 19. Jahrhunderts. Ihre Ausläufer reichen bis tief in die Gegenwart.

Auf eine einfache Formel gebracht, lässt sich die Arbeitsweise der Begriffsjurisprudenz mit Induktion und Deduktion charakterisieren. Man stieg von den einzelnen vorhandenen Normen zu allgemeinen Begriffen auf, bildete dazu Oberbegriffe und verband sie durch weitere Oberbegriffe zu einem großen Begriffssystem. Diesem System und seinen „Rechtskörpern" wurde nun eine eigengesetzliche, von den Normen, aus denen es induktiv gewonnen war, unabhängige Existenz zugeschrieben. Tauchte eine Lücke im Gesetz auf, so leitete man die Entscheidung des zur Beurteilung stehenden Falles im Wege logischer **Deduktion** aus dem Begriff ab, ohne den Sachverhalt an den Wertvorstellungen des Gesetzes zu wägen.

Die Wende wurde durch einen der letzten großen Vertreter der Begriffsjurisprudenz, **Rudolf v. Jhering,** eingeleitet, der gegen seine früheren Anschauungen im Jahre 1865 schrieb: „Jener ganze Götzenkultus des Logischen, der die Jurisprudenz zu einer Mathematik des Rechts hinaufzuschrauben gedenkt, ist eine Verirrung und beruht auf einer Verkennung des Wesens des Rechts. Das Leben ist nicht der Begriffe, sondern die Begriffe sind des Lebens wegen da. Nicht was die Logik, sondern was das Leben, der Verkehr, das Rechtsgefühl postuliert, hat zu geschehen, möge es logisch deduzierbar oder unmöglich sein"[1].

---

[1] Der Geist des römischen Rechts III, 5. Aufl. S. 318. Der Name wird „Jehring" ausgesprochen.

2. Freirechtsschule

In der Folgezeit ging man mehr und mehr von der rein logischen Konstruktionsmethode ab. Am radikalsten war darin die zu Beginn des 20. Jahrhunderts entstandene FREIRECHTSSCHULE, die sich selbst auch **freirechtliche Bewegung** nannte. Die Freirechtsschule lehnte alle logischen Kunstgriffe als Verfälschung des Rechtsfindungsvorganges ab und ersetzte sie durch die persönliche Entscheidung des Richters, der – nun gingen die Meinungen allerdings auseinander – intuitiv nach seinem Gerechtigkeitsgefühl vorgehen sollte, unter Berücksichtigung der Bedürfnisse der Gegenwart, der im Volke wurzelnden Anschauungen sowie der Interessenlage des Einzelfalles und dessen typischer Struktur. Nur in den wenigen Fällen, wo das Gesetz so klar und eindeutig ist, dass es sich ohne jegliche Auslegungskünste anwenden lässt, sollte eine Bindung an das Gesetz bestehen.

Der Rechtsphilosoph **Gustav Radbruch**[2] hat die freirechtliche Bewegung „das kräftigste Lebenszeichen der deutschen Rechtswissenschaft seit Jhering" genannt. Das hinderte die meisten Rechtswissenschaftler nicht, den Freirechtlern mit harter Kritik zu begegnen. „Diese Gegner einer begrifflich entwickelten Rechtswissenschaft", schreibt **Nipperdey**,[3] „übersehen völlig, dass mit dem Mangel begrifflicher Entwicklung gerade bei hoch stehender Kultur und immer komplizierter werdenden Lebens- und Rechtsverhältnissen notwendig auch der schwerste Schaden, der Schaden der RECHTSUNSICHERHEIT (Hervorhebung von uns, W. K./P. A.), verbunden wäre und entweder unerträgliche Ungewißheit oder im besten Falle banausischer Präjudizienkult eintreten müsste … Es ist Selbsttäuschung, wenn man meint, die unübersehbar mannigfaltigen Erscheinungen des Rechtslebens ohne begriffliche Zusammenfassung und Gliederung verstehen und mit einem allgemeinen Billigkeitsgefühl auskommen zu können." Zudem, meint **Nipperdey**,[4] wäre eine „freie" Rechtsprechung mit unserer heutigen Verfassung unvereinbar. Sie würde gegen Art. 20 III GG verstoßen, wonach der Richter an „Gesetz und Recht" gebunden ist, und außerdem den Grundsatz der Dreiteilung der Gewalten (Art. 20 II GG) verletzen, da sie sich Machtbefugnisse anmaßen würde, die der Gesetzgebung zustehen.

Die freirechtliche Bewegung wurde lange Zeit als „anrüchig" empfunden, heute gilt sie als abgetan. Aber sie hat viel frischen Wind in die deutsche Rechtswissenschaft gebracht, sie hat manche Vorgänge bei der richterlichen Entscheidung, die vorher unbewusst waren, ins allgemeine Bewusstsein gehoben, und der Vorwurf der Gefährdung der Rechtssicherheit verliert manches von seiner Schwere, wenn man den Vorschlag einiger Freirechtler berücksichtigt, den Richter nach angelsächsischem Vorbild an Präjudizien, d.h. an die früheren Entscheidungen höherer Gerichte zu binden. Ob das ein Rückschritt wäre, wie **Nipperdey** meint, mag dahingestellt bleiben. Man sollte aber nicht übersehen, welche Wirkung auch bei uns die Entscheidungen der höheren Gerichte auf die Rechtsprechung der unteren Gerichte haben, obwohl diese – im Gegensatz zum angelsächsischen Rechtskreis – rechtlich nicht gebunden sind.

---

[2] Radbruch/Zweigert, S. 167.
[3] Enneccerus/Nipperdey, § 23 Fußnote 10.
[4] A.a.O., § 59 I 1.

3. Interessenjurisprudenz

Die meisten Rechtswissenschaftler der Gegenwart stehen mehr oder weniger auf dem Boden der INTERESSENJURISPRUDENZ. Diese Richtung hat einen **soziologischen** Ausgangspunkt. Sie sieht das Recht in erster Linie als eine Regelung der in einer Gesellschaft entstehenden **Interessenkonflikte** an, wobei sie das Wort „Interesse" in einem sehr weiten Sinne versteht, der z.B. auch ideelle Interessen umfasst. Die einzelnen Normen innerhalb des Rechtssystems regeln jeweils **typische Interessenlagen,** sie haben jeweils einen bestimmten **Zweck.** Damit ist der Übergang von der logischen Methode zur **teleologischen** vollzogen. Aber wenngleich die Interessenjurisprudenz ein um die praktischen Folgen unbesorgtes logisches Operieren mit Begriffen ablehnt, so erkennt sie doch an, dass die Rechtswissenschaft Systematik und feste Begriffe nicht nur bilden kann, sondern auch bilden muss, wenn sie nicht in ein Chaos von Einzelentscheidungen zerfallen soll.

4. Wertungsjurisprudenz

Nun ist aber die Rechtsanwendung nicht nur ein logisches und zugleich teleologisches, sondern außerdem ein **wertendes** Verfahren. Dies ist der Standpunkt der WERTUNGSJURISPRUDENZ, die in den letzten Jahrzehnten ergänzend neben die Interessenjurisprudenz getreten ist: Der Richter muss in Zweifelsfällen nicht nur den Sinn und Zweck der einzelnen Norm erforschen, sondern auch auf die in dem Gesetz, den anderen Gesetzen und der Verfassung enthaltenen allgemeinen **Wertentscheidungen** zurückgreifen.

III. Naturrecht, Relativismus, Positivismus

Die Frage ist – und damit betreten wir rechtsphilosophischen Boden – ob es darüber hinaus ÜBERGESETZLICHE, ABSOLUTE MASSSTÄBE gibt, an die der Richter bei der Auslegung des Gesetzes und bei der Ausfüllung von Lücken gebunden ist, die ihn sogar – in krassen Fällen – veranlassen können, ein Gesetz für **Unrecht** zu erklären und dessen Anwendung zu verweigern. Diese Frage, die Frage nach dem Naturrecht, dem richtigen Recht, dem Recht, das in den Sternen steht, ist eine der ältesten, schwierigsten und zugleich populärsten der Rechtswissenschaft. Sie hat die großen Denker des Abendlandes beschäftigt, seitdem die Sophisten sie als wissenschaftliche Frage entdeckt haben, und nach vielen Versuchen, das Naturrecht aus der Natur, aus göttlicher Offenbarung, menschlicher Vernunft, dem objektiven Zeitgeist, der Natur der Sache und vielem anderen zu begründen, haben sich vor allem zwei Hauptprobleme herausgestellt, deren Bewältigung noch aussteht.

(1) Die eine Schwierigkeit betrifft die **Beweisbarkeit.** Wer Allgemeinverbindlichkeit anstrebt, muss wenigstens ein Minimum an Beweis erbringen. Deshalb sind Naturrechtstheorien, die einen **metaphysischen,** d.h. nicht empirisch überprüfbaren Ausgangspunkt haben, immer problematisch. Wenn man das feststellt, ist man nicht notwendig ein Nihilist, man fragt nur, ob die eigene Überzeugung ausreicht, um z.B. einen anderen ins Gefängnis zu schicken. Es gibt eine Reihe naturrechtlicher Theorien mit **empirischer** Basis, aber hier liegt das

Problem darin, aus dem, was **ist**, einen allgemein verbindlichen Schluss zu ziehen auf das, was **sein soll**.

(2) Das zweite große Problem ist das der **Konkretisierung,** d.h. des Ableitens konkreter, praktikabler Normen aus den allgemeinen Prinzipien. Es fehlt nicht an Versuchen dieser Art in der Geschichte. Aber bisher haben sich die konkreten Normen nur als Abdruck der damaligen Rechts- und Gesellschaftsverhältnisse erwiesen.

Angesichts der enormen Denkschwierigkeiten fragt man sich, ob der Richter nicht, statt sich zu übernehmen, es bei den Rechts- und Moralanschauungen belassen soll, die die Gesellschaft vertritt, die ihn zum Richter bestellt hat. Ein solcher RELATIVISMUS enthält viel Resignation, aber auch echte Bescheidenheit. Leider ist er nicht ganz ungefährlich, denn man muss sich fragen, was geschehen soll, wenn es plötzlich mit den herrschenden Moral- und Rechtsanschauungen so bergab geht wie damals in den Jahren nach 1933. Besser ist es wohl, den Kreis zeitlich zu erweitern und auch räumlich, nämlich auf Europa und „die westliche Welt". Aber das ist schon wieder vage, denn allzu weit zurück darf man nicht gehen, und man muss, je nachdem, was man gerade begründen will, selbst für die Gegenwart gewisse Länder ausschließen.

Wenn das alles so schwierig ist – wäre es dann nicht das Beste, wenn wir uns wieder auf den Gesetzestext zurückziehen und den Philosophen das weite Feld des Naturrechts überlassen würden? Der POSITIVISMUS, der im 19.Jahrhundert nach Hegel die Herrschaft über die deutsche Rechtswissenschaft antrat, hat das getan. Für den Positivismus ist Recht jeweils das, was ein zur Gesetzgebung befugtes staatliches Organ auf ordnungsmäßigem Wege als Recht verkündet hat. Aber erstens ist auch das wieder eine Theorie, die zu begründen wäre, und zweitens hätte der Positivismus heute für uns eine fatale Konsequenz: Wir müssten alle Terrorgesetze Hitlers, die auf ordnungsmäßigem Wege erlassen wurden, als „Recht" anerkennen. Dieser Rückzug ist uns endgültig versperrt.[5]

Wir nehmen an – und hoffen sogar –, dass der junge Leser nun, was die Frage des Naturrechts betrifft, im Stadium des scio me nescire („Ich weiß, dass ich nichts weiß") angelangt ist. Es ist sein gutes Recht, in diesem Stadium eine Zeit lang zu verweilen. Dem Richter ist das nicht vergönnt. Natürlich kommen selten Fälle vor das Gericht, in denen die Frage des Naturrechts akut wird. Aber wenn sie kommen, darf der Richter nicht wegen einer „gedanklichen Ausweglosigkeit" den Prozess auf unbestimmte Zeit vertagen – er muss sich entscheiden, und zwar binnen kurzer Zeit, die „Rechtsverweigerung" ist ihm verboten.

Bei der Eröffnung des Bundesgerichtshofs im Jahre 1950 sagte dessen damaliger Präsident, **Hermann Weinkauf**:[6] „In der Bildung der Rechtsbegriffe war das Reichsgericht fortgeschritten von der so genannten reinen Begriffsjurisprudenz, die aus einem logisch übergeordneten und daher inhaltsleereren Rechtsbegriff ohne weite-

---

[5] Bei der Darstellung des Problems haben wir uns vor allem auf die Nazizeit bezogen. Das ist natürlich lange her. Aber nach dem Einigungsvertrag von 1990 standen wir vor der Frage, ob und inwieweit die einzelnen Gesetze und Maßnahmen der früheren DDR „Recht" waren, und kämpften letztlich mit den gleichen Schwierigkeiten.

[6] NJW 1950, S. 817.

res inhaltlich erfüllte Rechtssätze bilden zu können glaubte, zu der so genannten Interessenjurisprudenz, die die Rechtsbegriffe als zweckgerichtete Begriffe auffasste, die sich inhaltlich danach bestimmten, wie die in der fraglichen Rechtseinrichtung geordneten verschiedenen Interessen gegeneinander abzuwägen seien. Die Entwicklung drängt dahin, darüber hinaus künftig bei der Begriffsbildung und bei der Rechtsfortbildung dem Gesichtspunkt des richtigen Rechts, des Gerechten und des aus der Natur der Sache heraus Gesollten ein stärkeres, ja, das ausschlaggebende Gewicht einzuräumen.

Ob und wie der Bundesgerichtshof zu der unsere Zeit bewegenden … Frage: Rechtspositivismus und Naturrecht Stellung nehmen wird, lässt sich noch nicht vorhersagen. Nach unserer persönlichen Meinung hat wohl keine Generation die Grenzen einer rein positivistischen Begründung des Rechtes schärfer und schmerzhafter gefühlt als die unsere, die nur allzugut weiß, wie man gröbstes Unrecht in die Form gesetzten Rechts kleiden kann. Es wäre eine schöne, wenn auch sehr schwere Aufgabe für den Bundesgerichtshof, sich auf die metaphysische Grundlage des Rechts zurückzubesinnen und im Verein mit den übrigen hohen Gerichten, mit der Wissenschaft und mit den kulturtragenden Kräften im Volk in besonnener Kühnheit den Versuch zu machen, diejenigen wenigen, inhaltlich erfüllten, aus sich selbst heraus geltenden, allgemeinen Rechtssätze wieder zu erarbeiten, die jedem positiven Recht bindend vorausliegen und die jedermann, auch den Gesetzgeber, verpflichten."

Einige Jahre später hat der Bundesgerichtshof eindeutig Stellung bezogen. So hat er z. B. in einer strafrechtlichen Entscheidung[7] den „inhaltlosen Relativismus" abgelehnt, „der zerstörend wirkt, weil ihm nichts anderes als die soziale Wirklichkeit ohne jede Bewertung zur Richtschnur dient", und sich zu einem absoluten Sittengesetz bekannt. „Normen des Sittengesetzes gelten aus sich selbst heraus; ihre (starke) Verbindlichkeit beruht auf der vorgegebenen und hinzunehmenden Ordnung der Werte und der das menschliche Zusammenleben regierenden Sollenssätze; sie gelten unabhängig davon, ob diejenigen, an die sie sich mit dem Anspruch auf Befolgung wenden, sie wirklich befolgen und anerkennen oder nicht; ihr Inhalt kann sich nicht deswegen ändern, weil die Anschauungen über das, was gilt, wechseln." In der Entscheidung ging es um die Frage, ob der Beischlaf auch unter ernsthaft Verlobten „Unzucht" sei. Der Bundesgerichtshof hat diese Frage damals grundsätzlich bejaht: Das Sittengesetz wolle, dass sich der Verkehr der Geschlechter in der Einehe vollziehe, „weil der Sinn und die Folge des Verkehrs das Kind ist". Diese Ausführungen zeigen deutlich die ganze Problematik einer naturrechtlichen Argumentation auf metaphysischer Grundlage. Natürlich kann man einen solchen „Willen" des Sittengesetzes – zumal mit ewiger Gültigkeit – nicht beweisen. Was der Bundesgerichtshof hier vorgetragen hat, ist ein **Glaubensbekenntnis,** dem man sogleich ein anderes Glaubensbekenntnis entgegensetzen könnte, und man muss fragen, ob ein Gericht in einer pluralistischen Gesellschaft berechtigt ist, seine Glaubensbekenntnisse für allgemein verbindlich zu erklären.

---

[7] BGHSt 6, 46 ff. = NJW 1954, 766.

Wir brechen hier ab. Ein großer deutscher Jurist hat einmal die Rechtswissenschaft die komplizierteste der Wissenschaften genannt. Vielleicht hat auch der Leser davon etwas gespürt, bei allen Auslassungen und Vergröberungen, die wir auf den vorangegangenen Seiten vorgenommen haben. Wir beginnen nun mit den Einzelfragen der Rechtsanwendung und Rechtsfindung.

IV. Ermittlung und Anwendung des Rechts im Einzelnen. Auslegung und Rechtsfortbildung

Die Auslegung unterscheidet sich von der Rechtsfortbildung dadurch, dass sie nur zur **Klarstellung** des Inhalts einer vorliegenden Rechtsnorm dient und eine **unmittelbare,** nicht eine **entsprechende** Anwendung darstellt.

Dass die Ergebnisse nicht **logisch** zwingend sind, ist selbstverständlich, da, wie wir oben festgestellt haben, die Rechtswissenschaft keine exakte Wissenschaft wie die Mathematik und die Rechtsanwendung ein zwar logisches, aber **zugleich** zweckgerichtetes (teleologisches) und wertendes Verfahren ist.

1. Auslegung

Wir müssen uns bei der Auslegung zunächst eine grundsätzliche Frage stellen: Soll man von dem **Willen des Gesetzgebers** ausgehen, der im Gesetz einen, wenngleich vielleicht unvollkommenen, Ausdruck gefunden hat und sich durch das Studium der Gesetzesmaterialien (beim BGB insbes. der „Motive" und „Protokolle") sowie durch die Betrachtung der sonstigen, in der **Vergangenheit** liegenden Verhältnisse erforschen lässt – oder soll man das Gesetz lediglich **aus sich selbst,** aus dem gegebenen Wortlaut im Zusammenhang mit anderen Gesetzen und nach seinem Sinn und Zweck für die **Gegenwart** auslegen? Früher neigte man mehr zur ersten Auffassung (SUBJEKTIVE THEORIE), wogegen die letzte Auffassung (OBJEKTIVE THEORIE) gegenwärtig immer mehr an Boden gewinnt. Der Bundesgerichtshof[8] neigt zur objektiven Theorie, ebenso das Bundesverfassungsgericht,[9] das als maßgebend den in der Vorschrift zum Ausdruck gelangten **objektiven** Willen des Gesetzgebers bezeichnet, so wie er sich aus dem Wortlaut der Vorschrift und dem Sinnzusammenhang ergibt, in den die Vorschrift hineingestellt ist. Die subjektive Vorstellung der am Gesetzgebungsverfahren beteiligten Organe von der Bedeutung der Bestimmung ist danach nicht entscheidend; der Entstehungsgeschichte einer Vorschrift kommt für deren Auslegung nur insoweit Bedeutung zu, als sie die Richtigkeit einer nach den angegebenen Grundsätzen erhaltenen Auslegung bestätigt oder Zweifel behebt, die auf dem angegebenen Weg allein nicht ausgeräumt werden können.

Im Einzelnen verfährt man bei der Auslegung folgendermaßen:

(1) Man beginnt mit der GRAMMATISCHEN AUSLEGUNG, d.h. man geht zunächst vom Wortlaut aus und versucht, diesen unter Beachtung der Regeln der Grammatik und des allgemeinen oder des gesetzlichen Sprachgebrauchs klarzustellen.

---

[8] BGH 46, 76.
[9] BVerfG 1, 312; 62, 45.

(2) Hinzu kommt die SYSTEMATISCHE AUSLEGUNG. Sie berücksichtigt die Stellung im Gesetz, das Verhältnis der Norm zu den anderen Normen und das Verhältnis des Gesetzes zu anderen Gesetzen. Dabei gilt als Grundsatz, dass die spezielle Norm der allgemeinen, die jüngere Norm der älteren vorgeht.

(3) Der dritte Gesichtspunkt ist die TELEOLOGISCHE AUSLEGUNG. Sie fragt nach der ratio legis, d.h. nach dem Sinn und Zweck, dem GRUNDGEDANKEN der Vorschrift (Interessenjurisprudenz).

(4) In manchen Fällen wird es notwendig sein zu prüfen, ob das bisher gefundene Ergebnis auch mit ÜBERGEORDNETEN PRINZIPIEN übereinstimmt. Dazu gehören im Sinne der **Wertungsjurisprudenz** die grundsätzlichen **Wertentscheidungen,** die im Grundgesetz, insbesondere in den **Grundrechten,** getroffen worden sind und nicht nur Programm, sondern unmittelbar geltendes Recht sind (Art. 1 III GG). Außerdem gehören dazu die Grundanschauungen unseres Kulturkreises über den Menschen, die Gesellschaft und das Recht, wobei unter Recht nicht nur die Gerechtigkeit im Sinne der Billigkeit, sondern ein oberstes Prinzip zu verstehen ist, das in sich drei Prinzipien vereinigt: GERECHTIGKEIT, RECHTSSICHERHEIT und ZWECKMÄSSIGKEIT. Ob der Richter sich auch von einer **absoluten** Rechtsidee leiten lassen soll, ist, wie oben angedeutet, eine schwierige Frage.

Der Leser wird nun wissen wollen, welcher der vier Gesichtspunkte im Zweifelsfall den Ausschlag gibt. Die Sache wäre einfach, wenn es hier verlässliche, für alle denkbaren Fälle gültige Grundsätze gäbe. Gäbe es sie, so könnte man daran denken, das gesamte Recht in Computern zu speichern und Rechtsfragen durch Computer lösen zu lassen. Aber so etwas gibt es nicht. Natürlich ist der erste der oben genannten Gesichtspunkte das unterste, der letzte das oberste Prinzip, aber – je höher, desto unbestimmter ist das Prinzip, und je unbestimmter das Prinzip, desto schwieriger ist es, daraus eine konkrete Aussage überzeugend abzuleiten. „Die wahre Kunst der Auslegung", schreibt der große Rechtsgelehrte **Nipperdey,**[10] „beruht auf einer richtigen Abwägung **aller** Auslegungsgesichtspunkte". Und **Nipperdey** tut gut daran, von der **Kunst** der Auslegung zu sprechen, denn die Rechtswissenschaft ist keine exakte Wissenschaft.

2. Rechtsfortbildung

Die Rechtsfortbildung durch den Richter schafft **neues** Recht – allerdings nur **für diesen Einzelfall,** auch wenn es sich um eine Entscheidung eines obersten Bundesgerichtes handelt. In einem neuen Fall sind die unteren Gerichte und selbst das oberste Bundesgericht nicht an die frühere Entscheidung gebunden. Erst wenn sich ein fester Gerichtsgebrauch gebildet hat, der die Billigung der Allgemeinheit findet, entsteht auch für die Allgemeinheit neues Recht: Gewohnheitsrecht.

Gehen wir nun auf die drei Möglichkeiten ein, die sich bei der Frage ergeben, wie eine Lücke zu schließen ist: Analogie, Umkehrschluss und richterliche Wertung aus dem Geist des Gesetzes.

---

[10] Enneccerus/Nipperdey, § 56 IV.

a) Analogie

Die ANALOGIE ist der ausdehnenden Auslegung verwandt. Während aber die ausdehnende Auslegung die Rechtsnorm auf einen bestimmten Fall anwendet, **weil** die Rechtsnorm den Fall deckt, wendet die Analogie die Norm an, **obwohl** sie den Fall nicht mehr deckt. Man spricht hiervon „entsprechender" oder „rechtsähnlicher" Anwendung.

Bei der Frage, **ob** man die Analogie vornehmen kann und soll, sind alle Gesichtspunkte zu berücksichtigen, die auch für die Auslegung entscheidend sind, insbesondere ist unter dem teleologischen Gesichtspunkt zu prüfen, erstens, ob die **Interessenlage** des vorliegenden Falles die gleiche ist wie des von der Norm geregelten Falles, und zweitens, ob der **Zweck der Norm** eine Anwendung auf den vorliegenden Fall gebietet. Nehmen wir ein Beispiel. Die Satzung eines öffentlichen Schwimmbads enthält die Bestimmung, dass Schüler nur die Hälfte des normalen Eintrittspreises zahlen. Gilt diese Regelung auch für **Studenten,** die in der Satzung nicht erwähnt sind? Die Entscheidung hängt davon ab, was der **Zweck** der Vergünstigungsnorm ist. Wenn die Vergünstigung den Schülern gewährt werden soll, weil diese zum Nutzen der Gesellschaft eine längere Ausbildungszeit ohne Einkommen durchmachen, so ist es richtig, die Norm analog auf Studenten anzuwenden. In technischer Hinsicht kann man unterscheiden zwischen der GESETZESANALOGIE, bei der **eine** Rechtsnorm analog angewendet wird, und der RECHTSANALOGIE, bei der **aus mehreren** Normen ein allgemeiner Rechtsgedanke gewonnen wird.

b) Umkehrschluss

Die „**Nicht-Analogie**" ist der UMKEHRSCHLUSS (argumentum e contrario). Der Umkehrschluss ist angemessen, wenn eine Regelung vorliegt, die infolge ihrer engen Fassung einen bestimmten Fall nicht mitdeckt, und die Prüfung der Interessenlage und des Normzweckes sowie der anderen in Betracht kommenden Gesichtspunkte ergibt, dass die Rechtsfolge, die aus der vorliegenden Norm folgt, für den von ihr nicht gedeckten Fall gerade nicht eintreten darf. Hier zeigt sich besonders die Stärke der Interessenjurisprudenz, die die Interessenlage und den Normzweck in den Vordergrund stellt. Denn rein **logisch** gesehen sind meist weder der Umkehrschluss noch die Analogie zwingend. Nehmen wir noch einmal das Beispiel von dem Schwimmbad: Können sich auch **Arbeitslose,** die ebenso wenig wie die Studenten in der Satzung erwähnt sind, auf die Verbilligungsvorschrift für Schüler berufen? Die Arbeitslosen haben kein oder nur ein geringes Einkommen, **insoweit** sind sie in einer ähnlichen Lage wie die Schüler. Die Arbeitslosen werden aber nicht von dem **Zweck** der Vorschrift erfasst, wenn die Vorschrift nicht Ausdruck allgemeiner Mildtätigkeit ist, sondern eine Vergünstigung für solche Personen schaffen soll, die zum Nutzen der Gesellschaft einen **freiwilligen** Konsumverzicht leisten. Dann ist hier nicht die Analogie, sondern der Umkehrschluss geboten.

c) Wertung aus dem Geist der Rechtsordnung

Als im Jahre 1953 die bis dahin suspendierte Gleichberechtigung der Geschlechter nach dem Grundgesetz in Kraft trat (Art. 3 II, 117 GG), ohne dass der Gesetzgeber

für die vielen, vor allem im Familienrecht sich ergebenden Fragen ein Anpassungs-
gesetz zu Stande gebracht hatte (das Gleichberechtigungsgesetz wurde erst 1957
verabschiedet und trat 1958 in Kraft), musste die Rechtsprechung eine Gesetzeslücke von gewaltigem Ausmaß durch eigene Rechtsschöpfung schließen. Ähnliche
Probleme, wenngleich in kleinerem Rahmen, ergeben sich häufig für die Rechtsprechung, wenn eine Gesetzeslücke von vornherein besteht, die der Gesetzgeber vielleicht bewusst gelassen hat – z.B. durch die Generalklauseln – oder wenn eine Lücke infolge restriktiver (einschränkender) Auslegung durch die Gerichte oder
durch eine Änderung der wirtschaftlichen Verhältnisse entstanden ist und Einzelvorschriften, an die man bei der Schließung der Lücke anknüpfen könnte, fehlen.
Wenngleich hier der Spielraum, den der Richter hat, sehr groß sein kann, ist die
Ausfüllung der Lücke ein **objektives** Verfahren. Der Richter muss eine Lösung finden, die nicht nur mit den übrigen Einzelvorschriften, sondern auch mit den
grundsätzlichen **Wertentscheidungen** des einzelnen Gesetzes und der gesamten
Rechtsordnung sowie den Wertvorstellungen seines Kulturkreises harmoniert, und
er muss sorgsam abwägen zwischen den Prinzipien der **Gerechtigkeit,** der **Rechtssicherheit** und der **Zweckmäßigkeit.** Kraft Gewohnheitsrechts gilt auch für den
deutschen Richter der berühmte Art. 1 des schweizerischen Zivilgesetzbuches:

> „Das Gesetz findet auf alle Rechtsfragen Anwendung, für die es nach Wortlaut
> oder Auslegung eine Bestimmung enthält.

> Kann dem Gesetz keine Vorschrift entnommen werden, so soll der Richter nach
> Gewohnheitsrecht und, wo auch ein solches fehlt, nach der Regel entscheiden,
> die er als Gesetzgeber aufstellen würde.

> Er folgt dabei bewährter Lehre und Überlieferung.“

§ 2. Privatrecht und öffentliches Recht

Ehe wir den Leser an den eigentlichen Rechtsstoff heranführen, müssen wir ihm
mitteilen, dass dieses Buch die Beschränkung auf das Privatrecht, die sein Titel verspricht, nicht genau einhält, da es einen kurzen Abriss des Gerichtsverfassungs-
und Zivilprozessrechts enthält. Diese Feststellung ist wichtig, da der deutsche Jurist, römischem Denken folgend (jus privatum, jus publicum), streng zwischen pri-
vatem und öffentlichem Recht unterscheidet.

I. Privatrecht

Das Privatrecht regelt die Beziehungen der einzelnen Bürger zueinander und die
Verhältnisse der **nicht hoheitlichen Gemeinschaften** (Ehe, Familie, Gesellschaften)
als solcher, zueinander und zu ihren Gliedern. Es wird vom Grundsatz der GLEICH-
BERECHTIGUNG beherrscht. Außerdem sind die Rechtsbeziehungen der öffentlichen
Gemeinwesen insoweit zum Privatrecht zu rechnen, als die Gemeinwesen **nicht ho-
heitlich auftreten** (sog. fiskalische Tätigkeit).

Der Begriff des bürgerlichen Rechts (Zivilrechts) wurde früher mit dem Begriff
des Privatrechts gleichgesetzt. Seit In-Kraft-Treten des Bürgerlichen Gesetzbuchs

hat sich die Übung ergeben, nur noch den Teil des Privatrechts als bürgerliches Recht zu bezeichnen, der auf dem BGB und seinen Nebengesetzen beruht. Das bürgerliche Recht ist demnach nur der **Kern** des Privatrechts, und die in ihm enthaltenen Regeln gelten nur insoweit, als nicht in Sondergesetzen abweichende Vorschriften bestehen. Andererseits bedürfen die Sondergesetze häufig der Ergänzung durch das bürgerliche Recht, sind meist ohne dieses überhaupt nicht zu verstehen. Deshalb muss das Studium des Privatrechts stets mit dem bürgerlichen Recht beginnen.

Die wichtigsten privatrechtlichen **Sondergebiete** sind

(1) das **Handelsrecht** (das Sonderrecht der Kaufleute) mit den dazugehörigen oder eng verwandten Gebieten des Aktienrechts, des Rechts der GmbH und der Genossenschaft, des Konzernrechts, des Wertpapierrechts (das nur teilweise im BGB geregelt ist), des Bank- und Versicherungsrechts sowie des Kapitalmarktrechts;

(2) das sog. **Wirtschaftsrecht** (das Sonderrecht der gewerblichen Wirtschaft), welches insbes. das Gewerberecht und das Wettbewerbsrecht zusammenfasst (manche fassen den Begriff weiter und verstehen unter Wirtschaftsrecht die für die Wirtschaft relevanten Teile des Privatrechts, vgl. § 5 der Prüfungsordnung für Wirtschaftsprüfer);

(3) das **Immaterialgüterrecht,** insbes. das Urheberrecht sowie die verwandten Gebiete des Gewerblichen Rechtsschutzes: das Patent- und Gebrauchsmusterrecht, das Geschmacksmusterrecht und das Verlagsrecht;

(4) das **Arbeitsrecht** (das Sonderrecht der abhängigen Arbeitnehmer), das nur zu einem sehr geringen Teil in den §§ 611 ff. BGB geregelt ist;

(5) das **Verkehrsrecht**.

II. Öffentliches Recht

Das öffentliche Recht regelt die Rechtsverhältnisse der dem Bürger übergeordneten **hoheitlichen** Rechtsgemeinschaften (Staat, Gemeinden, Kirchen usw.) als **solcher,** das Verhältnis dieser Rechtsgemeinschaften **zueinander** sowie das Verhältnis der Gemeinschaften zu **ihren Gliedern.** Soweit es sich um das Verhältnis der Gemeinwesen zu ihren Gliedern handelt, herrscht grundsätzlich ÜBER- UND UNTERORDNUNG oder doch Schutz und Fürsorge. Zum öffentlichen Recht gehören insbesondere das Staats- und Verwaltungsrecht, das Kirchenrecht und das Völkerrecht, das Strafrecht, das gesamte Prozessrecht einschließlich Zwangsvollstreckungs- und Insolvenzrecht, das Recht der freiwilligen Gerichtsbarkeit, das Steuerrecht.

Das ständige Anwachsen der staatlichen Aufgaben und Machtbefugnisse im 20. Jahrhundert hat ein starkes **Anschwellen des öffentlichen Rechts,** insbes. des Verwaltungsrechts, zur Folge gehabt. In den Gesetzen finden sich öffentliches und privates Recht oft bunt durcheinander gemischt. Dies gilt in besonderem Maße von den angegebenen Sondergebieten, die demnach als privatrechtliche nur insoweit anzusehen sind, als sie Vorschriften privatrechtlicher Natur enthalten. Aber selbst im BGB findet sich öffentliches Recht, z.B. in § 1785, wo bestimmt wird, dass jeder Deutsche verpflichtet ist, eine Vormundschaft, für die er vom Vormundschaftsgericht ausgewählt wird, zu übernehmen.

§ 3. Zur Geschichte des Privatrechts

Wir hoffen, dass wir die Geduld unseres Lesers nicht überstrapazieren, wenn wir noch einen geschichtlichen Rückblick vornehmen, ehe wir an die Behandlung des Bürgerlichen Gesetzbuches und der anderen Rechtsquellen gehen. Wir versprechen, uns sehr kurz zu fassen und uns im Wesentlichen auf den Vorgang der sog. **Rezeption** und seine Folgen zu beschränken. Man versteht manches im deutschen Privatrecht leichter, wenn man eine Ahnung von dem geschichtlichen Hintergrund hat, vor dem es erscheint. Wir raten deshalb, das Folgende wenigstens **einmal** durchzulesen.

Das GERMANISCH-DEUTSCHE RECHT hatte seine Hochblüte im Mittelalter. Wir finden es in den großen Rechtsbüchern, dem Sachsenspiegel und Schwabenspiegel, vor allem aber in den verschiedenen Stadtrechten, den „Pionieren des Verkehrsrechts", wo damals das Handelsrecht seine stärkste Entwicklung hatte. Bei aller Rechtszersplitterung hatten die einzelnen Rechte gemeinsame Züge: konkreten, volkstümlichen Ausdruck, Hochschätzung der altüberlieferten Formen sowie die Betonung des Gemeinschaftsgeistes und damit in Zusammenhang einen starken Schutz des **Vertrauens** im Rechtsverkehr. Es fehlte jedoch eine **zentrale Instanz,** die die verschiedenen einheimischen Stammes- und Stadtrechte hätte vereinheitlichen und eine technische Durchformung, den Übergang **vom traditionalen zum rationalen** Rechtsdenken, hätte begünstigen können. Ein solcher Übergang war notwendig, als das Mittelalter zu Ende ging und das Wirtschaftsleben mit dem Aufkommen des Frühkapitalismus zunehmend komplizierter wurde.

Die Deutschen vollzogen damals den Übergang in einer Weise, die uns heute vielleicht eher staunen als verstehen lässt: Sie übernahmen das römische Recht mehr oder weniger **als Ganzes** und setzten es an die Stelle ihres heimischen Rechts.

Das RÖMISCHE RECHT war nach einer über tausendjährigen Entwicklung im Jahre 534 unter dem oströmischen Kaiser Justinian zu der großen Kodifikation des Corpus Juris civilis zusammengefasst, aber in der Folgezeit nur in kümmerlichen Kurzausgaben verwendet, in seiner Gesamtheit vergessen worden. Im 11. Jahrhundert in Oberitalien wieder entdeckt, war es von den dortigen Rechtsgelehrten in einem gewissen Grade nach der damals herrschenden Methode der Scholastik umgeformt und später auch im Hinblick auf die Bedürfnisse der Praxis überarbeitet worden. **In dieser veränderten Gestalt** wurde das römische Recht in Deutschland schrittweise eingeführt. Die Einführung erfolgte vor allem in der Weise, dass die deutschen Rechtsstudenten ihr Studium an den Universitäten Oberitaliens (vor allem in Bologna) absolvierten und nach ihrer Rückkehr als gelehrte Juristen einflussreiche Positionen in der Rechtsprechung, in der Verwaltung und an den Hochschulen besetzten. Kurzum: Deutschland verhielt sich damals wie viele Länder der sog. Dritten Welt in der zweiten Hälfte des 20. Jahrhunderts.

Die Rezeption kam etwa in der Mitte des 16. Jahrhunderts zu ihrem äußeren Abschluss. Sie erfuhr ihre gesetzliche Anerkennung durch die Reichskammergerichtsordnung von 1495, in der die Richter verpflichtet wurden, „nach des Reiches gemeinen Rechten" zu richten. Das römische Recht galt also als gemeines (allgemeines) Reichsrecht, dem die von den Landesherren erlassenen Landesgesetze vorgingen („Landesrecht bricht Reichsrecht").

Aber schon vor 1495 standen der Rezeption keine juristischen Hindernisse entgegen, da nach dem damaligen Rechtsverständnis („Heiliges Römisches Reich Deutscher Nation") der deutsche Kaiser ohnehin der Nachfolger der römischen Kaiser war. Außerdem wurde die Rezeption durch die damaligen Geistesströmungen (Renaissance, Humanismus) begünstigt, die eine Hinwendung der Gebildeten zur Antike mit sich brachten.

Der große Gewinn der Rezeption war, dass in Deutschland nun ein schriftlich ausgearbeitetes, einheitliches, rationales Recht galt, das den Erfordernissen des neuzeitlichen Rechtsverkehrs entsprach. In den beiden zentralen Gebieten des Verkehrsrechts – dem Schuldrecht und dem Mobiliarsachenrecht – war das römische Recht damals schon in einem solchen Maße ausgearbeitet und differenziert, dass es in den folgenden Jahrhunderten nur noch wenige Veränderungen erfuhr und später mit seinen Grundstrukturen und wesentlichen Inhalten in das BGB einging. Außerdem entsprach das römische Recht mit seiner individualistischen Grundauffassung dem neuen Zeitgeist eher als das dem Geist des Mittelalters verhaftete heimische Recht.

Die Rezeption hat aber den Deutschen nicht nur den Anschluss an die Neuzeit gebracht. Das römische Recht hat auch – nach den Worten des Rechtsphilosophen Gustav Radbruch – die Deutschen **juristisch denken gelehrt**.[11] Für diesen Fortschritt mussten die Deutschen allerdings einen hohen Preis zahlen. Das deutsche Recht war bisher ein **Volksrecht** gewesen. Durch die nun eintretende **Verwissenschaftlichung** verlor es seine Volksnähe. Es wurde zum **Juristenrecht,** d.h. es wurde ein Recht, das nur von dem Berufsstand der Juristen verstanden und angewendet werden konnte – bis zum heutigen Tag.

Vielleicht lag es an der Künstlichkeit der durch die Rezeption erlangten Rechtseinheit, dass sie nicht lange anhielt.

Die Rechtszersplitterung, die in den folgenden Jahrhunderten eintrat, war die Folge einer immer stärker werdenden **Partikulargesetzgebung**. Nachdem die Landesherren zunächst nur für einzelne Teile des Rechts eigene Gesetze erlassen hatten, begann mit dem Ausgang des 18. Jahrhunderts die Zeit der landesrechtlichen **Kodifikationen,** d.h. der gesetzlichen Neugestaltungen des Rechts oder eines großen Rechtsteils als **Ganzem**. Am weitesten ging dabei Friedrich II. von Preußen: Das im Jahre 1794 in Kraft getretene Allgemeine Landrecht für die preußischen Staaten (ALR) umfasste 17 000 Paragrafen.

Die Gegenbewegung, d.h. das Streben nach einem „gesamtdeutschen" Gesetzbuch hatte schon im 17. Jahrhundert eingesetzt (Leibniz). Aber erst nach der Reichsgründung und der Erweiterung der Gesetzgebungskompetenz für das Reich im Jahre 1873 war der Weg frei für eine deutsche zivilrechtliche Kodifikation.

---

[11] Radbruch, S. 97.

§ 4. Das Bürgerliche Gesetzbuch

I. Entstehungsgeschichte. Geist, Form und Fassung

Das Bürgerliche Gesetzbuch hat sich trotz seiner Mängel bis auf den heutigen Tag als Kernstück des deutschen Privatrechts bewährt. Man gedenkt der Zeiten, in denen es noch möglich war, viele Jahre an einem Gesetz für Generationen zu arbeiten.

Im Jahre 1874 wurde – nach kurzen Vorarbeiten durch eine Vorkommission – eine Kommission von Juristen eingesetzt, die in dreizehnjähriger Arbeit einen Gesetzentwurf samt 5 Bänden „Motiven" herstellte. Die scharfe Kritik an dem Entwurf – es wurden vor allem die doktrinäre Form, die schlechte Sprache, die Überzahl von Verweisungen und die soziale Rückständigkeit gerügt – hatte zur Folge, dass mit den weiteren Arbeiten eine zweite Kommission betraut wurde, zu der nun auch Nationalökonomen und Vertreter von Interessengruppen aus dem Bürgertum gehörten.[12] Die Arbeiterschaft war ausgeschlossen. Der zweite Entwurf nebst „Protokollen" wurde dem Bundesrat, dann dem Reichstag zugeleitet und erfuhr hierbei noch einige Abänderungen, ehe er – gegen die Stimmen der Sozialdemokraten – angenommen wurde.

Im Jahre 1896 wurde das Bürgerliche Gesetzbuch verkündet. Es trat am 1.1.1900 in Kraft.

Die Entstehungsgeschichte des BGB lag an einem Wendepunkt der gesellschaftlichen Entwicklung Deutschlands. In dem BGB des Jahres 1900 war davon nur wenig zu spüren. Das lag vor allem daran, dass die sozialen Umwälzungen der damaligen Zeit noch keinen wesentlichen Einfluss auf das Denken des Juristenstandes gewonnen hatten. Auch die Vertreter des Bürgertums, die an dem Gesetzeswerk mitarbeiteten, betrachteten die neuen sozialen Ideen eher mit Misstrauen. Deshalb war das BGB mehr ein Rückblick auf das 19. als eine Vorausschau auf das 20. Jahrhundert, mehr Abschluss des historisch Gegebenen als der Anfang eines neuen Zeitalters. Zwar waren einige deutschrechtliche Einrichtungen, die der Rezeption widerstanden hatten, in das BGB eingegangen, z.B. im Grundstücksrecht (die Grundbücher), im Familienrecht und teilweise auch im Erbrecht. Insgesamt hatte sich jedoch die individualistische Grundauffassung des römischen Rechts durchgesetzt – abgewandelt durch einige bürgerlich-liberale Ideen, die damals noch nicht die Einschränkungen erfahren hatten, die uns heute selbstverständlich sind. So fehlten z.B. im BGB des Jahres 1900 fast völlig Vorkehrungen zum Schutz der wirtschaftlich Schwachen gegen den Missbrauch der Vertragsfreiheit durch die wirtschaftlich Mächtigen. Solche Vorkehrungen konnte man allenfalls aus einigen **Generalklauseln** ableiten, die sich an den Gedanken von „Treu und Glauben" und „guten Sitten" orientierten (§§ 157, 242, 138). So kam es, dass schon bald nach In-Kraft-Treten des BGB die ersten Reparaturarbeiten vorgenommen werden mussten, vor allem im Arbeitsrecht, wo die gröbsten Missstände herrschten (Einzelheiten u. § 10 III 5).

---

[12] Als Nichtjuristen gehörten der Kommission an: zwei Rittergutsbesitzer, ein Gutsbesitzer, ein Brauereidirektor, ein Oberforstmeister, ein Geheimer Bergrat, ein Bankdirektor, ein Professor der Nationalökonomie.

Auch in seiner Form, Sprache und Fassung war und ist das Bürgerliche Gesetzbuch ein Kind des 19. Jahrhunderts. „Es entstand unter der Herrschaft des Rechtspositivismus, der an die Lückenlosigkeit des gemeinrechtlichen Systems und an die Möglichkeit glaubte, nach dessen Muster ein entsprechendes System auf dem Wege der Gesetzgebung aufstellen zu können".[13] Um dieses Ziel zu erreichen, suchte man durch abstrakt gefasste, begrifflich scharf fixierte Normen eine möglichst große Zahl von Einzelentscheidungen vorwegzunehmen, an die der Richter gebunden sein sollte. Scharfe, folgerichtige Dogmatik und eine im ganzen klare, übersichtliche Systematik, das sind die Hauptvorzüge des BGB. Es ist, wie **Isele** es einmal ausdrückte, „Filigranarbeit von außerordentlicher Präzision".[14] Aber es ist kein Volksbuch.

II. Inhalt und äußerer Aufbau des BGB

Die folgenden Ausführungen sollen dem Leser einen ersten, groben Überblick über den Inhalt und den äußeren Aufbau des BGB verschaffen. Wir raten, diese Ausführungen **sehr gründlich, am besten zweimal,** durchzuarbeiten.

📖 Bitte schlagen Sie das Inhaltsverzeichnis zum BGB auf. Lesen Sie die Überschriften der fünf Bücher.

1. Allgemeiner Teil

Im Allgemeinen Teil hat man, um fortwährende Wiederholungen zu vermeiden, Regeln zusammengestellt, die, vor die Klammer gezogen, für die übrigen vier Bücher und für alle Sondergesetze zum BGB (also z.B. auch für das HGB) gelten. Der Allgemeine Teil ist demnach gleichzeitig der **Allgemeine Teil des deutschen Privatrechts,** d.h. er gilt für das gesamte deutsche Privatrecht, es sei denn, dass in den anderen vier Büchern des BGB oder in den Sondergesetzen Sonderregeln bestehen, die den allgemeinen Regeln des Allgemeinen Teils vorgehen.

2. Ordnung nach der formalen juristischen Struktur: Schuldrecht und Sachenrecht

Um den Unterschied zwischen dem Schuldrecht und dem Sachenrecht, den Materien des Zweiten und Dritten Buches, klar zu machen, müssen wir etwas ausholen.

a) Relativität und Absolutheit

Das **Schuldrecht** regelt die einzelnen Rechte und Pflichten, die in einem Schuldverhältnis bestehen. Was ein Schuldverhältnis ist, bringt § 241 I in allgemeiner Form zum Ausdruck (bitte lesen). Ein Schuldverhältnis ist demnach ein Verhältnis von Rechten und Pflichten zwischen zwei oder mehreren Personen. Der Berechtigte wird Gläubiger, der Verpflichtete wird Schuldner genannt. Das Schuldverhältnis

---

[13] Staudinger/Brändl (11. Aufl.), Allg. Teil, Einleitung Anm. 25.
[14] Ein halbes Jahrhundert deutsches Bürgerliches Gesetzbuch, AcP 150, 6.

entsteht in der Regel durch einen Vertrag (bitte lesen Sie § 311 I), die Leistungspflicht erlischt in der Regel durch Erfüllung (bitte lesen Sie § 362 I). Der Normalfall sieht also so aus:

$$\S\ 311\ I \rightarrow \S\ 241\ I \rightarrow \S\ 362\ I$$

Nehmen wir als Beispiel den **Vasenfall:** K hat in dem Geschäft des V eine wertvolle alte Vase besichtigt. Später ruft er den V an, und die beiden einigen sich auf einen Preis von 1000 Euro. Ist K dadurch Eigentümer der Vase geworden? Nein. Der fernmündlich zwischen den beiden geschlossene Kaufvertrag ist ein **Verpflichtungsgeschäft,** er hat nur zur Folge, dass zwischen den Parteien ein **Schuldverhältnis** entsteht: V ist **verpflichtet,** dem K Eigentum und Besitz an der Vase zu verschaffen, K ist **verpflichtet,** dem V den Kaufpreis zu zahlen. Dies steht in § 433, der konkret, auf den Kaufvertrag bezogen, ausdrückt, was § 241 I in allgemeiner Form sagt. Die Rechte, die V und K durch den Kaufvertrag erworben haben, sind RELATIVE Rechte, da sie nur gegenüber dem Partner des Schuldverhältnisses, nicht gegenüber dritten Personen, bestehen. Mit solchen relativen Rechten aus Schuldverhältnissen, die auch **Forderungen** oder **obligatorische** Rechte genannt werden, haben wir es im Schuldrecht zu tun.

Betrachten wir nun die Fortsetzung des Vasenfalls, die uns ins Sachenrecht führt: K geht am nächsten Tag in das Geschäft des V, lässt sich die Vase geben und bezahlt mit zehn hunderteuroscheinen. Juristisch ausgedrückt, ist Folgendes geschehen:

(1) V hat dem K durch einen **sachenrechtlichen** Vertrag, nämlich durch Einigung und Übergabe gem. § 929 S. 1, Besitz und Eigentum an der Ware verschafft. Damit ist seine schuldrechtliche Verkäuferpflicht erloschen (§ 362 I).

(2) K hat dem V – ebenfalls durch einen sachenrechtlichen Übertragungsvertrag gem. § 929 S. 1 – die zehn Hunderteuroscheine übereignet. Damit hat er seine Käuferpflicht erfüllt (§ 362 I).

Das Eigentum, das jeder erlangt hat, unterscheidet sich insofern von den schuldrechtlichen Ansprüchen, als es **gegenüber jedermann** wirkt. Man nennt deshalb das Eigentum ein ABSOLUTES RECHT (bitte lesen Sie § 903). Auch die anderen im Dritten Buch geregelten Sachenrechte, z. B. die Hypothek und die Grundschuld, sind absolute Rechte. Die Sachenrechte werden auch **dingliche** Rechte genannt.

Der Unterschied zwischen den relativen Rechten des Schuldrechts und den absoluten Rechten des Sachenrechts führt im **Insolvenzrecht** zu weitreichenden Konsequenzen. Nehmen wir einmal an, K hätte in unserem Beispiel etwas voreilig den Kaufpreis überwiesen und wäre einige Tage später bei V erschienen, um sich die Vase abzuholen. Dabei hätte er erfahren, dass über das Vermögen des V das Insolvenzverfahren eröffnet worden sei. In einem solchen Falle wäre K in einer sehr unangenehmen Lage. Sein schuldrechtlicher Erfüllungsanspruch würde nämlich in eine Geldforderung umgewandelt und quotenmäßig oder, bei zu geringer Masse, überhaupt nicht befriedigt. Ganz anders wäre die Situation, wenn V dem K die Vase im Laden ausgehändigt, K diese dem V für ein paar Tage zur Aufbewahrung zurückgegeben hätte und V **danach** insolvent geworden wäre. Dann nämlich wäre K im Laden gem. § 929 S. 1 **Eigentümer** geworden, er hätte jetzt ein absolutes Recht, das jeder, auch die Gläubiger, respektieren müsste, und er könnte vom Insolvenzverwalter die Herausgabe der Sache verlangen.

Ebenso deutlich zeigt sich der Unterschied im **Kreditsicherungsrecht.** Wenn z.B. G dem S ohne Sicherheiten ein Darlehen gibt und S später insolvent wird, nimmt G mit seiner Darlehensforderung als einfacher Insolvenzgläubiger am Verfahren teil und erhält nur die Quote. Denn die Darlehensforderung ist ein schuldrechtlicher Anspruch, also ein **relatives,** nur gegen S wirkendes Recht. Hat aber S dem G eine **Hypothek** an seinem Grundstück bestellt, so ist die Lage anders. G hat dann ein **Sachenrecht,** d.h. ein **absolutes,** auch gegen die anderen Gläubiger wirkendes Recht und wird bevorrechtigt aus dem Grundstück befriedigt.

Wir fassen zusammen: Die im Schuldrecht geregelten (obligatorischen) Rechte, die auch Forderungen genannt werden, haben relative Wirkung: sie bestehen nur zwischen den Partnern des Schuldverhältnisses (bitte **noch einmal** § 241 I lesen). Dagegen wirken die im Sachenrecht geregelten (dinglichen) Rechte gegenüber jedermann, sie sind absoluter Natur (bitte noch einmal § 903 lesen). Die Unterscheidung zwischen Schuld- und Sachenrecht beruht also auf der unterschiedlichen **formalen juristischen Struktur.**

Wir kehren nun zum äußeren Aufbau des BGB zurück.

b) Schuldrecht

Das Zweite Buch (SCHULDRECHT) ist in einen **Allgemeinen** Teil und einen **Besonderen** Teil gegliedert. Der Allgemeine Teil ist hier wiederum vor die Klammer gezogen, er enthält also Regeln, die für alle Schuldverhältnisse gelten, es sei denn, dass im Besonderen Teil für ein einzelnes Schuldverhältnis eine Sonderregel besteht. Wichtig für uns sind im Allgemeinen Teil vor allem die Vorschriften über die **Pflichtverletzungen,** d.h. über die Fälle, in denen der Schuldner die Leistung nicht oder nicht rechtzeitig oder nicht ordnungsgemäß erbringt. Der Ausdruck „Allgemeiner Teil" wird im Zweiten Buch des BGB nicht erwähnt. Der Allgemeine Teil setzt sich aus den Abschnitten 1–7 zusammen.

📖 Bitte schlagen Sie das Inhaltsverzeichnis des BGB auf. Lesen Sie die Überschriften der Abschnitte 1–7 von Buch 2.

Im 8. Abschnitt, dem **Besonderen** Teil, sind eine Reihe von **einzelnen** Schuldverhältnissen mit ihren Sonderregeln zusammengefasst.

📖 Bitte lesen Sie im Inhaltsverzeichnis die einzelnen Titelüberschriften von Abschnitt 8.

Das Gesetz stellt hier mehrere Vertragstypen auf, die den Parteien zur Wahl stehen. Allerdings sind die Parteien an diese Typen nicht gebunden. Sie können durch entsprechende Vereinbarung den Typ abwandeln oder einen im Gesetz überhaupt nicht vorgesehenen Typ schaffen, denn im Schuldrecht gilt der Grundsatz der **Vertragsfreiheit** (Gestaltungsfreiheit). Von dieser Möglichkeit macht man in der Praxis häufig Gebrauch. Größere Unternehmen verwenden heute durchweg **Allgemeine Geschäftsbedingungen,** die den Inhalt der mit ihnen geschlossenen Verträge bestimmen und oft erheblich von der gesetzlichen Regelung (zu Gunsten dieser Unternehmen) abweichen.

c) Sachenrecht

Der äußere Aufbau des Dritten Buches (SACHENRECHT) ist für uns weniger wichtig.

📖 Bitte schlagen Sie noch einmal das Inhaltsverzeichnis des BGB auf. Lesen Sie die Überschriften der Abschnitte von Buch 3.

In Abschnitt 1 ist der Besitz (die tatsächliche Gewalt über die Sache) geregelt. In Abschnitt 2 ist der Allgemeine Teil des Grundstücksrechts zusammengefasst. Die Abschnitte 3–8 enthalten die 7 Sachenrechte: Eigentum (die volle rechtliche Gewalt über die Sache) und die sog. beschränkten dinglichen Rechte: Erbbaurecht (die Regelung im BGB ist inzwischen aufgehoben und ersetzt durch die Erbbaurechtsverordnung); Dienstbarkeiten; Vorkaufsrecht; Reallasten; Hypothek, Grundschuld, Rentenschuld (die sog. Grundpfandrechte); Pfandrechte an beweglichen Sachen. Es ist nicht erforderlich, dass man alle diese Ausdrücke auswendig lernt, wichtig ist nur, dass man sich die Zahl „7" merkt. Im Sachenrecht besteht nämlich **nicht** Vertragsfreiheit (Gestaltungsfreiheit) wie im Schuldrecht, sondern TYPENZWANG (numerus clausus), d.h. die Parteien haben nur die Wahl zwischen den erwähnten 7 Typen, sie können keinen neuen Typ schaffen. Der Typenzwang dient der Übersichtlichkeit, er soll verhindern, dass die Parteien durch die Schaffung atypischer dinglicher Rechte die sachenrechtliche Lage unübersichtlich machen. Übersichtlichkeit ist aber erforderlich angesichts der absoluten Wirkung der dinglichen Rechte. Was gegenüber jedermann wirken soll, muss auch für jedermann erkennbar sein.

3. Ordnung nach der sozialen Realität: Familienrecht und Erbrecht

Das Vierte und das Fünfte Buch des BGB (Familienrecht und Erbrecht) werden in diesem Buch nicht näher behandelt. Für das Verständnis des BGB ist es aber sehr wichtig zu wissen, dass die beiden letzten Bücher des BGB nach einem **anderen Ordnungsprinzip** geschaffen wurden als das Zweite und das Dritte Buch. Während nämlich die Unterscheidung zwischen Schuldrecht und Sachenrecht auf Verschiedenheiten in der formalen juristischen Struktur beruht (relative und absolute Rechte), ist man beim Familienrecht und Erbrecht von bestimmten Ausschnitten des **sozialen Lebens** ausgegangen, die man wegen ihrer gegenständlichen Geschlossenheit zusammenfassend regeln wollte. Im Aufbau des BGB besteht insoweit ein systematischer **Bruch:** Schuld- und Sachenrecht einerseits, Familienrecht und Erbrecht andererseits sind Unterscheidungen auf ganz verschiedenen Ebenen.

Infolgedessen finden sich im Familienrecht und Erbrecht Normen mit schuldrechtlicher und sachenrechtlicher Struktur oft bunt durcheinander.

(1) Im **Familienrecht** ist der Familienverband geregelt: die **Ehe** einschließlich Verlöbnis und Scheidung, die **Verwandtschaft,** insbesondere die Sorge für Kinder durch die **Eltern** und die Sorge für Kinder und psychisch kranke oder behinderte Erwachsene durch **Vormundschaft, rechtliche Betreuung** und **Pflegschaft.**

(2) Auch das **Erbrecht** erfasst einen geschlossenen Lebenskreis: Es regelt die privatrechtlichen Wirkungen des **Todes** eines Menschen für andere Menschen.

§ 5. Das Handelsgesetzbuch

I. Vorgeschichte, systematische Einordnung

Das Handelsgesetzbuch von 1897, in Kraft seit 1900, ist die zweitwichtigste Rechtsquelle des deutschen Privatrechts. Das HGB ist das **Sonderprivatrecht der Kaufleute.** Allerdings gelten gewisse Regeln über die Handelsgeschäfte gleichmäßig für beide Teile, auch wenn nur ein Teil Kaufmann ist. (Bitte lesen Sie § 345 HGB.) Die Sonderregelung des HGB ist nicht für sich abgeschlossen und selbständig, sondern baut auf den Grundregeln des BGB auf. Für die Entscheidung eines Falles im Handelsrecht müssen fast immer Vorschriften aus dem BGB herangezogen werden. Das Handelsrecht kann deshalb nur verstehen, wer das bürgerliche Recht kennt.

II. Inhalt und äußerer Aufbau

Das HGB ist in fünf Bücher aufgeteilt.

  Bitte schlagen Sie das Inhaltsverzeichnis zum HGB auf. Lesen Sie die Überschriften der Bücher.

1. Erstes Buch. Handelsstand

Im Ersten Buch ist zunächst festgelegt, wer **Kaufmann** im Sinne des HGB ist. Es folgen Vorschriften über das **Handelsregister** und die **Handelsfirma.** Außerdem sind geregelt die **besondere Stellvertretung** des Kaufmanns (Prokura und Handlungsvollmacht) sowie die **unselbständigen Hilfspersonen** (Handlungsgehilfen) und zwei **selbständige Hilfspersonen** des Kaufmanns (Handelsvertreter und Handelsmakler).

  Bitte lesen Sie im Inhaltsverzeichnis des HGB die Überschriften der Abschnitte des Ersten Buches.

2. Zweites Buch. Handelsgesellschaften und stille Gesellschaft

Im Zweiten Buch waren ursprünglich die Gesellschaften des Handelsrechts zusammengefasst. Später ist die Aktiengesellschaft herausgenommen und in einem Sondergesetz geregelt worden (AktG), außerdem entstanden außerhalb des HGB die

Gesetze über die Gesellschaft mit beschränkter Haftung und über die Genossenschaft (GmbHG, GenG). Im HGB verblieben sind die Vorschriften über die offene Handelsgesellschaft, die Kommanditgesellschaft und die stille Gesellschaft.

📖 Bitte lesen Sie im Inhaltsverzeichnis des HGB die Überschriften der Abschnitte des Zweiten Buches.

3. Drittes Buch. Handelsbücher

Im Dritten Buch sind die Vorschriften über die Handelsbücher zusammengefasst. Der Erste Abschnitt ist der **Allgemeine** Teil des Dritten Buches, er gilt für **alle** Kaufleute. Die übrigen Abschnitte bilden den Besonderen Teil des Dritten Buches, sie enthalten (zusätzliche) ergänzende Vorschriften für spezielle Gesellschaftsarten.

📖 Bitte lesen Sie im Inhaltsverzeichnis des HGB die Überschriften der Abschnitte des Dritten Buches.

4. Viertes Buch. Handelsgeschäfte

Das Vierte Buch regelt die Handelsgeschäfte, es ist besonders eng mit dem Zweiten und Dritten Buch des BGB verbunden, da es zum großen Teil aus Sonderregeln besteht, die man den Regeln des Schuldrechts und des Sachenrechts des BGB aufgesetzt hat. Es beginnt mit einem (wiederum vor die Klammer gezogenen) Allgemeinen Teil, während die Abschnitte 2–6 Besonderer Teil sind: Handelskauf, Kommissions-, Fracht-, Speditions- und Lagergeschäft.

📖 Bitte lesen Sie im Inhaltsverzeichnis des HGB die Überschriften des Vierten Buches.

5. Fünftes Buch. Seehandel

Das Seerecht ist in den meisten Gesetzesausgaben überhaupt nicht abgedruckt. Wir können es übergehen.

§ 6. Grundgesetz und Europarecht

I. Grundgesetz

Das Grundgesetz für die Bundesrepublik Deutschland vom 23. Mai 1949 (GG), gehört zwar im Wesentlichen zum Staatsrecht und damit zum öffentlichen Recht; es ist aber auch für das Privatrecht von großer Bedeutung. Es ist nämlich das ranghöchste innerstaatliche Gesetz in Deutschland, das allen anderen innerstaatlichen Gesetzen vorgeht.

Praktisch wirkt sich das vor allem bei der in Art. 100 GG geregelten **konkreten Normenkontrolle** aus: wenn ein Gericht ein Gesetz, auf dessen Gültigkeit es bei der Entscheidung ankommt, für **verfassungswidrig** hält, hat es das Verfahren auszusetzen und die Entscheidung des Bundesverfassungsgerichts, des „Hüters der Verfassung" einzuholen.

Darüber hinaus ist das Grundgesetz als Grundlage der gesamtstaatlichen Ordnung (vgl. Präambel) für die **Auslegung der Gesetze,** auch der privatrechtlichen, richtungweisend; es darf, wie das Bundesverfassungsgericht[15] es ausdrückte, „keine bürgerlich-rechtliche Vorschrift … im Widerspruch zu ihm stehen, jede muss in seinem Geiste ausgelegt werden" (sog. verfassungskonforme Auslegung).

Wir möchten dem Leser raten, sich auf jeden Fall ein neueres Exemplar des Grundgesetzes zu beschaffen und alle im Folgenden angegebenen Artikel nachzulesen.

Das Grundgesetz beginnt nach der Präambel mit einem Katalog von Grundrechten, die nicht nur – darin liegt ihre Bedeutung – als Programmpunkte zu verstehen sind, sondern Gesetzgebung, vollziehende Gewalt und Rechtsprechung als **unmittelbar** geltendes Recht binden (Art. 1 III GG). Einschränkungen von Grundrechten dürfen nur durch ein Gesetz oder aufgrund eines Gesetzes und nur dann vorgenommen werden, wenn dies für das jeweilige Grundrecht **nach dem Grundgesetz** zulässig ist. Auf keinen Fall darf ein Grundrecht in seinem Wesensgehalt angetastet werden (Art. 19 II GG). Diese Schranke gilt auch für verfassungsändernde Gesetze (Art. 79 III GG).

📖 Bitte lesen Sie Art. 1–19 GG.

Zum Schutze des Einzelnen werden die Hauptgrundsätze des Rechtsstaates ausdrücklich festgelegt, so insbes. die Teilung der Gewalten (Art. 20 II GG), die Bindung der Gesetzgebung an die verfassungsmäßige Ordnung, die Bindung der vollziehenden Gewalt und der Rechtsprechung an Gesetz und Recht (Art. 20 III GG) und die Rechtsweggarantie für jeden, der durch die öffentliche Gewalt in seinen Rechten verletzt worden ist (Art. 19 IV GG).

Historisch gesehen sind die Grundrechte als eine Zusicherung des Staates an den Bürger entstanden, bei der Ausübung der Staatsgewalt eine gewisse „staatsfreie" Sphäre des Individuums zu respektieren. So betrachtet, haben sie nur Bedeutung für das Verhältnis des Einzelnen und der von ihm gegründeten Gemeinschaften zum Staat. Das Recht auf Freiheit und Menschenwürde wird aber in der heutigen industriellen Massengesellschaft nicht nur durch den Staat, sondern auch durch die „anonymen Mächte", durch Großunternehmen und Verbände bedroht. Seit den Zeiten der Verkündung der Menschenrechte haben sich die gesellschaftlichen Verhältnisse grundlegend geändert. Dem muss die Rechtsordnung Rechnung tragen, wenn sie sich nicht dem Vorwurf der Realitätsblindheit aussetzen will. **Nipperdey**[16] hat deshalb die Ansicht vertreten, dass die Grundrechte nicht nur für das Verhältnis zum Staat, sondern auch im Verhältnis der Einzelnen und ihrer Gemeinschaften **zueinander** gelten (sog. **absolute Wirkung** oder **Drittwirkung** der Grundrechte). Das Bundesarbeitsgericht ist dieser Ansicht gefolgt, ebenso der Bundesgerichtshof in einigen Entscheidungen.[17] Dagegen neigt das Bundesverfassungsgericht zu der Auffassung, dass die Wertentscheidungen des Grundgesetzes eher auf dem Wege über die Generalklauseln (Treu und Glauben, gute Sitten, vgl. §§ 242, 138, 826) Eingang in das BGB finden sollen.[18]

---

[15] BVerfG NJW 1958, 257.
[16] Enneccerus/Nipperdey, § 15 II 4.
[17] BAG 1, 199; BGH 6, 366; 13, 338; 24, 76; 33, 150.
[18] BVerfG NJW 1994, 38.

II. Europarecht

Das Rangverhältnis zwischen Grundgesetz und anderen innerstaatlichen Gesetzen findet auf europäischer Ebene eine Fortsetzung in dem Rangverhältnis zwischen dem Recht der Europäischen Gemeinschaft und innerstaatlichem Recht.

Das **primäre** Gemeinschaftsrecht besteht zunächst aus den Gründungsverträgen – dem (inzwischen ausgelaufenen) Vertrag über die Gründung der Montanunion von 1951 und den „Römischen Verträgen" von 1957: dem Vertrag zur Gründung der Europäischen Wirtschaftsgemeinschaft (EWG) und dem Vertrag zur Gründung der Europäischen Atomgemeinschaft (EURATOM). Zum primären Gemeinschaftsrecht gehören außerdem die später geschlossenen Änderungs- und Ergänzungsverträge, vor allem der Vertrag über die Europäische Union (Maastricht-Vertrag) von 1992, der auch zur Umbenennung der EWG in EG geführt hat.

Sekundäres Gemeinschaftsrecht sind Rechtsakte, die auf der Grundlage des primären Gemeinschaftsrechts von dem Rat oder der Kommission (mit oder ohne Mitentscheidung des Europäischen Parlaments) erlassen werden. Die wichtigsten Rechtsakte sind die Verordnungen und die Richtlinien.

(1) **Verordnungen** haben allgemeine Geltung. Sie sind in allen ihren Teilen verbindlich und gelten **unmittelbar** in allen Mitgliedstaaten (Art. 249 II EG-Vertrag).

(2) **Richtlinien** verpflichten die Mitgliedstaaten, ihr nationales Recht der Richtlinie **inhaltlich** anzupassen: Das zu erreichende **Ziel** ist für die Mitgliedstaaten verbindlich, während ihnen die Wahl der Form und der Mittel überlassen bleibt (Art. 249 III EG-Vertrag). Die Umsetzung der Richtlinie schafft also nicht europäisches, sondern – **angeglichenes** – nationales Recht.

Grundsätzlich hat das Gemeinschaftsrecht Vorrang gegenüber dem nationalen Recht, das im Falle einer Kollision mit dem Gemeinschaftsrecht **unanwendbar** ist. Dies gilt jedenfalls für das primäre Gemeinschaftsrecht und die Verordnungen, die ja **unmittelbar** gelten. Bei den Richtlinien dagegen ist abweichendes nationales Recht weiter anwendbar, wenn – was häufig geschieht – der Mitgliedstaat es versäumt, die Richtlinie rechtzeitig und vollständig umzusetzen. Das gilt aber nicht zeitlich unbegrenzt. Bestimmungen der Richtlinie können im Verhältnis zwischen dem Bürger und dem Mitgliedstaat (also nicht im Verhältnis der Bürger zueinander) unmittelbar geltendes Recht werden, soweit sie inhaltlich unbedingt und hinreichend bestimmt sind.[19]

Auch zu der oben beschriebenen konkreten Normenkontrolle durch das Bundesverfassungsgericht gibt es eine europäische Entsprechung, nämlich das Vorlageverfahren beim Europäischen Gerichtshof (EuGH) nach Art. 234 EG-Vertrag: Wenn die Frage der Vereinbarkeit von **sekundärem** Gemeinschaftsrecht (z.B. einer Verordnung oder Richtlinie) mit **primärem** Gemeinschaftsrecht in einem Gerichtsverfahren **fallentscheidend** ist, **kann** das Gericht die Frage dem EuGH zur Entscheidung vorlegen. Handelt es sich um ein **letztinstanzliches** Gericht, so ist das Gericht zur Anrufung des EuGH **verpflichtet.**

---

[19] EuGH ZIP 1991, 1610.

Außerdem ist das Gemeinschaftsrecht für die **Auslegung** von nationalem Recht richtungsweisend, soweit es sich um **angeglichenes** nationales Recht handelt. Dieses nationale Recht ist von den Gerichten „gemeinschaftskonform" auszulegen.[20]

§ 7. Sonstige Rechtsquellen

I. Gesetz und autonome Satzung

In Deutschland wie in fast allen kontinentaleuropäischen Staaten ist die wichtigste Rechtsquelle das **Gesetz im materiellen Sinne,** d.h. die von einem staatlichen Organ im Rahmen seiner Zuständigkeit auf dem dafür vorgeschriebenen Wege erlassene Rechtsnorm, sei es, dass die Rechtsnorm auf dem regelmäßigen Wege unter Mitwirkung der Volksvertretung zu Stande gekommen ist (Gesetz im **formellen** Sinne), sei es, dass sie aufgrund einer Ermächtigung von einem Regierungsorgan ohne die Mitwirkung der Volksvertretung erlassen wurde (sog. **Rechtsverordnung**). Die für das Privatrecht wichtigsten Gesetze (Grundgesetz, BGB, HGB) wurden bereits erwähnt.

Die **autonome** Satzung ist eine Sonderart des gesetzten Rechts. Sie beruht auf der Rechtsetzungsbefugnis, die gewissen innerstaatlichen Verbänden z.B. den berufsständischen Organisationen (Innungen und Kammern) zusteht. Ihre Hauptbedeutung liegt auf dem Gebiet des öffentlichen Rechts.

II. Gewohnheitsrecht

Das Gewohnheitsrecht ist die historisch älteste und heute noch nach dem Gesetzesrecht wichtigste Gesetzesquelle. Es entsteht durch ständige praktische Übung und allgemeine Rechtsüberzeugung bei den Beteiligten. Das Grundgesetz erkennt das Gewohnheitsrecht ausdrücklich an, indem es bestimmt, dass die vollziehende Gewalt und die Rechtsprechung an Gesetz „und Recht" gebunden sind (Art. 20 III GG). Nach Art. 2 des Einführungsgesetzes zum BGB ist unter „Gesetz", soweit dieses Wort im BGB vorkommt, „jede Rechtsnorm", also (trotz der Sprachwidrigkeit) auch das nichtgesetzte Gewohnheitsrecht zu verstehen. Das Gewohnheitsrecht hat nicht nur gleichen Rang wie das Gesetzesrecht, es ist sogar imstande, das Gesetzesrecht zu verdrängen, denn für das Verhältnis von (sonst gleichrangigen) Normen zueinander gilt, dass das besondere Gesetz (lex specialis) dem allgemeinen (lex generalis), das spätere Gesetz dem früheren Gesetz vorgeht (lex posterior derogat legi priori).

III. Verkehrssitte und Handelsbrauch

Keine unmittelbare Rechtsquelle sind die Verkehrssitte und der Handelsbrauch. Es handelt sich hier um eine den Verkehr beherrschende **tatsächliche** Übung, deren

---

[20] EuGH NJW 1984, 2022; BAG DB 1993, 435; BGH NJW 1993, 1594.

rechtsverbindliche Kraft durch das Gesetz angeordnet (vgl. §§ 157, 242 BGB, § 346 HGB), also **abgeleitet** ist und die den Willen der Parteien ergänzt, auch wenn diese davon keine Kenntnis haben. Sie kann allerdings durch Parteivereinbarung ausgeschlossen werden.[21] Häufig bildet die Verkehrssitte eine Vorstufe des Gewohnheitsrechts.

IV. Gerichtsgebrauch

In neuerer Zeit wird das Wort „Richterrecht" oft erwähnt. Dieser Ausdruck ist etwas irreführend. Zwar sind die deutschen Gerichte nicht nur zur reinen Rechtsprechung, d.h. zur Anwendung des bereits vorhandenen Rechts auf einen Einzelfall, sondern auch zur Rechts**fortbildung** berufen; die Urteile der höchsten deutschen Gerichte binden aber in einem neuen Fall – im Gegensatz zum englischen Präjudizienrecht – weder diese höchsten Gerichte selber noch die unteren Gerichte. Eine Ausnahme gilt für das Bundesverfassungsgericht, dessen Entscheidungen die Verfassungsorgane des Bundes und der Länder sowie alle übrigen Gerichte und Behörden binden und in den wichtigsten Fällen Gesetzeskraft haben (Art. 94 II GG, § 31 BVerfGG). Dennoch hat der Gerichtsgebrauch, die „ständige Rechtsprechung" für die juristische Praxis enorme Bedeutung. Wenn, was häufig geschieht, die Rechtsprechung allgemein oder jedenfalls weit überwiegend anerkannt wird, erstarkt sie zum Gewohnheitsrecht.

V. Rechtslehre

Auch die Rechtslehre kann nicht unmittelbar Recht schöpfen, obwohl sie neben der Rechtsprechung den stärksten Einfluss auf die Fortentwicklung des Rechts hat. Ihr Widerspruch gegen den Gerichtsgebrauch kann aber die Bildung von Gewohnheitsrecht verhindern.

VI. Staatsverträge und Völkerrecht

Staatsverträge sind unmittelbare Rechtsquelle, wenn sie vom innerdeutschen Gesetzgeber gebilligt und ordnungsgemäß verkündet worden sind. Nach Art. 25 GG sind außerdem die **allgemeinen Regeln des Völkerrechts** unmittelbar geltendes Recht.

§ 8. Die wichtigsten Rechtsbegriffe

Wir schließen den Einführungsabschnitt mit der Zusammenstellung einiger Rechtsbegriffe, die man genau kennen muss, wenn man sich im deutschen Privatrecht zurechtfinden will. Wir raten dem Leser, diese Zusammenstellung während der Lektüre dieses Buches **mehrmals** durchzuarbeiten, und zwar so lange und

---

[21] RG 114, 12.

gründlich, bis er alle Begriffe SOUVERÄN BEHERRSCHT. Das mag ein wenig mühsam sein, es führt aber auf lange Sicht zu ganz erheblichen Zeiteinsparungen.

Wir gehen in der Weise vor, dass wir zuerst die **Subjekte** und dann die **Objekte** des Privatrechts vorstellen. Danach geben wir kurz die Terminologie an, die die Juristen gebrauchen, wenn sie sagen wollen, dass ein Subjekt die **rechtliche Herrschaft** über ein Objekt hat. Schließlich gehen wir auf die verschiedenen Arten **rechtlich erheblichen Verhaltens** ein.

Die Zusammenstellung eignet sich besonders gut für eine **grafische Darstellung.** Wenn Sie den Teil „C. Berechtigter" weglassen, können Sie mit den drei Oberbegriffen anfangen und dann die ganze „Welt der Juristen" darstellen:

Personen	Gegenstände	Rechtlich erhebliches Verhalten

A. Personen (Rechtssubjekte)

Wer Träger von Rechten und Pflichten sein kann, ist ein Rechtssubjekt. Das Gesetz nennt die Rechtssubjekte **Personen.** Man unterscheidet natürliche und juristische Personen.

I. Natürliche Personen

Natürliche Personen sind alle Menschen. Die Rechtsfähigkeit **beginnt** mit der Geburt (§ 1). Es kann also schon ein Säugling (z.B. infolge einer Erbschaft) Eigentümer von Sachen, Gläubiger von Forderungen, Schuldner von Verbindlichkeiten sein. Die Rechtsfähigkeit **endet** mit dem Tod. Tote haben nichts und schulden nichts: sie sind keine Personen.

II. Juristische Personen

Juristische Personen sind Personengemeinschaften oder Sacheinrichtungen, die eigene Rechtsfähigkeit besitzen. Es gibt juristische Personen des Privatrechts und des öffentlichen Rechts.

1. Juristische Personen des Privatrechts

Juristische Personen des Privatrechts sind die Vereine und Stiftungen.

a) Vereine

Vereine sind Personenvereinigungen mit Selbstverwaltung (Autonomie) durch die Mitglieder und die von diesen gewählten Organe. Rechtsfähige Vereine sind der im BGB geregelte eingetragene Verein (e.V.) und die Vereine des Handelsrechts: die Aktiengesellschaft (AG), die Kommanditgesellschaft auf Aktien (KommAG), die Gesellschaft mit beschränkter Haftung (GmbH) und die eingetragene Genossenschaft (eG). Diese Vereine erlangen die Rechtsfähigkeit durch Eintragung in ein Register (Vereinsregister, Handelsregister, Genossenschaftsregister). Außerdem gibt es den Versicherungsverein auf Gegenseitigkeit (VVaG), der Rechtsfähigkeit durch staatliche Verleihung erlangt.

b) Stiftungen

Stiftungen sind Sacheinrichtungen mit eigener Rechtspersönlichkeit. Der Zweck der Stiftung wird (heteronom) durch den Willen des Stifters bestimmt, der in der Stiftungsurkunde festgelegt worden ist. Insoweit hat die Stiftung keine Selbstverwaltung. Das unterscheidet sie vom Verein.

2. Juristische Personen des öffentlichen Rechts

Juristische Personen des öffentlichen Rechts sind einerseits die Körperschaften, andererseits die Anstalten und Stiftungen des öffentlichen Rechts.

a) Körperschaften

Die Körperschaften sind Personenvereinigungen mit Selbstverwaltung (Autonomie), sie sind die öffentlich-rechtliche Parallele zu den Vereinen. Die wichtigsten Körperschaften sind die sog. Gebietskörperschaften (die Gemeinden, Kreise, Länder, die Bundesrepublik), außerdem die (meist auf Zwangsmitgliedschaft beruhenden) berufsständischen Organisationen (Innungen und Kammern). Oft gründen Gebietskörperschaften zur Erreichung bestimmter Zwecke übergeordnete Organisationen, die wiederum als (rechtsfähige) Körperschaften eingerichtet werden. Im Inland sind dies z.B. die Boden- und Wasserverbände, im internationalen Bereich die zwischenstaatlichen (UN, NATO) und überstaatlichen (EU) Staatenverbindungen.

b) Anstalten und Stiftungen

Anstalten und Stiftungen des öffentlichen Rechts sind Sacheinrichtungen oder Vermögensmassen, die eigene Rechtspersönlichkeit besitzen, aber von außen gelenkt werden, also keine Selbstverwaltung besitzen (z.B. die öffentlich-rechtlichen Rundfunk- und Fernsehanstalten und die kommunalen Sparkassen). Sie stellen die Parallele zur Stiftung des Privatrechts dar.

B. Gegenstände (Rechtsobjekte)

Den Gegensatz zu den Rechts**subjekten** bilden die Rechts**objekte**, die am Rechtsverkehr nur passiv teilnehmen. Sie werden vom Gesetz als **Gegenstände** bezeichnet. Man unterscheidet zwischen körperlichen und unkörperlichen Gegenständen.

I. Sachen

Die körperlichen Gegenstände sind die Sachen (§ 90) und die Tiere (§ 90 a). Man kann die Sachen wiederum unterteilen in

(1) bewegliche Sachen,

(2) Grundstücke.

II. Rechte

Die unkörperlichen Gegenstände sind die **Rechte**. Es gibt absolute und relative Rechte.

1. Absolute Rechte

Die **absoluten Rechte** wirken gegenüber jedermann. Absolute Rechte sind das Eigentum und die anderen sechs dinglichen Rechte, außerdem die Ausschließlichkeitsrechte des Handelsrechts und des Urheberrechts: Firma, Marke, Patent, Gebrauchsmuster, Geschmacksmuster und die Urheberrechte der Literatur, Wissenschaft und Kunst.

2. Relative Rechte

Die **relativen Rechte** bestehen nur zwischen bestimmten Personen. Zu den relativen Rechten gehören vor allem die schuldrechtlichen (obligatorischen) Ansprüche, die auch **Forderungen** genannt werden.

C. Berechtigter

Wenn eine Person über einen Gegenstand die volle rechtliche Herrschaft besitzt, wird sie – in Bezug auf diesen Gegenstand – als Berechtigter bezeichnet.

I. Eigentümer

Der Berechtigte bezüglich einer **Sache** ist der Eigentümer.

II. Rechtsinhaber

Für den Berechtigten bezüglich eines **Rechts** gibt es keinen allgemein gebrauchten Ausdruck. Man kann ihn zur Not als **Rechtsinhaber** bezeichnen. Handelt es sich bei dem Recht um einen Anspruch, so nennt man den Berechtigten **Gläubiger**.

D. Rechtlich erhebliches Verhalten

I. Rechtsgeschäfte

Nicht jedes menschliche Verhalten führt zu rechtlichen Konsequenzen. Wenn z.B. Frau F den Studenten S zu einer Plauderstunde in ihre Wohnung eingeladen hat, so hat sie sich rechtlich nicht gebunden. Sie kann die Einladung jederzeit frei widerrufen. Anders ist die Lage, wenn sie mit S verabredet hat, dass sie ihm in ihrer Wohnung Unterricht in Statistik gegen Entgelt erteilen soll. Dann haben beide erklärt, dass sie bestimmte Rechtsfolgen herbeiführen, nämlich eine beiderseitige Bindung im Sinne des § 611 eingehen wollen. Ein solches Verhalten, in dem sich der Wille kundtut, bestimmte Rechtsfolgen herbeizuführen, wird von den Juristen als **Rechtsgeschäft** bezeichnet.

Rechtsgeschäfte kann nur vornehmen, wer **geschäftsfähig** ist. Die volle Geschäftsfähigkeit tritt mit 18 Jahren ein. Jugendliche sind ab 7 Jahren **beschränkt geschäftsfähig,** d.h. sie können Rechtsgeschäfte mit Zustimmung ihres gesetzlichen Vertreters (Eltern, Vormund) vornehmen (§§ 106, 107). Kinder unter 7 Jahren sind **geschäftsunfähig,** ihre Erklärungen sind nichtig (§§ 104 Nr. 1, 105 I).

1. Einseitige und mehrseitige Rechtsgeschäfte

Nach dem Tatbestand kann man zwischen **einseitigen** und **mehrseitigen** Rechtsgeschäften unterscheiden.

a) Einseitige Rechtsgeschäfte

Bei den **einseitigen** Rechtsgeschäften treten die Rechtswirkungen bereits durch die Erklärung einer Partei ein. Wenn z. B. der Student S seiner Zimmerwirtin den Mietvertrag fristgemäß kündigt, endet der Mietvertrag mit dem Ablauf der Kündigungsfrist, auch wenn die Zimmerwirtin erklärt hat, sie „nehme die Kündigung nicht an". Denn die Kündigung ist ein einseitiges Rechtsgeschäft. Einseitige Rechtsgeschäfte sind selten. Eine wichtige Gruppe bilden die Erklärungen, die zu der **Aufhebung** oder **Beendigung** einer rechtlichen Bindung führen. Dazu gehören außer der erwähnten Kündigung die Anfechtung und der Rücktritt (§§ 143 I, 346 I). Auch die Rechtsgeschäfte, durch die jemand einem anderen die Befugnis erteilt, ihn rechtlich zu binden oder über Gegenstände seines Vermögens zu verfügen, sind einseitige Rechtsgeschäfte: die **Bevollmächtigung** und die **Ermächtigung** (§§ 167 I, 185 I). Außerdem sieht das BGB in der **Auslobung** einen Fall vor, in dem durch einseitige (öffentliche) Erklärung eine **Verpflichtung** des Erklärenden entsteht (§ 657).

b) Mehrseitige Rechtsgeschäfte

Die große Masse der Rechtsgeschäfte wird von den **mehrseitigen** Rechtsgeschäften gebildet. Bei diesen treten die Rechtswirkungen erst durch die einverständlichen Erklärungen **mehrerer** Personen ein. Dies ist einleuchtend, wenn man bedenkt, dass die meisten Rechtsgeschäfte in irgendeiner Art in die Sphäre einer Person eingreifen. Die wichtigsten mehrseitigen Rechtsgeschäfte sind die VERTRÄGE, außerdem die **Beschlüsse,** durch die mehrere Mitglieder eines Vereins oder einer Gesellschaft einen einheitlichen Willen kundtun.

2. Verpflichtungsgeschäfte und Verfügungsgeschäfte

Nach den Rechtswirkungen kann man die Rechtsgeschäfte einteilen in **Verpflichtungsgeschäfte** und **Verfügungsgeschäfte.**

a) Verpflichtungsgeschäfte

Rechtsgeschäfte, die ein **Schuldverhältnis,** d.h. ein Verhältnis von Rechten und Pflichten zwischen den Parteien begründen, werden **Verpflichtungsgeschäfte** genannt. Mit einer Ausnahme (Auslobung) sind alle Verpflichtungsgeschäfte **Verträge** (§§ 311 I, 657). Außerdem können Schuldverhältnisse durch **Vertragsanbahnungen** entstehen (§ 311 II).

Innerhalb der durch Verpflichtungsgeschäfte geschaffenen Schuldverhältnisse kann man nun eine Unterscheidung vornehmen, die sich danach richtet, ob nur **eine** Partei oder ob **beide** Parteien verpflichtet werden. Die beiden extremen Gruppen sind die **streng einseitigen** Schuldverhältnisse einerseits, die **gegenseitigen** Verträge andererseits. Eine Mittelstellung nehmen die **nicht streng einseitigen** oder **unvollkommen zweiseitigen** Schuldverhältnisse ein. Wenn der Anfänger diese Unterscheidung kennen lernt, gerät er leicht in Verwirrung, da er sie mit der Unterscheidung zwischen einseitigen und mehrseitigen **Rechtsgeschäften** durcheinander bringt. Zur Klarstellung weisen wir nochmals darauf hin: die Unterscheidung zwischen einseitigen und mehrseitigen Rechtsgeschäften geht von der Frage aus, ob bestimmte Rechtswirkungen durch die **Willenserklärungen** einer oder mehrerer Parteien eintreten. Die Unterscheidung zwischen den verschiedenen Arten der **Schuldverhältnisse** richtet sich danach, ob eine Partei oder ob beide Parteien **verpflichtet** werden.

Beim **streng einseitigen Schuldverhältnis** wird die eine Seite **nur verpflichtet,** nicht berechtigt, die andere Seite **nur berechtigt,** nicht verpflichtet. Streng einseitige Schuldverhältnisse sind sehr selten. Das wichtigste Beispiel ist die Bürgschaft, die durch den Bürgschaftsvertrag zwischen Gläubiger und Bürgen zustande kommt und den Gläubiger **nur berechtigt,** den Bürgen **nur verpflichtet** (§ 765).

Der **gegenseitige Vertrag** ist das andere Extrem: Beide Parteien sind gleichzeitig Schuldner **und** Gläubiger; die eine Leistung wird um der anderen willen erbracht, jede Leistung wird von den Parteien als **Äquivalent** für die andere Leistung betrachtet. (Bitte lesen Sie §§ 433, 535, 581, 611, 631.)

Eine Mittelstellung bilden die **nicht streng einseitigen** oder **unvollkommen zweiseitigen** Schuldverhältnisse, die grundsätzlich die eine Seite nur verpflichten, die andere nur berechtigen, die aber unter gewissen Umständen auch den Gläubiger verpflichten, den Schuldner berechtigen können. Beispiele sind die Aufwendungsersatzansprüche bei Verträgen, die auf eine unentgeltliche Leistung gerichtet sind. Wenn z. B. Frau F für einen Monat verreist und der Student S sich bereit erklärt, ihren Hund unentgeltlich in Pflege zu nehmen, so wird zwischen den beiden das Schuldverhältnis der **unentgeltlichen Verwahrung** begründet, Frau F ist nur berechtigt, S ist nur verpflichtet (§ 688). Natürlich kann S nach der Rückkehr von F verlangen, dass diese ihm die Kosten für das Spezialfutter und die Tierarztkosten ersetzt, die infolge einer Erkrankung des Hundes entstanden sind (§ 693). Dadurch wird aber das Schuldverhältnis noch nicht ein **gegenseitiges,** denn die Erstattung der Kosten ist nicht das **Äquivalent** für die Tierverwahrung: Die Tierverwahrung ist und bleibt unentgeltlich.

b) Verfügungsgeschäfte

Während die Verpflichtungsgeschäfte ein Schuldverhältnis zur Entstehung bringen, liegt die Eigenart der **Verfügungsgeschäfte** oder **Verfügungen** darin, dass sie auf ein **bereits bestehendes Recht**[22] (schuldrechtlicher oder sachenrechtlicher Art) **unmittelbar einwirken,** sei es, dass das Recht (aus der Sicht des Berechtigten)

(1) **übertragen** wird (man spricht statt von Übertragung auch von Veräußerung, Beispiele: Eigentumsübertragung, Forderungsabtretung),

(2) **belastet** wird (Beispiele: Belastung des Eigentums an einer beweglichen Sache mit einem Pfandrecht, Belastung des Eigentums an einem Grundstück mit einer Hypothek),

(3) **in seinem Inhalt geändert** wird (Beispiel: Umwandlung einer Hypothek in eine Grundschuld und umgekehrt),

(4) **aufgehoben** wird (Beispiele: Einziehung oder Erlass einer Forderung).[23]

---

[22] Flume, Allg. Teil II § 11, 5a.

[23] Zusätzliche Anmerkungen für Leser, die es noch genauer wissen wollen:
1. Der Paradefall für die Unterscheidung zwischen Verpflichtungsgeschäft und Verfügung ist natürlich der Gegensatz Kaufvertrag – Übereignungsvertrag. Nach unserer Erfahrung führt dieser Paradefall aber leicht zu einem Missverständnis: Man glaubt, das Verpflichtungsgeschäft sei **stets** ein schuldrechtliches, die Verfügung sei stets ein sachenrechtliches Rechtsgeschäft. Das ist falsch, wie das Beispiel der Forderungsabtretung zeigt (§ 398): Diese ist ein schuldrechtliches Rechtsgeschäft und gleichzeitig eine Verfügung. Um den Unterschied auf eine prägnante Formel zu bringen:
   a) Das **Verpflichtungsgeschäft** bringt ein Schuldverhältnis hervor. Es ist **stets** ein schuldrechtliches Rechtsgeschäft.
   b) Bei der **Verfügung** muss man unterscheiden. Das bestehende Recht, auf das sie einwirkt, kann ja (seiner Struktur nach) sachenrechtlich **oder** schuldrechtlich (d.h. eine Forderung) sein.
      (1) Verfügungen über **Sachenrechte** sind **sachenrechtliche** Rechtsgeschäfte.
      (2) Entsprechend sind Verfügungen über **Forderungen schuldrechtliche** Rechtsgeschäfte. Es gibt hier aber zwei interessante Ausnahmen: Die Bestellung eines **Nießbrauchs** und eines **Pfandrechts** an einer Forderung sind **sachenrechtliche** Rechtsgeschäfte. Das mutet etwas verwirrend an, erklärt sich aber daraus, dass Nießbrauch und Verpfändung die beiden Fälle sind, in denen kuriöserweise ein schuldrechtliches (relatives) Recht mit einem (absoluten) Sachenrecht belastet werden kann. (Die weitere rechtliche Einordnung dieses schuldrechtlich-sachenrechtlichen Huckepacks ist – wie nicht anders zu erwarten – sehr umstritten, Literaturübersicht bei Staudinger/Riedel/Wiegand (12. Aufl.), Vorbem. §§ 1273 ff. Rnr. 4 ff.).
2. Die Verfügungen werden oft auch dingliche Rechtsgeschäfte genannt. Dieser Sprachgebrauch fördert die missverständliche Gleichsetzung von Verfügung und sachenrechtlichem Rechtsgeschäft, da die Sachenrechte allgemein als „dingliche Rechte" bezeichnet werden. Man sollte deshalb von dinglichen Rechtsgeschäften nur bei der Untergruppe der sachenrechtlichen Verfügungen sprechen (Flume, Allg. Teil II § 11, 2.)
3. Die Definition der Verfügung ist stets aus der **Blickrichtung des Rechtsinhabers** zu verstehen. Das wird bei den Übertragungsgeschäften besonders deutlich: Sie sind für den Veräußerer Verfügungsgeschäfte, für den Erwerber **Erwerbsgeschäfte.**
4. Man kann nur über **Rechte** verfügen. Das klingt vielleicht selbstverständlich, kommt aber im Gesetz nicht immer klar zum Ausdruck, weil im Gesetz statt vom **Eigentum an der Sache** oft verkürzt von der **Sache** gesprochen wird. Korrekt ist die Ausdrucksweise des § 929 S. 1 (bitte genau lesen), nachlässig dagegen die Formulierung der §§ 1204, 1113 (bitte lesen): Belastet wird beim Pfandrecht das **Eigentum** an der beweglichen Sache, bei der Hypothek das **Eigentum** am Grundstück.

II. Realakte (Tathandlungen)

In einigen seltenen Fällen treten die Rechtswirkungen bereits aufgrund des rein äußerlichen Geschehens **ohne Rücksicht auf den erklärten Willen** des Handelnden ein. In solchen Fällen spricht man von Realakten (Tathandlungen). Die wichtigsten Realakte sind Verbindung, Vermischung und Verarbeitung (bitte lesen Sie §§ 946–948, 950). Die Rechtsänderung erfolgt hier, um die sinnlose Zerstörung wirtschaftlicher Werte zu verhindern. Wer sein Eigentum durch einen Realakt verloren hat, kann deshalb nicht die Wiederherstellung des ursprünglichen Zustandes verlangen. Er wird durch einen schuldrechtlichen Anspruch gegen den Bereicherten entschädigt (§ 951 I).

Für die Realakte gelten nicht die Regeln über die Rechtsgeschäfte. Realakte können deshalb auch wirksam von Geschäftsunfähigen vorgenommen werden, es gelten auch nicht die sonstigen Regeln über die Nichtigkeit und Anfechtbarkeit von Rechtsgeschäften.

III. Rechtsgeschäftsähnliche Handlungen

Die dritte Gruppe rechtlich erheblichen Verhaltens steht zwischen den Rechtsgeschäften und den Realakten. Unter dem Sammelbegriff **rechtsgeschäftsähnliche Handlungen** werden alle MITTEILUNGEN[24] zusammengefasst, an die das Gesetz bestimmte Rechtsfolgen knüpft, ohne dass in der Mitteilung ein Wille zum Ausdruck kommen muss, der auf diese Rechtsfolge gerichtet ist – darin liegt der Unterschied zu den Rechtsgeschäften. Meist handelt es sich um die Unterrichtung des Partners eines Rechtsverhältnisses über bestimmte Tatsachen, wobei die Unterrichtung noch mit einer **Aufforderung** und einer **Fristsetzung** verbunden sein kann. Ein wichtiger Fall ist die **Mahnung** (§ 286 I S. 1). Bitte lesen Sie außerdem die Beispiele § 323 I S. 1 (Aufforderung mit Fristsetzung), § 170 (Kundgebung). Für die rechtsgeschäftsähnlichen Handlungen gibt es keine zusammenfassende Regelung im Gesetz. Es werden deshalb einige Regeln über die Rechtsgeschäfte analog angewendet, insbes. die Regeln über die Geschäftsfähigkeit (§§ 104 ff.), die Stellvertretung (§§ 164 ff.) und das Wirksamwerden (§ 130).

IV. Pflichtverletzung und unerlaubte Handlung

Die vierte Gruppe rechtlich erheblichen Verhaltens bilden gewisse **rechtswidrige Handlungen,** die zum Schadenersatz verpflichten. Man unterscheidet zwischen der schuldhaften Verletzung von Pflichten aus einem Schuldverhältnis (Pflichtverletzung) und der rechtswidrigen und schuldhaften Verletzung fremder Rechtsgüter unabhängig von einem Schuldverhältnis (unerlaubte Handlung, Delikt). Den beiden Fällen ist gemeinsam, dass die Rechtsfolge – die Verpflichtung zum Schadensersatz – unabhängig vom Willen des Handelnden eintritt: Wer einem anderen mit der Zigarette fahrlässig ein Loch in den Anzug brennt, muss Schadensersatz leis-

---

[24] Flume, Allg. Teil II § 9, 2b.

ten, auch wenn er diese Rechtsfolge nicht wollte. Voraussetzung ist allerdings, dass der Handelnde **verschuldensfähig** ist:

(1) Bei der unerlaubten Handlung ist **Deliktsfähigkeit** erforderlich. Sie tritt – wie die Geschäftsfähigkeit – mit 18 Jahren ein. Von 7 Jahren an ist der Jugendliche **beschränkt deliktsfähig,** d.h. seine Verantwortlichkeit hängt von seiner Einsicht im Zeitpunkt der Tat ab (§ 828 III) Kinder unter 7 Jahren sind **deliktsunfähig** (§ 828 I).

(2) Die Fähigkeit, sich durch Pflichtverletzungen schadensersatzpflichtig zu machen (auch hierfür gibt es keinen allgemein gebrauchten Terminus), ist wie die Deliktsfähigkeit geregelt. Um unnötige Wiederholungen zu vermeiden, verweist das Gesetz in § 276 I S. 2 auf die Vorschriften über die Deliktsfähigkeit.

Zweiter Abschnitt:
Rechtsgeschäfte

1. Kapitel:
Die Privatautonomie und ihre Grenzen

§ 9. Privatautonomie und Rechtsgeschäft

In gewissen Grenzen gesteht die deutsche Rechtsordnung dem Einzelnen das Recht zu, seine Rechtsverhältnisse selbständig und ohne Einmischung durch den Staat zu gestalten: Es herrscht der Grundsatz der Privatautonomie, der die Grundanschauung unseres Kulturkreises vom Menschen als einem selbständig handelnden Wesen wiedergibt und in der Verfassung durch das Grundrecht der freien Persönlichkeitsentfaltung (Art. 2 I GG) garantiert ist.

I. Das Rechtsgeschäft

Die Gestaltung der Rechtsverhältnisse erfolgt durch sog. **Rechtsgeschäfte:** bestimmte äußerliche Verhaltensweisen, in denen sich der **Geschäftswille,** d.h. der auf die Herbeiführung eines bestimmten Rechtserfolges gerichtete Wille einer oder mehrerer Personen offenbart. Manche Rechtserfolge treten manchmal schon durch das Verhalten einer einzelnen Person ein – man spricht dann von **einseitigen** Rechtsgeschäften (Testament, Anfechtung, Rücktritt, Kündigung u.a.) – die meisten können nur durch **mehrseitige** Rechtsgeschäfte, d.h. durch gemeinsames Handeln mehrerer Personen, insbesondere durch den Abschluss von **Verträgen,** herbeigeführt werden. Die Rechtsgeschäfte können schuldrechtliche sein (z.B. Kaufvertrag, Werkvertrag, Dienstvertrag) oder sachenrechtliche (z.B. Übereignung einer Sache, Bestellung einer Hypothek), sie können den Bereich des allgemeinen Güter- und Handelsverkehrs betreffen oder den der familiären Beziehungen (z.B. bei der Vereinbarung eines besonderen ehelichen Güterstandes), sie können, wie die Juristen sagen, „unter Lebenden" (dieser und der folgende etwas merkwürdige Ausdruck beruhen auf einer allzu wörtlichen Übersetzung von **inter vivos** und **mortis causa**), sie können auch „von Todes wegen" vorgenommen werden: Durch das erbrechtliche Rechtsgeschäft kann der Einzelne noch über seinen Tod hinaus die sein Vermögen betreffenden Rechtsverhältnisse nach seinem Willen gestalten, er kann Personen als Erben einsetzen oder enterben, Teilungsanordnungen treffen und die Erben mit Vermächtnissen und Auflagen belasten. Für alle diese Rechtsgeschäfte wurden gemeinsame Regeln aufgestellt und im Allgemeinen Teil des BGB unter der Überschrift „Rechtsgeschäfte" (3. Abschnitt, §§ 104–185) zusammengefasst. Diese Regeln sollten demnach auf alle Rechtsgeschäfte angewandt werden, für die nicht an anderer Stelle Sonderregeln bestehen.

Die zusammenfassende abstrakte Regelung so verschiedenartiger Lebensvorgänge, die unter den Oberbegriff „Rechtsgeschäft" fallen, ist in der Literatur häufig kritisiert worden. Wir wollen hier auf diese Kritik nicht näher eingehen und uns damit begnügen, festzustellen, dass hauptsächlich im Handelsrecht, insbesondere im Gesellschaftsrecht sowie im Arbeitsrecht und im Eherecht teils durch richterliche Rechtsfortbildung, die zur Bildung von Gewohnheitsrecht führte, teils durch die spätere Gesetzgebung Sonderregeln entstanden sind, die von den Vorschriften des Allgemeinen Teils des BGB stark abweichen.

II. Rechtsgeschäft

Wir wollen das Rechtsgeschäft definieren als das dem Einzelnen von der Rechtsordnung zur Verfügung gestellte Mittel zur Herbeiführung von Rechtserfolgen nach seinem Willen und wollen dabei ein Merkmal besonders hervorheben: Es ist der im Rechtsgeschäft ZUM AUSDRUCK GELANGTE WILLE, der die Rechtsfolgen bestimmt, **die Rechtswirkungen treten ein, weil sie als gewollt erklärt sind.** Der Wille kann und braucht sich zwar nicht auf sämtliche Rechtsfolgen zu erstrecken, denn meist haben die Parteien bei der Vornahme des Rechtsgeschäfts gar keine genaue Vorstellung von den einzelnen Folgen der von ihnen geschlossenen Kaufverträge, Dienstverträge, Mietverträge usw. Die Parteien wollen in erster Linie einen **wirtschaftlichen** Erfolg. Bei einem Kaufvertrag z.B. wollen sie, dass der eine die vereinbarte Sache, der andere die vereinbarte Kaufpreissumme erhalten soll. Sie wollen diesen Erfolg aber **auf rechtlichem Wege** erreichen, sie sind sich bewusst, dass ihr Verhalten rechtliche Wirkungen hat und somit zur Rechtssphäre gehört. Dieser Wille macht ihr Verhalten zum Rechtsgeschäft und löst die im Gesetz vorgesehenen einzelnen Rechtsfolgen aus, er unterscheidet ihr Verhalten von rein gesellschaftlichen Akten, etwa einer Einladung zum Essen oder zur Teilnahme an einer Wanderung, den sog. Gefälligkeitszusagen, die ohne rechtliche Bindungen und deshalb frei widerruflich sind.

III. Willenserklärung

Die Kundmachung des rechtsgeschäftlichen Willens, die demnach Hauptmerkmal und notwendiger Bestandteil eines jeden Rechtsgeschäfts ist, wird vom Gesetz als Willenserklärung bezeichnet. In den meisten Fällen, z.B. beim Kaufvertrag, Werkvertrag, Dienstvertrag, der Anfechtung, Aufrechnung, Kündigung usw., machen die Willenserklärungen das gesamte Rechtsgeschäft aus. Das hat dazu geführt, dass die Begriffe Rechtsgeschäft und Willenserklärung im Gesetz und in der Literatur häufig gleichgesetzt wurden. Es gibt aber eine Reihe von Rechtsgeschäften, zu deren Vornahme außer den Willenserklärungen noch eine rein **tatsächliche** Handlung erforderlich ist; z.B. gehört zu dem Rechtsgeschäft der Übereignung gemäß § 929 außer der Einigung durch zwei einander entsprechende Willenserklärung die **Übergabe der Sache.**

📖   Bitte lesen Sie § 929 S. 1.

§ 10. Die Vertragsfreiheit

Beim Vertrag, der, wie wir gesehen haben, das wichtigste privatrechtliche Gestaltungsmittel ist, stellt sich die Privatautonomie in Form der sog. Vertragsfreiheit dar. Unter Vertragsfreiheit versteht man zweierlei, nämlich Freiheit bezüglich der Frage, **ob** und **mit wem** man abschließen will (Abschlussfreiheit), und Freiheit bezüglich der näheren inhaltlichen Ausgestaltung der angestrebten Rechtsfolgen (Gestaltungsfreiheit). Wie weit die Freiheit geht, lässt sich am besten negativ bestimmen.

I. Kontrahierungszwang

Der Kontrahierungszwang ist das Gegenteil der Abschlussfreiheit.

(1) Durch besondere gesetzliche Regelung sind öffentliche Verkehrs- und Versorgungsunternehmen wegen ihrer monopolistischen Stellung und wegen ihres öffentlichen Versorgungsauftrags zum Abschluss entsprechender Verträge verpflichtet, so die Eisenbahnen, Beförderungsunternehmen (§ 22 Personenbeförderungs-Ges), Energieversorgungsunternehmen (§ 6 Energiewirtschafts-Ges), nach landesgesetzlichen Vorschriften auch Schlachthäuser, Apotheken, Taxis, Gepäckträger an Bahnhöfen u. dgl.

(2) Außerdem kann sich praktisch ein Kontrahierungszwang ergeben, wenn dem Antragenden durch die Verweigerung in einer gegen die guten Sitten verstoßenden Weise ein Schaden zugefügt würde (§ 826).[1] Hier folgert man also den Kontrahierungszwang aus § 826: Wer die Schadensersatzpflicht vermeiden will, muss das Angebot annehmen. Deshalb darf, wer eine Monopolstellung innehat, den Abschluss eines Vertrages nicht willkürlich und grundlos verweigern. Auch ein Arzt darf die Behandlung eines Kranken nur bei triftigen Gründen ablehnen. Dagegen besteht grundsätzlich kein Kontrahierungszwang für Rechtsanwälte, Steuerberater und Wirtschaftsprüfer.

II. Beschränkungen der Gestaltungsfreiheit

Der Kontrahierungszwang ist nach dem Obigen als eine verhältnismäßig seltene Ausnahme anzusehen. **Inhaltliche** Beschränkungen der Vertragsfreiheit kommen viel häufiger vor.

1. Zwingendes Recht. Typenzwang

a) Schuldrecht

Im Schuldrecht können die Parteien ihre Rechtsbeziehungen zueinander beliebig ausgestalten; die gesetzlichen Regeln sind grundsätzlich dispositiv, d.h. abdingbar, sie gelten nur insoweit, als die Parteien nichts Abweichendes vereinbart haben. Die

---

[1] Diese Ansicht stammt von Nipperdey, vgl. Enneccerus/Nipperdey, § 162 IV 2.

Parteien können sogar einen neuen Vertragstypus schaffen, der im Besonderen Teil überhaupt nicht vorgesehen ist, es herrscht der Grundsatz der **Gestaltungsfreiheit.** Diese Weitherzigkeit des Schuldrechts ist unbedenklich, da durch den schuldrechtlichen Vertrag in der Regel nur Rechte und Pflichten **zwischen den Vertragschließenden, sog. obligatorische Rechte** berührt werden. Die obligatorischen Rechte wirken nur **relativ:** nach § 241 I kann der Gläubiger **nur vom Schuldner** die Leistung fordern.

b) Sachenrecht

Anders ist die Lage im **Sachenrecht.** Das Sachenrecht regelt die sog. **dinglichen** Rechte, die ABSOLUT sind, d.h. gegen jedermann wirken (vgl. § 903). Wenn die dinglichen Rechte einer Person demzufolge von jedermann respektiert werden müssen, muss das Gesetz auch dafür sorgen, dass die sachenrechtlichen Verhältnisse für jedermann **erkennbar** sind. Um diese Erkennbarkeit für Dritte zu ermöglichen, lässt das Gesetz bei den sachenrechtlichen Geschäften nur die Wahl zwischen 7 scharf umrissenen dinglichen Rechten, es herrscht Typenzwang. Darüber hinaus können die Parteien auch **einzelne** Vorschriften des Sachenrechts grundsätzlich nicht abändern, diese sind **zwingendes** Recht.

c) Gesellschaftsrecht und eheliches Güterrecht

Eine Mittelstellung nehmen das **Gesellschaftsrecht** und das Recht der **ehelichen Güterstände** ein: Zwar herrscht aus Gründen der Übersichtlichkeit in diesen Gebieten **Typenzwang** – die Gesellschafter müssen sich also bei der Gründung einer Gesellschaft für einen der gesetzlich vorgesehenen Gesellschaftstypen entscheiden, die Eheleute haben nur die Wahl zwischen dem gesetzlichen Güterstand der Zugewinngemeinschaft und den vertraglichen Güterständen der Gütertrennung und der Gütergemeinschaft – **innerhalb** der Typen aber gibt es eine mehr oder weniger große Bewegungsfreiheit für vom Gesetz abweichende Vereinbarungen; es ist also nicht jede einzelne Norm zwingendes Recht.

2. Gesetzliches Verbot

Für **alle** Rechtsgeschäfte gilt § 134, wonach ein Rechtsgeschäft, das gegen ein gesetzliches Verbot verstößt, nichtig ist, „wenn sich nicht aus dem Gesetz ein anderes ergibt". „Ein anderes" kann sich aus der sprachlichen Fassung des Gesetzes ergeben, z.B. wenn das Gesetz ausdrücklich die Worte „soll nicht" gebraucht. Gleiches gilt für die meisten Fälle des „darf nicht", es sei denn, dass die Nichtigkeit des Geschäfts ausdrücklich angegeben wird. „Ein anderes" kann sich ferner aus dem **Zweck** des Verbots ergeben, das sich vielleicht nur gegen das Verhalten **eines** Geschäftspartners richtet. So sind z.B. alle Hehlergeschäfte und verbotenen Drogengeschäfte nichtig, ebenso unzulässige Kartellverträge, nicht aber Geschäfte nach Ladenschluss, bei denen nur der Ladeninhaber eine Ordnungswidrigkeit begeht.

3. Gute Sitten

Über § 134 hinausgehend ist jedes Rechtsgeschäft nichtig, das gegen die guten Sitten verstößt. § 138 ist wie § 242 eine „Einbruchsstelle" im Rechtssystem, durch die

die geltenden Moralanschauungen unmittelbar einströmen können. Allerdings ist nur der Teil der sittlichen Anschauungen zu berücksichtigen, der auch **tatsächlich geübt** wird – das Gesetz spricht von **Sitte,** nicht von Sittlichkeit. Andererseits darf die Bezugnahme auf die tatsächliche Übung nicht zur Anerkennung von Unsitten (Schmiergelderwirtschaft) führen, selbst wenn diese sich schon weit verbreitet haben – das Gesetz spricht zwar von Sitten, aber eben von **guten** Sitten. Hier zeigt sich besonders deutlich, dass nicht nur das Recht einseitig von der gesellschaftlichen Entwicklung beeinflusst wird, sondern in Wirklichkeit eine Wechselwirkung zwischen beiden besteht.

Wann liegen nun im Einzelfall die Voraussetzungen des § 138 vor? Das lässt sich nicht so leicht sagen. Ein Verstoß gegen die guten Sitten wird häufig als eine „Verletzung des Anstandsgefühls aller gerecht und billig Denkenden" definiert, wodurch im Grunde die eine Formel gegen eine andere ausgetauscht wird. Es handelt sich bei § 138 um eine **Generalklausel,** die erst einer Konkretisierung durch den Richter bedarf. Bei grober Einteilung lassen sich zwei Fallgruppen unterscheiden:

(1) Der Sittenverstoß kann in dem schädigenden Verhalten **des einen Teils gegenüber dem anderen Teil** liegen, z.B. wenn sich ein Kreditgeber überhöhte Zinsen versprechen oder übermäßige Sicherheiten geben lässt oder in anderer Weise seine Machtstellung bewusst missbraucht. § 138 II weist auf den **Wucher** besonders hin.

(2) Der Sittenverstoß kann auch darin liegen, dass beide Vertragspartner bewusst einen **Dritten** schädigen oder gegen gewisse „ungeschriebene Gesetze der Gesellschaft" verstoßen. Deshalb sind z.B. alle **Schmiergeldversprechen** nichtig, ebenso die **Abwerbungsverträge** mit Angestellten fremder Unternehmen, falls dadurch die Angestellten zum **Vertragsbruch** gegenüber ihren derzeitigen Arbeitgebern verleitet werden.

Nichtig waren früher auch Verträge, die auf eine Belohnung oder Förderung der „Unzucht" gerichtet waren. Hier hat der Gesetzgeber mit dem Prostituiertengesetz von 2001 eine Sonderregelung geschaffen. Nach § 1 ProstG begründet eine Vereinbarung über ein Entgelt für sexuelle Handlungen einen rechtswirksamen Anspruch auf das Entgelt, wenn die sexuellen Handlungen **vorgenommen** worden sind. Dagegen begründet das Prostituiertengesetz keinen Rechtsanspruch gegen die Prostituierte auf **Vornahme** der vereinbarten sexuellen Handlung.

4. Treu und Glauben. Grundgesetz

Schließlich sind auch die sich aus dem Grundsatz von Treu und Glauben (§ 242) ergebenden Schranken der Vertragsfreiheit zu beachten, und zwar unter Berücksichtigung der im Grundgesetz getroffenen Wertentscheidungen. Wenn nach Art. 2 I GG jeder das Recht auf freie Entfaltung seiner Persönlichkeit hat, „soweit er nicht die Rechte anderer verletzt und nicht gegen die verfassungsmäßige Ordnung und das Sittengesetz verstößt", so ergibt sich daraus eine Garantie, aber gleichzeitig eine Grenze für die Privatautonomie und deren wichtigsten Bestandteil, die Vertragsfreiheit. Das Grundgesetz gilt, wie das Bundesverfassungsgericht festgestellt hat, als verfassungsmäßige Grundentscheidung für **alle** Bereiche des Rechts, „keine bürgerlich-rechtliche Vorschrift darf in Widerspruch zu ihm stehen, jede muss in seinem Geiste ausgelegt werden" (s. o. § 6 I).

Unter diesem Gesichtspunkt gewinnen die dispositiven Normen des Privatrechts, insbes. des Schuldrechts, als vom Gesetzgeber wohlerwogene Regelungen typischer Interessenlagen neue Bedeutung. Die Parteien können von diesen Normen abgehen. Aber es müssen dann sachliche Gründe, namentlich Abweichungen von der dem Gesetzgeber vorschwebenden typischen Sach- und Interessenlage, vorliegen, und der Vertrag darf nicht nur einseitig die Interessen des wirtschaftlich Stärkeren berücksichtigen.

5. Eingriffe durch den Gesetzgeber

Die hier angegebenen Grenzen der Gestaltungsfreiheit sind vor allem für das sog. „selbstgeschaffene Recht der Wirtschaft" von Bedeutung. Hier hat sich zu oft gezeigt, dass der wirtschaftlich Stärkere die Gestaltungsfreiheit für sich allein in Anspruch nahm und den wirtschaftlich Schwächeren unter das Diktat seiner Vertragsbedingungen stellte. Die Gerichte haben gegen den Missbrauch der Gestaltungsfreiheit einen jahrzehntelangen Kampf geführt, in dem sie nicht immer Sieger blieben. So musste der Gesetzgeber erhebliche Eingriffe in die Gestaltungsfreiheit des Schuldrechts vornehmen – meist in Gestalt von **halbzwingendem** Recht, d. h. durch Regeln, von denen nur zugunsten **einer Partei** abgewichen werden kann (Beispiel § 506 I S. 1, bitte lesen). Die Eingriffe erfolgten teils durch Änderungen im **Text des BGB,** teils durch Schaffung von **Sondergesetzen,** die als Sonderregeln den allgemeinen Regeln des BGB vorgehen.

(1) Die ersten Eingriffe erfolgten im **Arbeitsrecht,** wo die gröbsten Missstände herrschten. Das Arbeitsrecht wurde zunehmend unter Sondergesetze gestellt, es ist heute nur noch zu einem geringen Teil im Dienstvertragsrecht des BGB geregelt (§§ 611 ff.).

(2) Dagegen erfolgte die Neuregelung des **Mietrechts** vorwiegend durch Veränderungen einzelner Vorschriften im BGB (§§ 535 ff.).

(3) Außerdem gab es einige Eingriffe, die in erster Linie dem **Verbraucherschutz** dienten.

Einen wichtigen Eingriff brachte das **Gesetz** zur Regelung des Rechts der Allgemeinen Geschäftsbedingungen von 1976. Dieses Sondergesetz wurde 2002 in das BGB integriert.

Außerdem entstanden in der zweiten Hälfte des 20. Jahrhunderts eine Reihe von Sondergesetzen zum Verbraucherschutz, die ebenfalls durch das Schuldrechtsmodernisierungsgesetz in das BGB integriert wurden (Übersicht s. u. § 52).

§ 11. Die Form des Rechtsgeschäfts

1. Grundsatz

Im BGB gilt der Grundsatz der Formfreiheit. Die von den Parteien vorgenommenen Rechtsgeschäfte sind „formlos", d.h. ohne Beachtung einer besonderen Form gültig.

2. Gesetzliche Formen

Nur wenn das Gesetz es ausdrücklich vorschreibt, ist die Einhaltung einer bestimmten Form notwendig, das Rechtsgeschäft im Falle des Formverstoßes nichtig (§ 125). Im Allgemeinen Teil des BGB sind fünf Formen geregelt: Schriftform, elektronische Form, Textform, notarielle Beglaubigung und notarielle Beurkundung.

In einigen besonders erwähnten Fällen kann der Formmangel durch Erfüllung des Rechtsgeschäftes geheilt werden.

Wichtig in diesem Zusammenhang ist § 167 II: Soll ein formbedürftiges Geschäft durch einen Stellvertreter vorgenommen werden, so bedarf die **Bevollmächtigung** zu diesem Geschäft nicht der Form.

📖 Bitte lesen Sie § 167 II.

a) Schriftform

Die Schriftform soll vor allem vor Übereilung schützen, sie hat **Warnfunktion**. Außerdem soll sie eine sichere Beweislage schaffen **(Beweisfunktion),** und es soll der Erklärende eindeutig identifiziert werden können **(Identitätsfunktion).**

Der Urkundentext muss „schriftlich" (nicht unbedingt handschriftlich) aufgesetzt sein, wobei es gleichgültig ist, **wer** den Text aufgesetzt hat. Entscheidend ist, dass der „Aussteller", d.h. der Erklärende, die Urkunde „eigenhändig" unterschreibt. Die „Schriftform" ist also praktisch eine „Unterschriftsform".

📖 Bitte lesen Sie § 126 I.

Allerdings bedeutet „eigenhändig" hier **nicht,** dass der Aussteller **mit seiner eigenen Hand** unterzeichnen muss (das wäre „höchstpersönlich"); der Stellvertreter kann sogar – dies entspricht ständiger Rechtsprechung[2] – mit dem Namen des Vertretenen unterzeichnen. Ein Unterschriftstempel reicht dagegen nicht aus, ebenso wenig Übermittlung der Unterschrift durch Telefax oder sonst im Wege der Telekommunikation.

Bei einem **Vertrag** müssen die Parteien **dieselbe** Urkunde unterzeichnen. Werden mehrere Urkunden aufgenommen, so genügt es, dass jeder die für die andere Partei bestimmte Urkunde unterzeichnet. Es muss sich aber um **gleichlautende** Urkunden handeln, es genügt nicht der Austausch des schriftlichen Angebots und der schriftlichen Annahme des Vertrags (Briefwechsel).

📖 Bitte lesen Sie § 126 II.

---

[2] RG 74, 70, BGH 45, 195.

Die Schriftform ist für eine Reihe von Rechtsgeschäften im BGB und in vielen weiteren privatrechtlichen Gesetzen geregelt. Beispiele sind die **Kündigung eines Mietvertrags** über Wohnraum und der Abschluss eines **Darlehenvermittlungsvertrags**.

📖 Bitte lesen Sie §§ 568 I, 655 b I S. 1.

Die Schriftform gilt auch für die **Kündigung eines Arbeitsvertrags** und die **Bürgschaftserklärung** des Bürgen.

📖 Bitte lesen Sie §§ 623, 766. (Ist Ihnen dabei ein kleiner Unterschied gegenüber §§ 568 I, 655 b I S. 1 aufgefallen?)

Es gibt **Erschwerungen** der Schriftform.

(1) Im **privatrechtlichen Testament** muss nicht nur die Unterschrift, sondern der Gesamttext „eigenhändig", d.h. handschriftlich verfasst sein. Ein maschinengeschriebener Text mit „eigenhändiger" Unterschrift reicht nicht aus (häufiger Fehler in der Praxis).

📖 Bitte lesen Sie § 2247 I.

(2) Im **öffentlichen Recht** ist teilweise eine „höchstpersönliche" Unterschrift vorgeschrieben (z. B. bei Ausweisen).

b) Elektronische Form

Außerdem gibt es eine **erleichterte** Unterform der Schriftform: die elektronische Form.

📖 Bitte lesen Sie §§ 126 III, 126 a.

Der Aussteller muss also der Erklärung seinen Namen hinzufügen (nicht unbedingt am Ende der Erklärung) und das elektronische Dokument mit einer qualifizierten Signatur nach dem Signaturgesetz versehen. Das gewährleistet die Zuordnung der Erklärung zu einem bestimmten Aussteller (Identitätsfunktion). Allerdings kann die Schriftform in dieser Weise nur ersetzt werden, wenn zwei Voraussetzungen vorliegen:

(1) Der Empfänger muss mit dem Verfahren **einverstanden** sein.[3] Das Einverständnis kann ausdrücklich oder **schlüssig** erfolgen, z.B. durch Verwendung einer E-Mail-Adresse als Korrespondenzanschrift.

(2) In der für das spezielle Rechtsgeschäft geltenden Formvorschrift darf die elektronische Form **nicht** ausnahmsweise **ausgeschlossen** sein.

📖 Bitte lesen Sie nochmals § 126 III.

Ausgeschlossen ist die elektronische Form für einige Rechtsgeschäfte, bei denen davon auszugehen ist, dass der Empfänger mit der elektronischen Form nicht vertraut ist oder die **Warnfunktion** für den Absender sehr wichtig ist.

📖 Bitte lesen Sie nochmals § 623, 766.

---

[3] BT-Drucks. 14/4987, S. 41.

Zu der Ausnahmevorschrift § 766 gibt es eine wichtige Ausnahme: § 766 gilt **nicht** (die Bürgschaft kann also **mündlich** erklärt werden), wenn der Bürge ein **Kaufmann** ist.

📖 Bitte lesen Sie § 350 HGB.

c) Textform

Bei der Textform handelt es sich um einen neuen Formtyp, der weder eine Unterschrift noch eine qualifizierte elektronische Signatur erfordert und auch nicht in einer Urkunde verkörpert zu sein braucht.

📖 Bitte lesen Sie § 126 b.

Es genügt also jedes Medium, das eine „dauerhafte Wiedergabe in Schriftzeichen" gestaltet, z.B. Fax oder Computerfax, E-Mail, auf Disketten gespeicherte Dateien und eine Website im Internet, und es reicht aus, dass der Empfänger den Text auf dem Bildschirm **lesen kann** – ob er den Text ausdruckt, entscheidet der Empfänger. Allerdings muss der Empfänger (wie bei der elektronischen Form) zu erkennen gegeben haben, dass er mit dieser Kommunikationsform einverstanden ist.

§ 126 b setzt außerdem voraus, dass die **Person des Erklärenden** genannt wird (z.B. im Briefkopf) und dass der **Abschluss** der Erklärung auf irgendeine Weise erkennbar gemacht wird.

Die Textform ist für Rechtshandlungen vorgeschrieben, bei denen Informations- und Dokumentationszwecke im Vordergrund stehen und Warn- und Beweisfunktionen eine untergeordnete Rolle spielen.

Diese unterschriftlose Form ist eine Erleichterung vor allem bei **Massenerklärungen** im Zusammenhang mit Verbraucherschutzvorschriften, z.B. bei Fernabsatzverträgen und bei den Garantieerklärungen der Hersteller, die den Produkten oft beigelegt werden.

📖 Bitte lesen Sie §§ 312 b I S. 1, III, 312 c II, 443 I, 477 II.

d) Öffentliche Beglaubigung

Einer gesteigerten **Identitätssicherung** bei Schriftstücken dient die öffentliche Beglaubigung.

📖 Bitte lesen Sie § 129.

Beglaubigt wird hier also die Echtheit der **Unterschrift,** die der Erklärende in Gegenwart des Notars vollzieht (Einzelheiten: §§ 39, 40 BeurkundungsG, Schönfelder Nr. 23).

Die öffentliche Beglaubigung der Unterschrift ist vor allem bei Anträgen zu öffentlichen Registern vorgeschrieben (Vereinsregister, § 77 BGB, Handelsregister, § 12 HGB). Sie soll Unbefugte daran hindern, in öffentlichen Registern Unfug zu treiben.

Nicht zu verwechseln mit der öffentlichen Beglaubigung ist die **amtliche** Beglaubigung durch Verwaltungsbehörden, bei der z.B. die Übereinstimmung von Fotokopien mit einer Originalurkunde (z.B. Zeugnis) bestätigt wird (§ 65 BeurkundungsG).

e) Notarielle Beurkundung

Die strengste von allen Formen ist die notarielle Beurkundung. Sie kann deshalb alle anderen Formen ersetzen.

📖 Bitte lesen Sie §§ 126 IV, 129 II.

Im BGB ist geregelt, dass bei Verträgen Angebot und Annahme **getrennt** beurkundet werden können (anders als bei der Schriftform).

📖 Bitte lesen Sie § 128.

Die weiteren Einzelheiten finden sich im Beurkundungsgesetz: Beratung durch den Notar, Niederschrift über den ganzen Vorgang, Vorlesen der Niederschrift, Unterzeichnung, Verbindung der einzelnen Blätter der Urkunde durch Schnur und Prägesiegel.

Die Beurkundung ist nur für wenige, besonders wichtige oder riskante Geschäfte vorgeschrieben, z.B. für Grundstücksgeschäfte und Schenkungsversprechen.

📖 Bitte lesen Sie §§ 311 b I, 518.

Die beiden Geschäfte können also bei einem Formverstoß durch Vollziehung geheilt werden.

3. Vereinbarte Formen

Ein Formzwang kann auch durch Parteivereinbarung begründet werden, z.B. durch einen Vermerk in der Vertragsurkunde, dass mündliche Nebenabreden unwirksam seien oder dass Kündigungen durch eingeschriebenen Brief erfolgen müssen. Es gelten dann die Regeln über die gesetzlichen Formen mit Erleichterungen.

📖 Bitte lesen Sie § 127.

Die Nichtbeachtung der „gewillkürten" Form hat also nur im **Zweifel** Nichtigkeit zur Folge. Die Parteien können nachträglich auf die Wahrung der anfangs vereinbarten Form verzichten, z.B. durch formlosen Abschluss in Kenntnis der Formabrede und Erfüllung der übernommenen Verpflichtungen.

4. Berufung auf Formmängel

Grundsätzlich hat jeder das Recht, sich auf die Nichtigkeit des Rechtsgeschäfts wegen Formmangels zu berufen, selbst wenn beide Parteien bewusst gegen die gesetzliche Formvorschrift verstoßen haben.[4] Doch ist zu beachten, dass dieses Recht wie jedes andere nur in den Grenzen von Treu und Glauben ausgeübt werden kann. Wird diese Grenze überschritten, so stellt sich die Geltendmachung des Formmangels als unzulässige Rechtsausübung dar (§ 242). Auf die Nichtigkeit kann sich deshalb nicht berufen, wer den anderen durch sein Verhalten schuldhaft von der Einhaltung der Form **abgehalten** hat oder wer zwar den Formverstoß nicht veranlasst, aber längere Zeit die **Vorteile** des formwidrigen Geschäfts genossen hat und sich nun mit der Berufung auf die Nichtigkeit des Rechtsgeschäfts der Gegen-

---

[4] BGH NJW 1973, 1456.

leistung entziehen will; denn in diesen Fällen würde er sich durch die Geltendmachung des Formmangels zu seinem eigenen früheren Verhalten in einen unerträglichen Widerspruch setzen (sog. venire contra factum proprium).[5]

§ 12. Die Rechtsstellung der Minderjährigen

I. Übersicht

Wenn wir in unserem Kulturkreis vom Menschen als einer autonomen Persönlichkeit sprechen, die ihre Rechtsverhältnisse selbständig gestaltet, denken wir an einen Erwachsenen. Das Kind hat bei uns wie überall auf der Welt einen Sonderstatus. In Deutschland ist das Kind bis zur Vollendung des 7. Lebensjahres **delikts-** und **geschäftsunfähig**, d.h. es kann sich weder durch die Verletzung fremder Rechtsgüter (sog. unerlaubte Handlungen, Delikte) schadensersatzpflichtig machen noch durch rechtsgeschäftliche Erklärungen binden (§§ 828 I, 104 Nr. 1. 105 I). Von der Vollendung des 7. Lebensjahres an ist das Kind **beschränkt deliktsfähig**, d.h. es haftet, falls es bei der Tat die zur Erkenntnis der Verantwortlichkeit erforderliche Einsicht hatte (§ 828 II), außerdem ist es **beschränkt geschäftsfähig**, d.h. es kann grundsätzlich Geschäfte abschließen, wenn sein gesetzlicher Vertreter zustimmt (§§ 106, 107). Die volle Deliktsfähigkeit und die volle Geschäftsfähigkeit treten mit 18 Jahren ein.

Einen Sonderstatus haben außerdem bei uns – wie in vielen anderen Kulturen – jene Erwachsenen, die infolge einer geistigen oder seelischen Krankheit oder Behinderung nicht wie Erwachsene handeln können. So ist gem. § 104 Nr. 2 geschäftsunfähig, „wer sich in einem die freie Willensbestimmung ausschließenden Zustande krankhafter Störung der Geistestätigkeit befindet", falls dieser Zustand seiner Natur nach nicht ein vorübergehender ist. Außerdem gab es früher die **Entmündigung** von Erwachsenen, die zum Verlust der Geschäftsfähigkeit führte. Die Entmündigung ist 1992 abgeschafft und durch die **Betreuung** ersetzt worden.

Menschen, die am Geschäftsleben teilnehmen, ohne für ihr Verhalten verantwortlich zu sein, bilden für andere eine Gefahr, da ihr Zustand oft nicht erkennbar ist. Diese Gefahr müssen die anderen ertragen: **Der gute Glaube an die Geschäftsfähigkeit wird nicht geschützt.**

II. Geschäftsfähigkeit und Prozessfähigkeit

Unter Geschäftsfähigkeit versteht man die Fähigkeit, Rechtsgeschäfte mit wirksamer Kraft abzuschließen. Die prozessrechtliche Parallele ist die PROZESSFÄHIGKEIT, d.h. die Fähigkeit, Prozesshandlungen wirksam vorzunehmen: Anträge zu stellen, Rechtsmittel einzulegen, die Klage zurückzuziehen usw. Das Gesetz definiert die Geschäftsfähigkeit nur negativ, d.h. es regelt nur die Fälle, in denen einer Person die volle Geschäftsfähigkeit fehlt.

---

[5] BGH NJW 1996, 2503.

1. Geschäftsunfähigkeit

In § 104 BGB wird bestimmt, wer geschäftsunfähig ist. Der Geschäftsunfähige ist unfähig, eine Erklärung abzugeben oder entgegenzunehmen (§ 105 I, 131 I). Ihm wird bezüglich der **Abgabe** der Erklärung derjenige gleichgestellt, der vorübergehend bewusstlos ist (z.B. wegen Volltrunkenheit, Gehirnerschütterung, § 105 II). Eine Gleichstellung bezüglich der **Entgegennahme** erfolgte nicht, da eine empfangsbedürftige verkörperte Erklärung mit dem Zugang wirksam wird (§ 130) und außergewöhnliche Ereignisse wie vorübergehende Abwesenheit oder Bewusstlosigkeit zu Lasten des Empfängers gehen (u. § 24 I).

Für Volljährige, die gem. § 104 Nr. 2 geschäftsunfähig sind, gibt es eine Sonderregel zu § 105 I. Diese Sonderregel soll die Eigenverantwortlichkeit der geistig Behinderten stärken und ihre soziale Integration fördern.

📖 Bitte lesen Sie § 105 a.

Die Kleingeschäfte des täglichen Lebens gelten also trotz der Geschäftsunfähigkeit der Behinderten als wirksam, sobald sie beiderseitig erfüllt worden sind. In Betracht kommen z.B. der Erwerb von Lebensmitteln, Kosmetikartikeln und Zeitungen sowie einfache Dienstleistungen (Friseur, Straßenbahn).[6]

2. Beschränkte Geschäftsfähigkeit

Wer das 7. Lebensjahr vollendet hat, ist bis zur Vollendung des 18. Lebensjahres beschränkt geschäftsfähig (§ 106). Im Unterschied zum Geschäftsunfähigen sind die Rechtsgeschäfte des beschränkt Geschäftsfähigen nicht unheilbar nichtig, sondern von der Zustimmung des gesetzlichen Vertreters abhängig (§ 107, sog. schwebende Unwirksamkeit). Für gewisse Rechtsgeschäfte muss darüber hinaus die Genehmigung des Vormundschaftsgerichts eingeholt werden. Für den Vormund gelten die §§ 1821, 1822. Für die Eltern, denen die Vertretung gemeinsam zusteht (§ 1629 I), gilt § 1643.

Ein Rechtsgeschäft ist nach § 107 auch ohne Mitwirkung des Vertreters wirksam, wenn es dem beschränkt Geschäftsfähigen „**lediglich einen rechtlichen Vorteil**" bringt. Der Ausdruck „rechtlicher Vorteil" ist **streng formaljuristisch, nicht wirtschaftlich zu verstehen.** Das kann zu komplizierten Rechtsfolgen führen. Wenn z.B. ein beschränkt Geschäftsfähiger eine Sache zu einem sehr günstigen Preise kauft, so ist das zwar **wirtschaftlich** vorteilhaft. **Juristisch** gesehen bringt der Vertrag dem beschränkt Geschäftsfähigen nicht nur einen Vorteil (Anspruch auf die Sache), sondern auch einen Nachteil (Verpflichtung zur Zahlung), der Vertrag ist deshalb genehmigungspflichtig. Wird der (schwebend unwirksame) Vertrag erfüllt, so ist die Übereignung des Geldes genehmigungspflichtig, die Übereignung der Sache dagegen wirksam, da der beschränkt Geschäftsfähige durch den Erwerb des Eigentums – die Übereignung ist ein abstraktes Rechtsgeschäft – nur einen rechtlichen Vorteil erlangt. Allerdings ist er dann um das Eigentum und den Besitz an der Sache ungerechtfertigt bereichert, und der Verkäufer kann die Herausgabe der Bereicherung

---

[6] BT-Drucks. 14/9266, S. 43.

verlangen (§ 812). Zur Rückübereignung ist die Mitwirkung des Vertreters erforderlich, da sie dem beschränkt Geschäftsfähigen nicht einen rechtlichen Vorteil bringt.

Ein besonderer Anwendungsfall des § 107 ist der sog. **Taschengeld**paragraf.

📖 Bitte lesen Sie § 110.

Wenn der Vertreter dem Minderjährigen die Mittel für ein bestimmtes Geschäft oder zur freien Verfügung gibt, ist dies als Zustimmung des Vertreters zum Vertragsschluss zu verstehen. Der Vertrag müsste deshalb von Anfang an wirksam sein. Trotzdem bestimmt § 110, dass der Vertrag erst dann (mit rückwirkender Kraft, also anders als im Falle des § 105 a) wirksam wird, wenn der Minderjährige den Vertrag erfüllt hat. Mit dieser Regelung soll verhindert werden, dass der Minderjährige **Kreditgeschäfte** eingeht.

Echte Ausnahmen zu §§ 107, 108 sind §§ 112, 113, da hier der Minderjährige für einen bestimmten Kreis von Geschäften unbeschränkt geschäftsfähig wird (ausgenommen die Geschäfte, für die der Vertreter die Genehmigung des Vormundschaftsgerichts braucht).

Trotz der zahlreichen Schutzvorschriften kann der Minderjährige Schaden erleiden, wenn seine Vertreter, d.h. seine Eltern oder sein Vormund mit Wirkung für ihn Geschäfte abschließen, die ihn übermäßig verpflichten. Schaden droht ihm auch, wenn er ein Unternehmen **erbt,** das dann von den Vertretern mit schlechtem Ergebnis geführt wird. Um zu verhindern, dass der Minderjährige in solchen Fällen überschuldet in die Volljährigkeit eintritt, wird seine Haftung durch eine Sonderregel auf das bei Eintritt in die Volljährigkeit bestehende Vermögen beschränkt.

📖 Bitte lesen Sie § 1629 a I-II.

Die Haftung des Minderjährigen wird also am Modell der Erbenhaftung orientiert, die auf das ererbte Vermögen beschränkt werden kann.

📖 Bitte lesen Sie § 1990 I.

3. Betreuung

Bei psychischer Krankheit oder körperlicher, geistiger oder seelischer Behinderung kann für einen Volljährigen ein Betreuer bestellt werden, der den Betreuten vertritt (§§ 1896 I, 1902). Die Betreuung erfolgt nur für Aufgabenkreise, in denen sie erforderlich ist (§ 1896 II). Sie lässt die Geschäftsfähigkeit des Betreuten grundsätzlich voll bestehen.

Nur ausnahmsweise, soweit dies zur Abwendung einer erheblichen Gefahr erforderlich ist, ordnet das Gericht eine Betreuung mit **Einwilligungsvorbehalt** an (§ 1903 I). In diesem Falle hat der Betreute, soweit der Aufgabenkreis des Betreuers reicht, praktisch die Rechtsstellung eines beschränkt Geschäftsfähigen: Seine Erklärungen bedürfen der Zustimmung der Betreuers, außer wenn die Erklärungen ihm lediglich einen rechtlichen Vorteil bringen (§§ 1903, 108).

III. Deliktsfähigkeit

Streng zu unterscheiden von der Geschäftsfähigkeit ist die in den §§ 827–829 geregelte Deliktsfähigkeit, d.h. die Fähigkeit, sich durch unerlaubte Handlungen schadensersatzpflichtig zu machen. Die volle Deliktsfähigkeit tritt mit 18, die beschränkte mit 7 Jahren ein.

Eine Besonderheit gilt bei Unfällen im Straßen- und Bahnverkehr. Die beschränkte Deliktsfähigkeit beginnt für diese Ereignisse erst mit 10 Jahren. Vorher ist das Kind insoweit deliktsunfähig (außer bei Vorsatz).

📖 Bitte lesen Sie nochmals § 828.

Der Unterschied zwischen der Geschäfts- und Deliktsfähigkeit zeigt sich besonders deutlich im Falle der Betreuung mit Einwilligungsvorbehalt. Da die Betreuten durch den Einwilligungsvorbehalt nur bezüglich der **Geschäftsfähigkeit** den Minderjährigen gleichgestellt sind (vgl. § 1903), ist die Frage, ob sie aus einer unerlaubten Handlung haften, nicht aus § 828, sondern ausschließlich aus § 827 zu entscheiden.

Die §§ 827–829 sind auch im Rahmen des § 254 von Bedeutung: Wenn der Geschädigte seinen eigenen Schaden mitverursacht hat, aber deliktsunfähig ist, kann ihm dies nicht als Mitverschulden angerechnet werden. Denn wer verschuldensunfähig ist, ist auch mitverschuldensunfähig.

2. Kapitel:
Der objektive Teil der Willenserklärung

§ 13. Die Kundmachung des Willens

Wer eine Willenserklärung abgeben will, muss seinen rechtsgeschäftlichen Willen erkennbar zum Ausdruck bringen. Hierbei steht ihm grundsätzlich jedes Verständigungsmittel zur Verfügung, er kann schreiben, sprechen, nicken, er kann auch stumm auf die gewünschte Ware zeigen und das Geld hinlegen – wichtig ist nur, dass sein Verhalten **schlüssig** ist, d.h. den Schluss auf einen bestimmten rechtsgeschäftlichen Willen zulässt.

I. Ausdrückliche und stillschweigende Erklärungen

Das Gesetz und teilweise auch die Lehre unterscheiden zwischen ausdrücklichen und stillschweigenden Erklärungen. Diese Unterscheidung lässt sich in Wirklichkeit gar nicht durchführen, da jedes Verhalten unter Berücksichtigung der gesamten Umstände des Einzelfalles verstanden werden muss. Oft geben die Umstände dem gesprochenen Wort, z.B. der bloßen Bejahung, überhaupt erst einen eindeutigen Sinn. Allerdings lassen sich bei einer Erklärung verschiedene **Grade der Eindeutigkeit** unterscheiden. Wo das Gesetz, z.B. in § 48 HGB für die Prokurabestellung, eine ausdrückliche Erklärung voraussetzt, ist grundsätzlich zwar jede Willenskundgabe ausreichend. Sie muss aber **völlig eindeutig** auf einen bestimmten Willen hinweisen.

II. Schweigen im Rechtsverkehr

Was für das Tun gilt, hat auch für die rechtliche Beurteilung des Nichttuns Bedeutung: für das Schweigen schlechthin. Es muss, wenn es wie die Erklärung eines bestimmten rechtsgeschäftlichen Willens behandelt werden soll, **schlüssig** sein, d.h. die Umstände müssen so liegen, dass nach Verkehrssitte oder Vereinbarung sowie nach Treu und Glauben (§ 157) anzunehmen ist, der Schweigende würde sich positiv geäußert haben, wenn er den fraglichen rechtsgeschäftlichen Willen **nicht** gehabt hätte. Das ist nur ausnahmsweise der Fall. Grundsätzlich gilt Schweigen im Rechtsverkehr nicht als Zustimmung.[7]

1. Ausnahmen im BGB

Das **BGB** enthält einige Ausnahmeregeln. So ist z.B. Schweigen beim Schenkungsangebot (§ 516 II) und im Falle des § 416 I S. 2 bei der befreienden Schuldübernahme als Zustimmung anzusehen. Gleiches kann sich nach Treu und Glauben mit Rücksicht auf die Verkehrssitte (§ 157) zwischen Parteien ergeben, die miteinander in vertraglichen Beziehungen stehen oder solche anbahnen.

2. Ausnahmen im Handelsrecht

Auch im Handelsverkehr gilt Schweigen grundsätzlich nicht als Zustimmung, wenngleich hier mehr Ausnahmen vorkommen als im sonstigen Rechtsverkehr, da der Handelsverkehr auf schnelle Verständigung besonders angewiesen ist.

(1) Nach § 362 HGB muss ein Kaufmann, dessen Gewerbebetrieb die Besorgung von Geschäften für andere mit sich bringt (z.B. der Kommissionär, Spediteur, Treuhänder), unverzüglich antworten, wenn ihm ein Antrag zur Besorgung von jemandem zugeht, mit dem er in Geschäftsverbindung steht. „Sein Schweigen gilt als Annahme des Antrags" (§ 362 I S. 1 HGB). Gleiches gilt, wenn ihm ein solcher Antrag von jemandem zugeht, dem gegenüber er sich zur Besorgung solcher Geschäfte ausdrücklich erboten hat (§ 362 I S. 2 HGB).

(2) Außerdem kann sich aus den Handelsbräuchen (§ 346 HGB) die Bewertung des Schweigens als Zustimmung ergeben. So gilt nach einer feststehenden Rechtsprechung regelmäßig die Nichtbeantwortung eines **Bestätigungsschreibens** als Zustimmung, es sei denn, dass das Bestätigungsschreiben von dem Vereinbarten so weit abweicht, dass der Absender vernünftigerweise mit dem Einverständnis des Empfängers nicht rechnen kann oder dass der Bestätigende arglistig handelt.[8] Allerdings ist jeweils sorgfältig zu prüfen, ob es sich wirklich um ein Bestätigungsschreiben handelt, d.h. um die inhaltliche Zusammenfas-

---

[7] Palandt/Heinrichs, Einf. v. § 116 Rnr. 7.
[8] BGH DB 1985, 1226.

sung eines Vertrages, der wirklich oder zumindest nach der Auffassung des Bestätigenden **bereits zustande gekommen** ist. Man darf nämlich das Bestätigungsschreiben nicht verwechseln mit der „Auftragsbestätigung", d.h. der schriftlichen Annahme eines Vertragsangebots (der „Bestellung"). Diese „Auftragsbestätigung" geht nicht davon aus, dass der Vertrag bereits geschlossen ist, sie soll den Vertrag erst **zustande bringen.** (Die Terminologie geht in der kaufmännischen Praxis etwas durcheinander. Entscheidend ist, was nach dem erkennbaren Inhalt gewollt war.[9]) Wenn eine „Auftragsbestätigung" von der „Bestellung" abweicht (sog. „modifizierte Auftragsbestätigung"), bleibt es bei den allgemeinen Grundsätzen:[10] Es gilt § 150 II, das Schweigen des anderen auf diese Auftragsbestätigung ist keine Annahme.

§ 14. Die Auslegung der Erklärung

In dem letzten Paragraphen wurde die Frage erörtert, inwieweit ein bestimmtes menschliches Verhalten als Willenserklärung angesehen werden kann. Dabei wurde das Merkmal der Schlüssigkeit besonders hervorgehoben. Streng genommen handelt es sich um zwei Fragen,

(1) ob eine Willenserklärung **überhaupt** vorliegt, und, bejahendenfalls,

(2) welchen **Inhalt** diese Erklärung hat.

Beide Fragen sind letztlich nicht voneinander zu trennen, sie erhalten gemeinsam ihre Antwort durch die Auslegung.

Die Auslegung von Erklärungen hat im gesamten Privatrecht und sogar im öffentlichen Recht große Bedeutung. Sie ist, wie die Auslegung von Gesetzen, kein logisches Rechenexempel, sondern ein wertendes Verfahren, das einen gerechten Interessenausgleich anstrebt.

I. Die Auslegungsgrundsätze

Die Auslegung kann nicht einseitig von dem Willen des Erklärenden ausgehen – das würde das Schutzinteresse des Erklärungsgegners missachten, zudem eine unerträgliche Unsicherheit in den Rechtsverkehr bringen – sie kann auch nicht den Inhalt zu Grunde legen, den jeweils der Erklärungsgegner verstanden hat. Sie muss versuchen, einen objektiven Standpunkt zu beziehen. Deshalb wird das Verhalten des Erklärenden zwar vom Gegner her betrachtet, da die Erklärung ja an ihn gerichtet war, aber vom Standpunkt eines **unbefangenen Beobachters** aus, der alle Umstände **kennt,** die dem Gegner **erkennbar** sind. Auf diese Weise wird ein **objektiver Erklärungswert** gewonnen.

(1) Alle Auslegung fängt mit dem **konkreten Verhalten** des Erklärenden, insbes. mit dem Wortlaut seiner Erklärung an.

---

[9] BGH DB 1971, 2302.
[10] BGH 18, 215; DB 1970, 1777.

(2) Sie darf aber beim Wortlaut nicht stehen bleiben. Nach § 133 ist bei der Auslegung nicht am buchstäblichen Sinne des Ausdrucks zu haften, sondern der wirkliche Wille zu erforschen. Diese vom Anfänger oft missverstandene Vorschrift ist zu ergänzen: „soweit der Wille einen Ausdruck gefunden hat". Dass die bloße, nicht betätigte Willensbildung nicht berücksichtigt wird, wurde ja bereits festgestellt. Der wirkliche Wille wird unter Zuhilfenahme der **Umstände** erforscht, und zwar derer, die dem Gegner **erkennbar** gewesen sind.

(3) Außerdem sind **Verkehrssitte** und **Handelsbrauch** ergänzend heranzuziehen, auch wenn beide Parteien diese nicht kannten; denn mit Verkehrssitte und Handelsbrauch muss jeder rechnen. Dies ergibt sich aus § 157, der sich wörtlich nur auf Verträge bezieht, aber entsprechend für jede Erklärung gilt, sowie – unter Kaufleuten – aus § 346 HGB.

(4) Schließlich steht die gesamte Auslegung unter dem Grundsatz von **Treu und Glauben** (§ 157). § 157 wird insofern häufig missverstanden, als darin eine Möglichkeit gesehen wird, den Fall nach dem „Gerechtigkeitsgefühl" schlechthin zu lösen. „Treu und Glauben" bedeutet, dass jeder in „Treue" zu seinem gegebenen Wort, zu seinem gesamten Verhalten stehen und das Vertrauen („Glauben"), das die unerlässliche Grundlage aller menschlichen Beziehungen bildet, nicht enttäuschen oder missbrauchen darf. Außerdem ist die Auslegung nach Treu und Glauben „mit Rücksicht auf die Verkehrssitte" durchzuführen.

II. Mehrdeutige Äußerungen

Auslegungsprobleme ergeben sich vor allem, wenn die Willensäußerung nur sehr dürftig ist und deshalb zunächst **mehrdeutig** erscheint oder wenn eine – sonst ausführliche – Erklärung in sich einen **Widerspruch** enthält (z.B. zwei verschiedene Preisangaben). Man versucht dann, mithilfe der Auslegungsregeln den wirklichen Willen zu erforschen, soweit er einen, wenngleich unzulänglichen Ausdruck in der Erklärung gefunden hat; im Falle eines Widerspruchs muss man versuchen, festzustellen, bei welcher der verschiedenen Aussagen der Schwerpunkt liegt. Lässt sich die Mehrdeutigkeit oder der Widerspruch auch durch Auslegung nicht beheben, so fehlt es an einer Erklärung überhaupt, das Verhalten ist **nicht schlüssig.** Auf eine kurze Formel gebracht: der Erklärende äußert nicht den eindeutigen Willensinhalt „A", sondern

a od. b

III. Ergänzung und Berichtigung

Manchmal ergibt sich in Verträgen eine **Lücke,** weil Fragen auftauchen, an die die Parteien bei Vertragsschluss nicht gedacht haben. Dann kann von der Erforschung des wirklichen (zum Ausdruck gelangten) Willens gem. § 133 nicht mehr die Rede sein. Hier greift die sog. ergänzende Vertragsauslegung ein, die ihre rechtliche Grundlage in § 157 findet und die Lücke nach Maßgabe dessen ausfüllt, was die Parteien nach Treu und Glauben, d.h. als redliche Geschäftspartner, Kaufleute usw. vereinbart hätten, wenn sie an diese Möglichkeit gedacht hätten. Es ist sogar eine **berichtigende Auslegung** möglich, wenn der Erklärende oder die Parteien infolge fehlender Rechtskenntnisse ungeschickte oder unrichtige Bezeichnungen verwenden, das ihnen vorschwebende Ziel, der wirkliche Wille, aber hinreichend zum Ausdruck gekommen ist; z.b. wenn im Vertrage von „Verpfändung" die Rede ist, aber offensichtlich Sicherungsübereignung gewollt war, oder wenn der Erblasser in seinem Testament „die Mutter" als Alleinerbin einsetzt und damit seine Ehefrau meint. Alle Auslegung, auch die ergänzende und berichtigende, findet aber ihre Grenze an dem **wirklichen erklärten** Willen des Erklärenden bzw. der Parteien. Diesen erklärten Willen darf sie nicht „umbiegen"!

§ 15. Der Vertrag insbesondere. Konsens und Dissens

Der Vertrag bedarf als mehrseitiges Rechtsgeschäft mindestens zweier einander entsprechender Willenserklärungen. Häufig sind noch Tathandlungen (Realakte) erforderlich, so ist z.B. beim Übereignungsvertrag gem. § 929 außer der Einigung die Übergabe der Sache erforderlich. Der Vertrag kommt dadurch zu Stande, dass der eine Teil ein Angebot (einen Antrag) macht und der andere Teil hierzu sein Einverständnis erklärt. (Bitte lesen Sie zunächst §§ 145–157.)

I. Angebot

Das Angebot (§ 145) muss dem anderen den Vertrag in seinen wesentlichen Bestandteilen derartig darbieten, dass der Vertragsschluss durch bloße Bejahung zu Stande kommen kann. Außerdem muss aus der Erklärung der **Bindungswille** des Anbietenden hinreichend deutlich hervorgehen. Kataloge (z.B. von Versandhäusern), Zeitungsanzeigen, Schaufensterauslagen sowie Speisen- und Getränkekarten sind in der Regel keine Angebote, sondern nur **Aufforderungen zur Abgabe von Angeboten**, da der Auffordernde im Regelfall nur einen begrenzten Vorrat besitzt und sich deshalb die Möglichkeit vorbehalten will, ein Angebot abzulehnen. Dagegen stellen die Verkaufsautomaten echte Angebote dar.

II. Annahme

Liegt ein echtes Angebot vor, so ist der Anbietende zunächst an sein Angebot gebunden (§ 145), der andere Teil kann nun den Vertrag zu Stande bringen, indem er seinen Annahmewillen objektiv kundtut.

(1) Erfolgt die Antwort in Form einer bloßen Bejahung („ja", „einverstanden", „angenommen", „in Ordnung"), so ist der Vertrag nach Maßgabe des objektiven Inhalts der Offerte geschlossen.

(2) Hat der Empfänger seine Entgegnung in anderer Weise formuliert, so ist, gegebenenfalls unter Heranziehung der Auslegungsgrundsätze, zu prüfen, ob sich

seine Erklärung mit dem Angebot deckt. Decken sich die Erklärungen, so ist der Vertrag geschlossen, es liegt **Konsens** vor.

Der Konsens lässt sich demnach auf die Formel bringen: Die eine Partei erklärt „A", die andere erklärt sich mit „A" einverstanden:

A —————— A

III. Dissens

Kommt es nicht zur Einigung, so spricht man von Dissens. Der Dissens kommt in zwei Fällen vor:

(1) wenn das Verhalten der einen oder der anderen Partei oder beider Parteien **objektiv mehrdeutig** ist, wenn also die Äußerung einer Partei lautet:

a od. b

(2) wenn das Verhalten der Parteien zwar eindeutig ist, die Erklärungen aber **einander objektiv nicht entsprechen**, d.h. wenn eine Partei „A" erklärt, die andere aber mit „A" nicht einverstanden ist, also „B" erklärt:

A —————— B

Ob Konsens oder Dissens vorliegt, ist also (entgegen dem ursprünglichen Wortsinn) nicht eine Frage der inneren Einstellung, sondern des **objektiven Verhaltens**!

Man kann zwischen offenem und verstecktem Dissens unterscheiden, je nachdem ob sich die Parteien des Dissens bewusst sind oder nicht. Die Unterscheidung hat praktische Bedeutung für die Fälle, in denen der Dissens nur einen Nebenpunkt des Vertrages betrifft.

(1) Bei **offenem Dissens** über einen Punkt, über den nach der Erklärung auch nur einer Partei eine Vereinbarung getroffen werden sollte, ist im Zweifel der gesamte übrige Vertrag nicht bindend, selbst wenn das Vereinbarte schon schriftlich fixiert worden ist (§ 154 I).

(2) Beim **versteckten Dissens** ist die Interessenlage eine andere. Hier haben die Parteien zunächst angenommen, sie seien sich in allen Punkten einig, und sich entsprechend eingerichtet. Wenn sich später herausstellt, dass bezüglich eines einzelnen Punktes, über den eine Vereinbarung getroffen werden sollte, in Wirklichkeit keine objektive Einigung vorliegt, so gilt das übrige Vereinbarte, sofern nach den gesamten objektiven Umständen des Falles „anzunehmen ist, dass der Vertrag auch ohne eine Bestimmung über diesen Punkt geschlossen sein würde" (§ 155). Es handelt sich dann also wieder um eine Auslegungsfrage.

  📖 Bitte lesen Sie noch einmal §§ 145–157.

IV. Versteigerung

Für Versteigerungen gilt die Besonderheit, dass der Versteigerer nur **Aufforderungen** zur Abgabe von Angeboten abgibt. Das Angebot macht der **Bieter,** und die Annahme erfolgt durch den **Zuschlag** (§ 156).

Keine Versteigerungen i.S.v. § 156 sind Versteigerungen im **Internet.** Das ins Internet gestellte Angebot ist keine Aufforderung zur Abgabe von Angeboten, sondern ein echtes Angebot gem. § 145, der Kaufvertrag kommt ohne Zuschlag durch das Höchstgebot des Bieters am Ende der Laufzeit zustande[10a] (deshalb kein Ausschluss des Rücktrittsrechts gem. § 312 d IV Nr. 5).

§ 16. Allgemeine Geschäftsbedingungen (AGB)

I. AGB und dispositives Recht

Im heutigen Wirtschaftsleben werden beim Abschluss von Verträgen weitgehend AGB eingesetzt. Der Vorteil der AGB ist die Vereinheitlichung und Rationalisierung einer Vielzahl von Geschäftsvorgängen; ihr Nachteil ist die Außerkraftsetzung des dispositiven Rechts – meist unter einseitiger Bevorzugung der Interessen des Verwenders der AGB, der als der wirtschaftlich Stärkere der anderen Partei seine Bedingungen mehr oder weniger aufzwingt.

II. Die AGB als Vertragsbestandteil

Die AGB sind deshalb oft als „private Rechtsordnungen" bezeichnet worden, denen sich der Kunde beim Vertragsschluss „unterwirft". Das ist insoweit richtig, als diese formularmäßigen Bedingungen eine gewisse Ähnlichkeit mit Gesetzen haben, da sie generellen Charakter besitzen und den Inhalt der zu schließenden Verträge im Voraus festlegen. Die Gerichte gehen deshalb bei der Auslegung und der richterlichen „Richtigkeitskontrolle" von den **typischen** Fällen aus, die durch diese Bedingungen geregelt werden sollen, nicht von den Zufälligkeiten des gerade zu beurteilenden Falles. Im Übrigen ist die Bezeichnung „private Rechtsordnung" irreführend. Nach der Definition des § 305 sind AGB „alle für eine Vielzahl von Verträgen vorformulierten Vertragsbedingungen, die eine Vertragspartei (Verwender) der anderen Vertragspartei bei Abschluss eines Vertrages stellt". Sie gelten gegenüber der anderen Partei also nur, wenn und soweit sie **Bestandteil des Vertrages werden.** Und Bestandteil des Vertrages werden sie nur dann, wenn eine entsprechende **Einbeziehungsvereinbarung** vorliegt. Dafür müssen **bei Vertragsschluss** – nicht erst später! – grundsätzlich drei Voraussetzungen erfüllt sein:

(1) Der Verwender muss die andere Partei auf die AGB ausdrücklich oder durch deutlich sichtbaren Aushang **hinweisen.**

[10a] BGH 2002, 363.

(2) Der Verwender muss der anderen Partei die Möglichkeit verschaffen, in zumutbarer Weise von den AGB **Kenntnis** zu erlangen.

(3) Die andere Partei muss mit der Geltung der AGB **einverstanden** sein (was auch stillschweigend erfolgen kann).

📖 Bitte lesen Sie §§ 305 II, 305 a.

Bestimmungen, mit denen die andere Partei nicht zu rechnen brauchte (die berüchtigten „Überraschungsklauseln") werden nicht Vertragsbestandteil; Zweifel bei der Auslegung der AGB gehen zulasten des Verwenders. Die Unwirksamkeit einzelner Klauseln berührt nicht die Wirksamkeit des übrigen Vertrages; die allgemeine Regel des § 139 ist insoweit ausgeschlossen.

📖 Bitte lesen Sie §§ 305 c, 306, 139.

III. Inhaltskontrolle

Der Schwerpunkt des AGB-Rechts liegt bei den drei Vorschriften über die Inhaltskontrolle: der Generalklausel § 307 und den beiden Verbotskatalogen §§ 308 und 309.

1. Generalklausel

Nach der Generalklausel des § 307 sind Bestimmungen unwirksam, wenn sie die andere Partei entgegen den Geboten von Treu und Glauben unangemessen benachteiligen. Eine unangemessene Benachteiligung kann sich auch daraus ergeben, dass die Bestimmung nicht klar und verständlich ist (Verletzung des Transparenzgebots).

📖 Bitte lesen Sie § 307.

2. Klauselverbote mit Wertungsmöglichkeit

Für den Verbotskatalog § 308 ist kennzeichnend, dass der Richter infolge der hier verwendeten sog. unbestimmten Rechtsbegriffe (z.B. „unangemessen", „unzumutbar") einen weiten Ermessensspielraum hat.

📖 Bitte lesen Sie den ganzen § 308 **einmal** aufmerksam durch.

3. Klauselverbote ohne Wertungsmöglichkeit

In § 309 sind die Klauselverbote **ohne** Wertungsmöglichkeit zusammengefasst. Hier hat der Richter keinen oder nur einen geringen Spielraum.

📖 Bitte nehmen Sie sich die Zeit, auch § 309 einmal in Ruhe durchzulesen.

4. Das praktische Vorgehen

In einem praktischen Fall muss man die Prüfung **in umgekehrter Reihenfolge** durchführen. Nach Prüfung der Einbeziehungsvereinbarung wird also zuerst § 309 geprüft. Liegt er nicht vor, so prüft man § 308. Nur wenn auch dieser nicht gegeben ist, kommt die Generalklausel § 307 als **Auffangtatbestand** in Betracht.

IV. Sachlicher und personeller Anwendungsbereich

Sehr differenziert ist der Anwendungsbereich des AGB-Schutzes in § 310 geregelt. Auch für diese Vorschrift müssen Sie sich Zeit nehmen.

1. Ausschluss vom AGB-Schutz

Das AGB-Recht gilt nicht für Verträge auf dem Gebiet des Erb-, Familien- und Gesellschaftsrechts. Es gilt auch nicht für Tarifverträge, Betriebs- und Dienstvereinbarungen, wohl aber für **Arbeitsverträge** (allerdings ohne die oben erwähnten Einbeziehungsvorschriften).

📖 Bitte lesen Sie § 310 IV.

2. Einschränkungen des AGB-Schutzes

Ist die andere Partei ein Unternehmer (§ 14), eine juristische Person des öffentlichen Rechts oder ein öffentlich-rechtliches Sondervermögen, so sind die AGB-Regeln zwar anwendbar, der Schutz dieser anderen Partei ist aber in zweierlei Hinsicht **eingeschränkt:** Es gelten nicht die oben erwähnten besonderen Vorschriften über die Voraussetzungen für die **Einbeziehungsvereinbarung,** außerdem gelten nicht die beiden **Verbotskataloge.** Es kann aber eine in den Katalogen aufgeführte Klausel von dem **Auffangtatbestand** § 307 erfasst werden und **deshalb** unwirksam sein.

📖 Bitte lesen Sie § 310 I.

Die beiden Verbotskataloge gelten auch nicht für Verträge der Versorgungswirtschaft mit Sonderabnehmern.

📖 Bitte lesen Sie § 310 II.

3. Erweiterungen des AGB-Schutzes: Verbraucherverträge

Ist der **Verwender** ein Unternehmer (§ 14) und die andere Partei ein Verbraucher (§ 13), so ist der AGB-Schutz **erweitert.**

a) Drittbedingungen

Nach § 310 III Nr. 1 gelten die AGB jeweils „als vom Unternehmer gestellt, es sei denn, dass sie durch den Verbraucher in den Vertrag eingeführt werden". Gemeint ist, dass die AGB dem Unternehmer als Verwender auch dann zugerechnet werden, wenn sie nicht vom Unternehmer, sondern von einem **Dritten** (z.B. einem Notar oder Steuerberater) eingeführt worden sind. Der AGB-Schutz entfällt also nur dann, wenn es der **Verbraucher** war, der das Formular eingeführt hat (z.B. wenn er als Mieter einen Mustermietvertrag vom Mieterbund oder als Käufer eines Gebrauchtwagens ein ADAC-Formular verwendet hat).

📖 Bitte lesen Sie § 310 III Nr. 1.

b) Einmalbedingungen

Außerdem erstreckt sich der AGB-Schutz bei Verbraucherverträgen auch auf Vertragsbedingungen, die – streng genommen – überhaupt keine AGB sind, da sie nicht für eine Vielzahl von Verträgen, sondern nur für einen **Einzelfall** bestimmt sind. Entscheidend ist hier also nur, dass die Bedingungen **vorformuliert** sind und dass der Verbraucher auf ihren Inhalt keinen Einfluss nehmen kann.

📖 Bitte lesen Sie § 310 III Nr. 2.

c) Die Umstände des Einzelfalls

Auch § 310 III Nr. 3 enthält eine Abweichung vom allgemeinen AGB-Schutz: Bei der Frage, ob eine unangemessene Benachteiligung von § 307 vorliegt, ist bei einem Verbrauchervertrag nicht nur wie sonst von den Fällen auszugehen, die **typischerweise** durch diese AGB geregelt werden – es sind **außerdem** die konkreten Umstände des **Einzelfalles** zu berücksichtigen. Das kann sich im Einzelfall auch zu Ungunsten des Verbrauchers auswirken, z.B. wenn der Verbraucher ein Unternehmer oder ein Jurist ist, der gerade privat für sich einkauft.

📖 Bitte lesen Sie § 310 III Nr. 3.

V. Kollision von AGB

Zwischen Unternehmern kommt es häufig vor, dass der eine Teil eine „Bestellung" (d.h. einen Vertragsantrag) zu **seinem** AGB macht, auf den der andere Teil mit einer „Auftragsbestätigung" (d.h. einer Vertragsannahme) zu **seinem** AGB antwortet. Für diesen Fall einer modifizierten Auftragsbestätigung gilt § 150 II.

📖 Bitte lesen Sie § 150 II.

Der andere Teil hat dann also hinsichtlich der AGB das Angebot des einen Teils abgelehnt (Dissens) und ein neues Angebot gemacht. Das Schweigen des einen Teils auf dieses neue Angebot gilt nicht als Annahme. Hinsichtlich der Rechtsfolgen muss man grundsätzlich zwischen verstecktem und offenem Dissens unterscheiden:

(1) Bei **verstecktem Dissens** bleibt der übrige Vertrag wirksam (§ 155), anstelle der AGB gilt das Gesetz (§ 306 II).

(2) Beim **offenen Dissens** kommt es zur Unwirksamkeit des **gesamten** Vertrags nach § 154.

Meist lassen sich die Parteien jedoch durch den Dissens hinsichtlich der AGB nicht davon abhalten, in die **Vertragserfüllung** einzutreten. Da keiner den Vertragsschluss ernstlich gefährden will, dringt keiner auf die Klärung der Kollionsfrage. In einem solchen Fall ist zwar **keine** der beiden AGB Vertragsinhalt geworden. Der übrige Vertrag dagegen ist geschlossen, da die Parteien durch ihr Verhalten zum Ausdruck gebracht haben, dass der Verzicht auf die Klärung der Kollionsfrage die Geltung des übrigen Vertrags nicht beeinträchtigen soll.** Die Auslegungsregeln der §§ 154, 155 gelten nicht, da der Parteiwille eindeutig zum Ausdruck gelangt ist. Anstelle der AGB gilt nach § 306 II das Gesetz.

3. Kapitel:
Der subjektive Teil der Willenserklärung

§ 17. Der Fragenkreis im Allgemeinen

Bei der Definition des Rechtsgeschäftes wurde als Wesensmerkmal der in der Erklärung zum **Ausdruck** gebrachte, auf einen bestimmten Rechtserfolg gerichtete **Wille** hervorgehoben (o. § 9). Wenn wir nun auf den subjektiven Teil der Willenserklärung eingehen, werden wir feststellen, dass die obige objektiv-subjektive Begriffsbestimmung nur den **Regelfall** deckt, dass man also aus ihr nicht den Schluss ziehen darf, rechtsgeschäftliche Wirkungen könnten **überhaupt** nur eintreten, wenn ein bestimmter **Geschäftswille** einen entsprechenden **Ausdruck** gefunden hätte. Es taucht dann die Frage auf, ob für die Rechtsfolgen letztlich das Objektive oder das Subjektive ausschlaggebend ist. Die Beantwortung der Frage hängt letztlich davon ab, wessen Interesse wir höher bewerten wollen. Das spätrömische, mehr individualistisch orientierte Recht gab grundsätzlich dem Subjektiven den Vorzug, wogegen das germanische Recht, auf Gemeinschaftsgeist und Vertrauensschutz aufbauend, das Objektive in den Vordergrund stellte: „Ein Mann, ein Wort". Das BGB hat beide Extreme vermieden und die Entscheidung mehr auf bestimmte typische Sachlagen abgestellt. Wir finden deshalb beide Alternativen vor. Außerdem wird ein weiterer Ausgleich durch die Gewährung von Schadensersatzansprüchen versucht. In einem praktischen Fall wird der ganze Fragenkomplex in drei Etappen behandelt:

(1) Man prüft zuerst, ob überhaupt die **objektiven Voraussetzungen** für eine Erklärung vorliegen.

(2) Dann geht man, wenn der Fall Veranlassung gibt, näher auf das **Subjektive** ein.

(3) Schließlich stellt man fest, ob noch ein Ausgleich durch Schadensersatzansprüche in Betracht kommt.

Diese Reihenfolge muss in jedem Fall genau eingehalten werden. Es ist zwar gerade im Gebiet der Willenserklärung und der Willensmängel eine gerechte Interessenbewertung und eine billige Risikoverteilung das höchste Ziel. Aber der Gesetzgeber hat im BGB gewisse Wertungen getroffen, die respektiert werden müssen. Versuchen Sie deshalb auf keinen Fall mit Treu und Glauben zu „schmieren", wo eine saubere, nach dem Gesetz durchgeführte Lösung am Platz ist.

** BGH DB 1977, 1311.

§ 18. Unser Vorgehen im Einzelnen

1. Der objektive Teil

Wir prüfen demnach zunächst, ob die Äußerung **objektiv eindeutig** ist, bei einem Vertrag, ob die Erklärungen sich objektiv decken. Notfalls greifen wir zur Auslegung

(1) nach den Umständen (§ 133),

(2) nach Verkehrssitte (§ 157) und Handelsbrauch (§ 346 HGB),

(3) nach Treu und Glauben (§§ 157, 242).

2. Der subjektive Teil

Im Bereich des **Subjektiven** ist zu unterscheiden:

a) Handlungswille

Der HANDLUNGSWILLE, d.h. der auf eine **tatsächliche** Veränderung der Außenwelt gerichtete Wille (der Wille zu schreiben, zu sprechen, zu nicken), ist die Mindestvoraussetzung für ein zurechenbares Handeln überhaupt. Wer keinen Handlungswillen hatte, **hat überhaupt nicht gehandelt**, es liegt **keine Willenserklärung** vor. Der Handlungswille fehlt, wenn z.B. jemand in einer Auktion eingeschlafen ist und ihm sein Nebenmann, um ihm einen Streich zu spielen, die Hand des Schlafenden hochhebt und damit ein Höherangebot „macht". Der Schlafende hat keine Erklärung abgegeben. Gleiches gilt z.B. bei gewaltsamem Führen der Hand.

b) Erklärungsbewusstsein

Überwiegend wird angenommen, dass der Handelnde auch das ERKLÄRUNGSBEWUSSTSEIN besitzen muss: der Handelnde muss wissen, dass er durch sein Verhalten **irgend etwas** Erhebliches erklärt oder dass zumindest **andere** sein Verhalten als rechtsgeschäftliche Äußerung auffassen **können**.[11] Fehlt das Erklärungsbewusstsein, so liegt nicht etwa eine nichtige oder anfechtbare Willenserklärung, sondern **überhaupt** keine Willenserklärung vor.

Eine Ausnahme gilt infolge überwiegender anderer Interessen für das **Schweigen,** soweit es wie eine zustimmende Erklärung behandelt wird (s.o. § 13 II). Hier ist der Schweigende gebunden, auch wenn er sich nicht bewusst war, dass man aus seinem Schweigen **überhaupt** einen Schluss auf einen rechtsgeschäftlichen Willen ziehen könnte.[12]

Das Erklärungsbewusstsein fehlt, wenn z.B. jemand in einer Auktion einem Bekannten zuwinkt und nicht weiß, dass das Handheben in dieser Auktion als Höherangebot angesehen wird. In dem alten Schulfall, wo der Professor einen von ihm akzeptierten Wechsel als Anschauungsbeispiel durch die Reihen seiner Hörer ge-

---

[11] Ähnlich BGH NJW 1984, 2279. Dort auch Überblick über die verschiedenen Ansichten in der Literatur. Die Frage hat für die Praxis geringe Bedeutung, ist aber als wissenschaftliches Problem attraktiv und erfreut sich deshalb im Examen einer gewissen Beliebtheit.

[12] Enneccerus/Nipperdey, § 153 IV B.

hen lässt und der Wechsel von einem Studenten namens Brause zur Bank gebracht wird, dürfte dagegen das Erklärungsbewusstsein zu bejahen sein: Der Professor war sich darüber im Klaren, dass andere, z.B. die Bank, den Wechsel als rechtsgeschäftliche Äußerung auffassen **könnten.**

c) Geschäftswille

Vom Erklärungsbewusstsein unterscheidet sich der GESCHÄFTSWILLE dadurch, dass er auf einen **konkreten** rechtsgeschäftlichen Erfolg gerichtet ist. Wer z.B. in einer Auktion die Hand hebt, um eine alte Brosche zu kaufen, aber dann zu seiner Überraschung feststellt, dass er einen alten Kavalleriesäbel ersteigert hat, war sich bewusst, dass er **überhaupt** etwas erklärte, er besaß also das Erklärungsbewusstsein. Sein konkreter rechtlicher Wille (Kauf einer Brosche) wich aber von der Erklärung (Kaufangebot für den Säbel) ab. Es fallen hier Erklärung und **Geschäftswille** auseinander. In einem solchen Falle liegt eine wirksame Erklärung vor, der Erklärende kann aber die Erklärung wegen Irrtums gem. § 119 I anfechten. Mit dem Geschäftswillen müssen wir uns eingehender beschäftigen; ihn meinen wir auch, wenn wir in diesem Buch vom „Willen" oder dem „Gewollten" sprechen (s.u. § 18).

d) Motiv

Schließlich ist vom Geschäftswillen der Beweggrund für die Entstehung des Geschäftswillens und damit des ganzen Geschäfts, DAS MOTIV, zu unterscheiden. Das Motiv ist aus dringenden Gründen des Verkehrsschutzes **grundsätzlich unbeachtlich.** Um bei den Beispielen zu bleiben: Wer eine alte Brosche ersteigert, die er seiner Verlobten bei der Hochzeit schenken will, kann den Kauf der Brosche nicht rückgängig machen, wenn die Hochzeit nicht stattfindet.

e) Zusammenfassung

Stark vereinfacht lässt sich zusammenfassen:

(1) **Handlungswille:** Ich will schreiben, sprechen, den Arm heben usw.

(2) Erklärungsbewusstsein: Ich erkläre **irgend etwas** rechtlich Erhebliches.

(3) **Geschäftswille:** Ich will dies.

(4) **Motiv:** Ich will dies, **weil.**

3. Ausgleichende Schadensersatzansprüche

Schließlich kommen die AUSGLEICHENDEN SCHADENSERSATZANSPRÜCHE in Betracht.

a) Vertrauensschaden

In den Fällen des § 118 (der sowohl Fälle fehlenden Erklärungsbewusstseins als auch Fälle fehlenden Geschäftswillens erfasst) und im Falle der Irrtumsanfechtung gem. § 119, 120 hat der Erklärende dem anderen den VERTRAUENSSCHADEN (das negative Interesse) zu ersetzen. Er muss den anderen so stellen, wie dieser stehen würde, wenn vom Vertrag **nie die Rede** gewesen wäre. Hierzu gehören insbesondere die Transportkosten. Auch der Schaden, der dadurch entstand, dass man im Vertrauen auf die Gültigkeit der Erklärung ein anderes Angebot ausgeschlagen hat, gehört hierher. Die Geltendmachung des Vertrauensschadens wird aber begrenzt durch die Höhe des ERFÜLLUNGSINTERESSES (positiven Interesses), d.h. der andere darf nicht besser gestellt werden, als er stehen würde, wenn der Vertrag ordnungsgemäß erfüllt worden wäre.

Der Anspruch aus § 122 setzt **kein** Verschulden voraus, er beruht auf dem VERANLASSUNGSPRINZIP: Der Schaden soll von demjenigen getragen werden, der ihn durch sein Verhalten veranlasst hat. (Beachten Sie aber § 122 II und die Legaldefinition von „kennen müssen".)

b) Culpa in contrahendo

Über § 122 hinausgehend hat man im Wege der Rechtsfortbildung den allgemeinen Grundsatz entwickelt, dass durch die Anbahnung von Vertragsverhandlungen und unabhängig vom Zustandekommen des Vertrages zwischen den Parteien ein vertragsähnliches Vertrauensverhältnis entsteht, das ihnen eine Reihe von Schutzpflichten auferlegt, deren schuldhafte Verletzung als CULPA IN CONTRAHENDO (Verschulden bei der Vertragsverhandlung) schadensersatzpflichtig macht. Dieser Grundsatz galt zunächst gewohnheitsrechtlich und wurde später ausdrücklich im Gesetz geregelt (Einzelheiten u. § 48).

📖 Bitte lesen Sie §§ 311 II, III, 241 II.

§ 19. Erklärung und Geschäftswille

I. Geschäftsirrtum und falsche Übermittlung

Der wichtigste Fall unter den Willensmängeln ist der Geschäftsirrtum. Wenn ein Geschäftswille vorliegt, der von der Erklärung abweicht, ohne dass dies dem Erklärenden bewusst ist, so ist die Erklärung zwar zunächst wirksam, kann aber gem. § 119 I mit rückwirkender Kraft angefochten werden (§ 142). Die Anfechtung muss unverzüglich nach Entdeckung des Irrtums, spätestens innerhalb 10 Jahren erfolgen. (Achten Sie auf die Legaldefinition von „unverzüglich" in § 121!) Das Schutzinteresse des Gegners wird durch § 122 berücksichtigt. Im Einzelnen bestimmt § 119 I, dass eine Erklärung anfechtbar ist,

(1) wenn der Erklärende „eine Erklärung dieses Inhalts überhaupt nicht abgeben wollte". Diese Formulierung erfasst die Fälle des Versprechens, Verschreibens und Vergreifens. In diesen Fällen weicht schon der Handlungswille vom äußeren Verhalten ab, infolgedessen stimmen auch Geschäftswille und Erklärung nicht überein;

(2) wenn der Erklärende bei der Abgabe der Willenserklärung „über deren Inhalt im Irrtum war". Hier war das äußere Verhalten zwar in dieser Gestalt gewollt, der Handlungswille deckt sich also mit der äußeren Handlung, der Erklärende war sich aber über die rechtliche Bedeutung, die inhaltliche Tragweite[13] seines

---

[13] Palandt/Heinrichs, § 119 Rnr. 11 ff.

Verhaltens, nicht im Klaren. Wer z.B. versehentlich in eine Rossschlächterei gerät und dort „ein Filet" kauft[14], hat zwar **gesagt:** „ein Filet" und **wollte** dies auch sagen. Handlung und Handlungswille stimmen also überein. Er hat aber **erklärt:** „ein **Pferde**filet" – denn anders kann man eine Bestellung in einer Rossschlächterei nicht auffassen –, **wollte** dagegen ein **Rinderfilet** kaufen. Erklärung und Geschäftswille fallen also auseinander.

Die beiden Varianten des § 119 I werden häufig als 1. Erklärungsirrtum und 2. Inhaltsirrtum bezeichnet. Die genauere Abgrenzung dieser beiden Irrtumsarten ist schon angesichts des nicht sehr deutlichen Gesetzeswortlauts in manchen Einzelfällen recht schwierig, in der Literatur auch streitig, für die praktische Anwendung aber bedeutungslos, da sich in beiden Fällen die gleiche Rechtsfolge ergibt: Anfechtbarkeit aus § 119 I. Deshalb ist es für uns zweckmäßiger, auf eine genaue Unterscheidung zu verzichten und eher das Gemeinsame der beiden Irrtumsvarianten hervorzuheben. Dann können wir feststellen: Der Fall des § 119 I, den wir einheitlich als Geschäftsirrtum bezeichnen wollen, liegt vor, wenn jemand etwas erklärt, was er nicht will. Im praktischen Fall stellen wir die Fragen:

(1) Was hat der Erklärende objektiv erklärt?

(2) Was wollte der Erklärende?

Fallen die Antworten verschieden aus, so ist Anfechtbarkeit gem. § 119 I gegeben, falls anzunehmen ist, dass der Erklärende „bei Kenntnis der Sachlage und verständiger Würdigung des Falles" die Erklärung nicht abgegeben hätte. Von dieser Begriffsbestimmung aus lässt sich eine klare Abgrenzung zum Dissens sowie zum geschäftlichen Eigenschaftsirrtum und zum Motivirrtum finden. Wir wollen hier zunächst vom Dissens unterscheiden: Beim **Dissens** decken sich die Erklärungen der Parteien **schon objektiv nicht,** im Falle des Geschäftsirrtums decken sich zwar die Erklärungen, doch fallen bei einer Partei Erklärung und Geschäftswille auseinander. Wenn wir in einer Formel die Erklärung „A" über den Strich, den Geschäftswillen „B" unter den Strich setzen, sieht der Fall des § 119 I so aus:

Da sich bei einer übermittelten Erklärung der objektive Erklärungswert nach dem Inhalt richtet, wie er sich dem Empfänger der Erklärung darstellt, wird nach § 120 der Fall der unrichtigen Übermittlung dem des Irrtums gem. § 119 gleichgestellt. Dies gilt aber nur bei **irrtümlich** falscher Übermittlung. Hat der Bote die Erklärung **bewusst** verfälscht, so handelt es sich überhaupt nicht um eine Erklärung des Absenders, das vom Boten Ausgerichtete ist für den Absender unverbindlich.[15]

---

[14] Beispiel von Brauer, Der Eigenschaftsirrtum, 1941, S. 23.
[15] BGH BB 1963, 204.

II. Geheimer Vorbehalt

Wer bewusst etwas anderes erklärt, als er wirklich will, wird an seiner Erklärung festgehalten: Das Schutzinteresse des vertrauenden Gegners geht vor, der geheime Vorbehalt verdient keinen Schutz (§ 116 S. 1).

Die Lage ändert sich, wenn der Gegner den Erklärenden durchschaut. Jetzt hat der **Gegner** kein schutzwürdiges Interesse, er kann deshalb den Erklärenden nicht an der Erklärung festhalten: Der erkannte geheime Vorbehalt macht das Geschäft nichtig (§ 116 S. 2).

Der geheime Vorbehalt lässt sich auf die Formel bringen:

$$\frac{\text{A} \qquad \text{A}}{\text{B} \qquad \text{A}}$$

Es fällt auf, dass diese Formel mit der Formel für den Geschäftsirrtum genau übereinstimmt. In beiden Fällen erklärt jemand etwas, was er nicht will. Beim Geschäftsirrtum ist dies dem Erklärenden **nicht bewusst,** beim geheimen Vorbehalt **bewusst.**

III. Scherzgeschäft

Wer überhaupt keinen Geschäftswillen hat und eine Erklärung in der Erwartung abgibt, der andere werde den Mangel der Ernstlichkeit erkennen – oft fehlt dann sogar das Erklärungsbewusstsein –, wird an der Erklärung nicht festgehalten: Das „Scherzgeschäft" ist nichtig. Der „Spaßvogel" ist aber aus § 122 zum Ersatz des Vertrauensschadens verpflichtet.

Wenn man hier von Spaßvögeln reden will, so kann man eigentlich drei Arten unterscheiden:

(1) Der **„normale Spaßvogel"** bringt seinen Scherz so heraus, dass kein vernünftiger Mensch auf einen rechtsgeschäftlichen Willen schließen kann (Beispiel: Jemand singt auf der Bühne „Zehntausend Taler!"). Hier fehlt es schon an den objektiven Voraussetzungen für eine Erklärung, § 118 ist überhaupt nicht anwendbar.

(2) Der **„ungeschickte Spaßvogel"** verhält sich so, dass der Schluss auf einen rechtsgeschäftlichen Willen immerhin möglich ist. Beispiel: Jemand bestellt in einer Wirtschaft „Ein Schappi, ein Bier!" Die Kellnerin bringt auf einem Teller das geöffnete Hundefutter, sie hat nicht bemerkt, dass der Gast nur „scherzen" wollte. Diesen Fall trifft § 118. Der Spaßvogel wird von der Erklärung frei, muss aber gem. § 122 Ersatz leisten. Allzu Begriffsstutzige werden allerdings in ihrem Vertrauen auf die Gültigkeit der Erklärung nicht geschützt (§ 122 II).

(3) Der **„böse Spaßvogel"** macht sich bewusst einen „Scherz" auf Kosten des anderen: Er will, dass der andere den Mangel der Ernstlichkeit **gerade nicht** erkennt. Solche Späße macht das Gesetz nicht mit; der Spaßvogel muss geradestehen (§ 116 S. 1).

IV. Scheingeschäft

Aus dem gleichen Grunde ist das Scheingeschäft nichtig (§ 117 I). Der Unterschied zu § 116 S. 2 liegt darin, dass hier der Gegner den Erklärenden nicht nur durchschaut, sondern sich beide im Willen einig sind. Dann haben die Parteien an dem Erklärten höchstens insoweit Interesse, als sie dadurch einen Dritten täuschen wollen (z.B. das Finanzamt). Ein solches Interesse verdient keinen Schutz.

Waren sich die Parteien über ein bestimmtes Geschäft einig, haben sie aber übereinstimmend etwas anderes erklärt (z.B. aus steuerlichen Gründen), so ist das **verdeckte Geschäft** maßgebend (§ 117 II). In einer Formel sieht das so aus:

$$\frac{A \qquad A}{B \qquad B}$$

Beide **erklären** übereinstimmend „A", beide **wollen** übereinstimmend „B".

V. Falsa demonstratio (Irrtümliche Falschbezeichnung)

Ein wichtiger Fall, in dem infolge fehlenden Schutzinteresses das Gewollte statt des Erklärten gilt, ist die falsa demonstratio. Sie liegt vor, wenn die Erklärung mehrdeutig oder sonst wie misslungen ist, der Gegner aber den Erklärenden **richtig verstanden** hat, weiterhin, wenn die Parteien sich im Willen einig sind, aber versehentlich beide übereinstimmend einen falschen Ausdruck verwenden. Der Fall ist im Gesetz nicht geregelt, die Lösung lässt sich aber mit Hinweis auf § 117 II rechtfertigen. Auch dort sind die Parteien subjektiv einig, erklären aber übereinstimmend etwas anderes: Das Gewollte entscheidet.[16]

$$\frac{A \qquad A}{B \qquad B}$$

Der Unterschied zwischen § 117 II und der falsa demonstratio liegt darin, dass das Auseinanderfallen von Wille und Erklärung den Parteien im ersteren Falle bewusst, im letzteren Falle nicht bewusst ist.

§ 20. Erklärung und Motiv

I. Grundsatz

Stimmen Erklärung und Geschäftswille überein, so ist die Erklärung grundsätzlich voll wirksam. Der Beweggrund, das Motiv für die Abgabe der Erklärung, ist aus dringenden Gründen des Verkehrsschutzes grundsätzlich unbeachtlich.

---

[16] St. Rspr., BGH DB 1983, 1815.

Das ist vor allem für die in der Praxis häufigen KALKULATIONSIRRTÜMER wichtig: Wer einen verbindlichen Kostenanschlag abgegeben hat, kann sich später nicht darauf berufen, dass ihm bei der Berechnung der angesetzten Summe ein Irrtum unterlaufen ist, denn er hat erklärt, was er erklären wollte: Der Irrtum liegt bei der Frage, **warum** der Erklärende diese Erklärung abgeben wollte, also im Motiv, und ist deshalb unbeachtlich. Anders ist die Lage, wenn der Kalkulationsirrtum auch in der Erklärung zum Ausdruck gelangt ist, z.B. wenn die Einzelposten richtig eingesetzt, aber falsch addiert worden sind. Dann handelt es sich nicht um einen bloßen Motivirrtum, sondern um eine Äußerung mit einem inneren Widerspruch, also um ein Auslegungsproblem (s.o. § 14 II).

II. Gemeinsamer Motivirrtum

Das fehlgeschlagene Motiv ist grundsätzlich auch dann ohne Bedeutung, wenn es dem anderen Vertragsteil bekannt war. Wer, um das Beispiel mit der Brosche noch einmal aufzunehmen, eine Brosche beim Juwelier kauft, um sie seiner Braut zur Hochzeit zu schenken, muss die Brosche, wenn die Hochzeit nicht stattfindet, behalten; es ist gleichgültig, ob er seine Motive dem Juwelier mitgeteilt oder verschwiegen hat.

Diese Sachlage ist allerdings eine andere, wenn es sich um gemeinsame Vorstellungen oder Erwartungen handelt, die die **Grundlage des ganzen Geschäfts** bilden, sodass anzunehmen ist, dass die Partner, jedenfalls als redliche Leute, das Geschäft ohne diesen Irrtum überhaupt nicht geschlossen hätten. Hier wird man, falls durch **Auslegung** des Vertrages nicht Abhilfe geschaffen werden kann, auf den Gedanken der **Störung der Geschäftsgrundlage** zurückgreifen müssen (Näheres u. § 50 III 3 und 4).

III. Täuschung und Drohung

Das Gesetz durchbricht den Grundsatz der Unbeachtlichkeit des Motivs – abgesehen von dem (hier nicht zu erörternden) Ausnahmefall des § 2078 – nur für den Fall der Beeinflussung der Motivation durch arglistige Täuschung oder widerrechtliche Drohung (§ 123). Es genügt für die Anfechtbarkeit, dass die Täuschung oder Drohung für die Abgabe der Willenserklärung **ursächlich** war, d.h. dass die Erklärung ohne die Täuschung oder Drohung gar nicht oder nicht so oder nicht zu dieser Zeit abgegeben worden wäre.

Während es für die Anfechtung wegen Drohung gleichgültig ist, wer den Erklärenden bedroht hat, schließt § 123 II die Anfechtung wegen Täuschung aus, wenn die Täuschung durch einen **Dritten** verübt wurde und der Erklärungsgegner die Täuschung weder kannte noch kennen musste. **Dritter** ist z.B. der bloße Vermittler des Erklärungsgegners, nicht dagegen der Vertreter des Erklärungsgegners oder ein sonstiger Gehilfe, der den Vertragsschluss weitgehend vorbereitet hat.

Die Anfechtung gem. §§ 123, 142 muss innerhalb eines Jahres von der Kenntnis bzw. Beendigung der Zwangslage an erfolgen (§ 124).

Im praktischen Fall stellt man die Fragen:

(1) Was hat der Erklärende erklärt?

(2) Ist die Erklärung durch eine arglistige Täuschung oder widerrechtliche Drohung bestimmt worden?

§ 21. Erklärung und Wirklichkeit. Der Eigenschaftsirrtum

I. Vereinbarung von Eigenschaften

Bei dem Versuch, § 119 II systematisch einzuordnen, ist davon auszugehen, dass die Vorstellung von den Eigenschaften der Person oder Sache, auf welche sich das Rechtsgeschäft bezieht, nicht immer bloßes Motiv bleibt, sondern vom rechtsgeschäftlichen Willen mit umfasst werden kann und dann Bestandteil der Willenserklärung wird. Die Vereinbarung über die Eigenschaft, die auf diese Weise zwischen den Parteien zu Stande kommt, hat zum Inhalt, dass diese Person oder diese Sache bestimmte Eigenschaften haben soll.[17] Wir können in solchen Fällen kurz von „vereinbarten Eigenschaften" sprechen. **Welche** Eigenschaften vereinbart werden, ist Auslegungsfrage im Einzelfall. Es werden jedoch in der Regel diejenigen Eigenschaften vereinbart sein, die im Verkehr als wesentlich angesehen werden. § 119 II ist insoweit als Auslegungsregel zu verstehen.

II. Geschäftlicher und außergeschäftlicher Irrtum

Von dieser Grundlage ausgehend, können wir nun zwischen dem geschäftlichen Eigenschaftsirrtum, der von § 119 II erfasst wird, und dem unbeachtlichen außergeschäftlichen Eigenschaftsirrtum unterscheiden.

(1) Ein **geschäftlicher Eigenschaftsirrtum** liegt vor, wenn die **vereinbarten** und die **wirklichen** Eigenschaften der Sache nicht übereinstimmen. Dies ist kein Motivirrtum, es ist auch kein Geschäftsirrtum, denn dieser setzt voraus, dass Erklärung und **Geschäftswille** auseinander fallen. Hier aber stimmen gewollte und erklärte Eigenschaften überein. Sie stehen nur mit der Wirklichkeit nicht in Einklang. Wenn jemand einen Edelstein als Topas verkauft, der sich später als gelber Diamant herausstellt, so hat er in Übereinstimmung mit dem Käufer „Topas" erklärt und **wollte** dies auch erklären. Der Stein hat aber in **Wirklichkeit** nicht die Eigenschaft, die er nach der Vereinbarung haben sollte, und

---

[17] Die hier skizzierte, im Wesentlichen von Flume, Allg. Teil II § 24b, begründete Auffassung hat sich in der Literatur weitgehend durchgesetzt; vgl. Staudinger/Dilcher (12. Aufl.) 119 Rnr. 46. Auch der BGH vertritt die Auffassung, dass § 119 II nur solche Eigenschaften erfasst, die „zum Vertragsinhalt erhoben worden" sind, BGH 16, 57 f.

der Verkäufer kann deshalb gem. § 119 II anfechten. In einer Formel ausgedrückt: Die Parteien haben erklärt, dass die Sache die Eigenschaft „A" (Topas) haben soll. In Wirklichkeit hat die Sache die Eigenschaft „B" (gelber Diamant).

$$A \begin{bmatrix} \textit{Wirklichkeit} \\ B \end{bmatrix} A$$

(2) Ein **außergeschäftlicher Eigenschaftsirrtum** liegt vor, wenn eine Partei irrige Vorstellungen von den Eigenschaften einer Sache hatte, diese aber nicht zum Bestandteil ihres rechtsgeschäftlichen Willens und damit zum Bestandteil ihrer Erklärung gemacht hat. Fehlt eine solche Eigenschaft, so ist lediglich die **Motivation** dieser Partei fehlgeschlagen, es liegt ein unbeachtlicher Motivirrtum vor. Damit entfällt von selbst die Möglichkeit einer Anfechtung bei Ramschkäufen und bei Geschäften mit spekulativem Einschlag: Wenn z.B. jemand ein Bild als Kopie kauft, während er es insgeheim für ein Original hält, kann er sich auf seinen Irrtum nicht berufen, wenn er später feststellt, dass er wirklich nur eine Kopie gekauft hat. Denn er hat sich mit dem Verkäufer auf die Eigenschaft „Kopie" („A") geeinigt, und diese Eigenschaft lag auch in Wirklichkeit vor:[18]

$$A \begin{bmatrix} \textit{Wirklichkeit} \\ A \end{bmatrix} A$$

III. Eigenschaften der Sache

(1) Das Wort „Eigenschaften" in § 119 II ist weit auszulegen. Eigenschaften sind außer der natürlichen Beschaffenheit alle tatsächlichen und rechtlichen Verhältnisse, die nach der Verkehrsanschauung infolge ihrer Beschaffenheit und vermutlichen Dauer einen Einfluss auf die Wertschätzung der Sache besitzen, also praktisch alle wertbildenden Faktoren, nicht aber der **Wert**, der Kurswert oder der Marktpreis als solcher.[19] Diese weite Ausdehnung des Eigenschaftsbegriffs ist ungefährlich, da es letzten Endes immer darauf ankommt, was **vereinbart** ist.

(2) § 119 II gilt nicht nur für Sachen im Sinne des § 90, sondern für **jeden Gegenstand** eines Rechtsgeschäfts, z.B. auch für Forderungen.

(3) Wenn beim Kaufvertrag eine vereinbarte Eigenschaft fehlt, kann es zu einem Konkurrenzproblem kommen, falls das Fehlen der Eigenschaft gleichzeitig ein Sachmangel im Sinne des § 434 ist. In einem solchen Falle geht die Sachmängel-

---

[18] Hier zeigt sich die Leistungsfähigkeit der von Flume begründeten Lehre. Folgt man nämlich der älteren Lehre, wonach § 119 II ein Fall des Motivirrtums ist, so kommt man zu dem Ergebnis, dass die Voraussetzungen des § 119 II vorliegen, und muss mit allgemeinen Erwägungen (Treu und Glauben) begründen, dass trotzdem die Anfechtung unzulässig ist.

[19] So jedenfalls die h.M. und st. Rspr., RG 98, 292; BGH 16, 57.

haftung als ausschließliche Sonderregelung vor, die Anfechtung gem. § 119 II ist unzulässig. Nach § 438 I Nr. 3 verjähren nämlich die Rechte des Käufers wegen eines Sachmangels grundsätzlich in zwei Jahren. Wenn daneben noch die Anfechtung zulässig wäre, könnte man die Verjährungsvorschrift bei später entdeckten Mängeln leicht umgehen, denn die Anfechtung ist 10 Jahre lang möglich, sie muss nur unverzüglich nach Aufklärung des Irrtums erfolgen (§ 121).

IV. Eigenschaften der Person

1. Eigenschaften des Erklärungsgegners

Ein Irrtum über Eigenschaften der Person kann sich auf deren körperliche oder geistige Beschaffenheit, aber auch auf deren tatsächliche oder rechtliche Verhältnisse beziehen. Zur Anfechtung aus § 119 II berechtigen z.B. in der Regel: völlige Kreditunwürdigkeit bei Kreditgeschäften (nicht bei Bargeschäften), Vorstrafen bei bestimmten Dauerverträgen, fehlende Vertrauenswürdigkeit bei einer Beschäftigung als leitender Angestellter, Vergehen mit der späteren Folge des Lizenzentzugs bei einem Lizenzfußballspieler.[20]

2. Eigenschaften eines Dritten

Schließlich kann der Vertrag auch ergeben, dass ein Irrtum über persönliche Eigenschaften eines **Dritten** sich als geschäftlicher Eigenschaftsirrtum darstellt, z.B. wenn vereinbart ist, dass eine vertragliche Leistung besonderer Art durch diesen Dritten ausgeführt werden soll.

V. Zur praktischen Anwendung

Bei starker Vereinfachung ergeben sich für die Prüfung im praktischen Fall die Fragen:

(1) Welche Eigenschaften sollte die Person oder Sache **nach der Vereinbarung** der Parteien besitzen?

(2) Welche Eigenschaften besitzt die Person oder Sache in **Wirklichkeit?**

Weicht die vereinbarte Beschaffenheit von der wirklichen ab, so kann der Irrende anfechten, falls anzunehmen ist, dass er die Erklärung bei Kenntnis der Sachlage und verständiger Würdigung des Falles nicht abgegeben hätte.

---

[20] BGH NJW 1976, 565.

§ 22. Zusammenfassung

Unsere Formelsammlung sieht nun folgendermaßen aus:

	Bewusst	Nicht bewusst
a oder b	Mehrdeutige Äußerung. Überhaupt keine Erklärung, falls auch durch Auslegung keine Eindeutigkeit zu erzielen. Wirksame Erklärung aber dann, wenn der Erklärungsgegner die Äußerung richtig verstanden hat (falsa demonstratio).	
A ——— B	Offener Dissens, § 154	Versteckter Dissens, § 155
A A B A	Geheimer Vorbehalt, § 116	Geschäftsirrtum, § 119 I
A A B B	Scheingeschäft, § 117	Gemeinsame falsche Bezeichnung (falsa demonstratio)
A A A A	Motivirrtum (unbeachtlich. Ausnahme: § 123)	
A [B] A	Eigenschaftsirrtum, § 119 II	

4. Kapitel:
Das Wirksamwerden der Erklärung

§ 23. Übersicht

Bis jetzt hat uns die Frage beschäftigt, **ob** und mit **welchem Inhalt** eine Erklärung gilt. Wir wollen uns nun der Frage zuwenden, **zu welchem Zeitpunkt** die Erklärung wirksam wird.

Den Ausgangspunkt bildet der uns bereits geläufige Gedanke, dass die **subjektive Willensbildung allein** noch keine Rechtswirkungen entfalten kann: es ist stets eine **Willensäußerung** erforderlich, d.h. eine erkennbare Betätigung des rechtsgeschäftlichen Willens.

I. Empfangsbedürftige Willenserklärungen

Die Regel bilden die Erklärungen, die den Rechtskreis einer bestimmten Person betreffen und die im Interesse dieser Person empfangsbedürftig sind: sie sind „einem anderen gegenüber abzugeben".

II. Nicht empfangsbedürftige Willenserklärungen

Die Willensäußerung reicht aus, ohne dass sie **einer bestimmten Person** erkennbar zu sein braucht, wenn sich die Erklärung nicht an eine bestimmte Person, sondern an einen unbestimmten Personenkreis richtet. Ein Empfang durch eine andere Person ist dann nicht erforderlich: Ein Testament z.b., das der Erblasser in aller Heimlichkeit errichtet, wird mit der Unterschrift wirksam. Auch die Auslobung ist nicht empfangsbedürftig (§ 657).

Systematisch den nicht empfangsbedürftigen Erklärungen zuzuordnen sind auch die beiden Fälle des § 151, obwohl sich hier die Erklärungen an eine bestimmte Person richten. § 151 wird vom Anfänger meist falsch angewendet. Der Fehler kommt dadurch zu Stande, dass man diese Vorschrift falsch liest.

📖 Bitte lesen Sie laut § 151. Sie haben ihn falsch gelesen, wenn Sie das Wort „erklärt" betont haben. Bitte lesen Sie § 151 noch einmal und betonen Sie jetzt „dem Antragenden gegenüber".

Es ist nämlich auch bei § 151 eine Annahmeerklärung, d.h. die **objektive Kundmachung** des Annahmewillens erforderlich, nur ist es unnötig, dass die Erklärung **dem Antragenden gegenüber** erfolgt. § 151 hat vor allem bei Bestellungen im **Versandhandel** Bedeutung: Der Kaufvertrag kommt zustande, wenn der Verkäufer die Ware abschickt.

§ 24. Empfangsbedürftige Erklärungen

Das mit der Abgabe einer empfangsbedürftigen Willenserklärung erstrebte Ziel ist die Kenntnisnahme des Inhalts durch den Empfänger. Der Erklärende würde aber mit einem zu großen Risiko belastet, falls die Wirksamkeit seiner Erklärung stets erst dann einträte, wenn der Erklärungsgegner auch wirklich den Inhalt zur Kenntnis genommen hat. Zu einem bestimmten Zeitpunkt muss sich der Erklärende darauf verlassen dürfen, dass der Erklärungsgegner nunmehr den Inhalt kennt.

Den Ausgleich zwischen den Interessen des Erklärenden und des Erklärungsgegners kann hier nur ein objektiver, an der Verkehrsanschauung orientierter Standpunkt bringen: Empfangsbedürftige Willenserklärungen werden grundsätzlich dann wirksam, wenn der Verkehr unter normalen Umständen mit der Kenntnisnahme durch den Erklärungsgegner rechnen darf.

Von diesem Grundsatz ausgehend wollen wir die einzelnen Fälle betrachten.

I. Erklärungen unter Abwesenden

Für die Erklärungen unter Abwesenden gilt § 130: Die abgegebene Erklärung wird wirksam im Zeitpunkt des Zugangs.

1. Zugang

Eine Erklärung ist zugegangen, wenn sie derart in den Machtbereich des Empfängers gelangt ist, dass nach der Verkehrsanschauung unter normalen Verhältnissen mit der Kenntnisnahme durch den Empfänger gerechnet werden darf. Im Einzelnen ergibt sich daraus Folgendes:

a) Der Machtbereich des Empfängers

Es genügt der Einwurf in den Briefkasten des Empfängers (jedoch nicht zur Nachtzeit: Zugang dann im Zeitpunkt der nächsten Postzustellung) oder Einlage in das Postfach des Empfängers (jedoch nicht außerhalb der Geschäftsstunden). Dagegen liegt noch kein Zugang vor, wenn die Post dem Empfänger wegen Abwesenheit auf seine Anweisung hin nachgesandt wird oder wenn der Postbote einen Einschreibebrief wegen Abwesenheit wieder mitnimmt, da in diesen Fällen die Erklärung noch nicht in den Machtbereich des Empfängers gelangt ist.

b) Normale Umstände

Ist die Erklärung aber einmal in den Machtbereich des Empfängers gelangt, so schadet es nicht, wenn der Empfänger durch in seiner Sphäre liegende außergewöhnliche Umstände (Abwesenheit, Krankheit, Trunkenheit) an der Kenntnisnahme verhindert ist; denn der Verkehr darf bezüglich der **Kenntnisnahme** von normalen Verhältnissen ausgehen.

2. Abgabe

Eine Erklärung unter Abwesenden kann nur dann durch Zugehen wirksam werden, wenn sie vorher „**abgegeben**" (§ 130) worden ist. Zur Abgabe gehört außer der Willens**äußerung,** d.h. der Niederschrift, auch die **Ent**äußerung:[21] Die Erklärung muss mit dem Willen des Erklärenden aus dessen Machtbereich gelangt sein, andernfalls ist eine Erklärung überhaupt nicht zu Stande gekommen. Gibt z.B. der Angestellte irrtümlich einen Brief zur Post, den der Chef noch zurückhalten wollte und auf seinem Schreibtisch hatte liegen lassen, so ist der Chef, wenn der Brief dem Empfänger zugeht, mangels einer wirksamen Erklärung an den Inhalt des „abhanden gekommenen" Schreibens nicht gebunden. Er ist aber verpflichtet, dem Empfänger den Vertrauensschaden zu ersetzen, § 122 gilt analog.

II. Erklärungen unter Anwesenden

Über das Wirksamwerden von Erklärungen unter Anwesenden schweigt das Gesetz. Wir müssen hier zwischen verkörperten und nicht verkörperten Erklärungen unterscheiden.

---

[21] BGH 65, 14.

1. Verkörperte Erklärungen

Für die **verkörperten Erklärungen** gilt § 130 entsprechend. Entscheidend ist demnach der Zugang. Kenntnis ist nicht erforderlich, Aushändigung reicht aus.

(1) Dagegen genügt nicht die Unterzeichnung der Erklärung in Gegenwart des Empfängers oder bloßes Vorzeigen, da dann die Erklärung noch nicht in den Machtbereich des Empfängers gelangt ist.

(2) Entreißt der Empfänger dem Erklärenden die Niederschrift oder nimmt er sie ihm heimlich weg, so ist sie zwar in den Machtbereich des Empfängers, aber nicht willentlich aus dem Machtbereich des Erklärenden gelangt und wegen fehlender „Abgabe" (s.o.) nicht zu Stande gekommen.

2. Nicht verkörperte Erklärungen

Bei nicht verkörperten Erklärungen kann man sich nicht sicher darauf verlassen, dass der Empfänger die Erklärung vernommen hat. Aus diesem Grunde werden nicht verkörperte Erklärungen unter Anwesenden erst mit der **Vernehmung** wirksam.[22] Hat also der Empfänger die Erklärung – etwa wegen Taubheit oder Sprachunkenntnis – nicht verstanden, so ist die Erklärung nicht wirksam geworden. Diese Regelung kann manchmal zu gewissen Härten gegenüber dem Erklärenden führen, sie ist ihm aber zumutbar, da er die Möglichkeit hat, sich durch eine Rückfrage über die Vernehmung zu vergewissern.

Wichtig in diesem Zusammenhang ist, dass auch die Übermittlung durch Fernsprecher nach herrschender Ansicht als Erklärung unter Anwesenden anzusehen ist.

III. Erklärungen an Mittelspersonen

Wird die Erklärung an eine andere Person als den Empfänger abgegeben, so ist zu unterscheiden:

(1) Ist diese Person **Stellvertreter im Empfang** gemäß § 164 III, so treten die gleichen Wirkungen ein wie bei der Abgabe an den Vertretenen selber (§§ 164 III, 164 I), es kommen also die Grundsätze über Erklärungen unter Anwesenden zur Anwendung: Verkörperte Erklärungen werden bei Zugang, nicht verkörperte bei Vernehmung wirksam. Der Vertreter im Empfang unterscheidet sich vom Empfangsboten durch eine gewisse Selbständigkeit.

(2) Erfolgt die Abgabe gegenüber anderen Personen, die zur Sphäre des Empfängers gehören (Familienangehörige, Personal), so kommt es darauf an, ob der Erklärende darauf vertrauen durfte, dass diese Personen Weiterleitung von Erklärungen geeignet und befugt waren.

   (a) Durfte er darauf vertrauen, so sind die Personen als **Empfangsboten** anzusehen: Mit der Entgegennahme der verkörperten oder der Vernehmung der nicht verkörperten Erklärung durch den Empfangsboten ist die Erklärung dem Empfänger zugegangen. **Das Risiko der Weiterleitung trifft also den Empfänger.**

---

[22] BAG ZIP 1982, 1467.

(b) Konnte der Erklärende nicht darauf vertrauen, dass die Person geeignet und befugt war (bei Kindern, Handwerkern in der Wohnung), so ist die Erklärung mit Entgegennahme durch diese Person dem Erklärungsgegner noch nicht zugegangen. Die Person kann dann aber als **Erklärungsbote** des Erklärenden fungieren: **Das Risiko der Übermittlung trägt dann der Erklärende.**

Wir können uns vorstellen, dass Ihnen die Aufteilung und die verschiedenen Rechtsfolgen etwas kompliziert vorkommen. Sie können sich aber das Verständnis wesentlich erleichtern, wenn Sie den anfangs aufgestellten Grundsatz im Auge behalten, dass die Erklärung wirksam wird, wenn man nach der Verkehrsanschauung mit der Kenntnisnahme rechnen darf, und wenn Sie außerdem berücksichtigen, dass bei mündlichen Erklärungen von Person zu Person Vernehmung erforderlich ist, da man bei der Abgabe mündlicher Erklärungen nicht sicher mit Vernehmung rechnen darf.

IV. Hindernisse in der Empfängersphäre

(1) Wird das Wirksamwerden der Erklärung durch Umstände **verspätet,** die in der Sphäre des Empfängers liegen (z.B. Abwesenheit, s.o. I 1 a), so darf sich der Empfänger auf die Verspätung nicht berufen. Er würde sich sonst zu seinem eigenen früheren Verhalten in einen gegen Treu und Glauben verstoßenden Widerspruch setzen (sog. venire contra factum proprium).

(2) Wird das Wirksamwerden der Erklärung **überhaupt** verhindert, kommt z.B. ein Brief zurück, weil der Empfänger verzogen ist, so ist der Absender verpflichtet, den Erklärungsversuch unverzüglich nach Beseitigung des Hindernisses zu wiederholen. Notfalls muss er zur öffentlichen Zustellung gem. § 132 II übergehen. Auch hier ist die Berufung des Empfängers auf die Verspätung ausgeschlossen.

V. Zusammenfassung

Bei starker Vereinfachung lässt sich folgende Übersicht aufstellen:

(1) Die **Willensbildung** allein führt noch keine Rechtswirkungen herbei.

(2) Die **Willensäußerung** als solche genügt bei nicht empfangsbedürftigen Erklärungen. Nicht empfangsbedürftig sind das privatrechtliche Testament, die Auslobung und die Annahmeerklärung in den Fällen des § 151.

(3) Bei den anderen Erklärungen ist eine Willensäußerung **gegenüber dem Empfänger** erforderlich. Die Erklärungen werden also erst wirksam, wenn ihr Inhalt dem Empfänger **erkennbar** geworden ist, und zwar

(a) bei schriftlichen Erklärungen mit dem **Zugang** (§ 130),

(b) bei mündlichen Erklärungen mit der **Vernehmung** (im Gesetz nicht geregelt).

5. Kapitel:
Abstrakte Rechtsgeschäfte

§ 25. Übersicht

I. Das Trennungsprinzip

Wenn im täglichen Leben jemand sagt, er habe eine Sache „gekauft", so meint er damit, dass sie jetzt ihm gehört. Zwischen einem Kaufvertrag und einer besonderen Übereignung macht der Verkehr keinen Unterschied, jedenfalls dann nicht, wenn die Sache sogleich übergeben wird. Das deutsche Recht macht aber einen solchen Unterschied: Wir haben das Trennungsprinzip.

1. Verpflichtungsgeschäft

Durch den Abschluss des Kaufvertrages wird zwischen den Vertragschließenden ein **Schuldverhältnis** begründet (vgl. § 241 I): Der Verkäufer wird zur Übergabe und Übereignung, der Käufer zur Zahlung des Kaufpreises verpflichtet (§ 433). Der Kaufvertrag ist demnach das **Verpflichtungsgeschäft**.

2. Erfüllungsgeschäfte

Nun folgt das Erfüllungsgeschäft, genauer: Es folgen die **Erfüllungsgeschäfte**.

(1) Der Verkäufer verschafft dem Käufer durch Einigung und Übergabe gem. § 929 Besitz und Eigentum an der Sache. Damit erlischt seine Verkäuferpflicht (§ 362 I).

(2) Der Käufer übereignet gem. § 929 das Geld. (Wir nehmen der Einfachheit halber Barzahlung an.) Damit erlischt seine Käuferpflicht (§ 362 I).

3. Wie viel Erklärungen?

Wenn man also z.B. eine Streichholzschachtel kaufen will, müssen insgesamt drei Verträge, nämlich ein schuldrechtlicher und zwei sachenrechtliche, geschlossen und insgesamt sechs Willenserklärungen abgegeben werden!

II. Die Abstraktheit der Verfügungsgeschäfte

Betrachten wir nun die Einigung bei der Übereignung gem. § 929 S. 1 etwas genauer: Worüber einigen sich die Parteien? Sie einigen sich nur darüber, „dass das Eigentum übergehen soll", das bewirkt zusammen mit der Übergabe den Übergang des Eigentums. Eine Angabe darüber, **warum** das Eigentum übergehen soll, welcher Vertrag z.B. damit erfüllt werden soll, kurz: eine Angabe des dem Geschäft zugrunde liegenden **Rechtsgrundes** (der sog. causa), gehört offenbar nicht in den Übertragungsvertrag hinein. Das sieht zunächst wie eine Kleinigkeit aus, hat aber weittragende Konsequenzen.

Wenn sich nämlich nach der Übereignung herausstellt, dass der Kaufvertrag gar nicht zu Stande gekommen ist, z.B. weil versteckter Dissens hinsichtlich des Preises vorliegt, dann fehlt der Übereignung zwar jeglicher Rechtsgrund, aber die Parteien sind sich über den Übergang des Eigentums einig geworden, und das reicht für § 929 aus: Die Übereignung ist wirksam. Diese Verselbständigung des Übereignungsvertrages, sein völliges Ablösen vom Kaufvertrag, nennen wir Abstraktheit. Abstraktheit bedeutet, streng genommen, zweierlei:

(1) Die Einigung richtet sich ausschließlich auf die unmittelbar angestrebte Rechtsfolge und bezieht sich nicht auf den Rechtsgrund.

(2) Die durch die Einigung herbeigeführte Rechtsfolge ist von dem Vorliegen eines Rechtsgrundes unabhängig.

Das Abstraktionsprinzip kann man danach **das auf die Spitze getriebene Trennungsprinzip** nennen. Es gilt bei allen **Verfügungsgeschäften**, z.B. bei der Abtretung von Forderungen, der Übereignung von beweglichen Sachen und Grundstücken (§§ 398, 929, 873 I).

III. Der Ausgleich. Bereicherungsrecht und Rücktrittsrecht

Sie werden sich vielleicht schon gefragt haben, wie denn der Fall juristisch weitergeht, wenn ein wirksamer Rechtsgrund fehlt, aber das Erfüllungsgeschäft infolge seiner Abstraktheit gültig ist. Natürlich darf der Empfänger diese Bereicherung nicht behalten. Für den Rückerstattungsanspruch des Entreicherten kommen zwei „Rückbeförderungsinstitute" in Betracht.

1. Ungerechtfertigte Bereicherung

Das **allgemeine** Institut ist das der ungerechtfertigten Bereicherung (§ 812 I S. 1, 1. Alt.). Wenn z.B. der Kauf nichtig, die Übereignung wirksam ist, hat der Käufer „**etwas**", nämlich Besitz und Eigentum an der Sache „**durch Leistung**" des Verkäufers erlangt (Leistungskondiktion). Da der ganze Vorgang „**ohne Rechtsgrund**" erfolgte, ist der Käufer zur Herausgabe der Bereicherung, hier also zur Rückgabe und Rückübereignung gem. § 929 verpflichtet.

Die Bereicherungshaftung ist sehr milde ausgestaltet worden, der Bereicherte soll nur die Bereicherung herausgeben und nicht in sein übriges Vermögen eingreifen müssen. Deshalb entfällt die Verpflichtung, wenn die Bereicherung (mit oder ohne Verschulden des Bereicherten) weggefallen ist (§ 818 III). Beim Wegfall der Bereicherung ist aber sorgfältig zu prüfen, ob der Bereicherte **Aufwendungen erspart** hat. Ist die Bereicherung infolge **Verschenkens** weggefallen, so haftet der Beschenkte anstelle des frei gewordenen Bereicherten gem. § 822.

Vom Zeitpunkt der **Rechtshängigkeit** (Klageerhebung) und vom Zeitpunkt der **Kenntnis** vom Fehlen des Rechtsgrundes an unterliegt der Bereicherte einer **verschärften** Haftung, er haftet für jedes Verschulden auf Schadensersatz, §§ 819 I, 818 IV, 292 (Rechtsfolgenverweisung), 989.

Oft enthält eine Vorschrift im BGB eine Verweisung auf die §§ 812 ff., weil die Interessenlage einen Ausgleich fordert, der am besten durch die §§ 812 ff. erreicht wird. Ein Beispiel ist § 951 I (Rechtsgrundverweisung).[23]

2. Rücktritt

Ein „Sonderrückbeförderungsinstitut", das, wenn es zur Anwendung kommt, als **Sonderregelung** das Bereicherungsrecht ausschließt, sind die Vorschriften über den Rücktritt (§§ 346 ff.).

📖 Bitte lesen Sie § 346 I.

Diese Vorschriften sind so wichtig, weil das Gesetz an vielen Stellen, vor allem im Verbraucherschutzrecht, ein Rücktrittsrecht vorsieht.

📖 Bitte lesen Sie §§ 312 I, 312 d I. Die Rücktrittsregeln sind strenger als die Bereicherungsregeln.

IV. Der Grund der Abstraktheit

Eine Frage ist ganz offen geblieben: Warum haben wir eigentlich das Abstraktionsprinzip, das doch unserem wirtschaftlichen Denken so widerspricht? Dafür werden vielerlei Gründe geltend gemacht, insbes. soll die Überschaubarkeit der Rechtsverhältnisse erleichtert werden, wenn z.B. der Eigentumsübergang an ein besonderes Rechtsgeschäft gebunden ist, das zu seiner Gültigkeit einen für andere erkennbaren Vorgang, nämlich die Übergabe (§ 929) oder Eintragung (§ 873) voraussetzt. Alle diese Gründe sind nicht zwingend, wie die romanischen Rechte zeigen, die grundsätzlich ohne das Abstraktionsprinzip auskommen. Auch das Übergabe- und Eintragungsprinzip wäre ohne die Abstraktheit denkbar. Man muss das Abstraktionsprinzip wohl in erster Linie historisch erklären. Nach heutigem deutschem Recht kann man Eigentum erwerben, auch wenn der Veräußerer kein Eigentümer war. Man muss nur **gutgläubig** sein (§ 932). Diese, auf das germanische Recht zurückgehende Regel (Vertrauensschutz!) wurde vom gemeinen Recht nicht anerkannt. Man stand auf dem alten römischen Standpunkt, dass keiner mehr Rechte übertragen könne, als er selbst habe (nemo plus juris transferre potest quam ipse habet), man hielt den gutgläubigen Erwerb für einen Widerspruch in sich. Das bedeutete aber für den Rechtsverkehr eine große Gefahr. Nehmen wir folgenden Fall: A verkauft und übereignet an B eine Sache, B veräußert die Sache an C weiter. Nun stellt sich heraus, dass der Kaufvertrag zwischen A und B nichtig ist. Soll etwa C die Sache an A herausgeben müssen? Durch eine solche Regelung würde in den Rechtsverkehr eine unerträgliche Unsicherheit gebracht. C muss deshalb die Sache behalten dürfen. Er darf sie auch behalten, wenn die Nichtigkeit des Kaufvertrages zwischen A und B die Übereignung nicht berührt, denn dann hat er vom **Eigentü-**

---

[23] Bei der **Rechtsfolgenverweisung** treten die Rechtsfolgen der verwiesenen Norm ohne weiteres ein, wenn die Voraussetzungen der **verweisenden** Norm gegeben sind. Die **Rechtsgrundverweisung** stellt größere Anforderungen: Es müssen **auch** die Voraussetzungen der **verwiesenen** Norm vorliegen.

mer B erworben. Durch diese Gedankenoperation brachte man es fertig, den Rechtsverkehr vor dem Ärgsten zu bewahren, ohne den Grundsatz „nemo plus juris …" anzutasten.

V. Versuche zur Einschränkung des Abstraktionsprinzips

Wenn wir nun aufgrund dieser (wie wir zugeben, **sehr** vereinfachenden und auch einseitigen) Erklärung das Abstraktionsprinzip im heutigen Recht als einen Atavismus ansehen, so ist zu überlegen, ob wir nicht durch eine entsprechende **Auslegung** der in Frage stehenden Bestimmung zu einer Überwindung oder jedenfalls zu einer Einschränkung dieses lebensfremden Grundsatzes kommen können. Das wird schwer sein. Das Abstraktionsprinzip geht aus den Gesetzesstellen, die der Leser (hoffentlich) gelesen hat, deutlich hervor, und das ganze Rechtssystem ist darauf aufgebaut. Deshalb sind die in der Literatur von zwei Gesichtspunkten aus unternommenen Einschränkungsversuche mit Vorsicht aufzunehmen.

1. Bedingungstheorie

Die eine Richtung – die BEDINGUNGSTHEORIE – geht von den gesetzlichen Bestimmungen der §§ 158 ff. aus. (Bitte lesen Sie wenigstens § 158.) Danach können die Parteien durch die Vereinbarung einer Bedingung die Folgen eines Rechtsgeschäfts von dem Eintritt oder Nichteintritt eines zukünftigen, ungewissen Ereignisses abhängig machen. Das gilt, wie die Stellung der §§ 158 ff. im Gesetz zeigt und durch § 449 I (Eigentumsvorbehalt) bestätigt wird, auch für die abstrakten Geschäfte, soweit nicht zwingende Sondervorschriften bestehen (z.B. § 925 II für die Grundstücksübereignung). Man kann – das Gesetz steht dem nicht entgegen – die Rechtsfolgen auch an das Vorliegen oder Nichtvorliegen **gegenwärtiger** oder **vergangener** Ereignisse knüpfen, über die man im ungewissen ist (sog. unechte Bedingungen). Eine solche Vereinbarung kann, wie alle Vereinbarungen, ausdrücklich oder stillschweigend getroffen werden. Die Bedingungstheorie nimmt an, dass, wenn das Verpflichtungs- und Erfüllungsgeschäft zeitlich zusammenfallen, stillschweigend eine (unechte) Bedingung als vereinbart anzusehen ist, welche die Wirksamkeit des Erfüllungsgeschäftes von der Wirksamkeit des Verpflichtungsgeschäftes abhängig macht.

2. Einheitstheorie

Die andere Richtung – die EINHEITSTHEORIE – stützt sich auf § 139 BGB. Bei „vernünftiger, sich von älterer Begriffsjurisprudenz freimachender Auslegung der Parteierklärung" soll sich oft der – rechtlich beachtliche – Wille ergeben, beide Geschäfte zu **einem einheitlichen juristischen, nicht nur wirtschaftlichen Ganzen** zu verbinden, so dass, da beide Geschä fte nur als Ganzes gewollt seien, die Nichtigkeit des Grundgeschäfts auch die Nichtigkeit des anderen Geschäfts zur Folge habe. Das soll wie bei der Bedingungstheorie vor allem dann möglich sein, wenn Verpflichtungs- und Erfüllungsgeschäft in einem einheitlichen Willensakt zusammenfallen, wie z.B. Kauf und Übereignung beim Handkauf des täglichen Lebens.

3. Kritik

Die angeführten Theorien sind gewiss lebensnahe und verwirklichen in vernünftiger Weise den Parteiwillen. Man muss aber bedenken, dass die Parteien **fast immer** das Vollzugsgeschäft als vom Grundgeschäft bedingt oder beide als rechtliche Einheit ansehen und dass das Gesetz insoweit den Parteiwillen eben **nicht** anerkennt, es sei denn, dass eine **besondere** Verabredung getroffen wird. Wenn man einmal mit dem Gedanken der stillschweigenden Verbindung anfängt, droht die Gefahr, dass man das ganze Abstraktionsprinzip aufrollt. Das aber wäre gegen das Gesetz.

VI. Zusammenfassung

(1) Die Verfügungsgeschäfte sind im deutschen Recht abstrakt ausgestaltet. Die Folge ist, dass häufig Vermögensverschiebungen ohne wirksamen Rechtsgrund vorgenommen werden. Der Ausgleich erfolgt grundsätzlich durch das Bereicherungsrecht.

(2) Abstraktheit heißt zweierlei:

(a) **Merkmal Nr. 1:** Das abstrakte Rechtsgeschäft beinhaltet nur die unmittelbar angestrebte Rechtsfolge (z.B. Übergang der Forderung bei der Abtretung gem. § 398, Übergang des Eigentums bei der Übereignung gem. §§ 929, 873 I).

(b) **Merkmal Nr. 2:** Das abstrakte Rechtsgeschäft ist in seinem Bestand von dem Grundgeschäft unabhängig.

(3) Wenn in einem praktischen Fall Nichtigkeits- oder Anfechtbarkeitsgründe zu prüfen sind, geht man folgendermaßen vor:

(a) Man untersucht zunächst, ob der Nichtigkeits- oder Anfechtbarkeitsgrund beim Grundgeschäft vorliegt.

(b) Bejahendenfalls stellt man dann fest: Dadurch wird das abstrakte Verfügungsgeschäft nicht **automatisch** nichtig (Merkmal Nr. 2).

(c) Danach prüft man, ob der Nichtigkeits- oder Anfechtbarkeitsgrund auch beim abstrakten Geschäft vorliegt, wobei man berücksichtigen muss, dass zum Inhalt des abstrakten Geschäfts nur die in diesem Geschäft unmittelbar angestrebten Rechtsfolgen gehören (Merkmal Nr. 1).

§ 26. Einzelfälle

I. Vorbemerkung

Nach unseren Erfahrungen bereitet das Verständnis des Abstraktionsprinzips den Studenten große Schwierigkeiten, weil es jedem wirtschaftlichen Alltagsdenken genau entgegengesetzt ist. Wir pflegen deshalb im Rechtsunterricht dieses Prinzip vorsichtig in Etappen zu entwickeln und dann immer wieder an Einzelfällen zu demonstrieren. Wir möchten dem Leser raten, noch einmal genau zu lesen, was wir in dem vorhergehenden Paragrafen geschrieben haben, ehe er an die im Folgenden behandelten Einzelfälle mit ihren sehr unterschiedlichen Rechtsfolgen herangeht. Wir haben die allgemeine Darstellung in § 25 sehr ausführlich gehalten, weniger, damit sich der Leser solche Ausdrücke wie Bedingungs- und Einheitstheorie merkt, als um die Sache von möglichst verschiedenen Seiten zu zeigen und dadurch ihr Verständnis zu erleichtern.

II. Sittenverstoß

Liegt ein Verstoß gegen die guten Sitten, gegen das „Anstandsgefühl aller billig und gerecht Denkenden" vor, so ist das Grundgeschäft zwar gem. § 138 I nichtig, nach der Rechtsprechung bleibt aber das Erfüllungsgeschäft wirksam, da es infolge seiner Abstraktheit nur die unmittelbare Rechtsänderung beinhalte und deshalb nichts Unsittliches enthalten könne. Diese Begründung klingt recht formalistisch und wird auch teilweise im Schrifttum abgelehnt; eine andere Auffassung ist aber angesichts des Wortlauts der §§ 398, 929, 873 kaum möglich.

(1) Wenn also z.B. der Bauunternehmer B Herrn L, dem Leiter der städtischen Vergabestelle, in Dankbarkeit für die Erteilung eines Großauftrags ein Auto schenkt, so ist der Schenkungsvertrag gem. § 138 I nichtig. Dagegen ist der (gleichzeitig geschlossene) Übereignungsvertrag wirksam, da sich der Inhalt **dieses** Vertrages in der bloßen Einigung über den Eigentumsvorgang erschöpft. L ist also um das Eigentum an dem Auto ungerechtfertigt bereichert. Allerdings kann B nicht aus § 812 die Rückübereignung verlangen, da das Gesetz den Rückerstattungsanspruch ausschließt, falls der Leistende gegen die guten Sitten verstoßen hat (§ 817 S. 2).

(2) Anders ist nach der Rechtsprechung zu entscheiden, wenn der sittenwidrige Zustand erst durch das abstrakte Vollzugsgeschäft **hergestellt** wird. Dann ist ausnahmsweise auch das abstrakte Geschäft nichtig.[24] Dieser Gedanke hat im Kreditsicherungsrecht große Bedeutung. Wenn z.B. ein Gläubiger sich übermäßige Sicherheiten geben lässt und dadurch dem Schuldner die Möglichkeit nimmt, bei anderen Gläubigern Kredit zu erhalten, wird der sittenwidrige Zustand (die übermäßige Bindung des Schuldners an den Gläubiger) erst durch die Übertragung der Sicherheiten an den Gläubiger hergestellt. Hier sind also auch die Übertragungsgeschäfte nichtig.

(3) Außerdem ist das Übertragungsgeschäft **immer** nichtig, wenn die besonderen Voraussetzungen des § 138 II (Wucher!) vorliegen, da die Nichtigkeit nach dieser Vorschrift nicht nur das „Versprechen", sondern auch das **„Gewähren"** erfasst.

III. Geschäftsirrtum

Beim Irrtum gem. § 119 I ist besondere Vorsicht geboten. Wir müssen stets beim Grundgeschäft **und außerdem** beim abstrakten Geschäft die Fragen stellen:

„Was hat der Erklärende objektiv **erklärt?** – Was hat er gewollt?"

---

[24] BGH NJW 1985, 3007.

1. Anfechtbarkeit des Grundgeschäfts

In den meisten Fällen wird sich dann ergeben, dass **nur das Grundgeschäft** anfechtbar ist: Nennt der Verkäufer beim Kaufabschluss versehentlich einen falschen Preis, so hat er **bezüglich des Kaufvertrags** etwas erklärt, was er **nicht** wollte, und kann seine Erklärung gem. § 119 I anfechten. Wenn er den Irrtum nicht bemerkt und deshalb beim Erfüllungsgeschäft erklärt, er wolle übereignen, so hat er **hier** etwas erklärt, was er auch **wollte**. Die Frage, **warum** er wollte, ist, wie wir wissen, uninteressant (Motivirrtum!). Die Übereignung ist wirksam.

2. Anfechtbarkeit beider Geschäfte

Wenn wir unsere Irrtumsfragen bei beiden Rechtsgeschäften stellen, wird sich manchmal zeigen, dass **beide** Geschäfte anfechtbar sind: Will jemand einem Freund ein Buch leihen mit den Worten „Nimm es dir mit", sagt er dies aber in einer Lage, in der ein vernünftiger Mensch in der Situation des Erklärungsgegners diese Worte nur als Schenkungsofferte und die Übergabe nur als Übereignung gem. § 929 auffassen kann, so hat er beim Grundgeschäft **erklärt**: „Ich schenke dir dieses Buch", ohne dies zu wollen. Aber auch die aus den Umständen sich objektiv ergebende Erklärung: „Ich übereigne dieses Buch" hat er nicht gewollt. Er kann deshalb den Schenkungs- **und** den Übereignungsvertrag anfechten.

3. Anfechtbarkeit nur des abstrakten Geschäfts

Es kommen sogar Fälle vor, in denen **nur das abstrakte Geschäft** anfechtbar ist, das Grundgeschäft aber wirksam bleibt, z.B. dann, wenn eine Sache wirksam verkauft ist, der Verkäufer dann aber versehentlich eine andere Sache einpackt und übereignet.

IV. Täuschung und Drohung

Da in den beiden Fällen des § 123 ein Auseinanderfallen von Erklärtem und Gewolltem nicht erforderlich ist, sondern Kausalität zwischen Täuschung bzw. Drohung und der Willenserklärung genügt, kann **immer** das abstrakte Geschäft angefochten werden.

§ 27. Abstrakte Verpflichtungsgeschäfte

1. Schuldversprechen, Schuldanerkenntnis

Es gibt im deutschen Recht auch einige abstrakte Verpflichtungsgeschäfte. Ihr Abschluss hat zur Folge, dass neben der Verpflichtung des Schuldners aus dem Grundgeschäft noch eine zweite, abstrakte Verbindlichkeit begründet wird, die dem Gläubiger ein leichteres Vorgehen gegen den Schuldner ermöglicht, da er vor Gericht nicht alle Einzelheiten des Grundgeschäfts, sondern nur den Abschluss des abstrakten Verpflichtungsvertrages beweisen muss. Das BGB regelt zwei Arten von abstrakten Verpflichtungsgeschäften, die sich nur in der äußeren Form unterscheiden und auf den gleichen Rechtserfolg hinauslaufen, nämlich das abstrakte Schuld**versprechen** (der Schuldner verspricht eine bestimmte Leistung) und das abstrakte Schuld**anerkenntnis** (der Schuldner erkennt an, eine bestimmte Leistung zu schulden). Wenn man §§ 780 bis 782 genau liest (das tun Sie doch, nicht wahr?), findet man das Wort „selbständig". Das heißt abstrakt. Abstrakt sind auch alle Wechsel- und Scheckverbindlichkeiten (Näheres im Wertpapierrecht).

2. Der Ausgleich

Dass das abstrakt, aber rechtsgrundlos geleistete **Schuldanerkenntnis** auch „etwas" im Sinne von § 812 I S. 1, 1. Alt, ist, wird (überflüssigerweise) in § 812 II bestätigt. Der Schuldner der abstrakten Verbindlichkeit hat hier einen Anspruch auf Erlass (§ 397). Kommt ihm der Gläubiger zuvor, indem er ihn aus der abstrakten Verbindlichkeit verklagt, so kann der Schuldner nicht eine (rechtshindernde oder rechtsvernichtende) **Einwendung** geltend machen, d.h. er kann nicht einwenden, dass die Verbindlichkeit **nicht bestehe**. Es wäre aber unsinnig, den Schuldner zur Zahlung aus dem abstrakten Versprechen und in einem zweiten Prozess den Gläubiger zur Rückzahlung aus § 812 zu verurteilen. Einen solchen Leerlauf kann die Rechtsordnung nicht wollen. Wer aufgrund eines formalen Rechtes etwas verlangt, was er sogleich wieder zurückgeben müsste, verstößt gegen Treu und Glauben (dolo agit qui petit quod statim rediturus est). Der Schuldner kann deshalb den Angriff des Gläubigers abwehren, indem er die rechtshemmende **Einrede der Bereicherung** erhebt.

6. Kapitel:
Stellvertretung

§ 28. Die allgemeinen Regeln

I. Die Voraussetzungen des § 164 I S. 1

Wenn in einem praktischen Fall die Frage auftaucht, ob ein Rechtsgeschäft von einem Vertreter bindend für den Vertretenen vorgenommen worden ist, führt der Lösungsweg immer über § 164 I S. 1. Diese Vorschrift setzt zweierlei voraus.

1. Im fremden Namen

Der Vertreter muss IM FREMDEN NAMEN AUFTRETEN, d.h. er muss den Willen, für einen anderen zu handeln, hinreichend deutlich machen. § 164 I S. 2 gibt nur an, was ohnehin selbstverständlich ist. Kommt der Wille des Vertreters, im fremden Namen zu handeln, nicht deutlich zum Ausdruck, so treten die Rechtswirkungen für und gegen den Vertreter selber ein, sein von der Erklärung abweichender Wille wird aus Gründen des Verkehrsschutzes nicht berücksichtigt. Das sagt § 164 II, wenngleich in völlig missglückter Fassung.

§ 164 II hat vor allem bei Kreditgeschäften große Bedeutung. Er verliert aber seine innere Berechtigung und bleibt deshalb außer Anwendung, wenn es – wie bei den **Barkäufen** des täglichen Lebens – dem Geschäftsgegner gleichgültig ist, ob der Handelnde im eigenen oder fremden Namen handeln will. Hier schließt der Geschäftsgegner das Geschäft mit dem ab, den es angeht, d.h. er überlässt es dem Handelnden, ohne äußere Kundmachung zu entscheiden, ob er die Wirkungen des Geschäftes bei sich oder bei einem Dritten eintreten lassen will (sog. GESCHÄFT WEN ES ANGEHT).

2. Im Rahmen der Vertretungsmacht

Außerdem muss der Vertreter im Rahmen der ihm zustehenden VERTRETUNGS-MACHT handeln. Er muss also **überhaupt** Vertretungsmacht besitzen und sich außerdem in den Grenzen der Vertretungsmacht halten. Liegt Gesamtvertretungsmacht vor, so muss der Vertreter mit einem oder mehreren anderen Vertretern zusammenwirken.

(1) Die Vertretungsmacht kann auf Gesetz beruhen, der Vertreter ist dann **gesetzlicher Vertreter.** Gesetzliche Vertreter sind die Eltern, die zur gemeinsamen Vertretung des Kindes berufen sind (§ 1629 I), außerdem Vormund und Betreuer (§§ 1773, 1896) sowie der Pfleger, der im Gegensatz zum Vormund nur für einen bestimmten Kreis von Geschäften oder nur für ein einzelnes Rechtsgeschäft bestellt wird. (Bitte lesen Sie kurz durch §§ 1909–1914.) Auch die Schlüsselgewalt des Ehegatten ist gesetzliche Vertretungsmacht (§ 1357).

(2) Als gesetzliche Vertreter im weiteren Sinne werden von der Rechtsprechung[25] auch die **organschaftlichen** Vertreter verstanden. Es handelt sich hierbei um die vertretungsberechtigten Gesellschafter von **Personenhandelsgesellschaften** (OHG und KG) und die vertretungsberechtigten Organe (Vorstandsmitglieder, Geschäftsführer) von **juristischen Personen** (e.V., AG, KommAG, GmbH, eG). Hierbei gilt eine Besonderheit für die Personenhandelsgesellschaften und die juristischen Personen des **Handelsrechts** (AG, KommAG, GmbH, eG): Deren organschaftliche Vertreter haben eine **unbeschränkte und unbeschränkbare** Vertretungsmacht. Das ist eine große Erleichterung für Außenstehende, die mit den organschaftlichen Vertretern verhandeln, aber gleichzeitig eine große Gefahr für die vertretene Gesellschaft, die sich deshalb in der Regel schützt, indem sie Gesamtvertretung vorsieht. Das ist zulässig, denn Gesamtvertretung ist keine Beschränkung des **Umfangs** der Vertretungsmacht (Beispiel OHG: §§ 125 I, II; 126 I, II HGB).

(3) Die Vertretungsmacht kann auch durch eine **Vollmachtserklärung,** d.h. durch ein besonderes Rechtsgeschäft, erteilt werden (§ 167), der Vertreter ist dann **Bevollmächtigter.** Wir gehen zunächst auf diese Bevollmächtigung näher ein.

---

[25] BGH 33, 108.

II. Erteilung der Vollmacht

Für die Vollmachtserklärung stehen gem. § 167 I zwei Möglichkeiten offen:

1. Erklärung gegenüber dem Vertreter

Die Vollmacht kann durch Erklärung **gegenüber dem zu Bevollmächtigenden,** d.h. gegenüber dem Vertreter, erteilt werden. Dies ist der Regelfall. Die Erklärung kann, wie jede andere Erklärung, **ausdrücklich** oder **stillschweigend** abgegeben werden, es reicht aus, dass der Wille, Vollmacht zu erteilen, irgendwie im Verhalten zum Ausdruck kommt und dass auch die Grenzen der Vollmacht erkennbar sind. Oft entsteht oder erweitert sich eine Vollmacht dadurch, dass der Vertreter eigenmächtig in einem bestimmten Bereich für den Vertretenen tätig wird, und der Vertretene das Verhalten des Vertreters wissentlich duldet, ohne sein Einverständnis besonders mitzuteilen. Man spricht dann von DULDUNGSVOLLMACHT.

2. Erklärung gegenüber Dritten

Die Vollmacht kann auch durch Erklärung **gegenüber einem Dritten** erteilt werden. In einem solchen Falle genießt der Dritte einen besonderen Vertrauensschutz: Widerruft der Vertretene später die Vollmacht durch Erklärung gegenüber dem **Vertreter,** so gilt die Vollmacht dem **Dritten** gegenüber so lange als fortbestehend, bis ihm das Erlöschen der Vollmacht durch den Vollmachtgeber angezeigt wird (§ 170). Dieser Schutz entfällt, wenn der Dritte das Erlöschen der Vollmacht kennt oder kennen muss (§ 173). (Wissen Sie noch, was „kennen müssen" heißt? Sonst lesen Sie noch einmal § 122 II.)

III. Scheinvollmacht (Anscheinsvollmacht)

(1) Der Vertrauensschutz greift darüber hinaus in einigen Fällen ein, wo die Vollmacht zwar durch Erklärung gegenüber dem Vertreter erteilt wurde, der Vollmachtgeber dann aber einen besonderen **Vertrauenstatbestand** geschaffen hat: durch Mitteilung an einen Dritten, durch öffentliche Bekanntmachung oder durch Aushändigung einer Vollmachtsurkunde an den Vertreter. Hier kann der Vollmachtgeber, solange der **Rechtsschein** der Vollmacht besteht, sich gegenüber dem bzw. den gutgläubigen Dritten auf das Erlöschen der Vollmacht nicht berufen, er kann auch die an den bzw. die anderen gerichteten Mitteilungen nicht wegen Irrtums mit rückwirkender Kraft anfechten. (Bitte lesen Sie §§ 171–173.)

(2) In diesen Zusammenhang gehört auch § 370. Wenn der Gläubiger eine von ihm im Voraus ausgestellte **Quittung** verliert und ein anderer damit als Inkassobevollmächtigter auftritt und die Leistung in Empfang nimmt, wird der Schuldner frei, „sofern nicht die dem Leistenden **bekannten** Umstände der Annahme einer solchen Ermächtigung entgegenstehen". (Bitte lesen Sie § 370).

(3) Auch § 56 HGB gehört hierher. Wer in dem **Laden** oder dem **offenen Warenlager** eines Kaufmanns angestellt ist, gilt als bevollmächtigt zu Verkäufen und Emp-

fangnahmen, die in einem derartigen Laden oder Warenlager gewöhnlich geschehen. Als „angestellt" ist jeder anzusehen, der mit Wissen und Willen des Inhabers kaufmännisch tätig ist, z.B. auch ein Familienmitglied oder jemand, der aus Gefälligkeit aushilft, nicht aber Vorführdamen, Putzfrauen oder Packer; jedoch gilt § 56 HGB analog, wenn der Inhaber fahrlässig deren Tätigwerden ermöglicht. Der Kunde wird nicht geschützt, wenn er die Einschränkung oder das Fehlen der Vollmacht kannte oder kennen musste (§ 54 III HGB gilt analog). Der Inhaber muss sich also durch Schilder mit der Aufschrift „Feste Preise", „Unverkäufliches Ausstellungsstück", „Zahlung nur an der Kasse" gegen eigenmächtige Handlungen seiner Angestellten schützen, falls solche Einschränkungen nicht schon aus anderen Gründen für den Kunden ersichtlich sind.

(4) Außerdem gibt es den über die hier erwähnten Einzelregelungen hinausgehenden **allgemeinen** Gedanken der Scheinvollmacht (Anscheinsvollmacht) mit den für die Rechtsscheinhaftung typischen vier Voraussetzungen:

(a) **Rechtsscheingrund:** Es muss der Schein einer Vertretungsmacht gesetzt worden sein.

(b) **Kausalität:** Der Dritte muss auf diesen Schein vertraut und sein geschäftliches Verhalten entsprechend eingerichtet haben.

(c) **Gutgläubigkeit:** Er darf dabei nicht fahrlässig gehandelt haben.

(d) **Zurechenbarkeit:** Dem Vertreter muss der Rechtsschein zuzurechnen sein, d.h. er muss den Schein selbst gesetzt oder den von einem anderen gesetzten Schein pflichtwidrig und schuldhaft nicht beseitigt haben.

Zur Scheinvollmacht kommt es vor allem dann, wenn ein Angestellter eigenmächtig tätig wird und der Inhaber infolge ungenügender Organisation oder Beaufsichtigung von den Eigenmächtigkeiten nichts erfährt. Hier zeigt sich der Unterschied zur Duldungsvollmacht (s.o. II 1.): Die Duldungsvollmacht entsteht, weil der Vertretene das Handeln des Vertreters **wissentlich** geschehen lässt.

IV. Außen- und Innenverhältnis. Erlöschen der Vollmacht

Die Vertretungsmacht gibt dem Vertreter die Möglichkeit, den Vertretenen durch Erklärungen zu binden; sie wirkt nach **außen.** Nur für diese Außenwirkungen enthalten die §§ 164 ff. eine Regelung.

Davon zu unterscheiden sind die verschiedenen in Betracht kommenden Rechtsverhältnisse zwischen Vertreter und Vertretenem, die nach **innen** wirken und auf denen die Vertretungsmacht beruht (z.B. Auftrag, Dienst- bzw. Geschäftsbesorgungsvertrag, Gesellschaftsvertrag, auch reine Gefälligkeitszusagen). Diese Verhältnisse sind vorwiegend im Schuldrecht geregelt.

Allerdings hat das Innenverhältnis für die Vollmacht insoweit Bedeutung, als das **Erlöschen** der Vollmacht sich nach dem Grundverhältnis bestimmt. Es kann aber die Vollmacht schon vor Beendigung des Grundverhältnisses widerrufen werden, es sei denn, dass die Vollmacht als unwiderruflich erteilt war (§ 168).

📖 Bitte lesen Sie § 168.

V. Selbstkontrahieren und Missbrauch der Vertretungsmacht

1. Grundsatz

Das Selbstkontrahieren ist im § 181 geregelt.

📖 Bitte lesen Sie § 181.

Unzulässig ist also der Abschluss von Verträgen mit sich selbst, d.h. das Wirken einer Person AUF BEIDEN SEITEN des Vertrages, nicht dagegen das Auftreten **im eigenen und fremden Namen zugleich auf einer Seite** des Vertrages. Das unzulässige Insichgeschäft hat trotz des Gesetzeswortlauts („kann nicht") keine Nichtigkeit, sondern nur schwebende Unwirksamkeit zur Folge, der Vertrag kann durch Genehmigung des Vertretenen bzw. der beiden Vertretenen voll wirksam gemacht werden (§§ 177, 184).

2. Ausnahmen

§ 181 enthält zwei Ausnahmen:

(1) **Gestattung** durch den bzw. die Vertretenen. In der Praxis wird in solchen Fällen meist die Vollmacht „unter Befreiung von § 181" erteilt. Eine solche Befreiung liegt nicht schon in der Erteilung einer Prokura, auch die sog. Generalvollmacht befreit nicht ohne weiteres von § 181.

(2) **Erfüllung einer Verbindlichkeit.** Wenn z.B. der Kassierer die für ihn bestimmte Lohntüte in die Tasche steckt, hat er wirksam mit sich selbst kontrahiert.

Zwei weitere Ausnahmen sind durch die Rechtsprechung geschaffen worden.

(1) Nach der Rechtsprechung ist das Selbstkontrahieren zulässig, wenn es dem Vertretenen nur einen **rechtlichen Vorteil** bringt, da in diesem Falle **typischerweise** (d.h. nicht nur im Einzelfalle) ein Interessenkonflikt fehlt und die Rechte Dritter nicht berührt werden.[26] Diese Ausnahme kann in den Fällen wichtig werden, in denen Eltern ihren **geschäftsunfähigen** Kindern Schenkungen machen. Früher musste nämlich wegen § 181 für das Kind ein **Ergänzungspfleger** bestellt werden, der dann die Schenkung im Namen des Kindes annahm (§ 1909 I S. 1). Dagegen hat die Ausnahme keine Bedeutung für Schenkungen der Eltern an **beschränkt geschäftsfähige** Kinder, da solche Kinder eine Schenkung ohnehin ohne Mitwirkung ihres Vertreters annehmen können (§ 107).

   📖 Bitte lesen Sie § 107.

(2) Außerdem ist § 181 nicht anzuwenden auf **Beschlüsse** in einer Gesellschaft (außer wenn es sich um gesellschaftsvertragsändernde Beschlüsse handelt).[27] Auch diese Entscheidung ist für das Verhältnis der Eltern zu ihren Kindern von Bedeutung. Wenn Eltern oder Elternteile und deren Kinder Gesellschafter sind, können die Eltern in der Gesellschafterversammlung im Namen der Kinder und außerdem im eigenen Namen das Stimmrecht ausüben.

---

[26] BGH 59, 236.
[27] BGH DB 1975, 2174.

3. Missbrauch der Vertretungsmacht

Eine umstrittene Frage ist, ob § 181 **analog** anzuwenden ist, wenn sich der Vertreter bei der Vornahme des Rechtsgeschäfts in einem **Interessenkonflikt** befindet, insbes, wenn er die Vollmacht **missbraucht.** (Paradebeispiel: Vertreter nimmt im eigenen Namen Kredit auf und gibt im Namen des Vertretenen eine Bürgschaftserklärung ab.) Die Frage ist wohl zu verneinen. Zwar ist der Zweck des § 181 die Verhinderung von Interessenkonflikten. Man würde aber eine allgemeine **Rechtsunsicherheit** heraufbeschwören, wollte man in allen Fällen, in denen ein Vertreter die Vertretungsvollmacht missbräuchlich verwendet, den Verträgen in Analogie zu § 181 die volle Wirksamkeit absprechen. Es ist besser, die beiden Fälle des § 181 zwar als die vom Gesetz geregelten **typischen** Fälle der Interessenkollision anzusehen, aus Gründen der Klarheit der Rechtsverhältnisse aber die Anwendung des § 181 ausschließlich auf die **äußere** Vornahme des Rechtsgeschäfts abzustellen. In groben Fällen ist auf das allgemeine, aus dem Grundsatz von Treu und Glauben entwickelte Rechtsinstitut der **unzulässigen Rechtsausübung** zurückzugreifen. Solche Fälle liegen vor, wenn der Vertreter **vorsätzlich** zum Nachteil des Vertretenen handelt und der Geschäftsgegner den Missbrauch der Vertretungsmacht **kennt** oder wenn die Umstände jedenfalls so sind, dass sich ihm der Verdacht eines Missbrauchs „geradezu aufdrängt".[28]

VI. Vertreter ohne Vertretungsmacht

1. Keine Bindung des Vertretenen

Handelt der Vertreter ohne eine entsprechende Vertretungsmacht, so ist, wenn es sich um ein **einseitiges** Rechtsgeschäft handelt, dieses grundsätzlich nichtig. (Bitte lesen Sie die Einzelheiten in § 180 nach.) Ein Vertrag ist schwebend unwirksam und kann vom Vertretenen genehmigt werden (§§ 177, 178, 184 BGB; wichtig §§ 75 h, 91 a HGB).

2. Haftung des Vertreters

Wird die Genehmigung verweigert, so gilt § 179.

📖 Bitte lesen Sie § 179.

(1) Der Vertreter haftet, wenn er den Mangel der Vertretungsmacht kannte, dem Gegner nach dessen Wahl auf Erfüllung oder auf Schadensersatz in Geld. In dem letzteren Falle muss der Vertreter den Gegner durch Geldzahlung so stellen, wie wenn der Vertrag durch den Vertretenen ordnungsgemäß erfüllt worden wäre: Der Vertreter hat das **Erfüllungsinteresse (positive Interesse)** zu ersetzen (§ 179 I).

(2) Kannte der Vertreter den Mangel der Vertretungsmacht **nicht,** so haftet er ohne Rücksicht auf Verschulden oder Nichtverschulden auf Ersatz des **Vertrauensschadens (des negativen Interesses):** Er hat den Gegner so zu stellen, wie wenn

---

[28] BGH DB 1976, 1278.

vom Vertrage nie die Rede gewesen wäre. Die Geltendmachung des Vertrauensschadens wird durch die Höhe des Erfüllungsinteresses beschränkt (§ 179 II).

(3) Kannte der Gegner den Mangel der Vertretungsmacht oder musste er ihn kennen, so entfällt der Anspruch, eine Schadenstellung findet nicht statt (§ 179 III S. 1). Der Vertreter haftet überhaupt nicht aus § 179, wenn er nur beschränkt geschäftsfähig war, es sei denn, dass die Zustimmung seines gesetzlichen Vertreters vorlag (§ 179 III S. 2).

VII. Übersicht

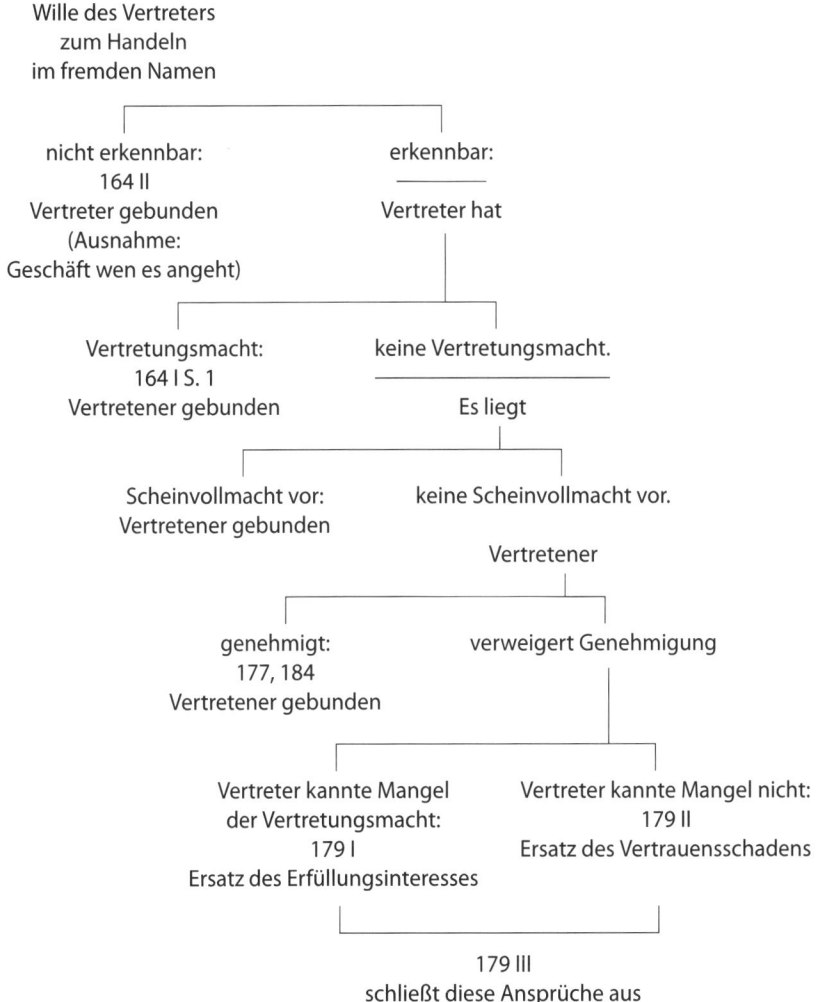

§ 29. Prokura und Handlungsvollmacht

Die §§ 48 ff. HGB enthalten einige Sonderregeln über die Prokura und die Handlungsvollmacht, die auf den §§ 164 ff. aufbauen. Soweit eine Sonderregelung nicht besteht, sind also die allgemeinen Regeln des BGB anzuwenden, im praktischen Fall ist auch hier stets von § 164 I S. 1 BGB auszugehen. Um die Unterschiede deutlich zu machen, werden die Regeln über Prokura und Handlungsvollmacht jeweils nebeneinander gestellt. Bitte lesen Sie zunächst §§ 48–58 HGB.

I. Erteilung

(1) Die Prokura kann nur vom Inhaber oder seinem GESETZLICHEN Vertreter erteilt werden (§ 48 I HGB).

(1) Die Handlungsvollmacht kann durch jeden Vertreter, der entsprechende Vollmacht hat, insbes. durch einen Prokuristen erteilt werden.

(2) Die Prokura muss AUSDRÜCKLICH (d.h. durch ganz unzweideutige Erklärung) erteilt werden (§ 48 I HGB).

(2) Die Handlungsvollmacht kann wie jede andere auch STILLSCHWEIGEND, insbes. durch Duldung erteilt werden.

II. Umfang

(1) Die Prokura ist starr festgelegt: Sie bevollmächtigt zu allen Arten von gerichtlichen und außergerichtlichen Geschäften und Rechtshandlungen, die der Betrieb EINES Handelsgewerbes mit sich bringt. Der Prokurist kann demnach nicht nur **außergewöhnliche,** sondern sogar **branchenfremde** Geschäfte abschließen, er kann aber nicht das Handelsgeschäft einstellen (das gehört nicht mehr zum „Betrieb"), § 49 HGB.

(1) Die Handlungsvollmacht richtet sich jeweils nach dem zugeteilten GESCHÄFTSKREIS (Generalhandlungsvollmacht, Artvollmacht, Spezialvollmacht), sie erstreckt sich auf alle Geschäfte und Rechtshandlungen, die der Betrieb eines DERARTIGEN Handelsgewerbes (bei der Generalhandlungsvollmacht) oder die Vornahme DERARTIGER Geschäfte (bei Art- und Spezialvollmacht) **gewöhnlich** mit sich bringt (§ 54 I HGB). Erläuterungen zu § 54 I HGB sind

(a) § 55 HGB, der weitere Einzelheiten für den mit Handlungsvollmacht ausgestatteten **Handelsvertreter (Abschlussvertreter,** § 84 HGB) und den **angestellten Handlungsbevollmächtigten** im **Außendienst** enthält;

(b) § 56 HGB, der für den Ladenangestellten gilt.

(2) Die Prokura gibt keine Befugnis zur **Veräußerung oder Belastung von Grundstücken** (§ 49 II HGB). Diese Einschränkung gilt auch für die entsprechenden Verpflichtungsverträge, andernfalls könnte der Zweck des § 49 II HGB (keine Bindung des Inhabers) leicht umgangen werden. § 49 II HGB gilt nicht für die Vermietung und Verpachtung, auch nicht für den Erwerb eines Grundstücks und die anschließende Eintragung einer Restkaufpreishypothek, da dies gegenüber dem (zulässigen) Erwerb eines bereits belasteten Grundstücks nur eine **andere Erwerbsart darstellt.**

(2) Von der Handlungsvollmacht sind eine Reihe „gefährlicher" Geschäfte ausgenommen. (Bitte lesen Sie § 54 II HGB.) Der Handlungsbevollmächtigte braucht hier also eine Sondervollmacht.

(3) Weitere BESCHRÄNKUNGEN sind nach AUSSEN UNWIRKSAM, binden den Prokuristen nur im Innenverhältnis. Ausnahme: Filialprokura (§ 50 III HGB). Beschränkungen im Innenverhältnis sind auch dann nach außen unwirksam, wenn der Dritte diese **kennt.** Der Dritte kann sich aber auf die Prokura nicht berufen, wenn der Prokurist **vorsätzlich** zum Nachteil des Inhabers handelt und der Dritte dies **weiß** oder wenn sich ihm ein entsprechender Verdacht „geradezu aufdrängt" (unzulässige Rechtsausübung).

(3) Jede weitere beschränkung der Handlungsvollmacht ist zulässig, doch braucht der Dritte sie nur gegen sich gelten zu lassen, wenn er sie kennt oder kennen muss (vgl. § 54 III HGB, der auch für § 55 und § 56 gilt).

(4) Die Prokura kann als GESAMTPROKURA erteilt werden (§ 48 II HGB). Dies ist keine Beschränkung des **Umfangs** der Prokura.

(4) Auch die Handlungsvollmacht kann als Gesamtvollmacht erteilt werden (nicht ausdrücklich geregelt).

III. Erlöschen

Das Erlöschen der Prokura richtet sich nach § 168 BGB. Allerdings erlischt die Prokura nicht durch den Tod des Inhabers (§ 52 III HGB), sie ist auch jederzeit frei widerruflich (§ 52 I HGB).

Das Erlöschen der Handlungsvollmacht richtet sich nach § 168 BGB. Die Handlungsvollmacht kann, wie jede andere Vollmacht, grundsätzlich unwiderruflich sein.

IV. Eintragung

Die Erteilung und das Erlöschen der Prokura sind in das Handelsregister einzutragen (§ 53 HGB).

Die Handlungsvollmacht ist eintragungsunfähig.

§ 30. Ähnliche Fälle. Abgrenzung

I. Bote

Dem Stellvertreter ist der Bote ähnlich. Der Unterschied liegt in erster Linie im äußeren Verhalten: Der Stellvertreter tritt zwar im fremden Namen auf, gibt aber eine **eigene** Erklärung ab, der Bote überbringt eine **fremde** Willenserklärung, er soll lediglich eine räumliche Entfernung überbrücken. In Zweifelsfällen zieht man als weiteres Unterscheidungsmerkmal den Rahmen der Bewegungsfreiheit hinzu: Der Bote überbringt **immer** eine fertige Erklärung, der Vertreter hat in der Regel einen gewissen Spielraum. Während der Vertreter wenigstens **beschränkt** geschäftsfähig sein muss (die volle Geschäftsfähigkeit ist nicht nötig, da er ja nur den Vertretenen binden will), kann der Bote **geschäftsunfähig** sein: Wenn ich die Erklärung einem Hund anvertrauen kann, den ich mit einem Zettel zum Metzger schicke, kann ich die Erklärung auch einem sechsjährigen Kind aufgeben.

II. Mittelbare Stellvertretung. Ermächtigung

(1) Wo das Gesetz von Stellvertretung spricht, ist nur die unmittelbare Stellvertretung im Sinne von § 164 gemeint. Von mittelbarer Stellvertretung spricht man, wenn jemand im eigenen Namen, aber für fremde Rechnung handelt. Der wichtigste mittelbare Stellvertreter ist der Kommissionär (§ 383 HGB).

    (a) Wenn der Kommissionär im eigenen Namen für Rechnung des Kommittenten **einkauft,** erwirbt er das Eigentum. Er muss es durch einen weiteren Übereignungsvertrag an den Kommittenten übertragen.

    (b) Übergibt der Kommittent dem Kommissionär Waren, die dieser **verkaufen** soll, so überträgt er ihm damit in der Regel nicht das Eigentum gem. § 929. Er erteilt ihm nur die Ermächtigung gem. § 185 I, über diese Waren („Gegenstände") als Nichteigentümer („Nichtberechtigter") **im eigenen Namen** zu verfügen. Der **Kaufvertrag,** den der Kommissionär mit dem Käufer abschließt, verpflichtet allerdings nur den Kommissionär, nicht den Kommittenten, denn er ist vom Kommissionär im eigenen Namen geschlossen worden, und § 185 I ermächtigt NUR ZUR VERFÜGUNG über Gegenstände des Berechtigten, nicht zu dessen **Verpflichtung.**

(2) Die Verfügungsermächtigung kann nicht nur Sachen, sondern auch Rechte, insbes. Forderungen betreffen. § 185 I spricht ganz allgemein von einem „Gegenstand". So kann z.B. der Gläubiger einer Forderung einem anderen die Er-

mächtigung erteilen, die Forderung im eigenen Namen einzuziehen. Wenn der Ermächtigte vom Schuldner die Leistung in Empfang nimmt und damit das Erlöschen der Forderung bewirkt (§§ 362 II, 185 I), hat er im eigenen Namen als Nichtberechtigter (Nichtgläubiger) über einen Gegenstand (die Forderung) eine Verfügung getroffen. (Bitte lesen Sie jetzt noch einmal § 185 I.)

III. Treuhand im juristischen Sinne

Der Eigentümer einer Sache, der Gläubiger einer Forderung kann noch einen Schritt weitergehen: Er kann den Gegenstand auf den anderen **übertragen** und mit ihm **schuldrechtlich** vereinbaren, dass der andere diesen Gegenstand nur zu treuen Händen haben soll. Diese sog. Treuhand kann den verschiedensten Zwecken dienen.

1. Sicherungstreuhand

Sie kann als Sicherungsübereignung oder Abtretung von Forderungen zur Sicherheit der **Kreditsicherung** dienen: Das Eigentum bzw. die Forderung wird auf den Kreditgeber übertragen. Die Parteien vereinbaren in dem schuldrechtlichen Vertrag, der dem Übertragungsvertrag zu Grunde liegt (nicht in dem Übertragungsvertrag selber: Abstraktionsprinzip!), dass der Kreditgeber (Treuhänder) mit diesen Rechten nicht nach Belieben verfahren, sondern sie nur zu seiner Befriedigung im Falle der Zahlungsunfähigkeit des Schuldners (Treugebers) haben soll. Da die treuhänderische Übertragung hier dem Sicherungsinteresse des Treuhänders dient, spricht man von eigennütziger Treuhand (Sicherungstreuhand).

2. Verwaltungstreuhand

In manchen Fällen werden die Gegenstände auf den Treuhänder zu **Verwaltungszwecken** übertragen (Verwaltungstreuhand). Eine solche Übertragung erfolgt vorwiegend im Interesse des Treugebers und wird deshalb **uneigennützige** Treuhand genannt.

3. Doppelseitige Treuhand

Sicherungstreuhand kann auch in der Weise begründet werden, dass die Gegenstände im Einverständnis zwischen dem Schuldner und einem oder mehreren Gläubigern auf einen **Dritten** zu treuen Händen übertragen werden, der die Verwaltung und Verwertung durchführt. Dann spricht man von **doppelseitiger** Treuhand.

IV. Zusammenfassung: Stellvertretung, Ermächtigung, Treuhand

Wir möchten die zuletzt behandelten Rechtsinstitute wegen ihrer Wichtigkeit für das Verständnis des Kreditsicherungsrechts kurz gegenüberstellen. Es sei noch einmal darauf hingewiesen, dass das Wort „**Gegenstand**" ein Oberbegriff ist, der Sachen und Rechte umfasst und soviel wie **Rechtsobjekte** bedeutet, während das Wort „**Berechtigter**" den rechtlichen **Inhaber** solcher Rechtsobjekte bezeichnet.

(1) Der Stellvertreter tritt IM FREMDEN NAMEN auf. Wenn er verfügt, tut er dies als NICHTBERECHTIGTER.

(2) Der Ermächtigte tritt IM EIGENEN NAMEN auf. Er verfügt als NICHTBERECHTIGTER.

(3) Der Treuhänder tritt IM EIGENEN NAMEN auf. Er ist BERECHTIGTER, wenngleich schuldrechtlich gebunden.

7. Kapitel:
Rechtsschein und fehlerhafte Verhältnisse

§ 31. Vorbemerkung

Die Lehre von den Willenserklärungen und Willensmängeln ist im BGB vorwiegend **psychologisch** orientiert; wir unterscheiden Handlungswille, Erklärungsbewusstsein, Geschäftswille und Motiv. Das hat gewisse Nachteile. So ist es z.B. für § 119 gleichgültig, ob den Erklärenden ein Verschulden trifft. Für die Anfechtung ist auch ohne Bedeutung, ob und inwieweit der Gegner sich mit seinem Verhalten auf die Erklärung eingelassen hat. Die Anfechtung hebt das Rechtsgeschäft rückwirkend auf (§ 142 I). Der Ersatz des Vertrauensschadens erfolgt ganz oder gar nicht, eine Schadensteilung, die manchmal angebracht wäre, wird durch § 122 ausgeschlossen.

Inzwischen ist eine gewisse Akzentverschiebung eingetreten. Auf der einen Seite hat man den Schutz des Erklärenden erweitert, indem man mit dem Institut der **Geschäftsgrundlage** subjektive Vorstellungen erfasste, die streng genommen im Bereich der Motivation liegen (§ 313 II).

Auf der anderen Seite sind die Wirkungen der Nichtigkeits- und Anfechtungsregeln, insbesondere der Geltungsbereich des § 142 I mehr und mehr eingeschränkt worden, teils durch die Gesetzgebung, teils durch richterliche Rechtsfortbildung (Restriktion).

Wir wollen im Folgenden eine Zusammenstellung der wichtigsten Regeln und Grundsätze vornehmen, die bei der Einschränkung dieser Regeln des Allgemeinen Teils des BGB in Betracht kommen. Der ganze Stoff wird in zwei Gebiete aufgeteilt.

§ 32. Rechtsschein

Bei der Behandlung des einen Gebietes müssen wir noch einmal von dem Gedanken ausgehen, dass sich im Falle einer mit Mängeln behafteten Erklärung zwei Interessen gegenüberstehen: das Interesse des Erklärenden, der sich darauf beruft, dass er sich geirrt habe, dass er getäuscht, bedroht worden sei, und das Interesse des Gegners, oft auch das Interesse des gesamten Rechtsverkehrs, der sich an die

Tatsachen halten muss, die ihm erkennbar sind. Wenn das Gesetz dem Erklärenden in vielen Fällen die Möglichkeit gibt, sich auf die Nichtigkeit seiner Erklärung zu berufen oder die Erklärung mit rückwirkender Kraft anzufechten, wird selbstverständlich eine gewisse Unsicherheit in den Rechtsverkehr gebracht, die um der gerechten Beurteilung des Einzelfalles willen hingenommen werden muss. Es gibt aber bestimmte Arten von Erklärungen, Kundmachungen und sonstigen Verhaltensweisen, nach denen der Gegner, oft auch ein größerer Personenkreis, sein Verhalten ganz besonders einrichtet und bei denen deshalb der VERTRAUENSGEDANKE stärkeres Gewicht hat. In solchen Fällen kann sich der Erklärende nicht mit Wirkung für die **Vergangenheit** auf Anfechtungs- und Nichtigkeitsgründe berufen. Er kann nur für die **Zukunft** die Folgen seines Verhaltens abwenden, indem er den Rechtsschein beseitigt, den er veranlasst hat. Einige dieser Fälle haben im Gesetz eine **spezielle** Regelung gefunden (z.B. bei der Scheinvollmacht, s.o. § 28 III), eine weitere große Fallgruppe wird durch die Vorschriften über den **Registerschutz** erfasst (§ 15 HGB). Viele Fälle sind im Gesetz nicht geregelt, für sie gelten die **allgemeinen Grundsätze** über die Rechtsscheinhaftung.

Allen diesen Regeln ist gemeinsam, dass sie nur für den **rechtsgeschäftlichen** Verkehr, nicht für die unerlaubte Handlung im weiteren Sinne (§§ 823 ff., Gefährdungshaftung) gelten. Wie es ein Jurist einmal ausdrückte: Im guten Glauben an das Handelsregister lässt sich niemand überfahren.

I. Handelsregister. Unternehmensregister

Das Handelsregister soll die wichtigsten Rechtsverhältnisse eines kaufmännischen Unternehmens offenkundig machen. Das HGB enthält keine zusammenfassende Regelung der Frage, welche einzelnen Tatsachen einzutragen sind, die Vorschriften hierüber sind im ganzen HGB verstreut und finden sich außerdem in den gesellschaftsrechtlichen Sondergesetzen.

Seit 2007 wird das Handelsregister von den Gerichten **elektronisch** geführt.

    📖 Bitte lesen Sie langsam §§ 8 I, 12 I S. 1 (Anmeldung), 8 a I (Eintragung), 10 (Bekanntmachung), 9 I S. 1 itGO (Einsichtnahme).

Neben dem Handelsregister gibt es seit 2007 das **Unternehmensregister,** das die zersplitterten Unternehmensdaten aus verschiedenen Datenquellen in einem einheitlichen elektronischen **Zugangsportal** zusammengeführt.

    📖 Bitte überfliegen Sie § 8 b HGB.

Das Handelsregister hat zwei Abteilungen. In **Abteilung A** werden die Tatsachen über Einzelkaufleute, Personenhandelsgesellschaften (OHG und KG) sowie die im Handelsverkehr auftretenden juristischen Personen des öffentlichen Rechts, in **Abteilung B** werden die Tatsachen über Kapitalgesellschaften (AG, KommAG, GmbH) und Versicherungsvereine auf Gegenseitigkeit eingetragen.

Grundsätzlich soll das Handelsregister nur Tatsachen kundmachen, die bereits **entstanden** sind, die Eintragungen sind insoweit nur **deklaratorisch** (rechtsverkündend. Beispiel: Erteilung und Erlöschen der Prokura). In vielen Fällen, z.B. bei der

Eintragung eines Kleingewerbetreibenden gem. § 2 HGB und bei der Eintragung der juristischen Personen wird die Tatsache jedoch durch die Eintragung erst **geschaffen;** die Eintragung ist dann **konstitutiv** (rechtsbegründend).

Allerdings hat die **Bekanntmachung** für den Rechtsverkehr und den Vertrauensschutz eine noch größere Bedeutung als die Eintragung. Der Eintragungspflichtige kann nämlich eine neue Tatsache, solange sie nicht eingetragen **und** bekannt gemacht worden ist, einem Dritten **nicht** entgegenhalten, es sei denn, dass der Dritte die Tatsache **positiv kennt.** Ein Beispiel: Der Kunsthändler K hat seinen Prokuristen Brause bei einer Betrügerei ertappt und fristlos entlassen. Ehe das Erlöschen der Prokura amtlich bekannt gemacht wird, geht Brause zu dem Kunsthändler V, kauft im Namen des K Bilder für insgesamt 120 000 Euro und verschwindet mit den Bildern. Folge: K muss den Kaufpreis zahlen, er kann dem V nicht entgegenhalten, dass Brauses Prokura bei Vertragsschluss bereits erloschen war (§ 15 I HGB).

Andererseits gibt das Gesetz dem Eintragungspflichtigen die Gewißheit, dass er neue Tatsachen (z.B. das Erlöschen der Prokura) voll gegen Dritte geltend machen kann, **wenn** Eintragung **und** Bekanntmachung einmal erfolgt sind (§ 15 II S. 1 HGB). Eine Ausnahme gilt gem. § 15 II S. 2 HGB nur für Rechtshandlungen innerhalb von 15 Tagen nach der Bekanntmachung, sofern der Dritte beweist, dass es die Tatsache weder kannte noch kennen musste (d.h. bei der Unkenntnis nicht fahrlässig war). Diesen Beweis kann aber ein Kaufmann nur in extremen Ausnahmefällen führen, da ihm die elektronischen Bekanntmachungen leicht zugänglich sind.

Durch § 15 III HGB wird die Vertrauenswürdigkeit der amtlichen Bekanntmachung noch weiter gesteigert. Wenn eine Tatsache **unrichtig** bekannt gemacht worden ist, kann sich der Dritte dem Eintragungspflichtigen gegenüber auf die (unrichtig) bekannt gemachte „Tatsache" berufen, es sei denn, dass er die Unrichtigkeit positiv kannte. Dies gilt selbst dann, wenn die Eintragung richtig und nur die **Bekanntmachung** unrichtig war. Ein Beispiel: Der Kunsthändler K hatte eine Zeitlang die ungleichen Brüder Wilhelm und Alexander Brause beschäftigt. Leider musste Wilhelm entlassen werden, da er fachlich und menschlich völlig versagte. Dem Alexander dagegen wurde Prokura erteilt. Die Prokura des Alexander wird richtig eingetragen. Bei der elektronischen Bekanntmachung unterläuft jedoch der Rechtspflegerin R, die Wilhelm privat kennt und sehr verehrt, eine Fehlleistung: Sie gibt „Wilhelm" ein statt „Alexander". Entsprechend erfolgt eine falsche Bekanntmachung. Wilhelm nutzt die Situation und tätigt mehrere Käufe im Namen des K. Folge: K muss die bekannt gemachte „Tatsache" gegen sich gelten lassen und zahlen. Er kann allerdings wegen der Amtspflichtverletzung von R Regress nehmen (§ 839 BGB, Art. 34 GG).

Durch § 15 I, III HGB wird ein **abstrakter Vertrauensschutz** geschaffen: Der Dritte braucht nicht **konkret** nachzuweisen, dass er auf die Richtigkeit (§ 15 III HGB) oder die Noch-Richtigkeit des Registers (§ 15 I HGB) vertraut und **deshalb** den Vertrag mit dem Scheinprokuristen geschlossen hat.

II. Scheinkaufmann

Die Regeln über den Scheinkaufmann werden hier nur kurz zusammengefasst (Einzelheiten u. § 84).

Man kann beim Scheinkaufmann zwischen den Fällen des Registerschutzes und den von den **allgemeinen** Regeln erfassten Fällen unterscheiden. (In der Literatur werden gewöhnlich nur die letzterwähnten Fälle dem Begriff des Scheinkaufmanns zugeordnet.)

1. Registerschutz

Der **abstrakte** Registerschutz nach § 15 I, III HGB kommt zum Zuge, wenn jemand im Handelsregister eingetragen ist, **ohne Kaufmann zu sein.** Das ist nur dann der Fall, wenn der Eingetragene **kein Gewerbe** betreibt (andernfalls wäre er Kaufmann nach § 1 oder § 2 HGB). Ein Gewerbe **fehlt,** wenn

a) der Eingetragene nur **gelegentlich** einen auf Gewinnerzielung ausgerichtete Tätigkeit ausübt oder wenn

b) der Eingetragene **Freiberufler** ist.

2. Sonstige Fälle

Der **konkrete** Vertrauensschutz nach den allgemeinen Grundsätzen über die Rechtsscheinhaftung kommt in Betracht, wenn der Anschein der Kaufmannseigenschaft **auf andere Weise** als durch Registereintragung entstanden ist. Es müssen vier Voraussetzungen erfüllt sein:

(1) **Rechtsschein** der Kaufmannseigenschaft,

(2) **Kausalität** zwischen Rechtsschein und rechtsgeschäftlichem Verhalten des Dritten,

(3) **Gutgläubigkeit** des Dritten (Fahrlässigkeit schadet),

(4) **Zurechenbarkeit:** Der Haftende muss den Rechtsschein selbst gesetzt oder pflichtwidrig und schuldhaft nicht beseitigt haben. Außerdem muss der Haftende **geschäftsfähig** sein.

Sind diese Voraussetzungen erfüllt, so wird der Haftende **zu seinen Ungunsten** wie ein Kaufmann behandelt.

3. Scheinhandelsgesellschaft

Die Vorschriften über den Scheinkaufmann gelten entsprechend, wenn von einzelnen oder mehreren Personen der Anschein nicht eines einzelkaufmännischen Unternehmens, sondern einer Handelsgesellschaft erweckt wird. Man spricht dann von einer Scheinhandelsgesellschaft.

III. Scheinvollmacht (Anscheinsvollmacht)

Bei der Scheinvollmacht sind drei Fallgruppen zu unterscheiden.

(1) Es gibt einige spezielle Regelungen im BGB und HGB (§§ 170 ff., 370 BGB, § 56 HGB)

(2) In den oben unter I berichteten Fällen der Scheinprokura kommt es zum abstrakten Registerschutz nach § 15 I, III HGB.

(3) In allen anderen Fällen kommt es zur Rechtsscheinhaftung nach **allgemeinen** Grundsätzen, falls die beim Scheinkaufmann angeführten **vier Voraussetzungen** erfüllt sind.

4. Inhaber- und Orderpapiere

Das Rechtsscheinprinzip ist besonders stark bei den auf den Inhaber ausgestellten oder durch Indossament übertragbaren Wertpapieren, den sog. **Umlaufpapieren,** ausgeprägt. Wer ein Inhaberpapier ausgestellt oder seine Unterschrift auf ein Orderpapier (z.B. einen Wechsel) gesetzt hat, kann sich gegenüber einem gutgläubigen Erwerber nicht auf Nichtigkeits- oder Anfechtungsgründe berufen, es gilt die **Rechtsscheintheorie.** Erforderlich ist auch hier die **Zurechenbarkeit:** Der Haftende muss im Zeitpunkt der Unterschrift **geschäftsfähig** sein (Einzelheiten u. § 93 III).

§ 33. Fehlerhafte Verhältnisse

In das zweite Gebiet gehören gewisse Dauerverhältnisse (Ehe, Arbeitsverhältnis, Gesellschaft), bei denen die Tatsache, dass nach diesen Verhältnissen tatsächlich gelebt und gearbeitet wurde, stärker wiegt als alle juristische Konstruktion.

I. Ehe

Im Eherecht bedarf es keiner weiteren Begründung, dass ein Ehemann nicht nach 10 Jahren seine Ehe wegen eines erst jetzt entdeckten Irrtums über wesentliche Eigenschaften seiner Ehefrau gem. §§ 119 II, 142 I anfechten, damit die bisherige Ehe zu einer wilden und seine 10 Kinder zu nichtehelichen machen kann. Ein bestimmtes Zusammenleben und die Folgen daraus lassen sich nun einmal nicht rückwirkend aus der Welt schaffen.

Nach geltendem Eherecht (§§ 1313 ff.) kann eine Ehe nur durch **Gerichtsurteil** aufgehoben werden. Anfechtungsgründe sind nur **schwere** Mängel der Eheschließung, vor allem Doppelehe, Verwandtenehe, Geschäftsunfähigkeit, Bewusstlosigkeit (z.B. infolge von Drogen), Täuschung oder Drohung, Scheinehe (z.B. zur Erlangung einer Aufenthaltserlaubnis). In fast allen Fällen hat das Aufhebungsurteil die gleiche Wirkung wie ein Scheidungsurteil: Es wirkt nur für die **Zukunft** und berührt nicht die Rechte der Kinder. Bei einigen Aufhebungsgründen ist außerdem die Heilung des Mangels durch eheliches Zusammenleben in Kenntnis des Mangels möglich.

II. Arbeitsrecht

Auch beim Arbeitsverhältnis, welches gegenüber den sonstigen Dienstverhältnissen u.a. durch die Gehorsamspflicht des Arbeitnehmers und das Weisungsrecht des Arbeitgebers gekennzeichnet ist, würden die Nichtigkeits- und Anfechtbarkeitsregeln des BGB zu groben Unbilligkeiten führen: Der Arbeitnehmer, der sich in die Betriebsgemeinschaft eingegliedert und die ihm zugewiesenen Arbeiten eine Zeitlang verrichtet hat, könnte im Falle der Nichtigkeit des Arbeitsvertrages streng genommen nur den sehr schwachen Bereicherungsanspruch auf Herausgabe ersparter Aufwendungen, eventuell noch Ansprüche aus unerlaubter Handlung oder culpa in contrahendo geltend machen.

Hier greift die Lehre vom fehlerhaften Arbeitsvertrag ein.[29] Danach wird ein fehlerhaftes Arbeitsverhältnis als wirksam anerkannt, wenn drei Voraussetzungen erfüllt sind:

(1) Es muss ein **fehlerhafter Arbeitsvertrag,** d.h. ein nach allgemeinen Regeln nichtiger oder anfechtbarer Arbeitsvertrag vorliegen.

(2) Der Arbeitsvertrag muss **vollzogen,** d.h. die Arbeit muss aufgenommen worden sein.

(3) Der Anerkennung des fehlerhaften Arbeitsvertrages dürfen nicht **vorrangige Interessen** der Allgemeinheit oder schutzwürdiger Personen entgegenstehen. Deshalb darf die **Arbeit selbst** nicht gegen ein **gesetzliches** Verbot gem. § 134 (Anstellung als Drogenkurier) oder grob gegen die guten Sitten gem. § 138 verstoßen (Verpflichtung zum Geschlechtsverkehr auf der Bühne[30]). Auch **Minderjährigkeit** des **Arbeitgebers** steht entgegen, **nicht** aber Minderjährigkeit des **Arbeitnehmers** (sonst würde der Schutz der Minderjährigen in sein Gegenteil verkehrt).

Das fehlerhafte Arbeitsverhältnis kann von jedem Teil durch einseitige Erklärung mit sofortiger Wirkung **für die Zukunft** beendet werden.

III. Gesellschaftsrecht

Wenn eine Gesellschaft gegründet ist, aber Ausführungshandlungen noch nicht erfolgt sind, können alle Mängel des Gesellschaftsvertrages bzw. der Satzung unbeschränkt geltend gemacht werden.

Erst mit dem **Vollzug** der Gesellschaft kommen die Regeln über die fehlerhafte Gesellschaft zur Anwendung, sie gelten dann für das Innen- und das Außenverhältnis.

1. Voraussetzungen

Die fehlerhafte Gesellschaft hat – wie der fehlerhafte Arbeitsvertrag – drei Voraussetzungen:[31]

---

[29] BAG NJW 1985, 446.
[30] BAG NJW 1976, 1958.
[31] Ähnlich Palandt/Sprau § 705 Rnr. 17.

(1) Gesellschaftsvertrag bzw. Satzung müssen **fehlerhaft** sein. Sie dürfen **nicht völlig fehlen.**

(2) Die Gesellschaft muss in **Vollzug** gesetzt worden sein. Dafür reicht der Beginn der Außentätigkeit, z.B. die Einstellung von Hilfskräften oder die Anmietung von Räumen oder die Anmeldung zum Handelsregister aus. Es reichen aber auch interne Vorgänge, z.B. die Leistung der Einlagen.[32]

(3) Es dürfen nicht **vorrangige Interessen** der Allgemeinheit oder schutzwürdiger Personen entgegenstehen.[33] Deshalb darf der **Gesellschaftszweck** nicht gegen ein **gesetzliches Verbot** (verbotene Kastellverbände, Drogenhändlerringe, Mafia) oder grob gegen die **guten Sitten** verstoßen (Vereinigungen zur Förderung sexueller Abartigkeiten). Gleiches gilt bei der Beteiligung von Minderjährigen und ihnen gleichgestellten Personen.[34] (Eine fehlerhafte Gesellschaft kann aber unter den übrigen Gesellschaftern bestehen.)

2. Rechtsfolgen

Die Gründungsmängel berechtigen nur zur Auflösung der Gesellschaft mit Wirkung für die **Zukunft**. Die Nichtigkeits- und Anfechtbarkeitsgründe werden bei der Gesellschaft bürgerlichen Rechts und bei der stillen Gesellschaft durch Kündigung aus wichtigem Grunde (§ 723 BGB, § 234 I S. 2 HGB), bei den Personenhandelsgesellschaften (OHG und KG) durch Klage auf Auflösung aus wichtigem Grunde geltend gemacht (§§ 133, 161 II HGB). Dabei ist von dem Grundsatz auszugehen, dass **jeder** Nichtigkeits- und Anfechtungsgrund im Sinne des BGB ein wichtiger Grund zur Kündigung bzw. Auflösungsklage ist.[35]

Bei den **handelsrechtlichen Vereinen,** d.h. den Kapitalgesellschaften und der Genossenschaft beginnt mit der Eintragung eine **dritte Phase,** in der die Geltendmachung von Nichtigkeits- und Anfechtbarkeitsgründen **noch weiter** eingeschränkt ist. Diese Phase ist im Gesetz geregelt. Bei einer eingetragenen Kapitalgesellschaft ist die Nichtigkeitsklage nur dann zulässig, wenn entweder eine Angabe über das **Nennkapital** (Stammkapital, Grundkapital) fehlt oder die Bestimmung über den **Gegenstand** des Unternehmens fehlt oder nichtig ist. Außerdem können die Mängel durch satzungsändernden Beschluss **geheilt** werden, soweit sie die Bestimmungen über den Gegenstand des Unternehmens betreffen. **Unheilbar** ist nur das Fehlen einer Bestimmung über das Nennkapital. Die Nichtigkeitsklage führt zur Nichtigkeitserklärung durch das Gericht und damit zur Auflösung, hat also **keine rückwirkende Kraft.** Daneben besteht gem. § 144 FGG die Möglichkeit der Löschung von Amts wegen.

Bei der Genossenschaft gibt es überhaupt keinen **unheilbaren** Mangel, da die Genossenschaft kein festes Kapital besitzt. Dafür ist der Kreis der Satzungsbestimmungen, deren Fehlen zur Nichtigkeitsklage oder Löschung von Amts wegen führen kann, erheblich größer.

📖 Bitte lesen Sie § 275 I AktG, § 75 I GmbHG, § 94 GenG.

---

[32] BGH NJW 1992, 1502.
[33] BGH NJW 1952, 97.
[34] BGH DB 1983, 762.
[35] BGH NJW 1952, 97.

3. Fehlerhafte Veränderungen in der Gesellschaft

Die Regeln über die fehlerhafte Gesellschaft gelten auch für den **Beitritt**,[36] die **Über-tragung** des Gesellschaftsanteils[37] und das **Ausscheiden** eines Gesellschafters.[38] Es muss also auch hier ein entsprechender – fehlerhafter – Vertrag vorliegen, der in Vollzug gesetzt worden ist, und vorrangige Interessen dürfen nicht entgegenstehen.

Ein Beispiel: Wer aufgrund einer arglistigen Täuschung in eine völlig überschuldete OHG als persönlich haftender Gesellschafter eingetreten ist und den Eintritt vollzogen hat, haftet im Außenverhältnis gem. §§ 128, 130 HGB unbeschränkt für sämtliche, auch für die vor seinem Eintritt bestehenden Gesellschaftsschulden. Zwar hat er das Recht zu sofortigem Austritt, das ändert aber nichts an seiner Haftung (§ 160 HGB). Im Innenverhältnis stehen ihm die – wirtschaftlich oft wertlosen – Schadensersatzansprüche aus culpa in contrahendo gem. §§ 280 I, 311 II, 241 II und aus unerlaubter Handlung gem. § 823 II BGB i.V.m. § 263 StGB, § 826 BGB zu.

4. Fehlerhafte Gesellschaft, Scheinhandelsgesellschaft, Registerschutz im Vergleich

Die **fehlerhafte Gesellschaft** und die ihr verwandten Fälle (Ein- und Austritt, Anteilsübertragung) setzen – anders als die Scheinhandelsgesellschaft – einen entsprechenden fehlerhaften Vertrag oder eine fehlerhafte Satzung voraus. Dafür gehen ihre Rechtsfolgen weiter: Die Gesellschaft gilt als bestehend auch gegenüber demjenigen, der den Fehler **kennt**.

Bei der **Scheinhandelsgesellschaft** dagegen werden nur **Gutgläubige** geschützt, Dritten schadet bereits fahrlässige Unkenntnis, außerdem müssen die Gutgläubigen ihr Verhalten auf den Schein eingerichtet haben.

In der Mitte zwischen den beiden Extremen steht der abstrakte **Registerschutz** gem. § 15 I, III HGB: Dem Dritten schadet nur positive **Kenntnis**, er braucht sein Verhalten nicht auf den Registerinhalt eingerichtet zu haben.

8. Kapitel:
Zusammenfassung und Prüfungsschema: Rechtsgeschäfte

§ 34. Das Zustandekommen eines Vertrages

Fragen aus dem Gebiet „Rechtsgeschäfte" tauchen vor allem dann auf, wenn das Zustandekommen eines Vertrages zu prüfen ist. Die Hauptfragen sind:

(1) Liegt überhaupt KONSENS vor, d.h. haben sich die Parteien durch einander entsprechende Erklärungen (Angebot und Annahme) **objektiv** geeinigt?

---

[36] BGH NJW 1988, 698.
[37] BGH NJW 1988, 901.
[38] BGH NJW 1969, 1057.

(a) Erklärungen müssen wirksam **abgegeben,** verkörperte Erklärungen müssen **zugegangen** sein (§ 130. Ausnahme: § 151).

(b) **Schweigen** auf ein Vertragsangebot ist grundsätzlich **keine** Annahme (wichtigste Ausnahme: Schweigen auf ein Bestätigungsschreiben unter Kaufleuten).

(c) Bei unklaren Äußerungen ist **Auslegung** erforderlich (§§ 133, 157). Auslegung geht vom **Empfängerhorizont** aus.

(d) Unklare Äußerungen schaden nicht, wenn Parteien sich trotzdem verständigt haben und im Willen einig sind. Es gilt dann das Gewollte (sog. falsa demonstratio).

(2) Ist der vereinbarte Vertrag INHALTLICH ZULÄSSIG? Nichtigkeit oder Teilnichtigkeit (§ 139 beachten) kann sich ergeben durch

(a) Verstoß gegen **zwingendes Recht,**

(b) Verstoß gegen **gesetzliches Verbot** (§ 134),

(c) Verstoß gegen die **guten Sitten** (§ 138).

(d) Verstoß gegen die Vorschriften über AGB (Definition § 305 I). Geltung der AGB setzt **Einbeziehungsvereinbarung** voraus (§ 305 II). **Inhaltskontrolle** erfolgt durch § 309 (Verbotskatalog ohne Wertungsmöglichkeit), § 308 (Verbotskatalog mit Wertungsmöglichkeit) und § 307 (Generalklausel) – **Prüfung in dieser Reihenfolge.** Ist die andere Partei ein Unternehmer (§ 15) oder eine juristische Person des öffentlichen Rechts, so gelten nicht die Vorschriften über die Einbeziehungsvereinbarung und die beiden Verbotskataloge (§ 310 I S. 1), wohl aber gilt die Generalklausel § 307.

Nichtigkeit von einzelnen Klauseln lässt die Gültigkeit des übrigen Vertrages unberührt, § 306 I ist insoweit Sonderregel zu § 139.

(3) Sind etwaige FORMVORSCHRIFTEN beachtet? Das Gesetz kennt 5 gesetzliche Formen: Schriftform, elektronische Form, Textform, notarielle Beglaubigung, öffentliche Beurkundung (§§ 126–129).

Bei Verstoß gegen gesetzliche Formvorschrift ist das Rechtsgeschäft nichtig (§ 125). Allerdings ist zu beachten:

(a) **Kaufleute** (und Scheinkaufleute) sind bei der Bürgschaftserklärung ohne Schriftform gebunden (§ 350 HGB).

(b) Formmangel kann in einigen Fällen **durch Erfüllung** geheilt werden (§§ 313 S. 2, 518 II, 766 S. 2).

(c) Berufung auf Formmangel kann in Ausnahmefällen gegen **Treu und Glauben** verstoßen (z.B. wegen venire contra factum proprium).

(4) Ist einer der Vertragschließenden NICHT VOLL GESCHÄFTSFÄHIG?

(a) Die Erklärung eines **Geschäftsunfähigen** ist unheilbar nichtig, er muss deshalb **immer** vertreten werden (§§ 105 I, 104). Ausnahme: § 105 a.

(b) Die Erklärung eines **beschränkt Geschäftsfähigen** oder eines Betreuten **mit Einwilligungsvorbehalt** ist wirksam, wenn sie ihm lediglich einen rechtlichen (nicht nur wirtschaftlichen) Vorteil bringt, andernfalls ist sie genehmigungsbedürftig (§§ 107, 106, 1903 III).

(c) Bei Minderjährigen und Betreuten mit Einwilligungsvorbehalt sind stets die §§ 1821, 1822, 1643, 1908 i I zu beachten (Genehmigung durch das **Vormundschaftsgericht**). Bei Rechtsgeschäften der Eltern mit ihren Kindern muss außerdem wegen § 181 **Ergänzungspfleger** bestellt werden, falls die Kinder nicht nur einen rechtlichen Vorteil erlangen.

(5) Falls ein VERTRETER am Vertragschluss teilgenommen hat:

    (a) Ist Vertreter im **fremden Namen** aufgetreten? (Sonst gilt § 164 II.)

    (b) Hatte Vertreter **Vertretungsmacht?** Hat er die **Grenzen** seiner Vertretungsmacht eingehalten? (Sonst gelten §§ 177 I, 179.) Gegebenenfalls Scheinvollmacht und § 15 HGB prüfen!

    (c) Liegt **Selbstkontrahieren** vor? (§ 181)

        (aa) Selbstkontrahieren ist nach § 181 zulässig bei Gestattung durch den Vertretenen und bei Erfüllung einer Verbindlichkeit.

        (bb) Selbstkontrahieren ist außerdem nach der Rechtsprechung zulässig bei Geschäften, die dem Vertretenen lediglich einen rechtlichen Vorteil bringen, und bei Beschlüssen in einer Gesellschaft.

(6) Liegen ANFECHTUNGSGRÜNDE vor? Die wichtigsten Fälle sind

    (a) **Irrtum** gem. § 119 I: Die Erklärung weicht vom Geschäftswillen ab; der Erklärende erklärt, was er nicht will. (Im Falle der Anfechtung Ersatz des negativen Interesses gem. § 122.)

    (b) **Täuschung und Drohung** (§ 123). Anfechtbar sind **alle** auf Täuschung oder Drohung zurückzuführenden Rechtsgeschäfte (auch die abstrakten Rechtsgeschäfte!).

Die Anfechtung hat rückwirkende Kraft (§ 142 I), außer bei Arbeitsverhältnissen und Gesellschaftsverträgen (sog. fehlerhafte Verhältnisse).

Dieses Schema ist eine konzentrierte Zusammenfassung der wichtigsten Bestimmungen aus dem Gebiet „Rechtsgeschäfte,". Es ist außerdem ein Prüfungsinstrument, das Sie davor bewahrt, bei der Lösung eines Falles eine wichtige Frage zu übersehen. Prägen Sie sich deshalb dieses Schema gut ein!

Es versteht sich, dass Sie das Schema bei der Lösung eines Falles immer nur **selektiv** einsetzen, d.h. dass Sie nur insoweit auf die einzelnen Fragen eingehen, als der Fall dazu Veranlassung gibt.

Dritter Abschnitt:
Schuldverhältnisse

§ 35. Überblick. Grundbegriffe des Schuldrechts

I. Das Zweite Buch des BGB

Die Schuldverhältnisse sind im Wesentlichen im Zweiten Buch des BGB, dem Recht der Schuldverhältnisse (kurz: Schuldrecht) geregelt. Beim äußeren Aufbau des Zweiten Buchs folgte der Gesetzgeber dem Modell „Allgemeiner Teil/Besonderer Teil", das er schon für den Aufbau des gesamten BGB verwendet hatte. Allerdings wurde das Modell im Zweiten Buch nicht offen ausgewiesen. Es ist aber aus den Überschriften erkennbar, dass die Abschnitte 1–7 Allgemeiner Teil, der Abschnitt 8 Besonderer Teil sind.

📖 Bitte schlagen Sie das Inhaltsverzeichnis zum BGB auf. Lesen Sie die Überschriften der Abschnitte 1–8 von Buch 2.

II. Die Sonderverbindung

Im ersten Paragrafen des Schuldrechts wird zum Ausdruck gebracht, was ein Schuldverhältnis ist.

📖 Bitte lesen Sie § 241 I.

Ein Schuldverhältnis ist also eine privatrechtliche Sonderverbindung mit Rechten und Pflichten zwischen zwei oder mehreren Parteien. Im Gesetz wird die Beziehung manchmal aus der Sicht des Gläubigers („Der Gläubiger ist berechtigt"), manchmal aus der Sicht des Schuldners dargestellt („Der Schuldner ist verpflichtet"). Welche Sichtweise das Gesetz wählt, ist grundsätzlich gleichgültig.

📖 Bitte lesen Sie § 242.

§ 241 I geht von der Sicht des Gläubigers, § 242 von der Sicht des Schuldners aus. Man hätte § 241 I ohne sachliche Änderung des Inhalts auch formulieren können: „Kraft des Schuldverhältnisses ist der Schuldner dem Gläubiger gegenüber zur Bewirkung einer Leistung verpflichtet."

III. Das Relativitätsprinzip und die Gestaltungsfreiheit

Das Schuldrecht unterscheidet sich vom Sachenrecht durch das **Relativitätsprinzip.**

📖 Bitte wiederholen Sie zum Verständnis dieses wichtigen Begriffs oben § 4 II 2 a.

Wegen dieser Relativität sind die Vorschriften des Schuldrechts grundsätzlich **dispositiv**, d.h. durch die Parteien abdingbar. Allerdings hat die neuere Gesetzgebung zum Schutz des wirtschaftlich Schwächeren zunehmend **zwingende**, d.h. unabdingbare Vorschriften in das Schuldrecht eingefügt.

IV. Die Pflichten aus dem Schuldverhältnis

1. Hauptleistungspflichten, Nebenleistungspflichten, Schutzpflichten

Bei den einzelnen Pflichten (und Rechten), die sich aus einem Schuldverhältnis ergeben, kann man hinsichtlich des Inhalts drei Arten unterscheiden:

(1) **Hauptleistungspflichten** sind die Leistungspflichten, die dem Schuldverhältnis sein typisches Gepräge verleihen. So sind z.B. Hauptleistungspflichten beim Kauf einerseits die Pflicht zur Übergabe und Übereignung der mangelfreien Sache und andererseits die Pflicht zur Zahlung des Kaufpreises.

📖 Bitte lesen Sie die Vorschriften über die Hauptleistungspflichten bei den fünf wichtigsten vertraglichen Schuldverhältnissen des Zweiten Buches: §§ 433, 535, 611, 631, 488 I.

(2) Die **Nebenleistungspflichten** dienen der Vorbereitung, Durchführung und Sicherung der Hauptleistung. In Betracht kommen z.B. Aufklärungs-, Beratungs-, Dokumentations- und Verschwiegenheitspflichten. Solchen Pflichten sind häufig **Freiberufler** (z.B. Ärzte und Rechtsanwälte) unterworfen. Nebenpflichten kommen aber auch sonst im täglichen Leben vor und lassen sich nur schwer von den Hauptpflichten unterscheiden. Dazu ein Beispiel: Beim Kauf eines komplizierten Küchengeräts gehört die Mitlieferung einer gut verständlichen Gebrauchsanleitung zur Hauptleistungspflicht des Verkäufers. Im Einzelfall kann sich **zusätzlich** eine Beratungspflicht anlässlich des Aufstellens des Geräts beim Kunden durch einen Mitarbeiter des Verkäufers als Nebenleistungspflicht ergeben.

(3) Die **Schutzpflichten** (auch Rücksichtnahmepflichten oder sonstige Verhaltenspflichten genannt) haben zum Ziel, dass auf die Rechte, Rechtsgüter und Interessen der jeweils anderen Partei Rücksicht genommen wird. Diese Pflichten treffen nicht nur den Schuldner, sondern **jede** Partei des Schuldverhältnisses.

📖 Bitte lesen Sie § 241 II.

Grundsätzlich besteht kein einklagbarer Anspruch auf Erfüllung der Schutzpflichten. Die schuldhafte Verletzung einer Schutzpflicht ist aber der typische Fall einer positiven Forderungsverletzung, die zum Schadensersatz **neben** der Leistung führt. Dazu ein Fall:

Der Kunsthändler V hat dem Kunden ein Gemälde mit einem schweren Rahmen verkauft. Bei der Übergabe hantiert er so ungeschickt, dass er das Gemälde dem K vor den Kopf stößt und K einen Zahn verliert. K muss ärztlich versorgt werden und kann erst danach das Bild in Empfang nehmen.

2. Primärpflichten und Sekundärpflichten

Der hier berichtete Gemäldefall zeigt noch einen weiteren für das Schuldrecht grundlegenden Unterschied, nämlich den Unterschied zwischen einer Primär- und einer Sekundärpflicht: Die primäre Hauptleistungspflicht des V aus § 433 I ist durch Erfüllung erloschen (§ 362 I). V hat aber seine primäre Schutzpflicht aus § 241 II verletzt mit der Folge, dass an die Stelle dieser Primärpflicht eine Sekundärpflicht – die Verpflichtung zum Schadensersatz aus positiver Forderungsverletzung – getreten ist.

📖 Bitte lesen Sie § 280 I.

3. Obliegenheiten

Von den Primärpflichten, die im Falle der Verletzung zu einer **Schadensersatzpflicht** führen können, sind die **Obliegenheiten** zu unterscheiden.

Die Obliegenheiten haben vor allem im **Versicherungsrecht** große Bedeutung (Beispiel: die Pflicht des Versicherungsnehmers zur unverzüglichen Anzeige eines Versicherungsfalls). Aber auch außerhalb des Versicherungsrechts sind vereinzelt Obliegenheiten vorgesehen. Ihre Besonderheit gegenüber den Leistungs- und Schutzpflichten liegt darin, dass sie im Falle einer Verletzung nicht zu einer Schadensersatzpflicht, sondern zu einem **Rechtsverlust** auf Seiten des Verpflichteten führen. Man nennt deshalb die Obliegenheiten auch „Pflichten im eigenen Interesse". Dazu drei Beispiele:

(1) Wenn der Schuldner dem Gläubiger die Leistung anbietet, aber der Gläubiger die Leistung nicht annimmt, gerät der Gläubiger in **Annahmeverzug** (Gläubigerverzug). Die Haftung des Schuldners wird dann auf grobe Fahrlässigkeit beschränkt.

📖 Bitte lesen Sie § 300 I.

(2) Beim beiderseitigen Handelskauf muss der Käufer unverzüglich die Ware auf Mängel untersuchen und bei Mangelhaftigkeit unverzüglich rügen, andernfalls „gilt die Ware als genehmigt", d.h. der Käufer verliert alle Rechte aus der Mangelhaftigkeit der Sache.

📖 Bitte lesen Sie § 377 I, II HGB.

(3) Ein weiterer wichtiger Fall von Obliegenheitsverletzung ist das sog. „Mitverschulden".

📖 Bitte lesen Sie § 254 (Einzelheiten s.u. § 42 II 5).

V. Die Entstehung der Schuldverhältnisse

Hinsichtlich des **Entstehungsgrundes** unterscheidet das Gesetz zwischen **rechtsgeschäftlichen** und **gesetzlichen** Schuldverhältnissen.

1. Rechtsgeschäftliche Schuldverhältnisse

Die **rechtsgeschäftlichen** Schuldverhältnisse entstehen in der Regel durch einen entsprechenden **Verpflichtungsvertrag.** (Bitte lesen Sie § 311 I) Das ist einleuchtend, da die Entstehung einer Sonderverbindung mit Rechten und Pflichten das Einverständnis der Betroffenen voraussetzt.

Die meisten Verpflichtungsverträge des täglichen Lebens sind **gegenseitige** Verträge: Beide Seiten sind Schuldner und Gläubiger, die Leistung des einen ist das Entgelt für die Leistung des anderen, beide Leistungen werden von beiden grundsätzlich als **gleichwertig** betrachtet.

📖 Bitte lesen Sie noch einmal die folgenden Vorschriften über die vier wichtigsten gegenseitigen Verträge: §§ 433, 535, 611, 631.

Allerdings ist zur Begründung eines rechtsgeschäftlichen Schuldverhältnisses ein Vertrag nur erforderlich, „soweit das Gesetz nicht ein anderes vorschreibt".

📖 Bitte lesen Sie nochmals § 311 I.

Es gibt also Ausnahmen. Im Zweiten Buch des BGB ist eine Ausnahme nur die **Auslobung,** die ein **einseitiges** Rechtsgeschäft ist (bitte § 657 lesen). Dazu ein Fall:

Herrn H ist dessen Hund entlaufen. Ein paar Tage später ist der Hund Frau Z zugelaufen. Z entdeckt am Hundehalsband die Telefonnummer des H und ruft H an. Hocherfreut holt H den Hund ab und bedankt sich mit einem Blumenstrauß. Erst danach erfährt Frau Z, dass H in der Zeitung dem Wiederbringer des Hundes eine Belohnung von 500 Euro ausgesetzt hatte. H muss ihr die 500 Euro zahlen.

2. Vertragsverhandlung

Eine Mittelstellung zwischen den rechtsgeschäftlichen und den gesetzlichen Schuldverhältnissen nimmt das **rechtsgeschäftsähnliche** Schuldverhältnis der Vertragsverhandlung ein.

📖 Bitte lesen Sie § 311 II.

Dieses Schuldverhältnis wird durch Vertragsverhandlung, Vertragsanbahnung oder ähnliche geschäftliche (nicht private) Kontakte begründet – unabhängig vom Zustandekommen eines Vertrages; es ist also ein **gesetzliches** Schuldverhältnis, da es nicht ein Rechtsgeschäft voraussetzt. Es ist aber auf den Abschluss eines Vertrages gerichtet und geht diesem regelmäßig voraus, deshalb wird es in einem gewissen Grade wie ein vertragliches Schuldverhältnis behandelt.

Typisch für dieses Schuldverhältnis ist, dass es keine einklagbaren Leistungspflichten, sondern nur **Schutzpflichten** hervorbringt, deren Verletzung zur Haftung aus culpa in contrahendo (Verschulden bei der Vertragsverhandlung, einer Art vorvertraglichen positiven Forderungsverletzung) führt.

📖 Bitte lesen Sie §§ 280 I, 311 II, 241 II.

3. Gesetzliche Schuldverhältnisse. Die klassischen Drei

Als gesetzliche Schuldverhältnisse sind im Besonderen Teil des Schuldrechts drei Problemkreise geregelt, die nicht wie Vertrag und Vertragsverhandlung zum täglichen Leben gehören. Es handelt sich aber um drei Problemkreise, die in jeder höher entwickelten Kultur zu finden sind. Sie haben deshalb schon im römischen Recht eine eingehende juristische Regelung erfahren. Später sind diese Regelungen mit ihren wesentlichen Inhalten in das BGB übernommen worden.

a) Geschäftsführung ohne Auftrag (GoA)

Der erste Problemkreis dieser Art ist die unerbetene Wahrnehmung fremder Interessen. Wer z.B. einem Menschen hilft, der bewusstlos auf der Straße liegt, handelt in Geschäftsführung ohne Auftrag. Dieser Fall wurde schon in der Bibel beschrieben (Lucas 10; 29–37). Nach heutigem Recht hat der barmherzige Samariter gegen den Geretteten einen Anspruch auf Ersatz seiner Aufwendungen (§ 683 S. 1, Einzelheiten siehe u. § 54).

b) Unerlaubte Handlung (Delikt)

Der zweite Problemkreis ist die rechtswidrige und grundsätzlich schuldhafte hafte Verletzung fremder Rechtsgüter unabhängig vom Bestehen oder Nichtbestehen eines Vertrages.

📖 Bitte lesen Sie § 823 I.

Der Tatbestand des § 823 I ist wohl das älteste Rechtsproblem der Menschheit. Um bei der Bibel zu bleiben: Schon Kain erfüllte diesen Tatbestand (1. Buch Mose 4; 8, Einzelheiten siehe u. § 38).

c) Ungerechtfertigte Bereicherung

Der dritte Problemkreis umfasst die Fälle, in denen jemand etwas erlangt, auf das er keinen Anspruch hat.

📖 Bitte lesen Sie § 812 I.

Fälle dieser Art sind sehr selten. Ein Beispiel: Wenn jemand einen Rechnungsbetrag überweist, weil er vergessen hat, dass er die Rechnung bereits bezahlt hat, oder wenn er versehentlich einen zu hohen Betrag überweist, ist der Empfänger um den Zweitbetrag bzw. um den Mehrbetrag ungerechtfertigt bereichert (Einzelheiten siehe u. § 78 II).

1. Kapitel:
Vertragliche Primäransprüche

§ 36. Die Vertragstypen des Schuldrechts

Nachdem wir festgestellt haben, dass es die primären Hauptleistungspflichten (und -ansprüche) sind, die dem Schuldverhältnis sein typisches Gepräge verleihen, wenden wir uns den verschiedenen Primärpflichten zu, die für die einzelnen Schuldverhältnisse gelten. Sie sind im Besonderen Teil des Schuldrechts geregelt. Außerdem beziehen wir eine Reihe von Schuldverhältnissen ein, die im Gesetz nicht geregelt, aber aufgrund der im Schuldrecht herrschenden Gestaltungsfreiheit entstanden sind. Dadurch ergibt sich zunächst eine etwas verwirrende Vielfalt.

📕 Bitte schlagen Sie das Inhaltsverzeichnis zum BGB auf. Lesen Sie im 8. Abschnitt von Buch 2 die Überschriften der Titel (**nicht** der Untertitel).

Wir bringen Ordnung in die Vielfalt, indem wir die drei gesetzlichen Schuldverhältnisse (GoA, unerlaubte Handlung, ungerechtfertigte Bereicherung) jetzt beiseite lassen und die wichtigsten Vertragstypen in drei Gruppen zusammenfassen: die **Umsatzverträge**, die **Gebrauchsüberlassungsverträge** und die **Dienstleistungsverträge**. (Eine vierte Gruppe – Bürgschaft und bürgschaftsähnliche Schuldverhältnisse – ist im Kreditsicherungsrecht dargestellt, s.u. § 81. Weitere Gruppen finden Sie im Verbraucherschutzrecht, s.u. § 53).

Bei den einzelnen Vertragstypen konzentrieren wir uns außerdem jeweils auf die Bestimmungen, in denen die primären Leistungspflichten definiert sind. Diese Bestimmungen stehen regelmäßig am Anfang der jeweiligen Regelung des Typus.

I. Umsatzverträge

Kauf, Tausch und Schenkung sind auf die **Übertragung von Wirtschaftsgütern** gerichtete Verträge.

1. Kauf, Teilzeitwohnrechtsvertrag, Factoring

Die Primärleistungsansprüche beim **Kauf** sind in § 433 geregelt. Das verkaufte Gut ist eine Sache, es kann aber auch ein Recht oder ein sonstiger Gegenstand, z.B. ein Unternehmen, sein; in diesem Falle sind Anspruchsgrundlage §§ 433, 453 I. Kaufrecht gilt grundsätzlich auch bei Verträgen über die Lieferung beweglicher Sachen, die erst noch hergestellt oder erzeugt werden müssen, auch wenn die Herstellung nach Sondermaßen (Maßkleidung) erfolgt (§ 651).

Als besondere Ausgestaltung eines Rechtskaufs hat der **Teilzeit-Wohnrechtevertrag** (Time-sharing-Vertrag) im §§ 481 ff. eine Sonderregelung erfahren.

📕 Bitte lesen Sie § 481.

Auch das **Factoring** ist in der Regel eine besondere Art von Rechtskauf. Beim Factoring tritt der Kaufmann die Forderungen gegen seine Kunden gem. § 398 an den Factor ab, der Factor zahlt an den Kaufmann den Gegenwert (abzüglich Provision) und. zieht die Forderung ein. Hinsichtlich des Verpflichtungsgeschäfts, das der Forderungsabtretung zu Grunde liegt, ist zu unterscheiden:

(1) Beim **echten** Factoring ist das Verpflichtungsgeschäft ein Forderungskauf gem. §§ 433, 453. Der Kaufmann (d.h. der Verkäufer der Forderung) haftet nur für die Verität (den Bestand der Forderung), nicht für die Bonität (die Zahlungsfähigkeit der Kunden). Das Insolvenzrisiko wird also vom **Factor** getragen.

(2) Beim **unechten** Factoring liegt der Abtretung ein Kreditgeschäft zu Grunde (Darlehen). Das Insolvenzrisiko wird hier also vom **Kaufmann** getragen.

2. Tausch

Der Tausch – die historische älteste Form des Umsatzvertrages – wird im Gesetz nur in einer Verweisung erwähnt. Anspruchsgrundlage für die Primärleistungsansprüche sind hier §§ 433 ff., 480.

3. Schenkung

Bei der Schenkung erfolgt die Zuwendung unentgeltlich (§ 516 I).

II. Gebrauchsüberlassungsverträge

Die Abgrenzung der einzelnen auf Gebrauchsgüterüberlassung gerichteten Verträge voneinander ist in der mündlichen Prüfung eine beliebte Prüfungsfrage, da die gesetzliche Terminologie und der allgemeine Sprachgebrauch teilweise voneinander abweichen. Wir machen die Unterschiede an einfachen Beispielen klar.

4. Leihe, Miete, Pacht

Die **Leihe** verpflichtet den Verleiher zur **unentgeltlichen Gestattung** des Gebrauchs einer Sache (§ 598). Es besteht **keine** Instandhaltungspflicht des Verleihers: Wenn A dem B für eine Woche sein Fahrrad leiht und B am zweiten Tag ein Loch im Fahrradschlauch hat, braucht A sich nicht um die Reparatur zu kümmern.

Anders ist die Lage bei der **Miete**. Sie ist **entgeltliche Gewährung** (nicht nur Gestattung) des Gebrauchs mit **Instandhaltungspflicht** des Vermieters (§ 535): Wenn A dem B das Fahrrad **vermietet** hätte, müsste er also für die Fahrradreparatur sorgen.

Die Instandhaltungspflicht des Vermieters gilt auch für die Vermietung von **Wohnraum** und erstreckt sich dort auch auf die sog. Schönheitsreparaturen (Malerarbeiten). Allerdings werden bei der Wohnraummiete die Schönheitsreparaturen in aller Regel (zulässiger Weise) durch den Mietvertrag (meist vorgedruckte Formulare, also AGB) auf den Mieter abgewälzt.

In der Praxis wird manchmal von Leihe gesprochen, aber Miete gemeint („Kostümverleih", „Autoverleih").

Auch die **Pacht** ist entgeltliche Gebrauchsgewährung. Anders als bei der Miete wird aber dem Pächter der Genuss der **Früchte** gewährt (§§ 581, 99). Das kann man sich leicht am Beispiel einer **Kuh** klar machen: Wer eine Kuh **mietet,** kann sie vor den Wagen spannen und auf ihr reiten. Die Milch, das Kalb und den Dünger (d.h. die Früchte) darf dagegen nur behalten, wer die Kuh **gepachtet** hat.

In der Praxis spielt die Pacht eine wichtige Rolle im Zusammenhang mit der entgeltlichen Überlassung von Räumen oder Grundstücken zu gewerblichen oder beruflichen Zwecken. Werden die Räume oder Grundstücke **leer** übergeben, so handelt es sich um Miete. Pacht liegt nur vor, wenn die Räume oder Grundstücke für einen bestimmten Zweck so ausgestattet sind, dass sie betrieblich mit Gewinn genutzt werden können (Apotheken, Gaststätten, landwirtschaftliche Betriebe).

5. Leasing, Franchising

Die wichtigste Rechtsform bei der entgeltlichen Überlassung von Wirtschaftsgütern ist derzeit das **Leasing,** eine Sonderform der **Miete** mit Elementen aus dem Kaufrecht: Der Leasinggeber überlässt dem Leasingnehmer den Gebrauch der Sache (wie bei der Miete, § 535); der Leasingnehmer trägt jedoch ab Übergabe die Gefahr des zufälligen Untergangs und haftet für die Instandhaltung der Sache (wie beim Kauf, § 446). In der Praxis kommt Leasing mit vielerlei Abwandlungen vor. Das Gesetz erwähnt in § 499 II die häufigste Art – das **Finanzierungsleasing:** Der Leasingnehmer wählt die Sache beim Lieferanten aus, der Leasinggeber schafft die Sache daraufhin an und übergibt sie dem Leasingnehmer.

Das **Franchising** ist eine besondere Form der **Pacht:** Der Franchisegeber (z.B. McDonald) überlässt dem Franchisenehmer entgeltlich zur Nutzung gewerbliche Schutzrechte (Firma, Marke, Patente, Gebrauchsmuster, Geschmacksmuster) sowie Vertriebsformen und Know-how. Der Franchisenehmer ist in der Regel noch mehr als ein in ein Vertriebssystem eingebundener Eigenhändler der Kontrolle des Franchisegebers unterworfen.

6. Sachdarlehen, Darlehen

Ein Fall zum Sachdarlehen (§ 607): Frau A „leiht" sich am Sonntagmorgen von ihrer Nachbarin drei Zwiebeln, die sie für das Mittagessen braucht. Das ist **keine Leihe,** da bei der Leihe die Sache dem Entleiher **übergeben** wird und dadurch eine **Stückschuld** entsteht: Später ist dann **die** geliehene Sache, d.h. **dieselbe** Sache zurückzugeben (§ 604 I). Beim Sachdarlehen dagegen wird die Sache dem Sachdarlehensnehmer „überlassen", d.h. **übergeben und übereignet** (§ 929). Dadurch entsteht eine **Gattungsschuld:** Der Sachdarlehensnehmer ist zur Rückerstattung von Sachen gleicher Art, Güte und Menge, d.h. zur **Rückübereignung** gleicher Sachen an den Sachdarlehensgeber verpflichtet (§ 607 I S. 2).

Während das Sachdarlehen selten vorkommt, gehört das in § 488 geregelte (Geld-) Darlehen zu den Geschäften des täglichen Lebens.

📖 Bitte lesen Sie unbedingt § 488.

Einzelheiten zum Verbraucherdarlehensvertrag finden Sie im **Verbraucherschutzrecht** u. § 53.

III. Dienstleistungsverträge

Infolge der neueren Gesetzgebung gibt es im BGB eine große Zahl von Dienstleistungsverträgen. Die meisten Verträge kann man zwei Grundtypen zuordnen: den **Werkverträgen** und den **Dienstverträgen.** Bei den Werkverträgen wird ein **Erfolg,** bei den Dienstverträgen wird eine **Bemühung** geschuldet.

📖 Bitte lesen Sie §§ 631, 611.

Die Abgrenzung der beiden Vertragtypen voneinander ist in der Praxis mitunter schwierig, vor allem bei den Tätigkeiten der Freiberufler (Ärzte, Psychotherapeuten, Rechtsanwälte, Steuerberater, vereidigte Buchprüfer, Wirtschaftsprüfer). Laufende Tätigkeiten (ärztliche Behandlung, Steuerberatung) werden grundsätzlich als Dienstverträge eingeordnet. (Folgerichtig berechnet der Arzt seine Gebühren „für meine Bemühungen", nicht: „für meine Erfolge"). Verträge über isolierte oder fest umrissene Leistungsgegenstände (Gutachten, Steuererklärung, Abschlussprüfung) sind dagegen Werkverträge.

1. Werkvertrag, Reisevertrag

Gegenstand des Werkvertrages kann nach § 631 II sowohl die Herstellung oder Veränderung einer Sache – ein „Sachwerk" – als auch ein „anderer" Erfolg sein. Zu den Sachwerken gehören z.B. Bauarbeiten und Reparaturen und die erwähnten festumrissenen Leistungsgegenstände der Freiberufler sowie sonstige geistige Leistungen (z.B. Erstellung eines Drehbuchs), zu den anderen Werken gehört die Beförderung von Personen und Sachen. Der Reisevertrag als eine Kombination von Personentransport und weiteren Leistungen ist in § 651 a besonders geregelt.

2. Dienstvertrag, Arbeitsvertrag

Wichtiger als der Dienstvertrag ist in der Praxis der **Arbeitsvertrag,** der dadurch gekennzeichnet ist, dass der Dienstverpflichtete **Arbeitnehmer** ist, d.h. dass er **abhängige** Arbeit zu leisten hat, und dass dem Arbeitgeber – dem Dienstberechtigten – ein **Weisungsrecht** zusteht. Das Arbeitsrecht ist nur zu einem kleinen Teil im BGB geregelt.

📖 Bitte lesen Sie nochmals § 611.

3. Geschäftsbesorgungsvertrag

Der Geschäftsbesorgungsvertrag ist nach § 675 I ein Dienst- oder Werkvertrag, der eine Geschäftsbesorgung zum Inhalt hat. Auf ihn finden eine Reihe von Vorschriften aus dem Auftragsrecht entsprechende Anwendung.

📖 Bitte lesen Sie §§ 675.

Geschäftsbesorgung ist nach der Rechtsprechung (BGH DB 1959, 168)

(1) eine selbständige Tätigkeit,

(2) wirtschaftlicher Art, die

(3) in fremdem Interesse ausgeübt wird und

(4) entgeltlich ist.

Dazu gehören vor allem die Tätigkeiten der oben erwähnten wirtschaftlichen und rechtlichen Freiberufler (Steuerberatung, Prozessvertretung, Treuhandtätigkeit), aber auch ein großer Teil der Bankgeschäfte (nicht aber die Tätigkeit der Ärzte und Psychotherapeuten, die nicht **wirtschaftlicher** Art ist).

4. Verwahrungsvertrag, Einbringung von Sachen bei „Gastwirten"

Der **Verwahrungsvertrag** verpflichtet den Verwahrer zur Aufbewahrung einer beweglichen Sache, d.h. zur Gewährung von Raum und Obhut (§ 688). Die Sache kann auch ein Tier sein (§ 91 a).

Von dem Gebrauchüberlassungsverträgen unterscheidet sich die Verwahrung durch die unterschiedliche Interessenrichtung: Entleiher, Mieter und Pächter erhalten die Sache zum eigenen Gebrauch, die Verwahrung dagegen erfolgt in erster Linie im Interesse des Hinterlegers.

Erfolgt die Verwahrung **entgeltlich** (siehe dazu § 689), so liegt ein gegenseitiger Vertrag vor. Die unentgeltliche Verwahrung ist dagegen ein (nicht streng) einseitiges Schuldverhältnis. Daran ändert sich nichts, wenn der Verwahrer Aufwendungen macht, z.B. für den verwahrten Hund Futter kauft: Der Ersatzanspruch aus § 693 ist kein Entgelt für die Verwahrung (siehe o. § 8 I 2 a).

Die **Einbringung** von Sachen bei Gastwirten führt zu einer Haftung des Gastwirts ohne Rücksicht auf Verschulden. Allerdings ist hierbei zu beachten, dass es sich um einen Gastwirt handeln muss, der Fremde „zur Beherbergung" aufnimmt, d.h. um einen **Hotelier**. (Dieses Fremdwort wollte der Gesetzgeber von 1896 vermeiden.) Die Haftung ist auf Höchstsummen beschränkt.

📖 Bitte lesen Sie §§ 701, 702.

Streng genommen handelt es sich hier um ein gesetzliches Schuldverhältnis, das durch die Einbringung von Sachen bei einem Hotelier entsteht und zu einer Erfolgshaftung für erhöhte Betriebsgefahr führt. Neben § 701 kommt deshalb im Falle des Abhandenkommens oder der Beschädigung von Sachen **zusätzlich** eine Haftung aus der Verletzung von vertraglichen oder vorvertraglichen Schutzpflichten in Betracht (§§ 280 I, 241 II). Das ist wichtig z.B. im Falle der Einbringung von Fahrzeugen, auf die sich die Erfolgshaftung nicht erstreckt (§ 701 IV).

5. Maklerverträge

Die Besonderheit des Maklervertrages liegt darin, dass dem Makler für den Nachweis der Gelegenheit zum Abschluss eines Vertrages oder für die Vermittlung eines Vertrages ein Maklerlohn versprochen wird, dass der Makler aber zu Nachweis oder Vermittlung **nicht verpflichtet** wird. Konsequenterweise werden deshalb dem Makler, wenn es nicht zum Abschluss kommt, seine vergeblich aufgewendeten Mühen und Kosten nicht ersetzt („Maklers Mühe ist umsonst").

📖 Bitte lesen Sie § 652.

Der Maklervertrag ist also ein Dienstleistungsvertrag eigener Art, kein Sonderfall von Dienst- oder Werkvertrag.

Die meisten Maklerverträge fallen unter **Sonderregeln,** die den Schutz der Interessenten besonders im Auge haben:

(1) Für die Vermittlung der Anmietung von **Wohnraum** gilt das Gesetz zur Regelung der Wohnungsvermittlung von 1971.

(2) Für Verträge zwischen Unternehmern und Verbrauchern über die Vermittlung oder den Nachweis von **Verbraucherdarlehensverträgen** gelten die Vorschriften über den Darlehensvermittlungsvertrag (§§ 655 a ff.).

(3) Für den **Heiratsvermittlungsvertrag** bestimmt § 656, dass die Vermittlung keinen einklagbaren Anspruch auf den Maklerlohn begründet. (Der Heiratsvermittler verlangt deshalb den Lohn im Voraus.)

📖 Bitte lesen Sie § 656.

Inzwischen hat die **Partnervermittlung** die Eheanbahnung weitgehend abgelöst. Die Rechtsprechung hat sich darauf eingestellt und wendet auf die Partnervermittlung § 656 analog an.[1]

6. Auftrag

Das vertragliche Schuldverhältnis „Auftrag" ist ein Sammelbegriff für alle unentgeltlichen fremdbezogenen Tätigkeiten, die nicht durch Sondervorschriften erfasst werden (Schenkung, § 516; unentgeltliche Verwahrung, § 688; Leihe, § 598).

📖 Bitte lesen Sie § 662.

Entscheidend für den Auftrag ist, dass der Beauftragte seinen **rechtlichen Bindungswillen** zum Ausdruck bringt, dies unterscheidet den Auftrag von bloßen **Gefälligkeitszusagen,** die unverbindlich und frei widerruflich sind (Verabredungen zu einem gemeinsamen Waldspaziergang oder zu einer Plauderstunde in der Wohnung).

Der Ausdruck „Auftrag" wird im Gesetz nicht ganz einheitlich verwendet. In der **Überschrift** zu § 662 ist „Auftrag" eine abgekürzte Bezeichnung für den „Auftragsvertrag", der das Schuldverhältnis begründet. Im Text des § 662 ist dagegen mit „Auftrag" nur das Vertrags**angebot** gemeint: Der Auftragsvertrag kommt durch die **Annahme des Auftrags** zu Stande.

Der **allgemeine** Sprachgebrauch versteht „Auftrag" in einem sehr viel weiteren Sinne, z. B. als Angebot zum Abschluss eines **Vertrages,** aber auch als abgeschlossenen Vertrag („Die Auftragsbücher sind voll"). Außerdem werden **Weisungen** (z. B. des Arbeitgebers an den Arbeitnehmer) oft als „Auftrag" bezeichnet.

IV. Sonderregelungen

Die Regelung der Schuldverhältnisse im Besonderen Teil des Schuldrechts wird durch zweierlei Sonderregeln rechtlich überlagert.

1. Handelsrecht

Sonderregeln finden sich vor allem im HGB: Handelsvertreter (Dienstvertrag, §§ 84 ff. HGB), Handelsmakler (Maklervertrag, §§ 93 ff. HGB), Handelskauf (§§ 373 ff. HGB), Kommissionsgeschäft (Geschäftsbesorgungsvertrag, §§ 383 ff.

---

[1] BGH 112, 122.

HGB), Frachtgeschäft (Werkvertrag, §§ 407 ff. HGB), Speditionsgeschäft (Geschäftsbesorgungsvertrag, §§ 453 ff. HGB), Lagergeschäft (Verwahrungsvertrag, §§ 467 ff. HGB).

2. AGB

Außerdem werden die Regeln des Schuldrechts in bestimmten Bereichen des Massengeschäfts weitgehend durch AGB ergänzt und ersetzt (siehe o. § 16).

2. Kapitel:
Vertragsverletzung und unerlaubte Handlung

§ 37. Übersicht

I. Die Pflichtverletzung

Das normale Schicksal einer Primärleistungspflicht ist, dass der Schuldner die geschuldete Leistung bewirkt und die Primärpflicht durch **Erfüllung** erlischt.

📖 Bitte lesen Sie § 362 I.

Die Formulierung des § 362 I ist nicht ganz korrekt. Wenn die geschuldete Leistung bewirkt wird, erlischt nur die auf die Leistung bezogene Pflicht. Das Schuldverhältnis, d.h. die Gesamtbeziehung zwischen Schuldner und Gläubiger, kann trotzdem weiterbestehen, weil z.B. noch ein Anspruch auf die Gegenleistung oder weil noch Schutzpflichten i.S.v. § 241 II existieren.

Wenn eine Primärpflicht nicht oder nicht wie geschuldet erbracht worden ist, liegt eine **Pflichtverletzung** (früher: Leistungsstörung) vor, die zur Entstehung von Sekundärpflichten führen kann. Das Recht der Pflichtverletzungen, d.h. die Regelung der Frage, wann Sekundärpflichten neben oder an die Stelle einer Primärpflicht treten können, bildet das Kernstück des Schuldrechts. Es gibt vier Arten von Pflichtverletzungen, die man sich am besten an vier Varianten des **Gemäldefalls** klar macht.

(1) Wenn V dem K ein Gemälde verkauft, das Gemälde aber vor der Übergabe an K durch einen Brand vernichtet wird, liegt **Unmöglichkeit** vor: Es ist nicht erfüllt worden, es kann auch nicht erfüllt werden, die Leistung ist **nicht nachholbar**.

(2) Ist das Gemälde nicht verbrannt, hat V es aber versäumt, das Gemälde zu dem vereinbarten Termin an K zu liefern, so liegt eine **Verzögerung** der Leistung vor: Es ist nicht erfüllt worden, es kann aber noch erfüllt werden, die Leistung ist **nachholbar**.

(3) Wenn V das Gemälde rechtzeitig liefert, aber bei der Übergabe mit dem Gemälde so ungeschickt hantiert, dass er es dem K vor den Kopf stößt und K

einen Zahn verliert, liegt nicht die Verletzung einer Leistungspflicht vor. V hat aber eine **Schutzpflicht** verletzt und haftet aus **positiver Forderungsverletzung**.

(4) Wenn V dem K das Gemälde rechtzeitig liefert, ohne K zu verletzen, aber sich dann herausstellt, dass sich an dem Bild die Farbe ablöst und eine Restaurierung notwendig ist oder dass das als echt verkaufte Bild eine **Fälschung** ist, liegt ein **Mangel** vor: Das Bild hat nicht die vertragsmäßige Beschaffenheit.

In den vier Varianten des Gemäldefalls geht die Störung von der **Schuldnerseite** aus. In diesen Fällen spricht das Gesetz von einer Pflichtverletzung, die zu einer Schadensersatzpflicht führen kann.

📖 Bitte lesen Sie § 280 I („Verletzt der **Schuldner** …“).

Geht die Störung von der **Gläubigerseite** aus, weil der Gläubiger eine **Obliegenheit** verletzt, so handelt es sich nicht um eine Pflichtverletzung im Sinne von § 280 I. Dazu eine weitere Variante des Gemäldefalls:

(5) Wenn V zum verabredeten Liefertermin bei K erscheint, aber K das Gemälde nicht annimmt, weil seine neu installierte Alarmanlage noch nicht funktioniert und er kein Risiko eingehen will, liegt **Gläubigerverzug** (Annahmeverzug) vor: K hat durch die Nichtannahme der am rechten Ort zur rechten Zeit in gehöriger Weise angebotenen Leistung gegen eine **Obliegenheit** verstoßen.

📖 Bitte lesen Sie §§ 293, 294.

II. Die unerlaubte Handlung

Zum Schadensersatz verpflichtet nicht nur die schuldhaft herbeigeführte Pflichtverletzung, sondern auch die schuldhafte Verletzung fremder Rechtsgüter **unabhängig** vom Bestehen oder Nichtbestehen eines Schuldverhältnisses. Man spricht dann von einer unerlaubten Handlung. Wenn z.B. in einer Wirtschaft der Gast A dem Gast B versehentlich sein Bier über den hellen Sommeranzug gießt, kann von einer Pflichtverletzung keine Rede sein, denn zwischen A und B bestand vor diesem Ereignis kein Schuldverhältnis, es bestand nur das allgemeine Verhältnis der Bürger zueinander. A haftet aber dem B aus § 823 I, denn er hat das Eigentum des B widerrechtlich und fahrlässig verletzt.

III. Vertrag und unerlaubte Handlung

Häufig kann der Geschädigte aus einer Pflichtverletzung **und** aus unerlaubter Handlung vorgehen. Ein solcher Fall ist die oben erwähnte Variante (3) des Gemäldefalls, in der V dem K das Bild vor den Kopf stößt: Durch dieses Verhalten hat V seine Schutzpflicht aus dem **Vertrag** schuldhaft verletzt, K kann deshalb aus positiver Forderungsverletzung gem. §§ 280 I, 241 II gegen ihn vorgehen. V hat aber auch den **Körper** des K widerrechtlich und schuldhaft verletzt, K hat deshalb **außerdem** den Anspruch aus § 823 I. Die beiden Ansprüche schließen einander nicht aus, sie stehen zueinander in **Anspruchskonkurrenz.** (Insoweit, als V Schadensersatz leistet, gehen dann beide Ansprüche unter.)

In einem Gutachten muss man darauf achten, dass Vertrag und unerlaubte Handlung klar voneinander getrennt behandelt werden, da die beiden Rechtsinstitute verschiedene Voraussetzungen haben und teilweise auch zu verschiedenen Rechtsfolgen führen:

(1) Beim Vertrag führt grundsätzlich **jede** schuldhafte Pflichtverletzung zu einer Schadensersatzpflicht, es gilt das **Generalklauselprinzip**, das in § 280 I zum Ausdruck gelangt ist. Bei der unerlaubten Handlung gibt es **nicht** eine so allgemeine Regelung. Nur ganz bestimmte, im Einzelnen beschriebene schädigende Handlungen verpflichten zum Schadensersatz: Es gilt das sog. **Enumerationsprinzip.**

(2) Der wichtigste Unterschied besteht bei der Haftung für **Gehilfen.** Der Schuldner einer vertraglichen Pflicht haftet für das **Verschulden seiner Erfüllungsgehilfen** wie für eigenes Verschulden (§ 278 S. 1). Bei der unerlaubten Handlung ist eine Haftung für die **Verrichtungsgehilfen** nur **grundsätzlich** vorgesehen (§ 831 I S. 1), der Geschäftsherr kann sich von der Haftung befreien, indem er den Entlastungsbeweis (Exkulpationsbeweis) gem. § 831 I S. 2 führt. Wenn in dem oben erwähnten Beispiel nicht V persönlich, sondern dessen Ladenangestellter dem K das Bild vor den Kopf stößt, haftet V ohne weiteres dem K aus positiver Forderungsverletzung, weil **insoweit** der Angestellte als **Erfüllungsgehilfe** des V anzusehen ist und V für dessen Verschulden nach § 278 einzustehen hat. Ob V dem K außerdem aus unerlaubter Handlung haftet, ist dagegen zweifelhaft, denn **diese** Frage ist aus § 831 I zu entscheiden: Der Angestellte wird **insoweit** als **Verrichtungsgehilfe** betrachtet, und V hat die Möglichkeit der Exkulpation gem. § 831 I S. 2.

IV. Unser Vorgehen im Einzelnen

In den folgenden Kapiteln werden wir zuerst die unerlaubte Handlung und die Gefährdungshaftung und danach die einzelnen vertraglichen Leistungsstörungen behandeln. Wir wählen die Reihenfolge aus didaktischen Gründen, da manche Einzelheiten beim Vertrag erst verständlich werden, wenn man die Einzelheiten (und Unzulänglichkeiten) der unerlaubten Handlung kennt. Im Gutachten dagegen muss man **stets** die vertragliche Haftung **vor** der unerlaubten Handlung prüfen! In dem großen Anspruchsschema am Ende dieses Abschnitts wird dies noch einmal deutlich gemacht.

1. Unterkapitel:
Unerlaubte Handlung und Gefährdungshaftung

§ 38. Enumerations- und Verschuldensprinzip

I. Allgemeines. Die drei Elemente der unerlaubten Handlung

1. Generalklausel und Enumerationsprinzip

Das deutsche Deliktsrecht kennt keine Generalklausel etwa des Inhalts: „Wer durch widerrechtliches und schuldhaftes Verhalten einem anderen einen Schaden zufügt, ist ihm zum Ersatz dieses Schadens verpflichtet." Eine solche Generalklausel hat man bei der Schaffung des BGB bewusst vermieden, weil man eine **uferlose Ausweitung** der deliktischen Haftung befürchtete. Stattdessen wurden einzelne Tatbestände aufgezählt, bei deren Vorliegen eine Schadensersatzpflicht entsteht. Es gilt das Enumerationsprinzip.

2. Rechtswidrigkeit

Gemeinsam ist den §§ 823 ff. das Erfordernis der Rechtswidrigkeit. Ist ein Rechtsgut verletzt, so ist der herbeigeführte Erfolg rechtswidrig, wenn nicht **ausnahmsweise** ein Rechtfertigungsgrund vorliegt. Im praktischen Fall muss man deshalb stets **erwähnen,** dass die Handlung rechtswidrig ist, man braucht dies aber nicht näher zu **begründen.** Ausnahmefälle, die einen Rechtfertigungsgrund darstellen, sind z.B. Notwehr (§ 227), Defensivnotstand (§ 228), Aggressivnotstand (§ 904), Selbsthilfe (§§ 229, 230) und die Einwilligung des Inhabers des verletzten Rechtsgutes.[2]

3. Verschulden

Mit einer Ausnahme (Tierhalterhaftung gem. § 833 S. 1) setzen die §§ 823 ff. **Verschulden** voraus: Der rechtswidrige Erfolg muss vorsätzlich oder fahrlässig herbeigeführt worden sein. Vorsätzlich handelt, wer die rechtswidrige Rechtsgüterverletzung **will,** fahrlässig handelt, wer die im Verkehr erforderliche Sorgfalt außer Acht lässt (§ 276 II). Die Fahrlässigkeit ist demnach **objektiv** zu bestimmen. Allerdings setzt das Verschulden voraus, dass der Handelnde überhaupt **verschuldensfähig** ist (§§ 827, 828). Nur ausnahmsweise kommt unter den Voraussetzungen des § 829 die Haftung eines Verschuldensunfähigen als „Billigkeitshaftung" in Betracht.

Hat ein Verschulden des Verletzten mitgewirkt, so ist zwar der Tatbestand der unerlaubten Handlung gegeben, es wird aber der Schadensersatzanspruch entsprechend herabgesetzt (§ 254).

---

[2] BGH NJW 1958, 811.

4. Zusammenfassung. Der haftungsbegründende Tatbestand

Ein deliktischer Anspruch setzt also außer einem Schaden voraus:

(1) Tatbestandsmäßigkeit,

(2) Rechtswidrigkeit,

(3) Verschulden.

II. Grundtatbestände

Das deutsche Deliktsrecht hat drei Grundtatbestände: Schadenszufügung durch schuldhafte Verletzung eines **absoluten** Rechtes (§ 823 I), Schadenzufügung durch schuldhafte Verletzung eines **Schutzgesetzes** (§ 823 II) und vorsätzliche Schadenszufügung in einer gegen die **guten Sitten** verstoßenden Weise (§ 826).

1. Verletzung eines absoluten Rechts. Filmschauspielerfall

§ 823 I setzt voraus, dass der Schaden infolge der rechtswidrigen und schuldhaften Verletzung eines bestimmten Rechtsgutes oder Rechtes eingetreten ist.

Verletzung des **Lebens** bedeutet Tötung; Verletzung des **Körpers** ist jeder Eingriff in die körperliche Unversehrtheit, Verletzung der **Gesundheit** jede erhebliche Störung der inneren (körperlichen und seelischen) Lebensvorgänge. Unter Verletzung der **Freiheit** ist eine Beeinträchtigung der körperlichen (nicht der gewerblichen oder wirtschaftlichen) Bewegungsfreiheit zu verstehen. Eine Verletzung des **Eigentums** liegt nur bei einer Einwirkung auf die Sache vor, z.B. bei Zerstörung, Beschädigung, Entziehung, Veräußerung.

Schwierigkeiten bereitet die Frage, was ein **sonstiges Recht** ist. Einigkeit besteht darüber, dass nicht **jedes** Recht darunter fallen kann, sonst würde § 823 I zu einer Generalklausel, und der Zweck des Enumerationsprinzips – Vermeidung der Uferlosigkeit der deliktischen Haftung – würde verfehlt. Im Hinblick auf die vorher in § 823 I aufgezählten Rechtsgüter werden deshalb als sonstige Rechte nur **absolute** Rechte verstanden, d.h. Rechte, die gegen **jedermann** wirken.

a) Absolute Rechte

Absolute Rechte sind insbes. die sieben dinglichen Rechte (Sachenrechte) sowie der **Besitz,** außerdem das **Namensrecht** und die Ausschließlichkeitsrechte des Handels- und Urheberrechts: Firma, Marke, Patent, Gebrauchsmuster, Geschmacksmuster und die Urheberrechte der Literatur, Wissenschaft und Kunst.

Vor Jahrzehnten wurde von der Rechtsprechung **das Recht am eingerichteten und ausgeübten Gewerbebetrieb** anerkannt, doch sah man auch hier die Gefahr der Entstehung einer Generalklausel und entschloss sich zu einer Einschränkung: Der Eingriff muss **unmittelbar** gegen den Gewerbebetrieb als solchen gerichtet („betriebsbezogen") sein wie z.B. im Falle eines Aufrufs zum Boykott, bei unzulässigem Streik, Bedrohung von Kunden, unsachlicher Kritik oder Schmähkritik.

Die im Schrifttum noch umstrittene Frage, ob neben den in § 823 I aufgezählten Persönlichkeitsrechten ein **allgemeines Persönlichkeitsrecht** als „sonstiges Recht" anzuerkennen ist, hat der Bundesgerichtshof im Hinblick auf Art. 1, 2 GG in mehreren Entscheidungen, insbes. in dem berühmten Herrenreiterfall, bejaht.[3] Man hat in Kauf genommen, dass mit der Anerkennung des allgemeinen Persönlichkeitsrechts eine Generalklausel entstanden ist, die noch einer genaueren Konkretisierung, insbes. einer sorgfältigen Güter- und Interessenabwägung bedarf (Pressefreiheit!).

b) Relative Rechte

Keine Rechte im Sinne von § 823 I sind die **relativen** Rechte, insbes. die Forderungen (Ansprüche aus einem Schuldverhältnis), die nur gegen eine **bestimmte** Person gerichtet sind. Auch das **Vermögen als Ganzes ist kein absolutes** Recht, sondern ein Sammelbegriff, der die sämtlichen, einer Person zustehenden, in Geld ausdrückbaren absoluten **und** relativen Rechte umfasst. Wollte man das Vermögen als Recht im Sinne von § 823 I anerkennen, so würde man auf einem Umwege doch noch jedes relative Recht schützen, die zuvor durchgeführte Beschränkung auf die absoluten Rechte wäre im Ergebnis wirkungslos.

c) Der Filmschauspielerfall

Ein Beispiel für das sich bei § 823 I auswirkende Enumerationsprinzip ist der **Filmschauspielerfall**: Durch schuldhaft falsches Überholen auf der Autobahn führt der Kraftfahrer K einen Verkehrsunfall herbei, bei dem der Filmschauspieler F so schwer verletzt wird, dass er jahrelang arbeitsunfähig ist. Hier hat F gegen K den Anspruch aus § 823 I. Der Unfall hat aber noch weitere Folgen. So hat ein Filmproduzent einen Film mit F in der Hauptrolle zur Hälfte fertig gedreht, sein Schaden geht in die millionen. **Dieser** Schaden ist aber nicht infolge der Verletzung eines **absoluten** Rechts des Produzenten eingetreten: Der Produzent hatte zwar gegen F einen Anspruch aus dem Dienstvertrag (§ 611), und auf diesen Anspruch hat der Kraftfahrer K eingewirkt. Dieser Anspruch ist aber ein **relatives** Recht. Auch auf sein Recht am eingerichteten Gewerbebetrieb kann der Produzent sich nicht berufen, da der Eingriff nicht **unmittelbar** erfolgte. Ergebnis: Der Produzent hat nicht den Anspruch aus § 823 I.

2. Verletzung eines Schutzgesetzes. Filmschauspielerfall

§ 823 II setzt eine Schadenszufügung durch rechtswidrige und schuldhafte Verletzung eines Gesetzes voraus, das den Schutz „eines anderen" bezweckt. Es gibt sehr viele Schutzgesetze in diesem Sinne, z.B. große Teile des Strafgesetzbuches, aber auch viele Gebote und Verbote des Straßenverkehrsrechts und des Lebensmittel-, Arznei- und Pflanzenschutzrechts. Allerdings gelten zwei Einschränkungen:

(1) Bei dem Schutzgesetz muss es sich um eine Norm handeln, die **einzelne** Personen oder Personengruppen vor Schaden bewahren und nicht nur die **Allgemeinheit** schützen soll (wie z.B. die Strafvorschriften über Hochverrat, Steuerhinterziehung oder Devisenvergehen).

---

[3] BGH 26, 349 = BB 1958, 351: Die Beklagte hatte ein Werbeplakat für das sexuelle Stärkungsmittel „Okasa" mit der Abbildung eines Turnierreiters (des Klägers) ohne dessen Einwilligung verbreitet.

(2) Der **Schutzbereich der Norm** ist zu beachten: Schadensersatz kann nur derjenige verlangen, zu dessen Schutz die Norm erlassen wurde, und nur wegen des Schadens, den die Schutznorm verhindern sollte.

Dies wird an dem oben erwähnten Filmschauspielerfall deutlich: Der Schauspieler kann seinen Schadensersatzanspruch auch aus §§ 823 II, 5 StVO begründen. Dagegen kann der Produzent nicht aus § 823 II vorgehen, da der das Überholen regelnde § 5 StVO nur die **Teilnehmer am Straßenverkehr,** nicht im Büro sitzende Filmproduzenten schützen soll.

3. Sittenwidrige vorsätzliche Schadenszufügung. Filmschauspielerfall

Auch für § 826 hat die Unterscheidung zwischen absoluten und relativen Rechten keine Bedeutung. Stattdessen wird vorausgesetzt, dass das Verhalten des Schädigers gegen die **guten Sitten** verstößt. Außerdem muss der Schädiger dem anderen den Schaden **vorsätzlich** zugefügt haben. Zumindest ist **Eventualvorsatz** notwendig. (Die Schädigung wird zwar nicht als sicher, aber als möglich gesehen und in Kauf genommen.)

Um den Filmschauspielerfall fortzusetzen: Der Kraftfahrer haftet dem Produzenten schon deshalb nicht aus § 826, weil er die Schädigung des Produzenten nicht vorsätzlich, nicht einmal mit Eventualvorsatz, herbeigeführt hat.

Der Produzent geht also leer aus.

4. Zusammenfassung. Filmschauspielerfall

Der Filmschauspielerfall zeigt deutlich die Auswirkungen des Enumerationsprinzips im deutschen Deliktsrecht: Der Produzent ist ein sog. **Drittgeschädigter,** und Drittgeschädigte werden grundsätzlich nicht geschützt.

Es gibt zwei Ausnahmevorschriften zu diesem Grundsatz, deren Anwendungsbereich aber sehr klein ist.

  📖 Bitte lesen Sie §§ 844, 845 und unterstreichen Sie jeweils die Worte „kraft Gesetzes".

Beide Vorschriften kommen im Filmschauspielerfall nicht zur Anwendung:

(1) § 844 scheidet schon deshalb aus, weil er **Tötung** voraussetzt.

(2) § 845 gilt zwar auch bei **Körperverletzungen.** Der einzige Anwendungsfall für diese Vorschrift ist jedoch § 1619, d.h. der Fall des Kindes, das (noch) bei den Eltern lebt und deshalb „Dienste" zu leisten hat (z.B. Rasen mähen). Beim Filmschauspielerfall dagegen geht es um eine Dienstverpflichtung **kraft Vertrages.**

III. Haftung für Verrichtungsgehilfen

Sehr problematisch ist im deutschen Recht die Haftung des Geschäftsherrn für die unerlaubten Handlungen seiner Verrichtungsgehilfen ausgestaltet worden. Zu einer Preisgabe des Verschuldensprinzips, d.h. zu einer Haftung des Geschäftsherrn ohne eigenes Verschulden bei Verschulden des Gehilfen wie im Vertragsrecht (§ 278), konnte sich der Gesetzgeber nicht entschließen. So entstand ein gemischter Tatbestand, der als Regel die Haftung gem. § 831 I S. 1, als Ausnahme die Nichthaftung des Geschäftsherrn vorsah (§ 831 I S. 2). Die vom Gesetz vorgesehene Ausnahme ist aber in der Praxis die Regel.

(1) Das Vorliegen der Voraussetzungen des § 831 I S. 1 hat der Geschädigte zu beweisen.

    (a) Der Gehilfe muss **zu einer Verrichtung bestellt** sein, d.h. es muss ihm eine Tätigkeit übertragen worden sein, bei deren Ausführung er von den **Weisungen** des Geschäftsherrn mehr oder weniger **abhängig** ist. Selbständige Bauunternehmer und Handwerksmeister sind deshalb in der Regel keine Verrichtungsgehilfen des Bauherrn.

    (b) Die Handlung des Gehilfen muss in **Ausführung** der Verrichtung, nicht nur bei deren **Gelegenheit** begangen worden sein, d.h. die Handlung muss noch in den allgemeinen Kreis der Maßnahmen fallen, die eine Ausführung der Verrichtung darstellen, muss mit der Verrichtung in einem **inneren Zusammenhang** stehen. Deshalb fallen Diebstähle in der Regel nicht unter § 831. Es kann in solchen Fällen aber eine Haftung des Geschäftsherrn direkt aus § 823 I vorliegen, z.B. wenn er einem wegen Diebstahl Vorbestraften durch die Verrichtung Gelegenheit zu neuen Diebstählen gegeben hat.

    (c) Der Gehilfe muss eine unerlaubte Handlung im Sinne der §§ 823 ff. **widerrechtlich** begangen haben. Ein Verschulden des Gehilfen wie überhaupt Verschuldensfähigkeit (Deliktsfähigkeit) ist nicht erforderlich, es sei denn, dass der Tatbestand der unerlaubten Handlung Vorsatz voraussetzt (z.B. der Betrug bei § 823 II sowie jeder Fall des § 826).

(2) Liegen die Voraussetzungen des § 831 I S. 1 vor, so ist grundsätzlich von der Haftung des Geschäftsherrn auszugehen. Die Nichthaftung gem. § 831 I S. 2 ist nach der Stellung im Gesetz eine Ausnahme, deren Vorliegen zu beweisen hat, wer sich auf sie beruft. Der Geschäftsherr muss also den **Exkulpationsbeweis** führen, wenn er sich von der Haftung befreien will.

    (a) Er muss beweisen, dass er bei der **Auswahl der Person** die im Verkehr erforderliche Sorgfalt beachtet hat. Das Maß der Sorgfalt richtet sich nach der Art der Verrichtung, es ist z.B. bei einem angestellten Kraftfahrer größer als bei einem Bauhilfsarbeiter. Da der Gehilfe im Zeitpunkt der **Schadenszufügung** sorgfältig ausgewählt sein muss, reicht Sorgfalt bei der Einstellung nicht aus. Der Geschäftsherr muss sich auch später vergewissern, dass der Gehilfe noch zu der Verrichtung befähigt ist. Dadurch ergibt sich bei Dauerbeschäftigungen eine gewisse Aufsichtspflicht.

    Bei Großbetrieben kann und muss unter Umständen die Auswahl und Überwachung der Gehilfen einem höheren Angestellten übertragen werden. Dann muss dieser Angestellte mit Sorgfalt ausgewählt und außerdem durch eine ausreichende **Organisation** die ordnungsgemäße Auswahl und Beaufsichtigung der Gehilfen gesichert sein.

(b) Waren vom Geschäftsherrn **Vorrichtungen** oder **Gerätschaften** zu beschaffen, so muss er nachweisen, dass er auch hierbei die erforderliche Sorgfalt beachtet hat.

(c) Eine **Leitungspflicht** obliegt dem Geschäftsherrn nur bei außergewöhnlichen Tätigkeiten, für den Regelfall scheidet sie aus.

(d) Statt den Nachweis der Sorgfalt zu erbringen, kann sich der Geschäftsherr auch auf den Nachweis beschränken, dass der Schaden auch bei Anwendung aller erforderlichen Sorgfalt von seiner Seite entstanden sein würde, d.h. dass seine Sorgfaltsverletzung für den angerichteten Schaden **nicht ursächlich** gewesen ist, z.B. dass der Schaden auch bei Bestellung einer zuverlässigen Person entstanden sein würde.

(3) Die Regelung des § 831 I ist unbefriedigend. In der Praxis ist der Exkulpationsbeweis die Regel. Der Geschädigte wird in einem solchen Fall versuchen, sich gem. § 831 II an den Betriebsführer oder Bauführer oder Werkmeister zu wenden, der durch Vertrag die Aufsicht über den Gehilfen übernommen hat. Aber auch hier muss er mit dem Exkulpationsbeweis rechnen. So bleibt ihm oft nur der Anspruch gegen den Gehilfen selber, wenn dieser schuldhaft gehandelt hat. Der Gehilfe aber ist in der Regel vermögenslos.

Eine Ausnahme zu dem hier Gesagten enthält § 3 des Haftpflichtgesetzes von 1871. Danach haftet, wer ein Bergwerk, einen Steinbruch, eine Grube oder eine Fabrik betreibt, ohne Rücksicht auf eigenes Verschulden auf Schadensersatz, wenn infolge des Verschuldens eines leitenden Angestellten der Tod oder die Körperverletzung eines Menschen herbeigeführt worden ist.[4]

IV. Zusammenfassung

Die beiden wichtigsten Merkmale des deutschen Deliktrechts sind:

(1) Es wurde nach dem **Enumerationsprinzip** ausgestaltet. Dadurch wurde eine Uferlosigkeit der deliktischen Haftung vermieden. Es mussten aber gewisse Lücken in Kauf genommen werden, deren Auffüllung der Rechtsprechung überlassen wurde (Recht am eingerichteten und ausgeübten Gewerbebetrieb, allgemeines Persönlichkeitsrecht).

(2) Bei der Haftung des Geschäftsherrn für seine Gehilfen blieb das Gesetz dem **Verschuldensprinzip** verhaftet. Dadurch ist eine allzu unternehmerfreundliche Regelung entstanden, die den Geschädigten oft schutzlos lässt.

Auf diese beiden Merkmale werden wir bei der Behandlung des Schadensrechts in diesem Abschnitt mehrfach zurückkommen. Viele Rechtsinstitute erlangen erst im Hinblick auf sie Bedeutung.

---

[4] Diese Vorschrift hat nur für die Verletzung Außenstehender Bedeutung. Den gegen Unfall versicherten Arbeitnehmern und ihren Angehörigen haftet ein Unternehmer bei Betriebsunfällen überhaupt nur dann, wenn er den Unfall vorsätzlich herbeigeführt hat (§§ 7, 104 SGB VII).

§ 39. Die Haftung der juristischen Personen

I. Juristische Personen des Privatrechts

Begeht ein Vorstandsmitglied oder ein nach der Verfassung bestellter Vertreter eines eingetragenen Vereins in Ausführung der ihm zustehenden Verrichtung eine unerlaubte Handlung, so haftet der Verein nicht nach § 831 I S. 1, sondern gem. §§ 31, 823 ff. ohne die Möglichkeit eines Exkulpationsbeweises. Diese Regelung erklärt sich daraus, dass Vorstand und verfassungsmäßig berufene Vertreter **Organe** sind, durch die der Verein am Verkehr teilnimmt. Das Verschulden dieser Personen ist deshalb Verschulden des **Vereins selbst.** § 31 gilt mangels abweichender Regelung in Sondergesetzen auch für die handelsrechtlichen Sonderformen des Vereins: die Aktiengesellschaft, die GmbH und die Genossenschaft. Für die Stiftung gilt er kraft Verweisung (§ 86). Darüber hinaus gilt § 31 analog für die Gesellschaft bürgerlichen Rechts, die offene Handelsgesellschaft, die Kommanditgesellschaft, die Partnerschaftsgesellschaft und den nichtrechtsfähigen Verein.

Für die unerlaubten Handlungen derjenigen, die ihre Stellung nicht direkt aus der Satzung oder dem Gesellschaftsvertrag ableiten, verbleibt es bei § 831.

II. Juristische Personen des öffentlichen Rechts

Auch die Haftung der öffentlich-rechtlichen Dienstherren ist besonders geregelt worden. Sie richtet sich danach, ob die schädigende Handlung in Ausübung hoheitlicher oder privatrechtlicher (sog. fiskalischer) Tätigkeit begangen wurde.

Öffentlich-rechtliche Dienstherren sind die Bundesrepublik, die Länder, Gemeinden und sonstigen öffentlich-rechtlichen Körperschaften (Zweckverbände, berufsständische Organisationen: Innungen und Kammern) und Anstalten (die Träger der Sozialversicherungen, die Universitäten, die meisten kommunalen Sparkassen).

1. Hoheitliche Tätigkeit

Für den Fall der hoheitlichen Tätigkeit hat § 839 BGB, der eine ausschließliche Sonderregelung zu den §§ 823 ff. darstellt, eine Änderung durch Art. 34 GG erfahren:

„Verletzt jemand in Ausübung eines ihm anvertrauten öffentlichen Amtes die ihm einem Dritten gegenüber obliegende Amtspflicht, so trifft die Verantwortlichkeit grundsätzlich den Staat oder die Körperschaft, in deren Dienst er steht. Bei Vorsatz oder grober Fahrlässigkeit bleibt der Rückgriff vorbehalten. Für den Anspruch auf Schadensersatz und für den Rückgriff darf der ordentliche Rechtsweg nicht ausgeschlossen werden."

Das bedeutet: Entgegen dem Wortlaut des § 839 BGB haftet der **öffentliche Amtsträger dem Geschädigten überhaupt nicht.** Wenn die Voraussetzungen des § 839 vorliegen, so haftet **an Stelle des Beamten** der öffentlich-rechtliche Dienstherr. Der Beamte selber kann nur von seinem Dienstherrn im Regresswege in Anspruch genommen werden.

2. Privatrechtliche (fiskalische) Tätigkeit

Lag „fiskalische", d.h. privatrechtliche Tätigkeit vor, so haftet der Dienstherr gem. § 89 BGB wie ein eingetragener Verein:

(1) für die unerlaubten Handlungen verfassungsmäßig bestellter Vertreter gem. §§ 31, 89 in Verbindung mit §§ 823 ff.,

(2) für Vertreter der Körperschaft, die ihre Stellung nicht aus der Satzung selbst, sondern von einem Organ ableiten, nach den allgemeinen Grundsätzen, also bei unerlaubten Handlungen nach §§ 831 I, 823 ff.

3. Abgrenzungsfragen

Die Unterscheidung zwischen hoheitlicher und fiskalischer Handlung lässt sich nicht scharf durchführen. Die Rechtsprechung hat im Laufe der Jahrzehnte den Begriff der hoheitlichen Handlungen mehr und mehr ausgedehnt, was einen besseren Schutz des Geschädigten zur Folge hatte.

(1) **Hoheitliche Tätigkeit** wird nicht nur bei Einsatz staatlicher Zwangsmittel, sondern grundsätzlich im ganzen Bereich der öffentlichen Verwaltung ausgeübt. Kennzeichnend ist in der Regel das Verhältnis von Über- und Unterordnung. Zur hoheitlichen Tätigkeit gehören deshalb auch das Wohlfahrtswesen sowie das Schul- und Hochschulwesen: Verletzt ein Chemieprofessor einen Studenten bei einem Experiment, so kann der Student aus § 839 BGB, Art. 34 GG vorgehen.

(2) **Privatrechtliche Tätigkeit** wird entfaltet, wenn der Staat in Gleichberechtigung mit den Personen auftritt. Als Unterscheidungsmerkmal zum hoheitlichen Handeln wird häufig der – allerdings nicht immer zutreffende – Grundsatz verwandt, dass fiskalische Tätigkeit vorliege, wenn die Handlungen auch von Privatpersonen vorgenommen werden können. Aus diesem Grunde rechnet man die Erfüllung der Verkehrssicherungspflicht auf öffentlichen Straßen und Plätzen und in öffentlichen Gebäuden sowie die Tätigkeit der städtischen Krankenhäuser und der öffentlichen Verkehrsmittel zum privatrechtlichen Geschäftskreis: Es gibt auch Privatwege, Privatkrankenhäuser und Privatbahnen. Privatrechtlichen Charakter haben außerdem die kommunalen Energie- und Wasserwerke.

§ 40. Gefährdungshaftung

Es gibt eine Reihe von gesetzlichen Haftungstatbeständen, die völlig vom Verschuldensprinzip abgehen und den Haftungsgrund der **Gefährdung** gemeinsam haben. Man spricht deshalb von Gefährdungshaftung.

I. Tiere

Die Tierhalterhaftung ist der „klassische" Fall der Gefährdungshaftung. Wer ein Tier hält, schafft damit eine Gefahrenquelle: Auch durch sorgfältige Beaufsichtigung kann die Möglichkeit nicht ausgeschlossen werden, dass das Tier in seiner Unberechenbarkeit Schäden anrichtet. Das Halten von Tieren ist grundsätzlich nicht verboten. Wenn aber das Tier Schäden anrichtet, haftet der Halter gem. § 833 S. 1 ohne Rücksicht auf eigenes Verschulden. Es muss sich nur um eine „typische Tiergefahr" handeln, die sich z.B. bei Hunden verwirklicht durch Beißen, Bellen, Anspringen, auch: Decken einer Hündin ohne Wissen und Willen der Tierhalter. **Tierhalter** ist, wer das Tier nicht nur ganz vorübergehend im eigenen Interesse in seinem Hausstand oder Gewerbebetrieb hat.

Im Jahre 1908 wurde auf Betreiben der Landwirtschaft § 833 S. 2 eingefügt. Danach ist die Tierhalterhaftung lediglich **Verschuldenshaftung,** wenngleich mit vermutetem Verschulden (§ 833 S. 1 ist Regel, § 833 S. 2 ist Ausnahme), wenn

(1) es sich um ein Haustier handelt und

(2) dieses Haustier dem Berufe, der Erwerbstätigkeit oder dem Unterhalte des Halters zu dienen bestimmt ist.

II. Wildschäden

Auch die Haftung für Wildschäden bestand schon vor dem BGB. Sie ist der Ausgleich für das den Bauern seit Jahrhunderten auferlegte Verbot, Wild auf ihren Äckern zu töten. Heute gilt das Bundesjagdgesetz, das grundsätzlich eine Gefährdungshaftung des Jagdberechtigten für Wildschäden an Grundstücken sowie an den abgeernteten, noch nicht eingeholten Früchten vorsieht.

III. Gefahren durch die Technik

Bereits seit der Mitte des 19. Jahrhunderts (Dampfmaschine) tritt der Gedanke der Gefährdungshaftung für Personen- und Sachschäden durch technische Anlagen und Produkte zunehmend in den Vordergrund. Eine Generalklausel besteht auch hier nicht. Es sind nur eine Reihe von **Sondergesetzen** geschaffen worden, die bestimmte Einzelfälle erfassen. In diesen Sondergesetzen ist die Gefährdungshaftung mehr oder weniger scharf ausgeprägt. Da die Haftung auf gewisse **Höchstbeträge** beschränkt ist, muss man im Einzelfall stets prüfen, ob neben der Gefährdungshaftung eine **Verschuldenshaftung** gem. §§ 823 ff. besteht.

1. Eisenbahnen

Nach § 1 des Haftpflichtgesetzes haftet ein Eisenbahnunternehmer für Schäden, die bei dem Betrieb einer Schienenbahn oder Schwebebahn entstanden sind. Der Anspruch ist nur bei **höherer Gewalt** ausgeschlossen, d.h. bei Ereignissen, die von außen durch elementare Naturkräfte oder Handlungen dritter Personen herbeigeführt worden sind und die auch durch die **äußerste** der Bahn zumutbare Sorgfalt nicht abgewendet werden konnten.

2. Kraftfahrzeuge

Die Haftung des Kraftfahrzeughalters ist im Straßenverkehrsgesetz geregelt. Auch hier haftet der Halter außer im Falle von **höherer Gewalt** (§ 7 StVG).

3. Luftfahrzeuge

Für Unfälle im Luftverkehr gilt das Luftverkehrsgesetz. Bei der Haftung ist zu unterscheiden:

(1) Gegenüber den **Fluggästen** sowie den Personen, die Frachtgut oder Reisegepäck aufgegeben haben, haftet der Luftfrachtführer nur dann, wenn er nicht nachweist, dass er und seine Leute alle erforderlichen Maßnahmen zur Verhütung des Schadens getroffen haben oder dass sie diese Maßnahmen nicht treffen konnten (§§ 44, 45 LuftVG).

(2) Gegenüber **Unbeteiligten** haftet der Halter des Luftfahrzeugs in jedem Falle, **selbst bei höherer Gewalt** (absolute Gefährdungshaftung).

4. Energieleitungen

Nach § 2 Haftpflichtgesetz besteht eine Gefährdungshaftung für Personen- und Sachschäden bei Anlagen zur Fortleitung oder Abgabe (nicht Herstellung) von Elektrizität, Gasen, Dämpfen oder Flüssigkeiten.

5. Produkthaftung

Nach dem Arzneimittelgesetz von 1976 besteht eine Gefährdungshaftung der **pharmazeutischen** Unternehmer für den Fall, dass der Schaden seine Ursachen im Bereich der Entwicklung oder Herstellung hat oder infolge unzureichender Kennzeichnung oder Gebrauchsinformation entstanden ist.

Durch das Produkthaftungsgesetz von 1989 wurde die Gefährdungshaftung des Herstellers für Mängelfolgeschäden seiner Produkte generalklauselartig auf **alle** Produkte ausgedehnt.

6. Umwelthaftung

Das Gesetz über die friedliche Verwendung der Kernenergie und den Schutz gegen ihre Gefahren von 1959 (Atomgesetz) enthält eine ausführliche Regelung der Haftung für Atomschäden.

Auch hier ist es später zu einer Ausdehnung der Gefährdungshaftung gekommen. Das Umwelthaftungsgesetz von 1990 regelt allgemein eine Gefährdungshaftung der Inhaber bestimmter Anlagen. Sie haften für Personen- und Sachschäden, die auf Umwelteinwirkungen ihrer Anlagen zurückzuführen sind. Die von dem Gesetz erfassten Anlagearten sind in einer dem Gesetz beigefügten Anlage aufgelistet. Es besteht also keine Gefährdungshaftung für **alle** Anlagen.

Außerdem gibt es eine Gefährdungshaftung nach dem Gesetz zur Regelung von Fragen der Gentechnik von 1990 für Schäden durch gentechnisch veränderte Organismen.

§ 41. Haftung für ein Unterlassen

I. Übersicht: positives Tun und Unterlassen

Man kann grundsätzlich zwischen zwei Arten menschlichen Verhaltens unterscheiden: dem positiven Tun und dem Unterlassen. Diese etwas trivial anmutende Einteilung hat für das Schadensrecht große Bedeutung. Unterscheiden wir zunächst für § 823 I:

(1) Wer durch ein **positives Tun** ein Recht im Sinne von § 823 I verletzt, handelt grundsätzlich widerrechtlich, nur ausnahmsweise rechtmäßig. Hat er auch schuldhaft gehandelt, so haftet er auf Ersatz des durch die Verletzung entstandenen Schadens.

(2) Eine **Unterlassung** führt nur dann zu einer Schadensersatzpflicht aus § 823 I, wenn eine Rechtspflicht zum Handeln bestand und die **pflichtwidrige Unterlassung** die Verletzung eines absoluten Rechtes zur Folge hatte. Diese Rechtspflicht zum Handeln ist eine Ausnahme. Eine allgemeine Pflicht, andere vor Schaden zu bewahren, gibt es nicht. Eine solche Pflicht würde ins Uferlose gehen, sie wäre praktisch gar nicht zu verwirklichen.

II. Rechtspflichten zum Handeln aus Gesetz und Vertrag

Eine Rechtsverpflichtung zum Handeln kann auf Gesetz (z.B. § 1626) beruhen, sie kann sich auch aus einem Vertrag ergeben: Wenn Kinderfrauen, Fahrlehrer, Sportlehrer, Bergführer usw. ihre vertragliche Sorgfaltspflicht nicht erfüllen und infolgedessen eine der ihnen anvertrauten Personen oder auch ein unbeteiligter Dritter verletzt wird, so ist durch Unterlassung eine rechtswidrige, schuldhafte Körperverletzung herbeigeführt worden, die nach § 823 I zum Schadensersatz verpflichtet.

III. Rechtspflichten zum Handeln aus vorangegangenem Gefahr schaffendem Tun

Gewohnheitsrechtlich gilt der Satz, dass, wer durch sein Tun eine Gefahrenlage schafft, ausreichende und geeignete Maßnahmen zur Abwendung von Schäden ergreifen muss.

(1) Dieser Grundsatz führt zu einer allgemeinen Sorgfaltspflicht derjenigen, die gefährliche **Gegenstände** in ihrer Verfügungsgewalt haben (Schusswaffen, Sprengstoffe, Gift, Gefahr bringende Maschinen, Fahrzeuge und Tiere), oder gefahrbringende **Unternehmungen** durchführen (Autorennen, Sportveranstaltungen, Karnevalszüge). Wird diese Sorgfaltspflicht nicht beachtet und infolgedessen eine Person getötet oder verletzt oder eine Sache beschädigt, so haftet der Pflichtige aus § 823 I. Daneben kann eine Haftung aus § 823 II (Schutzgesetz), aus § 831 I und aus der in den Sondergesetzen und § 833 geregelten Gefährdungshaftung bestehen.

(2) Auf diesem Grundsatz beruht auch die **allgemeine Verkehrssicherungspflicht.** Wer auf dem ihm gehörenden oder dem seiner Verfügung unterstehenden Grund und Boden einen Verkehr für Menschen eröffnet, schafft damit eine Gefahrenquelle. Er hat deshalb geeignete und ausreichende Maßnahmen zu treffen, um Schaden von den Verkehrsteilnehmern abzuwenden. Das gilt für den öffentlichen Verkehr (auf Straßen, Plätzen, in öffentlichen Gebäuden) ebenso wie für den beschränkten und privaten (in Warenhäusern, Gastwirtschaften, Miethäusern).

(3) Diese Pflichten gehen zwar von dem **Gefährdungsgedanken** aus, führen aber nur zu einer Haftung – dies sei noch einmal betont –, wenn die Voraussetzungen des § 823 I vorliegen (Verschulden!), sie sind von dem Gedanken der **Gefährdungshaftung,** der vom Verschuldensprinzip völlig abgeht, **streng zu trennen.**

In der Handhabung durch die Gerichte laufen diese Sicherungspflichten allerdings im Ergebnis oft auf eine Gefährdungshaftung hinaus, obwohl immer wieder betont wird, die Sicherungspflicht dürfe nicht „überspannt" werden. Der Sicherungspflichtige kann meist die Sicherungsmaßnahmen nicht selber durchführen und muss deshalb andere Personen mit der Durchführung dieser Maßnahmen beauftragen. Die ihm dann obliegende Pflicht, den Sicherungsapparat sorgfältig zu **organisieren** und zu **kontrollieren,** wird von den Gerichten oft so hochgeschraubt, dass, wenn Unfälle geschehen, meist ein Verschulden des Sicherungspflichtigen, bei juristischen Personen ein Verschulden eines Organs (§ 31), nachgewiesen werden kann, so dass die Voraussetzungen des § 823 I gegeben sind. Der Sinn dieses Verfahrens ist ersichtlich: Man will dem Verletzten einen Schutz geben, wo § 831 I versagt.

Es sei noch hervorgehoben, dass durch die Schaffung der Gefahrenquelle allein nur eine **allgemeine** Sicherungspflicht, **kein konkretes Schuldverhältnis** zu einer bestimmten Person begründet wird. Die Verletzung dieser allgemeinen Pflicht kann also immer nur zu einer Haftung aus unerlaubter Handlung führen; es gilt nicht § 278. Die Verwechslung liegt so nahe, weil sich in einem praktischen Fall eine **allgemeine** Sicherungspflicht aus der Verkehrsöffnung und gleichzeitig eine **besondere** Sicherungspflicht aus einem Vertrag oder einem vertragsähnlichen Schuldverhältnis ergeben kann. Die allgemeine Sicherungspflicht führt auch in einem solchen Falle nur zur Haftung aus unerlaubter Handlung. Soweit eine Sicherungspflicht durch den Vertrag oder die Vertragsanbahnung besonders begründet ist, führt ihre Verletzung außerdem zur Haftung aus Vertrag bzw. aus culpa in contrahendo. Es besteht dann Anspruchskonkurrenz.

§ 42. Kausalität und Adäquanz. Der Ersatzanspruch

I. Kausalität und Adäquanz

1. Logisch-naturwissenschaftliche Kausalität

Einen Schaden braucht grundsätzlich nur zu ersetzen, wer den Schaden verursacht hat. Da das deutsche Deliktsrecht keine generelle Verpflichtung zum Ersatz jedes schuldhaft verursachten Schadens kennt, sondern nach dem Enumerationsprinzip ausgestaltet ist, muss man bei der Frage der Kausalität folgendermaßen vorgehen (Beispiel: Anspruch aus § 823 I):

(1) Man muss zuerst prüfen, ob das Verhalten für die Verletzung eines absoluten Rechts ursächlich gewesen ist (sog. haftungsbegründende Kausalität).

(2) Dann prüft man, ob die Verletzung des absoluten Rechts für den Eintritt des **Schadens** ursächlich geworden ist (sog. schadensausfüllende Kausalität).

Bei § 823 I sieht das folgendermaßen aus:

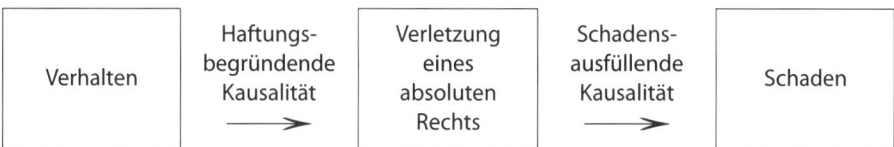

Im Normalfall ist die Frage der Kausalität kein Problem. Sie wird deshalb in einem Gutachten nur erwähnt, wenn der Sachverhalt besondere Veranlassung gibt. Dabei bedient man sich am besten der Formel: Ein Ereignis ist kausal, wenn es nicht hinweggedacht werden kann, ohne dass auch der Erfolg entfiele (conditio sine qua non).

2. Adäquanz

Das Schadensrecht wird zwar vom Gedanken der Kausalität beherrscht, doch werden dem Schädiger nur solche Folgen zugerechnet, die nach der Lebenserfahrung **generell voraussehbar waren:** Die Folgen müssen der Ursache **adäquat** sein. Es fehlt an der Adäquanz, wenn die Ursache nach der allgemeinen Lebenserfahrung völlig ungeeignet war, einen solchen Erfolg herbeizuführen. (Die negative Fassung ist vorzuziehen, da sie weiter ist.) Wenn man in der obigen Zeichnung unter die beiden Pfeile noch jeweils das Wort „Adäquanz" setzt, ist die Zeichnung komplett.

II. Art und Umfang des Ersatzanspruchs

Steht fest, **dass** Schadensersatz zu leisten ist, so kann man zu der Frage übergehen, **wie** der Schaden zu ersetzen ist. Die Frage ist im Allgemeinen Teil des Schuldrechts zusammenfassend geregelt.

📖 Bitte lesen Sie §§ 249 bis 255.

1. Naturalrestitution

Zunächst ist vom Grundsatz der Naturalrestitution auszugehen

📖 Bitte lesen Sie noch einmal § 249 I.

2. Schadensersatz in Geld

In den meisten Fällen wird der Schaden durch Geldzahlung ersetzt. Das kann der Geschädigte in den Fällen der §§ 249 II, 250, 251 I verlangen. Der Schuldner hat unter den Voraussetzungen des § 251 II das Recht, die Naturalrestitution zu verweigern und Geldersatz zu leisten.

3. Entgangener Gewinn

Dass der Schaden auch den entgangenen Gewinn umfasst, ergibt sich eigentlich schon aus § 249 I; insoweit enthält § 252 S. 1 nur eine Bestätigung. Bei der Gewinnberechnung kann der Gläubiger wählen:

(1) Er kann den Schaden **konkret** berechnen, z.B. durch den Nachweis, dass er die zerstörte Sache zu einem bestimmten Preis verkauft hätte.

(2) Häufig ist das dem Gläubiger nicht möglich. Hier gibt ihm § 252 S. 2 durch die Möglichkeit der **abstrakten** Schadensberechnung eine Beweiserleichterung.

4. Nichtvermögensschaden

Sehr wichtig ist die Einschränkung des § 253 I. Ein Ersatz von Nichtvermögensschäden **in Geld** ist nur „in den durch das Gesetz bestimmten Fällen" zu leisten.

(1) Solche Fälle sind in dem seit 1.8. 2002 geltenden § 253 II aufgeführt: „Ist wegen einer Verletzung des **Körpers,** der **Gesundheit,** der **Freiheit** oder der **sexuellen Selbstbestimmung** Schadensersatz zu leisten, kann auch wegen des Schadens, der nicht Vermögensschaden ist, eine billige Entschädigung in Geld verlangt werden." Aufgrund der Stellung im Gesetz – im Allgemeinen Teil des Schuldrechts – gilt diese Regel für **jede** Haftung in einem Schuldverhältnis, also nicht nur für die deliktische, sondern auch für die vertragliche und vertragsähnliche Haftung, z.B. die culpa in contrahendo (§§ 280 I, 311 II, 241 II). Außerdem gilt § 253 II deshalb für den einzigen Fall der Gefährdungshaftung im BGB: die Tierhalterhaftung nach § 833.

(2) Über die Fälle des § 253 II hinausgehend ist außerdem im Besonderen Teil des Schuldrechts für den Fall des **Reisemangels** eine Entschädigung in Geld für **nutzlos aufgewendete Urlaubszeit** vorgesehen.

   📖 Bitte lesen Sie § 651 f.

(3) Die Regelung des § 253 II gilt nicht nur für die im BGB geregelten Schuldverhältnisse, sondern auch für die in **Sondergesetzen** geregelten Fälle der Gefährdungshaftung. Aus Gründen der Klarstellung wurde jedoch anlässlich der Neuregelung des § 253 II in mehrere Sondergesetze folgende Formel eingefügt: „Wegen des Schadens, der nicht Vermögensschaden ist, kann auch eine billige Entschädigung in Geld verlangt werden." (§ 6 S. 2 HaftpflichtG, § 11 S. 2 StVG, § 36 S. 2 LuftverkehrsG, § 87 S. 2 ArzneimittelG, § 8 S. 2 ProdukthaftungsG, § 29 II AtomG, § 13 S. 2 UmwelthaftungsG, § 32 V S. 2 GentechnikG.)

(4) Unter den in § 253 II aufgeführten Rechtsgütern fehlt das **allgemeine** Persönlichkeitsrecht, das seit Jahrzehnten vom BGH als Rechtsgut im Sinne von § 823 I anerkannt ist und zu einer Entschädigung in Geld führen kann.[5] Der Ge-

---

[5]   Seit dem Herrenreiterfall, o. § 38 II 1 c.

setzgeber des Jahres 2002 hat davon abgesehen, dieses Rechtgut neben den anderen Rechtsgütern zu nennen, weil sich der Anspruch unabhängig von § 253 direkt aus § 823 I in Verbindung mit Art. 1, 2 GG ergibt.

5. Mitverschulden

📖 Bitte lesen Sie nochmals § 254.

Es handelt sich hier nicht um die Verletzung einer Pflicht, die einem anderen (z.B. dem Schädiger oder der Allgemeinheit) gegenüber besteht, sondern um die Verletzung einer **Obliegenheit** (siehe u. § 35 IV3).

§ 254 gilt für alle Schadensersatzpflichten, gleichgültig, ob aus Vertrag, Delikt oder Gefährdungshaftung. Bei gleichem Verschulden auf beiden Seiten kommt es zur Schadensteilung, bei **weit** überwiegender Verantwortlichkeit des Verletzten entfällt der Anspruch.

Im Rahmen des § 254 ist auch die Frage der **Deliktsfähigkeit** von Bedeutung: Wenn der Geschädigte seinen Schaden mitverursacht hat, aber deliktsunfähig ist, kann ihm dies nicht als Mitverschulden zugerechnet werden. Denn wer verschuldensunfähig ist, ist auch mitverschuldensunfähig.

📖 Bitte lesen Sie §§ 827, 828. Mit Wirkung vom 1.8. 2002 sind an die Stelle von § 828 II die folgenden beiden Absätze getreten:

(2) „Wer das siebente, aber nicht das zehnte Lebensjahr vollendet hat, ist für den Schaden, den er bei einem Unfall mit einem Kraftfahrzeug, einer Schienenbahn oder einer Schwebebahn einem anderen zufügt, nicht verantwortlich. Dies gilt nicht, wenn er die Verletzung vorsätzlich herbeigeführt hat.

(3) Wer das 18. Lebensjahr noch nicht vollendet hat, ist, sofern seine Verantwortlichkeit nicht nach Absatz 1 oder 2 ausgeschlossen ist, für den Schäden, den er einem anderen zufügt, nicht verantwortlich, wenn er bei der Begehung der schädigenden Handlung nicht die zur Erkenntnis der Verantwortlichkeit erforderliche Einsicht hat.“

Umgekehrt kommen im Rahmen des § 254 auch die Sondergesetze über die **Gefährdungshaftung** zur Anwendung: Wer für die aus seiner Sphäre stammende **Sach- oder Betriebsgefahr** ohne Verschulden haftet, muss sich diese Gefahr auch als Geschädigter zurechnen lassen.

6. Der Schaden Dritter

Nähere Bestimmungen über Art und Umfang der Haftung bei der unerlaubten Handlung enthalten außerdem die §§ 842 ff.

📖 Bitte lesen Sie §§ 842 bis 853.

Es ist hier noch auf §§ 844, 845 hinzuweisen, die einen Schadensersatzanspruch auch solchen Personen gewähren, die nicht selbst verletzt worden sind, sondern infolge der Verletzung eines **anderen** einen Vermögensschaden erlitten haben. Diese sog. **Drittgeschädigten** hätten ohne die §§ 844, 845 keinen Schutz (s.o. § 38 II 4).

§ 43. Zusammenfassung und Anspruchsschema: Unerlaubte Handlung und Gefährdungshaftung

A. Unerlaubte Handlung

Die Haftung aus unerlaubter Handlung geht auf vollen Schadensersatz. In den Fällen der §§ 844, 845 wird ausnahmsweise der **Drittschaden** ersetzt.

(1) Die Grundtatbestände sind

    (a) § 823 I (absolutes Recht rechtswidrig und schuldhaft verletzt),

    (b) § 823 II (Schutzgesetz rechtswidrig und schuldhaft verletzt),

    (c) § 826 (Sittenwidrigkeit und Vorsatz).

(2) Bei der Haftung des Geschäftsherrn ist zu unterscheiden:

    (a) Er haftet grundsätzlich gem. §§ 831 I, 823 ff. für rechtswidrige unerlaubte Handlungen seiner **Verrichtungsgehilfen,** kann aber gem. § 831 I S. 2 den Entlastungsbeweis führen.

    (b) Daneben kommt eine Haftung des Geschäftsherrn **direkt** aus § 823 I in Betracht, wenn dem Geschäftsherrn eine Rechtspflicht zum Handeln (z.B. die allgemeine Verkehrssicherungspflicht) oblag und infolge seines Nichthandelns eine Rechtsverletzung im Sinne des § 823 I eingetreten ist.

(3) **Juristische Personen des Privatrechts** haften für Organe ohne Entlastungsmöglichkeit gem. §§ 31, 823, für andere Gehilfen nur gem. § 831. Dies gilt entsprechend auch für die OHG und KG (und wohl auch für die GbR).

(4) **Öffentlich-rechtliche Dienstherren** haften bei hoheitlicher Betätigung ohne Entlastungsmöglichkeit nach § 839 BGB, Art. 34 GG, bei privatrechtlicher Tätigkeit wie juristische Personen des Privatrechts.

B. Gefährdungshaftung

Die Gefährdungshaftung besteht unabhängig vom Verschulden, sie wird unabhängig von der unerlaubten Handlung (im Sinne der Verschuldenshaftung) geprüft. Wir merken uns nur

(1) die Haftung des **Kraftfahrzeughalters** gem. § 7 StVG. Der Halter haftet, außer wenn der Unfall durch **höhere Gewalt** verursacht worden ist. Die Haftung ist auf Höchstsummen beschränkt. Schmerzensgeld gem. § 11 S. 2 StVG,

(2) die Haftung des **Tierhalters** gem. § 833 S. 1. Da diese Haftung im BGB geregelt ist, haftet der Halter ohne Begrenzung auf eine Höchstsumme, in den Fällen des § 253 II auch auf Schmerzensgeld,

(3) die Haftung des **Herstellers** gem. ProdHaftG für Mangelfolgeschäden seiner Produkte und die Haftung des **Inhabers** bestimmter Anlagen gem. UmwelthaftungsG für Umweltschäden. Höchstsummenbeschränkung. Schmerzensgeld gem. § 8 S. 2 ProdHaftG, § 13 S. 2 UmwelthaftungsG.

2. Unterkapitel:
Verletzung von vertraglichen und vorvertraglichen Pflichten

§ 44. Das Dreiphasenmodell und das Vertretenmüssen

I. Übersicht

📖 Bitte lesen Sie nochmals o. § 37 I.

Der Ausdruck „Pflichtverletzung" ist durch das Schuldrechtsmodernisierungsgesetz von 2001 eingeführt worden, er ist an die Stelle des – in der Literatur verwendeten – Ausdrucks „Leistungsstörung" getreten. Bei der Pflichtverletzung handelt sich um einen Oberbegriff, der jedes – auch unverschuldetes – Zurückbleiben des Schuldners hinter einer Pflicht aus dem Schuldverhältnis umfasst. Das Gesetz weicht hier etwas vom allgemeinen Sprachgebrauch ab, der mit dem Ausdruck „Verletzung" die Vorstellung von Verschulden verbindet.

Die Verfasser des Schuldrechtsmodernisierungsgesetzes wollten die Rechtsfolgen der Leistungsstörungen weitgehend vereinheitlichen und zusammenfassend regeln. Um dieses Ziel zu erreichen, haben sie die neuen Vorschriften auf ein sehr hohes Abstraktionsniveau gebracht und durch eine Vielzahl von Verweisungen untereinander verbunden. Das scheint vielen Lesern die Einarbeitung zu erschweren. Die Schwierigkeiten werden jedoch erheblich geringer, wenn man einmal verstanden hat, dass dem ganzen Recht der Pflichtverletzungen ein einheitliches Modell zugrunde liegt – wir nennen es das „Dreiphasenmodell". Dieses Modell findet sich auch im UN-Kaufrecht und in der Verbrauchsgüterkaufrichtlinie 1999/44/EG, die das Schuldrechtmodernisierungsgesetz wesentlich beeinflusst haben. Wenn man mit diesem Modell arbeitet, hat man eine klare Struktur, in die man die vielen Einzelheiten des neuen Rechts einordnen kann. Das ist eine entscheidende Hilfe nicht nur für die Einarbeitung und das Einprägen, sondern später auch für die Rechtsanwendung im praktischen Fall.

Die drei Phasen des Modells kann man auf die folgende kurze Formel bringen:

(1) Der Normalfall ist die **Phase der Erfüllung der Primärleistungspflicht:** Die Leistung wird wie geschuldet erbracht, und das Schuldverhältnis erlischt. Wenn die Leistung nicht oder nicht wie geschuldet erbracht wird, hängt das weitere Schicksal des Schuldverhältnisses davon ab, ob die Leistung nachholbar ist.

(2) Ist die Leistung **nachholbar,** so tritt das Schuldverhältnis zunächst in die **Phase der nachgeholten Erfüllung** ein: Der Schuldner hat das Recht und die Pflicht, die Leistung nachzuholen.

(3) Ist die Leistung **nicht oder nicht mehr nachholbar,** so kommt es zur **Phase der endgültigen Nichterfüllung.** Grundsätzlich kommen dann nur noch Rücktritt und Ersatzansprüche in Betracht.

Die Nachholbarkeit ist also in dem Modell der entscheidende Gesichtspunkt. Wir gehen jetzt etwas mehr in die Einzelheiten.

II. Das Modell

1. Die Phase der Erfüllung der Primärleistungspflicht

a) Erfüllung

Im **Normalfall** bewegen sich Schuldner und Gläubiger nur in der Phase der Erfüllung der Primärleistungspflicht: Der Schuldner bewirkt die geschuldete Leistung, und die Leistungspflicht erlischt nach § 362 I.

📖   Bitte lesen Sie nochmals § 362 I.

b) Schadensersatz neben der Leistung

Allerdings kann schon in dieser ersten Phase eine Schadensersatzpflicht entstehen, nämlich dann, wenn der Schuldner seine **Leistungspflichten** erfüllt, aber eine **Schutzpflicht** nach § 241 II verletzt und die Schutzpflichtverletzung zu vertreten hat. Dies geschieht in der Variante 3 des Gemäldefalls: V stößt das Gemälde dem K vor den Kopf (o. § 37 I). Hier haftet der Schuldner aus positiver Forderungsverletzung gem. § 280 I auf Schadensersatz **neben** der Leistung.

📖   Bitte lesen Sie §§ 280 I, 241 II.

2. Die Phase der nachgeholten Erfüllung

Das Schuldverhältnis tritt in die zweite Phase ein, wenn die fällige Leistung nicht oder nicht wie geschuldet erbracht wurde, aber **nachholbar** ist. Hierhin gehören die Verzögerung der Leistung und die Fälle der **mangelhaften** Leistung, in denen Erfüllung bzw. Nacherfüllung noch **möglich** ist.

a) Erfüllung, Nacherfüllung

Im Falle der **Verzögerung** kann der Gläubiger **Erfüllung** der Leistungspflicht verlangen. Bei **mangelhafter** Lieferung hat der Gläubiger einen Anspruch auf **Nacherfüllung.**

📖   Bitte lesen Sie §§ 433 I, 434, 439 I.

b) Einrede des nicht erfüllten Vertrages

Beim gegenseitigen Vertrag hat der Gläubiger bis zur Bewirkung der Leistung durch den Schuldner das Recht, seine Gegenleistung zu verweigern.

📖   Bitte lesen Sie § 320 I S. 1.

c) Schadensersatz neben der Leistung

In der Phase der nachgeholten Erfüllung kommen außerdem verschiedene Ansprüche auf Schadensersatz **neben** der Leistung in Betracht (§ 280 I). Diese Ansprüche setzen voraus, dass der Schuldner die Pflichtverletzung **zu vertreten** hat und dass der Gläubiger durch die Pflichtverletzung einen **Schaden** erlitten hat. Im Einzelnen ist zu unterscheiden:

aa) Verzögerungsschaden

Der Schaden des Gläubigers kann dadurch entstanden sein, dass der Schuldner die Erfüllung oder Nacherfüllung **verzögert** hat (z.B. weil die Lieferung der Maschine oder die Reparatur der mangelhaften Maschine nicht rechtzeitig erfolgte und der Gläubiger deshalb einen Produktionsstillstand hatte und eine Ersatzmaschine mieten musste). Den Ersatz eines solchen **Verzögerungsschadens** kann der Gläubiger nur verlangen, wenn **Verzug** eingetreten ist (also zusätzlich Mahnung oder Kalendertermin oder besondere Umstände vorliegen).

📕 Bitte lesen Sie §§ 280 I, II, 286 I.

bb) Mangelfolgeschaden

Bei einer **mangelhaften** Lieferung kann der Mangel einen Schaden an anderen Rechtsgütern des Gläubigers verursacht haben, ehe die Nacherfüllung zum Erfolg führt (z.B. weil der Gläubiger sich beim Bedienen der mangelhaften Maschine verletzt hat). In einem solchen Fall des **Mangelfolgeschadens** hat der Gläubiger gem. § 280 I einen Anspruch auf Schadensersatz neben der Leistung.

cc) Schutzpflichtverletzung

Außerdem besteht wie schon in der ersten Phase die Möglichkeit einer **nicht** leistungsbezogenen **Schutzpflichtverletzung** (positiven Forderungsverletzung) mit der Folge der Haftung aus § 280 I (Variante 3 des Gemäldefalls: der Zahn des Käufers).

3. Die Phase der endgültigen Nichterfüllung

Die dritte Phase ist dadurch gekennzeichnet, dass Erfüllung und Nacherfüllung endgültig **nicht** oder **nicht mehr nachholbar** sind. Das kann verschiedene Gründe haben. Auf eine kurze Formel gebracht: Es kann sein, dass der Gläubiger dem Schuldner erfolglos eine **Frist** für die Erfüllung oder Nacherfüllung gesetzt hat oder dass aus anderen Gründen Erfüllung oder Nacherfüllung **unmöglich** oder für den Gläubiger oder den Schuldner **unzumutbar** geworden sind.

a) Rücktritt, Kündigung

Beim gegenseitigen Vertrag hat der Gläubiger dann grundsätzlich das Recht, vom Vertrag **zurückzutreten**. Liegt ein Dauerschuldverhältnis vor (z.B. Miete, Pacht, Dienstvertrag), so kommt eine **Kündigung** aus wichtigem Grund in Betracht.

Diese Rechtsbehelfe bestehen unabhängig vom Vertretenmüssen der Pflichtverletzung und schließen Schadensersatzansprüche nicht aus.

📕 Bitte lesen Sie §§ 323 I, II, 325, 314.

b) Schadensersatz statt der Leistung

Hat der Schuldner die Pflichtverletzung **zu vertreten,** so hat der Gläubiger neben dem Rücktrittsrecht einen Anspruch auf Schadensersatz **statt** der Leistung: Er kann verlangen, so gestellt zu werden, wie wenn der Vertrag wie geschuldet erfüllt worden wäre.

📕 Bitte lesen Sie §§ 280 I, III, 281 I S. 1, II.

c) Ersatz vergeblicher Aufwendungen

Wenn die Voraussetzung für den Anspruch auf Schadensersatz statt der Leistung vorliegen, kann der Gläubiger stattdessen Ersatz der vergeblich gemachten Aufwendungen verlangen.

📖 Bitte lesen Sie § 284.

d) Varianten des Vertretenmüssens

Bezogen auf das Vertretenmüssen unterscheidet das Gesetz beim gegenseitigen Vertrag nun zwischen drei Möglichkeiten. (Bitte alle zitierten Paragrafen nachlesen!)

(1) Die erste Möglichkeit: Der **Schuldner** hat die endgültige Nichterfüllung zu vertreten. Folge:
   (a) Der Gläubiger kann zurücktreten (§ 323 I, II).
   (b) Außerdem kann der Gläubiger Schadensersatz statt der Leistung verlangen (§§ 280 I, III, 281 I S. 1, II, 325).
   (c) An Stelle von Schadensersatz kann er Ersatz der vergeblichen Aufwendungen verlangen (§ 284).

(2) Die zweite Möglichkeit: **Keiner von beiden** hat die Nichterfüllung zu vertreten. Folge:
   (a) Der Gläubiger kann zurücktreten (§ 323 I, II).
   (b) Er kann jedoch **nicht** Schadensersatz verlangen (§ 280 I S. 2).
   (c) Deshalb kann er auch **nicht** Aufwendungsersatz verlangen (§ 284).

(3) Die dritte Möglichketi: Der **Gläubiger** ist für die Nichterfüllung **allein oder weit überwiegend** verantwortlich, oder: Der Schuldner hat die Nichterfüllung nicht zu vertreten, die Nichterfüllung tritt während des **Annahmeverzugs** des Gläubigers ein. Folge:
   (a) Der Gläubiger kann **nicht** zurücktreten (§ 323 VI).
   (b) Er kann **nicht** Schadensersatz verlangen, da der Anspruch wegen § 254 entfällt.
   (c) Deshalb kann er auch **nicht** Aufwendungsersatz verlangen.

Diese drei Möglichkeiten und die entsprechenden Rechtsfolgen lassen sich, wie noch zu zeigen sein wird, durch alle Arten von Leistungsstörungen hindurch verfolgen.

III. Das Modell und die vier Pflichtverletzungen

Bezogen auf das Dreiphasenmodell kann man nun die vier Pflichtverletzungen auf folgende Weise kennzeichnen:

(1) Im Falle der **Verzögerung** ist die Leistung **nachholbar**. Das Schuldverhältnis kann deshalb durch alle drei Phasen gehen.

(2) Bei der **Unmöglichkeit** ist die Leistung **nicht nachholbar**. Deshalb entfällt die Phase 2. Das Schuldverhältnis geht von Phase 1 direkt in Phase 3 über.

(3) Bei der **mangelhaften** Leistung kommen beide Möglichkeiten in Betracht.

    (a) Ist die **Nacherfüllung möglich** (z.B. weil das schadhafte Gemälde restaurierbar ist), kann das Schuldverhältnis durch alle drei Phasen gehen.

    (b) Ist die **Nacherfüllung unmöglich** (z.B. weil das Gemälde eine Fälschung und das Original nicht erreichbar ist), entfällt Phase 2.

(4) Die **positive Forderungsverletzung**, d.h. die Verletzung einer **Schutzpflicht** i.S.v. § 241 II, kann in jeder Phase vorkommen und hat grundsätzlich keinen Einfluss auf das Schicksal der Leistungspflicht. In **Ausnahmefällen** kann sie jedoch so schwerwiegend sein, dass sie das Schuldverhältnis in die Phase 3 befördert.

   📖 Bitte lesen Sie § 282.

IV. Zur Frage eines Fünfphasenmodells

Man kann das Dreiphasenmodell noch weiter vervollständigen, indem man die Phase der **Vertragsverhandlung voranstellt** und die Phase der **Nachwirkung am Ende anhängt**. In diesen beiden Phasen bestehen keine Leistungspflichten (mehr); es bestehen aber Schutzpflichten im Sinne von § 241 II, deren Verletzung zur Haftung auf Schadensersatz führen.

In der Phase der **Vertragsverhandlung** ist dies die Haftung aus culpa in contrahendo gem. §§ 280 I, 311 II, 241 II.

In der Phase der **Nachwirkung** ist es die Haftung aus positiver Forderungsverletzung (culpa post contractum finitum) gem. §§ 280 I, 241 II.

Aus Gründen der Praktikabilität konzentrieren wir uns hier auf die drei Kernphasen; es ist aber wichtig, dass man auch die beiden letzterwähnten Phasen im Auge behält.

   📖 Bitte lesen Sie noch einmal die Ausführungen über „Das Dreiphasenmodell" langsam durch und lesen Sie **alle zitierten Paragrafen** im Gesetz noch einmal nach.

V. Vertretenmüssen

Ein Gedanke, der das Recht der Pflichtverletzungen durchzieht, ist die Unterscheidung zwischen zu vertretenden und nicht zu vertretenden Pflichtverletzungen. So ist z.B. das in Phase 3 dem Gläubiger zustehende **Rücktrittsrecht** vom Vertretenmüssen des Schuldners **unabhängig**. **Schadensersatz** dagegen wird nur bei einer vom Schuldner **zu vertretenden** Pflichterfüllung gewährt. Allerdings wird das Vertretenmüssen des Schuldners **vermutet**. Dies wird in § 280 I, der zentralen Vorschrift für die Schadensersatzansprüche, deutlich gemacht: Nach Satz 1 kann der Gläubiger Schadensersatz verlangen, wenn der Schuldner eine Pflicht verletzt hat – dies muss der Gläubiger beweisen. Nach Satz 2 haftet der Schuldner nicht, wenn er die Pflichtverletzung **nicht** zu vertreten hat – dies hat der Schuldner zu beweisen. Insoweit trifft den Schuldner also die **Beweislast**.

1. Das Verschuldensprinzip

Was der Schuldner zu vertreten hat, ergibt sich aus § 276. Das Gesetz geht hier also wie bei der unerlaubten Handlung vom **Verschuldensprinzip** aus. Auch die Regeln der unerlaubten Handlung über die Deliktsfähigkeit (§§ 827, 828) gelten für die Pflichtverletzung (§ 276 I S. 2).

Allerdings hat der Schuldner bei der Pflichtverletzung das Verschulden seines **Erfüllungsgehilfen** wie eigenes Verschulden zu vertreten, ein Entlastungsbeweis (Exkulpationsbeweis) wie bei § 831 ist ausgeschlossen (§ 278). Erfüllungshilfen sind alle Personen, die für den Schuldner bei der Erfüllung von dessen Pflichten tätig sind. Dies können auch Selbständige sein. Weisungsgebundenheit wie bei § 831 ist nicht erforderlich.

Fahrlässigkeit bedeutet jede, auch leichte Fahrlässigkeit. Für bestimmte Fälle sieht das Gesetz eine Verschärfung bzw. eine Milderung der Schuldnerhaftung vor.

2. Haftungsverschärfung

Eine strengere Haftung kann sich aus dem Inhalt des Schuldverhältnisses oder aus einer Sonderregel zu § 276 ergeben.

(1) Ganz allgemein gilt, dass der Schuldner ohne Rücksicht auf Verschulden haftet, wenn die Leistung von seiner **finanziellen Leistungsfähigkeit** abhängt. Denn für seine finanzielle Leistungsfähigkeit muss jeder einstehen – dies ist ein tragender Grundsatz unseres Rechts- und Wirtschaftssystems. Infolgedessen hat ein Schuldner seine Nichtleistung stets zu **vertreten,** wenn ihm die nötigen Geldmittel fehlen, um z.B. eine **Geldschuld** zu begleichen, Rohstoffe zu beschaffen oder Arbeitskräfte einzustellen.

(2) Ähnlich liegt der Fall bei der marktbezogenen **Gattungsschuld.** Hier verpflichtet sich der Schuldner, Sachen mittlerer Art und Güte anzuschaffen und an den Gläubiger zu liefern (§ 243 I). Der Schuldner übernimmt hier also ein **Beschaffungsrisiko.**

(3) Auch eine Garantieübernahme kann zu einer verschuldensunabhängigen Einstandspflicht führen. Allerdings ist stets sorgfältig zu prüfen (notfalls im Wege der Auslegung gem. §§ 133, 157), was im Einzelfall gemeint ist, wenn die Parteien von „Garantie" sprechen (siehe u. § 48 IV).

(4) Aufgrund einer Sonderregel tritt außerdem eine Haftungsverschärfung ein, wenn der Schuldner in **Schuldnerverzug** gerät: Nach § 287 S. 2 haftet er dann für Zufall (d.h. ohne Verschulden).

3. Haftungsmilderung

Eine Haftungsmilderung kann vertraglich vereinbart werden. Außerdem kann sie sich aus Sonderregeln zu § 276 ergeben.

(1) Der Verwahrer bei **unentgeltlicher Verwahrung** (§ 690) und der **Gesellschafter** (§ 708) haften nur für die Sorgfalt, die sie in eigenen Angelegenheiten anzuwenden pflegen (so genannte konkrete Sorgfalt). Ist die individuelle Sorgfalt größer als die übliche im Sinne von § 276 I S. 2, so haftet der Schuldner nur für

die übliche Sorgfalt, da seine Haftung milder sein soll als gewöhnlich. Andererseits wird der Schuldner von der Haftung für **grobe** Fahrlässigkeit nicht befreit (§ 277).

(2) Befindet sich der Gläubiger im **Annahmeverzug** (Gläubigerverzug), so haftet der Schuldner nur für grobe Fahrlässigkeit. Grob fahrlässig handelt, wer die im Verkehr erforderliche Sorgfalt „in besonders schwerem Maße" verletzt, also das unbeachtet lässt, „was im gegebenen Falle jedem einleuchten musste" (Palandt/Heinrichs, § 277 Rnr. 2).

📖 Bitte lesen Sie § 300 I.

Nach § 293 setzt der Annahmeverzug ein Angebot der ordnungsgemäßen Leistung (vgl. z.B. § 266) zur rechten Zeit (§§ 271, 299 BGB; § 358 HGB) am rechten Ort (§ 269) vonseiten des Schuldners voraus. Ein Verschulden des Gläubigers ist nicht erforderlich. Bitte beachten Sie die drei Regeln über das Angebot:

(a) § 294 ist die Grundregel: Ein **tatsächliches** Angebot ist notwendig.

(b) § 295 ist Sonderregel zu § 294: Ein **wörtliches** Angebot genügt, wenn der Gläubiger die Annahme im Voraus verweigert hat oder wenn der Gläubiger an der Erfüllung besonders mitzuwirken, insbesondere die Leistung abzuholen hat.

(c) § 296 ist wiederum Sonderregel zu § 295; der Gläubiger gerät auch **ohne wörtliches Angebot** in Verzug, wenn für die vom Gläubiger vorzunehmende Handlung, insbesondere das Abholen, eine Zeit nach dem Kalender oder nach einem Ereignis bestimmt war und der Gläubiger nicht erscheint.

§ 45. Unmöglichkeit

I. Übersicht

Unmöglichkeit liegt vor, wenn die Leistung nicht erbracht worden ist und nicht erbracht werden kann, d.h. wenn die Leistung **nicht nachholbar** ist.

Die Besonderheit dieser Art von Pflichtverletzung liegt darin, dass die Phase der nachgeholten Erfüllung entfällt, weil der Schuldner von seiner primären Leistungspflicht **befreit** wird. Die Begründung für diese Rechtsfolge leuchtet ein: Es ist sinnlos, den Schuldner an einer Pflicht festzuhalten, die er nicht erfüllen kann. Der Schuldner wird deshalb auch dann von der primären Leistungspflicht befreit, wenn er die Unmöglichkeit zu vertreten hat. Man kann diese Rechtsfolge auf die Kurzformel bringen: Für den Fall der Unmöglichkeit trägt der Gläubiger die Leistungsgefahr.

📖 Bitte lesen Sie § 275 I.

Ist der Schuldner von seiner primären Leistungspflicht befreit, so stellt sich die weitere Frage, ob dies ersatzlos geschieht oder ob Sekundärpflichten an die Stelle der Primärpflicht treten. Beim gegenseitigen Vertrag stellt sich außerdem die Frage der Auswirkung der Leistungsbefreiung auf den Gegenleistungsanspruch.

II. Die Befreiung des Schuldners von der Primärleistungspflicht

Die Einzelheiten der Leistungsbefreiung wegen Unmöglichkeit sind in § 275 I-III geregelt. Im Falle des § 275 I kann der Schuldner eine **Einwendung,** in den Fällen des § 275 II, III eine **Einrede** geltend machen.

📖 Bitte lesen Sie § 275 I-III.

1. Wirkliche Unmöglichkeit

§ 275 I erfasst den Fall der „wirklichen" (naturgesetzlichen) Unmöglichkeit, in dem die Leistung nicht einmal **theoretisch** möglich ist.

Beispiel: Das verkaufte Gemälde wird vor der Übergabe durch einen Brand vernichtet.

Hierbei ist es gleichgültig, ob es sich um objektive Unmöglichkeit (niemand kann leisten, siehe Beispiel) oder um subjektive Unmöglichkeit (der Schuldner kann nicht leisten, sog. Unvermögen) handelt, da § 275 I sich ausdrücklich auf Fälle bezieht, in denen die Leistung „für den Schuldner oder jedermann" unmöglich wird. § 275 I macht auch keinen Unterschied, ob die Unmöglichkeit schon bei der Entstehung des Schuldverhältnis vorlag (anfängliche Unmöglichkeit).

In § 311 a I wird zusätzlich klargestellt, dass die anfängliche Unmöglichkeit der Wirksamkeit des Vertrages nicht entgegen steht (bitte lesen).

2. Faktische (praktische) und wirtschaftliche Unmöglichkeit

Nach § 275 II kann der Schuldner die Leistung verweigern, wenn die Leistung **theoretisch** möglich ist, aber einen **unverhältnismäßigen** Aufwand erfordern würde. Schulfall:

Der verkaufte Ring liegt auf dem Boden eines Sees.

Es muss also ein grobes Missverhältnis zwischen dem **Wert des Aufwands** und dem Leistungsinteresse des Gläubigers, d.h. dem **Wert der Leistung für den Gläubiger** bestehen.

Um den Schulfall abzuwandeln: Wenn der verkaufte Ring in einem Waldgrundstück verloren gegangen ist, macht es für § 275 II einen Unterschied, ob es sich um einen verhältnismäßig billigen Modering oder etwa um einen Prachtring aus dem ehemaligen russischen Kronschatz handelt. Außerdem ist mitentscheidend, ob der Schuldner das Leistungshindernis zu vertreten hat – in diesem Falle sind ihm größere Anstrengungen zuzumuten (§ 275 II S. 2).

§ 275 II gewährt dem Schuldner ein Leistungsverweigerungsrecht, der Schuldner kann also entscheiden, ob er die unverhältnismäßige Anstrengung auf sich nehmen will.

Von der faktischen Unmöglichkeit der Leistung ist die bloße **Erschwerung** der Leistung zu unterscheiden, die grundsätzlich nicht zu einer Befreiung des Schuldners von seiner Leistungspflicht führt. Es gibt aber eine „Opfergrenze", bei deren Überschreitung dem Schuldner das Festhalten am unveränderten Vertrag nicht mehr zugerechnet werden kann. Dazu ein Beispiel:

Bei einem Kaufvertrag erhöhen sich die Rohstoffkosten infolge eines Atomreaktorunfalls in den bisherigen Ursprungsland auf das Fünffache.

Diese Fälle der „wirtschaftlichen Unmöglichkeit" werden allerdings nicht als Fälle der Unmöglichkeit, sondern als **Störungen der Geschäftsgrundlage** verstanden und von § 313 erfasst. Der Schuldner hat also einen Anspruch auf **Anpassung** des Vertrags an die veränderten Umstände, notfalls ein Rücktrittsrecht.

📖 Bitte lesen Sie § 313.

Die Abgrenzung der praktischen Unmöglichkeit von der wirtschaftlichen Unmöglichkeit ist nicht einfach. Der Unterschied wird darin gesehen, dass § 275 II nur auf den Nutzen des Aufwands für den Gläubiger, § 313 dagegen auf die Beschwerlichkeit für den Schuldner abhebt.[6] Überlappungsfälle bleiben. In solchen Fällen geht § 275 II als konkretere Regel vor.

3. Unmöglichkeit wegen persönlicher Unzumutbarkeit

§ 275 III sieht ein Leistungsverweigerungsrecht für den Fall einer **persönlich** zu erbringenden Leistung vor. In Betracht kommen vor allem Arbeits- und Dienstleistungen, aber auch Werk- und Geschäftsbesorgungsverträge, und es werden nicht nur objektive, sondern auch **persönliche** Umstände berücksichtigt. Hierzu wieder ein Schulfall:

Eine Sängerin weigert sich aufzutreten, weil ihr Kind lebensgefährlich erkrankt ist.

Auch hier gibt es Abgrenzungsprobleme zur Störung der Geschäftsgrundlage gem. § 313, z.B. wenn in dem Schulfall das Kind schwer, aber nur vorübergehend erkrankt ist und eine Verlegung des Konzerts die beste Lösung wäre (Anpassung!).

4. Die Leistungsgefahr bei der Gattungsschuld

Bei der im Handel, vor allem im Großhandel sehr weit verbreiteten Gattungsschuld ist die zu leistende Sache nicht konkret, sondern nur der Gattung nach bestimmt (§ 243 I). Das hat Konsequenzen für die sog. **Leistungsgefahr**.

a) Marktbezogene Gattungsschuld

Wenn der Schuldner zum Zwecke der Erfüllung Sachen angeschafft hat, diese Sachen aber vor der Erfüllung vernichtet worden sind, liegt keine Unmöglichkeit vor. Der Schuldner muss also Sachen aus der Gattung auf dem Markt erneut anschaffen: Er trägt die Leistungsgefahr. Dabei haftet er dafür, dass er die dazu erforderlichen finanziellen Mittel besitzt – jedenfalls bei der üblichen (marktbezogenen) Gattungsschuld. Beispiel:

Ein Großhändler verkauft Spargel einer bestimmten Güteklasse an einen Supermarkt. Unmöglichkeit im Sinne von § 275 I könnte hier nur eintreten, wenn die ganze Gattung, d.h. die ganze Güteklasse unterginge.

Praktisch liegt Unmöglichkeit aber auch dann vor, wenn die geschuldete Handelsware im Handel nicht mehr erhältlich ist. Die Beschaffung von Handelsware aus

---

[6] Regierungsentwurf zum Schuldrechtmodernisiesrungsgesetz, BT-Drucks. 14/6040, S. 129 f.

den Händen von Verbrauchern liegt außerhalb der Leistungsverpflichtung des Schuldners.

b) Beschränkte Gattungsschuld

Häufig ist die Gattungsschuld nicht marktbezogen, sondern **beschränkt**. Dies ist oft der Fall, wenn der Verkäufer landwirtschaftlicher Hersteller ist. Beispiel:

Ein Landwirt verkauft Spargel einer bestimmten Güteklasse aus seiner diesjährigen Ernte.

Bei einer solchen beschränkten Gattungsschuld tritt Unmöglichkeit ein, wenn die beschränkte Gattung untergeht (z. B. wenn die ganze Spargelernte dieses Landwirts durch ein gifthaltiges Düngemittel unverkäuflich geworden ist).

c) Beschränkung durch Konkretisierung

Eine weitere Beschränkung der Gattungsschuld erfolgt durch die Konkretisierung (Konzentration, Individualisierung), die regelmäßig kurz vor der Erfüllung stattfindet. Wenn die Voraussetzungen des § 243 II erfüllt sind, verwandelt sich die Gattungsschuld in eine Stückschuld, der Schuldner schuldet dann nur noch die Sache, auf welche die Schuld sich konkretisiert hat. Geht diese Sache danach unter, so liegt Unmöglichkeit gem. § 275 I vor. Durch die Konkretisierung geht also die Leistungsgefahr vom Schuldner auf den Gläubiger über.

Die Konkretisierung tritt nach § 243 II ein, „wenn der Schuldner das seinerseits Erforderliche getan hat", d. h. wenn er die Sache ausgesondert und alle sonstigen zur Erfüllung notwendigen Handlungen vorgenommen hat, sodass ihm zu tun nicht mehr übrig bleibt. Wann dieser Zeitpunkt eintritt, hängt davon ab, ob es sich um eine Bring-, Hol- oder Schickschuld handelt.

📖 Bitte lesen Sie § 243 II.

(1) Bei einer **Bringschuld** liegt der Erfüllungsort (Leistungsort) beim Gläubiger. Der Schuldner hat das seinerseits Erforderliche erst getan, wenn er dem Gläubiger an dessen Wohnsitz oder gewerblicher Niederlassung die ausgesonderte Sache **tatsächlich**, d. h. so anbietet, dass nur noch zwei Möglichkeiten in Betracht kommen: Erfüllung gem. § 362 I (wenn der Gläubiger annimmt) oder Annahmeverzug gem. §§ 293, 294 (wenn der Gläubiger nicht annimmt).

Bringschulden sind kraft Verkehrssitte zum Teil die Kleinverkäufe des Alltags (Lieferung von Heizöl, Möbeln, Lebensmitteln), sie können auch sonst durch die Vereinbarung begründet werden, dass der Erfüllungsort beim Gläubiger liegen soll. (Beachten Sie jedoch § 269 III.)

(2) **Grundsätzlich** ist jede Schuld **Holschuld**: Der Erfüllungsort liegt beim Schuldner (§ 269), der Gläubiger muss die Leistung abholen. Hier genügt zur Konkretisierung die Aussonderung und ein **wörtliches** Angebot. Ist für die Abholung ein Kalendertermin vereinbart worden, so ist auch das wörtliche Angebot überflüssig: Der Schuldner hat das seinerseits Erforderliche getan, wenn er die Sachen ausgesondert und für den Gläubiger bereitgestellt hat.

(3) Bei der **Schickschuld** (z. B. einem Versendungskauf) liegt der Erfüllungsort beim Schuldner, die Ware soll aber vom Schuldner an einen anderen Ort ge-

schickt werden. Erfüllungs- und Bestimmungsort fallen also auseinander. Am Erfüllungsort hat der Schuldner die Leistungs**handlungen** vorzunehmen: Er hat die ausgesonderte Sache sorgfältig zu verpacken und einer mit üblicher Sorgfalt ausgewählten Transportperson oder -anstalt zu übergeben. Damit hat er das seinerseits Erforderliche getan, das Schuldverhältnis beschränkt sich nun gem. § 243 II auf das rollende Gut. Der Leistungs**erfolg** und die Erfüllung gem. § 362 können dagegen erst eintreten, wenn der Gläubiger am Bestimmungsort die Ware in Empfang nimmt und dadurch Besitz (§ 854) und Eigentum (§ 929) erlangt.

5. Gefahrübergang beim Annahmeverzug

Nach § 300 II geht bei der Gattungsschuld „die Gefahr" (gemeint ist die Leistungsgefahr) vom Schuldner auf den Gläubiger über, wenn der Gläubiger die ihm angebotenen Sache nicht annimmt und dadurch im Gläubigerverzug (Annahmeverzug) gerät. Diese Regelung kommt in fast allen Fällen zu spät (oder, wie die Juristen sagen: sie läuft leer), da die Leistungsgefahr schon vor dem Gläubigerverzug durch Konkretisierung gem. § 243 II auf den Gläubiger übergeht.

Übersicht Leistungsgefahr

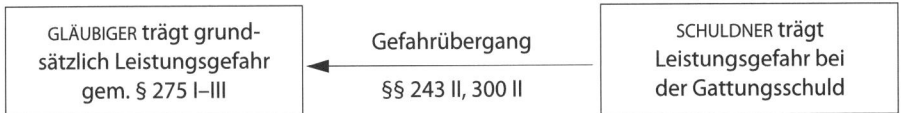

GLÄUBIGER trägt grundsätzlich Leistungsgefahr gem. § 275 I–III	Gefahrübergang §§ 243 II, 300 II	SCHULDNER trägt Leistungsgefahr bei der Gattungsschuld

III. Die Rechte des Gläubigers in der Phase der endgültigen Nichterfüllung

Wenn der Gläubiger seinen Primärleistungsanspruch aufgrund von § 275 I-III verliert, geht des Schuldverhältnis direkt in Phase 3 über.

📖 Bitte lesen Sie § 275 IV.

1. Ersatzansprüche

Die Ersatzansprüche des Gläubigers setzen ein Vertretenmüssen des Schuldners voraus (§§ 276, 278). Dabei muss man unterscheiden:

a) Nachträgliche und anfängliche Unmöglichkeit

Bei der **nachträglichen** Unmöglichkeit haftet der Schuldner, weil er vorsätzlich oder fahrlässig seine Primärleistungspflicht **verletzt** hat. Anspruchsgrundlage sind §§ 280 I, III, 283 S. 1, 284, 275 IV. Das Verschulden wird vermutet.

Bei der **anfänglichen** Unmöglichkeit haftet der Schuldner, weil er vorsätzlich oder fahrlässig eine unerfüllbare Leistung **versprochen** hat. Anspruchsgrundlage sind §§ 311 a (also ausnahmsweise nicht § 280), 284, 275 IV. Auch hier wird das Verschulden vermutet.

b) Schadensersatz oder Aufwendungsersatz

Liegen die Voraussetzungen für den Ersatzanspruch vor, so hat der Gläubiger die Wahl:

(1) Er kann Schadensersatz **statt** der Leistung verlangen, d.h. er kann verlangen, durch Geldzahlung so gestellt zu werden, wie wenn der Vertrag ordnungsgemäß erfüllt worden wäre (positives Interesse, Erfüllungsinteresse, §§ 280 I, III bzw. 311 a II).

(2) An Stelle von Schadensersatz kann der Gläubiger Ersatz der Aufwendungen verlangen, die er im Vertrauen auf den Erhalt der Leistung gemacht hat. Im Gemäldefall (o. § 37 I) könnten solche Aufwendungen sein: Umbaumaßnahmen zur Integrierung des Kunstwerks, Installation einer besonderen Einbruchssicherung im Hause des K, Kosten der Aufnahme eines hypothekarisch gesicherten Darlehens zur Finanzierung des Kaufs (§§ 280 I, III, 284 bzw. §§ 311 a II, 284).

2. Herausgabe des Erlangten

In jedem Fall der Unmöglichkeit und **unabhängig vom Vertretenmüssen** hat der Gläubiger, wenn der Schuldner gem. § 275 I-III von der Primärleistungspflicht frei wird, den Anspruch auf Herausgabe des als Ersatz Empfangenen oder auf Abtretung des Ersatzanspruchs. Ist z.B. das verkaufte Gemälde vor der Auslieferung an den Käufer K verbrannt, kann K die Herausgabe der Versicherungssumme oder, wenn ein Dritter den Brand verschuldet hat, die Abtretung des Ersatzanspruches verlangen. Wenn V das Gemälde nach dem Kaufvertrag mit K an einen Dritten **verkauft** hat, kann K den (möglicherweise höheren) Kaufpreis verlangen, den der Dritte gezahlt hat.

📖 Bitte lesen Sie § 285.

3. Befreiung von der Pflicht zur Gegenleistung beim gegenseitigen Vertrag

Wenn dem Schuldner die Leistung unmöglich ist, wird er, wie wir gesehen haben, von seiner Leistungspflicht nach § 275 I–III befreit. Hat er die Unmöglichkeit nicht zu vertreten, so haftet er auch nicht auf Schadensersatz oder Aufwendungsersatz. Beim gegenseitigen Vertrag muss er allerdings einen Schaden hinnehmen: Er verliert den Anspruch auf die **Gegenleistung**.

📖 Bitte lesen Sie unbedingt § 326 I S. 1.

Er trägt zwar nicht die Leistungsgefahr, aber ein anderes Risiko: die Gegenleistungsgefahr oder Vergütungsgefahr (Preisgefahr). Das Problem der Gegenleistungsgefahr taucht **nur** bei gegenseitigen Verträgen auf. Es geht dabei – wir wiederholen – immer um die Frage, ob derjenige, der gem. § 275 frei wird („der Schuldner"), von dem Anderen die Gegenleistung verlangen kann. Diese Frage wird vom Gesetz in § 326 I S. 1 **grundsätzlich** verneint. Das Gesetz kennt jedoch Ausnahmen.

a) Übergabe an den Käufer

Beim Kauf geht die Gefahr mit der Übergabe an den Käufer auf diesen über (§ 446 I S. 1). Dieser Gefahrübergang hat nur dann praktische Bedeutung, wenn der Verkäufer bei der Übergabe die Sache noch nicht übereignet hat. Das ist der Fall beim Eigentumsvorbehalt (§ 449 I).

📖 Bitte lesen Sie § 446 I S. 1.

b) Annahmeverzug

Nach § 446 I S. 3 steht es der Übergabe gleich, wenn der Käufer im Annahmeverzug ist. § 446 I S. 3 wiederholt hier für den speziellen Fall des Kaufs, was im § 326 II S. 1 für den allgemeinen Fall des gegenseitigen Vertrags vorgeschrieben ist: Wenn dem Schuldner die Leistung infolge eines von ihm nicht zu vertretenden Umstandes (§ 300 I) unmöglich wird, während sich der Gläubiger im Annahmeverzug befindet, bleibt dem Schuldner der Anspruch auf die Gegenleistung erhalten.

📖 Bitte lesen Sie §§ 446 I S. 3, 326 II S. 1, 300.

c) Übergabe an die Transportperson

Die gleiche Wirkung hat beim Versendungskauf die Übergabe an die Transportperson (§ 447): Es wäre unbillig, wenn der Verkäufer, der auf Verlangen und im Interesse des Käufers die Ware an einen anderen Ort als den Erfüllungsort versendet und damit eine ihm gesetzlich nicht obliegende Leistung übernimmt (vgl. § 269), länger die Gefahr des zufälligen Untergangs tragen müsste als in den Fällen der unmittelbaren Übergabe an den Käufer. Unter „Erfüllungsort" (Leistungsort) ist nicht die politische Gemeinde, sondern die Wohnung bzw. Niederlassung des Verkäufers zu verstehen. Infolgedessen ist § 447 auch **innerhalb derselben Ortschaft** anwendbar. Doch ist in solchen Fällen besonders sorgfältig zu prüfen, ob noch eine echte Schickschuld vorliegt.

📖 Bitte lesen Sie §§ 447, 269.

Eine für die Praxis wichtige Frage ist, ob § 447 anwendbar ist, wenn der Verkäufer den Transport durch **eigene Leute** durchführen lässt. Nach dem Wortlaut des § 447 liegt es nahe, die Frage zu verneinen, da nur betriebsfremde Beförderer erwähnt werden. Der Schluss ist jedoch nicht zwingend. Es bleibt auch die Möglichkeit, die Aufzählung in § 447 als eine exemplarische anzusehen. Die Rechtsprechung hat die Anwendbarkeit des § 447 unter Hinweis auf den Grundgedanken dieser Vorschrift bejaht. Sie hat § 447 selbst dann für anwendbar erachtet, wenn der Verkäufer den Transport **persönlich** durchführt.

Der Verkäufer ist im Falle des § 447 nur zur ordnungsgemäßen Besorgung des Transportes verpflichtet, er haftet deshalb nur für Sorgfalt bei der Verpackung der Ware und bei der Auswahl der Transportperson. Die **Durchführung** des Transports dagegen ist ein Geschäft des Käufers. Deshalb sind die Transportpersonen oder -anstalten **nicht Erfüllungsgehilfen** des Verkäufers. Soweit der Verkäufer den Transport jedoch durch **eigene Leute** durchführen lässt, tritt er an die Stelle des Frachtführers, er haftet bei einem durch Verschulden der eigenen Leute herbeigeführten Untergang der Sache nach §§ 280 I, III, 283.

Beim **Verbrauchsgüterkauf** ist § 447 ausgeschlossen (§ 474 II). Das ist zwingendes Recht (§ 475 I S. 1). Der Grund ist vor allem darin zu sehen, dass es für den **Unternehmer** (§ 14) leichter ist, das Transportrisiko abzuschätzen und unter Versicherungsschutz zu stellen, als für den **Verbraucher** (§ 13), und dass der Verbraucher in vielen Bereichen der Wirtschaft, z.B. beim Versandhandel, gar nicht die Möglichkeit hat, die gekaufte Sache selbst abzuholen. Beim Verbrauchsgüterkauf geht die Gegenleistungsgefahr also erst dann über, wenn die Sache dem **Käufer** übergeben wird (§ 446 I S. 1) oder wenn der Käufer die Sache nicht annimmt und dadurch in Annahmeverzug gerät (§§ 326 II S. 1, 446 I S. 3).

📖 Bitte lesen Sie § 474.

Die Anwendung des § 447 ist damit beschränkt auf Kaufverträge zwischen Unternehmern, zwischen Verbrauchern und auf Fälle, in denen ein Verbraucher einem Unternehmer eine Sache verkauft.

Übersicht Gegenleistungsgefahr

VERKÄUFER trägt Gefahr gem. § 326 I S. 1	Übergabe an Käufer	KÄUFER trägt Gefahr gem. § 446 I S. 1
	Annahmeverzug des Käufers	§§ 326 II S. 1, 446 I S. 3
	Übergabe an Transportperson (gilt nicht beim Verbrauchsgüterkauf!)	§ 447

Übersicht Versendungskauf

Beispiel: Der Unternehmer V in Köln übersendet die Ware durch die Transportperson T an den Unternehmer K in München (Die Gefahrtragung bezüglich der Geldschuld wird in der Übersicht nicht berücksichtigt).

V

Köln

ERFÜLLUNGSORT für die Ware (§ 269). Hier werden die Leistungs**handlungen** vorgenommen: Auswahl der Sache aus der Gattung (beim Gattungskauf), Verpackung, Übergabe an Transportperson (**Besorgung** des Transports). Folgen:

a) beim Gattungskauf Konkretisierung (falls Sache abgesondert), dadurch Übergang der Leistungsgefahr (§ 243 II).

b) bei jedem Kauf Übergang der Gegenleistungsgefahr, falls Versendung auf Verlangen des Käufers erfolgt (§ 447).

T ——————————————————— **K**

München

TRANSPORTPERSON ist nicht Erfüllungsgehilfe des Verkäufers, da **Ausführung** des Transports nicht zur Verbindlichkeit des Verkäufers gehört (Ausnahme bei Transport durch eigene Leute).

ABLIEFERUNGSORT für die Ware. Hier tritt der Leistungs**erfolg** ein: Der Käufer wird an der Sache Besitzer (§ 854 I) und Eigentümer (§ 929). Folge: Primärleistungspflicht des Verkäufers erlischt durch Erfüllung gem. § 362.

IV. Zusammenfassung: Varianten des Vertretenmüssens

Wenn der Schuldner nach § 275 I-III von seiner Primärverpflichtung frei wird, kommen die in § 275 IV angegebenen Vorschriften zur Anwendung. Man muss unterscheiden.

(1) Hat der **Schuldner** die Unmöglichkeit zu vertreten, so hat der Gläubiger die Wahl:

(a) Er kann vom Vertrag zurücktreten (§ 326 V) oder sich nur auf § 326 I S. 1 berufen, wonach er von seiner Gegenleistungspflicht befreit ist.

(b) Er kann **außerdem** Schadensersatz **statt** der Leistung verlangen (§§ 280 I, III, 283 bei nachträglicher Unmöglichkeit; § 311 a II bei anfänglicher Unmöglichkeit). Dieses Recht wird durch Rücktritt nicht ausgeschlossen (§ 325).

(c) Er kann an Stelle von Schadensersatz den Ersatz vergeblicher Aufwendungen verlangen (§ 284).

(d) Er kann außerdem Herausgabe eines Surrogats verlangen, muss dann allerdings eine entsprechende Minderung seines Ersatzanspruchs hinnehmen (§ 285).

(2) Hat **keiner** von beiden die Unmöglichkeit zu vertreten, so hat der Gläubiger **keinen** Anspruch auf Schadensersatz statt der Leistung oder Aufwendungsersatz. Er hat noch folgende Wahl:

Er kann vom Vertrag zurücktreten (§ 326 V) oder sich nur auf § 326 I S. 1 berufen. Beide Rechte entfallen, wenn die Unmöglichkeit nach Übergang der Vergütungsgefahr (Gegenleistungsgefahr) auf den Gläubiger eingetreten ist, und zwar infolge von

(a) Annahmeverzug des Gläubigers (§§ 326 II S. 1, 326 V, 323 VI, 446 I S. 1, 3) oder

(b) Übergabe der Sache beim Kauf (§ 446 I S. 1) oder

(c) Übergabe an die Transportperson beim Versendungskauf (§ 447. Dies gilt nicht beim Verbrauchsgüterkauf, § 474 II).

Er kann die Herausgabe eines Surrogats nach § 285 verlangen, bleibt dann allerdings zu einer dem Wert des Surrogats entsprechenden Gegenleistung verpflichtet (§ 326 III)

(3) Ist der **Gläubiger** für die Unmöglichkeit allein oder weit überwiegend verantwortlich, so hat er weder einen Ersatzanspruch noch ein Rücktrittsrecht noch

ein Recht auf das Surrogat und wird auch nicht von seiner Gegenleistungs-pflicht befreit. Für den **Ersatzanspruch** ergibt sich diese Rechtsfolge aus § 254, der bei einem so hohen Grad von Mitverschulden zum völligen Ausschluss der Haftung führt.[7] Der Ausschluss des **Rücktrittsrechts** und der **Befreiung von der Gegenleistung** ist in §§ 323 VI, 326 II ausführlich geregelt.

§ 46. Leistungsverzögerung und Verzug

I. Die Phase der Erfüllung der Primärleistungspflicht

Im Normalfall wird die Leistung vom Schuldner bewirkt, wenn sie **fällig** ist.

Der Zeitpunkt der Fälligkeit kann im Vertrag bestimmt sein oder sich aus den Um-ständen ergeben. Ist dies nicht der Fall, so ist die Leistung **sofort** fällig.

📖 Bitte lesen Sie § 271 I.

II. Die Phase der nachgeholten Erfüllung

Wenn der Schuldner die **fällige** Leistung nicht bewirkt, die Leistung aber **nachhol-bar** ist, liegt eine **Verzögerung** der Leistung vor.

1. Leistungsanspruch

Da die Leistung **nachholbar** ist, bleibt der primäre Leistungsanspruch bestehen.

2. Einrede des nichterfüllten Vertrages

Beim gegenseitigen Vertrag hat der Gläubiger das Recht, die Gegenleistung zu ver-weigern, bis der Schuldner seine Leistung bewirkt.

📖 Bitte lesen Sie § 320.

3. Verzögerungsschaden

Außerdem kann der Gläubiger neben der Leistung Ersatz des Verzögerungsscha-dens verlangen, wenn außer der Fälligkeit die **zusätzlichen** Voraussetzungen für den **Verzug,** nämlich Mahnung und Vertretenmüssen der Verzögerung vorliegen.

📖 Bitte lesen Sie §§ 280 I, II, 286 I.

a) Mahnung

Die Mahnung muss bestimmt und eindeutig sein und nach oder bei Eintritt der Fäl-ligkeit erfolgen: Der Schuldner muss wissen, dass der Gläubiger die Leistung **ge-rade jetzt** erwartet (§ 286 I S. 1). In bestimmten Fällen ist die Mahnung entbehrlich:

---

[7] BT-Drucks. 14/6040, S. 187.

(1) Der Schuldner weiß genau, wann der Gläubiger die Leistung erwartet, wenn die Leistungszeit nach dem Kalender bestimmt ist oder sich von einem Ereignis an (Kündigung, Lieferung, Baubeginn) nach dem Kalender berechnen lässt. Das Gesetz befreit dann den Gläubiger von der Mahnung (§ 286 II Nr. 1, 2).

(2) Erklärt der Schuldner ernsthaft und endgültig, er werde nicht leisten, so tritt, da eine Mahnung zwecklos wäre, der Verzug ohne diese ein (§ 286 II Nr. 3).

(3) Außerdem ist die Mahnung entbehrlich, wenn aus besonderen Gründen unter Abwägung der beiderseitigen Interessen der sofortige Verzugseintritt gerechtfertigt ist (§ 286 II Nr. 4), z.B. wenn besonders eilbedürftige Leistungen vereinbart werden (Reparatur eines Wasserrohrbruchs) oder wenn der Schuldner von sich aus erklärt hat, dass er zu einem bestimmten Termin leistet und dann den Termin nicht einhält (sog. Selbstmahnung).

(4) Eine Besonderheit gilt nach § 286 III für **Entgeltforderungen,** d.h. für Forderungen, die auf Zahlung eines Entgelts für die Lieferung von Gütern oder die Erbringung von Dienstleistungen gerichtet sind (also **nicht** z.B. für Schadensersatzforderungen). Bei den Entgeltforderungen tritt Verzug **spätestens** 30 Tage nach Fälligkeit und Zugang einer **Rechnung** oder gleichwertigen Zahlungsaufstellung ein.

Gegenüber einem **Verbraucher** (§ 13) gilt dies allerdings nur, wenn er in dem Schriftstück auf diese Folgen besonders hingewiesen worden ist.

Ist der Zeitpunkt des Zugangs des Schriftstücks unsicher (weil der Gläubiger ihn nicht beweisen kann), so kommt der Schuldner **spätestens** 30 Tage nach Fälligkeit und **Empfang der Gegenleistung** in Verzug – auch diese Rechtsfolge tritt nicht ein, wenn der Schuldner **Verbraucher** ist.

b) Vertretenmüssen der Verzögerung

Der Schuldner gerät nicht in Verzug, wenn er die Verzögerung nicht zu vertreten hat. Hier – wie bei allen Pflichtverletzungen – trifft ihn allerdings die Beweislast hinsichtlich des Vertretenmüssens (§ 286 IV).

4. Verzugszinsen

Liegt Verzug vor, so kann der Gläubiger bei Geldschulden auch **ohne Schadensnachweis** Verzugszinsen verlangen, Anspruchsgrundlage ist die spezielle Anspruchsnorm § 288. Der Zinssatz beträgt fünf Prozent über dem Basiszinssatz (§§ 288 I, 247).

Eine Annahme gilt für **Entgeltforderungen** aus Rechtsgeschäften, an denen **kein Verbraucher** beteiligt ist (d.h. aus Rechtsgeschäften zwischen Unternehmern, der öffentlichen Hand und anderen juristischen Personen). Hier können **acht** Prozent über dem Basiszinssatz verlangt werden (§ 288 II).

Durch § 288 wird die Geltendmachung eines darüber hinausgehenden Schadens (z.B. Bankzinsen) nicht ausgeschlossen (§ 288 IV). Der Gläubiger kann dann aus §§ 280, I, II, 286 den Ersatz des Restschadens verlangen.

III. Die Phase der endgültigen Nichterfüllung

Dem Gläubiger ist nicht zuzumuten, dass er unbegrenzte Zeit auf die Leistung wartet. Unter bestimmten Voraussetzungen gibt ihm das Gesetz die Möglichkeit, vom Vertrag zurückzutreten und, falls der Schuldner die Verzögerung zu vertreten hat, Schadensersatz **statt** der Leistung oder Aufwendungsersatz zu verlangen.

1. Nachfristsetzung

Gemeinsame Voraussetzung für das Rücktrittsrecht und den Ersatzanspruch ist, dass eine Leistungsverzögerung – nicht unbedingt Verzug – vorliegt und dass der Gläubiger dem Schuldner erfolglos eine angemessene Frist zur Leistung bestimmt hat.

📖 Bitte lesen Sie §§ 323 I, 281 I S. 1.

Die Fristsetzung ist für den Gläubiger ein einfacher Weg, klare Verhältnisse zu schaffen, wenn z.B. unsicher ist, ob die Leistung dem Schuldner überhaupt noch möglich ist (etwa weil der Schuldner nichts mehr von sich hören lässt). Durch die Fristsetzung erspart sich der Gläubiger dann den möglicherweise schweren Beweis der Unmöglichkeit.

Die Fristsetzung muss **angemessen** sein. Eine zu kurz bemessene Frist ist nicht völlig unwirksam, sondern setzt eine angemessene Frist in Gang.

Falls der Schuldner die Verzögerung zu vertreten hat, führt die Fristsetzung auch zum Verzug, da in ihr stets auch eine Mahnung zu sehen ist.

Die Fristsetzung ist in bestimmten Fällen entbehrlich. Es handelt sich hierbei um Fälle, in denen die Mahnung auch für die Herbeiführung des Verzuges entbehrlich ist, nämlich um

(1) ernsthafte und endgültige Erfüllungsverweigerung durch den Schuldner (§§ 323 II Nr. 1, 2; 281 II), oder

(2) ein relatives Fixgeschäft oder sonstige besondere Umstände. Dies ist ausführlich in § 323 II Nr. 2, 3 geregelt. In § 281 II fehlt die ausdrückliche Erwähnung des Fixgeschäfts. Aber dieser formale Unterschied gegenüber § 323 II Nr. 2 ist praktisch ohne Bedeutung, da ein Fixgeschäft immer auch ein „besonderer Umstand" ist.[8]

2. Die Rechte des Gläubigers. Varianten des Vertretenmüssens

Bei den Rechten des Gläubigers sind drei Möglichkeiten zu unterscheiden:

(1) Hat der **Schuldner** die Verzögerung zu vertreten, so kann der Gläubiger nicht nur vom Vertrag zurücktreten (§ 323 I), sondern außerdem auch Schadensersatz statt der Leistung (§§ 280 I, III, 281) oder Ersatz vergeblicher Aufwendungen verlangen (§ 284).

---

[8] Das machen die Verfasser des SchuldRMG (indirekt) deutlich, indem sie als Beispiel für besondere Umstände in § 281 II die „Just-in-Time-Verträge" erwähnen, die von der Rechtsprechung als (relative) Fixgeschäfte eingestuft werden, BT.-Drucks. 14/6040, S. 140.

(2) Hat **keiner** von beiden die Verzögerung zu vertreten, so hat der Gläubiger **keinen** Anspruch auf Schadensersatz oder Aufwendungsersatz. Er kann aber vom Vertrag zurücktreten (§ 323).

(3) Ist der **Gläubiger** für die Nichtleistung allein oder weit überwiegend verantwortlich oder befindet er sich in Annahmeverzug, so hat er **weder** einen Ersatzanspruch (§ 254) **noch** ein Rücktrittsrecht (§ 323 VI).

In der Phase der endgültigen Nichterfüllung ist der Gläubiger nicht unbedingt auf die hier beschriebenen Rechte beschränkt. Da die Leistung hier – anders als bei der Unmöglichkeit – **nachholbar** ist, kann der Gläubiger, wenn z.B. der Schuldner die Nachfrist ungenutzt verstreichen lässt, immer noch seinen Leistungsanspruch geltend machen und notfalls auch einklagen. Sein Leistungsanspruch ist erst dann ausgeschlossen, wenn er zurücktritt oder Schadensersatz statt der Leistung verlangt.

📖 Bitte lesen Sie §§ 346 I, 281 IV.

IV. Fixgeschäfte

Besondere Fallgruppen im Rahmen der Leistungsverzögerung bilden die relativen und die absoluten Fixgeschäfte.

1. Relatives Fixgeschäft

(1) Nach § 323 II Nr. 2 liegt ein Fixgeschäft vor, wenn der Schuldner die Leistung zu einem im Vertrag bestimmten Termin oder innerhalb einer bestimmten Frist zu bewirken hat und der Gläubiger im Vertrag den Fortbestand seines Leistungsinteresses an die Rechtzeitigkeit der Leistung gebunden hat. Der Fixcharakter kann sich ergeben

(a) **aus bestimmten Klauseln.** „Fix", „genau", „exakt", „prompt" mit Zeitangabe sind sog. Fixklauseln. Die bloße Zeitangabe reicht nicht aus, auch nicht die Klausel „spätestens" oder der Vermerk „Lieferung sofort": Termingeschäfte sind noch keine Fixgeschäfte! Dagegen ist Fixcharakter anzunehmen, wenn die Leistung nach **Tag und Stunde** bestimmt ist wie z.B. beim „Just-in-Time"-Geschäft.

(b) **aus der erkennbaren Zweckbestimmung** der Leistung, z.B. dann, wenn jemand einen Posten Gänse „zum Verkauf für Weihnachten" bestellt hat. Bei bestimmten Saisonartikeln ergibt sich die Zweckbestimmung ohne weiteres und braucht deswegen nicht mehr besonders betont zu werden (Karnevalsmützen, Osterhasen, Maikäfer, Nikolausbärte, Weihnachtskugeln).

(2) Wird das Fixgeschäft nicht eingehalten, so ergeben sich folgende Rechtsfolgen:

(a) Der **Primärleistungsanspruch** bleibt zwar bestehen. Beim **Fixhandelskauf** muss der Gläubiger aber, falls er an der Erfüllung noch interessiert ist, dies dem Schuldner sofort anzeigen, da das Handelsrecht ohne weiteres vom Interessewegfall ausgeht (§ 376 I S. 2 HGB).

(b) **Schadensersatz statt Leistung** kann der Gläubiger in der Regel verlangen, wenn der Schuldner die **Verzögerung zu vertreten** hat, da dann die Voraussetzungen der §§ 280 I, III, 281 II (besondere Umstände) vorliegen. Beim Fixhandelskauf ist **Verzug** erforderlich (§ 376 I S. 1 HGB), der bei Vertretenmüssen der Verzögerung stets vorliegt, da die Mahnung entbehrlich ist (§ 286 II Nr. 4).

(c) Ein **Rücktrittsrecht** hat der Gläubiger ohne Rücksicht darauf, ob der Schuldner die Verzögerung zu vertreten hat (§ 323 II Nr. 2).

2. Absolutes Fixgeschäft

In manchen Fällen ist die Leistungszeit so entscheidend, dass bei Nichteinhaltung der Leistungszeit die Leistung **nicht mehr nachholbar** ist. Bei diesen sog. **absoluten Fixgeschäften** gelten dann nicht die Regeln über den Verzug, sondern über die **Unmöglichkeit**. Die Grenze zwischen relativem und absolutem Fixgeschäft ist fließend, es gibt aber eindeutige Fälle. Wenn z.B. Weihnachtskugeln zu spät für das Weihnachtsgeschäft kommen, kann der Kaufmann sie immerhin noch in der nächsten Saison verkaufen. Sie sind für ihn **relativ** uninteressant. Aber Weihnachts**bäume** sind nach Weihnachten **absolut** uninteressant. Gleiches gilt, wenn ein Taxi zu einem bestimmten Zug bestellt wird und zu spät kommt, wenn ein Sänger abends ein Konzert geben soll und sich verschläft, ein Rennfahrer ein Rennen fahren soll und betrunken ist, eine Musikband auf einer Hochzeit spielen soll und einen Tag zu spät kommt. Dies alles sind Fälle von §§ 280 I, III, 283 S. 1, 275 IV.

§ 47. Positive Forderungsverletzung (Schutzpflichtverletzung). Erweiterung der vertraglichen Haftung

I. Verletzung von Schutzpflichten

1. Leistungsinteresse und Integritätsinteresse

Unter dem (im Gesetz nicht verwendeten) Begriff der positiven Forderungsverletzung werden Verletzungen der in § 241 II geregelten Schutzpflichten zusammengefasst.

    Bitte lesen Sie noch einmal die Ausführungen über die drei Pflichtarten (o. § 35 IV 1).

In diesem Zusammenhang gehört auch die Unterscheidung zwischen dem Leistungsinteresse (Äquivalenzinteresse) und dem Schutzinteresse (Integritätsinteresse).

Die **Leistungspflichten** zielen regelmäßig auf eine **Veränderung** der Güterlage des Gläubigers ab: Dem Gläubiger soll eine Sache, ein Werk, eine Dienstleistung zugeführt werden, dies entspricht seinem Leistungsinteresse (Äquivalenzinteresse).

Dagegen sollen die **Schutzpflichten** nur die gegenwärtige Güterlage der anderen Partei vor Beeinträchtigungen bewahren, sie dienen dem Schutzinteresse (Integritätsinteresse) der anderen Partei.

Wir machen den Unterschied noch einmal an drei Fällen deutlich, die später abgewandelt werden. Die drei Fälle sind

(1) der **Gemäldefall,** Variante 3 (der Ihnen bekannt ist. Sonst o. § 37 I lesen).

(2) der **Malerfall:**[9] Malermeister M führt in der Wohnung des Bestellers W die vereinbarten Malerarbeiten rechtzeitig und fehlerfrei aus, beschädigt jedoch ein Möbelstück des W.

(3) der **Salatblattfall:**[10] In der Lebensmittelabteilung eines Warenhauses sucht eine Kundin mehrere Sachen aus. Die Sachen sind einwandfrei. Aber beim Bezahlen an der Kasse rutscht die Kundin auf einem Salatblatt aus und verletzt sich.

Den drei Fällen ist gemeinsam, dass **nur** eine Schutzpflicht, **nicht** gleichzeitig eine Leistungspflicht verletzt worden ist.

2. Die Schutzpflichtverletzung im Dreiphasenmodell

In dem Dreiphasenmodell der Pflichtverletzungen nimmt die Schutzpflichtverletzung insoweit eine Sonderstellung ein, als sie in **jeder** der drei Phasen auftreten kann und auf die Leistungspflichten grundsätzlich keinen Einfluss hat. Es besteht lediglich ein Anspruch auf Schadensersatz **neben** der Leistung aus § 280 I (der hier zusammen mit § 241 II zitiert wird). In den oben beschriebenen drei Fällen ereignet sich die Schutzpflichtverletzung in der Phase der Erfüllung der Primärleistungspflicht, d.h. in der **ersten** Phase.

In **Ausnahmefällen** kann die Schutzpflichtverletzung das Schuldverhältnis in die Phase der endgültigen Nichterfüllung, d.h. in die **dritte** Phase bringen. Für diesen Vorgang sind zwei Paragraphen vorgesehen, die sich **ausschließlich** auf die (nicht leistungsbezogenen) Schutzpflichtverletzung beziehen.

📖 Bitte lesen Sie §§ 282, 324.

Zusätzliche Voraussetzung ist also, dass dem **Gläubiger** die Leistung durch den Schuldner **nicht mehr zuzumuten** ist. Dazu eine Variante des **Malerfalls:** M hat während der sich länger hinziehenden Malerarbeiten immer wieder Möbel des W beschädigt.

Hier ist dem W die Weiterbeschäftigung des M nicht mehr zuzumuten. Er kann

(1) aus §§ 280 I, 241 II Schadensersatz wegen der beschädigten Möbel verlangen und

(2) einen anderen Maler mit der Fortsetzung der Arbeiten beauftragen und die Mehrkosten gem. §§ 280 I, II 282, 241 II dem M in Rechnung stellen.

Unzumutbarkeit liegt in der Regel nur dann vor, wenn M von dem W eine **Abmahnung** erhalten hat. Die Abmahnung ist entbehrlich, wenn eine besonders schwere einzelne Pflichtverletzung vorliegt, z.B. wenn M den W beleidigt oder wenn er sich dessen Ehefrau unziemlich genähert hat.

---

[9] Ähnlich BT-Drucks. 14/6040, S. 141.
[10] Ähnlich BGH 66, 4.

3. Varianten des Vertretenmüssens in der dritten Phase

Befindet sich das Schuldverhältnis infolge von Schutzpflichtverletzungen in der Phase der endgültigen Nichterfüllung, so kann man – wie bei den anderen Pflichtverletzungen – drei Möglichkeiten unterscheiden:

(1) wenn der **Schuldner** die Schutzpflichtverletzung zu vertreten hat, kann der Gläubiger nicht nur zurücktreten (§§ 324, 241 II), sondern auch Schadensersatz statt der Leistung oder Aufwendungsersatz verlangen (§§ 280 I, III, 282, 284, 241 II).

(2) Hat **keiner** von beiden die Schutzpflichtverletzung(en) zu vertreten, so hat der Gläubiger keinen Anspruch auf Schadensersatz oder Aufwendungsersatz. Er kann aber zurücktreten (§§ 324, 241 II). Ein solcher Fall kann z. B. vorkommen, wenn der Schuldner (mehrfach) fahrlässig gehandelt hat, aber aufgrund einer Vereinbarung mit dem Gläubiger nur für **grobe** Fahrlässigkeit haftet.

(3) Ist der **Gläubiger** für die Schutzpflichtverletzungen allein oder weit überwiegend verantwortlich, so kann er weder Schadensersatz noch Aufwendungsersatz verlangen, da die für diese Rechte vorausgesetzte **Unzumutbarkeit** fehlt (§§ 282, 284, 241 II). Er kann auch nicht zurücktreten (§§ 324, 241 II).

4. Haftung für Gehilfen

Die Regeln über die Schutzpflichtverletzung sind besonders bedeutsam in den Fällen der Schadenszufügung durch Gehilfen. Dazu eine weitere Variante des

Malerfalls: Malermeister M schickt zur Ausführung der Malerarbeiten in der Wohnung des Bestellers W seinen Mitarbeiter Brause, der dort ein Möbelstück schuldhaft beschädigt.

In solchen Fällen wäre der geschädigte Gläubiger durch die Vorschriften über die unerlaubte Handlung (§§ 831 I S. 1, 823 I) nicht ausreichend geschützt, da der Gehilfe bei der Haftung aus unerlaubter Handlung als **Verrichtungsgehilfe** anzusehen ist und dem Schuldner der Entlastungsbeweis (Exkulpationsbeweis) gem. § 831 I S. 2 offen steht. Bei der Haftung aus einer **Pflichtverletzung** dagegen wird der Gehilfe als **Erfüllungsgehilfe** betrachtet, und der Schuldner haftet ohne Entlastungsmöglichkeit aus §§ 280 I, 278, 241 II.

📖 Bitte lesen Sie noch einmal §§ 831 I, 278.

Wichtig ist bei der Gehilfenhaftung nach § 278 (**und** auch bei der Haftung nach § 831, siehe o. § 38 III (1)) das Erfordernis des **inneren** Zusammenhangs zwischen der Erfüllung bzw. Verrichtung und der schädigenden Handlung. Dazu wieder eine Variante des

Malerfalls: Der von M in die Wohnung des W geschickte Mitarbeiter Brause hat aus dem Schreibtisch des W mehrere wertvolle Schreibgeräte gestohlen.

Hier hat Brause nicht **in** Erfüllung, sondern nur **bei Gelegenheit** der Erfüllung behandelt, M haftet deshalb nicht gem. § 278. Wieder anders ist der Fall zu entscheiden, wenn Brause schon mehrfach Diebstähle dieser Art begangen hatte und M dies wusste. Dann haftet M aus **eigenem** Verschulden, weil er Brause überhaupt in die Wohnung des W gelassen hat, er haftet also nicht nach § 278, sondern nach § 276.

II. Verletzung von Pflichten mit Doppelfunktion

Ein Sonderproblem kann auftreten, wenn eine Pflicht verletzt wird, die Leistungspflicht und **außerdem** Schutzpflicht ist, da sie auf das Leistungsinteresse (Äquivalenzinteresse) **und** auf das Schutzinteresse (Integritätsinteresse) der anderen Partei gerichtet ist.

1. Nebenleistungspflicht und Schutzpflicht

So ist z. B. in dem (o. § 35 IV 1) erwähnten **Gerätefall** die Beratungspflicht des Verkäufers anlässlich der Aufstellung eines komplizierten Geräts beim Käufer eine **Nebenleistungspflicht**. Die Beratung kann aber **auch** den Zweck haben, den Kunden vor einer Verletzung durch einen Bedienungsfehler zu schützen und deshalb **außerdem** eine **Schutzpflicht** sein. Der Käufer kann dann doppelspurig vorgehen:

(1) Wenn der Verkäufer die Beratung nicht durchführt, kann der Käufer Erfüllung der Nebenleistungspflicht verlangen und mit einer Fristsetzung das Schuldverhältnis in die Phase der endgültigen Nichterfüllung transportieren (§§ 280 I, III, 281, 284).

(2) Verletzt sich der Käufer an dem Gerät, so kommt **außerdem** ein Anspruch auf Ersatz von Behandlungskosten, Verdienstausfall und ein Schmerzensgeld in Betracht (§§ 280 I, 241 II, 253 II).

2. Hauptleistungspflicht und Schutzpflicht. Mangelfolgeschaden

Zur Doppelspurigkeit kann es auch kommen, wenn eine **Hauptleistungspflicht** gleichzeitig Schutzpflicht ist. Ein Paradebeispiel ist der sog. **Mangelfolgeschaden**.

Wenn in dem erwähnten Gerätefall der Käufer sich verletzt, weil die **Gebrauchsanleitung** oder das **Gerät selbst** mangelhaft ist, liegt ein solcher Mangelfolgeschaden vor: Es ist dann infolge eines **Sachmangels** ein Schaden an einem **anderen** Rechtsgut des Käufers eingetreten.

(1) In einem solchen Fall hat der Käufer die Ansprüche aus der Sachmängelhaftung (Einzelheiten s. u. § 48).

(2) Zu diesen Ansprüchen gehören auch Ansprüche auf Schadensersatz aus §§ 280 I, 241 II, 253 II. In der allgemeinen Rechtsgrundverweisung § 437 Nr. 3 wird dieser Anspruch ausdrücklich aufgeführt. Weil der Schaden infolge eines Sachmangels eingetreten ist, gilt für den Schadensersatzanspruch die Besonderheit, dass er der **kurzen Verjährung** der Sachmängelhaftung unterliegt (zwei Jahre ab Ablieferung).[11]

📖 Bitte lesen Sie § 438 Nr. 3, II.

---

[11] Am **Gerätefall** wird wieder deutlich, dass die Grenze zwischen einer Nebenleistungspflicht und einer Hauptleistungspflicht nicht immer klar zu ziehen ist. Normalerweise ist dies auch nicht wichtig, weil die Rechtsfolgen gleich sind. Anders ist die Lage, wenn ein **Sachmangel** in Frage steht. Hier sind Streitfragen durch das Gesetz vorprogrammiert.

III. Warum „positive" Forderungsverletzung?

Die positive Forderungsverletzung hat eine lange Geschichte. Schon wenige Jahre nach In-Kraft-Treten des BGB hatte sich die (bestrittene) Meinung gebildet, dass die Leistungsstörungen lückenhaft geregelt seien. Man dachte vor allem an die Verletzung von **Schutzpflichten,** die durch die Regeln über die Unmöglichkeit und den Verzug nicht erfasst zu sein schienen. Außerdem kritisierte man das Fehlen einer Regelung von fahrlässig verursachten **Mangelfolgeschäden** beim Kauf und beim Werkvertrag, wobei vor allem zwei Fälle diskutiert wurden:

(1) die Lieferung von krankem Vieh, das beim Käufer dessen gesundes Vieh ansteckt,

(2) die fehlerhafte Aufstellung einer Bilanz, die den Besteller zu einer unternehmerischen Fehlentscheidung veranlasst und zu einem großen Vermögensschaden führt.

Die Regelungslücke wurde durch ein allgemeines Rechtsinstitut geschlossen, das die Funktion eines **Auffangstatbestands** hatte.

Für das damals neue – gewohnheitsrechtliche – Institut verwendete man den Ausdruck „positive Vertragsverletzung". Diese Bezeichnung erwies sich als zu eng, als man erkannte, dass Pflichtverletzungen dieser Art auch in **gesetzlichen** Schuldverhältnissen vorkommen können. Es wurde auch klar, dass der später eingeführte Ausdruck „positive" Forderungsverletzung die Sache nicht genau traf: Die Pflichten eines Schuldners sind nicht darauf beschränkt, alles zu **unterlassen,** was die ordnungsmäßige Leistung stören könnte (die Pflichtverletzung könnte dann nur durch **positives Tun** erfolgen) – es können sich aus dem Schuldverhältnis auch Verhaltenspflichten ergeben, die auf ein **Handeln** gerichtet sind (und durch ein **Unterlassen** verletzt werden können (z.B. Informations- und Beratungspflichten, siehe Gerätefall). Trotzdem wurde der Ausdruck „positive Forderungsverletzung" in der Literatur beibehalten, nachdem er einmal eingeführt war.

Später ging man daran, die Schutzpflichten zeitlich und personell auszudehnen, um dem Geschädigten einen Anspruch zu geben, wo die Vorschriften über die unerlaubte Handlung nicht helfen konnten (Einzelheiten u. IV).

Im Schuldrechtsmodernisierungsgesetz wurde das Gewohnheitsrecht dann **kodifiziert.** § 280 I wurde zu einer zentralen Regel gemacht, die in **jedem** Fall einer zu vertretenden Pflichtverletzung gilt (einzige Ausnahme: anfängliche Unmöglichkeit, § 311 a).

Ob die Literatur den Ausdruck „positive Forderungsverletzung" beibehält, ist noch nicht abzusehen[12]. In der Prüfung können Sie allen Schwierigkeiten aus dem Weg gehen, indem Sie bei § 280 I den Oberbegriff „Pflichtverletzung" und bei §§ 282, 324 den Ausdruck „Schutzpflichtverletzung" gebrauchen.

📖 Bitte lesen Sie nochmals §§ 282, 324.

---

[12] Häufiger wird der Ausdruck „Schlechterfüllung" oder „Schlechtleistung" verwendet (BT-Drucks. 14/6040, S. 134), wobei der Bedeutungsumfang nicht ganz klar ist. Wir vermeiden deshalb diesen Ausdruck.

IV. Erweiterungen der vertraglichen Haftung

1. Zeitliche Erweiterungen

a) Nachwirkung von Verträgen: culpa post contractum finitum

Die in § 241 II geregelten Schutzpflichten setzen ein bestehendes Schuldverhältnis voraus. Allerdings ist seit langem anerkannt, dass Schutzpflichten auch nach der Erfüllung der primären Leistungspflichten als „Nachwirkung" fortbestehen können, d.h. dass das Schuldverhältnis sich mit diesem Inhalt fortsetzen kann (was aus § 362 I nicht deutlich hervorgeht). Dazu eine Variante des

Salatblattfalls: Eine Kundin hat in der Lebensmittelabteilung eines Warenhauses eine Sache gekauft und auch bezahlt. Auf dem Weg zum Ausgang rutscht sie auf einem Salatblatt aus und verletzt sich. Wenn dieser Unfall vom Warenhaus gem. §§ 276, 278 zu vertreten ist (was vermutet wird), haftet das Warenhaus aus positiver Forderungsverletzung gem. §§ 280 I, 241 II.

Für Fälle dieser Art hat sich der Ausdruck „culpa post contractum finitum" (Verschulden nach beendetem Vertrag) eingebürgert, was nicht ganz korrekt ist. Der Salatblattfall zeigt, dass das vertragliche Schuldverhältnis sich mit den **Schutzpflichten** fortsetzen kann.

b) Vertragsverhandlung: culpa in contrahendo

Eine Erweiterung der vertraglichen Haftung in die andere Richtung ist das gesetzliche Schuldverhältnis der Vertragsverhandlung, das **vor** dem Vertrag und unabhängig von einem späteren Vertragsschluss entsteht. Es handelt sich um ein Schuldverhältnis ohne primäre Leistungspflichten, das sich wie die positive Forderungsverletzung auf Schutzpflichten im Sinne von § 241 II beschränkt und wie die positive Forderungsverletzung schon lange vor der 2002 in Kraft getretenen gesetzlichen Regelung gewohnheitsrechtlich anerkannt war. Werden die Schutzpflichten verletzt, so kommt es zur Schadensersatzpflicht nach §§ 280 I, 311 II, 241 II aus culpa in contrahendo (Verschulden bei der Vertragsverhandlung).

Für den Zeitpunkt der Entstehung der Schutzpflichten werden im § 311 II drei Möglichkeiten aufgeführt: Die Aufnahme von Vertragsverhandlungen, die Anbahnung von Verträgen und – als Auffangtatbestand – „ähnliche geschäftliche Kontakte". Der Gesetzgeber hat diese Regeln sehr abstrakt gefasst, weil er der Rechtsprechung genügend Raum für zukünftige Entwicklungen lassen wollte. Dazu weitere Varianten des **Salatblattfalls**:

(1) Wer in der Lebensmittelabteilung eines Warenhauses an eine Theke tritt und die Verkäuferin anspricht, hat „Verhandlungen" aufgenommen.

(2) Wer ein Warenhaus mit Kaufabsichten betritt, ist im Stadium der „Anbahnung".

(3) Wer in ein Warenhaus geht, nur um sich „einmal umzuschauen" und dabei (noch) keine Kaufabsicht hat, befindet sich in einem „ähnlichen geschäftlichen Kontakt".

(4) Wer dagegen ein Warenhaus betritt, um seine Freundin zu besuchen, die in der Lebensmittelabteilung arbeitet, ist nicht in einem „geschäftlichen", sondern in einem **privaten** Kontakt. Wenn er auf einem Salatblatt ausrutscht und sich verletzt, hat er keine Rechte aus c. i. c (wohl aber möglicherweise aus unerlaubter Handlung wegen Körperverletzung infolge Nichtbeachtung der allgemeinen Verkehrssicherungspflicht, siehe o. § 41 III).

2. Erweiterungen des geschützten Personenkreises

a) Vertrag zu Gunsten Dritter und Vertrag mit Schutzwirkung für Dritte

Der unzulängliche Deliktsschutz, vor allem die unbefriedigende Regelung der Gehilfenhaftung und das Fehlen eines umfassenden Vermögensschutzes, hat die Rechtsprechung schon vor vielen Jahrzehnten veranlasst, durch analoge Anwendung des § 328 nicht nur dem anderen Vertragsteil bzw. Verhandlungspartner, sondern darüber hinaus auch **dritten Personen** einen vertraglichen Anspruch auf Schadensersatz zu gewähren.

Die Rechtsfigur des **Vertrags zugunsten** Dritter (§ 328) war ursprünglich für Verträge vorgesehen, in denen die Parteien vereinbaren, dass ein Vertragsteil eine **primäre Leistungspflicht** gegenüber einem Dritten übernehmen solle. Ein Beispiel ist der Lebensversicherungsvertrag mit Einsetzung der (potenziellen) Witwe des Versicherungsnehmers als Bezugsberechtigte. Beim Tode des Versicherungsnehmers hat die Witwe gegen das Versicherungsunternehmen einen unmittelbaren Primäranspruch auf Zahlung der Versicherungssumme (§§ 328, 330 S. 1).

Bei dem Vertrag **mit Schutzwirkung für Dritte analog § 328** übernimmt eine Vertragspartei Dritten gegenüber nicht Leistungspflichten, sondern **Schutzpflichten** im Sinne von § 241 II, die zur Haftung aus positiver Forderungsverletzung gem. §§ 280 I, 241 II führen können. Vereinbarungen dieser Art werden fast nie ausdrücklich getroffen; sie sind aus den gesamten Umständen des Einzelfalles, insbesondere aus dem **Zweck** des Vertrages zu entnehmen (§ 328 II). Häufig lassen sie sich nur im Wege der ergänzenden Vertragsauslegung gem. § 157 begründen.

b) Die „Wohl- und Wehe-Fälle"

Die Rechtsprechung hat einen solchen Vertrag zunächst nur für Fälle angenommen, in denen der Gläubiger typischerweise dem Dritten gegenüber eine **Fürsorge- oder Obhutspflicht** hat: in denen er für dessen „**Wohl und Wehe**" mit verantwortlich ist.

(1) **Eltern** haben eine Fürsorgepflicht gegenüber ihren Kindern, auch gegenüber Hausangestellten. Deshalb ist ein Vertrag der Eltern mit Privatschulen, Kinderheimen, Beförderungsunternehmen, Ärzten ein Vertrag mit Schutzwirkung für das **Kind**. Der Mietvertrag über eine Privatwohnung ist ein Vertrag mit Schutzwirkung für alle zum Hausstand gehörenden Personen einschließlich der Hausangestellten (**nicht** aber zu Gunsten der Besucher).

Wenn also z. B. das Kind der Mieter im Treppenhaus fällt, weil sich der Vermieter (oder der Hausverwalter, § 278!) nicht rechtzeitig um die Beleuchtung gekümmert hat, kann das Kind wegen Verletzung einer **Schutzpflicht** aus §§ 280 I, 241 II, 328 Schadensersatz (einschließlich Schmerzensgeld, § 253 II) verlangen.

(2) **Arbeitgeber** haben eine Fürsorgepflicht gegenüber den Arbeitnehmern. Deshalb ist ein Vertrag zwischen dem Arbeitgeber und einem Lieferanten ein Vertrag mit Schutzwirkung für alle Arbeitnehmer, die mit der gelieferten Ware zu tun haben.

Grundlegend ist der **Rostschutzmittelfall:**[13] Der Lieferant informiert den Arbeitgeber nicht darüber, dass das von ihm gelieferte Rostschutzmittel feuergefährlich ist, deshalb kommt es in der Fabrik des Arbeitgebers zu einem Brand. Der Lieferant haftet den verletzten Arbeitnehmern aus §§ 280 I, 241 II, 328.

c) Die „Expertenfälle"

Später hat die Rechtsprechung den Kreis der geschützten Dritten über die „Wohl- und Wehe-Fälle" hinaus erweitert. Besondere Bedeutung haben in diesem Zusammenhang die „Expertenfälle" erlangt. Bei dieser Fallgruppe handelt es sich um Expertenäußerungen (Gutachten, Bescheinigungen, Testate, Bilanzen, Jahresabschlüsse), auf die sich Dritte bei ihren Entscheidungen (Kauf eines Grundstücks oder eines Unternehmens, Kreditgewährung) verlassen haben. Die etwas uneinheitliche Rechtsprechung verwendet keine eindeutigen Kriterien, wohl aber drei klare Indizien:

(1) Der Experte muss seine Tätigkeit aufgrund besonderer, **staatlich anerkannter Sachkunde** ausüben (z.B. als Wirtschaftsprüfer, Steuerberater, Rechtsanwalt).

(2) Dem Experten muss erkennbar sein, dass seine Äußerung (auch) für Dritte bestimmt ist (also nicht nur für den internen Gebrauch oder für das Finanzamt).

(3) Außerdem muss dem Experten erkennbar sein, dass der Dritte auf die Äußerung vertraut und sie zur Grundlage einer wesentlichen Entscheidung macht.

Beispielhaft für diese Fallgruppe ist der **Zwischenbilanzfall:**[14] Ein GmbH-Gesellschafter will seinen GmbH-Anteil an einen Interessenten (Dritten) verkaufen und beauftragt seinen Steuerberater, eine Zwischenbilanz zu erstellen. Aufgrund der (fehlerhaften) Bilanz, die einen hohen Gewinn ausweist, kauft der Interessent den (wertlosen) Anteil. Der Vertrag über die Erstellung der Zwischenbilanz ist ein Vertrag mit Schutzwirkung für den Interessenten.

d) Vertragsverhandlungen mit Schutzwirkung für Dritte

Außerdem hat die Rechtsprechung den Gedanken des Vertrags mit Schutzwirkung für Dritte auf die culpa in contrahendo übertragen. Dies geschah anlässlich folgender Variante des

Salatblattfalls: Auf dem Salatblatt rutschte nicht die Kundin, sondern der sie begleitende Sohn aus. Hier ist die Haftung also zu begründen aus §§ 280 I, 311 II, 241 II und analog § 328.

---

[13] BGH NJW 1959, 1676.
[14] Ähnlich BGH ZIP 1987, 376.

3. Erweiterungen des haftenden Personenkreises

Nach § 311 III S. 1 können auch Personen aus culpa in contrahendo haften, „die nicht selbst Vertragspartei werden sollen".

a) Sachwalterhaftung

§ 311 III S. 2 erwähnt beispielhaft den sog. **Sachwalter**, d.h. eine Person, die bei der Vertragsverhandlung **in besonderem Maße** Vertrauen für sich in Anspruch nimmt und erheblichen Einfluss auf die Vertragsverhandlungen oder den Vertragsabschluss gewinnt.

Praktisch handelt es sich bei dem Sachwalterfall um einen „Expertenfall" im Sinne der oben beschriebenen Fallgruppe. Die unterschiedliche rechtliche Konstruktion kommt durch den unterschiedlichen vertraglichen Ausgangspunkt und die dadurch entstandene unterschiedliche **Blickrichtung** zu Stande:

(1) Ausgangspunkt beim Vertrag mit Schutzwirkung für Dritte ist jeweils der Vertrag zwischen dem Gläubiger (z.B. Verkäufer) und dem **Experten.** Der Interessent (Käufer) ist der **geschützte Dritte.**

(2) Ausgangspunkt bei der Sachwalterhaftung ist dagegen der Vertrag zwischen dem Gläubiger (Verkäufer) und dem **Interessenten** (Käufer). Der Experte, der als Sachwalter auf die Vertragshandlungen zwischen Gläubiger und Interessent erheblichen Einfluss genommen hat, ist gegenüber dem Interessenten ein **haftender Dritter.**

Man kann praktisch ein und denselben Fall auf die eine oder die andere Weise rechtlich angehen. Die Rechtsprechung macht von beiden Modellen Gebrauch, möglicherweise wird sie in Zukunft die Konstruktion der Sachwalterhaftung nach § 311 III S. 2 bevorzugen.

Ein **drittes** Modell ist die Annahme eines **Beratungs**vertrags zwischen dem Interessenten und dem Experten. Sie setzt voraus, dass die Auskunft des Experten für den Interessenten von erheblicher Bedeutung war, der Interessent die Auskunft zur Grundlage wesentlicher Entscheidung machen wollte, und dies für den Experten erkennbar war. Außerdem muss es zusätzlich zu einer **unmittelbaren Fühlungnahme** zwischen dem Experten und dem Interessenten gekommen sein, z.B. weil der Experte bei einer Verhandlung zwischen Verkäufer und Interessent anwesend war und Auskünfte gab oder weil der Interessent sonstwie bei dem Experten Auskünfte eingeholt hatte.[15] Diese Konstruktion wird aber wegen ihres fiktiven Charakters heftig kritisiert.

b) Eigenes wirtschaftliches Interesse des Vertreters

§ 311 III S. 2 lässt Raum für weitere Fallgruppen („insbesondere"). Nach der Rechtsprechung kann aus c.i.c. ein Stellvertreter haften, wenn er ein **eigenes wirtschaftliches** Interesse an dem Vertragsschluss hat, insbesondere wenn er **wirtschaftlich** die Stellung eines Vertragspartners einnimmt.[16] Das ist z.B. der Fall, wenn ein Auto-

---

[15] BGH DB 1985, 1464; NJW 1992, 2080.
[16] BGH NJW 1983, 2192.

händler den Gebrauchtwagen eines Eigentümers als dessen Stellvertreter verkauft und dem Käufer schuldhaft falsche Angaben über den Kilometerstand oder die Unfallfreiheit macht.

4. Zusammenfassung

Die zeitlichen und personellen Erweiterungen kann man in ein einprägsames Bild bringen:

	Schutzpflichtverletzung in der Zeit der **Vertrags-verhandlung:** culpa in contrahendo §§ 280 I, 311 II, 241 I	
Dritte können geschützt werden durch Vertrag mit Schutzwirkung für Dritte analog § 328	Schutzpflichtverletzung in der Zeit **nach Vertragsschluss:** pos. Forderungsverletzung §§ 280 I, 241 II	**Dritte** können, z.B. als Sachwalter § 311 III oder bei Eigeninteresse haften
	Schutzpflichtverletzung in der Zeit **nach der Leistung:** culpa post contractum finitum §§ 280 I, 241 II	

§ 48. Die Mängelhaftung beim Kauf

Der Verkäufer einer Sache ist dem Käufer nicht nur zur Verschaffung von Besitz und Eigentum verpflichtet. Er muss dem Käufer die Sache auch **mangelfrei** verschaffen.

📖 Bitte lesen Sie § 433 I.

Wird diese primäre Hauptleistungspflicht verletzt, so hängen die weiteren Rechtsfolgen davon ab, ob die Nacherfüllung möglich ist.

(1) Ist die Nacherfüllung **möglich,** so tritt das Schuldverhältnis zunächst in die Phase der **nachgeholten Erfüllung** (Nacherfüllung) ein.

(2) Ist die Nacherfüllung **unmöglich** oder **unzumutbar,** so geht das Schuldverhältnis direkt in die Phase der, **endgültigen Nichterfüllung** über.

I. Die Erfüllung der Primärleistungspflicht

Zur mangelfreien Leistung gehört, dass die Sache frei von Sach- und Rechtsmängeln geliefert wird. Die Grenze zwischen Sach- und Rechtsmängeln lässt sich nicht immer klar ziehen, sie ist auch von geringer Bedeutung, da das Gesetz die beiden Mangelarten grundsätzlich gleichstellt.

1. Freiheit von Sachmängeln

a) Die Sollbeschaffenheit

Die Sache muss die vertragsmäßige **Sollbeschaffenheit**, d.h. die Beschaffenheit besitzen, die sie nach dem Kaufvertrag haben **soll**. Der entscheidende Zeitpunkt ist nach § 434 I S. 1 der „Gefahrübergang".

Gemeint ist hier der Übergang der Gegenleistungsgefahr (Vergütungsgefahr), also § 446 S. 1 (Übergabe an den Käufer) oder § 446 S. 3 (Annahmeverzug des Käufers) oder § 447 (Übergabe an die Transportperson beim Versendungskauf, dies gilt nicht für den Verbrauchsgüterkauf, s.o. § 45 III 3).

Die Sollbeschaffenheit ergibt sich in erster Linie aus der Kaufvereinbarung. Entscheidend ist, **als was** die Sache verkauft worden ist.

📖 Bitte lesen Sie § 434 I, II.

Bei der Prüfung geht man folgendermaßen vor:

(1) Man prüft zuerst, ob eine Beschaffenheit **vereinbart** worden ist (§ 434 I S. 1). Das ist z.B. der Fall, wenn der Verkäufer eine **Beschreibung** der Sache gegeben oder dem Käufer eine **Probe** oder ein **Muster** vorgelegt hat.

(2) In der Vertragspraxis kommt es oft nicht zur Vereinbarung einer Eigenschaft, weil die Aufmerksamkeit der Parteien nicht auf einzelne Merkmale der Beschaffenheit, sondern auf die Tauglichkeit für einen **bestimmten Verwendungszweck** gerichtet ist. In diesen Fällen ist zu prüfen, ob die Parteien bei Vertragsschluss eine bestimmte Verwendung der Kaufsache **vorausgesetzt** haben (§ 434 I S. 2 Nr. 1).

(3) Wenn weder die Beschaffenheit vereinbart ist noch die Parteien eine bestimmte Verwendung vorausgesetzt haben, kommt es darauf an, ob sich die Sache für die gewöhnliche Verwendung eignet (§ 434 I S. 2 Nr. 2). Es ist also zu prüfen, ob die Sache eine Beschaffenheit aufweist, die bei Sachen der **gleichen** Art üblich ist und die der Käufer nach der Art der Sache erwarten kann. Dabei ist von dem Erwartungshorizont eines **Durchschnittskäufers** auszugehen.

Ergänzend wird in § 434 I S. 3 bestimmt, dass zur Beschaffenheit auch Eigenschaften gehören, die der Käufer nach öffentlichen Äußerungen des Verkäufers, des Herstellers oder seines Gehilfen erwarten kann. Der Verkäufer muss also auch für **Werbeaussagen** einstehen.

📖 Bitte lesen Sie die Einzelheiten in § 434 I S. 3 nach.

b) Montagefehler und fehlerhafte Montageanleitung

Ein Sachmangel ist auch dann gegeben, wenn die vereinbarte Montage durch den Verkäufer oder dessen Erfüllungsgehilfen unsachgemäß durchgeführt worden ist (§ 434 II S. 1). Gedacht ist vor allem an die Fälle, in denen eine Sache zunächst mangelfrei geliefert, aber dann unsachgemäß montiert und **dadurch** mangelhaft wird. Dazu ein Fall:

Der Verkäufer schließt eine Waschmaschine fehlerhaft an mit der Folge, dass Wasser in Teile der Maschine dringt, die eigentlich trocken bleiben sollen.

Darüber hinaus werden auch Fälle als Sachmängel erfasst, in denen die Montage fehlerhaft ist, ohne dass dies zu Mängeln an der Sache führt. Zu denken ist hier z.B. an Hängeschränke, die schief an der Wand befestigt werden.[17]

Ein Sachmangel liegt außerdem vor, wenn bei einer zur Montage bestimmten Sache die **Montageanleitung** mangelhaft ist, es sei denn, die Sache ist trotzdem fehlerfrei montiert worden (§ 434 II S. 2, sog. IKEA-Klausel).

§ 434 II erfasst **nicht Bedienungs- und Gebrauchsanleitungen.** Wenn solche Anleitungen für die vertraglich vorausgesetzte oder die gewöhnliche Verwendung der Sache notwendig sind, gehören sie zur **Sollbeschaffenheit** der Sache. Sind sie nicht vorhanden oder fehlerhaft (z.B. unverständlich), liegt bereits ein Mangel nach § 434 I S. 2 vor.

c) Falschlieferung und Zuweniglieferung (Mankolieferung)

Einem Sachmangel steht es gleich, wenn der Verkäufer eine andere Sache oder eine zu geringe Menge liefert (§ 434 III).

Voraussetzung für die Gleichstellung der Mankolieferung mit dem Sachmangel ist, dass der Käufer die Zuweniglieferung als Erfüllung seiner Pflicht, nicht als Teilleistung, erbringt.

Außerhalb der Sachmängelhaftung liegt die **Zuviellieferung.** Sie führt dazu, dass der Verkäufer das Zuviel als ungerechtfertigte Bereicherung zurückfordern kann (§ 812 I S. 1).

2. Rechtsmängel

Die Sache hat einen Rechtsmangel, wenn in Bezug auf die Sache Rechte gegen den Käufer geltend gemacht werden können, die nicht im Kaufvertrag übernommen wurden.

📖 Bitte lesen Sie § 435 S. 1.

a) Mangelndes Eigentum

Nach h.M. ist die Nichtverschaffung des Eigentums ein Rechtsmangel. Der Mangel tritt vor allem dann auf, wenn eine abhanden gekommene bewegliche Sache verkauft worden ist. Solche Sachen wandern oft durch mehrere Hände, bis der Eigentümer sie bei dem letzten Erwerber aufspürt. Der Erwerber kann sich auf seinen guten Glauben nicht berufen, da bei abhanden gekommenen Sachen kein Gutglaubensschutz besteht (§ 935 I S. 1), er muss also die Sache herausgeben und beim Verkäufer Rückgriff wegen eines Rechtsmangels nehmen. Denn der Verkäufer hat ihm zwar den Besitz, nicht aber das Eigentum an der Sache verschafft.

---

[17] BT-Drucks. 14/6040, S. 215.

b) Dingliche (sachenrechtliche) Rechte Dritter

Ein Rechtsmangel kann auch darin liegen, dass der Käufer Eigentümer wird, dass dieses Eigentum aber mit dem Sachenrecht eines Dritten belastet ist. Ein solcher Fall ist eher bei Grundstücken denkbar. In Betracht kommen vor allem Grundpfandrechte (Hypothek, Grundschuld, Rentenschuld), die normalerweise vom Verkäufer anlässlich des Kaufs abgelöst oder vom Käufer übernommen werden (mit Verrechnung auf den Kaufpreis). Zu denken ist außerdem an Dienstbarkeiten (z. B. eine Baubeschränkung zugunsten des Eigentümers des Nachbargrundstücks).

c) Obligatorische (schuldrechtliche) Rechte Dritter

Auch das obligatorische Recht eines Dritten kann zum Rechtsmangel führen. Der wichtigste Fall ist das Recht des Mieters von Wohnraum, mit dem Käufer des Wohnraums das Mietverhältnis fortzusetzen (§ 566 I).

d) Öffentlich-rechtliche Beschränkungen

Ein Rechtsmangel kann außerdem auf öffentlich-rechtlichen Beschränkungen beruhen (Beispiel: Sozialbindung einer Wohnung).

Ein Sonderproblem ist die in der Praxis weitverbreitete öffentlich-rechtliche Baubeschränkung. Ihre Einordnung als Rechtsmangel bereitete vor 2002 Schwierigkeiten, denn damals galten sehr unterschiedliche Verjährungsfristen für Sachmängel (ein Jahr) und Rechtsmängel (30 Jahre!). Die Rechtsprechung löste das Problem, indem sie die öffentlich-rechtlichen Baubeschränkung aus der Rechtsmängelhaftung herausnahm und als **Sachmangel** behandelte.[18] Dieser Schritt wurde in der Literatur weitgehend gebilligt.[19] Ob die Rechtsprechung auch unter der Geltung des neuen Rechts an dieser „Verlegenheitslösung"[20] festhält, bleibt abzuwarten. Der Gesetzgeber hat die Frage der präzisen Abgrenzung von Sach- und Rechtsmangel bewusst offen gelassen.[21] Wir raten Ihnen, in einer Klausur ebenso zu verfahren, solange es noch keine Rechtsprechung zum neuen Recht gibt. Da die Rechtsfolgen für beide Mangelarten grundsätzlich gleich sind, ist das korrekt.

e) Öffentlich-rechtliche Abgaben und Lasten

Anders als die Beschränkungen sind die öffentlich-rechtlichen **Abgaben und Lasten** weder Rechts- noch Sachmängel, da solche Lasten allgemein üblich sind. In § 436 wird lediglich geregelt, wie diese Lasten im Verhältnis zwischen Verkäufer und Käufer **aufgeteilt** werden.

(1) Nach § 436 I hat der Verkäufer **Anliegerbeiträge** (z. B. Kanalisationsanschlussgebühren) für solche Maßnahmen zu tragen, die bis zum Tage des Kaufvertrags bautechnisch **begonnen** worden sind.

---

[18] BGH NJW 1992, 1384.
[19] Palandt/Putzo, § 435, Rnr. 13.
[20] Flume, Eigenschaftsirrtum, S. 170.
[21] BT-Drucks. 14/6040.

(2) Für die **anderen** Abgaben und öffentlichen Lasten (Grundsteuer, Müllabfuhr, Entwässerung, Straßenreinigung, Streupflicht) haftet der Verkäufer nach § 436 II **nicht,** genauer: Es gilt insoweit die allgemeine Regeln des § 446 S. 2, wonach der Verkäufer die Lasten bis zur **Übergabe** trägt.

3. Rechtsfolgen des Mangels

Wenn ein Mangel i.S.v. § 434 oder § 435 vorliegt, bestimmen sich die Rechte des Käufers nach den in § 437 aufgelisteten **Rechtsgrundverweisungen.** Es müssen also die Voraussetzungen nicht nur von § 437, sondern auch die Voraussetzungen der in § 437 angeführten Vorschriften vorliegen, soweit deren Voraussetzungen nicht bereits in § 437 enthalten sind:

(1) Kaufvertrag,

(2) Mangel

(3) im Zeitpunkts des Gefahrübergangs.

II. Die Phase der nachgeholten Erfüllung

1. Nacherfüllung

Ein Sach- oder Rechtsmangel im Sinne von §§ 434, 435 gibt dem Käufer noch kein Recht auf Rücktritt, Minderung oder Schadensersatz statt der Leistung. Stattdessen hat der Käufer zunächst einen Anspruch auf Nacherfüllung gem. §§ 437 Nr. 1, 439 I. Das Gesetz bietet dem Verkäufer also generell die Möglichkeit der **zweiten Andienung.** Die Kosten der Nacherfüllung werden allein vom Verkäufer getragen (§ 439 II).

a) Die beiden Formen der Nacherfüllung

Für die Nacherfüllung sieht das Gesetz zwei Formen vor: Mangelbeseitigung oder Ersatzlieferung. Die Mangelbeseitigung erfolgt bei Sachmängeln durch Reparatur, bei fehlerhafter Montage durch Nachmontage (schief befestigte Schränke werden gerade aufgehängt), bei Zuweniglieferung durch Nachlieferung der fehlenden Menge.

Der **Käufer** bestimmt, welche Form der Nacherfüllung gewählt wird; der Verkäufer ist an diese Wahl gebunden (§ 439 I).

b) Die Befreiung von einer Form der Nacherfüllung

Allerdings kann der Verkäufer unter bestimmten Voraussetzungen von einer der beiden Formen befreit werden. Maßgebend sind die allgemeinen Regeln über die Unmöglichkeit der Leistung, die auch für die Nacherfüllung gelten. Außerdem kann es zur Befreiung von einer Form aufgrund der Sonderregel § 439 III über die Unverhältnismäßigkeit der Nacherfüllung kommen.

Betrifft die Befreiung nur eine der beiden Formen, so bleibt das Schuldverhältnis in der Phase der nachgeholten Erfüllung, die Verpflichtung des Verkäufers beschränkt sich auf die andere Form. Im Einzelnen gilt Folgendes:

aa) Wirkliche Unmöglichkeit

📖 Bitte lesen Sie § 275 I.

Beim Kauf einer **bestimmten gebrauchten** Sache ist die **Ersatzlieferung** in der Regel unmöglich, es kommt dann aber eine Mangelbeseitigung durch **Reparatur** in Betracht.

bb) Unverhältnismäßige Kosten

Nach der Sonderregel § 439 III kann der Verkäufer eine Form verweigern, wenn die Nacherfüllung möglich ist, aber die Kosten **unverhältnismäßig hoch** sind.

Bei **geringwertigen** Sachen ist häufig die **Mängelbeseitigung** (Reparatur) mit unverhältnismäßigen Aufwendungen verbunden; der Käufer kann dann nur Ersatzlieferung verlangen. Bei **hochwertigen** Gütern kann es umgekehrt sein. Wenn etwa der Mangel einer Waschmaschine durch einfaches Auswechseln einer Schraube behoben werden kann, hat der Verkäufer das Recht, eine vom Käufer verlangte Lieferung einer neuen Waschmaschine zu verweigern.[22]

📖 Bitte lesen Sie § 439 III.

cc) Faktische Unmöglichkeit und persönliche Unzumutbarkeit

§ 439 III S. 1 gilt ausdrücklich „unbeschadet" der beiden Tatbestände § 275 II, III. Praktisch haben diese beiden Tatbestände neben § 439 III jedoch kaum Bedeutung.

§ 275 II setzt ein „grobes Missverhältnis" voraus, die Schwelle ist also höher als bei § 439 III, d.h. § 275 II bezieht sich auf Fälle, die bereits von § 439 III erfasst sind.

Auch § 275 III kommt praktisch nicht zur Anwendung, da beim Kauf die Leistung durch den Verkäufer nicht persönlich erbracht werden muss.

2. Einrede des nicht erfüllten Vertrages

Da die Lieferung einer mangelhaften Sache keine vertragsmäßige Leistung ist, steht dem Käufer hinsichtlich seiner Zahlungspflicht die Einrede des nicht erfüllten Vertrages zu, bis die Nacherfüllung erfolgt ist.

📖 Bitte lesen Sie §§ 320, 322.

3. Erfüllung der Nacherfüllungspflicht

Führt die Nacherfüllung zum Erfolg, so erlischt die Leistungspflicht des Verkäufers durch Erfüllung gem. §§ 362 I, 437 Nr. 1, 439, 433 I S. 1.

Wird die Nacherfüllung durch **Ersatzlieferung** bewirkt, so kann der Verkäufer Rückgewähr der mangelhaften Sache verlangen.

📖 Bitte lesen Sie § 439 IV.

---

[22] BT-Drucks. 14/6040, S. 232.

4. Schadensersatz neben der Leistung

In der Phase der Nacherfüllung können verschiedene Ansprüche auf Schadensersatz neben der Leistung entstehen. Auf diese Ansprüche wird in § 437 Nr. 3 verwiesen (Rechtsgrundverweisung). Voraussetzung für diese Ansprüche ist stets ein Vertretenmüssen, d.h. ein Verschulden oder eine Garantie (§§ 437 Nr. 3, 280 I, 276). Die Unterscheidung zwischen den einzelnen Schadensarten ist nicht ganz einfach.

a) Schaden durch mangelhafte Lieferung

Allein schon durch die Lieferung einer mangelhaften Sache kann beim Käufer ein Schaden entstehen, der auch durch eine zügige Nacherfüllung nicht mehr beseitigt werden kann. So kann z.B. die Mangelhaftigkeit einer gelieferten Maschine deren Inbetriebnahme beim Käufer verzögern und dann zu einem **Betriebsausfallschaden** führen. Schäden dieser Art sind nach der (umstrittenen) Ansicht der Verfasser des Schuldrechtsmodernisierungsgesetzes aus §§ 437 Nr. 3, 280 I, also **unabhängig** vom Eintritt von **Verzug** zu ersetzen.[23]

b) Schaden durch verzögerte Nacherfüllung

Ein noch weitergehender Schaden kann sich dadurch ergeben, dass der Verkäufer, nachdem er eine mangelhafte Sache geliefert hat, nun auch noch die **Nacherfüllung verzögert,** z.B. weil er das Vorliegen eines Mangels bestreitet. Dadurch können dem Käufer zusätzliche Kosten der **Rechtsverfolgung** entstehen, z.B. Gebühren für Gutachter, Anwälte und Gerichte. Da es sich hier um einen **Verzögerungsschaden** handelt, setzt der Schadensersatzanspruch des Käufers voraus, dass sich der Verkäufer mit der Nachbesserung in **Verzug** befindet, was grundsätzlich eine Mahnung voraussetzt (§§ 437 Nr. 3, 280 I, II, 286). Allerdings wird man die **Mahnung** in aller Regel bereits in der Aufforderung zur Nacherfüllung sehen können.[24]

c) Schaden an anderen Rechtsgütern (Mangelfolgeschaden)

Außerdem kann der Mangel einen Schaden an anderen Rechtsgütern des Käufers (Gesundheit, Eigentum, Vermögen) verursachen, ehe die Nacherfüllung zum Erfolg führt (z.B., weil sich der Käufer beim Bedienen der mangelhaften Maschine verletzt). Für diese **Mangelfolgeschäden** haftet der Verkäufer nach §§ 437 Nr. 3, 280 I auf Schadensersatz.

d) Schaden infolge Minderwert der Sache (eigentlicher Mangelschaden)

Dagegen hat der Käufer in der Phase der Nacherfüllung keinen Anspruch auf Ersatz des Mangelschadens, der darin liegt, dass die gelieferte Sache infolge des Mangels **weniger wert** ist. Dieser Schaden soll ja gerade durch die Nacherfüllung **beseitigt** werden, er kann deshalb erst geltend gemacht werden, wenn die Nacherfüllung endgültig nicht zu Stande kommt.

---

[23] BT-Drucks. 14/6040, S. 225.
[24] BT-Drucks. 14/6040, S. 225.

e) Schaden durch Verletzung nicht mangelbezogener Schutzpflichten

Um die Auflistung der einzelnen Schadensersatzansprüche komplett zu machen: Natürlich kommt auch beim Sachmangel in der Phase der nachträglichen Erfüllung ein Anspruch auf Schadensersatz in Betracht für den Fall, dass der Verkäufer den Käufer **unabhängig** von einem Mangel schadet, indem er eine **nicht leistungsbezogene** Schutzpflicht verletzt (wieder einmal: Der Zahn des Käufers). Der Anspruch ergibt sich direkt aus § 280 I (also ohne die Verweisung in § 437 Nr. 3) und hat mit der Sachmängelhaftung nichts zu tun.

f) Schaden durch mangelunabhängige Leistungsverzögerung

Außerhalb der Sachmängelhaftung liegt auch der Fall, in welchem der Verkäufer die **Lieferung** der – mangelhaften oder mangelfreien – Sache verzögert. Hier gilt nur das Recht der Verzögerung bzw. des Verzugs nach §§ 280 I, II, 286, 433 I S. 1.

III. Die Phase der endgültigen Nichterfüllung

Aus der Verweisung in § 437 Nr. 2, 3 ergeben sich die Rechte des Käufers in der Phase der endgültigen Nichterfüllung: Rücktritt oder Minderung, bei Vertretenmüssen seitens des Verkäufers außerdem Schadensersatz **statt** der Leistung oder Aufwendungsersatz.

1. Gemeinsame Voraussetzungen

Diese Rechte haben gemeinsame Voraussetzungen, die in den allgemeinen Vorschriften über die Unmöglichkeit, die Leistungsverzögerung und die Schutzpflichtverletzung geregelt sind. **Grundsätzlich** ist gemeinsame Voraussetzung, dass der Käufer dem Verkäufer erfolglos eine **angemessene** Frist zur Nacherfüllung bestimmt hat (§§ 437 Nr. 2, 3, 323 I, 281 I S. 1). Die Frist ist angemessen, wenn sie so lang ist, dass der Verkäufer die Nacherfüllung noch durchführen kann.[25] Ist die Frist zu kurz bemessen, so wird eine angemessene Frist in Lauf gesetzt. Die Fristsetzung ist entbehrlich, wenn

(1) hinsichtlich **beider** Formen der Nacherfüllung einer der drei Fälle der Unmöglichkeit nach § 275 I-III oder Unverhältnismäßigkeit nach § 439 III vorliegt (§ 326 V, 283, 311 a, 440 S. 1; die Prüfung erfolgt in der Reihenfolge §§ 275 1, 439 III, 275 II, III),

(2) der Verkäufer die Nacherfüllung ernsthaft und endgültig verweigert (§§ 323 II Nr. 1, 281 II),

(3) ein (relatives) Fixgeschäft oder sonstige besondere Umstände vorliegen. Dies ist ausdrücklich in § 323 II Nr. 2, 3 geregelt. In § 281 II fehlt die ausdrückliche Erwähnung des (relativen) Fixgeschäfts. Aber dieser formale Unterschied ist praktisch ohne Bedeutung, da ein Fixgeschäft immer auch ein besonderer Umstand ist,

---

[25] BT-Drucks. 14/6040, S. 138.

(4) die Nacherfüllung **fehlgeschlagen** ist (grundsätzlich nach zwei erfolglosen Versuchen, § 440), oder

(5) die Nacherfüllung für den **Käufer** unzumutbar ist (§ 440 S. 1), z. B. weil sie mit erheblichen Unannehmlichkeiten für den Käufer verbunden ist.

2. Rücktritt

Für den Rücktritt wird zusätzlich vorausgesetzt, dass der Mangel **erheblich** ist (§§ 437 Nr. 2, 323 V S. 2, 326 V).

Der Rücktritt ist ein **Gestaltungsrecht,** er erfolgt durch eine einseitige Willenserklärung gegenüber dem Verkäufer (§ 349) und verwandelt das bisher auf Leistung gerichtete Schuldverhältnis unwiderruflich in ein Rückabwicklungsverhältnis (§ 346 I). Der Verkäufer hat den empfangenen Kaufpreis zurückzugewähren. Der Käufer muss die Kaufsache zurückübereignen und ebenfalls Nutzungen herausgeben oder Wertersatz leisten (§ 347 I S. 1).

📖 Bitte lesen Sie unbedingt §§ 346, 347.

3. Minderung

Liegen die Voraussetzungen für den Rücktritt vor, so kann der Käufer statt zurückzutreten die mangelhafte Sache behalten und den Kaufpreis **mindern** (§§ 437 Nr. 2, 441 I S. 1). Da die Minderung den Verkäufer weniger belastet als der Rücktritt, ist die Minderung auch bei einem **unerheblichen** Mangel zulässig (§§ 441 I S. 2, 323 V S. 2).

Die Minderung ist – wie der Rücktritt – ein Gestaltungsrecht: Durch eine einseitige Erklärung des Käufers wird der Kaufpreis herabgesetzt. Auch die Minderung ist unwiderruflich, der Käufer kann also nicht nachträglich zurücktreten.

📖 Bitte lesen Sie § 441.

Die Herabsetzung des Kaufpreises erfolgt nicht einfach durch Abzug des Minderwerts vom Kaufpreis, sondern **verhältnismäßig** (§ 441 III): Der Kaufpreis wird in dem Verhältnis herabgesetzt, „in welchem zur Zeit des Vertragsschlusses der Wert der Sache in mangelfreiem Zustand zu dem wirklichen Wert gestanden haben würde." In einer Formel lässt sich das folgendermaßen ausdrücken

$$\frac{\text{Wert der mangelhaften Sache}}{\text{Wert der mangelfreien Sache}} = \frac{\text{neuer Kaufpreis}}{\text{alter Kaufpreis}}$$

4. Schadensersatz statt der Leistung

Im Falle des Vertretenmüssens seitens der Verkäufers hat der Käufer außerdem einen Anspruch auf Schadensersatz **statt** der Leistung (§§ 437 Nr. 3, 280 I, III, 311 a II, 281, 283, 440). Der Anspruch wird durch den Rücktritt nicht ausgeschlossen (§ 325).

a) Großer Schadensersatz

Den **großen** Schadensersatz, d.h. Schadensersatz statt der **ganzen** Leistung kann der Käufer nur verlangen, wenn der Mangel **erheblich** ist (§§ 281 I S. 3, 283, 311 a II). Bei diesem Schadensersatz gibt der Käufer die mangelhafte Sache zurück und verlangt Ersatz des gesamten Schadens, der ihm durch die Nichterfüllung entstanden ist. Dazu gehören z.B. die Kosten einer Ersatzbeschaffung, die Freistellung von der Haftung gegenüber einem Zweitkäufer und der entgangene Gewinn.

b) Kleiner Schadensersatz

Wahlweise kann der Käufer den **kleinen** Schadensersatz verlangen. Ist der Mangel nicht erheblich, so beschränkt sich der Anspruch des Käufers auf diesen Schadensersatz, ein Anspruch auf den großen Schadensersatz besteht dann also nicht (§§ 437 Nr. 2, 281 I S. 3, 283, 311 a II). Der Käufer **behält** die mangelhafte Sache und verlangt, durch Zuzahlung so gestellt zu werden, wie wenn die Leistung wie geschuldet erbracht worden wäre. Er kann also den Ersatz des **Mangelschadens** verlangen, d.h. des Betrages, um den die Sache infolge des Mangels **weniger wert** ist (etwas andere Berechnung als bei der Minderung), er kann stattdessen Ersatz der Reparaturkosten verlangen, außerdem Freistellung von der Haftung aus einem Weiterverkauf und entgangenen Gewinnen.

5. Ersatz vergeblicher Aufwendungen

Liegen die Voraussetzungen für den Schadensersatz statt der Leistung vor, so kann der Käufer an Stelle des Schadensersatzes Ersatz der vergeblichen Aufwendungen verlangen (§§ 437 Nr. 3, 284). Dazu eine Variante des **Gemäldefalls:**

K hat im Vertrauen auf die baldige Lieferung des gekauften kostbaren Gemäldes in einem Raum seines Hauses eine sehr aufwändige Klimaanlage und eine spezielle Alarmanlage installiert. Später stellt sich heraus, dass das Gemälde eine Fälschung ist.

6. Kein automatisches Freiwerden von der Gegenleistungspflicht

Nach den allgemeinen Regeln des Schuldrechts verliert ein Schuldner automatisch seinen Anspruch auf die Gegenleistung, wenn er von seiner Leistungspflicht befreit wird, weil die Leistung **unmöglich** ist (§ 275 I-III). Der Gläubiger braucht also nicht vom Vertrag zurückzutreten, er hat das Recht, stattdessen einfach die Gegenleistung zu verweigern (§ 326 I S. 1). Dieses Recht steht dem Käufer **nicht** zu, wenn der Verkäufer nach § 275 I-III von seiner **Nacherfüllungspflicht** befreit wird.

📖 Bitte lesen Sie § 326 I.

Für diese unterschiedliche rechtliche Behandlung gibt es einen Grund. Wenn dem Verkäufer die Lieferung der Sache unmöglich wird, hat der Käufer **nichts** bekommen; es ist deshalb gerecht, dass er dann von seiner Gegenleistungspflicht befreit wird. Bei der Mängelhaftung hat der Käufer dagegen eine – mangelhafte – Sache bekommen, er kann deshalb nicht einfach die mangelhafte Sache behalten und jegliche Zahlung verweigern, sondern er muss sich zwischen den Rechten, die ihm das Gesetz gewährt, **entscheiden** und dadurch Klarheit schaffen.

7. Zusammenfassung: Varianten des Vertretenmüssens

In der Phase der endgültigen Nichterfüllung kommen auch hier unter dem Gesichtspunkt des Vertretenmüssens drei Möglichkeiten in Betracht:

(1) Hat der **Verkäufer** den Mangel zu vertreten, so kann der Käufer zurücktreten (§§ 437 Nr. 2, 326 V, 323 I, II, 440) oder den Kaufpreis mindern (§ 441). Ist der Mangel **unerheblich,** so kann der Käufer nur mindern, nicht zurücktreten (§§ 471 Nr. 2, 323 V S. 2, 326 V).

Außerdem hat der Käufer den Anspruch auf Schadensersatz **statt** der Leistung. Dabei kann er zwischen dem **großen** Schadensersatz (Schadensersatz statt der **ganzen** Leistung) und dem **kleinen** Schadensersatz wählen (§§ 437 Nr. 3, 280 I, III, 281 I S. 3, 283, 311 a II). Ist der Mangel unerheblich, so kann er nur den kleinen Schadensersatz verlangen (§ 281 I S. 3).

An Stelle des Schadensersatzes statt der Leistung kann der Käufer Aufwendungsersatz verlangen (§§ 437 Nr. 3, 284).

(2) Hat **keiner von beiden** den Mangel zu vertreten, so hat der Käufer **nicht** den Anspruch auf Schadensersatz statt der Leistung oder auf Ersatz der Aufwendungen. Er kann aber zurücktreten oder mindern, bei einem unerheblichen Mangel nur mindern (§§ 437 Nr. 2, 323 I, III, 326 V, 441 I S. 2, 323 V S. 2).

(3) Ist der Käufer für den Mangel allein oder ganz überwiegend verantwortlich oder ist der vom Verkäufer nicht zu vertretende Mangel während des Gläubigerverzugs (d.h. nach Gefahrübergang) eingetreten, so hat der Verkäufer keinen Anspruch auf Schadensersatz oder Aufwendungsersatz (§ 254), er kann auch nicht zurücktreten oder mindern (§§ 437 Nr. 2, 323 VI, 326 V).

IV. Ansprüche des Käufers aus einer Garantie

In der Praxis werden häufig Waren mit einer „Garantie" verkauft. Die rechtliche Einordnung einer solchen Zusage ist nicht immer einfach. Zunächst muss man zwischen dem selbständigen und dem unselbständigen Garantievertrag unterscheiden.

1. Selbständiger Garantievertrag

Der selbständige Garantievertrag ist im Gesetz nicht geregelt, aber zulässig aufgrund der das Schuldrecht beherrschenden Vertragsfreiheit (Gestaltungsfreiheit). Er läuft auf eine Risikoübernahme hinaus: Der Erklärende steht für den Eintritt eines bestimmten Erfolges ein oder übernimmt im Voraus einen zukünftigen, noch nicht eingetretenen Schaden.[26]

Zusagen dieser Art sind im Bereich des Kaufrechts sehr selten. Sie werden manchmal bei **Kapitalanlagen** gegeben: Der Verkäufer einer Eigentumswohnung garantiert das Zustandekommen der Finanzierung oder die Erzielung einer bestimmten Miete, der Verkäufer einer Beteiligung garantiert eine bestimmte Rendite oder

---

[26] BGH NJW 1996, 3569.

Wertsteigerung. In diesen Fällen wird ein Erfolg versprochen, der **nicht nur** von der Mangelfreiheit des Kaufgegenstands, sondern auch von der zukünftigen Markt- und Konjunkturlage abhängt.[27]

2. Unselbständiger Garantievertrag

Im Gegensatz hierzu geht es bei dem **unselbständigen** Garantievertrag stets um die **Mangelfreiheit** der Sache. Für diese Mangelfreiheit will der Versprechende in einer Weise einstehen, die über die gesetzliche Regelung hinausgeht. Auf **diese** Art von Einstehen gehen wir hier näher ein.

Beim unselbständigen Garantievertrag kann man grundsätzlich zwischen einer **Beschaffenheits-** und einer **Haltbarkeitsgarantie** unterscheiden. Für beide Arten bestimmt § 443 I, dass der konkrete Inhalt der Garantie sich aus den Bedingungen der Garantieerklärung ergibt und dass auch die einschlägige **Werbung** in den Garantievertrag eingeht. Außerdem wird bestimmt, dass die Rechte des Käufers aus der Garantie **neben** die („unbeschadeten") gesetzlichen Ansprüche aus dem Kaufvertrag treten.

📖 Bitte lesen Sie § 443 I.

a) Die Beschaffenheitsgarantie

Die Beschaffenheitsgarantie geht über die gesetzliche Mängelhaftung insoweit hinaus, als das Vorhandensein einer bestimmten Eigenschaft als Sollbeschaffenheit nicht nur vereinbart, sondern **zugesichert** wird in dem Sinne, dass der Verkäufer für alle Folgen des etwaigen Fehlens dieser Eigenschaft auch **ohne Verschulden** einstehen will. Der Verkäufer hat deshalb einen solchen Mangel stets **zu vertreten** und haftet auf vollen Schadensersatz nach §§ 280 I, 276 I S. 1.

📖 Bitte lesen Sie § 276 I S. 1.

Auch diese Art von Garantie ist in der Praxis selten. Sie setzt voraus, dass der Verkäufer für den Bestand einer bestimmten Eigenschaft und alle Folgen ihres Fehlens voll einstehen will. Das ist etwa der Fall, wenn der Käufer dem Verkäufer deutlich macht, dass es ihm auf eine bestimmte Eigenschaft (z.B. den Benzinverbrauch eines Autos, die Farbechtheit eines Kleidungsstücks) besonders ankommt und der Verkäufer das Vorliegen dieser Eigenschaft klar bejaht.

b) Die Haltbarkeitsgarantie

Üblicherweise handelt es sich bei einer nicht näher bezeichneten Garantie um eine **Haltbarkeitsgarantie**: Der Verkäufer steht dafür ein, dass die Sache nicht nur beim Gefahrübergang (d.h. bei der Übergabe) mangelfrei **ist**, sondern während der ganzen Garantiezeit mangelfrei **bleibt**. Die Haltbarkeitsgarantie führt deshalb zu einer **Umkehrung der Beweislast**.

Um das zu verstehen, muss man von der Grundregel des § 363 ausgehen: Wenn der Käufer die Sache als Erfüllung angenommen hat und später einen Sachmangel gel-

---

[27] Siehe auch BT-Drucks. 14/6040, S. 237.

tend macht, muss er beweisen, dass der Sachmangel bei der Übergabe zumindest schon im Keim vorhanden war.

📖 Bitte lesen Sie § 363.

Kann nicht sicher ausgeschlossen werden, dass der Mangel auf Falschbehandlung oder Beschädigung durch den Käufer oder einen Dritten beruht, geht dies zu Lasten des Käufers.

Im Falle der Haltbarkeitsgarantie dagegen trifft die Beweislast den **Verkäufer: Er** ist es, der den Behandlungsfehler oder die Beschädigung nach der Übergabe beweisen muss. Der Beweis, dass er die Sache fehlerfrei ausgeliefert hat, reicht nicht aus.[28]

📖 Bitte lesen Sie § 443 II.

Eine Beweislastumkehr ähnlich wie bei der Haltbarkeitsgarantie gibt es kraft Gesetzes beim **Gebrauchsgüterkauf.**

📖 Bitte lesen Sie § 476.

Die Ausnahme gilt aber nur für die ersten sechs Monate. Im Falle der Haltbarkeitsgarantie dagegen gilt die Beweislastumkehr für die **ganze Garantiezeit.**

Die Garantiezeit kann durch einen Zeitraum gekennzeichnet werden (z.B. fünf Jahre Rostfreiheit), aber auch z.B. durch die Kilometerleistung eines Kraftfahrzeugs oder durch eine Kombination beider Merkmale. Ist nichts anderes vereinbart, so beginnt die Frist mit der Übergabe der Sache.[29]

c) Verkäufer- und Herstellergarantie

Das Angebot zu einem unselbständigen Garantievertrag geht grundsätzlich vom Verkäufer aus. Bei vielen Massenartikeln ist der Zusagende ein **Hersteller** (oder Importeur), der dem Produkt ein entsprechendes Vertragsangebot – den Garantieschein – beilegt. Der Garantievertrag kommt dadurch zustande, dass der Käufer das Vertragsangebot stillschweigend annimmt.[30] In einem solchen Fall besteht ein Nebeneinander der **Herstellerhaftung** aufgrund des Garantiescheins und der **Verkäuferhaftung** aufgrund des Kaufvertrags. Der Käufer kann grundsätzlich zwischen beiden Möglichkeiten wählen.

V. Verjährung der Rechte des Käufers

Die Verjährung der Rechte des Käufers wegen eines Mangels der Sache ist in § 438 geregelt. (Bitte noch nicht lesen.) Die Regelung dieser wichtigen Materie ist etwas kompliziert ausgefallen, wir gehen deshalb in kleinen Schritten vor.

📖 Bitte lesen Sie § 438 I, II.

Der Gesetzgeber hat – korrekt, aber etwas umständlich – die Ausnahmefälle an den Anfang und den Normalfall als **Auffangtatbestand** an das Ende gesetzt.

---

[28] BT-Drucks. 14/6040, S. 239.
[29] BT-Drucks. 14/6040, S. 239.
[30] BT-Drucks. 14/6040, S. 237.

1. Der Normalfall

Wir fangen statt dessen mit dem Normalfall § 438 I Nr. 3 an und stellen zunächst fest: Die **regelmäßige** Verjährungsfrist für Sachmängelansprüche beträgt zwei Jahre. Sie beginnt bei Grundstücken mit der Übergabe, bei beweglichen Sachen mit der Ablieferung. Die Verjährung nimmt keine Rücksicht darauf, ob der Käufer im Einzelfall den Mangel innerhalb dieses Zeitraums entdecken konnte; der Gesetzgeber begnügt sich aus Gründen der Rechtssicherheit mit der abstrakten Möglichkeit der Kenntnisnahme.

2. Ausnahmefälle

Die Ausnahmen kann man nun in zwei Gruppen einteilen.

a) Dingliche (sachenrechtliche) Herausgabeansprüche Dritter

📖 Bitte lesen Sie § 438 I Nr. 1.

Die Frist von 30 Jahren bei bestimmten Rechtsmängeln bezweckt eine Synchronisierung mit dem allgemeinen Verjährungsrecht (§ 197 I Nr. 1). Wenn z.B. jemand ein gestohlenes Gemälde gekauft hat, kann er trotz guten Glaubens bei der Übergabe kein Eigentum erwerben (§ 935 I). Er ist dann dem Herausgabeanspruch des Eigentümers aus § 985 ausgesetzt, und dieser Herausgabeanspruch verjährt nach § 197 I Nr. 1 erst in 30 Jahren. **Aus diesem Grunde** muss der Käufer des gestohlenen Bildes 30 Jahre lang die Möglichkeit haben, beim Verkäufer Regress zu nehmen.

b) Bauwerke und Baumaterial

Bei der Frist von **fünf** Jahren für Bauwerke gem. § 438 I Nr. 2 a handelt es sich um eine Synchronisierung mit dem Recht des **Werkvertrags:** Nach § 634 a I Nr. 2 verjähren die Ansprüche wegen eines **Werkmangels** bei einem Bauwerk in fünf Jahren. Das muss auch für das **Kaufrecht** gelten. Es darf keinen Unterschied machen, ob der Besteller z.B. die Eigentumswohnung von einem Bauunternehmer bauen lässt oder sie fertig kauft.

📖 Bitte lesen Sie §§ 438 I Nr. 2 a, 634 a I Nr. 2.

Auf einem ähnlichen Gedanken beruht die Regelung des § 438 I Nr. 2 b. Danach gilt die Frist von fünf Jahren „bei einer Sache, die entsprechend ihrer üblichen Verwendungsweise für ein Bauwerk verwendet worden ist und dessen Mangelhaftigkeit verursacht hat". Gedacht ist hier an Fälle, in denen ein Bauhandwerker mangelhaftes Baumaterial bezieht und deshalb ein mangelhaftes Bauwerk herstellt. Da er dann, wie oben erwähnt, fünf Jahre lang der Werkmängelhaftung ausgesetzt ist, muss er fünf Jahre lang die Möglichkeit haben, bei seinem Lieferanten Regress zu nehmen.

📖 Bitte lesen Sie § 438 I Nr. 2 b.

c) Arglist

Die dritte Fallgruppe betrifft die Arglist. Wenn der Verkäufer einen Mangel arglistig verschwiegen hat, verjähren die Ansprüche des Käufers statt in fünf oder zwei

Jahren nach Übergabe bzw. Ablieferung in der regelmäßigen Verjährungsfrist, d.h. innerhalb von drei Jahren nach Ablauf des Jahres, in dem der Käufer von der Arglist des Verkäufers Kenntnis erlangt hat oder in seiner Unkenntnis grob fahrlässig geworden ist.

📖 Bitte lesen Sie §§ 438 III, 195, 199 I.

3. Die Verjährung bei Rücktritt und Minderung

📖 Bitte lesen Sie einmal genau die **erste Zeile** von § 438 I.

Die Vorschrift bezieht sich auf § 437 Nr. 1 und Nr. 3, d.h. auf den Anspruch auf Nacherfüllung und auf die Ansprüche auf Schadensersatz und Aufwendungsersatz. Es **fehlt** die Bezugnahme auf Nr. 2, d.h. auf Rücktritt und Minderung, und das hat einen Grund. Rücktritt und Minderung sind nämlich **Gestaltungsrechte,** sie wandeln das Schuldverhältnis ganz oder teilweise in ein Rückabwicklungsverhältnis um. Der Verjährung unterliegen aber nur **Ansprüche.**

📖 Bitte lesen Sie § 194 I.

Um trotzdem eine der Verjährung vergleichbare Wirkung für die beiden Gestaltungsrechte zu ermöglichen, hat der Gesetzgeber im allgemeinen Verjährungsrecht eine Regel eingeführt, wonach der Rücktritt unwirksam ist, wenn der Anspruch auf **Nacherfüllung** verjährt ist.

📖 Bitte lesen Sie § 218 I S. 1, 2.

Auf diesen § 218 wurde dann im § 438 IV S. 1 ausdrücklich verwiesen. Außerdem wurden zwei Ergänzungen angefügt:

(1) Wenn der Rücktritt infolge Verjährung des Nacherfüllungsanspruchs unwirksam ist, der Käufer den Kaufpreis aber noch nicht gezahlt hat, kann er den („verjährten") Rücktritt immer noch **einredeweise** gegenüber der Kaufpreisforderung des Verkäufers geltend machen (§ 438 IV S. 2).

(2) Die Regeln über den Rücktritt gelten auch für die Minderung (§ 438 V).

4. Verkürzung der Verjährungsfrist

Ein weiteres Problem der Verjährung betrifft die Frage der Verkürzung der Verjährungsfristen, vor allem durch AGB. Dieses Problem wird in Zusammenhang mit den AGB behandelt.

📖 Bitte lesen Sie o. § 16.

5. Hemmung der Verjährung durch Verhandlungen

Für den weiteren Verlauf der Verjährung gelten die Regeln des Allgemeinen Teils des BGB. Praktische Bedeutung hat vor allem § 203, wonach während **Verhandlungen** die Verjährung gehemmt ist.

📖 Bitte lesen Sie §§ 203, 209.

Der Begriff der Verhandlung wird von der Rechtsprechung sehr weit ausgelegt. Es genügt jeder Meinungsaustausch über den Mangel zwischen Käufer und Verkäufer, wenn nicht sofort erkennbar die Verhandlung abgelehnt wird.

VI. Ausschluss und Einschränkung der Rechte des Käufers

1. Vertragliche Änderungen

Wegen der im Schuldrecht geltenden Gestaltungsfreiheit sind Ausschluss und Einschränkung der Mängelhaftung durch Parteivereinbarungen grundsätzlich zulässig. Es gibt aber Grenzen. Von der Partei, die die Änderung will, wird man umso größere Deutlichkeit bei der Kundgabe ihres Willens verlangen, je weiter sich die von ihr angestrebte Vereinbarung von der gesetzlichen Regelung entfernt.

Außerdem kann sich der Verkäufer auf eine solche Vereinbarung in zwei Ausnahmefällen nicht berufen, nämlich wenn er

(1) den Mangel arglistig verschwiegen (oder eine Eigenschaft vorgespiegelt) oder

(2) eine Beschaffenheitsgarantie d.h. eine **gesteigerte** Haftung übernommen hat.

   📖 Bitte lesen Sie § 444.

Soll die Vereinbarung durch AGB zustande kommen, müssen die in dem Katalog § 309 festgelegten Grenzen beachtet werden.

   📖 Bitte lesen Sie kurz § 309 Nr. 8 b.

Nach § 309 Nr. 8 b Doppelbuchstabe ff darf die **Verjährung** bei neuen Sachen nicht kürzer als **ein** Jahr sein. Für gebrauchte Sachen gilt diese Regel nicht.

Noch enger gezogen sind die Grenzen beim **Verbrauchsgüterkauf** (§ 474 I S. 1). Dort ist grundsätzlich jede für den Käufer ungünstige Abweichung von der gesetzlichen Regelung unzulässig, die Verjährungsfrist muss bei neuen Sachen mindestens zwei Jahre, bei gebrauchten Sachen mindestens ein Jahr betragen, und nur die Ansprüche des Käufers auf **Schadensersatz** können ausgeschlossen oder eingeschränkt werden.

   📖 Bitte lesen Sie §§ 474 I, 475.

2. Gesetzlicher Ausschluss

Wenn der Käufer den Mangel bei Vertragsschluss **kennt,** hat er wegen Fehlens eines schutzwürdigen Interesses keine Mängelansprüche.

Gleiches gilt, wenn dem Käufer ein Mangel infolge **grober** Fahrlässigkeit unbekannt geblieben ist, d.h. wenn er die erforderliche Sorgfalt in **ungewöhnlich hohem Maße** verletzt und übersieht, was für ihn ohne weiteres erkennbar ist. Die grobe Fahrlässigkeit schadet dem Käufer **ausnahmsweise** nicht, wenn

(1) der Verkäufer **arglistig** war, d.h. wenn er das Vertrauen des Käufers bewusst missbraucht hat oder

(2) wenn er eine **Beschaffenheitsgarantie** übernommen hat.

   📖 Bitte lesen Sie § 442.

Kraft Gesetzes (§ 445) ist außerdem die gesamte Mängelhaftung ausgeschlossen, wenn eine Sache aufgrund eines Pfandrechts unter der Bezeichnung als Pfand öffentlich versteigert wird. Gemeint ist der Pfandverkauf gem. §§ 1235 I, 1236 I S. 1 (Leihhaus) und die Zwangsversteigerung. Auch hier gibt es wieder die beiden Ausnahmen:

(1) Arglist,

(2) Beschaffenheitsgarantie.

Außerdem gilt § 445 nicht bei Verbrauchsgüterkauf, wenn neue Sachen versteigert werden.

📖 Bitte lesen Sie §§ 445, 474 II.

3. Die Rüge beim beiderseitigen Handelskauf

Auch der Verlust der Mängelansprüche durch Versäumung der Rügeobliegenheit beim beiderseitigen Handelskauf (§ 377 HGB) gehört zu den Fällen des Haftungsausschlusses kraft Gesetzes.

Beim beiderseitigen Handelskauf muss der Käufer die Ware unverzüglich (ohne schuldhaftes Zögern) nach der Ablieferung durch den Verkäufer untersuchen, soweit dies im ordentlichen Geschäftsgang tunlich ist und, falls sich ein Mangel zeigt, dem Verkäufer unverzüglich den Mangel anzeigen. Die Obliegenheit besteht auch dann, wenn der Verkäufer die Ware nicht an den Käufer, sondern auf dessen Wunsch direkt an dessen Abnehmer liefert, selbst wenn dieser kein Kaufmann ist; die Obliegenheit verlängert sich lediglich um den Zeitraum, den die Anzeige braucht, um vom Zweitkäufer an den Käufer zu gelangen. Der Käufer muss also in seinem eigenen Interesse auf den Zweitkäufer entsprechend einwirken.

Unterlässt der Käufer die rechtzeitige Rüge, so „gilt die Ware als genehmigt". Der Wortlaut des § 377 II HGB erweckt den Eindruck, als handelte es sich hier um die Fiktion oder die unwiderlegbare Vermutung einer Genehmigungserklärung. In Wirklichkeit liegt ein **Rechtsverlust kraft Gesetzes** vor, der Käufer kann deshalb z.B. nicht die „Genehmigung" anfechten (etwa gem. § 119 II BGB).

Die Unterlassung der rechtzeitigen Rüge schadet nicht, wenn es sich um einen versteckten Mangel handelt, der auch bei einer mit der Sorgfalt eines ordentlichen Kaufmanns (§ 347 HGB) vorgenommenen Prüfung nicht hätte erkannt werden können, oder wenn der Verkäufer den Mangel arglistig verschwiegen hat (§ 377 V HGB). Tritt ein versteckter Mangel später hervor, so muss die Anzeige unverzüglich nach der Entdeckung abgeschickt werden (§ 377 III HGB). Allerdings führt die spätere Rüge nur dann zum Erfolg, wenn die Käuferrechte zu diesem Zeitpunkt noch nicht nach § 438 BGB verjährt sind, denn § 377 HGB stellt eine **Einschränkung** der Rechte dar, die der Käufer nach bürgerlichem Recht hat, er tritt nicht an die Stelle des § 438 BGB.

📖 Bitte lesen Sie unbedingt § 377 HGB.

VII. Konkurrenzfragen

Da die in § 437 aufgeführten Rechte des Käufers der in § 438 geregelten Sonderverjährung unterliegen, ist die Frage wichtig, welche Rechtsbehelfe der Käufer **neben** der Mängelhaftung geltend machen kann. Dabei ist grundsätzlich zwischen der Zeit vor und nach Gefahrübergang zu unterscheiden.

Vor Gefahrübergang liegen die Voraussetzungen für die Sachmängelhaftung noch nicht vor, es gelten deshalb die allgemeinen Vorschriften über die Pflichtverletzung. Wenn z.B. ein mangelhaftes Gemälde vor der Übergabe verbrennt, gilt das Recht der Unmöglichkeit. Wird der Liefertermin versäumt, gilt das Recht des Verzugs.

Nach Gefahrübergang muss man davon ausgehen, dass die Vorschriften über die Mängelhaftung eine Spezialregelung darstellen. Im Einzelnen gilt dann Folgendes:

1. Anfechtung wegen Eigenschaftsirrtum

Der Käufer kann den Kaufvertrag nicht wegen eines Eigenschaftsirrtums nach § 119 II anfechten, wenn ein Sachmangel vorliegt. Der Grund hierfür ergibt sich in Hinblick auf § 438: Wenn wegen eines Sachmangels die Anfechtung zulässig wäre, bliebe dem Käufer noch eine Frist von **zehn** Jahren für die Anfechtung. Er müsste die Anfechtung nur unverzüglich nach Entdeckung der wirklichen Sachlage erklären. Damit würde ein Zustand hergestellt, der durch § 438 I Nr. 3 gerade verhindert werden sollte.

2. Anfechtung wegen arglistiger Täuschung

Dagegen gibt es keine Veranlassung, die Anfechtung wegen arglistiger Täuschung nach § 123 auszuschließen, da der Verkäufer kein schutzwürdiges Interesse hat. Allerdings stellt sich der Käufer oft besser, wenn er vom Vertrag zurücktritt und im Wege des Schadensersatzes verlangt, so gestellt zu werden, wie wenn die Leistung vertragsgemäß erfolgt wäre. Im Falle einer Anfechtung würde diesem Anspruch die Grundlage entzogen, der Käufer könnte nur Ersatz des Vertrauensschadens (Vertragskosten, Aufwendungen) aus unerlaubter Handlung verlangen (§ 823 II BGB, § 263 StGB, § 826 BGB).

3. Positive Forderungsverletzung und culpa in contrahendo

Im Falle der Verletzung einer Schutzpflicht ist zu unterscheiden.

Hat der Verkäufer schuldhaft eine mangelhafte Sache geliefert und dadurch ein Rechtsgut des Käufers verletzt (Mangelfolgeschaden), so ergibt sich der Anspruch aus §§ 437 Nr. 3, 280 I mit der Verjährung nach § 438.

Anders ist der Fall zu beurteilen, wenn die Schutzpflichtverletzung mit dem Mangel nichts zu tun hat (der Zahn des Käufers). Dann gilt § 280 I direkt, und der Anspruch unterliegt der regelmäßigen Verjährung (§ 195). Entsprechendes gilt für die culpa in contrahendo.

4. Unerlaubte Handlung

Die Ansprüche aus unerlaubter Handlung können ohne Einschränkung neben den Sachmängelrechten geltend gemacht werden.

a) Mangelfolgeschaden

Dies gilt nicht nur für Schäden, die mit dem Mangel nichts zu tun haben, sondern auch für Mangelfolgeschäden. Für diese deliktischen Ansprüche gilt die regelmäßige Verjährung (§§ 195, 199).

b) Weiterfressender Schaden

Die deliktische Haftung wegen einer Eigentumsverletzung nach § 823 I setzt grundsätzlich voraus, dass eine **andere** als die vom Verkäufer gelieferte Sache infolge des Mangels beschädigt worden ist. **Anders** ist nach der Rechtsprechung des BGH zu entscheiden, wenn der Mangel sich zunächst auf einen abgegrenzten Teil der Sache beschränkt und erst **später** zur Beschädigung der Gesamtsache geführt hat, da in diesem Fall des „weiterfressenden Schadens" der Käufer bereits teilweise mangelfreies Eigentum erworben hatte und der mangelfreie Teil seines Eigentums dann verletzt wurde.[31] Ob der BGH an dieser Rechtsprechung festhält, bleibt abzuwarten. Der Gesetzgeber hat die Frage offen gelassen.[32]

5. Produkthaftungsgesetz

Auch die Gefährdungshaftung nach dem Produkthaftungsgesetz wird durch die Regeln des BGB über die Sachmängelhaftung nicht ausgeschlossen. Allerdings ist diese Haftung auf die **Mangelfolgeschäden** einer fehlerhaften Sache beschränkt (§ 1 ProdHaftG).

Außerdem geht das Gesetz von einem anderen **Fehlerbegriff** aus: Ein Produkt hat einen Fehler, wenn es nicht die Sicherheit bietet, die man von dem Produkt nach den gesamten Umständen berechtigterweise erwarten kann (§ 3 ProdHaftG).

Die Haftung trifft den **Hersteller.** Wurde das Produkt in den Europäischen Wirtschaftsraum **eingeführt,** so haftet der Importeur (§ 4 ProdHaftG).

Die Haftung des Herstellers setzt kein Verschulden voraus. Sie ist aber ausgeschlossen, wenn

(1) er das Produkt nicht in den Verkehr gebracht hat (z.B. weil es ihm gestohlen wurde) oder

(2) das Produkt bei Inverkehrbringung den Fehler noch nicht hatte oder

(3) das Produkt nur für einen privaten Zweck hergestellt wurde (Mutter eines Schulkindes bringt selbstgebackenen „fehlerhaften" Kuchen zum Schulfest mit, alle Schulkinder werden krank) oder

(4) das Produkt bei Inverkehrbringung zwingenden gesetzlichen Vorschriften entsprach (die z.B. einen Zusatz zu Lebensmitteln verlangten, der krankmachend war) oder

---

[31] BGH NJW 1985, 2420.
[32] BT-Drucks. 14/6040, S. 228 f.

(5) der Fehler bei Inverkehrbringung nach dem Stand der wissenschaftlichen Technik nicht erkennbar war (z.B. weil die Krebsforschung die Wirkung des Produktes damals noch nicht erkannt hatte).

VIII. Der Verbrauchsgüterkauf

Einzelne Vorschriften über den Verbrauchsgüterkauf finden sich an verschiedenen Stellen dieses Buches. Sie werden hier zusammengefasst und außerdem ergänzt durch einige allgemiene Regeln über den Verbraucherschutz (siehe u. § 53).

1. Geltungsumfang

📖 Bitte lesen Sie langsam § 474 I.

Ein Verbrauchsgüterkauf liegt also vor, wenn ein Verbraucher (§ 13) von einem Unternehmer (§ 14) eine bewegliche Sache kauft.

Die §§ 474 ff. gelten **nicht** bei Grundstückskäufen, bei Rechtskäufen, außerdem **nicht** bei Kaufverträgen unter Verbrauchern oder Unternehmern oder beim Verkauf einer Sache durch einen Verbraucher an einen Unternehmer. Nach § 474 I S. 2 gelten die Sondervorschriften auch nicht beim Verkauf von **gebrauchten** Sachen in einer öffentlichen Versteigerung.

Positiv ausgedrückt: Die Sondervorschriften gelten **nur** bei **beweglichen** Sachen; sie gelten beim Verkauf von **ungebrauchten** Sachen **in** und **außerhalb** einer Versteigerung, und sie gelten beim Verkauf von **gebrauchten** Sachen **nur außerhalb** einer Versteigerung.

2. Ausgeschlossene Vorschriften

📖 Bitte lesen Sie langsam §§ 474 II S. 2, 445.

Im Zusammenspiel mit § 474 I S. 2 kommt es hier zu einem etwas gewundenen Gedankengang, den man sich auf folgende Weise klarmachen kann:

§ 445 begrenzt die Mängelansprüche des Käufers bei einer Pfandversteigerung, da der Verkäufer in der Regel die Pfandsache nicht näher kennt und ihm die Haftung für Sachmängel deshalb nicht zuzumuten ist.

(1) Diese Begrenzung der Mängelansprüche des Käufers gilt aber dann **nicht**, wenn es sich um einen **Verbrauchsgüterkauf** handelt, d.h. wenn der Käufer ein **Verbraucher** ist und eine **ungebrauchte** Sache ersteigert.

(2) Dagegen bleibt es gerechterweise bei der Begrenzung der Rechte des Käufers nach § 445, wenn der Käufer eine **gebrauchte** Sache ersteigert, weil dann **kein Verbrauchsgüterkauf** vorliegt.

Etwas einfacher gestaltet sich der Ausschluss von § 447.

📖 Bitte lesen Sie §§ 474 II, 447.

Die Vergütungsgefahr (Gegenleistungsgefahr) geht also nicht schon bei der Absendung an den Käufer gem. § 446 über. Diese Regelung entspricht der Praxis beim Versandhandel: Der Käufer braucht die Sache nur zu bezahlen, wenn sie heil bei ihm angekommen ist.

3. Halbzwingendes Recht

Von den Vorschriften der Mängelhaftung kann beim Gebrauchsgüterkauf nicht zum Nachteil des Käufers abgewichen werden (§ 475 I). Es gibt allerdings zwei Ausnahmen.

(1) Die **Verjährungsfrist** bei Mängelansprüchen kann geändert werden, sie darf aber bei neuen Sachen nicht kürzer als zwei Jahre, bei gebrauchten Sachen nicht kürzer als ein Jahr sein.

(2) Ausschluss und Beschränkung der den Verkäufer besonders belastenden **Schadensersatzansprüche** bleiben zulässig (§ 475 III).

4. Beweislastumkehr

Normalerweise muss der Käufer einer mangelhaften Sache beweisen, dass die Sache einen Mangel hat, der schon bei Gefahrübergang – wenngleich versteckt – vorhanden war. Dieser Beweis ist manchmal schwer zu führen.

§ 476 kehrt die Beweislast um: Wenn sich der Mangel innerhalb von sechs Monaten seit Gefahrübergang zeigt, wird **vermutet,** dass er schon bei Gefahrübergang vorgelegen hat, es sei denn, die Vermutung ist mit der Art der Sache (das gilt vor allem bei gebrauchten Sachen) oder der Art des Mangels (bestimmte Krankheit bei einem Tier) unvereinbar.

📖 Bitte lesen Sie § 476.

5. Garantien

§ 477 enthält verschärfte Vorschriften für Garantieerklärungen.

📖 Bitte lesen Sie §§ 477, 443.

Ist eine Garantieerklärung unklar, so geht das zu Lasten des Verkäufers (in Analogie zu einer Grundregel des AGB-Rechts, § 305 c II).

Ein Verstoß gegen § 477 hat natürlich nicht die Unwirksamkeit der Garantie zur Folge, diese Selbstverständlichkeit wird in § 477 III klargestellt. Deshalb hat § 477 eher Bedeutung für das Wettbewerbsrecht (§ 1 UWG).

6. Der Rückgriff des Unternehmers in der Lieferkette

Die Regeln über den Rückgriff des Unternehmers sind etwas kompliziert ausgefallen. Sie müssen sich deshalb beim Lesen Zeit lassen.

Mit der Regelung soll erreicht werden, dass der **Einzelhandel nicht allein** die Nachteile des verbesserten Verbraucherschutzes zu tragen hat.

Deshalb soll dem als Letztverkäufer handelnden Unternehmer der Rückgriff bei seinem Lieferanten erleichtert werden, wenn er von dem Verbraucher wegen eines Mangels in Anspruch genommen worden ist. Wichtige Einschränkung: Die Regelung des Rückgriffs ist auf **neu** hergestellte Sachen beschränkt.

a) Voraussetzungen für den Rückgriff

§ 478 I setzt voraus, dass der Unternehmer wegen eines Mangels die Sache vom Verbraucher **zurücknehmen** oder eine **Minderung** akzeptieren **musste** (also dem

Verbraucher gegenüber nicht aus Kulanz gehandelt hat). Wenn der Unternehmer sich nun an seinen **Lieferanten** wendet, weil die Sache schon mangelhaft war, als er sie vom Lieferanten bekam (Gefahrübergang), braucht er sich nicht auf eine Nacherfüllung einzulassen. Er kann sogleich in die Phase der endgültigen Nichterfüllung eintreten, auch wenn die Voraussetzungen für die Entbehrlichkeit der Nachfristsetzung nicht erfüllt sein sollten.

📖 Bitte lesen Sie § 478 I.

Hat der Unternehmer zum Zweck der **Nacherfüllung** gegenüber dem Verbraucher Aufwendungen machen müssen, steht ihm ein sonst in der Sachmängelhaftung nicht vorgesehener verschuldensunabhängiger **Erstattungsanspruch** gegen seinen Lieferanten zu. Voraussetzung ist auch hier, dass der Sachmangel schon bei Gefahrübergang an den Unternehmer vorlag. Auch hier braucht der Unternehmer sich gegenüber dem Lieferanten nicht auf eine Nacherfüllung einzulassen. Der Anspruch verjährt in zwei Jahren ab Ablieferung.

📖 Bitte lesen Sie §§ 439 II, 478 II, 479 I.

b) Synchronisierung der Beweislastumkehr

📖 Bitte lesen Sie nochmals § 476.

Der Unternehmer wird also gegenüber dem Verbraucher schlechter gestellt. Diese Schlechterstellung darf der Unternehmer an seinen Lieferanten „weiterreichen". § 476 gilt also auch im Verhältnis zwischen Unternehmer und Lieferant, die sechsmonatige Frist beginnt aber erst mit Übergang der Gefahr vom Unternehmer auf den **Verbraucher.**

📖 Bitte lesen Sie § 478 III.

c) Synchronisierung der Verjährung

Die wichtigste Regelung des Rückgriffrechts ist die Synchronisierung der Verjährungsfristen. Normalerweise liegt zwischen der Lieferung durch den Lieferanten an den Unternehmer und der Weiterlieferung an den Verbraucher ein – kürzerer oder längerer – Zeitraum. Wenn der Verbraucher kurz vor Ende der zweijährigen Verjährungsfrist den Unternehmer wegen eines Sachmangels belangt, kann die Zweijahresfrist in der Beziehung zwischen Unternehmer und **Lieferant** bereits abgelaufen sein. Hier droht die Gefahr, dass der ganze durch den Mangel entstandene Schaden nun doch am Einzelhändler hängen bleibt. Diese Gefahr soll § 479 II S. 1 abwenden: Die Verjährung der Regressansprüche tritt **frühestens zwei Monate** nach dem Zeitpunkt ein, in dem der Unternehmer die Ansprüche des Verbrauchers **erfüllt** hat.

📖 Bitte lesen Sie § 479 II S. 1.

Mit dieser Regel taucht allerdings ein anderes Problem auf: Je nachdem, wie lange die Sache beim Unternehmer lagert, kann die Verjährung sich lange hinziehen. Deshalb wird eine absolute Obergrenze durch die „Ladenhüterklausel" eingeführt: Die

Ablaufhemmung endet spätestens **fünf Jahre** nachdem der Lieferant die Sache beim Unternehmer abgeliefert hat.

📖 Bitte lesen Sie § 479 II S. 2.

d) Ausschluss und Einschränkung der Regresshaftung

Die Regeln über den Unternehmerregress können durch Vereinbarungen zwischen Unternehmer und Lieferant ausgeschlossen oder eingeschränkt werden; es gilt der Grundsatz der Gestaltungsfreiheit. Der Grundsatz gilt hier allerdings nur in Grenzen.

Der Lieferant kann sich auf eine zuungunsten des Unternehmers vereinbarte Abweichung vom Gesetz nicht berufen, wenn dem Unternehmer nicht ein **gleichwertiger Ausgleich** eingeräumt wird (z.B. durch pauschale Rabatte).

Zusätzlich sind die Grundsätze des AGB-Rechts, insbes. § 307 zu beachten.

📖 Bitte lesen Sie § 478 IV.

Außerdem wird in § 478 VI auf § 377 HGB hingewiesen: Wenn der Unternehmer einen Mangel nicht rechtzeitig rügt, verliert er seine Rückgriffsrechte. Damit wird klargestellt, dass die Rückgriffsrechte des Unternehmers nur bei **versteckten** Mängeln bestehen.

📖 Bitte lesen Sie unbedingt nochmals den wichtigen § 377 HGB.

e) Personelle Erweiterung der Rückgriffshaftung

Die Verbesserung der Regressrechte kommt nicht nur dem Unternehmer, sondern auch dem Lieferanten und den anderen Unternehmern in der Lieferkette zugute. Dies ist praktisch von Bedeutung, wenn der Mangel auf einen Fehler im **Herstellungsprozess** zurückzuführen ist (§ 479 III).

§ 49. Die Mängelhaftung beim Werkvertrag

Die Regeln über die Mängelhaftung sind beim Kauf und beim Werkvertrag weitgehend parallel gefasst, teilweise stimmen sie wörtlich überein.

I. Die primäre Leistungspflicht: mangelfreie Leistung

Auch beim Werkvertrag gehört die mangelfreie Leistung zur Primärpflicht. Falsch- und Zuweniglieferungen werden den Sachmängeln zugeordnet.

📖 Bitte lesen Sie § 633 (die Parallele zu §§ 433 I S. 2, 434).

Wenn ein Mangel vorliegt, kommt die Grundverweisung § 634 zum Zuge (die Parallele zu § 437).

II. Die Phase der nachgeholten Erfüllung

1. Nacherfüllung

Der Besteller hat zunächst den Anspruch auf Nacherfüllung, die durch Mangelbeseitigung oder Neuherstellung erfolgen kann. Allerdings gibt es hier einen wichtigen Unterschied: Die **Wahl** trifft der **Unternehmer**. Diese vom Kaufrecht abweichende Entscheidung hat der Gesetzgeber getroffen, weil der Werkunternehmer viel enger mit dem Produktionsprozess vertraut ist als der Verkäufer und deshalb besser entscheiden kann, ob der Mangel durch Nachbesserung zu beheben oder ob es notwendig ist, das ganze Werk neu herzustellen.[33]

📖 Bitte lesen Sie § 635.

2. Schadensersatz neben der Leistung

In der Phase der Nacherfüllung kommen verschiedene Ansprüche auf Schadensersatz **neben** der Leistung in Betracht. Anspruchsgrundlage ist §§ 634 Nr. 4, 280 I, II.

Grundsätzlich hat der Besteller Anspruch auf Ersatz aller Schäden, die auf eine vom Unternehmer zu vertretende Pflichtverletzung zurückzuführen sind. Eine Ausnahme gilt nur für den Schaden, der darin liegt, dass das Werk infolge des Mangels **weniger wert** ist. Dieser Schaden soll ja durch die **Nacherfüllung** beseitigt werden, er wird deshalb erst in der dritten Phase ersetzt. Einzelheiten sind beim Kauf ausführlich dargestellt.

III. Die Phase der endgültigen Nichterfüllung

Auch die Voraussetzungen für den Eintritt in die dritte Phase und die Ansprüche in dieser Phase sind parallel zum Kaufrecht geregelt.

1. Voraussetzungen

Es ist also grundsätzlich Voraussetzung, dass der Besteller erfolglos eine angemessene **Frist** zur Nacherfüllung bestimmt hat (§§ 634 Nr. 3, 4, 323 I, 281 I S. 1). Die **Ausnahmen** von dieser Voraussetzung bilden die gleiche lange Liste wie beim Kauf.

2. Rechtsfolgen

Wie beim Kauf kann der Besteller die Vergütung mindern oder bei einem erheblichen Mangel vom Vertrag zurücktreten. Hat der Unternehmer den Mangel zu vertreten, so kann der Besteller zusätzlich den kleinen Schadensersatz neben der Leistung, bei einem erheblichen Mangel den großen Schadenersatz neben der (ganzen) Leistung oder – an Stelle des Schadensersatzes neben der Leistung – den Ersatz vergeblicher Aufwendungen verlangen (§ 634 Nr. 3, 4). Außerdem ist in § 637 ein

---

[33] BT-Drucks. 14/6040, S. 265.

Recht vorgesehen, das es beim Kauf nicht gibt: Das Recht zur **Selbstvornahme,** das Vertretenmüssen nicht voraussetzt.

📖 Bitte lesen Sie § 637.

In § 637 I findet sich die Einschränkung, dass dieses Recht nicht besteht, wenn der Unternehmer die Nacherfüllung zu Recht verweigert. Damit soll verhindert werden, dass ein Unternehmer, der die Nacherfüllung wegen Unverhältnismäßigkeit zu Recht verweigert hat, auf dem Umweg über die Selbstvornahme doch noch mit den (unverhältnismäßigen) Kosten der Nacherfüllung belastet werden kann.

📖 Bitte lesen Sie nochmals § 635 III (die Parallele zu § 439 III).

IV. Die Verjährung der Rechte des Bestellers

Wie beim Kauf ist die Verjährung inhaltlich einleuchtend, aber formal etwas umständlich geregelt.

1. Der Normalfall: Körperliche Werke

Auch hier kann man von einem „Normalfall" ausgehen: Einem **körperlichen** sachbezogenen Werk, **das** kein Bauwerk ist. Hier geht die Verjährung über zwei Jahre, beginnend mit der **Abnahme.** Das harmoniert mit dem Kaufrecht.

📖 Bitte lesen Sie § 634 a I Nr. 1, II.

2. Der Sondertatbestand: Bauwerke

Abweichend davon beträgt die Frist bei Bauwerken fünf Jahre.

📖 Bitte lesen Sie § 634 a I Nr. 2.

Auch hier hat man die Harmonie mit dem Kaufrecht erreicht.

📖 Bitte lesen Sie zum Vergleich § 438 I Nr. 2.

Die Verjährung bei einem Bauwerk beträgt also stets fünf Jahre, gleichgültig, ob das Bauwerk fertig **verkauft** oder erst noch **hergestellt** wird. Außerdem kann der Bauhandwerker noch fünf Jahre lang seinen **Baustofflieferanten** in Anspruch nehmen, wenn der Werkmangel auf schlechtes Material zurückzuführen ist.

3. Der Resttatbestand

Die übrigen Werke unterliegen der regelmäßigen Verjährung (drei Jahre ab Kenntnis oder grober Fahrlässigkeit, §§ 195, 199 I). Es handelt sich hier um die sog. nichtkörperlichen Werke wie Gedanken, Beratung und Auskunft und die körperlichen Werke am **menschlichen Körper** wie Operationen, Tätowierungen und Prothesen. Bei diesen beiden Fallgruppen ist die Abgrenzung zum Dienstvertrag oft schwierig: wird ein **Erfolg** oder nur eine **Bemühung** geschuldet? Deshalb wird die Verjährung den allgemeinen Regeln angeglichen, die auch für den Dienstvertrag gelten (§ 634 a I Nr. 3).

§ 50.　Geschäftsgrundlage

Seit 2002 ist die Störung der Geschäftsgrundlage in § 313 geregelt.

📖　Bitte lesen Sie § 313.

Bei der Anwendung des § 313 gibt es einige Probleme, die man besser versteht, wenn man die Vorgeschichte des § 313 kennt.

I. Vorgeschichte

Der Gedanke der Geschäftsgrundlage hat seine Vorläufer im gemeinen (dem rezipierten römischen) Recht. Damals war die Meinung vorherrschend, dass alle Verträge stillschweigend mit einer **clausula rebus sic stantibus** geschlossen seien, d.h. mit der zusätzlichen Klausel, wonach der Vertrag nur Bestand habe, wenn die für den Vertragsschluss maßgebenden Umstände sich in Zukunft nicht grundlegend änderten.

Im 19. Jahrhundert distanzierten sich die deutschen Juristen zunehmend von der clausula-Lehre, weil sie in ihr eine zu große Gefahr für den Grundsatz der **Vertragstreue** sahen (pacta sunt servanda). Das war der Grund, weshalb die clausula nicht in das BGB aufgenommen wurde – jedenfalls nicht in ihrer allgemeinen Form.

Unter dem Eindruck der durch den Ersten Weltkrieg hervorgerufenen Umwälzungen änderten die deutschen Juristen in den 20er Jahren des 20. Jahrhunderts erneut ihre Meinung. Es kam zu einer Neubearbeitung der clausula-Lehre, jetzt unter der Überschrift „Geschäftsgrundlage", und in der Folgezeit zur Entwicklung einiger allgemeiner Rechtsgrundsätze, die schließlich durch das Schuldrechtmodernisierungsgesetz in das BGB eingefügt wurden.

II. Objektive und subjektive Geschäftsgrundlage

In § 313 wird zwischen der objektiven und der subjektiven Geschäftsgrundlage unterschieden. Die beiden Bereiche überlappen sich teilweise, weil zu beiden Bereichen objektive und subjektive Elemente gehören.

Die objektive Geschäftsgrundlage ist in § 313 I geregelt.

📖　Bitte lesen Sie nochmals § 313 I und lassen Sie sich dabei Zeit.

Die subjektive Geschäftsgrundlage ist in § 313 II geregelt. Der Unterschied zu § 313 I liegt darin, dass es hier um (subjektive) Vorstellungen geht, die von **Anfang an falsch** waren.

📖　Bitte lesen Sie nochmals § 313 II.

§ 313 zeigt eine Tendenz, den Vertrag möglichst durch eine „Nachbesserung" zu retten: Der benachteiligte Vertragsteil kann **Anpassung** des Vertrags verlangen. Nur wenn das nicht möglich oder dem anderen Teil nicht zumutbar ist, hat der benachteiligte Teil ein **Rücktrittsrecht,** bei einem Dauerschuldverhältnis ein Kündigungsrecht.

📖　Bitte lesen Sie nochmals § 313 III.

III. Fallgruppen

Wir gehen jetzt auf die wichtigsten Fallgruppen ein, die in den Bereich des § 313 fallen. Bei der **objektiven** Geschäftsgrundlage sind es die Fälle der **Äquivalenzstörung**, der **Leistungserschwerung** und der **Zweckstörung**; bei der **subjektiven** Geschäftsgrundlage ist es der **gemeinschaftliche Irrtum**.

1. Äquivalenzstörung

Zur Grundlage eines gegenseitigen Vertrags gehört der Gedanke der **Gleichwertigkeit** (Äquivalenz) von Leistung und Gegenleistung.[34] Eine Störung der Äquivalenz kann eintreten, wenn eine der beiden Leistungen **massiv entwertet** wird.

Dabei ist vor allem an die **Geldentwertung** zu denken. Aus diesem Grund ist die Äquivalenzstörung die für die Gerichte wichtige Fallgruppe. Sie hat die Gerichte schon in der Zeit nach dem Ersten Weltkrieg beschäftigt.

a) Der Grundsatz: Nominalismus

Nach dem Zweiten Weltkrieg wurde erneut die Frage akut, ob die Geldentwertung zur Berufung auf die Geschäftsgrundlage berechtigt. Der Bundesgerichtshof hat zu dieser Frage zunächst in den **Kaligeldfällen** Stellung genommen. Bei diesen Fällen ging es um die Vergütung, die von den Bergwerksbesitzern an die Grundstückseigentümer für die Ausbeutung der Kalilager auf deren Grundstücken zu zahlen war. Die Verträge waren um 1900 geschlossen worden, und die Grundstückseigentümer (genauer: deren Erben) verlangten 50 Jahre später eine Erhöhung ihres Entgelts, da die Kaufkraft auf ein Drittel abgesunken war. Der Bundesgerichtshof stellte in mehreren Entscheidungen[35] fest: Die Geldentwertung ist kein Fall der Geschäftsgrundlage – jede andere Entscheidung würde dazu führen, dass praktisch jeder langfristige Vertrag stillschweigend mit einer Währungsgleitklausel geschlossen wäre. Das aber würde der gesamten Gesetzgebung zur Währungsumstellung im Jahr 1948 zuwiderlaufen.

In der Literatur wurden diese Entscheidungen als eine eindeutige Stellungnahme zu Gunsten des Nominalismus (Mark = Mark) und als eine Absage an die clausula-Doktrin verstanden.

b) Ausnahmen

Allerdings hat der Bundesgerichtshof schon damals Ausnahmen zugelassen für die Fälle,

(1) dass das Entgelt **Versorgungscharakter** hat (z.B. als Ruhegeld) oder

(2) dass der **innere** Wert einer Leistung erheblich steigt (z.B. wenn Kali im Verhältnis zu anderen Geschäftsgütern erheblich teurer wird) oder

(3) dass eine **umstürzende** Geldentwertung eintritt.

---

[34] BT-Drucks. 14/6040, S. 174.
[35] BGH NJW 1959, 2203; 1961, 499; 1966, 105; DB 1975, 2220.

Später hat der Bundesgerichtshof auch bei anderen langfristigen Verträgen Ausnahmen zugelassen, falls die Geldentwertung die Grenze von 60% erreicht hatte.[36]

Außerdem wurde der Gesetzgeber tätig. Im Gesetz zur Verbesserung der betrieblichen Altersversorgung von 1974 wurden die Arbeitgeber verpflichtet, regelmäßig zu prüfen, ob ihre **Ruhegeldzusagen** an den Anstieg der Lebenshaltungskosten anzupassen waren.

Der Gedanke des Nominalismus gilt also nicht mehr uneingeschränkt.

2. Leistungserschwerung

Während bei der Äquivalenzstörung die Leistung des einen Teils übermäßig **erleichtert** wird, ist die Leistungserschwerung dadurch gekennzeichnet, dass einem Teil die Leistung übermäßig **erschwert**, aber **nicht unmöglich** wird.

a) Grundsatz

Für solche Fälle ist von dem Grundsatz auszugehen, dass der Schuldner seine Leistung auch unter erschwerten Umständen erbringen muss. Vor allem hat der Schuldner für seine finanzielle Leistungsfähigkeit einzustehen.

b) Ausnahmen

Es gibt aber Fälle, in denen die „Opfergrenze" überschritten wird. Diese Fälle wurden früher als „wirtschaftliche Unmöglichkeit", später als Fälle des Wegfalls der Geschäftsgrundlage bezeichnet und werden heute nach § 313 behandelt. Fälle dieser Art haben große Ähnlichkeit mit den Fällen der faktischen (praktischen) Unmöglichkeit und der Unmöglichkeit wegen persönlicher Unzumutbarkeit. Diese Problematik haben wir bei den Ausführungen über die **Unmöglichkeit** dargestellt.

📕 Bitte lesen Sie o. § 45 II 2 und 3.

Im Zweifelsfall wenden Sie also § 275 II, III als Sonderregeln an.

3. Zweckstörung

Bei der Zweckstörung ist dem Schuldner die Leistung **möglich.** Sie ist auch **nicht erschwert.** Das Problem liegt hier auf der **Gläubigerseite:** Die Leistung ist für den Gläubiger **sinn- und zwecklos** geworden.

a) Grundsatz

Auch hier muss man von einem Grundsatz ausgehen: Der Sachleistungsgläubiger trägt das **Verwendungsrisiko,** er kann den Vertrag nicht rückgängig machen, wenn sich herausstellt, dass er für die Leistung keine Verwendung mehr hat. Beispielhaft ist der bereits bei der Erörterung des Motivirrtum erwähnte

Broschenfall (o. § 20 II): Wer eine Brosche kauft in der Absicht, sie seiner Braut zur Hochzeit zu schenken, muss die Brosche behalten, falls die Hochzeit nicht stattfin-

---

[36] Einzelheiten bei Palandt/Heinrichs § 313 Rnr. 33.

det. Seine Erwartung, auch wenn sie dem Verkäufer bekannt war, ist nicht „Grundlage des Vertrags geworden" (§ 313 I), sondern bloßes Motiv geblieben. Gleiches gilt in allen anderen Fällen, in denen die Störung in der **Sphäre des Gläubigers** der Sachleistung liegt wie z.B. beim

Senkrechtstarterfall: Wer ein großes Ladenlokal langfristig anmietet, das Ladenlokal aufwendig renoviert und einrichten lässt, Waren in großem Umfang einkauft und großformatige Werbeanzeigen in die Zeitung setzt, kann sich gegenüber seinen Gläubigern nicht auf eine Störung der Geschäftsgrundlage berufen, wenn die Kundschaft ausbleibt.

b) Ausnahmen

Anders ist zu entscheiden in dem oft zitierten

Zugfensterfall: Jemand mietet ein Fenster, um einen vorbeiziehenden Festzug zu sehen (Rosenmontagszug, Love Parade). Der Festzug wird abgesagt.

Hier ist die Absage ein Ereignis, das nicht in die Sphäre des Vermieters fällt. Außerdem haben die Parteien eine erhöhte Miete vereinbart. Deshalb ist die Erwartung, dass der Zug am Fenster vorbeifährt, „Grundlage des Vertrags" geworden. Es ist also § 313 I anzuwenden. Manche Autoren sehen hier allerdings einen Fall von Unmöglichkeit gem. § 275 I.

Völlig umstritten ist der ebenfalls viel zitierte

Abschleppfall: Ein Schiff liegt auf einer Sandbank fest. Ehe der herbeigerufene Schlepper eintrifft, ist das Schiff durch eine Sturmflut frei geworden oder gesunken.

Das beste Ergebnis – Anpassung – kann man hier wohl mit § 313 I erzielen. Man kann auch hier stattdessen von **Unmöglichkeit** ausgehen, muss dann aber einen Weg finden, wie dem Schlepper wenigstens ein Teil seiner Vergütung zuzusprechen ist, und etwas mühsam § 643 a analog heranziehen.

4. Gemeinschaftlicher Irrtum

Die wichtigste Fallgruppe zu § 313 II ist der gemeinschaftliche Irrtum.

a) Grundsatz

Wiederum muss man mit einem Grundsatz beginnen. Ein Kalkulationsirrtum ist grundsätzlich ein unbeachtlicher Motivirrtum.

b) Ausnahmen

Der Fall ist anders zu beurteilen, wenn beide Parteien die Kalkulation zur „Grundlage des Vertrags" machen, z.B. wenn sie bei einem **Wertpapiergeschäft** gemeinsam von einem falschen Tageskurs ausgehen. Dann gilt § 313 II.

Gut vertretbar ist auch hier eine andere Lösung: Die Parteien haben eine Vereinbarung getroffen, die in sich einen **Widerspruch** enthält. Man kann diesen Widerspruch im Wege der **Auslegung** nach § 133 aufheben und gelangt dann zu einer Vereinbarung über den wirklichen Tagespreis.

Ist dagegen nicht zu klären, ob beide Parteien bei voller Kenntnis den wirklichen Tageskurs zugrunde gelegt hätten, so ist der Widerspruch nicht aufzuheben und kein Vertrag zu Stande gekommen (s. o. § 14 II).

IV. Kündigung von Dauerschuldverhältnissen aus wichtigem Grund

§ 313 überlappt sich teilweise mit § 314.

📖 Bitte lesen Sie § 314.

Diese Vorschrift ist 2002 als allgemeine Regel in das BGB eingefügt worden. Außerdem gibt es entsprechende Einzelvorschriften für Darlehen, Mietvertrag, Dienstvertrag und Gesellschaftsvertrag.

📖 Bitte lesen Sie unbedingt die wichtigen §§ 490 I, 543 I, 626 I, 723 I S. 2, 3.

Diese Sonderregeln gehen der allgemeinen Regel § 314 vor. Auch § 313 ist Sonderregel zu § 314.[37]

V. Zusammenfassung. Das Vorgehen im praktischen Fall

Die hier berichteten Fälle zeigen, dass nur die **Geldentwertung** ein für die Wirtschaft wichtiges Anwendungsgebiet der Geschäftsgrundlage ist. Die anderen Fälle sind „Exoten" und imponieren eher als interessante Denksportaufgaben.

Außerdem zeigen die Fälle, dass die Grenzen zwischen den verschiedenen Rechtsinstituten oft unklar und in manchen Einzelfällen überhaupt nicht zu ziehen sind.

Angesichts dieser Unklarheiten und Unsicherheiten schlagen wir Ihnen vor, bei Fällen, in denen das Problem der Geschäftsgrundlage auftaucht, folgendermaßen vorzugehen:

(1) Am besten prüfen Sie zuerst, ob sich bereits durch **Auslegung des Vertrags** eine Lösung des Falles ergibt. Eine solche Lösung aus dem Vertrags**inhalt** ist einer Lösung aus der Vertrags**grundlage** vorzuziehen.

(2) Ist das **nicht** möglich, so prüfen Sie, ob der Fall durch eine Regel über die **Pflichtverletzungen** erfasst wird. In Betracht kommen Unmöglichkeit und Sachmangel.

(3) Erst wenn eine Pflichtverletzung **nicht** vorliegt, können Sie auf § 313 eingehen. Sie müssen dann eine korrekte **Subsumtion** Stück für Stück durchführen.

(4) Lassen Sie sich nicht irritieren, wenn es Ihnen bei der Subsumtion sehr schwer fällt zu entscheiden, ob ein Umstand „Grundlage des Vertrags" geworden oder **nicht** geworden ist. Es hatte schon seinen Grund, dass die deutschen Juristen durch die Jahrhunderte hindurch geschwankt haben.

---

[37] BT-Drucks. 14/6040, S. 177.

(5) Kommen Sie bei § 313 aus den Zweifeln nicht heraus, so entscheiden Sie sich **gegen** § 313 und fügen Sie hinzu, was die deutschen Juristen im 19. Jahrhundert betont haben: Der Grundsatz der Vertragstreue darf nicht ausgehöhlt werden.

3. Unterkapitel:
Das Problem des Drittschadens

§ 51. Relativitätsprinzip. Enumerationsprinzip, Drittschadensliquidation

Bei dem Problem des Drittschadens können wir an einen Gedanken anknüpfen, der schon bei der deliktischen Haftung erörtert wurde.

📖 Bitte lesen Sie noch einmal o. § 42 I 1 und sehen Sie sich dort das Schema genau an.

Wir erweitern und präzisieren den dort entwickelten Gedanken durch eine allgemeine Überlegung, die nun auch die vertragliche Haftung umfasst.

I. Drittschaden im Vertragsrecht

Im Vertragsrecht gilt das **Relativitätsprinzip:** Durch den Vertrag entstehen grundsätzlich nur Rechte und Pflichten **zwischen den Vertragsparteien.** Wird eine vertragliche Pflicht verletzt, so kann grundsätzlich nur der andere Vertragsteil Schadensersatz verlangen. Durch die Annahme eines Vertrages zu Gunsten Dritter oder eines Vertrages mit Schutzwirkung für Dritte lässt sich zwar der Kreis der geschützten Personen etwas erweitern, es bleiben aber viele Fälle, in denen die Vertragsverletzung im weiteren Ablauf der Kausalkette bei Dritten zu Schäden führt, die diese Dritten nicht vertraglich geltend machen können. Es fehlt ihnen ein **haftungsbegründender Tatbestand.** Sie sind Drittgeschädigte. Dafür ein Beispiel:

Der Kaufmann K erwägt, ein illiquide gewordenes Konkurrenzunternehmen aufzukaufen und zu sanieren. Er befragt seinen langjährigen Berater, den Wirtschaftsprüfer W, der ihm aus steuerlichen Gründen dringend abrät. K verwirft deshalb den Plan. Später stellt sich heraus, dass W den M schuldhaft falsch beraten hatte. K hätte mit dem Unternehmen große Gewinne erzielen können. Die Kausalkette läuft jedoch weiter. Da K nicht gekauft hat, konnte ein anderer Konkurrent das Unternehmen billig aufkaufen, den Kundenstamm übernehmen und das Unternehmen zerschlagen. 150 Mitarbeiter haben ihren Job verloren, drei Zulieferanten müssen schließen, auch deren Mitarbeiter sind arbeitslos usw.

Ergebnis: W haftet aus positiver Forderungsverletzung gem. §§ 280 I, 241 II nur seinem Vertragspartner K. Alle anderen sind Drittgeschädigte.

II. Drittschaden im Deliktsrecht

Im Grunde gilt das Gleiche bei der unerlaubten Handlung. Es herrscht das **Enumerationsprinzip:** Ansprüche aus § 823 hat nur, wer sich auf die Verletzung eines absoluten Rechts oder auf die Verletzung eines Gesetzes berufen kann, das **seinen** Schutz bezweckt. Auch die anderen Deliktsnormen stellen ganz bestimmte **haftungsbegründende Tatbestände** auf. Wird ein solcher Tatbestand verwirklicht, so kann der Verletzte den Ersatz **seines** Schadens verlangen. Wer im weiteren Kausalablauf in seinem **Vermögen** geschädigt wird, ist Drittgeschädigter. Er hat keinen Anspruch. Eine Ausnahme gilt nur die Fälle der §§ 844, 845.

📖 Bitte lesen Sie dazu noch einmal den Filmschauspielerfall (o. § 38 II).

III. Schaden und haftungsbegründender Tatbestand

Es genügt also nicht, dass man einen **Schaden** hat, den ein anderer schuldhaft verursacht hat. Wenn man Ersatz dieses Schadens verlangen will, muss man sich außerdem auf einen **haftungsbegründenden Tatbestand** berufen können (wobei hier unter einem haftungsbegründenden Tatbestand zu verstehen ist: die Summe aller gesetzlichen Voraussetzungen für einen Schadensersatzanspruch ohne den Schaden).

IV. Die Drittschadensliquidation

Nun kommen jedoch Fälle vor, in denen der durch eine Vertragsverletzung oder unerlaubte Handlung herbeigeführte Schaden nicht bei dem Verletzten, sondern bei einem **Dritten** eintritt, ohne dass der Dritte Vertragspartner oder Verletzter im Sinne einer unerlaubten Handlung ist.

Dann entsteht eine im System nicht vorgesehene Situation: Der Verletzte hat den haftungsbegründenden Tatbestand, aber keinen Schaden, der Dritte hat den Schaden, aber keinen haftungsbegründenden Tatbestand.

(1) Dieses Problem tauchte zuerst bei der **mittelbaren Stellvertretung** auf: Ein Einkaufskommissionär schließt im eigenen Namen für Rechnung des Kommittenten einen Kaufvertrag. Dem Verkäufer wird die Leistung infolge eines von ihm zu vertretenden Umstandes unmöglich. Jetzt hat der Kommissionär einen haftungsbegründenden Tatbestand (§§ 280 I, III, 283, 275 I), aber keinen oder nur einen verhältnismäßig geringen Schaden (Provision). Der Hauptschaden ist bei dem an dem Kaufvertrage unbeteiligten Kommittenten eingetreten. Die Konstruktion eines Vertrages zu Gunsten Dritter scheidet aus. Soll der Kommittent schutzlos sein?

(2) Ähnliche Fälle entstehen, wenn zwischen dem Verletzten und einem Dritten ein Rechtsverhältnis besteht, das eine **Schadensverlagerung** auf diesen Dritten zur Folge hat, und zwar

   (a) infolge der Regeln über die **Gefahrtragung** oder

   (b) weil der Dritte den Schaden als **Versicherer** trägt oder

   (c) weil der Dritte **Arbeitgeber** ist und dem verletzten Arbeitnehmer den Lohn fortzahlen muss.

In solchen außergewöhnlichen Fällen darf der Schädiger nicht die Möglichkeit haben, sich auf dieses **zufällige** Auseinanderfallen von Schaden und haftungsbegründendem Tatbestand zu berufen, um dadurch jeder Haftung zu entgehen. Es wird deshalb dem Verletzten ausnahmsweise gestattet, den Schaden geltend zu machen, der nicht ihm, sondern dem Dritten entstanden ist. Der Dritte kann nur dann selbständig vorgehen, wenn der Verletzte ihm seinen „**Liquidationsanspruch**" abgetreten oder wenn er ihn zum Vorgehen im eigenen Namen ermächtigt hat (§ 185 I). In vielen Fällen ist der Verletzte dem Geschädigten gegenüber zur Abtretung aus § 285 verpflichtet.

3. Kapitel:
Verbraucherschutz

§ 52. Überblick

Man kann zwischen Verbraucherschutz im engeren (formellen) Sinne und im weiteren Sinne unterscheiden.

Zum Verbraucherschutz i.e.S. gehören die Vorschriften, die **notwendigerweise** eine Beziehung zwischen einem **Verbraucher gem. § 13** und einem **Unternehmer gem. § 14 voraussetzen**. Diese Vorschriften waren früher auf mehrere Sondergesetze verteilt, sie sind 2002 durch das Schuldrechtsmodernisierungsgesetz in das BGB integriert worden.

Daneben gibt es das weite Feld des Verbraucherschutzes i.w.S., bei dem einer der beiden Beteiligten **nicht notwendigerweise**, aber **typischerweise** Verbraucher und deshalb schutzbedürftig ist. Dazu gehören z.B. die Vorschriften über den Reisevertrag (§ 651 a), im weiteren Sinne auch die Vorschriften über die Wohnraummiete (§ 549), außerdem einige Regeln des neuen Rechts der Pflichtverletzungen, die durch EG-Richtlinien veranlasst und vom deutschen Gesetzgeber in das BGB eingefügt worden sind.

Wenn man den Kreis noch weiter zieht und auch zeitlich weiter zurückgeht, kann man feststellen, dass der Gedanke des Verbraucherschutzes schon in der ersten Hälfte des 20. Jahrhunderts in einem gewissen Grade realisiert wurde, und zwar in Gestalt von rechtlichen Konstruktionen, die zwar für alle Bürger galten, aber in ihren praktischen Auswirkungen vor allem den Verbrauchern zugute kamen. Dazu gehörten und gehören heute noch die vertraglichen und vorvertraglichen Ansprüchen aus positiver Forderungsverletzung, aus culpa in contrahendo und aus Verträgen mit Schutzwirkung für Dritte sowie die deliktischen Ansprüche wegen Nichtbeachtung der allgemeinen Verkehrssicherungspflicht (siehe Salatblattfall, o. § 47 IV und o. § 41 III).

§ 53. Verbraucherschutz im engeren Sinne

I. Unser Vorgehen

Wir konzentrieren uns jetzt auf die Vorschriften des BGB zum Verbraucherschutz i.e.S.

Diese Vorschriften enthalten zum Teil detaillierte Angaben über die Voraussetzungen, den Geltungsbereich und die einzelnen Rechte und Pflichten der Parteien:

Sehr umfangreich sind hierbei die vorvertraglichen **Informationspflichten des Unternehmers** ausgestattet. Der Verbraucher soll eine bessere Möglichkeit haben, verschiedene Angebote zu vergleichen und eine fundierte Entscheidung zu treffen. Bei den Informationspflichten handelt es sich deshalb um **echte Rechtspflichten**, ihre Verletzung kann zu einer Ersatzpflicht nach den allgemeinen Regeln des Schuldrechts führen.

📖 Bitte lesen Sie die allgemeinen Regeln §§ 280, 311 II, 241 II (culpa in contrahendo).

Um den Text des BGB nicht noch mehr mit Einzelheiten zu belasten, hat der Gesetzgeber weitergehende Details über die Informationspflichten des Unternehmers ausgegliedert und aufgrund von Ermächtigungen in §§ 238–245 des Einführungsgesetzes zum BGB (EGBGB) in einer „Verordnung über Informationspflichten nach Bürgerlichem Recht" (InfV, Schönfelder Nr. 22) untergebracht. Dort finden sich auch entsprechende Details zu Vorschriften, die zum Verbraucherschutz i.w.S. gehören (z.B. Reiseveranstalter, Kreditinstitute. Nachlesen der Einzelheiten nur auf eigene Gefahr).

Außerdem hat der Gesetzgeber die Berechtigung von Verbänden zu **Unterlassungsklagen** in einem Sondergesetz zusammengefasst: dem „Gesetz über Unterlassungsklagen bei Verbraucherrechts- und anderen Verstößen" (UklaG, Schönfelder Nr. 105).

Trotz dieser Entlastungen sind die Verbraucherschutzvorschriften im BGB mit vielen Einzelheiten überladen und schwer zu handhaben.

Um Ihnen die Einarbeitung in die ganze Materie zu erleichtern, gehen wir folgendermaßen vor:

(1) Zunächst werden die **gemeinsamen Voraussetzungen** für die Verbraucherschutzvorschriften i.e.S. geklärt: die Begriffe „Verbraucher" und „Unternehmer".

(2) Dann werden die über das Schuldrecht verteilten **Einzelvorschriften** in handhabbare **Gruppen** zusammengefasst.

(3) Schließlich gehen wir auf eine Gemeinsamkeit in der **Geltung** (halbzwingendes Recht) und in den **Rechtsfolgen** (Widerruf und Rückgabe) ein.

II. Definitionen: Verbraucher und Unternehmer

1. Verbraucher

📕 Bitte lesen Sie § 13.

Verbraucher sind also nur **natürliche** Personen, **nicht juristische** Personen, auch nicht Idealvereine (e.V.) oder Personengesellschaften, die selbständig Rechte erwerben können (OHG, KG, Partnerschaft).

Außerdem kommt es für § 13 auf die **Zweckbestimmung** des von der natürlichen Person abgeschlossenen Rechtsgeschäfts an: Das Geschäft darf nicht einer gewerblichen oder selbständigen beruflichen Tätigkeit zugeordnet werden können. Daraus ergeben sich zwei Konsequenzen:

(1) **Unselbständige** sind **immer** Verbraucher, auch wenn sie Gegenstände für ihre berufliche Tätigkeit erwerben (Berufskleidung, Pkw), da nur die Zurechnung zu einer **selbständigen** beruflichen Tätigkeit die Verbrauchereigenschaft ausschließt.

(2) Auch selbständige Gewerbetreibende und Freiberufler sind Verbraucher, wenn das Geschäft zu ihrer **privaten** Sphäre gehört. Entscheidend für die Abgrenzung ist nicht der **innere Wille** des Handelnden, sondern der **Inhalt des Geschäfts**. Wird der Vertragsgegenstand (z.B. ein Pkw) für gewerbliche **und** private Zwecke genutzt (sog. dual use) ist entscheidend, welche Benutzung überwiegt.[38]

2. Unternehmer

📕 Bitte lesen Sie § 14.

(1) Unternehmer kann eine natürliche Person, eine juristische Person und eine rechtsfähige Personengesellschaft sein (OHG, KG, Partnerschaft, auch GbR[39]).

(2) Bei der Tätigkeit kommt es auf Gewinnerzielung **nicht** an. Auch öffentlich-rechtliche Einrichtungen sind Unternehmer, wenn sie dem Bürger Leistungen gegen Entgelt anbieten (Schwimmbäder, Zoos).

III. Die einzelnen Vorschriften des Schuldrechts[40]

Um die Übersicht zu erleichtern, haben wir die einzelnen Vorschriften in Gruppen zusammengefasst. Bitte lesen Sie **alle** Vorschriften nach, die wir jetzt zitieren (es ist fast immer nur eine Vorschrift für einen Typus).

---

[38] Palandt/Heinrichs, § 13 Rnr. 3.
[39] BGH ZIP 2001, 330.
[40] Viele Vorschriften sind in den letzten Jahren mehrfach mit Rücksicht auf EG-Richtlinien geändert worden, zuletzt durch Gesetz vom 17.1.2011, in Kraft getreten am 23.2.2011.

1. Allgemeiner Teil des Schuldrechts: Besondere Vertriebsformen

Im Allgemeinen Teil des Schuldrechts sind **drei besondere Vertriebsformen** geregelt:

(1) **Haustürgeschäfte** gem. § 312 I (bitte lesen),

(2) **Fernabsatzgeschäfte** gem. § 312 b I, II (bitte lesen) und

(3) der **elektronische Geschäftsverkehr**, dessen Regelung in § 312 e I – abweichend von den anderen Vorschriften – voraussetzt, dass der eine Beteiligte ein Unternehmer, der andere ein „Kunde" (also nicht notwendig ein Verbraucher) ist. Streng genommen gehört also § 312 e **nicht** zum Konsumentenschutz i.e.S. (bitte lesen Sie § 312 e I)

2. Besonderer Teil des Schuldrechts: Kauf und Kredit

Im Besonderen Teil des Schuldrechts gibt es zwei große Gruppen von Verbraucherschutzregeln, die Varianten von zwei Vertragstypen des Alltags darstellen.

a) Kauf

Der **Kauf** hat zwei Verbrauchervarianten: den Verbrauchsgüterkauf und den Teilzeit-Wohnrechtsvertrag.

(1) Der **Verbrauchsgüterkauf** ist wohl der häufigste Vertrag des täglichen Lebens. Er liegt vor, wenn ein Unternehmer an einen Verbraucher eine **bewegliche Sache** verkauft (Ausnahme ist die Versteigerung von gebrauchten Sachen, § 474 I). Der wichtigste Teil des Verbrauchsgüterkaufrechts – die **Sachmängelhaftung** – ist ausführlich o. § 48 VIII behandelt.

(2) Der **Teilzeit-Wohnrechtevertrag** ist die verbraucherrechtliche Variante einer bestimmten Art von Rechtskauf. Er geht auf eine EG-Richtlinie von 1994 zurück, die sich gegen den damals weit verbreiteten Missbrauch von sog. Time-Sharing-Verträgen (vor allem über Häuser und Eigentumswohnungen an Ferienorten) richtete.

Hinzu kam später als Varianten des Teilzeitwohnrechtevertrags der Vertrag über ein **langfristiges Urlaubsprodukt**, der **Tauschsystemvertrag** und der **Vermittlungsvertrag** über einen dieser „Urlaubsverträge".

📖 Bitte lesen Sie §§ 481, 481 a, 481 b.

b) Kreditverträge

Die andere Gruppe bilden die **Kreditverträge**.

(1) Ein **Verbraucherdarlehen** liegt vor, wenn ein Unternehmer einem Verbraucher ein entgeltliches Darlehen gewährt.

📖 Bitte lesen Sie (ohne die dort zitierten Vorschriften nachzulesen) §§ 491 (Definition und Grenze), 491 a (Informationspflichten), 492 (Schriftform, Vertragsinhalt), 496 (Wechsel- und Scheckverbot), 502 (Vorfälligkeitsentschädigung), 503 (Immobiliendarlehen).

Hinzu kommen die **Finanzierungshilfen** zwischen einem Unternehmer und einem Verbraucher.

 📖 Bitte lesen Sie (ohne die dort zitierten Vorschriften nachzulesen) §§ 506 (Zahlungsaufschub), 507 (Teilzahlungsgeschäfte).

3. Zusendung unbestellter Sachen und Gewinnzusagen

Etwas am Rande stehen die Vorschriften über

(1) die **Zusendung unbestellter Waren** gem. § 241 a I (kommt in der Praxis kaum noch vor, da gegen Wettbewerbsrecht verstoßend),

(2) **Gewinnzusagen** gem. § 661 a (bitte lesen).

4. AGB-Recht

Außerdem hat der Verbraucherschutz Bedeutung für das Recht der Allgemeinen Geschäftsbedingungen (Einzelheiten o. § 16 IV 3).

IV. Gemeinsamkeiten

1. Halbzwingendes Recht

Die verschiedenen Vorschriften haben gemeinsam, dass sie (mit geringen Ausnahmen) **halbzwingendes** Recht darstellen.

 📖 Bitte lesen Sie zu den drei erwähnten **besonderen Vertriebsarten** § 312 f, zum **Verbrauchsgüterkauf** § 475 I (ohne die Vorschriften, auf die dort verwiesen wird), zu den Kreditverträgen §§ 511, 655 e.

2. Widerrufsrecht. Rückgaberecht

Die wichtigste Gemeinsamkeit ist das Widerrufsrecht. Es ist in § 355 zentral geregelt und gilt für die meisten Verbraucherverträge: bei zwei der besonderen Vertriebsformen, nämlich bei den Haustürgeschäften und den Fernabsatzgeschäften, außerdem bei den drei „Urlaubsverträgen".

 📖 Bitte lesen Sie §§ 312 I, 312 d I, 485 I.

Darüber hinaus gilt es das Widerrufsrecht bei den verschiedenen Kreditverträgen: dem Verbraucherdarlehensvertrag, den drei Finanzierungshilfen.

 📖 Bitte lesen Sie §§ 495 I, 499 I.

Bei Fernabsatzgeschäften entfällt das Widerrufsrecht, wenn diese Geschäfte in der Form von **Versteigerungen** geschlossen worden sind.

 📖 Bitte lesen Sie §§ 312 d IV Nr. 5, 156.

Allerdings gilt das nur für Versteigerungen i.S.v. § 156, **nicht** für Versteigerungen im **Internet!**

Wir gehen nun auf die Einzelheiten des Widerrufs und der Rückgabe ein.

📖 Bitte lesen Sie § 355 I.

Der Widerruf bedarf also keiner Begründung, er ist in Schriftform oder durch Rücksendung der Sache innerhalb der Widerspruchsfrist zu erklären.

📖 Bitte lesen Sie § 355 II, III.

Die Frist hängt von der Widerrufsbelehrung ab. Sie beträgt 14 Tage, wenn der Verbraucher sie nicht später als bei Vertragsschluss erhalten hat.

Bei Fernabsatzverträgen steht eine unverzüglich in Textform mitgeteilte Belehrung dem gleich. Wenn die Belehrung sich verspätet, beträgt die Frist einen Monat.

Zu laufen beginnt die Frist, wenn der Verbraucher die Belehrung erhält.

📖 Bitte lesen Sie jetzt § 355 IV.

Das Widerrufsrecht erlischt also spätestens sechs Monate nach Vertragsschluss. Bei Lieferung von Waren beginnt die Frist allerdings nicht vor dem Tag des Wareneingangs beim Verbraucher und: Solange der Verbraucher nicht ordnungsgemäß über sein Widerrufsrecht belehrt worden ist, beginnt die Frist **überhaupt nicht**.

In einigen im Gesetz vorgesehenen Fällen kann das Widerrufsrecht vertraglich (auch mithilfe von AGB) durch ein **Rückgaberecht** ersetzt werden (die Regel im Versandhandel). In diesem Fall kann das Recht **nur durch Rücksendung** der **Ware** ausgeübt werden.

📖 Bitte lesen Sie § 356.

Die Einzelheiten der Belehrung sind in § 360 minutiös aufgeführt. Weil bei den Inhalten der Belehrung so viele Pannen passieren, hat der Gesetzgeber im EGBGB den Parteien für den Widerruf und für die Rückgabe entsprechende **Muster** zur Verfügung gestellt.

Die **Rechtsfolgen** des Widerrufs und der Rückgabe richten sich nach den Vorschriften über den gesetzlichen Rücktritt (§§ 346, 347). Es sind hier aber zwei Abweichungen zu beachten:

(1) Kosten und Gefahr der Rücksendung trägt zwar der Unternehmer. Der Unternehmer kann aber im Vertrag vorsehen, dass bei Bestellungen bis zu 40 Euro der Verbraucher die regelmäßigen Kosten der Rücksendung zu tragen hat. Mit dieser Ausnahme hat der Gesetzgeber vor allem auf den **Versandbuchhandel** Rücksicht genommen.

   📖 Bitte lesen Sie § 357 II.

(2) Der Verbraucher hat für eine Verschlechterung der Sache, die durch **bestimmungsmäßige** Ingebrauchnahme der Sache entstanden ist, **Wertersatz** zu leisten, **falls** er spätestens bei Vertragsschluss auf diese Rechtsfolge und eine Möglichkeit, sie zu vermeiden, hingewiesen worden ist.

   📖 Bitte lesen Sie den wichtigen § 357 III.

Der Verbraucher ist hier also **schlechter gestellt** als im Falle des Rücktritts wegen eines **Sachmangels**. Dies ist der Ausgleich dafür, dass der Verbraucher sein

Widerrufs- oder Rückgaberecht bereits bei „Nichtgefallen", d.h. unabhängig von einer Pflichtverletzung des Unternehmers ausüben darf, während das Rücktrittsrecht wegen eines Sachmangels nicht nur einen Mangel, sondern einen **erheblichen** Mangel voraussetzt (§§ 437 Nr. 2, 323 V S. 2, 326 V).

Der **Hinweis** auf diese Rechtsfolge muss allerdings für den Verbraucher **deutlich** sein. So muss z.B. der Verkäufer eines im Fernabsatz verkauften **Buches** den Verbraucher darauf aufmerksam machen, dass er das Buch aus der Verpackung nehmen und durchblättern kann, dass aber eine darüber hinausgehende Nutzung, die dazu führt, dass der Unternehmer das Buch nicht mehr als „neu" verkaufen kann, zur Wertersatzpflicht führt.[41]

3. Verbundene Geschäfte

Besondere Probleme entstehen, wenn ein Vertrag über die Lieferung einer Ware oder die Erbringung einer anderen Leistung durch den Unternehmer mit einem **Verbraucherdarlehensvertrag** verbunden ist (sog. B-Geschäfte) und der Verbraucher einen dieser beiden Verträge widerruft. In diesem Falle wirkt sich der Widerruf auch auf den anderen Vertrag aus. Dieser Fall und ähnliche Fälle sind in §§ 358, 359 geregelt.

📖 Bitte lesen Sie §§ 358, 359.

V. Umtausch

In einigen Bereichen des Einzelhandels (Kleidung, Hausrat) wird den Kunden weitgehend ein Umtauschrecht durch AGB eingeräumt (z.B. durch den Aushang „Umtausch innerhalb zwei Wochen" oder einem entsprechenden Vermerk auf dem Kassenzettel). Es gibt aber noch keine Verkehrssitte (§ 157), wonach in diesen Branchen ohne Weiteres von einem Umtauschrecht ausgegangen werden kann.

4. Kapitel:
Geschäftsführung ohne Auftrag
als vertragsähnliches Schuldverhältnis

§ 54. Voraussetzungen und Rechtsfolgen bei der GoA

I. Berechtigte und unberechtigte GoA

Die GoA erfasst den weiten Bereich aller Fälle, in denen jemand ungerufen fremde Angelegenheiten erledigt.

📖 Bitte lesen Sie § 677.

---

[41] BT-Drucks. 1640/199 f.

§ 677 setzt voraus, dass jemand ein Geschäft für einen anderen besorgt, ohne von ihm beauftragt oder ihm gegenüber sonst dazu berechtigt zu sein (z.B. als Erziehungsberechtigter). Unter „Geschäft" ist hier jede Art von Tätigkeit zu verstehen; es kann sich um ein Rechtsgeschäft handeln (Beispiel: Bezahlen einer fremden Schuld), es kommen aber auch rein tatsächliche Handlungen in Betracht: Wer ungefragt die Blumen seines im Krankenhaus liegenden Nachbarn wässert, ein Kind, das sich verlaufen hat, zu dessen Eltern bringt, einem Bewusstlosen auf der Straße erste Hilfe leistet, handelt in GoA.

Nach § 677 muss die **Ausführung** des Geschäfts dem **Interesse** des Geschäftsherrn entsprechen, d.h. für ihn objektiv nützlich sein, und zwar mit Rücksicht auf seinen wirklichen oder mutmaßlichen **Willen**. Dieser Maßstab ist nicht nur bei der Ausführung, sondern schon bei der **Übernahme** der Geschäftsführung anzulegen. Entsprechend wird zwischen berechtigter und unberechtigter GoA unterschieden:

(1) Entspricht die Übernahme dem Interesse und dem wirklichen oder mutmaßlichen Willen, so liegt **berechtigte** GoA vor. Zwischen Geschäftsführer und Geschäftsherrn entsteht kraft Gesetzes ein auftragsähnliches Schuldverhältnis (§ 683 S. 1). Berechtigte GoA liegt außerdem vor, wenn die besonderen Voraussetzungen des § 679 vorliegen (§ 683 S. 2). Die Frage ob, § 679 entsprechend bei der Rettung eines Selbstmörders gilt, ist umstritten. Ist der Geschäftsherr **minderjährig,** so ist der wirklichen oder mutmaßliche Wille seines gesetzlichen Vertreters maßgebend.

(2) Entspricht die Übernahme **nicht** dem Interesse des Geschäftsherrn, d.h. ist sie für ihn objektiv unnütz, oder widerspricht sie seinem wirklichen oder mutmaßlichen Willen, so handelt es sich um eine **unberechtigte** GoA. Wenn der Geschäftsherr nicht nachträglich genehmigt, hat der Geschäftsführer keine Ansprüche aus GoA; bei Verschulden ist der Geschäftsführer außerdem zum Schadensersatz verpflichtet (§ 678).

Mit dieser Unterscheidung wird eine gerechte Regelung nach zwei Richtungen angestrebt: Einerseits soll der nützliche und willkommene Helfer entschädigt werden, der für den Geschäftsherrn ein finanzielles Opfer gebracht hat. Andererseits soll der Geschäftsherr vor Weltbeglückern geschützt werden, die sich ungebeten in seine Angelegenheiten einmischen und ihm Dienste aufdrängen, die für ihn nur lästig sind.

II. Die Rechte des Geschäftsführers

(1) Im Falle der **berechtigten** GoA kann der Geschäftsführer wie ein Beauftragter Ersatz seiner **Aufwendungen** verlangen (§§ 683, 677, 670). Der Geschäftsführer erhält z.B. die ausgelegten Zustellungsgebühren für das angenommene Paket, den Betrag für die Stromrechnung, die er für den abwesenden Nachbarn beglichen hat.

Probleme entstehen, wenn der Geschäftsführer bei der Geschäftsführung einen **Schaden** erleidet, z.B. wenn er bei einem Brand oder einem Überfall Hilfe leistet und dabei körperlich verletzt wird. Aufwendungen im Sinne des § 670 sind nämlich nur **freiwillige** Vermögensopfer. Die Rechtsprechung hat im Wege der Rechtsfortbildung solche Schäden den Aufwendungen gleichgestellt für den Fall, dass die Geschäftsführung selbst mit Gefahren verbunden ist.[42] Der Bundesgerichtshof hat deshalb auch die Selbstaufopferung eines Kraftfahrers, der das Steuer herumreißt und seinen Wagen zu Bruch fährt, um die Verletzung eines Verkehrsteilnehmers zu verhindern, als Aufwendung gem. §§ 683, 670 anerkannt unter der Voraussetzung, dass der Kraftfahrer bei einem Unfall weder aus §§ 823 ff. noch aus § 7 StVG gehaftet hätte.[43] Allerdings führt diese Ausdehnung des Aufwendungsbegriffs nicht immer zum Ersatz des gesamten Schadens, es kommt z.B. auf das Verhältnis von Aufwand und Erfolg an. In dem erwähnten Fall der Selbstaufopferung wurde dem Kraftfahrer nur die Hälfte seines Schadens erstattet, da er die Gefahrenlage durch das Führen eines Kraftfahrzeugs immerhin mitverursacht hatte. Kommt der Geschäftsführer bei der Rettungsaktion zu Tode, so können die **Hinterbliebenen** Versorgungsansprüche haben, wobei die Rechtsprechung als Maßstab §§ 844, 845 heranzieht[44].

Zu den zu ersetzenden Aufwendungen kann auch ein etwaiger **Verdienstausfall** gehören (z.B. wenn sich jemand an einer Rettungsaktion beteiligt, statt zur Arbeit zu gehen). Dagegen kann der Geschäftsführer **keine Vergütung** für seine Tätigkeit verlangen. Dies wird durch die Verweisung auf das Auftragsrecht in § 683 deutlich gemacht: GoA ist „Liebesdienst" (§ 662!). Eine Ausnahme gilt allerdings für den Fall, dass der „Liebesdienst" in den beruflichen oder gewerblichen Tätigkeitsbereich des Geschäftsführers fällt: Der Arzt, der einen Bewusstlosen behandelt, kann seine Tätigkeit voll in Rechnung stellen.

(2) Bei **unberechtigter** GoA entfällt der Anspruch aus §§ 683, 677, 670. Dies gilt auch dann, wenn der Geschäftsführer ohne Verschulden annahm, er handele in berechtigter GoA. Wer z.B. bei einem Waldspaziergang infolge eines verdächtigen Geräusches glaubt, ein Menschenleben sei in Gefahr, sich einen Weg durch Büsche und Dornen bahnt und dann überrascht vor einem Liebespaar steht, kann nicht Ersatz für die Kratzwunden und die zerrissene Kleidung verlangen.

III. Die Rechte des Geschäftsherrn

(1) Bei **berechtigter** GoA kann der Geschäftsherr gem. §§ 681 S. 2, 667 **Herausgabe** von allem verlangen, was der Geschäftsführer durch die Geschäftsführung erlangt hat (z.B. kann er die Herausgabe des für ihn angenommenen Pakets verlangen).

Hat ihm der Geschäftsführer bei der Durchführung der GoA schuldhaft einen Schaden zugefügt (§ 677), so kann er **Schadensersatz** nach den allgemeinen Vorschriften über die Leistungsstörungen verlangen, es gilt § 276. Der Ge-

---

[42] BGH 38, 270.
[43] BGH 38, 270.
[44] RG 167, 85.

schäftsführer hat aber nur Vorsatz und grobe Fahrlässigkeit zu vertreten, wenn die Geschäftsführung die Abwendung einer drohenden dringenden Gefahr bezweckte (§ 680).

(2) Auch bei **unberechtigter** GoA hat der Geschäftsherr den **Herausgabeanspruch** aus §§ 681 S. 2, 667.

Die Haftung des Geschäftsführers auf **Schadensersatz** ist bei unberechtigter GoA verschärft; er haftet selbst bei ordnungsmäßiger Durchführung des Geschäfts, wenn schon die **Übernahme** des Geschäfts fahrlässig erfolgt war (§ 678). Dies ist eine wirksame Abwehrwaffe gegen „Weltbeglücker": Wer den altmodischen Vorgarten seines Nachbarn in dessen Abwesenheit „modernisieren" lässt, muss nicht nur die Gärtnerrechnung selbst bezahlen. Er ist auch verpflichtet, den altmodischen Zustand wiederherzustellen, selbst wenn die „Modernisierung" ordnungsgemäß nach dem neuesten Stand der Gartenbaukunst durchgeführt worden ist.

5. Kapitel:
Zusammenfassung und Klausurschemata:
Vertrag und unerlaubte Handlung

§ 55. Fälle mit Schwerpunkt im Schuldrecht

I. Das Grundmuster

Wir können nun die in diesem Abschnitt behandelten vertraglichen und vertragsähnlichen Ansprüche sowie die Ansprüche aus unerlaubter Handlung und Gefährdungshaftung zusammenfassen und nach einem zweigliedrigen Grundmuster ordnen:

I. **Vertragliche und vertragsähnliche Ansprüche**
  A. Vertragliche Ansprüche
    (A) Primäransprüche (Erfüllungsansprüche)
    (B) Sekundäransprüche wegen der Pflichtverletzungen:
      1. Unmöglichkeit
      2. Leistungsverzögerung und Verzug
      3. positive Forderungsverletzung (Schutzpflichtverletzung)
      4. Mängelhaftung
  B. Vertragsähnliche Ansprüche
    1. Culpa in contrahendo (Vertragsverhandlungen)
    2. Geschäftsführung ohne Auftrag

II. **Unerlaubte Handlung und Gefährdungshaftung**
  (Schadensersatzansprüche)
  A. Unerlaubte Handlung
  B. Gefährdungshaftung

Dieses Grundmuster sieht unter den verschiedenen Anspruchsgruppen eine bestimmte Reihenfolge vor, die auch bei der Lösung eines praktischen Falles einzuhalten ist:

I. Vertragliche und vertragsähnliche Ansprüche werden zuerst geprüft.

   A. Hierbei beginnt man immer mit den vertraglichen Ansprüchen.

   B. Nur wenn feststeht, dass zwischen den Parteien kein wirksamer Vertrag vorliegt oder dass zumindest im Zeitpunkt des anspruchsbegründenden Ereignisses kein wirksamer Vertrag vorgelegen hat, sind – wenn der Fall dazu Veranlassung gibt – die vertragsähnlichen Ansprüche zu prüfen.

II. Ansprüche aus unerlaubter Handlung und Gefährdungshaftung werden **immer** nach den vertraglichen und vertragsähnlichen Ansprüchen geprüft. Es kann sich nämlich aus dem Vertrag (oder aus GoA) ein anderer Haftungsmaßstab (z.B. Haftung nur für grobe Fahrlässigkeit) ergeben, der dann auch bei der unerlaubten Handlung angelegt werden muss (andernfalls würde der besondere Haftungsmaßstab auf dem Umwege über §§ 823 ff. beseitigt).

Dagegen besteht keine logisch zwingende Reihenfolge zwischen der unerlaubten Handlung und der Gefährdungshaftung. Man kann also die Gefährdungshaftung auch **vor** der unerlaubten Handlung prüfen.

II. Die selektive Anwendung des Grundmusters

In den meisten Fällen wird nur ein Teil, oft wird nur eine einzige Anspruchsgruppe aus dem oben dargestellten Grundmuster überprüft.

Wenn z.B. der Gast A dem zufällig neben ihm an der Theke stehenden Gast B aus Unachtsamkeit sein Bier über den hellen Sommeranzug gießt, kommen vertragliche und vertragsähnliche Ansprüche nicht in Betracht, da zwischen den beiden weder vertragliche noch vertragsähnliche Beziehungen bestehen. Auch die Gefährdungshaftung scheidet aus. Zu prüfen sind also nur die deliktischen Ansprüche.

Umgekehrt erfolgt die Auswahl, wenn z.B. der Verkäufer vom Käufer Zahlung des Kaufpreises verlangt. Kommt man bei der Überprüfung des vertraglichen Primäranspruchs aus § 433 II zu dem Ergebnis, dass ein wirksamer Vertrag vorliegt, so entfallen die vertragsähnlichen Ansprüche. Auch die unerlaubte Handlung und die Gefährdungshaftung bleiben außer Betracht, da sie nur auf Schadensersatz gerichtet sind und der Verkäufer nicht Schadensersatz, sondern **Erfüllung** verlangt.

III. Die Falltypen

Das zweigliedrige Grundmuster mit seinen einzelnen Ansprüchen finden Sie unten in § 56. Der Vorteil eines auf diese Weise zustande gekommenen „Superschemas" ist seine Vollständigkeit, der Nachteil eine gewisse Schwerfälligkeit, da ja, wie die angeführten Beispiele zeigen, im praktischen Fall nur immer ein Teil des Schemas zur Anwendung kommt. Um die Auswahl aus dem Schema zu erleichtern, haben wir im Folgenden die Fälle mit Schwerpunkt Schuldrecht nach Falltypen geordnet und für jeden Falltypus ein besonderes Schema zusammengestellt, das dem Grundschema entnommen ist.

1. Falltypus: Erfüllung eines Vertrages

Die geringsten Schwierigkeiten bereitet der Falltypus „Erfüllung eines Vertrages". Hier macht der Gläubiger einen vertraglichen **Primäranspruch** (z.B. auf Lieferung der verkauften Ware oder auf Zahlung des vereinbarten Kaufpreises) geltend. Die Anspruchsgrundlage ist verhältnismäßig leicht zu finden, sie steht im Besonderen Teil des Schuldrechts und ist dort meist der unter einem „Titel" oder „Untertitel" zuerst aufgeführte Paragraph (z.B. § 433 I oder § 433 II). Handelt es sich ausnahmsweise um einen im Gesetz nicht geregelten Vertrag (Gestaltungsfreiheit!), so kann man auf die allgemeine Anspruchsnorm § 241 I zurückgreifen. Voraussetzung für den vertraglichen Primäranspruch ist ein entsprechender Vertrag (z.B. ein Kaufvertrag).

Man kann nun zwischen drei Untertypen unterscheiden.

(1) Beim Untertypus **„Erfüllung eines Vertrags – Zustandekommen des Vertrages"** liegt das Problem bei der Frage, ob der Vertrag wirksam zu Stande gekommen ist. In diesem Falle kann man das Prüfungsschema „Zustandekommen eines Vertrages" benutzen (o. § 34).

(2) Ein zweiter Untertypus ist „Erfüllung eines Vertrags – Befreiung des Schuldners von seiner Leistungspflicht". Hier ist das Zustandekommen des Vertrags nicht problematisch, der Schwerpunkt liegt an einer anderen Stelle: Der Gläubiger verlangt Erfüllung oder Nacherfüllung (wegen eines Mangels), beim Schuldner liegt jedoch eine Störung vor, die ihn von seiner Leistungspflicht befreit. In Betracht kommen

    (a) die Befreiung des Schuldners von der **Leistungspflicht** wegen Unmöglichkeit der Unzumutbarkeit der Leistung nach § 275 I-III.

    (b) die Befreiung von der **Nacherfüllungspflicht** wegen Unmöglichkeit oder Unzumutbarkeit der Nacherfüllung nach §§ 275 I-III, 439 III, 635 III.

    (c) die Befreiung von der **Leistungspflicht** wegen übermäßiger **Erschwerung** der Leistung, d.h. wegen Störung der Geschäftsgrundlage nach § 313.

(3) Ein dritter Untertypus ist „Erfüllung eines Vertrags – Befreiung des Gläubigers von seiner Gegenleistungspflicht." Dieser Untertypus kommt nur beim gegenseitigen Vertrag vor, er ist gewissermaßen das Gegenstück zum zweiten Untertypus:

Hierbei ist grundsätzlich von §§ 320, 322 auszugehen: Solange der eine Teil seine Leistung nicht erbracht hat, kann der andere Teil die Einrede des nicht erfüllten Vertrages erheben. Hat der eine Teil eine **mangelhafte** Leistung erbracht, so kann der andere Teil die Einrede erheben, solange die **Nacherfüllung** noch nicht bewirkt worden ist.

Ist die Leistung des einen Teils **unmöglich** oder **unzumutbar** (§ 275 I-III), so wird der andere Teil automatisch von seiner Gegenleistungspflicht befreit

(§ 326 I S. 1), es sei denn, dass die Gegenleistungsgefahr bereits auf den anderen Teil übergegangen ist (durch Übergabe, §§ 446, 447 oder Annahmeverzug §§ 326 II S. 1, 446 I S. 3).

Ist nicht die Leistung, sondern die **Nacherfüllung** unmöglich oder unzumutbar (§§ 275 I-III, 439 III, 635 III), so kann der Gläubiger nicht die Sache behalten und wie im Falle der Unmöglichkeit der Leistung die Gegenleistung verweigern. Er muss sich entscheiden: Rücktritt, Minderung, Schadensersatz statt der Leistung.

2. Falltypus: Schadensersatz (und andere Sekundäransprüche)

Der zweite Falltypus kommt am häufigsten vor. Er umfasst alle Fälle, in denen der Gläubiger neben oder an Stelle eines Primäranspruchs Schadensersatzansprüche oder andere Sekundäransprüche (z.B. auf Rückerstattung wegen Rücktrittes) geltend macht. Hier wendet man das unten in § 56 dargestellte Anspruchsschema (teilweise) an.

Das Schema ist sehr umfangreich, es enthält die vertraglichen Ansprüche aus Pflichtverletzungen, die vertragsähnlichen Ansprüche sowie die Schadensersatzansprüche aus unerlaubter Handlung und Gefährdungshaftung.

§ 56. Anspruchsschema: Vertrag und unerlaubte Handlung

I. Vertragliche und vertragsähnliche Ansprüche

Die vertraglichen und vertragsähnlichen Ansprüche sind zuerst zu untersuchen.

A. Vorprüfung

Jede vertragliche Anspruchsnorm setzt voraus, dass ein wirksamer Vertrag vorliegt. Steht diese Voraussetzung außer Zweifel, so kann man sich mit einer kurzen Feststellung begnügen. Nur wenn der Fall **besondere Veranlassung** gibt, muss die Frage eingehender behandelt werden. Hierbei ist das Prüfungsschema „Zustandekommen eines Vertrages" zu benutzen (siehe o. § 34).

Die Rechte und Pflichten aus dem Vertrag bestehen grundsätzlich **nur zwischen den Vertragspartnern.** Es kann sich aber aus den Umständen, insbesondere aus dem Zweck des Vertrages ergeben, dass ein **Dritter** Rechte aus dem Vertrag hat (Vertrag zugunsten Dritter, § 328). Der Dritte kann aus dem Vertrag einen selbstständigen Anspruch gegen den Schuldner auf Erfüllung der Leistungspflichten haben (echter Vertrag zu Gunsten Dritter). Es kann sich auch aus dem Vertrag ergeben, dass dem Dritten gegenüber nur die in § 241 II geregelten **Schutzpflichten** zu beachten sind, deren schuldhafte Verletzung zur Haftung aus positiver Forderungsverletzung führt (Vertrag mit Schutzwirkung für Dritte).

B. Das Dreiphasenmodell

Der Vertrag ist primär auf Erfüllung der vertraglichen Primärpflichten gerichtet. Das Zurückbleiben des Schuldners hinter einer Pflicht ist eine Pflichtverletzung. Man kann unterscheiden:

(1) Im Normalfall bewegen sich Schuldner und Gläubiger nur in der **Phase der Erfüllung der Primärleistungspflicht:** Der Schuldner bewirkt die geschuldete Leistung, und die Pflicht erlischt durch Erfüllung (§ 362 I). Schon in dieser Phase kann es allerdings zu Schutzpflichtverletzungen mit der Folge der Pflicht zum Schadensersatz **neben** der Leistung kommen (§ 280 I).

(2) Ist die Leistung nicht oder nicht wie geschuldet erbracht, aber **nachholbar,** so tritt das Schuldverhältnis in die **Phase der nachgeholten Erfüllung** ein. Typisch für diese Phase sind das Fortbestehen der Leistungspflicht (Nacherfüllungspflicht) und (bei Vertretenmüssen) Ansprüche auf Schadensersatz **neben** der Leistung.

(3) Die **Phase der endgültigen Nichterfüllung** ist dadurch gekennzeichnet, dass die Leistung (Nacherfüllung) **nicht oder nicht mehr nachholbar oder nicht mehr zumutbar** ist. Der Gläubiger kann deshalb zurücktreten (außer wenn er selbst für die Pflichtverletzung verantwortlich ist) und (bei Vertretenmüssen des Schuldners) Schadensersatz **statt** der Leistung oder Aufwendungsersatz verlangen (§§ 280 III, 284).

C. Die einzelnen Pflichtverletzungen

1. Unmöglichkeit

Die Leistung ist nicht erbracht und nicht nachholbar. Es gibt deshalb keine Phase der nachgeholten Erfüllung.

a) Leistungsbefreiung des Schuldners

Das Gesetz unterscheidet drei Arten:

(1) wirkliche Unmöglichkeit (§ 275 I),

(2) faktische Unmöglichkeit (§ 275 II, abzugrenzen von der wirtschaftlichen Unmöglichkeit, einer Störung der Geschäftsgrundlage, § 313),

(3) persönliche Unzumutbarkeit (§ 275 III).

In dem Fall des § 275 I entfällt die Leistungspflicht automatisch (Einwendung); in den Fällen des § 275 II, III hat der Schuldner ein Leistungsverweigerungsrecht (Einrede). Die Leistungsbefreiung tritt auch dann ein, wenn der Schuldner die Pflichtverletzung zu vertreten hat.

b) Rechte des Gläubigers

Unter dem Gesichtspunkt des Vertretenmüssens sieht das Gesetz drei Möglichkeiten vor.

(1) Hat der **Schuldner** die Unmöglichkeit zu vertreten, so kann der Gläubiger wählen:

(a) Er kann vom Vertrag zurücktreten (§ 326 V) oder sich nur auf § 326 I S. 1 berufen, wonach er automatisch von seiner Gegenleistungspflicht befreit ist.

(b) Er kann außerdem Schadensersatz statt der Leistung verlangen (§§ 280 I, III, 283 bei nachträglicher Unmöglichkeit, § 311 a II bei anfänglicher Unmöglichkeit).

(c) Er kann an Stelle von Schadensersatz statt der Leistung den Ersatz vergeblicher Aufwendungen verlangen (§ 284).

(d) Er kann außerdem Herausgabe des Surrogats verlangen, muss dann aber eine entsprechende Minderung seines Ersatzanspruchs hinnehmen (§ 285).

(2) Hat **keiner** von beiden die Unmöglichkeit zu vertreten, so hat der Gläubiger keinen Anspruch auf Schadensersatz oder Aufwendungsersatz. Er hat noch folgende Wahl:

Er kann vom Vertrag zurücktreten (§ 326 V) oder sich nur auf § 326 I S. 1 berufen. Beide Rechte entfallen, wenn die Unmöglichkeit eingetreten ist nach Übergang der Vergütungsgefahr (Gegenleistungsgefahr) auf den Gläubiger infolge von

(a) Annahmeverzug des Gläubigers (§§ 326 II S. 1, 326 V, 323 VI, 446 I S. 1, 3).

(b) Übergabe der Sache beim Kauf (§ 446).

(c) Übergabe an Transportperson beim Versendungskauf (§ 447). Dies gilt nicht beim Verbrauchsgüterkauf (§ 474 II).

Er kann die Herausgabe des Surrogats nach § 285 verlangen, bleibt dann aber zu einer dem Wert des Surrogats entsprechenden Gegenleistung verpflichtet (§ 326 III).

(3) Ist der **Gläubiger** für die Unmöglichkeit allein oder weit überwiegend verantwortlich, so hat er weder einen Ersatzanspruch noch ein Rücktrittsrecht noch ein Recht auf das Surrogat und wird auch nicht von seiner Gegenleistungspflicht befreit. Für den Ersatzanspruch ergibt sich diese Rechtsfolge aus § 254 (sehr hoher Grad von Mitverschulden), für das Rücktrittsrecht und die Befreiung von der Gegenleistung aus §§ 326 II, V, 323 VI.

2. Leistungsverzögerung und Verzug

Die Leistung ist trotz Fälligkeit nicht erbracht, aber **nachholbar.** Es kommt deshalb eine Phase der nachgeholten Erfüllung in Betracht.

a) Rechte des Gläubigers in der Phase der nachgeholten Erfüllung

Ist die Leistung **verzögert,** so bleibt der Leistungsanspruch bestehen. Liegen die zusätzlichen Voraussetzungen für den **Verzug** vor, so kann der Gläubiger neben der Leistung Ersatz seines Verzögerungsschadens (§§ 280 I, II, 286), bei Geldforderungen als Mindestschaden 5% (bzw. 8%) über dem Basiszinssatz verlangen (§ 288).

Verzug setzt **zusätzliches** Vertretenmüssen der Nichtleistung und eine Mahnung voraus (§ 286 I, IV).

Die Mahnung ist entbehrlich bei

(1) Bestimmung der Leistungszeit nach dem Kalender oder nach einem Ereignis (§ 286 II Nr. 1, 2),

(2) ernsthafter und endgültiger Verweigerung durch den Schuldner (§ 286 II Nr. 3),

(3) besonderen Gründen (§ 286 II Nr. 4),

(4) 30 Tagen nach Rechnung bei Entgeltforderungen (§ 286 III).

b) Rechte des Gläubigers in der Phase der endgültigen Nichterfüllung

Diese Phase setzt nicht Verzug, aber zusätzlich zur Verzögerung eine vergebliche **Nachfristsetzung** voraus. Die Fristsetzung ist entbehrlich bei

(1) ernsthafter und endgültiger Erfüllungsverweigerung (§§ 323 II Nr. 1, 2, 281 II) oder

(2) (relativem) Fixgeschäft oder sonstigen besonderen Umständen (§§ 323 II Nr. 2, 3, 281 II).

Auch hier sieht das Gesetz unter dem Gesichtspunkt des Vertretenmüssens drei Möglichkeiten vor:

(1) Hat der **Schuldner** die Nichtleistung zu vertreten, so kann der Gläubiger nicht nur vom Vertrag zurücktreten (§ 323), sondern außerdem auch Schadensersatz statt der Leistung (§§ 280 I, III, 281) oder Ersatz vergeblicher Aufwendungen verlangen (§ 284).

(2) Hat **keiner von beiden** die Nichtleistung zu vertreten, so hat der Gläubiger keinen Anspruch auf Schadensersatz oder Aufwendungsersatz. Er kann aber vom Vertrag zurücktreten (§ 323).

(3) Ist der **Gläubiger** für die Nichtleistung allein oder weit überwiegend verantwortlich oder hat er sich beim Eintritt des entscheidenden Umstands im Annahmeverzug befunden, so hat er keine **Ersatzansprüche** (§ 254) und kein Rücktrittsrecht (§ 323 VI).

c) Absolutes Fixgeschäft

Ist die Leistungszeit so entscheidend, dass bei einer Verzögerung die Leistung nicht mehr nachholbar ist, so gelten die Regeln über die Unmöglichkeit.

3. Positive Forderungsverletzung (Schutzpflichtverletzung)

Verletzung einer Schutzpflicht nach § 241 II. Sie kann in jeder Phase des Schuldverhältnisses auftreten.

a) Schadensersatz neben der Leistung

Der Anspruch auf Schadenersatz neben der Leistung gem. §§ 280 I, 241 II setzt voraus: Schuldverhältnis, Schutzpflicht nach § 241 II, Verletzung, Vertretenmüssen (§ 280 I S. 2, wird vermutet).

b) Rechte des Gläubigers in der Phase der endgültigen Nichterfüllung

Ausnahmsweise bringt die Pflichtverletzung das Schuldverhältnis in diese Phase, wenn dem Gläubiger die Leistung **nicht mehr zumutbar** ist (wegen der Schwere der Pflichtverletzung oder wegen Wiederholungen trotz Abmahnung). Es ist auch hier zu unterscheiden:

(1) Hat der **Schuldner** die Schutzpflichtverletzung(en) zu vertreten, so kann der Gläubiger nicht nur zurücktreten (§ 324) sondern außerdem auch Schadensersatz statt der Leistung oder Aufwendungsersatz verlangen (§§ 282, 284).

(2) Hat **keiner** von beiden die Pflichtverletzung(en) zu vertreten, so hat der Gläubiger keinen Anspruch auf Schadensersatz oder Aufwendungsersatz. Er kann aber zurücktreten (§ 324).

(3) Ist der **Gläubiger** für die Pflichtverletzung(en) allein oder weit überwiegend verantwortlich, so kann er nicht zurücktreten, da die Leistung für ihn **zumutbar** ist (Eine Parallele zu §§ 323 VI, 326 II S. 1 fehlt in § 324). Er hat auch keinen Anspruch auf Schadensersatz oder Aufwendungsersatz (§ 254).

4. Mängelhaftung beim Kauf

Verletzung der primären Leistungspflicht, die Sache dem Käufer frei von Sach- und Rechtsmängeln zu verschaffen (§ 433 I S. 2). Sie führt grundsätzlich zunächst zu einer **Nacherfüllungspflicht.** Ist die Nacherfüllung **möglich,** kann das Schuldverhältnis in die Phase der Nacherfüllung (nachgeholten Erfüllung) eintreten. Ist die Nacherfüllung **unmöglich,** so geht das Schuldverhältnis sogleich in die Phase der endgültigen Nichterfüllung über.

a) Gefahrübergang, Sach- und Rechtsmangel

Maßgebender Zeitpunkt ist der Übergang der Vergütungsgefahr (Gegenleistungsgefahr) auf den Käufer durch Übergabe (§ 446 I S. 1), Annahmeverzug des Käufers (§ 446 I S. 3), Übergabe an die Transportperson beim Versendungskauf (§ 447, der gem. § 474 II nicht beim Verbrauchsgüterkauf gilt).

(1) Die Sache hat einen **Sachmangel,** wenn sie nicht die vertragsmäßige Beschaffenheit i.S.v. § 434 I hat (vereinbarte Beschaffenheit oder Eignung für vertraglich vorausgesetzte oder gewöhnliche Verwendung). Sachmängel sind auch mangelhafte Montagen oder Montageanleitungen sowie Falsch- und Zuweniglieferungen (§ 434 II, III).

(2) Die Sache hat einen **Rechtsmangel,** wenn Dritte dingliche (sachenrechtliche) oder obligatorische (schuldrechtliche) oder öffentliche Rechte in Bezug auf die Sache haben (§§ 434, 435).

Ist die Sache mangelhaft, so bestimmen sich die Rechte des Käufers gem. § 437 nach den allgemeinen Regeln über die Pflichtverletzung (Rechtsgrundverweisung), außerdem nach ergänzenden Sondervorschriften des Kaufrechts.

b) Rechte des Käufers in der Phase der Nacherfüllung

Nach §§ 437 Nr. 1, 439 I hat der Käufer zunächst den Anspruch auf Nacherfüllung, außerdem kommen Ansprüche auf Schadensersatz **neben** der Leistung in Betracht.

(1) Der Käufer kann zwischen Mangelbeseitigung und Ersatzlieferung wählen. Die Kosten trägt der Verkäufer (§ 439 II). Wenn hinsichtlich einer Form der Nacherfüllung

    (a) einer der drei Fälle der Unmöglichkeit gem. § 275 I-III oder

    (b) Unverhältnismäßigkeit gem. § 439 III

vorliegt, beschränkt sich die Nacherfüllungspflicht auf die andere Form (§ 439 III).

(2) Außerdem kommen Ansprüche auf Schadensersatz **neben** der Leistung wegen der folgenden mangelbedingten Schäden in Betracht, wobei jeweils Vertretenmüssen vorausgesetzt wird:

    (a) Schaden durch mangelhafte Lieferung (§§ 437 I Nr. 3, 280 I),

    (b) Schaden durch verzögerte Nacherfüllung (Verzögerungsschaden, §§ 437 Nr. 3, 280 I, II, 439, 286),

    (c) Schaden durch mangelhafte Lieferung an anderen Rechtsgütern des Käufers (Mangelfolgeschaden, §§ 437 Nr. 3, 280 I).

c) Rechte des Käufers in der Phase der endgültigen Nichterfüllung

Das Schuldverhältnis tritt in diese Phase ein, wenn

(1) hinsichtlich **beider** Formen der Nacherfüllung einer der drei Fälle der Unmöglichkeit gem. § 275 I-III oder Unverhältnismäßigkeit gem. § 439 III vorliegt (§§ 437, 326 V, 283, 311 a, 440 S. 1) oder

(2) der Verkäufer die Nacherfüllung ernsthaft und endgültig verweigert (§§ 323 II Nr. 1, 281 II) oder

(3) ein (relatives) Fixgeschäft oder sonstige besondere Umstände vorliegen (§§ 323 II Nr. 2, 3, 281 II) oder

(4) die Nacherfüllung fehlgeschlagen oder dem Käufer unzumutbar ist (§§ 323 II, 281 II, 440, 439 III).

Unter dem Gesichtspunkt des Vertretenmüssens kommen drei Möglichkeiten in Betracht:

(1) Hat der **Verkäufer** den Mangel zu vertreten, so kann der Käufer zurücktreten (§§ 437 Nr. 2, 440, 323 II) oder den Kaufpreis mindern (§ 441). Ist der Mangel **unerheblich,** so kann der Käufer nur mindern, nicht zurücktreten (§§ 437 Nr. 2, 323 V S. 2, 326 V).

Außerdem hat der Käufer den Anspruch auf Schadensersatz **statt** der Leistung. Dabei kann er zwischen dem **großen** Schadensersatz (Schadensersatz statt der ganzen Leistung) und dem **kleinen** Schadensersatz wählen. Ist der Mangel unerheblich, so kann er nur den kleinen Schadensersatz verlangen.

An Stelle von Schadensersatz statt der Leistung kann der Käufer auch Aufwendungsersatz verlangen (§§ 437 Nr. 3, 284).

(2) Hat **keiner von beiden** den Mangel zu vertreten, so hat der Käufer nicht den Anspruch auf Schadensersatz statt der Leistung oder den Aufwendungsersatzanspruch. Er kann aber zurücktreten oder mindern, bei einem unerheblichen Mangel nur mindern.

(3) Ist der Käufer für den Mangel allein oder weit überwiegend verantwortlich, oder ist der Mangel während des Gläubigerverzugs (d.h. nach Gefahrübergang) entstanden, so hat der Käufer keinen Anspruch auf Schadensersatz oder Aufwendungsersatz (§ 254), er kann auch nicht zurücktreten oder mindern (§§ 437 Nr. 2, 323 VI, 326 V).

d) Spezielle Ansprüche aus unselbständiger Garantie

Der Verkäufer oder ein Dritter (Hersteller) kann **neben** der gesetzlichen Mängelhaftung aus einer (unselbständigen) Beschaffenheitsgarantie (§ 276 I S. 1) oder (unselbständigen) Haltbarkeitsgarantie haften (§ 443).

e) Verjährung. Rügefrist

Die Ansprüche aus der Mängelhaftung verjähren **regelmäßig bei Grundstücken** in zwei Jahren von der Übergabe an, sonst in zwei Jahren von der Ablieferung an (§ 438 I Nr. 3, II). Ausnahmen:

(1) 30 Jahre bei Rechtsmängeln, wenn dingliche Rechte Dritter zu Herausgabeansprüchen berechtigen oder im Grundbuch eingetragen sind (§ 438 I Nr. 1),

(2) 5 Jahre bei Bauwerken und Baumaterialien (§ 438 I Nr. 2),

(3) 3 Jahre ab Jahresschluss nach Kenntnis oder grob fahrlässiger Unkenntnis, d.h. mit regelmäßiger Verjährung bei Arglist (§ 438 III).

Rücktritt und Minderung können als Gestaltungsrechte nicht verjähren. Für sie ist die Verjährung des Nacherfüllungsanspruchs maßgebend (§§ 438 IV, V, 218).

Beim **beiderseitigen Handelskauf** kann der Käufer seine Rechte schon vor Eintritt der Verjährung verlieren, wenn er nicht rechtzeitig rügt (§ 377 HGB).

f) Konkurrenzfragen

Die Mängelhaftung gilt erst **ab Gefahrübergang** (§ 434 I S. 1). **Vorher** sind deshalb die allgemeinen Vorschriften über die Pflichtverletzung anwendbar. **Danach** sind Mangelvorschriften Sonderregeln.

(1) Der Käufer kann deshalb den Kaufvertrag nicht wegen Eigenschaftsirrtum gem. § 119 II anfechten, da andernfalls die Verjährung nach § 438 unterlaufen würde.

(2) Dagegen ist die Anfechtung wegen arglistiger Täuschung gem. § 123 zulässig, da der arglistige Verkäufer keinen Schutz verdient.

(3) Ansprüche wegen Schutzpflichtverletzung direkt aus §§ 280 I, 241 II, die der regelmäßigen Verjährung unterliegen, sind insoweit **nicht** ausgeschlossen, als sie mit einem Mangel nichts zu tun haben. Gleiches gilt für die culpa in contrahendo (§§ 280 I, 311 II, 241 II).

(4) Ansprüche aus unerlaubter Handlung und Gefährdungshaftung können dagegen auch dann geltend gemacht werden, wenn sie auf Mangelfolgeschäden beruhen. Sie unterliegen der regelmäßigen Verjährung gem. §§ 195 ff.

g) Verbrauchsgüterkauf

Sonderregeln für den Verkauf beweglicher Sachen von einem Unternehmer an einen Verbraucher (§§ 14, 13).

(1) § 447 (Versendungskauf) ist nicht anwendbar.

(2) Mängelrechte können nicht eingeschränkt werden (§ 475). Ausnahmen:

    (a) Verjährungsfristen können verkürzt werden; es gibt aber absolute Mindestfristen: bei neuen Sachen zwei Jahre, bei gebrauchten ein Jahr (§ 475 II).

    (b) Schadensersatzansprüche können ausgeschlossen oder eingeschränkt werden (§ 475 III).

(3) Wenn ein Mangel sich innerhalb von sechs Monaten nach Gefahrübergang zeigt, wird Vorliegen des Mangels bei Gefahrübergang vermutet (§ 476).

(4) Rückgriff des Unternehmers gegenüber Lieferanten ist erleichtert.

    (a) Keine Fristsetzung nötig, wenn Rückgriffsanspruch auf Mängelrechte begründet ist (§ 478 I). Spezieller Anspruch auf Ersatz von Aufwendungen wegen Nacherfüllung gegenüber Verbrauchern (§ 478 II).

    (b) Beweislastumkehr: Frist läuft auch im Rückgriff ab Ablieferung an **Verbraucher** (§§ 478 III, 476).

    (c) Verjährung des Rückgriffsanspruchs frühestens 2 Monate, nach dem Unternehmer Ansprüche des Verbrauchers erfüllt hat. Absolute Obergrenze fünf Jahre (§ 479 II).

Ansprüche können infolge Rügeverspätung verloren gehen (§ 377 HGB). Erleichterung der Rückgriffsrechte gilt auch für Lieferant und andere Unternehmer in der Lieferkette (§ 479 III).

5. Mängelhaftung beim Werkvertrag

Die Regelung läuft weitgehend parallel zum Kauf.

Auch beim Werkvertrag besteht eine primäre Pflicht zur mangelfreien Leistung (§ 633). Ist das Werk mangelhaft, gilt die Grundverweisung in § 634.

a) Rechte des Bestellers in der Phase der Nacherfüllung

Nach §§ 634 Nr. 1, 635 kann der Besteller Nacherfüllung verlangen

(1) Die Wahl zwischen Mangelbeseitigung oder Neuherstellung trifft hier jedoch der **Unternehmer** (§ 635 I).

(2) Außerdem kommen wie beim Kauf Ansprüche auf Schadensersatz **neben** der Leistung wegen Schäden durch mangelhafte Leistung oder verzögerte Nacherfüllung oder wegen Mangelfolgeschäden in Betracht (§§ 634 Nr. 4, 280 I, II, 241 II).

b) Rechte des Bestellers in der Phase der endgültigen Nichterfüllung

Voraussetzung für den Eintritt des Schuldverhältnisses in diese Phase ist die erfolglose Nachfristsetzung (§§ 634 Nr. 3, 4, 323 I, 281 I S. 1). Die Ausnahmen von dieser Voraussetzung sind die gleichen wie beim Kauf.

Auch die **Rechtsfolgen** sind die gleichen. Anders als beim Kauf hat jedoch der Besteller das Recht zur **Selbstvornahme,** das Vertretenmüssen nicht voraussetzt (§ 637).

c) Verjährung

Hier ist zu unterscheiden

(1) Bei einem **körperlich** sachbezogenen Werk, das kein Bauwerk ist, geht die Verjährung wie beim Kauf über **zwei** Jahre (§ 634 a I Nr. 1, II).

(2) Bei einem **Bauwerk** beträgt die Frist **fünf** Jahre (§ 634 a I Nr. 2).

(3) Für die übrigen Werke (nicht-körperliche Werke und Werke am menschlichen Körper) gilt die **regelmäßige** Verjährung: **drei** Jahre ab Jahresende nach Kenntnis oder grober Fahrlässigkeit des Bestellers (§§ 634 a Nr. 3, 195, 199).

D. Vertragsähnliche Ansprüche

1. Vertragsverhandlung

Bereits durch die einseitige Anbahnung von Vertragsverhandlungen und **unabhängig** von einem späteren Vertragsschluss entsteht zwischen den Parteien kraft Gesetzes ein vertragsähnliches Schuldverhältnis.

(1) Im Fall der Scherzerklärung sowie im Fall der Irrtumsanfechtung gilt § 122. Der Erklärende muss dem Gegner den **Vertrauensschaden** ersetzen: Er muss den Gegner so stellen, wie dieser stehen würde, wenn **vom Vertrag nie die Rede gewesen wäre** (sog. negatives Interesse). § 122 setzt kein Verschulden voraus, er ist ein Fall der **Veranlassungshaftung.** Der Anspruch entfällt, wenn der Gegner in seinem Vertrauen auf die Gültigkeit der Erklärung fahrlässig war (§ 122 II).

(2) Der Vertreter ohne Vertretungsmacht haftet gem. § 179. Dabei setzt nur § 179 I Verschulden voraus.

(3) In den anderen Fällen greifen die allgemeinen Regeln über die **culpa in contrahendo** ein (§§ 280 I, 311 II, 241 II). Die culpa in contrahendo ist **Verschuldenshaftung.**

2. Geschäftsführung ohne Auftrag

Voraussetzung ist, dass jemand für einen anderen ein Geschäft (im weitesten Sinne) besorgt, ohne von ihm beauftragt oder ihm gegenüber sonst dazu berechtigt zu sein (§ 677). Entspricht die Geschäftsführung dem Interesse und dem wirklichen oder mutmaßlichen Willen des Geschäftsherrn, so liegt **berechtigte,** anderenfalls liegt **unberechtigte** GoA vor. Im Falle des § 679 und bei Selbstmordversuch ist entgegenstehender Wille des Geschäftsherrn unbeachtlich.

(1) Der **Geschäftsführer** hat bei **berechtigter** GoA Anspruch auf Ersatz seiner Aufwendungen (§§ 683, 670), bei Gefahrabwehr auch Anspruch auf Ersatz seiner Schäden. Bei Tötung des Geschäftsführers kommt Ersatzanspruch seiner Hinterbliebenen analog §§ 844, 845 in Betracht. Bei **unberechtigter** GoA hat der Geschäftsführer keine Ansprüche aus GoA.

(2) Der **Geschäftsherr** hat bei **berechtigter und unberechtigter** GoA Anspruch auf Herausgabe des Erlangten (§§ 681 S. 2, 667). Er hat außerdem Schadensersatzanspruch, wenn der Geschäftsführer bei der Übernahme (§ 678) oder bei der Durchführung (§ 677) der GoA schuldhaft gehandelt hat (§ 276). Bei Gefahrenabwehr haftet der Geschäftsführer nur für grobe Fahrlässigkeit (§ 680).

II. Unerlaubte Handlung und Gefährdungshaftung

A. Unerlaubte Handlung

Die Haftung aus unerlaubter Handlung geht auf vollen Schadensersatz, setzt einen deliktischen Tatbestand (§§ 823 ff.) voraus. In den Fällen der §§ 844, 845 wird ausnahmsweise der **Drittschaden** ersetzt.

(1) Die Grundtatbestände sind

    (a) § 823 I (absolutes Recht rechtswidrig und schuldhaft verletzt),

    (b) § 823 II (Schutzgesetz rechtswidrig und schuldhaft verletzt),

    (c) § 826 (Sittenwidrigkeit und Vorsatz).

(2) Bei der Haftung des Geschäftsherrn ist zu unterscheiden.

    (a) Er haftet grundsätzlich gem. §§ 831 I, 823 ff. für rechtswidrige unerlaubte Handlungen seiner **Verrichtungsgehilfen,** kann aber gem. § 831 I S. 2 den Entlastungsbeweis (Exkulpationsbeweis) führen.

    (b) Daneben kommt eine Haftung des Geschäftsherrn **direkt** aus § 823 I in Betracht, wenn dem Geschäftsherrn eine Rechtspflicht zum Handeln (z.B. die allgemeine Verkehrssicherungspflicht) oblag und infolge seines Nichthandelns eine Rechtsverletzung im Sinne des § 823 I eingetreten ist.

(3) **Juristische Personen des Privatrechts** haften für Organe ohne Entlastungsmöglichkeit gem. § 831. Dies gilt entsprechend auch für den nicht rechtsfähigen Verein sowie für OHG und KG (und wohl auch für die GbR).

(4) **Öffentlich-rechtliche** Dienstherren haften bei hoheitlicher Betätigung ohne Entlastungsmöglichkeit nach § 839 BGB, Art. 34 GG, bei privatrechtlicher Tätigkeit wie juristische Personen des Privatrechts.

B. Gefährdungshaftung

Die Gefährdungshaftung besteht unabhängig vom Verschulden, sie wird unabhängig von der unerlaubten Handlung (im Sinne der Verschuldenshaftung) geprüft. Wir merken uns nur

(1) die Haftung des **Kraftfahrzeughalters** gem. § 7 StVG. Der Halter haftet, außer wenn der Unfall durch **höhere Gewalt** verursacht worden ist. Die Haftung ist auf Höchstsummen beschränkt. Schmerzensgeld gem. § 11 S. 2 StVG;

(2) Die Haftung des **Tierhalters** gem. § 833 S. 1. Da diese Haftung im BGB geregelt ist, haftet der Halter ohne Begrenzung auf eine Höchstsumme, in den Fällen des § 253 II auch auf Schmerzensgeld;

(3) Die Haftung des **Herstellers** gem. ProdHaftG für Mangelfolgeschäden seiner Produkte und die Haftung des **Inhabers** bestimmter **Anlagen** gem. UmwelthaftungsG für Umweltschäden. Die Haftung ist auf Höchstsummen beschränkt. Schmerzensgeld gem. § 8 S. 2 ProdHaftG, § 18 S. 2 UmwelthaftungsG.

Anhang

§ 57. Verjährung

I. Die Einrede der Verjährung

Die Verjährung ist ein Rechtsinstrument, das vor allem der Rechtssicherheit, dem Rechtsfrieden und der Praktikabilität dient – notfalls auf Kosten der Gerechtigkeit im Einzelfalle. Im deutschen Recht ist es dem Schuldner überlassen, ob er sich auf Verjährung berufen will. Die zivilrechtliche Verjährung führt nämlich nicht zum Erlöschen der Schuld und damit zu einer **Einwendung** (wie bei der Steuerschuld, §§ 232, 47 AO), sondern zu einem Leistungsverweigerungsrecht: der Einrede der Verjährung.

📖 Bitte lesen Sie § 214.

II. Die Elemente der Verjährung

Zu unterscheiden ist zwischen der Verjährungs**frist** und dem Verjährungs**beginn**, d.h. dem Zeitpunkt, an dem die Frist zu laufen beginnt, außerdem zwischen **Hemmung** und **Neubeginn** der Verjährung.

III. Regelmäßige Verjährung

1. Die Verjährungsfrist

Die regelmäßige **Verjährungsfrist** beträgt **drei Jahre** (§ 195).

📖 Bitte lesen Sie § 195.

2. Der Verjährungsbeginn

a) Regelmäßiger Verjährungsbeginn

Der Fristbeginn für die regelmäßige Verjährung ist im § 199 I geregelt.

📖 Bitte lesen Sie § 199 I.

Es müssen also für den Verjährungsbeginn drei Voraussetzungen vorliegen:

(1) Der Anspruch muss **entstanden** sein (§ 199 I Nr. 1) Er ist entstanden, wenn er im Wege der Klage geltend gemacht werden kann.

(2) Der Gläubiger muss die den Anspruch begründenden Umstände und die Person des Schuldners (mit Namen und Anschrift) **kennen** oder infolge grober Fahrlässigkeit nicht kennen (§ 199 I Nr. 2). Durch dieses **subjektive Merkmal** soll der Gläubiger eine faire Chance erhalten, sein Recht geltend zu machen; es soll verhindert werden, dass er von Anspruch und Schuldner erst erfährt, nachdem der Anspruch verjährt ist.

(3) Es muss das Kalenderjahr abgelaufen sein, in dem die beiden Voraussetzungen erfüllt waren. Diese sog. **Ultimoverjährung** (Sylvesterverjährung) ist eine Erleichterung für die **Rechtsanwender** (Richter, Rechtsanwälte), die oft Schwierigkeiten haben, herauszufinden, wann der Gläubiger Kenntnis erlangt hat oder in seiner Unkenntnis grob fahrlässig geworden ist. Die Ultimoverjährung begünstigt aber auch die **Unternehmer,** die einmal im Jahr, nämlich kurz vor Jahresende, die säumigen Schuldner zwecks Verhinderung der Verjährung in einer **Sammelaktion** mit dem Ziel der Hemmung (durch Mahnbescheide, § 204 I Nr. 3) oder des Neubeginns der Verjährung (durch Abschlagszahlung, § 212 I Nr. 1) erfassen können.

b) Grenzsetzung durch Höchstfristen

Wegen des **subjektiven Merkmals** (Kenntnis oder grobe Fahrlässigkeit) ist es möglich, dass die regelmäßige Verjährung erst lange Zeit nach der Entstehung des Anspruchs **oder überhaupt nicht** zu laufen beginnt und endlos verzögert wird. Um hier eine Grenze zu ziehen, hat der Gesetzgeber deshalb **Höchstfristen** eingeführt, die von dem subjektiven Merkmal **unabhängig** sind und außerdem **taggenau** beginnen.

Bei der regelmäßigen Verjährung können also grundsätzlich **zwei** Fristen **neben**einander laufen: die regelmäßige Frist und die Höchstfrist. Maßgebend ist die Frist, die im Einzelfall **früher** endet.

c) Grundregel

Die Höchstfrist beträgt grundsätzlich **zehn** Jahre, sie beginnt ohne Rücksicht auf Kenntnis oder grobe fahrlässige Unkenntnis mit der **Entstehung** des Anspruchs.

📖 Bitte lesen Sie § 199 IV.

Nehmen wir ein **Beispiel:** V verkauft am 14.7. 2003 dem K seinen Gebrauchtwagen für 2000 Euro. Wann ist die Kaufpreisforderung aus § 433 II verjährt?

(1) Da V den K und dessen Anschrift kennt, beginnt die **regelmäßige** Verjährungs-frist am 31.12.2003 um 24 Uhr zu laufen. Die Frist endet am 1.1.2007 um 0 Uhr.

(2) Die **Höchstfrist** beginnt am 15.7.2003 (der Tag, an dem die Frist beginnt, wird grundsätzlich nicht mitgezählt, § 187 I). Sie endet am 15.7.2013 um 24 Uhr. Die regelmäßige Frist ist die früher endende Frist. Die Verjährung tritt deshalb am 1.1.2007 um 0 Uhr ein.

Das Beispiel zeigt, dass bei **Erfüllungs**ansprüchen die Höchstfrist nur selten in Betracht kommt, da der Gläubiger in aller Regel die Umstände und den Schuldner kennt.

d) Sonderregel: Schadensersatzansprüche

Interessant ist die Höchstfrist eher bei **Schadensersatzansprüchen**, denn dort kommen Fälle vor, in denen der Schuldner längere Zeit nicht bekannt ist, z.B. wegen **Unfallflucht**. Ein Problem sind auch die sog. **Spätschäden**. Zu denken ist hier z.B. an Unfälle oder ärztliche Kunstfehler, die zunächst auch für Fachleute folgenlos zu sein scheinen, aber Jahrzehnte später zu schweren Schäden führen. Da ein Schadensersatzanspruch erst mit **dem Eintritt des Schadens** entsteht, würde die Zehn-jahresfrist des § 199 I in manchen Fällen erst Jahrzehnte nach dem Unfall oder dem Kunstfehler, d.h. nach dem schadenauslösenden Ereignis, zu laufen beginnen. Eine solche zeitliche Ausdehnung wollte der Gesetzgeber nicht hinnehmen. Es ist zu unterscheiden:

Wenn es sich um die Verletzung **höchster Rechtsgüter** – Leben, Körper, Gesundheit, Freiheit – handelt, ist der Gläubiger begünstigt: die Höchstfrist beträgt **30 Jahre,** also das Zehnfache der regelmäßigen Verjährungsfrist. Dafür beginnt die Frist aber schon mit der Begehung der Handlung, der Pflichtverletzung (dem Kunstfehler) oder dem sonstigen Schaden auslösenden **Ereignis** (dem Unfall). Sie beginnt also unabhängig nicht nur von Kenntnis und grober Fahrlässigkeit, sondern unabhängig auch von der **Anspruchsentstehung** (dem Schadenseintritt).

📖 Bitte lesen Sie § 199 II.

Dazu wieder ein **Beispiel:** Ein Chirurg lässt bei einer Operation am 1.4.2003 fahrlässig einen Gegenstand im Körper des Patienten zurück. Der Kunstfehler wird erst im Jahre 2018 entdeckt, nachdem der Patient infolge des Gegenstands schwer erkrankt und arbeitsunfähig geworden ist. Wann ist der Schadensersatzanspruch des Patienten aus § 280 I auf Ersatz von neuen Arztkosten, von Verdienstausfall und Schmerzensgeld verjährt?

(1) Da der Patient erst 2018 Kenntnis von den Umständen und dem Schuldner erlangt und in seiner Unkenntnis nicht grob fahrlässig war, beginnt die regelmäßige Verjährungsfrist von drei Jahren am Jahresende 2018 und endet am Jahresende 2021.

(2) Die Höchstfrist beginnt mit dem Kunstfehler am 2.4.2003 und endet am 1.4.2033 um 24 Uhr.

Die regelmäßige Verjährungsfrist ist auch hier die früher endende Frist. Die Verjährung tritt also am Jahresende 2021 ein.

Für die **anderen** Schadensersatzansprüche, in denen es **nicht** um die Verletzung höchster Rechtsgüter geht, ist eine sehr differenzierte Regelung vorgesehen. Es können nämlich **drei** Fristen nebeneinander laufen:

(1) ab Jahresende nach Kenntnis die regelmäßige Frist von drei Jahren.

(2) ab Entstehung des Anspruchs (d. h. ab Eintritt des Schadens) taggenau eine Höchstfrist von 10 Jahren.

(3) von der Begehung der Handlung, der Pflichtverletzung oder dem sonstigen, den Schaden auslösenden Ergebnis an taggenau eine Höchstfrist von 30 Jahren.

📖 Bitte lesen Sie § 199 III.

Hierfür gibt es einen interessanten Fall aus der Literatur – den **Immissionsfall**[45]:

Ein Landwirt erfährt erst 2015, dass die 2003 erfolgte Verseuchung seiner Grundstücke auf rechtswidrige Immissionen (Abgase) des Betriebs einer GmbH zurückzuführen ist. Ist sein Anspruch aus § 823 I auf Schadensersatz wegen Verletzung des Eigentums verjährt?

(1) Da der Landwirt erst 2015 von der Person des Schuldners Kenntnis erlangt und vorher in seiner Unkenntnis nicht grob fahrlässig war, beginnt die regelmäßige Verjährung von drei Jahren erst am Jahresende 2015, sie endet am Jahresende 2018.

(2) Da der Schaden bereits im Jahre 2003 eintrat und damit auch der **Schadensersatzanspruch** entstand, begann im Jahres 2003 die Höchstfrist von 10 Jahren nach § 199 III S. 1 Nr. 1. Diese Frist endet im Jahre 2013.

(3) Da im Jahre 2003 auch die zum Schaden führende Handlung begangen wurde, begann 2003 auch die Höchstfrist von 30 Jahren, die im Jahre 2033 endet.

Die Frist von 10 Jahren ist die früher endende Frist: Der Anspruch ist deshalb bereits 2013 verjährt.

Zu dem Immissionsfall kann man sich eine Variante denken: Rein verjährungsrechtlich betrachtet würde der Landwirt sich besser stehen, wenn die rechtswidrigen Immissionen bei ihm zu einem **Lungenleiden** statt zur Verseuchung von Grund und Boden geführt hätten.

In diesem Falle würde nämlich die Sonderregel für die Verletzung von höchstpersönlichen Gütern gelten (§ 199 II). Neben der regelmäßigen Höchstfrist, die zum Jahresende 2018 läuft, wurde deshalb nur die dreißigjährige Höchstfrist laufen, die 2033 endet. Die früher endende Frist wäre jetzt also die regelmäßige Höchstfrist, und der Anspruch wäre 2015 noch nicht verjährt.

Geben Sie nicht auf, wenn Sie die Ausführungen auf den letzten Seiten (noch) nicht verstanden haben. Fangen Sie noch einmal unter III an und nehmen Sie sich Zeit.

---

[45] Palandt/Heinrichs § 199 Rnr. 44.

IV. Spezielle Verjährungsfristen

Das Gesetz sieht drei Ausnahmegruppen vor, in denen die Verjährung abweichend von §§ 195, 199 geregelt ist. Für diese Ausnahmegruppen gilt jeweils nur **eine** Frist, die **ohne** Rücksicht auf Kenntnis oder grob fahrlässige Unkenntnis des Gläubigers beginnt. Es gibt hier also **nicht** wie bei der regelmäßigen Verjährung den Unterschied zwischen regelmäßiger Frist und Höchstfrist. Die Frist beginnt grundsätzlich mit der Anspruchsentstehung (§ 200).

(1) Kauf- und werkvertragliche **Mängelansprüche** verjähren grundsätzlich in zwei Jahren (§ 438 I Nr. 3, § 634 a I Nr. 1). Die Frist beginnt mit der **Übergabe** bzw. **Ablieferung** der Sache (§ 438 II) oder Abnahme des Werks (§ 634 a II). Bei mangelhaften Bauwerken und mangelhaftem Baumaterial beträgt die Frist fünf Jahre (§ 634 a I Nr. 2, § 438 I Nr. 2).

(2) Ansprüche auf Begründung, Übertragung oder Aufhebung von Rechten an Grundstücken sowie die Ansprüche auf die Gegenleistung verjähren in zehn Jahren ab **Anspruchsentstehung** (§§ 196, 200).

(3) In 30 Jahren ab **Entstehung** verjähren gem. § 197 BGB **sachenrechtliche Herausgabeansprüche, familien- und erbrechtliche** Ansprüche (außer wenn im Familien- oder Erbrecht andere Fristen vorgesehen sind) sowie **titulierte** Ansprüche (rechtskräftig oder im Insolvenzverfahren oder in vollstreckbaren Urkunden festgestellte Ansprüche).

Soweit es sich um regelmäßig wiederkehrende Ansprüche handelt (Rente, Unterhalt), bleibt es allerdings bei der regelmäßigen Verjährung (§ 197 II BGB).

V. Hemmung der Verjährung

Bei der Hemmung der Verjährung wird der Zeitraum, in dem die Hemmung besteht, in die Verjährungsfrist nicht eingerechnet.

📖 Bitte lesen Sie § 209.

Sie brauchen sich nur zwei Anwendungsfälle zu merken.

(1) **Verhandlungen** über den Anspruch oder die den Anspruch begründenden Umstände hemmen die Verjährung.

   📖 Bitte lesen Sie § 203.

   Der Begriff der Verhandlung wird von der Rechtsprechung sehr weit ausgelegt. Es genügt jeder Meinungsaustausch über den Anspruch oder seine tatsächlichen Grundlagen zwischen Gläubiger und Schuldner, wenn nicht sofort erkennbar die Verhandlung abgelehnt wird.[46]

(2) Maßnahmen der **Rechtsverfolgung** hemmen die Verjährung.

   📖 Bitte überfliegen Sie den Katalog § 204.

---

[46] Palandt/Heinrichs § 203 Rnr. 2.

Der übliche Weg, in dieser Weise die Verjährung zu bremsen, ist der **Mahnbescheid** (§ 204 I Nr. 3). Hier kommt dem Unternehmer die **Ultimoverjährung** gelegen: Er kann kurz vor Jahresende die Bescheide in einem Sammelverfahren zustellen lassen (§ 199 I).

VI. Neubeginn der Verjährung

Beim Neubeginn beginnt die Verjährungsfrist in voller Länge erneut zu laufen. Der Neubeginn ist nur für zwei Fallgruppen vorgesehen, nämlich für das **Anerkenntnis** durch den Schuldner und die Vornahme oder Beauftragung einer **Vollstreckungshandlung**.

📖 Bitte lesen Sie § 212 I.

Da eine Abschlagszahlung als Anerkennung gilt, kann sich der Unternehmer in der Sammelaktion vor Jahresende den Aufwand für die Mahnbescheide sparen, wenn es ihm gelingt, die chronisch säumigen Schuldner wenigstens zu einer kleinen Rate „als ein Zeichen guten Willens" zu bewegen.

VII. Ausschlussfrist. Verwirkung

Anders als bei der Verjährung führt die Ausschlussfrist zum **Erlöschen** des Rechts (d.h. zu einer **Einwendung** des Schuldners). Ein wichtiger Anwendungsfall für eine Ausschlussfrist ist § 377 HGB, der beim beiderseitigen Handelskauf zum Verlust aller Mängelrechte führt, wenn der Käufer den Mangel nicht rechtzeitig rügt.

📖 Bitte lesen Sie § 377 HGB.

Außerdem ist von der Verjährung die **Verwirkung** zu unterscheiden (Gewohnheitsrecht). Sie setzt voraus, dass seit der Möglichkeit der Geltendmachung des Rechtes längere Zeit verstrichen ist und besondere Umstände hinzutreten, so dass die verspätete Geltendmachung gegen Treu und Glauben verstößt (z.B. weil der Berechtigte den Eindruck erweckt hat, er wolle sein Recht nicht ausüben, und der Verpflichtete sich darauf eingerichtet hat).

Vierter Abschnitt:
Sachen, Sachenrechte, Kreditsicherungen

1. Kapitel:
Die Grundbegriffe

§ 58. Der Sachbegriff

In der zusammenfassenden Darstellung „Die wichtigsten Rechtsbegriffe" (die Sie ja inzwischen SOUVERÄN BEHERRSCHEN, andernfalls nochmaliges gründliches Durcharbeiten von o. § 8 DRINGEND geboten!) wurde bereits auf den Unterschied zwischen **Personen** und **Gegenständen** hingewiesen: Personen sind die **Subjekte**, Gegenstände sind die **Objekte** des Rechtsverkehrs. Die Gegenstände werden unterteilt in Sachen (**körperliche** Gegenstände § 90) und Rechte (**nicht körperliche** Gegenstände). Sachen sind demnach die **unpersönlichen, körperlichen, für sich bestehenden, begrenzten** Stücke der **beherrschbaren** Natur".[1]

📖 Bitte lesen Sie § 90.

(1) Da Sachen nur **unpersönliche** Dinge sind, ist der Körper eines lebenden Menschen ebenso wenig Sache wie ein fest mit dem Körper verbundenes Ersatzteil (Goldplombe); anderes gilt jedoch für **abgetrennte** Körperteile (Haare). Der **Leichnam** ist zwar eine Sache, aber herrenlos und aneignungsunfähig. An Skeletten, Mumien und anatomischen Präparaten kann dagegen Eigentum bestehen.

(2) Keine **körperlichen** Gegenstände und deshalb keine Sachen sind

    (a) nach der Verkehrsanschauung die Naturkräfte (Wärme, Licht, Schall, Elektrizität);

    (b) Rechte, das Vermögen als Ganzes und das Unternehmen.[2]

(3) Da Sachen nur für sich bestehende, **begrenzte** Stücke der Natur sind, werden flüssige und gasförmige Körper erst in einem Behälter zu Sachen.

(4) Keine Sachen sind außerdem alle Dinge, die nicht **der menschlichen Herrschaft erreichbar** sind: Die Sonne ist keine Sache im Rechtssinne, der Mond ist im Begriff, eine Sache zu werden.

(5) Schließlich sind auch **Tiere** keine Sachen. Der im Jahre 1990 in das BGB eingefügte § 90 a beruht auf dem Gedanken, dass das Tier als schmerzempfindliches Mitgeschöpf nicht wie eine Sache behandelt werden dürfe. Dieser Ge-

---

[1] Ähnlich RG 87, 45; Enneccerus/Nipperdey, § 121 II.
[2] Enneccerus/Nipperdey, § 121 II 2 c.

danke hat aber im Gesetz eher einen symbolischen als realen Ausdruck gefunden. Nach § 90 a S. 3 sind nämlich auf Tiere die für Sachen geltenden Vorschriften „entsprechend" anzuwenden, soweit nicht etwas anderes bestimmt ist.

 Bitte lesen Sie § 90 a.

Für manche Fälle sind Gesetzgebung und Rechtsprechung von der Begriffsbestimmung des § 90 abgewichen. So ist z.B. § 119 II nicht nur auf körperliche, sondern auf alle Gegenstände des Rechtsverkehrs anwendbar; die Kaufregeln, insbesondere §§ 434 ff., gelten auch für den Kauf eines Geschäftsunternehmens (§ 453).

§ 59. Bestandteile und Zubehör

I. Übersicht

1. Bestandteile

Die meisten Sachen sind aus deutlich unterscheidbaren Bestandteilen zusammengesetzt. So setzt sich z.B. ein Kraftfahrzeug aus Fahrgestell, Karosserie, Motor, Rädern und vielen anderen Bestandteilen zusammen; ein Fabrikgrundstück besteht aus dem Grund und Boden, den Gebäuden und sonstigen Aufbauten (Mauern, Tore), aus Maschinen, Beleuchtungsanlagen, Schalttafeln usw. Die Verbindung der einzelnen Bestandteile mit der Gesamtsache kann sehr verschieden sein. Bei manchen würde die Trennung zur Zerstörung wirtschaftlicher Werte führen – dann nennt man diese Bestandteile **wesentliche** Bestandteile – andere Bestandteile sind verhältnismäßig leicht zu trennen und bleiben weiterhin wirtschaftlich verwertbar: Sie sind **unwesentliche** Bestandteile. **Unwesentliche** Bestandteile sind z.B. in der Regel Räder und Motor eines Serienautos, wogegen Gebäude auf einem Grundstück in der Regel **wesentliche** Bestandteile sind, da sie im Falle der Trennung zerstört werden müssten. Um die Zerstörung wirtschaftlicher Werte zu verhindern, bestimmt das Gesetz, dass **wesentliche** Bestandteile nicht Gegenstand besonderer dinglicher Rechte sein können.

 Bitte lesen Sie § 93.

Es soll dadurch ausgeschlossen werden, dass z.B. jemand Eigentümer seiner in ein fremdes Gebäude eingefügten Eisenträger bleibt und von dem Eigentümer des Gebäudes die Herausgabe „seiner" Eisenträger verlangen kann. Die Regelung des wesentlichen Bestandteils hat für das Kreditsicherungsrecht weit reichende Konsequenzen:

(1) Wer unter **Eigentumsvorbehalt** Sachen liefert, die dann durch Einbau wesentliche Bestandteile einer anderen Sache werden, verliert durch den Einbau sein Eigentum (§§ 946, 947). Mit diesem Problem müssen z.B. alle Baustoffhändler und die meisten Bauhandwerker rechnen (Bauunternehmer, Plattenleger, Installateure, Zimmerleute, Schreiner, Anstreicher).

(2) Ein Gläubiger, der sich von einem Fabrikanten Maschinen oder sonstige Inventarstücke zur Sicherheit übereignen lässt, erwirbt nur dann das Eigentum, wenn die Sachen **nicht** wesentliche Bestandteile des Fabrikgrundstücks sind, denn die Übereignung eines **wesentlichen** Bestandteils ohne Trennung von der Gesamtsache ist nicht möglich.

Die Regeln des BGB über den wesentlichen Bestandteil sind durch das **Wohnungseigentumsgesetz** durchbrochen worden. Ein solches Sondergesetz war notwendig, um gesondertes Eigentum an einem Gebäudeteil zu ermöglichen.

2. Zubehör

Von den Bestandteilen einer Sache ist das Zubehör zu unterscheiden. Eine bewegliche Sache ist Zubehör, wenn sie zwar nicht Bestandteil der Sache ist, aber dazu bestimmt ist, einer Hauptsache zu **dienen,** und auch in einem entsprechenden räumlichen Verhältnis zu der „herrschenden" Sache steht.

📖 Bitte lesen Sie § 97.

Zubehör sind z.B. bei einem Kraftfahrzeug das Werkzeug und das Abschleppseil, bei einer Fabrik die Maschinen, soweit sie nicht (wesentliche oder unwesentliche) Bestandteile sind, bei einem landwirtschaftlichen Betrieb die Traktoren und sonstigen landwirtschaftlichen Maschinen und Geräte und das gesamte Vieh.

Auch die Regelung des Zubehörs hat für das Kreditsicherungsrecht große Bedeutung. Wenn nämlich das Eigentum an einem Grundstück mit einer Hypothek oder Grundschuld belastet ist, werden nicht nur alle Bestandteile des Grundstücks, sondern auch alle Zubehörteile von der Belastung erfasst, soweit sie dem Eigentümer des Grundstücks gehören (§ 1120). Wenn sich ein Gläubiger Maschinen zur Sicherheit (ohne Übergabe) übereignen lässt, die auf einem Fabrikgrundstück stehen, kann er sich deshalb nicht mit der Feststellung zufrieden geben, dass die Maschinen keine wesentlichen Bestandteile und deshalb sonderrechtsfähig sind. Er muss auch noch prüfen, ob und inwieweit das Grundstück mit Hypotheken oder Grundschulden belastet ist. Denn wenn solche Belastungen bestehen, erwirbt er zwar durch die Sicherungsübereignung (ohne Übergabe) das Eigentum an den Maschinen. Aber dieses Eigentum ist dann **belastetes** Eigentum, und er muss im Ernstfalle dulden, dass die Maschinen zusammen mit dem Grundstück versteigert werden und der Erlös den Grundschuld- oder Hypothekengläubigern zufließt.

II. Bestandteile

1. Wesentliche Bestandteile

Wir gehen nun auf die Regelung der wesentlichen Bestandteile im Einzelnen ein. Dabei müssen wir beachten, dass das Gesetz nur **dingliche** Sonderrechte an wesentlichen Bestandteilen ausschließt. In der Forstwirtschaft wird z.B. häufig „Holz auf dem Stamm" (lebende Bäume) **verkauft.** Das ist zulässig. Aber eine **Übereignung** der Stämme ist vor der Trennung nicht möglich, es sei denn, man würde das ganze Waldgrundstück übereignen.

a) Die einzelnen Regeln

Für den wesentlichen Bestandteil enthält § 93 eine Begriffsbestimmung: Bestandteile sind wesentlich, wenn sie nicht voneinander getrennt werden können, ohne dass der eine oder der andere zerstört oder in seinem Wesen verändert wird.

📖 Bitte lesen Sie nochmals § 93.

Der Bestandteilsbegriff wird durch § 94 erweitert: Weist eine Sache die Merkmale des § 94 auf, so ist sie wesentlicher Bestandteil, auch wenn sie der Begriffsbestimmung des § 93 nicht entspricht.

📖 Bitte lesen Sie § 94.

Demgegenüber stellt § 95 eine Einschränkung dar: Wird eine Sache nur zu einem **vorübergehenden** Zwecke mit dem Grundstück verbunden oder in ein Gebäude eingefügt, so fehlt es an der Bestandteilseigenschaft, selbst wenn im Übrigen die Voraussetzungen der §§ 93, 94 vorliegen. Entscheidend ist der **Wille des Einfügenden,** sofern er mit dem äußeren Tatbestand vereinbar ist.

📖 Bitte lesen Sie § 95.

Wenn also ein Mieter oder Pächter Einbauten vornimmt, behält er das Eigentum an den eingebauten Teilen. Nichtbestandteile sind gem. § 95 I S. 2 auch Gebäude und andere Werke, die in Ausübung eines **dinglichen Rechts** an einem fremden Grundstück eingebaut werden. Die letztgenannte Ausnahme hat praktische Bedeutung bei dem (in der ErbbauVO geregelten) **Erbbaurecht**. Das Erbbaurecht ist ein beschränktes dingliches Recht, das dem Erbbauberechtigten die Möglichkeit gibt, auf einem fremden Grundstück ein eigenes Bauwerk zu haben. Erbbaurechte werden häufig von Institutionen ausgegeben, die viel Grund und Boden besitzen, aber die Grundstücke nicht verkaufen wollen, um den Grundbesitz auch für spätere Generationen zu erhalten. Beispiele für solche Institutionen sind die Gemeinden, die katholische Kirche und manche Adelshäuser. Das Erbbaurecht bietet dem Erbbauberechtigten den Vorteil, dass er für das Grundstück kein Kapital aufbringen muss und für die Dauer der Erbbauzeit (meist 99 Jahre) nur einen verhältnismäßig geringen Zins zu zahlen hat, während er für sich und seine Kinder volles Eigentum an allen Gebäuden hat, da diese gem. § 95 I S. 2 nicht wesentlicher Bestandteil des Grundstücks werden.

📖 Bitte lesen Sie nochmals § 95.

b) Wirtschaftliche Betrachtungsweise

Die §§ 93 ff. sollen durch den Ausschluss dinglicher Sonderrechte an bestimmten Bestandteilen die Zerstörung wirtschaftlicher Werte verhindern.[3] Dieser Gesichtspunkt **wirtschaftlicher Zweckmäßigkeit** ist in den §§ 93 ff. leider nur sehr unzulänglich zum Ausdruck gekommen, insbesondere ist der Ausdruck „wesentlich" irreführend. Besser wäre wohl die direkte Bezeichnung „sonderrechtsunfähiger" Bestandteil gewesen.

---

[3] Motive III, S. 41.

Angesichts der missglückten Fassung der §§ 93 ff. muss sich die Auslegung in besonderem Maße von dem diesen Vorschriften zugrunde liegenden Zweckdenken leiten lassen. Im Einzelnen lässt sich Folgendes feststellen:

Dass es für die Frage der Wesentlichkeit eines Bestandteils nicht auf die Zerstörung oder „Wesensveränderung" der **ganzen Sache,** sondern der **getrennten Teile** ankommt, geht schon aus dem Wortlaut des § 93 hervor. Schwierigkeiten bereitet allerdings die Formulierung „in seinem **Wesen** verändert". Die (nicht ganz widerspruchsfreie) Rechtsprechung vertritt[4] häufig die Ansicht, dass für die Feststellung der Wesensveränderung die **Verkehrsauffassung** maßgebend sei, sie gelangt dadurch zu Ergebnissen, die dem Normzweck der §§ 93 ff. gerecht werden und oft einer Auslegung im Sinne von „erheblich entwertet" entsprechen. So ist z.B. eine Maschine nicht schon deshalb wesentlicher Bestandteil des Fabrikgrundstücks, weil sie das ganze Werk antreibt.[5] Sie wäre es, wenn die Wegnahme nicht möglich wäre, ohne dass sie selbst oder das übrige Grundstück zerstört oder erheblich beschädigt würde, oder wenn die Maschine nicht Serienware, sondern individuell für das betreffende Gebäude hergestellt oder das Gebäude eigens um die Maschine herumgebaut wäre.[6] Auch Räder und Motor eines Kraftwagens aus der Serienproduktion sind in der Regel keine wesentlichen Bestandteile,[7] da hier der getrennte und der zurückbleibende Teil ohne erhebliche Werteinbuße wirtschaftlich verwendbar bleiben. In vielen Fällen kann man sich praktisch helfen, indem man nachprüft, ob wertmäßig ein erheblicher Unterschied zwischen der Summe der getrennten Teile und dem Ganzen besteht.

Ähnliches gilt auch für die Auslegung des § 94: Eine Verbindung ist als **„fest"** zu betrachten, wenn die Lösung einen unverhältnismäßigen Aufwand an Mühe und Kosten[8] erfordern oder unverhältnismäßige Beschädigungen verursachen würde. An einer „festen" Verbindung fehlt es deshalb in der Regel bei einer Verbindung durch Schrauben oder andere leicht lösbare Bindemittel.[9] Für die **Einfügung** im Sinne von § 94 II ist zwar eine feste Verbindung nicht erforderlich, doch liegt eine „Einfügung zur Herstellung des Gebäudes" nur vor, wenn der Bestandteil und das übrige Gebäude besonders aufeinander gearbeitet, insbesondere der Bestandteil an die Bauart und Gliederung des Gebäudes angepasst ist.[10]

📖 Bitte lesen Sie nochmals § 94.

2. Unwesentliche Bestandteile

Bestandteile, die **nicht** wesentliche sind, teilen zwar **grundsätzlich** das Schicksal der Gesamtsache, sie können aber Gegenstand besonderer Rechte sein. Wer z.B. ein Kraftfahrzeug übereignet, überträgt damit auch das Eigentum an Rädern und Motor. Er kann aber auch, ohne die Teile voneinander zu trennen, Räder und Motor

---

[4] schon seit RG 67, 33.
[5] RG 69, 121.
[6] RG 67, 34.
[7] BGH 61, 81.
[8] RG 158, 374.
[9] RG 87, 46.
[10] BGH NJW 1984, 2278.

unbedingt übereignen und sich bezüglich der übrigen Teile das Eigentum vorbehalten. Ebenso kann eine Reparaturwerkstatt ihrem Kunden einen Motor unter Eigentumsvorbehalt liefern und in seinen Wagen einbauen, ohne das Eigentum durch Verbindung gem. § 947 II zu verlieren.

III. Zubehör

1. Bedeutung des Zubehörs

Der Zubehörbegriff hat in der Hauptsache für folgende Fälle Bedeutung:

(1) Verpflichtet sich jemand zur Veräußerung oder Belastung einer Sache, so erstreckt sich die Verpflichtung **im Zweifel** auch auf das Zubehör (§ 311 c).

(2) Wird ein Grundstück übereignet, so ist im **Zweifel** anzunehmen, dass der Übereignungswille das Zubehör mitumfasst (§ 926 I S. 2). Das Eigentum am Zubehör geht dann mit dem Eigentum am Grundstück über, ohne dass es einer besonderen Übertragung gem. §§ 929 ff. bedarf (§ 926 I S. 1).

(3) Hypotheken, Grund- und Rentenschulden belasten ohne weiteres das dem Grundstückseigentümer gehörende Zubehör (§§ 1120, 1192, 1200).

2. Definition

Eine bewegliche Sache ist Zubehör, wenn sie, ohne Bestandteil der Hauptsache zu sein, dem wirtschaftlichen Zweck der Hauptsache dauernd zu dienen bestimmt ist und zu ihr in einem dieser Bestimmung entsprechenden räumlichen Verhältnis steht.

📖 Bitte lesen Sie nochmals § 97.

Zerlegen wir diese Definition, so gelangen wir zu folgenden Grundsätzen:

(1) Die Sache muss nach der Verkehrsauffassung als **körperlich selbständig** anzusehen sein. Das unterscheidet sie vom bloßen Sachbestandteil.

(2) Sie muss außerdem **Nebensache** gegenüber einer **Hauptsache** sein.

(3) Sie muss dem **wirtschaftlichen Zweck** der **Hauptsache zu dienen bestimmt** sein. Für Gewerbebetriebs**gebäude** und Landgüter ist die (gegenüber § 97 z. T. erweiternde) Erläuterung des § 98 heranzuziehen. Danach ist Zubehör das Inventar.

📖 Bitte lesen Sie nochmals § 98.

Doch ist hierbei stets zu prüfen, ob nicht Einzelteile der Einrichtung derart mit dem Grundstück verbunden sind, dass sie ihre Selbständigkeit verloren haben und Bestandteile geworden sind. Zu den „sonstigen Gerätschaften" (§ 98 Nr. 1) sind z.B. auch die auf dem Fabrikgrundstück lagernden Kohlenvorräte zu rechnen, nicht aber die **Rohstoffvorräte** oder die zum Verkauf bestimmten **Fertigprodukte,** da diese nicht der Fabriksache dienen sollen.[11]

---

[11] RG 86, 328.

(4) Die Nebensache muss schließlich in einem ihrer Zweckbestimmung entsprechenden **räumlichen Verhältnis** zur Hauptsache stehen. Eine vorübergehende Trennung ist nicht entscheidend. So bleibt z.B. der zur Belieferung der Kundschaft bestimmte LKW eines Gewerbebetriebsgrundstückes auch dann Zubehör, wenn er sich vorübergehend in einer Reparaturwerkstatt befindet.

§ 60. Allgemeine Grundsätze über dingliche Rechte

I. Absolutheit

Während obligatorische Rechte relativ wirken, d.h. nur gegenüber bestimmten Personen bestehen, sind die dinglichen Rechte, die Rechte „an" einer Sache, absolut: Sie wirken gegenüber jedermann, sind „sonstige Rechte" im Sinne vom § 823 I und können im Insolvenzverfahren geltend gemacht werden.

Im Sachenrecht findet sich deshalb eine Tendenz, die Rechtsverhältnisse auch für Dritte **erkennbar** zu machen.

II. Typenzwang

Die Parteien können nur zwischen bestimmten Rechtstypen wählen. Es gibt insgesamt 7 dingliche Rechte:

(1) Das EIGENTUM ist das umfassende, grundsätzlich **unbeschränkte** Recht an der Sache.

(2) Die anderen 6 Rechte sind **beschränkte** dingliche Rechte, d.h. sie gewähren Befugnisse nur in gewissen Beziehungen. Da die beschränkten dinglichen Rechte eine **Belastung** des Eigentums darstellen, gehen sie dem Eigentum vor, d.h. der Eigentümer muss sie beachten.

Das ERBBAURECHT wurde bereits bei der Darstellung der wesentlichen Bestandteile erwähnt (s.o. § 59 II 1 a). Außerdem gibt es die DIENSTBARKEITEN, die dem Berechtigten gestatten, das Eigentum in gewissen Beziehungen zu benutzen (Weiderechte, Wohnrechte und sonstige Nutzungsrechte; Rechte, Kabel und sonstige Leitungen über das Grundstück zu legen), das VORKAUFSRECHT, die REALLAST, die den Grundstückeigentümer zu wiederkehrenden Leistungen verpflichtet (kommt in der Landwirtschaft noch gelegentlich beim sog. Alternteil vor: Verpflichtung zur regelmäßigen Lieferung von Naturalien), die GRUNDPFANDRECHTE (Hypothek, Grundschuld, Rentenschuld) und das PFANDRECHT AN BEWEGLICHEN SACHEN. Wir konzentrieren uns in diesem Buch auf die Grundpfandrechte und die Pfandrechte an beweglichen Sachen.

III. Publizitätsprinzip (Offenkundigkeitsprinzip)

Der Erkennbarkeit dient auch das Publizitätsprinzip: Jede rechtsgeschäftliche Veränderung der sachenrechtlichen Lage soll für Dritte erkennbar sein. Deshalb gilt bei den beweglichen Sachen das Übergabe- oder Traditionsprinzip, bei den Liegenschaften der Eintragungsgrundsatz.

📖 Bitte lesen Sie §§ 929 S. 1, 873 I.

IV. Bestimmtheit

Der Klarheit und Erkennbarkeit soll auch der Grundsatz der Bestimmtheit dienen: Bei jedem dinglichen Rechtsgeschäft muss der Gegenstand **bestimmt,** nicht nur **bestimmbar** sein.

Schema

Fasst man die Grundsätze des Sachenrechts in einem Schema zusammen, so sieht das so aus:

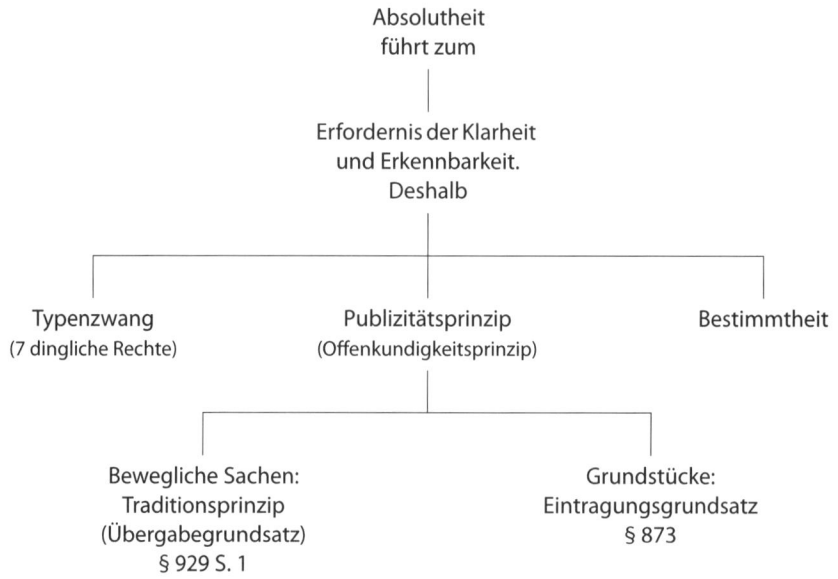

Absolutheit
führt zum

Erfordernis der Klarheit
und Erkennbarkeit.
Deshalb

| Typenzwang | Publizitätsprinzip | Bestimmtheit |
| (7 dingliche Rechte) | (Offenkundigkeitsprinzip) | |

Bewegliche Sachen:
Traditionsprinzip
(Übergabegrundsatz)
§ 929 S. 1

Grundstücke:
Eintragungsgrundsatz
§ 873

§ 61. Der Besitz

I. Besitz und Eigentum

Im Gegensatz zum Eigentum (der rechtlichen Gewalt) ist der Besitz die **tatsächliche** Gewalt über die Sache

📖 Bitte lesen Sie § 854 I.

Demnach ist es nicht ganz korrekt, wenn man von „Grund**besitzern**" und „Gutsbe**sitzern**" spricht; man müsste streng genommen „Grund**eigentümer**" und „Gutsei**gentümer**" sagen, denn „Grund**besitzer**" ist, genau genommen, auch der **Mieter** oder **Pächter** eines Grundstücks. Die Frage, ob jemand den Besitz an einer Sache hat, ist streng zu trennen von der Frage, ob jemand ein **Recht** zum Besitz hat: Auch der Dieb ist Besitzer!

Der Besitz ist zwar kein dingliches Recht, aber eine **besonders geschützte** tatsächliche Lage. So ist der Besitz ein „etwas" im Sinne von § 812 und ein „sonstiges Recht" im Sinne von § 823 I. Außerdem gilt grundsätzlich zu Gunsten des Besitzers einer beweglichen Sache die **Vermutung,** dass er Eigentümer der Sache sei.

📖 Bitte lesen Sie § 1006 I S. 1.

Wenn also jemand in einem Prozess behauptet, der Besitzer sei nicht der Eigentümer, so muss er dies beweisen: Ihn trifft die BEWEISLAST (sog. Legitimationswirkung des Besitzes zu Gunsten des Besitzers).

Beim Besitz gibt es eine Reihe von Einzelfragen, die man kennen muss, wenn man sich im Sachenrecht zurechtfinden will. Wir raten, die folgenden Ausführungen **gründlich** durchzuarbeiten.

II. Erwerb und Verlust des Besitzes

Zur Erlangung des Besitzes ist eine gewisse **Festigung** der tatsächlichen Gewalt erforderlich. Der Gast, der in der Wirtschaft auf dem Stuhl sitzt und Messer und Gabel umfasst, ist ebenso wenig Besitzer wie der Kunde, der in einem Buchladen ein Buch in die Hand nimmt und darin blättert.

Die **Beendigung** des Besitzes erfolgt nicht schon durch „eine ihrer Natur nach vorübergehende Verhinderung in der Ausübung der Gewalt".

📖 Bitte lesen Sie § 856.

So bleibt man z.B. Besitzer, wenn man seine Wohnung verschließt, sein Auto auf der Straße stehen lässt und in Urlaub fährt. Frei herumlaufende Haustiere bleiben im Besitz ihrer Herren (solange sie noch ab und zu nach Hause kommen). Der Traktor, den der Bauer auf dem Felde hat stehen lassen, bleibt im Besitz des Bauern.

III. Unmittelbarer und mittelbarer Besitz

Der Besitzer, der die unmittelbare tatsächliche Gewalt über eine Sache erlangt hat, wird **unmittelbarer** Besitzer genannt. Steht er zu einem anderen in einem Rechtsverhältnis, kraft dessen er den Besitz nur auf **begrenzte Zeit** haben darf, so ist der andere **mittelbarer Besitzer.**

📖 Bitte lesen Sie § 868.

Besitzmittlungsverhältnisse dieser Art sind insbesondere Miete, Pacht, Leihe, Verwahrung, Kauf unter Eigentumsvorbehalt (solange noch nicht voll bezahlt ist). Auch der Werkunternehmer, der eine Sache zur Reparatur annimmt, wird unmittelbarer Besitzer und vermittelt dem Besteller den mittelbaren Besitz. Der unmittelbare Besitzer, der auf diese Weise „für" einen anderen besitzt, wird auch **Besitzmittler** genannt.

In manchen Fällen, z.B. bei Untervermietung, kommt sogar ein **gestufter** mittelbarer Besitz vor: Der Untermieter ist unmittelbarer Besitzer, der Mieter (Untervermieter) ist **erststufiger** mittelbarer Besitzer, der Vermieter ist **zweitstufiger** mittelbarer Besitzer.

📖 Bitte lesen Sie § 871 BGB.

IV. Besitzdiener

Besitzmittlungsverhältnisse bestehen nur zwischen Selbständigen. Wenn ein Angestellter im Rahmen des Angestelltenverhältnisses die tatsächliche Gewalt über eine Sache erlangt, wird nicht er, sondern sein Dienstherr unmittelbarer Besitzer.

📖 Bitte lesen Sie § 855 (sog. Besitzdiener).

Wenn z.B. der Fernfahrer Brause mit dem Wagen seines Chefs auf der Autobahn fährt, so ist Brause nur Besitzdiener. **Unmittelbarer** Besitzer ist der Chef, der zu Hause am Schreibtisch sitzt. **§ 855 umfasst alle, auch die höchsten Angestellten und Beamten!**

V. Eigenbesitz und Fremdbesitz

Der Besitzer, der gem. § 868 für einen anderen besitzt, wird auch **Fremdbesitzer** genannt. Dagegen ist **Eigenbesitzer,** „wer eine Sache als ihm gehörend besitzt".

📖 Bitte lesen Sie § 872.

Die gesetzliche Formulierung ist nicht sehr glücklich. Gemeint ist ein Besitzer, der die Sache **wie ein Eigentümer besitzen und keinen mittelbaren Besitzer über sich dulden will.** Eigenbesitzer ist deshalb nicht nur der Eigentümer, sondern auch der Dieb, der mit der Sache wie ein Eigentümer verfährt. Eigenbesitzer ist auch, wer (z.B. infolge einer Verwechslung) eine fremde Sache besitzt in der Meinung, sie gehöre ihm.

2. Kapitel:
Erwerb und Verlust des Eigentums an beweglichen Sachen

§ 62. Übereignung von beweglichen Sachen

Für die rechtsgeschäftliche Übereignung gelten die §§ 929–931. Die verschiedenen Übereignungsarten muten zunächst etwas verwirrend an, wobei § 930 erfahrungsgemäß besondere Schwierigkeiten macht. Wir stellen deshalb die vier Möglichkeiten der rechtsgeschäftlichen Eigentumsübertragung an vier Fällen dar. Da man die vier Fälle nur dann klar auseinander halten kann, wenn man über die Fragen des **Besitzes** gut Bescheid weiß, raten wir, **vorher** noch einmal o. § 61 II–V **gründlich** durchzuarbeiten.

Fall 1:   V hat dem K sein Auto verkauft. Wie kann er es ihm übereignen?

Viel einfacher, als die meisten Kraftfahrer glauben: durch Einigung und Übergabe des Kraftwagens gem. § 929 S. 1. Zur Übergabe genügt z.B., dass V dem K sämtliche Schlüssel des Autos überreicht.

📖 Bitte lesen Sie § 929 S. 1.

Normalerweise werden bei der Übereignung auch die Fahrzeugpapiere – der Kraftfahrzeugbrief und der Kraftfahrzeugschein – umgeschrieben. Dies ist aber für den privatrechtlichen Eigentumsübergang keine zwingende Voraussetzung. Der Kraftfahrzeugbrief ist **nicht** so etwas wie ein Grundbuch für Kraftfahrzeuge!

Fall 2:   V in Köln hat dem K in Frankfurt seinen Wagen für eine vierzehntägige Italienreise vermietet. Nach seiner Rückkehr ruft K den V an und sagt, er wolle den Wagen gern kaufen. Die beiden werden sich am Telefon über den Preis einig. Wie verschafft V dem K das Eigentum?

Wenn es nur § 929 S. 1 gäbe, müsste K zunächst nach Köln kommen und dem V den Wagen zurückgeben. Anschließend müsste V den Wagen an K übergeben und sich mit ihm über den Eigentumsübergang einigen.

Dieses umständliche Hin und Her wird durch § 929 S. 2 vermieden. Der Wagen bleibt in Frankfurt und wird durch bloße Einigung am Telefon übereignet.

📖 Bitte lesen Sie § 929 S. 2.

Fall 3:   V in Köln hat dem K in Frankfurt seinen Wagen verkauft. K hat den Kaufpreis bereits überwiesen. V will – im Einverständnis mit K – den Wagen so lange benutzen, bis er einen neuen Wagen bekommen hat. Was können die beiden machen, damit K schon jetzt Eigentümer wird?

Hier ist die Lage genau umgekehrt wie in Fall 2. Wenn es nur § 929 S. 1 gäbe, müsste V jetzt mit seinem Wagen nach Frankfurt fahren und den Wagen durch Einigung und Übergabe an K übereignen. Dadurch würde K Eigentümer und **unmittelbarer** Besitzer werden. Anschließend würde K den Wagen **leihweise** an V zurückgeben. V würde als **unmittelbarer** Besitzer (Entleiher) nach Köln zurückfahren. K würde als Eigentümer und **mittelbarer Besitzer** (Verleiher) zurückbleiben. Zwischen den beiden würde von nun an ein **Besitzmittlungsverhältnis** im Sinne von § 868 bestehen.

Auch dieses Hin und Her kann vermieden werden, wenn die beiden am Telefon Folgendes verabreden: V und K einigen sich darüber, dass das Eigentum übergehen soll. Außerdem einigen sich V und K, dass V zwar weiterhin unmittelbarer Besitzer bleibt, dass er sich aber von nun an als Entleiher des K betrachtet und dem K den mittelbaren Besitz vermittelt. Diese Vereinbarung nennt man ein **Besitzkonstitut.**

📖 Bitte lesen Sie § 930 BGB.

Diese Vorschrift hat im Kreditsicherungsrecht bei der **Sicherungsübereignung** große Bedeutung: Sie gibt dem Kaufmann die Möglichkeit, seine Einrichtung oder sein Warenlager an einen Gläubiger zur Sicherheit zu übereignen, ohne die Waren sofort herausgeben zu müssen.

Fall 4: V hat seinen Wagen dem D vermietet. Während D mit dem Wagen durch Spanien fährt, verkauft V den Wagen an K. Kann er ihn übereignen?

Ja. V muss sich mit K über den Übergang des Eigentums einigen. Außerdem muss er sich mit K darüber einigen, dass er seinen Herausgabeanspruch gegen D aus dem Mietvertrag (§ 546) an K abtritt. Es ist **nicht** erforderlich, dass D hierüber eine Nachricht erhält.

📖 Bitte lesen Sie § 931 BGB.

Wir fassen zusammen (die folgenden Sprüche hören sich etwas trivial an, sind aber gut brauchbar):

(1) § 929 S. 1 **(Einigung und Übergabe):** V sagt zu K: „Ich gebe dir die Sache."

(2) § 929 S. 2 (bloße Einigung): V sagt zu K: „Behalte **du** die Sache."

(3) § 930 **(Einigung und Besitzkonstitut):** V sagt zu K: „Ich behalte die Sache für dich."

(4) § 931 **(Einigung und Abtretung des Herausgabeanspruchs):** V sagt zu K: „Lass dir die Sache von D geben."

Die Übereignung einer beweglichen Sache erfolgt also durch die **Einigung** über den Übergang des Eigentums an der Sache und die **Übergabe** der Sache oder ein **Übergabesurrogat.** Das **Traditionsprinzip,** von dem so viel die Rede war, wird bei § 930 und bei § 931 DURCHBROCHEN!

§ 63. Verbindung, Vermischung, Verarbeitung

Die Eigentumslage einer beweglichen Sache kann auch durch bloße **Realakte** beeinflusst werden.

I. Verbindung

Im Falle der Verbindung einer beweglichen Sache mit einem Grundstück oder einer anderen beweglichen Sache ist entscheidend, ob die Sache **wesentlicher Bestandteil** geworden ist. Zu den §§ 946, 947 sind deshalb stets die §§ 93 ff. ergänzend heranzuziehen.

📖 Bitte lesen Sie §§ 946, 947, 93.

II. Vermischung

Die Vermischung und Vermengung beweglicher Sachen wird, wenn die Trennung unmöglich oder nur mit unverhältnismäßigen Kosten möglich ist, wie die Verbindung beweglicher Sachen behandelt.

📖 Bitte lesen Sie § 948.

III. Verarbeitung

Ist durch Verarbeitung oder Bearbeitung einer oder mehrerer Sachen eine neue Sache entstanden, so erwirbt der Hersteller an dieser das Eigentum.

📖 Bitte lesen Sie § 950.

Ob eine **neue** Sache entstanden ist, richtet sich nach der Verkehrsauffassung. § 950 bleibt außer Anwendung, wenn der Wert der Umbildung erheblich geringer ist als der Stoffwert, es kommen dann höchstens die §§ 947, 948 in Betracht. Den Wert der Verarbeitung ermittelt man, indem man vom Wert der neuen Sache den Stoffwert abzieht, und zwar den Wert der Ausgangsstoffe,[12] nicht der Rohstoffe: Werden z.B. mehrere Goldringe zu einer Brosche verarbeitet, so ist vom Wert der Brosche nicht der reine Metallwert, sondern der Wert der Ringe abzuziehen.

Das Eigentum steht nicht in jedem Falle dem zu, der die Verarbeitung **persönlich** durchführt. Erfolgt die Verarbeitung in einem Betrieb durch die dort Beschäftigten oder durch Heimarbeiter, so erwerben nicht diese das Eigentum an der neuen Sache, sondern der Betriebsinhaber, der die Verarbeitung durchführen lässt. Entsprechendes gilt bei einem Werkvertrag, wenn der Unternehmer Stoffe des Bestellers verarbeitet: Hier ist der Besteller als Hersteller im Sinne von § 950 anzusehen. (Der Werkunternehmer erwirbt nur ein Pfandrecht, § 647.) Es kommt also jeweils darauf an, **für wen** die Verarbeitung vorgenommen wird.

IV. Ausgleichsansprüche

Wer aufgrund der §§ 946, 947 II, 948, 950 sein Eigentum oder gem. § 949 ein sonstiges Recht an der Sache (z.B. ein Pfandrecht) verloren hat, ist grundsätzlich auf einen Geldanspruch nach Maßgabe des Breicherungsrechts beschränkt.

📖 Bitte lesen Sie §§ 951 I, 812 S. 1.

Diese Regelung entspricht dem Gedanken der Werterhaltung. Allerdings ist § 951 I ausnahmsweise keine Rechtsfolgen-, sondern eine Rechtsgrundverweisung, es müssen also alle Voraussetzungen des § 812 vorliegen. Erfolgte z.B. der Rechtsverlust in Erfüllung einer Verbindlichkeit, z.B. aufgrund eines Werkvertrages, so ist ein Rechtsgrund vorhanden, § 812 scheidet aus.

§ 64. Aneignung und Eigentumsaufgabe. Fund

I. Aneignung

Wer eine herrenlose bewegliche Sache in Eigenbesitz nimmt, erwirbt das Eigentum an der Sache.

📖 Bitte lesen Sie § 958.

---

[12] Palandt/Bassenge, § 950 Rnr. 7.

Die **Aneignung** (Okkupation) ist kein Rechtsgeschäft, sondern **Realakt**. Der Besitzerwerb und der Wille, die Sache für sich zu besitzen, lösen den Eigentumserwerb automatisch als gesetzliche Rechtsfolge aus, Geschäftsfähigkeit ist nicht erforderlich, es genügt die natürliche Willensfähigkeit.

Sachen sind herrenlos, wenn sie in niemandes Eigentum stehen. Dies sind in erster Linie wilde Tiere, die sich in Freiheit befinden (§ 960 I). Bezüglich der Tiere, die lohnende Aneignungsobjekte darstellen würden (Wild, Fische in freien Binnengewässern), bestehen jedoch besondere Jagd- und Fischereirechte, die eine Okkupation durch Nichtberechtigte ausschließen (§ 958 II). Damit bleiben für die freie Aneignung hauptsächlich die Meereserzeugnisse sowie derelinquierte Sachen übrig.

II. Eigentumsaufgabe

Die **Aufgabe** (Dereliktion) ist das Gegenstück zur Aneignung: Eine bewegliche Sache wird herrenlos, wenn der Eigentümer in der Absicht, auf das Eigentum zu verzichten, den Besitz aufgibt.

📖 Bitte lesen Sie § 959.

Schon der Gesetzeswortlaut legt es nahe anzunehmen, dass die Dereliktion im Gegensatz zur Okkupation **Rechtsgeschäft** ist: Der Eigentümer muss den Besitz aufgeben und dabei den Willen zur Aufgabe des Eigentums kundtun. Die Willenserklärung ist nicht empfangsbedürftig, doch muss der Aufgebende **geschäftsfähig** sein. Fälle von Dereliktion sind z.B. das absichtliche Liegenlassen von Zeitungen im Eisenbahnabteil, das Wegwerfen von Zigarettenstummeln und Abfällen.

III. Fund

An herrenlosen Sachen ist Aneignung, an verlorenen, d.h. besitzlosen, aber im Eigentum stehenden Sachen ist Fund möglich. Finder ist, wer die verlorene Sache findet und an sich nimmt.

📖 Bitte lesen Sie § 965.

Entscheidend ist hierbei die Inbesitznahme: Wird eine verlorene Sache von A entdeckt, von B in Besitz genommen, so ist B Finder.

Durch den Fund entsteht zunächst ein gesetzliches Schuldverhältnis, das den Finder zur Anzeige und Aufbewahrung verpflichtet und für Vorsatz und grobe Fahrlässigkeit haften lässt (§§ 965 ff.). Meldet sich der Berechtigte, so kann der Finder einen geringen Finderlohn verlangen (§ 971). Mit dem Ablauf von sechs Monaten nach der Anzeige, bei Kleinfunden (bis 10 Euro Wert) ab Fund, erwirbt der Finder das Eigentum an der Sache (§ 973). Er ist dann aber noch während weiterer drei Jahre einem Bereicherungsanspruch ausgesetzt (§ 977).

3. Kapitel:
Sicherheiten an beweglichen Sachen und Forderungen

§ 65. Übersicht. Der Realkredit

Kredit kann in der Weise gesichert werden, dass der Gläubiger an Grundstücken (Immobiliarkredit) oder beweglichen Sachen (Mobiliarkredit) oder Rechten besondere Rechte erwirbt, die es ihm ermöglichen, sich im Notfalle aus diesen Gegenständen zu befriedigen und den Zugriff anderer Gläubiger abzuwehren. Für diese Arten von Kreditsicherung kann man den zusammenfassenden Ausdruck REAL-KREDIT gebrauchen – als Gegensatz zum PERSONALKREDIT, bei dem der Kredit durch die zusätzliche Haftung eines Dritten, z.B. in Form einer Bürgschaft, gesichert wird. Beim Realkredit lässt sich die folgende Einteilung vornehmen:

I. Grundstücke (Immobiliarkredit)

Sicherheiten an Grundstücken erwirbt man durch die Begründung eines **Grundpfandrechts**: Hypothek oder Grundschuld oder Rentenschuld (Abart der Grundschuld). Grundpfandrechte werden durch Einigung mit dem Eigentümer und Eintragung in das Grundbuch begründet (§ 873 I. Näheres u. § 76).

II. Bewegliche Sachen (Mobiliarkredit)

Sicherheiten an beweglichen Sachen können auf verschiedene Weise entstehen.

(1) Das Gesetz sieht für diesen Fall das PFANDRECHT vor. Das Pfandrecht kann durch einen **besonderen sachenrechtlichen** Verpfändungsvertrag begründet werden (Einigung und Übergabe gem. § 1205 I S. 1 Beispiel: Verpfändung im Pfandhaus). Dann spricht man von einem **vertraglichen** Pfandrecht. Es kann aber ein Pfandrecht auch **kraft Gesetzes** entstehen, **ohne** dass die Parteien eine entsprechende Vereinbarung getroffen haben dann handelt es sich um ein **gesetzliches** Pfandrecht. Das BGB kennt die gesetzlichen Pfandrechte des **Vermieters, Verpächters** und **Gastwirts,** die ohne weiteres entstehen, wenn der Mieter (Pächter, Gast) seine Sachen einbringt (sog. Einbringungspfandrechte). Außerdem ist im BGB das **Werkunternehmerpfandrecht** geregelt, das erst dann entsteht, wenn der Unternehmer die Sache in seinen Besitz bekommt (sog. Besitzpfandrecht). Im HGB gibt es vier Pfandrechte, die sämtlich Besitzpfandrechte sind, nämlich die Pfandrechte des Kommissionärs, Spediteurs, Lagerhalters und Frachtführers.[13]

(2) Neben dem Pfandrecht hat sich in der Praxis die SICHERUNGSÜBEREIGNUNG entwickelt. Die Verpfändung ist nämlich nur möglich, wenn die Sache **übergeben**

---

[13] Das Pfandrecht des Verfrachters im Seegeschäft (§ 623 HGB) wird in diesem Buch nicht berücksichtigt.

wird. Eine Verpfändung kommt deshalb bei Einrichtungsgegenständen, Maschinen oder einem Warenlager nicht in Betracht. Stattdessen werden die Sachen gem. § 930 an den Gläubiger zur Sicherheit **übereignet** und im Besitz des Kreditnehmers belassen.

(3) Außerdem gibt es den EIGENTUMSVORBEHALT, das wichtigste Sicherungsmittel der Lieferanten (§ 449).

III. Forderungen

Von den Sicherheiten an Rechten werden hier nur die Sicherheiten an Forderungen (z.B. an den Außenständen des kreditsuchenden Kaufmanns) behandelt.

(1) Grundsätzlich ist auch hierfür die VERPFÄNDUNG durch einen sachenrechtlichen Verpfändungsvertrag, d.h. die Begründung eines vertraglichen Pfandrechts, vorgesehen.

(2) In der Praxis ist aber die sog. SICHERUNGSZESSION, d.h. die Abtretung der Forderung zur Sicherheit, üblich. Die Verpfändung einer Forderung setzt nämlich eine Anzeige an den Schuldner voraus, die Abtretung dagegen nicht (§ 398).

IV. Schema Realkredit

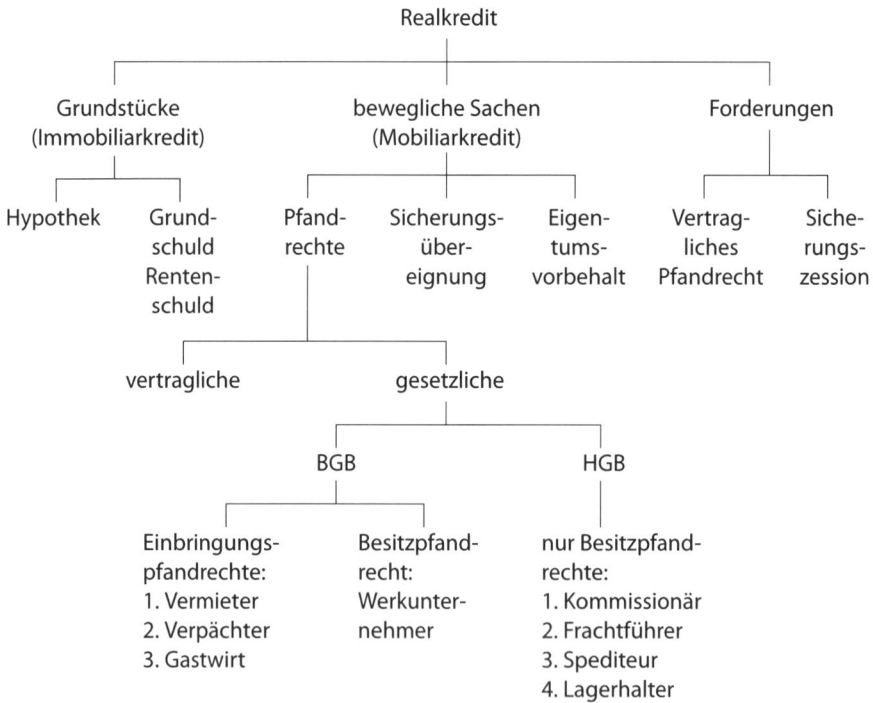

§ 66. Pfandrechte

I. Vertragliches Pfandrecht

Man spricht von einem vertraglichen Pfandrecht, wenn das Pfandrecht durch einen besonderen sachenrechtlichen Verpfändungsvertrag gem. § 1205 begründet worden ist (das Gesetz nennt ein solches Pfandrecht ein „durch Rechtsgeschäft bestelltes Pfandrecht", vgl. § 1257).

📖 Bitte lesen Sie § 1205.

Verpfändungen werden z.B. in Pfandhäusern (Leihhäusern) vorgenommen: Wenn jemand sagt, dass er seine Uhr im Pfandhaus „versetzt" hat, bedeutet das **nicht,** dass er die Uhr **verkauft** hat, sondern dass er ein Darlehen aufgenommen und zur Sicherung dieses Darlehens seine Uhr (durch Einigung und Übergabe gem. § 1205 I) **verpfändet** hat. Wenn der Schuldner wieder zu Geld kommt und „das Pfand einlöst", bedeutet das: Er zahlt das Darlehen nebst Zinsen zurück. Da das Pfandrecht AKZESSORISCH, d.h. in seinem Bestand von der zu sichernden Forderung abhängig ist, erlischt das Pfandrecht mit der Rückzahlung des Darlehens (§ 1252). Das Eigentum ist nun wieder lastenfrei, und das Pfandhaus muss die Uhr herausgeben. Zahlt der Schuldner das Darlehen bei Verfall **nicht** zurück, so kann sich der Pfandgläubiger (das Pfandhaus) aus der Sache befriedigen, und zwar grundsätzlich im Wege der öffentlichen Versteigerung (§§ 1228 I, 1235 I). Nur bei Sachen, die einen Börsen- oder Marktpreis haben, ist der Verkauf aus freier Hand zum Tageskurs zulässig (§§ 1235 II, 1221). Eine Aneignungsbefugnis hat der Pfandgläubiger nicht, eine von vornherein vereinbarte Verfallsklausel dieser Art wäre nichtig (§ 1229). Diese Vorschriften sollen verhindern, dass der Pfandgläubiger Schiebungen vornimmt und dadurch den Schuldner benachteiligt, der oft in einer Notlage ist und sich nicht wehren kann.

Außerhalb des Pfandhauses sind Verpfändungen nicht sehr häufig. Da bei der Verpfändung einer Sache die **Übergabe** an den Gläubiger erforderlich ist, nehmen Banken nur Wertpapiere, insbesondere Inhaberaktien und Rentenpapiere sowie Kostbarkeiten (z.B. wertvollen Schmuck) als Pfand. Man spricht dann von LOMBARDKREDIT.

Die Verpfändung eines Gegenstandes vollzieht sich grundsätzlich in der gleichen Form wie seine Übertragung. Allerdings unterliegt dieser Grundsatz erheblichen Einschränkungen durch das bei den Pfandrechten besonders stark ausgeprägte Publizitätsprinzip.

1. Verpfändung von Sachen

Für die Verpfändung einer beweglichen Sache gilt § 1205.

a) Einigung und Übergabe

§ 1205 I entspricht § 929: Es ist Einigung über die Begründung des Pfandrechts und Übergabe (§ 1205 I S. 1) erforderlich. Hat der Pfandgläubiger die Sache schon im Besitz, so genügt bloße Einigung (§ 1205 I S. 2).

📖 Bitte lesen Sie nochmals § 1205 I.

b) Keine Verpfändung mit Besitzkonstitut

Zu § 930 dagegen findet sich in den §§ 1204 ff. keine Parallele. Die Erklärung ist in dem erwähnten **Publizitätsprinzip** zu suchen: Der Gesetzgeber wollte verhindern, dass an Sachen Sicherheiten bestellt werden, ohne dass dies für den Rechtsverkehr erkennbar ist. Das Bedürfnis der Praxis hat sich indessen als stärker erwiesen. § 1205 ist zwar nicht analog anwendbar, man hilft sich aber, indem man das Eigentum, also das Vollrecht, gem. §§ 930, 868 auf den Gläubiger überträgt und den Gläubiger dabei **schuldrechtlich** verpflichtet, das Eigentum nur zur eigenen Befriedigung zu gebrauchen. Das Sicherungseigentum stellt somit einen Fall der treuhänderischen (fiduziarischen) Übereignung dar, nur liegt hier eigennützige Treuhand vor. Bitte vergessen Sie nicht, dass das Sicherungseigentum zwar **wirtschaftlich** Befriedigungszwecken dient, **juristisch** aber als **Volleigentum** zu betrachten ist! Es wird begründet gem. §§ 930, 868, und eine analoge Anwendung des § 1205 wäre ein schwerer Fehler.

Das Sicherungseigentum steht zwar im Widerspruch zur Intention des BGB-Gesetzgebers, ist aber seit vielen Jahrzehnten gewohnheitsrechtlich anerkannt.

📖 Bitte lesen Sie §§ 930, 868.

c) Einigung und Abtretung des Herausgabeanspruchs

§ 1205 II entspricht § 931. Das Publizitätsprinzip wird hier durch das Erfordernis der Anzeige an den besitzenden Dritten gewahrt.

📖 Bitte lesen Sie nochmals § 1205 II.

2. Verpfändung von Rechten

§ 1274 bestimmt, dass die Verpfändung eines Rechts nach den für die Übertragung des Rechts geltenden Vorschriften erfolgt. Forderungen, die in Inhaberschuldverschreibungen verbrieft sind wie z.B. die Rentenpapiere, werden gem. § 929 durch Einigung und Übergabe **übertragen** – also werden sie, dem Grundsatz des § 1274 entsprechend, auch durch Einigung und Übergabe **verpfändet**. Wenn aber für die Übertragung einer Forderung die bloße Einigung ausreicht – und das ist bei den Forderungen der Regelfall – reicht die bloße Einigung für die **Verpfändung** nicht aus. Das **Publizitätsprinzip**, das bei den Pfandrechten streng ausgeprägt ist, fordert, dass dann die Verpfändung durch **Anzeige** an den Schuldner offenkundig gemacht wird (§ 1280).

📖 Bitte lesen Sie § 1280.

Die Verpfändung von Inhaberpapieren durch Einigung und Übergabe kommt in der Praxis häufig vor. Dagegen ist die Verpfändung von gewöhnlichen Forderungen durch Einigung und Anzeige an den Schuldner ungebräuchlich, da sie dem Kreditnehmer zu viele Nachteile einbringt (Rufgefährdung infolge der Anzeige!).

II. Gesetzliche Pfandrechte

Die gesetzlichen Pfandrechte entstehen nicht durch einen sachenrechtlichen Verpfändungsvertrag, sondern **kraft Gesetzes,** ohne dass die Parteien eine entsprechende Vereinbarung getroffen haben. Oft wissen die Parteien überhaupt nicht, dass ein Pfandrecht entstanden ist.

1. Gesetzliche Pfandrechte des BGB

Das BGB kennt **drei Einbringungspfandrechte:** die Pfandrechte des Vermieters (§ 562), des Verpächters (Verweisung auf § 562 in § 581 II) und des Gastwirts (genauer: Hoteliers, § 704). Außerdem gibt es das Pfandrecht des Werkunternehmers, das aber ein **Besitzpfandrecht** ist: Es entsteht nur dann, wenn die Sache in den **Besitz** des Werkunternehmers gelangt ist (§ 647). Das Werkunternehmerpfandrecht hat in der Praxis große Bedeutung (z.B. für alle Reparaturwerkstätten).

    Bitte lesen Sie §§ 562, 581 II, 704, 647.

2. Gesetzliche Pfandrechte des HGB

Auch das HGB hat vier Pfandrechte, die aber sämtlich **Besitzpfandrechte** sind: die Pfandrechte des Kommissionärs (§ 397 HGB), Frachtführers (§ 441 HGB), Spediteurs (§ 464 HGB) und Lagerhalters (§ 475 b HGB).

§ 67. Sicherungsübereignung und Sicherungszession

Wir stellen die bei der Sicherungsübereignung und Sicherungszession auftretenden Probleme jeweils nebeneinander, um deutlich hervorzuheben, dass in beiden Fällen die Gedankengänge parallel laufen.

Damit wir uns schneller verständigen können, schlagen wir vor, dass wir uns für diesen Teil des Buches auf folgende Terminologie einigen: Den Kreditgeber nennen wir „Gläubiger", den Kreditnehmer „Kaufmann". Mit „Schuldner" bezeichnen wir die Schuldner des Kreditnehmers.

I. Der Nachteil der Verpfändung

Für den Fall, dass jemand einem anderen Sicherheit an seinem Vermögen geben will, hat das Gesetz das Pfandrecht vorgesehen. Die Verpfändung hat aber große Nachteile.

1. Bewegliche Sachen: Übergabe gem. § 1205 I

Der Kaufmann müsste, wenn er dem Gläubiger an seiner Ladeneinrichtung oder seinem Warenlager Sicherheit verschaffen wollte, diese Sachen gem. § 1205 I dem Gläubiger übergeben. Das würde die Weiterführung des Betriebes unmöglich machen.

    Bitte lesen Sie nochmals § 1205 I.

2. Forderungen: Anzeige gem. § 1280

Der Kaufmann, der seine Außenstände verpfänden wollte, müsste den Schuldnern eine Anzeige schicken (§ 1280) und würde dadurch leicht in seinem ganzen Kundenkreis in Misskredit geraten.

📖 Bitte lesen Sie nochmals § 1280.

II. Der Behelf der Praxis

1. Bewegliche Sachen: Sicherungsübereignung gem. § 930

Die Praxis hat die Verpfändung von Sachen weitgehend durch die Übereignung zur Sicherheit gem. §§ 930, 868 ersetzt: Der Kaufmann einigt sich mit dem Gläubiger darüber, dass das Eigentum auf den Gläubiger übergeht. An die Stelle der Übergebe tritt die Vereinbarung eines Besitzkonstituts gem. § 868. Damit wird der Gläubiger nach außen Volleigentümer. Nach dem der Übereignung zugrunde liegenden schuldrechtlichen **Treuhandvertrag** ist der Gläubiger jedoch (eigennütziger) Treuhänder: Er darf das Eigentum nur zu seiner Befriedigung benutzen. Der Sicherungsvertrag ist zwar formlos gültig, in der Praxis wird aber schon aus Beweisgründen durchweg die Schriftform gebraucht.

📖 Bitte lesen Sie nochmals § 930.

a) Bestimmtheit der Sachen

Um unklare Rechtsverhältnisse möglichst zu vermeiden und die Sicherungsübereignung in gewissen Grenzen zu halten, fordert die Rechtsprechung, dass die zu übereignenden Sachen **bestimmt** und nicht erst aufgrund außerhalb des Vertrages liegender Umstände (Rechnungen, Geschäftsbücher) **bestimmbar** sind.[14]

Unzureichend sind deshalb Bezeichnungen wie „alle Warenlieferungen aus dem letzten Monat" oder „alle von der Fa. A gelieferten Waren" – hier liegt nur „**Bestimmbarkeit**" vor. Unzureichend sind vor allem reine Mengen- oder Wertangaben wie „die Hälfte des Warenlagers" oder „das Warenlager bis zum Werte von 100 000 Euro" – hier fehlt es sogar an der Bestimmbarkeit.

Bei der Übereignung eines **Warenlagers** ist die Aufstellung eines Stückeverzeichnisses rätlich. Es genügt aber schon die Angabe, dass das **gesamte** Warenlager übereignet werde. Bei Teilübereignungen müssen die übereigneten Stücke von den anderen getrennt sein. Dann genügt die Angabe, dass die in einem bestimmten Raum, auf einem bestimmten Regal gelagerten Sachen übereignet seien.[15]

Bei der Übereignung eines **Kraftfahrzeugs** ist in der Praxis die Übergabe des **Kraftfahrzeugbriefs** üblich und empfehlenswert. Die Übergabe ist (entgegen einer weit verbreiteten Meinung) **nicht** Voraussetzung für den Übergang des Eigentums auf den Gläubiger (vgl. den Wortlaut des § 930). Sie hindert aber den Kaufmann, das in seinem unmittelbaren Besitz verbleibende Fahrzeug an einen Gutgläubigen zu veräußern (§ 932).

---

[14] BG 28, 16.
[15] BGH NJW 1992, 1161.

b) Konkretes Besitzkonstitut

Die Rechtsprechung verlangt außerdem für §§ 930, 868 die Begründung eines konkreten Besitzkonstituts.[16] Die allgemeine Klausel „K behält die Sachen weiterhin für G in seinem Besitz" reicht demnach nicht aus. Es müssen sich aus dem Sicherungsvertrag bestimmte, auf die übereigneten Sachen bezogene Pflichten des Kaufmanns ergeben, wobei Bezeichnungen wie Leihe, Miete, Verwahrung, Verwaltung nicht unbedingt erforderlich sind. Sind bestimmte Pflichten angegeben, etwa zur sorgfältigen Behandlung und zur Versicherung der Waren zugunsten des Gläubigers, zur Herausgabe im Falle des Verzuges usw., so lässt sich sogar der falsche Ausdruck „Verpfändungsvertrag" als Sicherungsübereignung auslegen (§§ 133, 157).

c) Verwertung, Rückübertragung, Freigabeanspruch

Die Verwertung des Sicherungseigentums richtet sich nach dem zwischen dem Gläubiger und dem Kaufmann geschlossenen schuldrechtlichen Sicherungsvertrag. Fehlt eine entsprechende ausdrückliche Vereinbarung, so ist der Gläubiger berechtigt, aber nicht verpflichtet, die Verwertung nach den Regeln über den Pfandverkauf (§§ 1235 ff.) vorzunehmen.

Die Sicherungsübereignung ist keine akzessorische Sicherheit (wie z.B. die Hypothek), sie bleibt deshalb auch nach Abtragung aller Schulden zunächst bestehen. Der Gläubiger ist aber **verpflichtet,** das Eigentum zurückzuübertragen.[17]

Wurden **mehrere** Sachen zur Sicherheit übereignet, so kann der Gläubiger schon vor Abtragung aller Schulden verpflichtet sein, einen Teil des Treugutes rückzuübertragen. Der Kaufmann hat nämlich einen entsprechenden **Freigabeanspruch,** wenn sich durch eine Wertsteigerung des Treuguts oder eine Verringerung der Schulden eine erhebliche (nachträgliche) **Übersicherung** ergibt.[18]

2. Forderungen: Sicherungszession gem. § 398

Der Sicherungsübereignung gem. §§ 930, 868 entspricht bei den Forderungen die Abtretung zur Sicherheit gem. § 398. Diese hat für den Kaufmann den großen Vorteil, dass sie als **stille Zession** erfolgen kann, d.h. eine Anzeige an den Schuldner nicht voraussetzt.

📖 Bitte lesen Sie nochmals § 398.

---

[16] BGH NJW 1979, 2308.
[17] BGH DB 1984, 1614.
[18] Der BGH (DB 1958, 358) begründet den Freigabeanspruch des Kaufmanns aus der „Natur" des der Sicherungsübereignung zugrunde liegenden **Treuhandvertrages.** Deshalb besteht der Anspruch auch dann, wenn er im Vertrag nicht ausdrücklich vorgesehen ist. Entsprechendes gilt für die **Deckungsobergrenze,** d.h. für die Grenze, bei deren Überschreitung der Freigabeanspruch entsteht. Wegen der im Insolvenzrecht vorgesehenen Pauschalsätze bei der Verwertung des Sicherheitseigentums liegt die Grenze, bezogen auf den **realisierbaren Wert,** bei 110% der gesicherten Forderungen. Dieser Wert ist nicht gleichzusetzen mit dem **Schätzwert** (Marktpreis), der im Insolvenzfalle in der Regel nicht erzielt wird. Auf den Schätzwert bezogen liegt die Grenze bei 150% der gesicherten Forderungen (BGH a.a.O.).

a) Bestimmbarkeit der Forderungen

Auch bei der Sicherungszession muss die Forderung so genau bezeichnet sein, dass ihre Zugehörigkeit zum Vermögen des Gläubigers oder des Kaufmanns festgestellt werden kann, doch reicht – anders als bei der Übereignung von Sachen – Bestimm**bar**keit, d.h. die Möglichkeit der Bestimmung unter Zuhilfenahme der Geschäftsbücher aus. Eine Abtretung „meiner Forderungen, die im letzten Monat in meinem Geschäftsbetrieb entstanden sind", ist demnach zulässig, da durch Einsicht in die Geschäftsbücher genau festgestellt werden kann, welche einzelnen Forderungen unter die Abtretung fallen. Dagegen reichen Mengenangaben wie „die Hälfte meiner Außenstände" oder „meine Außenstände bis zur Höhe von 20 000 Euro" nicht aus, da sich in solchen Fällen von keiner einzelnen Forderung sagen lässt, ob sie zu den abgetretenen gehört oder nicht.

b) Unübertragbare Forderungen

Während unpfändbare Sachen gem. § 930 übereignet werden können, sind unpfändbare Forderungen unabtretbar (§ 400).

Außerdem kann der Kaufmann eine Forderung nicht abtreten, wenn er mit dem Schuldner die Unabtretbarkeit der Forderung **vereinbart** hat. Wenn allerdings die Forderung aus einem beiderseitigen Handelsgeschäft stammt oder der Schuldner die öffentliche Hand ist, gilt die Sonderregel § 354 a HGB: Die Abtretung ist gleichwohl wirksam.[19]

📖 Bitte lesen Sie § 354 a.

c) Rückübertragung

Da die Sicherungszession **nicht akzessorisch** ist, fällt die Forderungen nach Abtragung aller Schulden nicht automatisch an den Kaufmann zurück. Der Gläubiger ist aber zur Rückabtretung verpflichtet.[20]

III. Die Ermächtigung des Kaufmanns zur Übereignung und zum Inkasso

1. Bewegliche Sachen: Ermächtigung zur Weiterübereignung

Hat ein Kaufmann sein Warenlager zur Sicherheit übereignet, so muss er, um seinen Betrieb weiterführen zu können, die Möglichkeit haben, die nunmehr für ihn

---

[19] Der im Jahre 1994 eingefügte § 354 a HGB hat große Bedeutung für die gesamte **Zuliefer-industrie.** Früher setzten die großen einkaufenden Unternehmen in aller Regel bei ihren Lieferanten ein Abtretungsverbot gem. § 399 durch. Sie entzogen damit den Lieferanten die Möglichkeit, ihre Kaufpreisforderungen als Kreditunterlage bei Banken und Factoringunternehmen zu verwenden. Die Rechtsprechung sah darin weder einen Verstoß gegen § 138 BGB noch gegen § 9 AGBG (BGH NJW 1976, 672; 1981, 118). So musste der Gesetzgeber die Lieferanten aus ihrer misslichen Lage befreien. Er schonte aber das berechtigte Interesse der einkaufenden Unternehmen an einfachen Zahlungswegen, indem er ihnen gem. § 354 a S. 2 HGB die Möglichkeit beließ, an die Lieferanten mit befreiender Wirkung zu zahlen.

[20] Bei teilweisem Fortfall der Schulden (nachträglicher Übersicherung) besteht eine Pflicht zur Rückabtretung eines Teils der abgetretenen Forderungen (siehe Fußnote 18).

fremden Sachen im eigenen Namen weiterzuveräußern. Diese Möglichkeit erhält er durch eine Ermächtigung von Seiten des Gläubigers gem. § 185 I.

📖 Bitte lesen Sie § 185 I.

In der Übereignung eines Warenlagers zur Sicherheit liegt im Zweifel eine Ermächtigung zur Weiterveräußerung im ordentlichen Geschäftsgang, auch wenn hierüber nichts ausdrücklich vereinbart wurde.

2. Forderungen: Inkassoermächtigung

Ähnlich ist die Lage bei der Abtretung von Forderungen. Würde der Gläubiger die Forderungen einziehen, so würde die Abtretung nunmehr offenbar. Das aber sollte gerade verhindert werden. Der Gläubiger gibt deshalb dem Kaufmann die Befugnis (§ 185 I), die für ihn fremden Forderungen im eigenen Namen einzuziehen.

📖 Bitte lesen Sie nochmals die Oberbegriffe im § 185 I.

IV. Die Auffüllung der Lücken

Die Veräußerungs- und Inkassoermächtigung bilden für den Gläubiger eine gewisse Gefahr:

(1) Die Sachen, die der Kaufmann an Stelle der veräußerten in das Warenlager einbringt, hat der Kaufmann im eigenen Namen erworben. Er selbst, nicht der Gläubiger, ist also deren Eigentümer.

(2) Die Forderungen, die aus dem Verkauf der Sachen entstehen, sind Forderungen des Kaufmanns, da dieser die Kaufverträge im eigenen Namen geschlossen hat.

Der Anteil der dem Gläubiger gehörenden Sachen und Forderungen müsste also immer geringer werden.

Die Auffüllung der Lücken erfolgt in beiden Fällen auf die gleiche Weise.

1. Bewegliche Sachen; Antizipiertes Besitzkonstitut

Bei beweglichen Sachen einigt sich der Kaufmann mit dem Gläubiger darüber, dass auch an **künftigen,** vom Kaufmann noch zu erwerbenden Sachen das Eigentum gem. § 930, 868 übergehen soll. Das Besitzkonstitut wird also schon jetzt für die Zukunft vorweggenommen (antizipiert).

Zu dem Zeitpunkt, in welchem der Kaufmann Eigentum und Besitz an der Sache erwirbt, muss er allerdings noch den **Willen** haben, Eigentum und mittelbaren Besitz auf den Gläubiger zu übertragen, und diesen Willen erkennbar hervortreten lassen.[21] Hierbei genügt aber Erkennbarkeit unter den Beteiligten.[22] Außerdem muss zu diesem späteren Zeitpunkt die Sache **bestimmt** sein. Das Eigentum geht über, wenn der Kaufmann die Waren dem Stückeverzeichnis einverleibt oder in ei-

---

[21] RG 140, 231; offen gelassen in BGH DB 1960, 1306.
[22] BGH NJW 1964, 398.

nem bestimmten Raum oder einem bestimmten Regal ablegt. War das gesamte Warenlager zur Sicherheit übereignet, so genügt Einbringung in das Warenlager.

Ein antizipiertes Besitzkonstitut kann auch für in der Zukunft einzunehmendes **Geld** vereinbart werden. Zu diesem Zwecke muss der Kaufmann eine **Sonderkasse** einrichten. In dem Augenblick, in welchem der Kaufmann oder sein Vertreter das Geld in die Kasse legt, betätigt er seinen Übertragungswillen, und das Eigentum an dem Geld geht auf den Gläubiger über.

Ist der Gläubiger eine Bank oder Sparkasse, so wird beim Gläubiger oft ein **Sonderkonto** eingerichtet. Der Kaufmann weist seine Schuldner an, auf dieses Konto einzuzahlen, und der Gläubiger behält die eingehenden Beträge ein.

2. Forderungen

a) Vorausabtretung. Globalzession

Dem antizipierten Besitzkonstitut entspricht die Abtretung zukünftiger Forderungen. Diese müssen aber schon im **Zeitpunkt der Einigung bestimmbar** sein. Bestimmbarkeit liegt vor bei der Abtretung des zukünftigen Miet- oder Pachtzinses oder Kaufpreises bezüglich einer **bestimmten** Sache. Da die zur Sicherheit übereigneten Sachen im Zeitpunkt des Eigentumsüberganges bestimmt sind, sind die Forderungen, die aus dem Verkauf usw. solcher Sachen entstehen, im Voraus bestimmbar und deshalb abtretbar.

Schwierigkeiten bereitet die in der Praxis weit verbreitete **Globalzession**. Die globale Vorausabtretung **aller** Forderungen eines Unternehmens erfüllt zwar das Erfordernis der **Bestimmbarkeit,** stellt aber oft eine **sittenwidrige Übersicherung** dar (§ 138). Die Globalzession muss dann begrenzt werden, wobei man auf eindeutige Begrenzungskriterien achten muss, damit die **Bestimmbarkeit** gewahrt bleibt. Die Bestimmbarkeit ist gewahrt, wenn alle Forderungen abgetreten werden, die in einem bestimmten **Betrieb** oder **Betriebsteil** oder aus bestimmten **Geschäftsarten** oder gegenüber einem bestimmten **Kundenteil** (z.B. Buchstaben A – H) entstehen.

b) Mantelzession

Von der Globalzession ist die Mantelzession zu unterscheiden. Die Mantelzession ist ein Vertrag, durch den sich der Kaufmann **verpflichtet,** zukünftige Forderungen nach deren Entstehung zu übertragen, sie ist also **keine Vorausabtretung.** Als Abtretungserklärung des Kaufmanns gilt – je nach Vereinbarung zwischen den Parteien – die monatliche oder wöchentliche Übersendung einer Schuldnerliste oder die Übersendung einer Rechnungskopie sogleich nach Rechnungserstellung. Noch schneller erfolgt die Abtretung, wenn der Gläubiger den Kaufmann bevollmächtigt, die entstandenen Forderungen durch **Insichgeschäft** (§ 181) an ihn abzutreten. Als äußere Kundmachung der Abtretung reicht dann schon die sofort nach der Entstehung der Forderung erfolgte Eintragung in eine besondere Schuldnerliste aus; zwischen der Entstehung der Forderung und deren Übergang auf den Gläubiger liegen also im günstigen Falle nur wenige Sekunden.

📖 Bitte lesen Sie § 181 („soweit nicht ein anderes ihm gestattet ist").

In der Praxis ist die Mantelzession von der Globalzession weitgehend verdrängt worden, da die Globalzession als Vorausabtretung in jedem Falle noch schneller wirkt: Sie führt dazu, dass die Forderung bereits eine „logische Sekunde" nach ihrer Entstehung auf den Gläubiger übergeht.

V. Zusammenfassung: Möglichkeiten und Grenzen

Wir haben nun die Maßnahmen kennen gelernt, die es dem Gläubiger theoretisch möglich machen, das gesamte Vermögen des Kaufmanns in seine Hand zu bekommen:

Das Warenlager und die Einrichtung werden gem. §§ 930, 868 übereignet. Später erworbene Sachen gehen mit der Einverleibung in das Warenlager durch antizipiertes Besitzkonstitut gem. §§ 930, 868 in das Eigentum des Gläubigers über.

Die bestehenden Forderungen werden gem. § 398 abgetreten. Hinsichtlich der zukünftigen bestimmbaren Forderungen wird die Abtretung gem. § 398 vorweggenommen, die anderen Forderungen tritt der Kaufmann im Zeitpunkt des Erwerbs durch Selbstkontrahieren (§ 181) ab.

Das eingehende Geld gelangt durch antizipiertes Besitzkonstitut in das Eigentum des Gläubigers, sobald es der Kaufmann in die Kasse legt.

Bei bargeldloser Zahlung der Schuldner des Kaufmanns kommen die Beträge auf das Sonderkonto, das der Kaufmann für den Gläubiger eingerichtet hat.

Eine so weit gehende Absicherung des Gläubigers kann wegen Verstoßes gegen die **guten Sitten** nichtig sein.

(1) Die Sittenwidrigkeit gem. § 138 kann in dem Verhalten des Gläubigers **gegenüber dem Kaufmann** liegen, wenn die wirtschaftliche Freiheit des Kaufmanns so beschränkt ist, dass er zum Werkzeug des Gläubigers wird (Knebelungsvertrag).

(2) Häufiger noch liegt die Sittenwidrigkeit gem. § 138 in dem Verhalten **gegenüber den anderen Gläubigern,** dann nämlich, wenn sich der Gläubiger wesentliche wirtschaftliche Werte vom Kaufmann übertragen lässt und weiß, dass der Kaufmann durch den weiter bestehenden Schein der Kreditwürdigkeit andere Gläubiger täuscht, oder wenn er dies jedenfalls für möglich hält und in Kauf nimmt (Beispiel u. § 70 IV 2).

Bei formularmäßigen Kreditverträgen genügt es für die Unwirksamkeit, dass der Kaufmann in einer gegen **Treu und Glauben** verstoßenden Weise benachteiligt wird (§ 307 I S. 1). Allerdings kommt dieser Gesichtspunkt nur für die hier beschriebene Fallgruppe (1) in Betracht.

§ 68. Der Eigentumsvorbehalt

I. Wirtschaftliche Bedeutung

Während die Sicherungsübereignung in erster Linie die Sicherung des **Geld**kreditgebers darstellt, kann sich der **Waren**kreditgeber durch die Vereinbarung des Eigentumsvorbehalts sichern: Der Kauf wird unbedingt geschlossen, die Übereignung dagegen erfolgt „unter der aufschiebenden Bedingung vollständiger Zahlung des Kaufpreises".

📖 Bitte lesen Sie § 449.

Der Eigentumsvorbehalt hat seine große wirtschaftliche Bedeutung bereits in der Zeit nach dem Ersten Weltkrieg erlangt. Er wurde zum Kampfmittel der Warenkreditgeber gegen das Überhandnehmen der Sicherungsübereignung, durch die sich die Geldkreditgeber, insbesondere die Banken, vor den Folgen der Leistungsunfähigkeit der Kreditnehmer zu schützen wussten – häufig zum Nachteil der Warenkreditgeber.

II. Die Vereinbarung des Eigentumsvorbehalts

1. Schuldrechtliche Wirkungen

Will der Verkäufer einem Ratenkäufer die Ware nur unter Eigentumsvorbehalt liefern, so muss er den Vorbehalt **bei Kaufabschluss** besonders vereinbaren, falls er nicht trotz Ratenzahlung des Käufers zur unbedingten Übereignung verpflichtet sein will. Denn es besteht trotz der Häufigkeit des Eigentumsvorbehalts keine Verkehrssitte, wonach bei Ratenzahlungen die Ware im Zweifel nur unter Vorbehalt zu liefern ist. Allerdings ist der Eigentumsvorbehalt schon dann vereinbart, wenn er in den allgemeinen Lieferbedingungen des Verkäufers enthalten ist und der Käufer diese nicht beanstandet, obwohl ihm erkennbar ist, dass der Verkäufer die allgemeinen Lieferbedingungen zum Inhalt des Vertrages machen will.

Erklärt der Verkäufer den Vorbehalt erst **nach dem Vertragsschluss,** etwa in einem Begleitschreiben oder auf der Rechnung, so ist darin ein Antrag auf Abänderung des Kaufvertrages zu sehen, welcher der Zustimmung durch den Käufer bedarf. Durch die einseitige Erklärung allein kann der Verkäufer seine Verpflichtung nicht mehr ändern.

2. Sachenrechtliche Wirkungen

Die nachträglichen Vorbehalte des Verkäufers können aber für die Frage der Übereignung bedeutsam sein: Wenn das Begleitschreiben oder die Rechnung zwar nach dem Kaufabschluss, aber vor oder gleichzeitig mit der Ware beim Käufer eintrifft, so erklärt der Verkäufer, dass ihm der Wille fehlt, das Eigentum unbedingt zu übertragen. Der Verkäufer verletzt damit zwar seine vertraglichen Pflichten, da er sich beim Kaufabschluss zur unbedingten Übereignung verpflichtet hat, es fehlt aber bei der Übergabe die für § 929 erforderliche Einigung, und das Eigentum geht nicht über.

Erhält der Käufer das den Vorbehalt enthaltende Schreiben erst **nach dem Eingang der Ware,** so ist das Eigentum bereits übergegangen, das Schreiben ändert nun auch nichts mehr an der sachenrechtlichen Lage. Der Eigentumsvorbehalt kann selbst dann nicht mehr nachträglich begründet werden, wenn der Käufer sich damit einverstanden erklärt. Es bleibt nur noch eine Möglichkeit zur Herstellung des Eigentumvorbehalts: Die Parteien müssen das Eigentum zunächst gem. § 930 auf den Verkäufer **rückübereignen** und dann gem. § 929 S. 2 auf den Käufer aufschiebend bedingt übereignen.[23]

III. Das Anwartschaftsrecht

1. Die Wirkungen der bedingten Einigung

Die bei der Übergabe vorgenommene bedingte Einigung zwischen Verkäufer und Käufer ist für den Verkäufer bindend. Der Käufer erwirbt eine Anwartschaft auf das Eigentum, die mit Bedingungseintritt zum Eigentum erstarkt, ohne dass es noch eines weiteren Zutuns von Seiten des Verkäufers bedarf. Es schadet deshalb nicht, wenn der Verkäufer nach der Einigung erklärt, dass er nicht mehr den Willen habe, das Eigentum übergehen zu lassen, oder dass er geschäftsunfähig wird oder stirbt: Es ist für den Eigentumserwerb des Käufers nur erforderlich, dass die bedingte Einigung im Zeitpunkt der Übergabe vorliegt und dass die Bedingung, nämlich die Zahlung der letzten Kaufpreisrate, eintritt. Nur wenn diese Bedingung ausfällt, weil der Käufer mit der Zahlung in Verzug ist und der Verkäufer das ihm gem. § 449 zustehende Rücktrittsrecht ausübt, geht der Käufer seiner Anwartschaft auf das Eigentum verlustig.

2. Rechtsnatur des Anwartschaftsrechts

Die Anwartschaft des Käufers, die dieser durch die bedingte Einigung erwirbt, wird von der neueren Lehre und Rechtsprechung als ein besonderes, eigentumsähnliches Recht anerkannt.

(1) Es kann vom Käufer wirksam **übertragen** und **verpfändet** werden, ohne dass es hierzu der Einwilligung des Verkäufers gem. § 185 I bedarf, denn der Käufer handelt, wenn er lediglich über das (ihm zustehende) Anwartschaftsrecht, nicht über das (ihm noch nicht zustehende) Eigentum verfügt, als Berechtigter. Wegen der Ähnlichkeit des Anwartschaftsrechts mit dem Eigentum erfolgt die Übertragung bzw. Belastung der Anwartschaft nach den entsprechenden, für das Eigentum geltenden Vorschriften (§§ 929 ff. bzw. § 1205).

(2) Bejaht man die Zulässigkeit der Übertragung und Verpfändung des Anwartschaftsrechts, so bestehen keine Bedenken, auch die Belastung des Anwartschaftsrechts mit **gesetzlichen Pfandrechten** für zulässig zu halten. Bringt z.B. der Mieter Sachen ein, die ihm unter Vorbehalt geliefert wurden, so entsteht an

---

[23] So BGH NJW 1953, 217.

dem Anwartschaftsrecht ein Pfandrecht des Vermieters, das mit Bedingungseintritt zum Pfandrecht an der Sache wird.

(3) Schließlich ist auch die **Pfändbarkeit** des Anwartschaftsrechts im Wege der **Zwangsvollstreckung** als zulässig anzusehen.

IV. Besondere Ausgestaltungen des Eigentumsvorbehalts

1. Verarbeitungsvorbehalt

Liefert der Verkäufer Sachen unter Eigentumsvorbehalt, die der Käufer zu anderen Sachen verarbeitet, so läuft der Verkäufer Gefahr, durch Verarbeitung gem. § 950 sein Eigentum vorzeitig an den Käufer zu verlieren.

📖 Bitte lesen Sie § 950.

Dieser Gefahr begegnet der Verkäufer in der Praxis häufig durch den sog. Verarbeitungsvorbehalt. Um die Rechtsgrundlage dieses Vorbehalts zu verstehen, müssen wir berücksichtigen, dass im Falle des § 950 das Eigentum demjenigen zufällt, **für den** die Verarbeitung durchgeführt wird. Vereinbart nunmehr der Vorbehaltsverkäufer mit dem Vorbehaltskäufer, dass die Verarbeitung „für den Verkäufer" durchgeführt wird, so ist der Verkäufer als Hersteller und damit als Eigentümer der im Betriebe des Käufers angefertigten Waren anzusehen.[24] Dies gilt selbst dann, wenn der Käufer nach der Vereinbarung des Verarbeitungsvorbehalts seinen Willen ändert und im Zeitpunkt der Verarbeitung für sich selbst herstellen will.[25]

2. Verlängerter und weitergeleiteter Eigentumsvorbehalt

Dagegen kann der Verkäufer nicht die sachenrechtlichen Folgen abwenden, die dadurch entstehen, dass der Käufer die Sache mit einer beweglichen Sache (§ 947) oder mit einem Grundstück (§ 946) dergestalt verbindet, dass sie wesentlicher Bestandteil wird.

📖 Bitte lesen Sie §§ 946, 947.

Im Falle des § 947 I ist er noch in gewisser Weise geschützt, da er Miteigentümer an der einheitlichen Sache wird. Bei der Verbindung mit einem Grundstück dagegen verliert der Verkäufer jede sachenrechtliche Sicherung – eine ernste Gefahr für alle Lieferanten von Baustoffen! Eine weitere Gefahr für die Rechte des Verkäufers entsteht bei Lieferung von Waren an einen **Wiederverkäufer:** Ein solcher Käufer wird immer verlangen, dass ihm der Verkäufer gem. § 185 die Ermächtigung erteilt, im ordentlichen Geschäftsbetrieb über diese Waren zu verfügen. Die Ermächtigung gilt deshalb schon als stillschweigend erteilt, wenn dem Verkäufer die Wiederverkäufereigenschaft des Käufers bekannt ist.

In der Praxis gleichen die Verkäufer den drohenden Verlust ihrer sachenrechtlichen Sicherung gern durch die Vereinbarung eines **verlängerten Eigentumsvorbehalts**

---

[24] BGH 14, 117.
[25] BGH 20, 164.

aus: Der Verkäufer gibt ausdrücklich seine Zustimmung zum Einbau (§ 947) oder zur Weiterveräußerung (§§ 929, 185 I) durch den Käufer; zum Ausgleich lässt er sich die zukünftige Forderung des Käufers gegen dessen Abnehmer ganz oder teilweise im Voraus abtreten. Hier kommt es also zu einem **Umstieg** von einer sachenrechtlichen zu einer schuldrechtlichen Sicherheit.

Im Falle der Lieferung an einen Wiederverkäufer kann der Verkäufer außerdem mit diesem vereinbaren, dass die Waren an dessen Abnehmer nur mit Eigentumsvorbehalt geliefert werden dürfen **(weitergeleiteter Eigentumsvorbehalt).**

3. Kontokorrentvorbehalt

Der Verkäufer kann den Vorbehalt auch erweitern, indem er den Übergang des Eigentums davon abhängig macht, dass nicht nur die Kaufpreisforderung hinsichtlich der gelieferten Ware, sondern auch noch andere Forderungen beglichen werden. Selbst gegen die Einbeziehung aller gegenwärtigen und zukünftigen Forderungen des Verkäufers gegen den Käufer bestehen keine Bedenken. Nur darf der Eigentumserwerb des Käufers dadurch nicht praktisch völlig ausgeschlossen sein, auch müssen die einbezogenen Forderungen hinreichend bestimmbar sein.

§ 69. Zusammenfassung und Aufbauschema: Die Rechtsbehelfe Dritter in der Zwangsvollstreckung und im Insolvenzverfahren

Die Zwangsvollstreckung ist das Verfahren, in dem ein Anspruch des Gläubigers durch staatliche Organe zwangsweise gegen den Schuldner durchgesetzt wird. Dies kann durch Vollstreckung in einzelne Gegenstände des Schuldners auf Antrag eines einzelnen Gläubigers geschehen (Einzelvollstreckung), es kann aber auch das gesamte Vermögen des Schuldners für sämtliche Gläubiger der Zwangsvollstreckung unterworfen werden (Generalexekution: Insolvenzverfahren).

I. Einzelvollstreckung

Da die Befriedigung des Gläubigers so schnell wie nur möglich durchgeführt werden soll, ist es in manchen Fällen nicht zu vermeiden, dass durch die Zwangsvollstreckung zunächst auch unbeteiligte Dritte in ihren Rechten beeinträchtigt werden. Der Gerichtsvollzieher, der eine im Gewahrsam des Schuldners vorgefundene Sache pfändet, kann sich nicht auf eine nähere Untersuchung einlassen, ob die Sache dem Schuldner wirklich gehört oder ob sie frei von Belastungen durch Rechte Dritter ist. Die Pfändung wird zunächst durchgeführt, und es ist Sache des betroffenen Dritten, seine Rechte im Klageweg geltend zu machen.

1. Drittwiderspruchsklage

Der Dritte kann die auf Unzulässigkeitserklärung der Zwangsvollstreckung gerichtete Drittwiderspruchsklage (Interventionsklage) gem. § 771 ZPO erheben, wenn ihm ein „die Veräußerung hinderndes Recht" zusteht. Die Fassung des § 771 ZPO ist missglückt. Gemeint ist ein Recht, welches der Zwangsvollstreckung des Gläubigers in diesen Gegenstand entgegensteht.

§ 771 gilt zunächst in den Fällen, in denen der Gläubiger in einen Gegenstand vollstrecken lässt, der nicht zum Vermögen des Schuldners, sondern zum Vermögen des Dritten gehört. Allerdings ist der Schutz des § 771 ZPO auch auf andere Rechte ausgedehnt worden. Die etwas weiterzige Auslegung dieser Vorschrift ist nicht so bedenklich, wie sie zunächst erscheinen mag: Bei der Einzelvollstreckung verbleibt dem die Pfändung betreibenden Gläubiger noch die Möglichkeit der Vollstreckung in andere Vermögensbestandteile des Schuldners.

Die wichtigsten Rechte im Sinne von § 771 ZPO sind

(1) **Eigentum** (auch das auflösend bedingte Eigentum des **Vorbehaltsverkäufers,** auch das **Sicherungseigentum**);

(2) **Inhaberschaft einer Forderung,** falls diese Forderung gepfändet worden ist (praktisch wichtig, wenn die Forderung schon vor der Pfändung an den Dritten abgetreten worden ist. Dies gilt auch bei der Sicherungszession);

(3) alle mit **Besitz** verbundenen **Pfandrechte,**

(4) **Ansprüche auf Herausgabe** einer dem Schuldner vom Dritten nicht zu Eigentum überlassenen Sache (aufgrund von Miete, Pacht, Leihe, Verwahrung, Verkaufskommission), **nicht aber schuldrechtliche Ansprüche auf Übereignung** aus Kauf, Rücktritt, Bereicherung usw., da in diesen Fällen die Sache **noch zum Vermögen des Schuldners** gehört.

2. Klage auf vorzugsweise Befriedigung aus dem Erlös

Hat der Dritte ein Pfandrecht an der Sache, ohne deren Besitzer zu sein (Vermieter, § 562; Verpächter, §§ 562, 581 II; Gastwirt, § 704 BGB), so kann er der Pfändung zwar nicht widersprechen, er kann nach § 805 ZPO „jedoch seinen Anspruch auf vorzugsweise Befriedigung aus dem Erlös im Wege der Klage geltend machen, ohne Rücksicht darauf, ob seine Forderung fällig ist oder nicht". Denn das durch die Pfändung entstandene Pfändungspfandrecht geht seinem Pfandrecht nach.

II. Gesamtvollstreckung (Insolvenzverfahren)

Wichtiger noch sind die Sonderrechte Dritter im Insolvenzrecht.

1. Aussonderung

Das Aussonderungsrecht gem. § 47 InsO ist die Parallele zu § 771 ZPO. Der Dritte muss beweisen, dass die Sache zu seinem Vermögen, nicht zum Vermögen des Schuldners gehört. Da im Insolvenzverfahren die volle Befriedigung der Gläubiger durch Vollstreckung in andere Gegenstände nicht möglich ist und dem Interesse des Dritten das Interesse vieler Gläubiger gegenübersteht, muss der Vermögensbegriff sehr streng gehandhabt werden. Von den unter § 771 ZPO aufgeführten Rechten berechtigen zur Aussonderung einer Sache nur

(1) **Eigentum** (auch das Eigentum des Vorbehaltverkäufers, **nicht** aber das Sicherungseigentum!),

(2) **Inhaberschaft einer Forderung** (praktisch wichtig, wenn die Forderung vor der Verfahrenseröffnung an den Dritten abgetreten worden war, außer im Falle der Sicherungszession),

(3) **Ansprüche auf Herausgabe** einer dem Schuldner nicht zum Eigentum überlassenen Sache (Miete, Pacht, Leihe, Verwahrung, Verkaufskommission).

2. Absonderung

Alle Rechte, die einem Gläubiger nur eine Sicherheit gewähren sollen und Befriedigungszwecken dienen, berechtigen zur Absonderung gem. §§ 49 ff. InsO. Der Gläubiger kann nicht – wie bei der Aussonderung – die Sache endgültig behalten, stattdessen wird er aus dem Verkaufserlös befriedigt.

Übersteigt der Erlös seine Forderung, so fließt der Mehrerlös in die Masse. Bei einem Mindererlös wird der Gläubiger mit seiner Ausfallforderung wie die anderen Insolvenzgläubiger **quotal** befriedigt. Zur Absonderung berechtigen

(1) die **Grundpfandrechte** (Hypothek, Grundschuld, Rentenschuld),

(2) die **Pfandrechte an beweglichen Sachen,** und zwar

  (a) das **vertragliche** Pfandrecht, das durch einen besonderen Verpfändungsvertrag entstanden ist (§§ 1204 ff.),

  (b) die **gesetzlichen** Pfandrechte (im BGB: Vermieter, Verpächter, Gastwirt, Werkunternehmer; im HGB: Kommissionär, Frachtführer, Spediteur, Lagerhalter),

  (c) das **Pfändungspfandrecht,** das durch Pfändung im Wege der Zwangsvollstreckung (spätestens einen Monat vor dem Eröffnungsantrag) entstanden ist,

(3) zwei **Zurückbehaltungsrechte,** nämlich das **sachenrechtliche** Zurückbehaltungsrecht wegen Verwendungen auf die Sache (§§ 1000, 994) und das nur unter Kaufleuten entstehende **kaufmännische** Zurückbehaltungsrecht (§ 369 HGB).

(4) **Sicherungsübereignung** und **Sicherungszession.** Diese stellen zwar echte Übertragungen von Rechten dar, sie dienen aber nur der Sicherung und sind deshalb nach § 51 Nr. 1 InsO den Pfandrechten gleichgestellt.

4. Kapitel:
Der Gutglaubensschutz bei beweglichen Sachen

§ 70. Übersicht

Da man sich in dem Gebiet des Gutglaubensschutzes nur dann zurecht findet, wenn man in den Fragen des Besitzes **gut** Bescheid weiß, raten wir Ihnen:

📖 Bitte lesen Sie vorher **noch einmal** den kurzen o. § 61.

I. Die grundsätzliche Regelung

Fall: E hat dem Brause sein Auto für eine Woche vermietet. Brause veräußert den Wagen unter Vorlage eines geschickt gefälschten Kraftfahrzeugbriefs an den gutgläubigen G und verschwindet. E verlangt von G die Herausgabe des Autos.

In Fällen dieser Art taucht die grundsätzliche Frage auf, wessen Interesse höher zu bewerten ist: das Interesse des Eigentümers, der dem Besitzer keine Veräußerungsbefugnis erteilt hat, oder das Interesse des Gutgläubigen, der darauf vertraut hat, dass der Besitzer Eigentümer sei. Die Regelung im deutschen Recht ist Folgende:

1. Grundsatz

Grundsätzlich erwirbt der Gutgläubige das Eigentum gem. § 932.

📖 Bitte lesen Sie noch einmal § 932.

Gutgläubig ist also, wer den Veräußerer für den Eigentümer hält und dabei nicht **grob** fahrlässig ist. Bei dem Begriff der groben Fahrlässigkeit handelt es sich um eine Generalklausel, die man nicht näher konkretisieren kann. Wir brauchen also wieder **Einzelbeispiele:** Wenn man von einer **Privatperson** Sachen erwirbt, die im Einzelhandel auf Abzahlung verkauft werden (dazu gehört heute fast der ganze Hausrat), muss man sich grundsätzlich die (echte oder wenigstens gut gefälschte) Quittung zeigen lassen, falls die Sachen noch einigermaßen neu sind, da man mit einem Eigentumsvorbehalt des Vorverkäufers rechnen muss. Beim Kauf eines Kraftfahrzeugs muss in der Regel der (echte oder gut gefälschte) Kraftfahrzeugbrief vorgelegt worden sein.

2. Ausnahme: Abhandenkommen

Ist die Sache dem Eigentümer **abhanden gekommen,** so versagt der Gutglaubensschutz.

📖 Bitte lesen Sie § 935 I.

Der Gutgläubige muss die Sache dem Eigentümer herausgeben, er kann vom Eigentümer nicht einmal die Erstattung des Kaufpreises verlangen, den er gutgläubig an den Veräußerer gezahlt hat. Es ist für § 935 I auch gleichgültig, ob den Eigentümer beim Abhandenkommen ein Verschulden traf. § 935 I verhindert auch dann den gutgläubigen Erwerb, wenn die Sache bereits durch die Hände von mehreren Gutgläubigen gegangen ist.

3. Ausnahme von der Ausnahme: § 935 II

Ausnahmsweise wird der gute Glaube in den Fällen des § 935 II geschützt, da hier das Schutzbedürfnis der Öffentlichkeit besonders groß ist.

📖 Bitte lesen Sie § 935 II.

4. Ersitzung

Wer nicht das Eigentum erworben hat, kann noch durch **Ersitzung** Eigentümer werden, wozu zehnjähriger Eigenbesitz und guter Glaube an das eigene Eigentum erforderlich sind (§ 937). Wechselt die Sache in den zehn Jahren den Besitzer, so wird die Ersitzungszeit des gutgläubigen Vormannes dem Nachmann angerechnet (§ 943).

📖 Bitte lesen Sie §§ 937, 943.

II. Abhanden kommen

Wir konzentrieren uns noch einmal auf den Begriff des Abhandenkommens, der erfahrungsgemäß immer wieder Schwierigkeiten macht, andererseits aber einer der wichtigsten Begriffe des deutschen Privatrechts ist. Eine Sache ist abhanden gekommen, wenn sie dem Eigentümer **ohne oder gegen dessen Willen aus dem unmittelbaren Besitz gelangt ist.** Wir gehen diese Definition Stück für Stück durch.

1. „ohne"

Es genügt für das Abhandenkommen, dass die Sache dem Eigentümer ohne dessen Willen aus dem unmittelbaren Besitz gelangt ist. Dies zeigt Folgender

Fall: E wird bei einem Autounfall aus dem Wagen geschleudert und bleibt bewusstlos liegen. Brause leistet dem E erste Hilfe und nimmt sich zur Belohnung für diese gute Tat die Armbanduhr des E mit.

Die Wegnahme ist nicht gegen den Willen des E geschehen – denn E hatte keinen Willen – sie ist aber **ohne** seinen Willen erfolgt. Die Uhr ist abhanden gekommen.

2. „Wille"

(1) **Wille – freier Wille.** Wenn jemand unter dem Einfluss einer Drohung oder Täuschung eine Sache weggibt, hat er zwar nicht mit **freiem** Willen gehandelt, aber die Sache ist trotzdem nicht abhanden gekommen, da er immerhin mit einem – wenngleich erzwungenen oder erschlichenen – Willen gehandelt hat. **Für § 935 ist entscheidend, ob überhaupt ein Wille vorlag, frei braucht der Wille nicht gewesen zu sein!** Man steht sich also besser, wenn einem ein Räuber in der Abendstunde die Uhr mit Gewalt abreißt, als wenn man einem Erpresser die Uhr herausgibt: Im ersten Falle ist die Uhr abhanden gekommen, im zweiten Falle nicht.

(2) **Natürlicher Wille – rechtsgeschäftlich erklärter Wille.** In den Fällen der Drohung und Täuschung ist es für die Frage des Abhandenkommens auch ohne Bedeutung, ob die Übereignung später angefochten wird. Die Anfechtung vernichtet nur das **Rechtsgeschäft der Übereignung,** sie kann nicht die Tatsache aus der Welt schaffen, dass der Verkäufer den **tatsächlichen** (natürlichen) Willen zur Besitzaufgabe hatte.

Auch der **beschränkt Geschäftsfähige** hat einen natürlichen Willen. Wenn er eine Sache (unwirksam) veräußert, wird zwar der Erwerber nicht Eigentümer.

Der Erwerber kann aber an einen Gutgläubigen gem. § 932 wirksam weiterveräußern.

Bei dem **Geschäftsunfähigen** müsste man die Frage, ob ein natürlicher Wille vorhanden war, streng genommen auf den Einzelfall abstellen. Da dies sehr umständlich wäre und auch zu viel Unsicherheit bringen würde, hat sich die herrschende Lehre kurzerhand entschlossen, den Geschäftsunfähigen den natürlichen Willen generell abzusprechen. Wenn also ein Geschäftsunfähiger eine Sache weggibt, ist sie ihm **immer** abhanden gekommen.

3. „aus dem unmittelbaren Besitz gelangt"

(1) **Besitzverlust – Besitzlockerung.** In manchen Fällen hat der Eigentümer seinen Besitz willentlich nur **gelockert**; der Besitzverlust ist ohne seinen Willen erst durch das Handeln des anderen eingetreten. Dann liegt Abhandenkommen vor. Dafür zwei Beispiele.

Fall 1: Der elegant gekleidete Brause geht in ein Juweliergeschäft, lässt sich ein wertvolles Schmuckstück zeigen, hält es eine Zeit lang prüfend in der Hand, dreht sich dann plötzlich um und läuft mit dem Schmuckstück davon.

Die Sache ist abhanden gekommen, denn nur durch ein Überraschungsmanöver konnte Brause die tatsächliche Gewalt erlangen. Gutgläubiger Erwerb ist **nicht** möglich.

Fall 2: Brause geht zu einem Autohändler und veranlasst diesen, ihm einen Sportwagen zu einer Probefahrt zu überlassen, von der er nicht mehr zurückkehrt.

Hier hat der Autohändler den unmittelbaren Besitz nicht nur gelockert, sondern **aufgegeben.** Als er Brause losfahren ließ, war er nur noch mittelbarer Besitzer. Die Sache ist **nicht** abhanden gekommen, gutgläubiger Erwerb ist **möglich.**

(2) **Besitzmittler.** Ist der Eigentümer nur mittelbarer Besitzer, so ist die Frage des Abhandenkommens bei der Person des **Besitzmittlers** zu prüfen

📕 Bitte lesen Sie § 935 I S. 2.

Es liegt also kein Abhandenkommen vor, wenn der Besitzmittler die Sache willentlich weggibt, wohl aber, wenn sie ihm gestohlen wird.

(3) **Besitzdiener.** Anders ist die Lage beim Besitzdiener. Gem. § 855 ist nicht der Besitzdiener, sondern der Dienstherr **unmittelbarer Besitzer.**

📕 Bitte lesen Sie nochmals § 855.

Die Folge ist, dass, wenn der Besitzdiener eine Sache seines Dienstherrn ohne dessen Einwilligung weggibt, diese Sache dem Dienstherrn ohne dessen Willen aus dem **unmittelbaren** Besitz gelangt, also abhanden gekommen ist. Dazu ein

Fall: Der Fahrer Brause soll für seinen Chef, den Großhändler G, 300 Laptops nach München schaffen. Brause fährt stattdessen zu einem großen Campingplatz, tritt dort als fliegender Händler auf und verkauft die Geräte an die Urlauber. Als die Polizei auftaucht, ist das letzte Gerät verkauft, Brause verschwunden.

Rechtsfolge: G kann aus § 985 vorgehen und die Geräte gleich wieder einsammeln lassen. Den Schaden tragen die Urlauber.

Wie Sie sehen, ist § 855 im Zusammenspiel mit § 935 eine ausgesprochen unternehmerfreundliche Regelung. Wieder einmal – ähnlich wie im Falle des § 831 I – hat der Dienstherr den Nutzen von seinen Angestellten, während andere das Risiko tragen.

III. Der schuldrechtliche Ausgleich durch § 816

In engem Zusammenhang mit den sachenrechtlichen Gutglaubensvorschriften steht der schuldrechtliche Ausgleichsanspruch aus § 816 I S. 1.

📖 Bitte lesen Sie § 816 I S. 1.

Diese Vorschrift gibt dem früheren Eigentümer einen Anspruch gegen den Nichtberechtigten, der die Verfügung getroffen hat. Der Anspruch geht auf Herausgabe des **vollen Entgelts,** auch wenn dies den Wert der Sache übersteigt. Daneben kommen Ansprüche aus Vertrag (§§ 280, 281) und aus unerlaubter Handlung in Betracht (§§ 823 I, 823 II, 826).

Hat der Verfügende von dem Gutgläubigen nichts erlangt, weil er diesem die Sache **geschenkt** hat, so greift die Sondervorschrift § 816 I S. 2 ein: Der Gutgläubige hat zwar das Eigentum erlangt, er ist aber **schuldrechtlich** verpflichtet, das Eigentum an den früheren Eigentümer zurückzuübertragen. Hier werden also ausnahmsweise die sachenrechtlichen Folgen des gutgläubigen Erwerbs auf dem Umwege über das Schuldrecht rückgängig gemacht.

IV. Zur Frage des Gutglaubensschutzes bei Forderungen

1. Der Grundsatz der Priorität

Die Regelung des gutgläubigen Erwerbs bei beweglichen Sachen geht von dem Gedanken aus, dass der verfügende Nichtberechtigte wenigstens BESITZER der Sache ist und somit ein Rechtsschein besteht, der einen Vertrauensschutz fordert. Anders ist die Lage bei der Abtretung einer nicht bestehenden **Forderung:** Praktisch kann jeder behaupten, dass er Gläubiger einer Forderung sei, hier besteht also ein solcher Rechtsschein **nicht.** Deshalb gibt es grundsätzlich keinen Gutglaubensschutz bei der Abtretung einer Forderung, der Erwerber erwirbt nur das, was der Abtretende hatte. Hatte der Abtretende überhaupt keine Forderung, so erwirbt der Gutgläubige nichts, hatte er eine Forderung, der eine Einrede entgegenstand (z.B. die Einrede der Verjährung), so erwirbt er die Forderung mit dieser Einrede (§ 404). Diese Regelung ist im Kreditsicherungsrecht von Bedeutung, wenn ein Kaufmann eine

Forderung mehrfach abtritt: Der erste Erwerber hat dann die Forderung erworben, die anderen werden nicht geschützt, es gilt der Grundsatz der PRIORITÄT.

Ausnahmsweise wird der gute Glaube im Falle des § 405 geschützt. Der Anwendungsbereich dieser Ausnahmevorschrift ist aber sehr gering.

2. Globalzession und verlängerter Eigentumsvorbehalt

Der Grundsatz der Priorität gilt auch bei mehrfacher **Vorausabtretung** ein und derselben (zukünftigen) Forderung. Der wichtigste Anwendungsfall in der Praxis ist die Kollision von Globalzession und verlängertem Eigentumsvorbehalt: Wenn sich eine Bank die Außenstände eines Kaufmanns im Wege der Globalzession abtreten lässt und der Kaufmann später Waren mit verlängertem Eigentumsvorbehalt einkauft, sind die aus dem Weiterverkauf entstehenden Kaufpreisforderungen zweimal im Voraus abgetreten. Normalerweise ist die Globalzession die zeitlich frühere Zession, die Forderungen müssten danach der Bank zustehen. Hier greift die Rechtsprechung mit § 138 I BGB ein: Wenn die Bank eine Globalzession vornimmt, obwohl sie weiß, dass es in der Branche des Kaufmanns Lieferanten gibt, die mit verlängertem Eigentumsvorbehalt liefern, stellt sie eine Situation her, die den Kaufmann praktisch in den Kreditschwindel hineintreibt. Die Bank kann sich von dem Vorwurf der Sittenwidrigkeit nur dann befreien, wenn sie sich zum **Verzicht** entschließt, d.h. wenn sie mit dem Kaufmann vereinbart, dass die Globalzession insoweit nicht gelten soll, als später Kollisionen mit einem verlängerten Eigentumsvorbehalt entstehen (sog. dingliche Verzichtsklausel).[26]

§ 71. Gutgläubiger Erwerb des Eigentums

I. Guter Glaube an das Eigentum

In den §§ 932 ff. wird nur der gute Glaube an das Eigentum des Veräußerers, nicht der gute Glaube an dessen Vertretungsmacht, Ermächtigung gem. § 185 oder Geschäftsfähigkeit geschützt. Die einzelnen Gutglaubensvorschriften richten sich nach der Form der Übereignung und haben jeweils verschiedene Voraussetzungen.

1. Einigung und Übergabe

Für § 929 gilt § 932. Der Erwerber muss bei der Übergabe **und** der Einigung gutgläubig sein. Spätere Kenntnis oder grobfahrlässige Unkenntnis von der Nichtberechtigung des Veräußerers heben die Gutglaubenswirkungen nicht mehr auf. Dies gilt auch dann, wenn die Einigung nur **bedingt** erfolgte, wie z.B. bei der Lieferung

---

[26] BGH DB 1979, 156. Nicht ausreichend ist dagegen die sog. **schuldrechtliche Teilverzichts-klausel.** Danach soll die Globalzession auch im Kollisionsfall gelten, der Lieferant soll aber gegen die Bank einen schuldrechtlichen Anspruch auf Auszahlung der auf ihn entfallenden Summe haben. Hier würde dem Lieferanten die Verfolgung seiner Rechte unangemessen erschwert. Die Sittenwidrigkeit der Globalzession wird deshalb durch diese Klausel nicht beseitigt. Es ist aber eine Umdeutung gem. § 140 in eine dingliche Teilverzichtsklausel möglich (BGH a.a.O.).

unter Eigentumsvorbehalt. In einem solchen Falle hat der Erwerber durch Übergabe und bedingte Einigung noch nicht gutgläubig das Eigentum, aber die **Anwartschaft** auf das Eigentum erworben. Zahlt er die letzte Kaufpreisrate, so tritt die Bedingung für den endgültigen Eigentumserwerb ein, ohne dass es zu diesem Zeitpunkt noch eines guten Glaubens aufseiten des Erwerbers bedarf.[27]

📖 Bitte lesen Sie nochmals §§ 929, 932.

2. Einigung und Vereinbarung eines Besitzkonstituts

Für § 930 gilt § 933. Dies ist von großer Bedeutung für die Sicherungsübereignung gem. §§ 930, 868.

📖 Bitte lesen Sie §§ 930, 868.

Übereignet der Schuldner Sachen zur Sicherheit, die ihm unter Eigentumsvorbehalt geliefert wurden oder die er schon an einen anderen Gläubiger zur Sicherheit übereignet hat, so erwirbt der Gläubiger zunächst kein Eigentum, da es an einer Übergabe fehlt. Der Gläubiger könnte gem. § 933 erst dann erwerben, wenn der Schuldner ihm später die Sachen zum Zwecke der Befriedigung herausgäbe und der Gläubiger zu diesem Zeitpunkt noch gutgläubig wäre.

Waren die zur Sicherheit übereigneten Sachen dem Schuldner unter Eigentumsvorbehalt geliefert worden und ist die restliche Kaufpreissumme nicht hoch, so kann sich der Gläubiger helfen, indem er dem Lieferanten des Schuldners die Restsumme zahlt und damit die Bedingung für den Eigentumserwerb herbeiführt. Verweigert der Lieferant die Annahme der Restsumme, obwohl der Schuldner der Zahlung nicht widersprochen hat (§ 267), so gilt die Bedingung als eingetreten (§ 162 I). Hinsichtlich der weiteren Rechtsfolgen ist zu unterscheiden:

(1) Hatte der Schuldner den Gläubiger bei der Sicherungsübereignung von dem Eigentumsvorbehalt in **Kenntnis gesetzt,** so ist in der (bedingten) Sicherungsübereignung eine **Übertragung des Anwartschaftsrechts** an den Gläubiger zu sehen. Diese Übertragung bedarf nicht der Zustimmung des Lieferanten, da der Schuldner, wenn er über das ihm zustehende Anwartschaftsrecht verfügt, nicht als Nichtberechtigter im Sinne von § 185 handelt.[28] Die Folge ist, dass bei Bedingungseintritt das Eigentum vom Lieferanten **direkt** auf den Gläubiger übergeht.

(2) Hatte der Schuldner dem Gläubiger den Eigentumsvorbehalt **verschwiegen,** so hat der Gläubiger nicht gutgläubig das Eigentum erworben, da keine Übergabe erfolgt ist (§ 933). Man kann in diesem Falle aber die unwirksame Übereignung in eine wirksame Übertragung der Anwartschaft **umdeuten** (§ 140). Die Rechtsfolgen sind dann die gleichen wie im obigen Falle.

---

27 BGH 10, 69.
28 So BGH 20, 88; a.A. RG 140, 225, wonach es auch in diesem Falle für den Direkterwerb der Zustimmung des Lieferanten bedarf.

3. Einigung und Abtretung des Herausgabeanspruchs

Für § 931 gilt § 934. Der Gutgläubige wird Eigentümer, wenn er vom **Veräußerer** durch die Abtretung mittelbaren Besitz erlangt oder wenn er den Besitz später von dem **Dritten** erlangt.

📖 Bitte lesen Sie §§ 931, 934.

II. Guter Glaube an die Verfügungsbefugnis

Die §§ 932 ff. erfahren eine Erweiterung durch § 366 I HGB.

1. Guter Glaube an die Ermächtigung

Veräußert ein **Kaufmann** im Betriebe seines Handelsgewerbes Sachen, die ihm nicht gehören, zu deren Übereignung er auch nicht gem. § 185 I ermächtigt ist, so werden die Kunden durch die §§ 932 ff. nicht in zureichendem Maße geschützt: In vielen Branchen ist es üblich, dass dem Händler, der seinem Lieferanten nicht sofort den Kaufpreis zahlen kann, die Waren unter Eigentumsvorbehalt, aber mit der Ermächtigung zur Verfügung im eigenen Namen, geliefert werden. Die Kunden können also nicht mehr davon ausgehen, dass der Veräußerer Eigentümer ist, und ein Schutz des guten Glaubens an das Eigentum, wie ihn die §§ 932 ff. vorsehen, bleibt außer Betracht. Die Kunden glauben aber daran, dass der Kaufmann gem. § 185 I ermächtigt ist, und sind in diesem Glauben schutzwürdig. Hier greift § 366 I HGB ein.

📖 Bitte lesen Sie § 366 I HGB.

Allerdings ist zu beachten, dass dieser Paragraph keine isoliert stehende, selbständige Erwerbsregel ist, sondern nur eine Anweisung darstellt, „die Vorschriften des BGB zu Gunsten derjenigen, welche Rechte von einem Nichtberechtigten herleiten", d.h. die Regeln über den gutgläubigen Erwerb – in erster Linie die §§ 932 ff. – **unter Beibehaltung ihrer sonstigen Voraussetzungen** auf den Fall des guten Glaubens an die Ermächtigung entsprechend anzuwenden. Wir müssen deshalb im praktischen Fall stets prüfen, ob die Voraussetzungen des § 932 oder des § 933 oder des § 934 oder des § 935 vorliegen, nur setzen wir jeweils an die Stelle des guten Glaubens an das Eigentum den guten Glauben an § 185. Das bedeutet z.B., dass ein Erwerb gem. §§ 929, 932 BGB, § 366 I HGB bei abhanden gekommenen Sachen wegen § 935 nicht möglich ist.

2. Guter Glaube an die Vertretungsmacht

Nach der im Schrifttum überwiegenden Ansicht ist § 366 HGB auch auf den weniger häufigen Fall des guten Glaubens an die Vertretungsmacht (§ 164 BGB) anzuwenden.[29]

---

[29] Baumbach/Hopt HGB § 366 Rnr. 5.

§ 366 HGB setzt das Handeln eines **Kaufmanns** voraus. Übereignet ein **Handlungsgehilfe** im Namen des Prinzipals eine Sache, ohne hierzu bevollmächtigt zu sein, und gab der Prinzipal dem Erwerber Veranlassung, an das Vorliegen der Vertretungsmacht des Handlungsgehilfen zu glauben, so kommen die §§ 170 ff. BGB, § 56 HGB oder die daraus entwickelten allgemeinen Grundsätze über die Scheinvollmacht, bei der Prokura noch der Registerschutz gem. § 15 I HGB in Betracht.

§ 72. Gutgläubiger Erwerb des Pfandrechts

I. Vertragliche Pfandrechte

Bei den vertraglichen Pfandrechten, die durch einen besonderen Verpfändungsvertrag gem. § 1205 begründet werden, ist ein gutgläubiger Erwerb möglich, es sei denn, dass die Sache dem Eigentümer abhanden gekommen ist. Es gilt hier also das gleiche Prinzip wie bei der Übereignung. Der Gesetzgeber hat deshalb auch keine besonderen Gutglaubensvorschriften aufgestellt, sondern in § 1207 auf die §§ 932 ff. einschließlich § 935 verwiesen.

(1) Für § 1205 gilt § 932 entsprechend (§ 1207).

　　　📖 Bitte lesen Sie §§ 1205 I, 1207.

(2) Da eine Verpfändung mit Besitzkonstitut nicht möglich ist, fehlt folgerichtig in § 1207 eine Verweisung auf § 933.

(3) Für § 1205 II gilt § 934 entsprechend (§ 1207).

II. Gesetzliche Pfandrechte

Weniger einfach ist die Sache bei den gesetzlichen Pfandrechten. Die Vorschriften über die gesetzlichen Pfandrechte im BGB setzen voraus, dass es sich um eine Sache des Mieters, des Pächters, des Bestellers, des Gastes handelt. (Bitte lesen Sie §§ 559, 581 II, 704[30]). Nun bestimmt § 1257 (bitte lesen): „Die Vorschriften über das durch Rechtsgeschäft bestellte Pfandrecht finden auf ein kraft Gesetzes entstandenes Pfandrecht entsprechende Anwendung." Was bedeutet das? Ist auch § 1207 „entsprechend" anzuwenden? Was ist weiterhin daraus zu schließen, dass bei den Pfandrechten des Kommissionärs, Spediteurs, Frachtführers sogar der gute Glaube an die **Verfügungsbefugnis** geschützt wird (§ 366 III HGB)?

Die Ansicht des Bundesgerichtshofs[31] geht von der Entstehungsgeschichte des § 1257 und von dem Wort „entstanden" aus: Es sind die Vorschriften über das vertragliche Pfandrecht nur dann auf ein gesetzliches Pfandrecht anzuwenden, wenn

---

[30] Anders das Pfandrecht des Pächters am übernommenen Inventar, das in diesem Buch nicht berücksichtigt wird (§ 583).

[31] BGH NJW 1961, 502.

es bereits **entstanden** ist. Die Frage der **Entstehung** kann also für die gesetzlichen Pfandrechte aus den §§ 1204 ff. **nicht** entnommen werden (Umkehrschluss). Infolgedessen ist einzuteilen:

(1) Die im BGB geregelten Pfandrechte des Vermieters, Verpächters, Werkunternehmers, Gastwirts können kraft guten Glaubens **nicht** entstehen.

(2) Dagegen wird bei den in § 366 III HGB angeführten handelsrechtlichen Pfandrechten der gute Glaube an das Eigentum geschützt. Begründung: Bei diesen gesetzlichen Pfandrechten wird gem. § 366 III HGB sogar der gute Glaube an die Verfügungsbefugnis geschützt – das muss dann erst recht für den guten Glauben an das Eigentum gelten (Schluss vom größeren zum kleineren, argumentum a majore ad minus).

📖 Bitte lesen Sie § 366 III HGB.

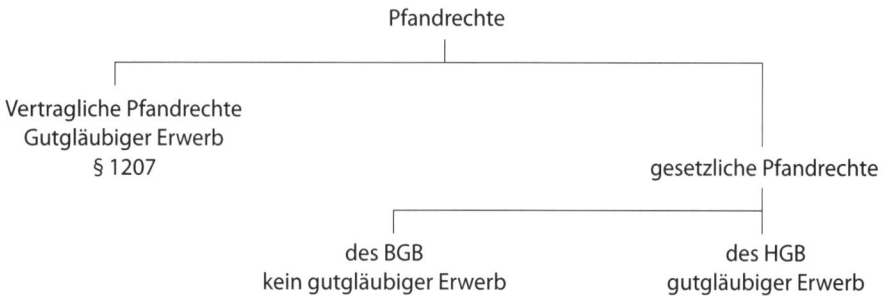

§ 73. Gutgläubig-lastenfreier Erwerb des Eigentums

I. Übersicht

Verfügt ein **Nichteigentümer** über eine Sache, so betrifft der Gutglaubensschutz die Frage, ob der Gutgläubige **überhaupt** das Eigentum bzw. Pfandrecht erwirbt. Wenden wir uns nun den Fällen zu, in denen jemand eine Verfügung über eine Sache trifft, die ihm zwar gehört, die aber mit dem Pfandrecht eines Dritten belastet ist, so stellen wir zunächst fest: Der Erwerber erwirbt auf jeden Fall das Eigentum oder das Pfandrecht, denn er erwirbt es vom **Eigentümer.**

Die Frage, die uns dann beschäftigt, ist, ob der Erwerber sich das **Pfandrecht des Dritten** entgegenhalten lassen muss, wenn er von dem Pfandrecht keine Kenntnis hatte und hierbei auch nicht grob fahrlässig war, d.h. ob er in seinem **guten Glauben an die Lastenfreiheit des Eigentums** geschützt wird. Wird er geschützt, so erwirbt er das Eigentum lastenfrei. Wird er nicht geschützt, so erwirbt er belastetes Eigentum.

Die nun zu behandelnden Vorschriften weisen eine große Ähnlichkeit mit den uns bereits bekannten Gutglaubensvorschriften auf. Man kann hier folgenden Grundsatz aufstellen: **Soweit der gute Glaube an das Eigentum geschützt wird, wird auch** der gute Glaube an die Lastenfreiheit des Eigentums geschützt. Und umgekehrt: Soweit der gute Glaube an das Eigentum nicht geschützt wird, wird auch der gute Glaube an die Lastenfreiheit des Eigentums nicht geschützt.

Wir raten Ihnen, sich zunächst das Verständnis dieser Grundsätze zu erwerben. Haben Sie diese verstanden, so werden Sie auch das Weitere verstehen.

3. Abhanden kommen

Wir wissen bereits, dass bei abhanden gekommenen Sachen der gute Glaube nicht geschützt wird. Diesen Gedanken wenden wir auch hier an. Da der Dritte, der durch den guten Glauben des Erwerbers einen Verlust erleidet, nicht wie in § 932 der Eigentümer, sondern der Pfandgläubiger ist, müssen wir für die hier zu behandelnden Fälle den Grundgedanken des § 935 in der Weise verstehen, dass Abhandenkommen vorliegt, wenn die Sache dem **Pfandgläubiger** ohne oder gegen dessen Willen aus dem unmittelbaren Besitz gelangt ist. Abhanden kommen in diesem Sinne ist also nur möglich, wenn das Pfandrecht des Dritten mit Besitz verbunden war (Beispiel: Jemand verpfändet eine Sache und nimmt sie dem Gläubiger heimlich wieder weg).

4. Erlöschen der Pfandrechte aus anderen Gründen

Ehe wir in einem praktischen Fall die Frage des guten Glaubens an die Lastenfreiheit des Eigentums prüfen, müssen wir feststellen, ob das Pfandrecht nicht schon vor der Verfügung aus anderen Gründen erloschen ist. Beim Vermieter-, Verpächter- und Gastwirtspfandrecht sind die §§ 562 a, 562 b 581 II, 704 S. 2 zu beachten; die vertraglichen Pfandrechte erlöschen bei der Rückgabe (§ 1253). Die mit Besitz verbundenen gesetzlichen Pfandrechte bestehen meist kraft ausdrücklicher Vorschrift nur solange, wie der Pfandgläubiger die Sache in Besitz hat.

II. Einzelfälle

Bei der Übereignung erwirbt der Gutgläubige das Eigentum lastenfrei, es sei denn, dass die Sache dem Pfandgläubiger abhanden gekommen ist (Analogie zu § 935). Die einzelnen Voraussetzungen richten sich wieder nach der Übertragungsform. Für § 929 gilt § 936 I S. 1.

Für § 930 gilt § 936 I S. 3; der Gutglaubensschutz tritt wie in § 933 erst dann ein, wenn die Sache später dem Erwerber übergeben wird. Auch § 936 I S. 3 hat für die Sicherungsübereignung große Bedeutung: Übereignet der Schuldner ihm gehörende Waren, die in gemieteten Räumen lagern, so wird der Gläubiger zwar Eigentümer, da er vom Eigentümer erwirbt; dieses Eigentum bleibt aber mit dem Pfandrecht des Vermieters (§ 562) belastet. Ein **gutgläubig-lastenfreier** Erwerb kommt erst dann in Betracht, wenn der Gläubiger sich die Waren später vom Schuldner zum Zwecke der Befriedigung herausgeben lässt. Aber dann befindet sich der Gläubiger meist nicht mehr in dem für § 936 I S. 3 erforderlichen guten Glauben, da er bei einem zahlungsschwachen Schuldner stets mit Mietschulden rechnen muss. Das Pfandrecht erlischt in der Regel dann auch nicht durch Entfernung der Waren vom

Grundstück (§ 562 a S. 1), da der Vermieter sogleich widersprechen würde. Zu diesem Widerspruch ist der Vermieter berechtigt, denn die Herausgabe der Waren zum Zwecke der Befriedigung gehört nicht zum „regelmäßigen Betriebe des Geschäfts des Mieters" (§ 562 a S. 2).

5. Kapitel:
Dingliche Rechte an Grundstücken

§ 74. Traditionsprinzip und Eintragungsgrundsatz

I. Bewegliche Sachen: Traditionsprinzip

Es wurde mehrfach erwähnt, dass bei beweglichen Sachen das Traditions- oder Übergabeprinzip gilt: Die Übereignung und Belastung des Eigentums an einer beweglichen Sache erfordert grundsätzlich außer der sachenrechtlichen Einigung die Übergabe der Sache. Die Änderung der sachenrechtlichen Lage soll dadurch für Dritte erkennbar werden. Dieser Grundsatz ist allerdings stark ausgehöhlt worden: In den Fällen der §§ 930, 931 erfolgt die Übereignung, ohne dass die Sache **übergeben** wird, umgekehrt erfolgt beim Eigentumsvorbehalt die Übergabe, ohne dass die Sache sofort **übereignet** wird. Das Traditionsprinzip gilt demnach nur mit ganz erheblichen Einschränkungen. Trotzdem knüpft das Gesetz an den Besitz weit reichende Folgen:

(1) Zu Gunsten des Besitzers einer beweglichen Sachen wird **vermutet,** dass er Eigentümer sei: Der Besitz hat LEGITIMATIONSWIRKUNG ZUGUNSTEN DES BESITZERS (§ 1006 I S. 1).

📖 Bitte lesen Sie § 1006 I S. 1.

(2) Wer darauf vertraut, dass der Besitzer Eigentümer ist, wird grundsätzlich in seinem guten Glauben geschützt, er kann das Eigentum gutgläubig erwerben (§ 932). Man kann hier von einer LEGITIMATIONSWIRKUNG ZUGUNSTEN DES ERWERBERS sprechen.

II. Grundstücke: Eintragungsgrundsatz

Bei den Grundstücken (Liegenschaften) bedürfen alle Änderungen der ~I sachenrechtlichen Lage der Einigung und Eintragung in das Grundbuch, das von der Grundbuchabteilung beim Amtsgericht geführt wird. Das Grundbuch hat für das Immobilienrecht die gleiche Bedeutung wie der Besitz im Recht der beweglichen Sachen.

(1) Ist im Grundbuch für jemand ein Recht eingetragen, so wird **vermutet,** dass ihm das Recht zusteht. Ist ein eingetragenes Recht gelöscht, so wird **vermutet,** dass das Recht nicht besteht. Dies sagt § 891, der als Parallelvorschrift zu

§ 1006 I S. 1 anzusehen ist. Das Grundbuch hat demnach LEGITIMATIONSWIR-KUNG ZU GUNSTEN DES EINGETRAGENEN. Gleichgültig ist dabei, ob der Eingetragene auch Besitzer des Grundstücks ist.

📖 Bitte lesen Sie § 891.

(2) Die Parallele zu § 932 ist § 892. Das Grundbuch hat also auch LEGITIMATIONS-WIRKUNG ZU GUNSTEN DES ERWERBERS. Hierbei geht der Schutz des Erwerbers noch weiter als im § 932, da dem Erwerber nur **positive Kenntnis** schadet (vgl. § 892 I S. 1: „bekannt ist"). Wiederum ist die Besitzfrage, insbesondere die Frage des Abhandenkommens, ohne Bedeutung.

📖 Bitte lesen Sie § 892.

§ 75. Das Grundbuch

I. Allgemeines

Wo das BGB von „Grundbuch" spricht, meint es das, was die Grundbuchordnung als „Grundbuchblatt" bezeichnet. Doch darf man auch das Wort „Blatt" nicht im streng wörtlichen Sinne verstehen. Die verhältnismäßig große Zahl der möglichen Eintragungen sowie die Übersichtlichkeit erfordern einen Raum, für den ein einzelnes Blatt nicht ausreichen würde. Deshalb besteht das Grundbuchblatt immer aus mehreren Bogen. Das badische Grundbuchrecht spricht auch genauer vom „Grundbuchheft".

Das Grundbuch oder Grundbuchblatt besteht aus den Bestandsverzeichnissen I und II.

(1) **Das Bestandsverzeichnis I** enthält zunächst tatsächliche Angaben über das Grundstück, die aber keine **rechtliche** Bedeutung besitzen, auf die sich auch die Vermutung des § 891 und die Fiktion des § 892 nicht erstrecken. Rechtlich bedeutsam ist die Nummer des Grundstücks, die einem amtlichen Verzeichnis, dem Kataster (Norddeutschland) oder Flurbuch (Bayern) entnommen ist.

(2) **Das Bestandsverzeichnis II** enthält die wichtigen rechtlichen Eintragungen. Es zerfällt in drei Abteilungen.

   (a) In der ersten Abteilung stehen die Eigentümer,

   (b) in der Zweiten die Belastungen bis auf die Grundpfand-rechte.

   (c) Diese (Hypothek, Grundschuld, Rentenschuld) sind in der dritten Abteilung zusammengefasst.

II. Vormerkung und Widerspruch

1. Die Vormerkung

Der Eintragungsgrundsatz hat zur Folge, dass zwischen dem Kaufvertrag über ein Grundstück und dem Eigentumserwerb des Käufers ein gewisse Zeitspanne liegt. Das bringt gewisse Unsicherheiten mit sich.

Der Käufer eines Grundstücks z.B. ist der Gefahr ausgesetzt, dass der Verkäufer schnell noch einen zweiten Kaufvertrag abschließt und den zweiten Käufer vor dem ersten eintragen lässt. Der zweite Käufer würde dann Eigentümer, und der erste Käufer hätte in der Regel keine Ansprüche gegen ihn.

Diese Gefahr kann durch Eintragung einer Vormerkung beseitigt werden (§ 883). Die Eintragung erfolgt aufgrund einer Bewilligung dessen, der von der Vormerkung betroffen wird, also in unserem Beispiel des verkaufenden Eigentümers, oder im Wege der einstweiligen Verfügung (§ 885). Eine Verfügung, die dann noch über das Grundstück getroffen wird, ist „insoweit unwirksam, als sie den Anspruch vereiteln oder beeinträchtigen würde" (§ 883 II).

2. Der Widerspruch

Das Grundbuch ist nicht immer richtig. Die dingliche Einigung kann von Anfang an nichtig (z.B. wegen Geschäftsunfähigkeit §§ 104, 105 I) oder durch Anfechtung vernichtet worden sein (§ 142 I). Dann ist das Grundbuch unrichtig, und der von der unrichtigen Eintragung Betroffene kann von dem Eingetragenen die Zustimmung zu der Berichtigung des Grundbuches verlangen (§ 894). Bis zur Berichtigung kann indessen viel Zeit vergehen, und es droht die Gefahr, dass der Eingetragene an einen Gutgläubigen wirksam gem. § 892 überträgt.

Gegen diese Gefahr schützt der Widerspruch (§ 899). Seine Eintragung erfolgt aufgrund einer Bewilligung des Eingetragenen oder einer einstweiligen Verfügung (§ 899). Der Widerspruch zerstört den öffentlichen Glauben des Grundbuchs, verhindert also den gutgläubigen Erwerb Dritter. Vormerkung und Widerspruch lassen sich folgendermaßen gegenüberstellen:

Vormerkung	Widerspruch
sichert **zukünftiges** dingliches Recht.	sichert **gegenwärtig** bestehendes dingliches Recht, welches infolge unrichtiger Eintragung beeinträchtigt ist.
Vormerkung	**Widerspruch**
Grundbuch ist **richtig.**	Grundbuch ist **unrichtig.**
Verfügungen sind gegenüber Vorgemerktem unwirksam.	Öffentlicher Glaube des Grundbuchs wird zerstört.

§ 76. Hypothek, Grundschuld, Rentenschuld

Hypothek, Grundschuld und Rentenschuld werden unter dem – vom BGB nicht verwendeten – Oberbegriff „Grundpfandrechte" zusammengefasst. Sie gehören wie die Reallast und die Pfandrechte an beweglichen Sachen zu den dinglichen Verwertungsrechten.

Die Befriedigung aus den Grundpfandrechten erfolgt im Wege der Zwangsvollstreckung (§§ 1147, 1192, 1200), setzt also einen vollstreckbaren Titel voraus (siehe aber u. § 80 I 3). Der Eigentümer ist zur Ablösung berechtigt (§ 1142).

Die Haftung aus den Grundpfandrechten erstreckt sich auf die vom Boden getrennten Erzeugnisse und sonstigen Bestandteile und das Zubehör, soweit diese dem Eigentümer des Grundstücks gehören (§§ 1120, 1192, 1200). Werden Bestandteile veräußert und vom Grundstück entfernt, bevor sie zugunsten des Grundpfandgläubigers in Beschlag genommen werden, so werden sie von der Haftung frei (§ 1121 I). Erfolgt die Entfernung erst nach der Beschlagnahme, so werden die Bestandteile nur dann frei, wenn der Erwerber bei der Entfernung noch gutgläubig ist (§ 1121 II). Ist das Grundstück vermietet oder verpachtet, so erstreckt sich das Grundpfandrecht auf die Miet- und Pachtzinsforderung (§ 1123).

I. Das akzessorische Grundpfandrecht: die Hypothek

Nach § 1113 ist die Hypothek die Belastung eines Grundstücks in der Weise, dass an den Berechtigten eine bestimmte Geldsumme zur Befriedigung **wegen einer ihm zustehenden Forderung** aus dem Grundstück zu zahlen ist. Die Formulierung „wegen einer ihm zustehenden Forderung" zeigt deutlich, dass die Hypothek das Vorliegen einer bestimmten Forderung voraussetzt, also **akzessorisch** ist. Man unterscheidet zunächst zwischen Verkehrs- und Sicherungshypothek.

a) Verkehrshypothek

(1) Grundsätzlich ist die Verkehrshypothek **Briefhypothek.**

Zu ihrer Entstehung ist außer der Einigung und Eintragung die Aushändigung des Hypothekenbriefes an den Gläubiger erforderlich (§ 1117). Bei der Übertragung wird die Forderung schriftlich abgetreten und der Hypothekenbrief übergeben. Dann geht die Forderung über (§ 1154 I), der Forderung folgt die Hypothek (§ 1153 I).

(2) Die Erteilung des Hypothekenbriefes kann ausgeschlossen werden. Die Ausschließung ist in das Grundbuch einzutragen, die Hypothek ist dann **Buchhypothek.** Zu ihrer Bestellung und Übertragung sind Einigung und Eintragung erforderlich (§§ 873, 1116 bzw. §§ 1154 III, 1153 I).

b) Sicherungshypothek

Den Gegensatz zur Verkehrshypothek bildet die Sicherungshypothek, die als solche im Grundbuch zu bezeichnen ist (§ 1184 II). Sie ist verkehrsfeindlich und kann nur Buchhypothek sein (§ 1185 I). Es gibt bei ihr keinen Verkehrsschutz: Der Gläubiger kann sich zum Beweise der Forderung nicht auf die Eintragung berufen (§ 1184 I), und der den gutgläubigen Erwerb der Hypothek gestattende § 1138 ist ausgeschlossen (§ 1185 II). Die Sicherungshypothek ist also wie das Pfandrecht an beweglichen Sachen und wie die Bürgschaft **streng akzessorisch.**

Eine besondere Art der Sicherungshypothek ist die **Höchstbetragshypothek** (§ 1190). Bei ihr ist nur der in das Grundbuch eingetragene Höchstbetrag, bis zu welchem das Grundstück haften soll, bestimmt, im Übrigen ist die genaue Feststellung der Forderung für spätere Zeit vorbehalten. Es liegt hier also eine Ausnahme von dem **Grundsatz der Bestimmtheit der Forderung** vor. Die Höchstbetragshypothek ist geeignet zur Sicherung von Forderungen aus gegenseitigen Geschäftsverbindungen, insbesondere beim Kontokorrentverhältnis.

II. Die nichtakzessorischen Grundpfandrechte: Grundschuld und Rentenschuld

1. Grundschuld

Nach dem Wortlaut des § 1191 ist die Grundschuld die Belastung eines Grundstücks in der Weise, dass an den Berechtigten „eine bestimmte Geldsumme aus dem Grundstück zu zahlen ist". Auffallend bei dieser Formulierung ist, dass die Worte „zur Befriedigung wegen einer ihm zustehenden Forderung" fehlen. Hier liegt der Unterschied zur Hypothek: Die Hypothek ist akzessorisch, d.h. abhängig von der zu sichernden Forderung, die **Grundschuld** dagegen ist **nicht akzessorisch:** Fehlt ihr eine zu Grunde liegende Forderung, so besteht sie trotzdem. Der Grundschuldinhaber ist dann aber um die Grundschuld ungerechtfertigt bereichert (§ 812), und der Eigentümer kann ihm die Einrede der Bereicherung (§ 821) entgegenhalten, wenn der Grundschuldinhaber aus der Grundschuld auf Duldung der Zwangsvollstreckung klagt. Allerdings muss der Eigentümer das Fehlen des Rechtsgrundes, d.h. das Fehlen einer Forderung, beweisen. Die Kreditinstitute wählen bei einem Kontokorrentverhältnis gern die Grundschuld statt der Höchstbetragshypothek, da sie bei der Höchstbetragshypothek die Forderung beweisen müssten, während bei der Grundschuld die Beweislast dem Eigentümer obliegt. Außerdem ist es bei einer Grundschuld möglich, dass sich der Schuldner in einer notariellen Urkunde im Voraus der sofortigen Zwangsvollstreckung unterwirft, da die Grundschuld im Gegensatz zur Höchstbetragshypothek die Zahlung einer **bestimmten** Geldsumme zum Gegenstand hat. Diese Urkunde ist dann ein vollstreckbarer Titel, die Vollstreckung ist also ohne einen vorangegangenen Prozess möglich.

2. Eigentümergrundschuld

Eine besondere Art der Grundschuld ist die **Eigentümergrundschuld.** Befriedigt der Eigentümer den Hypothekengläubiger, so erlischt die Forderung gem. § 362. Wegen der Akzessorietät müsste jetzt auch die Hypothek erlöschen. Das hätte aber folgenden Nachteil: Die im Range nachstehenden Grundpfandrechte würden ohne weiteres nachrücken, die nachrangigen Grundpfandgläubiger erhielten möglicherweise einen ungerechtfertigten Vorteil. Um diese Automatik zu verhindern, lässt das Gesetz im Falle des Erlöschens der Forderung die Hypothek auf den Eigentümer übergehen (§ 1163 I S. 2). Die Hypothek, der keine Forderung mehr zu Grunde liegt, verwandelt sich analog § 1177 I in eine Grundschuld. Zwar hat der nachrangige Hypothekengläubiger nach § 1179 a I S. 1 das Recht, die Löschung (genauer: die Aufhebung) der auf diese Weise entstandenen Eigentümergrundschuld und damit das Nachrücken seiner Hypothek zu verlangen. Er kann sich aber auch mit dem Eigentümer dahingehend einigen, dass dieses Recht ausgeschlossen und der Ausschluss in das Grundbuch eingetragen wird. In einem solchen Falle kommt es **nicht** zum Nachrücken, und dem Eigentümer ist es möglich, an Stelle der Eigentümergrundschuld eine neue Hypothek mit Rang vor den anderen aufzunehmen.

Eine Eigentümergrundschuld kann auch in anderen Fällen entstehen, wenn eine Hypothek eingetragen ist, aber eine Forderung nicht besteht, z.B. wenn die Forderung von vornherein nicht zur Entstehung gelangt ist (§§ 1163 I S. 1, 1177 I). Bei einer Briefhypothek besteht außerdem, unabhängig davon, ob eine Forderung entstanden ist, in der Zeit zwischen Eintragung in das Grundbuch und Aushändigung des Hypothekenbriefes an den Gläubiger eine Eigentümergrundschuld (§§ 1163 II, 1177 I).

3. Rentenschuld

Die Rentenschuld ist wie die Grundschuld nicht akzessorisch und eine Unterart von dieser. Sie ist die Belastung eines Grundstücks in der Weise, dass an den Berechtigten in **regelmäßig wiederkehrenden Terminen** eine bestimmte Geldsumme aus dem Grundstück zu zahlen ist (§ 1199).

6. Kapitel:
Zusammenfassung und Klausurschema: Sachenrecht

§ 77. Fälle mit Schwerpunkt im Sachenrecht

In den weitaus meisten Fällen mit Schwerpunkt im Sachenrecht geht es um die Frage, wer **Eigentümer** einer bestimmten Sache ist. Viel seltener sind die Fälle, in denen es auf ein beschränktes dingliches Recht, insbesondere auf ein **Pfandrecht,** ankommt. Man kann vier Aufgabentypen unterscheiden.

(1) Die einfachsten Aufgaben sind direkt auf das EIGENTUM bezogen: „Wer ist Eigentümer der Sache?" In solchen Fällen kann man **historisch** vorgehen: Man stellt zunächst fest, wer am Anfang Eigentümer war, und prüft dann, ob die weiteren Ereignisse zu einer Änderung der Eigentumslage geführt haben.

(2) Schwieriger ist der Gutachtenaufbau, wenn nach dem HERAUSGABEANSPRUCH gefragt wird: „Kann A von B die Herausgabe der Sache verlangen?" Hier müsste man, streng genommen, das ganze Anspruchssystem des BGB durchprüfen, nämlich die Ansprüche aus

  I. Vertrag und vertragsähnlichen Schuldverhältnissen
 II. Eigentum
III. unerlaubter Handlung
IV. ungerechtfertigter Bereicherung.

Meist kann man sich diese umständliche Arbeit ersparen, indem man, je nach dem Schwerpunkt des Falles, eine Auswahl trifft. Zur Vorbereitung dieser Auswahl stellt man zunächst „im Unreinen" fest, ob A Eigentümer der Sache ist. Man geht dabei historisch vor wie unter Frage 1.

(a) Ist A Eigentümer, so kann man sich im Gutachten mit dem Anspruch aus dem **Eigentum** gem. § 985 begnügen. In manchen Fällen ist dann noch zu prüfen, ob B trotz Vorliegens der Voraussetzungen des § 985 die Herausgabe verweigern kann, z.B. weil er Mieter der Sache ist oder weil er ein Pfandrecht oder ein Zurückbehaltungsrecht hat. Diese Prüfung wird im Rahmen des § 986 durchgeführt.

Die Voraussetzungen des § 985 und die einzelnen Rechte zum Besitz im Sinne von § 986 sind in dem Aufbauschema in dem folgenden § 78 dargestellt.

(b) Ist A **nicht** Eigentümer, so können Ansprüche aus **ungerechtfertigter Bereicherung** von Bedeutung sein, falls A **früher** einmal Eigentümer gewesen ist (Aufbauschema unter § 78 II).

(aa) Wenn A das Eigentum auf B übertragen hat, aber kein wirksames Grundgeschäft vorliegt, kann er einen Rückübereignungsanspruch aus § 812 I haben.

(bb) Hat A sein Eigentum durch die Verfügung eines Nichtberechtigten und durch gutgläubigen Erwerb eines Dritten verloren, so kann er einen Anspruch aus der Sonderregel § 816 I haben.

(c) In manchen Fällen kann A zur Herausgabe einer Sache auch auf dem Wege des **Schadensersatzes** gelangen, falls er durch eine Vertragsverletzung oder eine unerlaubte Handlung (z.B. Diebstahl, Betrug) den Besitz an der Sache verloren hat. Solche Schadensersatzansprüche sind aber nur sehr selten fallentscheidend.

(3) Handelt es sich um ein Grundstück, so ist neben dem Herausgabeanspruch der BERICHTIGUNGSANSPRUCH aus § 894 von Bedeutung (wichtig wegen der Gefahr des endgültigen Eigentumsverlustes durch § 892!).

(4) Einfach sind auch die Fälle, in denen die Frage des Eigentums oder des Pfandrechts in das Gewand des **Insolvenzrechts** gekleidet ist: „Welche Sonderrechte hat A im Insolvenzverfahren über das Vermögen des B?" Hier kann man von dem Aufbauschema „Rechtsbehelfe in der Zwangsvollstreckung und im Insolvenzverfahren" (oben § 69 II) ausgehen. Man beginnt also mit der Feststellung, dass A ein Aussonderungsrecht oder ein Absonderungsrecht haben kann, und gibt die Voraussetzung an: Eigentum (bei Aussonderung) bzw. Sicherungseigentum oder Pfandrecht (bei Absonderung).

(a) Ist die Voraussetzung Eigentum oder Sicherungseigentum, so geht man bei der Prüfung der Eigentumslage historisch vor wie unter Frage 1.

(b) Ist die Voraussetzung ein Pfandrecht, so prüft man, ob A ein Pfandrecht erworben hat (durch Verpfändungsvertrag oder kraft Gesetzes).

§ 78. Die Herausgabeansprüche aus Eigentum und aus ungerechtfertigter Bereicherung

I. Eigentum

Der Herausgabeanspruch aus § 985 bezieht sich auf Sachen, d.h. auf bewegliche Sachen und Grundstücke.

(1) § 985 hat zwei Voraussetzungen.

   (a) **Kläger ist Eigentümer.** Im Rahmen dieser Frage kann man historisch vorgehen.

     Man stellt also zunächst fest, wer am Anfang Eigentümer war. War der Kläger am Anfang Eigentümer, so prüft man, ob er sein Eigentum später **verloren** hat. War der Kläger am Anfang **nicht** Eigentümer, so ergeben sich zwei Prüfungen: ob er das Eigentum **erworben** hat und, bejahendenfalls, ob er es später wieder **verloren** hat.

     Ereignisse, die zum Übergang des Eigentums führen, sind: Rechtsgeschäfte (§§ 929 ff., 873), Realakte (Verbindung, Vermischung, Verarbeitung, §§ 946–950) und Ersitzung (§ 937). Hiervon sind fast immer nur die **Rechtsgeschäfte** problematisch. Man prüft zunächst, ob die Voraussetzungen für den rechtsgeschäftlichen Erwerb vom **Berechtigten** vorliegen, bei beweglichen Sachen also: Eigentum des Veräußerers, wirksame Einigung, Übergabe oder Übergabesurrogat (§§ 929–931). Ist der Veräußerer **nicht** Eigentümer, so ist gutgläubiger Erwerb gem. §§ 932 ff. BGB, § 366 HGB (§ 935 BGB!) zu prüfen. Ist die **Einigung** nichtig (Nichtigkeits- und Anfechtbarkeitsgründe!), so liegt kein wirksamer Erwerb vor, ein Gutglaubensschutz kommt aber beim **Nacherwerber** in Betracht.

     Kommt man zu dem Ergebnis, dass der Kläger nicht Eigentümer ist, so kann man die Prüfung abbrechen, da § 985 nicht gegeben ist. Ist der Kläger Eigentümer, so muss noch festgestellt werden,

   (b) ob der Beklagte **Besitzer** ist. Diese Feststellung erfolgt also in der Regel **nach** der Prüfung des Eigentums des Klägers. Wenn allerdings in einem Fall ohne weiteres ersichtlich ist, dass der Beklagte **nicht** Besitzer ist, kann man schon aus **diesem** Grunde die Anwendung des § 985 kurz verneinen und sich eine langwierige Untersuchung der Eigentumsfrage sparen.

(2) Sind die beiden Voraussetzungen des § 985 gegeben, so prüft man – wenn der Fall dazu Veranlassung gibt – ob der Besitzer ein „Recht zum Besitz" im Sinne von § 986 hat.

   (a) § 986 ist vor allem dann anwendbar, wenn der Besitzer die Sache aufgrund eines schuldrechtlichen VERTRAGES mit dem Eigentümer besitzt. Das Schuldrecht wird also nicht schon bei der Prüfung des § 985, sondern immer nur **im Rahmen des § 986** berücksichtigt! In Betracht kommen vor allem die **Gebrauchsüberlassungsverträge** (Miete, Pacht, Leihe). Auch der **Vorbehaltskäufer** hat aufgrund des Kaufvertrages ein Recht zum Besitz.

Kommt er allerdings mit einer Rate in Verzug und tritt der Verkäufer gem. § 455 zurück, so entfällt das Recht zum Besitz, der Käufer muss gem. § 985 die Sache zurückgeben.

(b) Rechte zum Besitz sind außerdem die PFANDRECHTE an beweglichen Sachen, und zwar

(aa) das **vertragliche** Pfandrecht, das durch einen besonderen sachenrechtlichen Verpfändungsvertrag entsteht (§§ 1204 ff., gutgläubiger Erwerb möglich, § 1207),

(bb) die **gesetzlichen** Pfandrechte (im BGB: des Vermieters, Verpächters, Gastwirts, Werkunternehmers – gutgläubiger Erwerb **nicht** möglich. Im HGB: des Kommissionärs, Spediteurs, Lagerhalters, Frachtführers – gutgläubiger Erwerb möglich).

(c) Schließlich kommen noch drei ZURÜCKBEHALTUNGSRECHTE in Betracht:

(aa) das **allgemeine schuldrechtliche Zurückbehaltungsrecht** gem. § 273, das voraussetzt, dass ein fälliger Gegenanspruch „aus demselben rechtlichen Verhältnis" besteht (sog. Konnexität, Beispiel: Ansprüche des Verwahrers auf Aufwendungsersatz),

(bb) das **sachenrechtliche Zurückbehaltungsrecht** gem. §§ 1000, 994 wegen Verwendungen auf die Sache, das aber nur dann entsteht, wenn der Besitzer die Sache nicht aufgrund eines Vertrages mit dem Eigentümer (direkt oder indirekt) besitzt,

(cc) das **kaufmännische Zurückbehaltungsrecht** gem. § 369 HGB, das keine Konnexität voraussetzt (deshalb Zurückbehaltung wegen alter Forderungen ermöglicht), aber nur unter Kaufleuten entsteht.

II. Ungerechtfertigte Bereicherung

Ansprüche aus ungerechtfertigter Bereicherung (sog. Kondiktionsansprüche) stehen oft in einem engen Zusammenhang mit sachenrechtlichen Fragen. Das Gesetz kennt keinen einheitlichen Bereicherungstatbestand.

📖 Bitte lesen Sie § 812 I S. 1.

In Anlehnung an die beiden Alternativen des § 812 I S. 1 unterscheiden die herrschende Rechtsdoktrin[32] und die Rechtsprechung[33] zwischen der Fallgruppe der Bereicherung „durch die Leistung eines anderen" (Leistungskondiktion) und der Fallgruppe der Bereicherung „in sonstiger Weise" Nichtleistungskondiktion).

(1) Die LEISTUNGSKONDIKTION gem. § 812 I S. 1, 1. Alt. ist vor allem als ein schuldrechtliches Korrektiv des im deutschen Recht extrem ausgestalteten Abstraktionsprinzips zu verstehen: Wenn das Grundgeschäft fehlt oder nichtig ist, kann das Verfügungsgeschäft trotzdem wirksam sein (s. o. § 25). Fälle einer

---

[32] Im Anschluss vor allem an v. Caemmerer, Festschrift f. Rabel, 1954, 333 ff.
[33] BGH 40, 276.

Leistungskondiktion können aber auch bei **wirksamen** Grundgeschäften vorkommen, z.b. bei **Zuvielzahlungen** oder **Zuviellieferungen.** § 812 I S. 1, 1. Alt. setzt voraus:

(a) Beklagter hat etwas erlangt (z.B. Eigentum und Besitz an der Sache).

(b) Dieser Erfolg ist durch eine Leistung des Klägers eingetreten (d.h. der Kläger hat **bewusst** und **zweckgerichtet** – in eigener Person oder unter Einschaltung einer dritten Person – das Vermögen des Beklagten ver-**mehrt**[34])

(c) ohne rechtlichen Grund (d.h. ohne eine entsprechende rechtliche Beziehung zwischen Kläger und Beklagtem).

Da durch die beiden ersten Voraussetzungen die Parteien der Leistungskondiktion bereits festgestellt werden, ist eine Prüfung des Merkmals „auf dessen Kosten" überflüssig. Dieses Merkmal gehört deshalb nicht zu den Voraussetzungen der 1. Alternative des § 812 I S. 1.

(2) Die NICHTLEISTUNGSKONDIKTION gem. § 812 I S. 1, 2. Alt. erfasst alle Fälle von Bereicherungen, die **ohne** eine Leistung des Bereicherungsgläubigers erfolgt sind (Schulbeispiel: Die Kühe des A weiden auf der Wiese des B). Die Voraussetzungen sind hier:

(a) Beklagter hat etwas erlangt (z.B. Nutzungsvorteile).

(b) Dieser Erfolg ist nicht durch eine Leistung des Klägers, sondern in sonstiger Weise eingetreten.

(c) auf Kosten des Klägers (d.h. unter Minderung oder Beeinträchtigung der Rechtsgüter des Klägers).

(d) ohne rechtlichen Grund (d.h. ohne dass der erlangte Vorteil dem Beklagten nach unserer Rechtsordnung **gebührt**[35]).

Bei der Nichtleistungskondiktion muss also das Merkmal „auf dessen Kosten" stets geprüft werden: Auf diese Weise wird die Person des **Bereicherungsgläubigers** festgestellt.

Unter den Fällen der Nichtleistungskondiktion hat die Untergruppe der EINGRIFFSKONDIKTION die größte Bedeutung. Hier hat sich der Bereicherte die Bereicherung durch eine eigene Handlung **selbst verschafft,** z.B. indem er unbefugt Sachen eines anderen in Benutzung genommen oder das Urheberrecht eines anderen verletzt hat (Raubdruck).

(3) Hat der Eingreifende über Sachen eines anderen eine VERFÜGUNG getroffen und dadurch die Wirkung von **Gutglaubensvorschriften** ausgelöst (§§ 932 ff. BGB, 366 HGB), so liegt ein **Sonderfall** der Eingriffskondiktion vor, der als Sondertatbestand aus § 812 ausgegliedert und in der Sondervorschrift § 816 I geregelt worden ist. Diese Sondervorschrift ist also als ein schuldrechtliches Korrektiv der Gutglaubensvorschriften zu verstehen.

---

[34] BGH 58, 184 (188).
[35] BGH WM 1987, 469.

Gem. § 816 I S. 1 hat der frühere Eigentümer gegen den unbefugt Verfügenden einen Anspruch auf Herausgabe des vollen Entgelts, das dieser von dem gutgläubigen Erwerber erlangt hat (auch wenn es den Wert der Sache übersteigt[36]). Hat der Verfügende die Sache schenkungsweise weiterübereignet, so hat der gutgläubige Beschenkte zwar das Eigentum erworben, der ehemalige Eigentümer hat aber ausnahmsweise ein **Durchgriffsrecht** gem. § 816 I S. 2.

📖 Bitte lesen Sie nochmals § 816 I.

In der Vorschrift werden Oberbegriffe verwendet, die Ihnen aus oben § 8 geläufig sind. Die Voraussetzungen des § 816 I S. 1 sind (in Klammern die Unterbegriffe):

(a) Beklagter ist Nichtberechtigter (Nichteigentümer),

(b) Kläger ist Berechtigter (Eigentümer),

(c) Beklagter hat (unbefugt) über einen Gegenstand (Sache) eine Verfügung (Übereignung) getroffen,

(d) die dem Berechtigten (Eigentümer) gegenüber wirksam ist (gem. §§ 932 ff. BGB, § 366 HGB);

(e) Beklagter hat durch die Verfügung etwas erlangt (das Entgelt).[37]

(4) Die Bereicherungshaftung ist sehr milde. Der Schuldner soll nur die Bereicherung bzw. das Erlangte herausgeben und nicht in sein übriges Vermögen eingreifen müssen. Deshalb entfällt die Verpflichtung, wenn die Bereicherung (mit oder ohne Verschulden des Bereicherten) weggefallen ist (§ 818 III). Beim Wegfall der Bereicherung ist aber sorgfältig zu prüfen, ob der Bereicherte **Aufwendungen erspart** hat. Ist die Bereicherung infolge **Verschenkens** weggefallen, so haftet der Beschenkte anstelle des frei gewordenen Bereicherten gem. § 822.

Vom Zeitpunkt der **Rechtshängigkeit** (Klageerhebung) und vom Zeitpunkt der **Kenntnis** vom Fehlen des Rechtsgrundes an unterliegt der Bereicherte einer **verschärften** Haftung: Er haftet für jedes Verschulden auf Schadensersatz (§§ 819 I, 818 IV, 292, 989).

§ 79. Anhang. Der sachenrechtliche Abwehranspruch aus § 1004 BGB

Der sachenrechtliche Herausgabeanspruch aus § 985 ist noch zu ergänzen durch den sachenrechtlichen Abwehranspruch aus § 1004, der die Fälle erfasst, in denen das Eigentum **auf andere Weise** als durch Besitzentziehung beeinträchtigt wird. Möglichkeiten und Grenzen des § 1004 macht man sich am besten an zwei Fällen klar.

---

[36] BGH 29, 157, sehr str.

[37] Die gesetzliche Formulierung ist nicht ganz korrekt. Der Verfügende hat nicht „durch die Verfügung", sondern durch den der Verfügung zugrunde liegenden **Schuldvertrag** etwas erlangt.

Fall 1: Der Hauseigentümer E wird dadurch gestört, dass sein Nachbar Brause Tag und Nacht ein Freudenfeuer brennen lässt. Der Rauch zieht auf das Grundstück des E, schwärzt die Hauswand und zwingt den E, alle Fenster zum Garten verschlossen zu halten. Was kann E unternehmen?

E kann gem. § 823 I wegen der geschwärzten Hauswand **Schadensersatz** verlangen, denn Brause hat das Eigentum des E widerrechtlich und schuldhaft verletzt. Aber § 823 I ist nur auf die **Vergangenheit** gerichtet.

E wird deshalb **Beseitigung der Störung** verlangen und hierbei aus § 1004 I S. 1 vorgehen. Dieser Anspruch ist auf die in der **Gegenwart** fortdauernde Störung gerichtet. Er setzt eine Störung des Eigentums und Widerrechtlichkeit (kein Verschulden) voraus. Falls E gegen Brause ein Urteil erlangt (er kann auch eine einstweilige Verfügung erwirken, was schneller geht als ein normaler Prozess), könnte die Zwangsvollstreckung in der Weise erfolgen, dass der Gerichtsvollzieher kommt und das Feuer löschen lässt.

Wie schützt sich E aber dagegen, dass Brause das Feuer nicht sogleich wieder anzündet? Er muss aus § 1004 I S. 2 auf **Unterlassung** klagen. Dieser Anspruch ist auf die **Zukunft** gerichtet, er setzt eine Störung des Eigentums, Widerrechtlichkeit und **Wiederholungsgefahr** voraus. In dem Unterlassungsurteil oder der einstweiligen Verfügung werden für den Fall der Zuwiderhandlung Zwangsmittel (Zwangsgeld bis zu jeweils 25 000 Euro oder Zwangshaft bis zu sechs Monaten) angedroht. Das wird selbst einen Brause beeindrucken.

Fall 2: Der Privatdozent D hat sich in einer Schrebergartenkolonie ein kleines Grundstück mit einem Gartenhäuschen gekauft. In den Ferien will er dort einen grundlegenden Aufsatz über das Thema „Der Versackungsgedanke in der Kartoffelindustrie" schreiben. Sein Nachbar nutzt die Ferienzeit, um sein Grundstück ausgiebig mit Jauche zu düngen. Der Geruch stört den D und hindert ihn am Nachdenken. Am Wochenende werden häufig Laubenfeste veranstaltet, D hört bis in die späte Nacht aus der Ferne Musik und Gekicher. Das hindert ihn am Einschlafen. Morgens, wenn er im besten Schlaf ist, krähen die Hähne, und pünktlich um sieben beginnen nebenan einige kleine Kinder zu brüllen. D will aus § 1004 gegen die ganze Schrebergartenkolonie vorgehen. Kann er das?

Nein. Bitte lesen Sie § 906. Eine weitere Einschränkung ergibt sich aus § 14 Bundesimmissionsschutzgesetz. Danach kann man selbst bei **nicht ortsüblichen** Beeinträchtigungen, die von **behördlich genehmigten** Gewerbebetrieben ausgehen, nur die Herstellung von entsprechenden Einrichtungen oder, soweit das nicht möglich oder wirtschaftlich nicht vertretbar ist, eine Geldentschädigung verlangen.

7. Kapitel:
Personalkredit

§ 80. Übersicht

I. Maßnahmen zur Durchsetzung des Anspruchs

Wir haben uns bisher mit den Sicherheiten befasst, die der Gläubiger erwerben kann

(1) an Grundstücken (durch Hypothek, Grundschuld, Rentenschuld)

(2) an beweglichen Sachen (durch Pfandrecht, Sicherungsübereignung, Eigentumsvorbehalt),

(3) an Rechten (durch Pfandrecht, Abtretung zur Sicherheit).

Daneben oder stattdessen wird der Gläubiger auch darauf bedacht sein, Maßnahmen zu ergreifen, die ihm ein sicheres und schnelles Vorgehen gegen den Schuldner ermöglichen.

1. Schuldschein

Deshalb wird der Gläubiger sich die Kreditgewährung in der Regel vom Schuldner schriftlich bestätigen lassen. Ein solcher Schuldschein sichert ihm den Beweis für den Fall eines Prozesses.

Enthält der Schuldschein alle Tatsachen, die für die Begründung der Klage notwendig sind, so hat der Gläubiger noch einen weiteren Vorteil: Er kann, wenn seine Forderung auf eine bestimmte Geldsumme oder eine bestimmte Menge vertretbarer Sachen gerichtet ist, den Prozess gegen den Schuldner beschleunigt durchführen, indem er im URKUNDENPROZESS klagt (§§ 592 ff. ZPO). Dann sind nämlich die Beweismittel auf Urkunden und Parteivernehmung (Vernehmung der anderen Partei) beschränkt. Erhebt der Beklagte Einwände, die er nur auf andere Weise, z.B. durch Zeugen oder Sachverständige beweisen kann, so wird er unter Vorbehalt verurteilt und muss seine Rechte in dem sich anschließenden ordentlichen Verfahren, dem **Nachverfahren,** beweisen. Inzwischen kann das Vorbehaltsurteil schon für vorläufig vollstreckbar erklärt werden. Verliert der Kläger im Nachverfahren, so wird das Vorbehaltsurteil aufgehoben, der Kläger muss, wenn er die Vollstreckung bereits durchgeführt hat, dem Beklagten allen Schaden ersetzen, den dieser infolge der Vollstreckung erlitten hat. Der Urkundenprozess hat also für den Gläubiger nicht nur Vorteile, sondern auch Gefahren.

2. Abstraktes Schuldanerkenntnis

In manchen Fällen, z.B. beim Kontokorrent, schwankt die Forderung des Gläubigers. Dann kann er sich sichern, indem er sich neben seiner Forderung aus Darlehen, Kauf usw. eine abstrakte Forderung beschafft: Er lässt sich vom Schuldner ein abstraktes Schuldversprechen oder -anerkenntnis geben. (Bitte lesen Sie §§ 780,

781, 782 BGB; § 350 HGB.) Solche Anerkenntnisse kommen im Bankverkehr durch die jährlichen, halbjährlichen, vierteljährlichen oder monatlichen Kontoabrechnungen zu Stande, die vom Schuldner meist schriftlich oder durch bloßes Schweigen, das dann nach den Bankbedingungen Zustimmung ist, bestätigt werden. Ist die Forderung aus dem zugrunde liegenden Verhältnis niedriger, so beeinflusst das nicht den Bestand der abstrakten Forderung. Der Gläubiger ist aber insoweit um sie ungerechtfertigt bereichert (§ 812 II). Er würde, wenn er die Forderung in voller Höhe geltend machen wollte, vom Schuldner etwas verlangen, was er diesem sofort nach § 812 zurückgeben müsste. (Erinnern Sie sich noch an einen Spruch? Sonst lesen Sie o. § 27.) Deshalb kann sich der Schuldner im Prozess mit der Einrede der Bereicherung verteidigen, muss aber deren Voraussetzungen beweisen. Somit läuft das abstrakte Schuldanerkenntnis in der Regel auf eine UMKEHRUNG DER BEWEISLAST hinaus.

3. Vollstreckbare Urkunden

Der Gläubiger kann in der Sicherung der schnellen Vollstreckbarkeit gegen den Schuldner noch einen Schritt weiter gehen. Er kann den Schuldner veranlassen, sich in einer notariellen Urkunde der „sofortigen Zwangsvollstreckung" zu unterwerfen. Eine solche Urkunde ist ein sog. **vollstreckbarer Titel** wie z.B. das Urteil; sie ermöglicht dem Gläubiger die Zwangsvollstreckung ohne einen vorangegangenen Prozess.

Solche Unterwerfungen sind bei der Bestellung einer Hypothek häufig. Die Befriedigung aus einer Hypothek erfolgt im Wege der Zwangsvollstreckung, setzt also normalerweise einen Prozess voraus, was für den Gläubiger sehr umständlich ist (§ 1147). Da die Unterwerfung nur bei einem Anspruch auf Zahlung einer **bestimmten** Geldsumme oder Leistung einer **bestimmten** Menge vertretbarer Sachen zulässig ist (der letztere Fall ist in der Praxis von weniger großer Bedeutung), kann sich der Schuldner bei der sog. **Höchstbetragshypothek** nicht der Zwangsvollstreckung im Voraus unterwerfen, denn bei der Höchstbetragshypothek ist nur eine Höchstgrenze angegeben, im Übrigen ist die Forderung unbestimmt. Das ist einer der Gründe, der die Banken veranlasst, statt der akzessorischen Höchstbetragshypothek die Bestellung einer abstrakten, auf einen bestimmten Betrag festgelegten **Grundschuld** zu verlangen.

4. Wechsel

In vielen Fällen wird der Kredit durch einen Wechsel gesichert. Wenn der Schuldner einen Wechsel akzeptiert („querschreibt"), den der Gläubiger auf ihn gezogen hat, so hat das für den Gläubiger zwei Vorteile:

(1) Er hat zwar nicht einen vollstreckbaren Titel gegen den Schuldner, kann aber den Prozess ganz außerordentlich abkürzen, indem er die abstrakte Wechselforderung im WECHSELPROZESS einklagt. Der Wechselprozess ist eine Abart des Urkundenprozesses. Er hat neben der Beweiseinschränkung die Eigenart, dass die Ladefristen und die sog. **Einlassungsfrist** (die Frist zwischen der Zustellung der Klageschrift an den Beklagten und der ersten mündlichen Verhandlung) verkürzt sind. Die Mindestfrist beträgt im Verfahren erster Instanz 24 Stunden,

wenn die Zustellung am Gerichtsort erfolgt; in Anwaltsprozessen 3 Tage, wenn die Zustellung im Landgerichtsbezirk erfolgt (§ 604 ZPO). Auch der Wechselprozess endet, wenn der Beklagte Einwände geltend macht, die er weder durch Urkunden noch durch Parteivernehmung beweisen kann, mit einem Vorbehaltsurteil, das für vorläufig vollstreckbar erklärt werden kann. Der Beklagte ist dann auf das Nachverfahren verwiesen.

(2) Noch wichtiger ist, dass der Gläubiger den Wechsel schon **während der Laufzeit** verwerten kann, indem er ihn an seinen Lieferanten oder an eine Bank zum **Diskont** gibt. Oft wandert ein Wechsel durch mehrere Hände, bis er bei einer Bank diskontiert wird.

II. Sicherheit durch Haftung eines Dritten

Der Gläubiger kann auch dadurch Sicherheit erhalten, dass ein Dritter neben den Schuldner tritt, der für die Erfüllung der Verbindlichkeit einsteht.

1. Bürgschaft und ähnliche Schuldverhältnisse

Für diesen Fall hat das Gesetz die Bürgschaft als Vertragstyp vorgesehen. Sie soll in dem folgenden Paragrafen eingehender behandelt werden. Darüber hinaus werden die der Bürgschaft ähnlichen Schuldverhältnisse zusammengestellt.

2. Wechsel

Auch durch den Wechsel kann die Haftung eines Dritten herbeigeführt werden. Hierbei spielt die Wechselbürgschaft eine weitaus geringere Rolle als das sog. GEFÄLLIGKEITSAKZEPT: Der Kreditnehmer zieht einen Wechsel auf einen Dritten, zahlbar an den Kreditgeber, und lässt den Wechsel durch den Dritten akzeptieren. Dabei vereinbart er mit dem Dritten, dass er den Wechsel vor der Verfallzeit einlösen wird, um dadurch den Dritten vor der Inanspruchnahme aus dem Wechsel zu bewahren. Der Kreditgeber hat dann aus dem Wechsel zwei Ansprüche:

a) Er hat den Anspruch gegen den **Akzeptanten**, der aus dem Wechsel voll haftet und sich dem Kreditgeber gegenüber nicht darauf berufen kann, dass er nur aus Gefälligkeit akzeptiert hat. Denn die Gefälligkeit hat der Dritte nur dem **Aussteller** erwiesen. Dem Kreditgeber gegenüber hat er sich uneingeschränkt verpflichtet, da ja sonst der Wechsel nicht kreditwürdig geworden wäre.

b) Der Kreditgeber hat außerdem einen wechselmäßigen Anspruch gegen den **Kreditnehmer**, der als Aussteller für die Zahlung des Wechsels haftet. Allerdings setzt das Vorgehen gegen den Aussteller aus dem Wechsel voraus, dass der Wechsel zu Protest gegangen ist.

§ 81. Bürgschaft und bürgschaftsähnliche Schuldverhältnisse

I. Voraussetzungen

Hat man im praktischen Fall den Anspruch aus einer Bürgschaft gem. § 765 BGB zu prüfen, so wird der Aufbau des Gutachtens in der Regel durch zwei Voraussetzungen bestimmt, deren Reihenfolge sich jeweils nach dem Einzelfall richtet.

📖 Bitte lesen Sie nochmals § 765.

1. Bürgschaftsvertrag

Die Haftung aus der Bürgschaft setzt einen „Bürgschaftsvertrag" (§ 765) voraus, der zwischen Bürge und Gläubiger geschlossen wird. Hierbei ist die Formvorschrift des § 766 zu beachten: Bei fehlender Schriftform ist die Erklärung des Bürgen gem. § 125 nichtig. Da es sich um eine **durch Gesetz vorgeschriebene Form handelt,** muss die Urkunde von dem Bürgen oder dessen Stellvertreter **eigenhändig** (nicht höchstpersönlich) unterzeichnet sein, ein Unterschriftsstempel genügt also nicht (§ 126). Auch Telefax und Telegramm reichen nicht aus (Umkehrschluss aus § 127). Diese strengen Formvorschriften verhindern, dass eine Haftung für die Erfüllung einer fremden Verbindlichkeit aus einer übereilten mündlichen Zusage entsteht, die der Erklärende **aus Gefälligkeit, wegen seiner verwandtschaftlichen oder nachbarlichen Beziehungen zu dem Schuldner** gegeben hat.

Eine Zusage solcher Art liegt normalerweise nicht vor, wenn die Bürgschaft auf der Seite des Bürgen ein Handelsgeschäft (§ 343 HGB) ist. § 766 bleibt deshalb in einem solchen Falle außer Anwendung (§ 350 HGB).

2. Hauptverbindlichkeit

Außerdem muss eine Hauptverbindlichkeit vorliegen, für welche der Bürge einstehen soll. Der jeweilige Bestand dieser Verbindlichkeit ist für die Verpflichtung des Bürgen maßgebend (§ 767 I S. 1), es gilt der **Grundsatz der Akzessorietät.**

(1) Erlischt die Verbindlichkeit durch Erfüllung, Aufrechnung, Anfechtung oder vom Schuldner nicht zu vertretende Unmöglichkeit (§ 275), so wird der Bürge frei. Auch der im Vergleichswege erfolgte Teilerlass wirkt zugunsten des Bürgen, eine Ausnahme besteht für den Teilerlass und die Restschuldbefreiung im Insolvenzverfahren (§ 254 II InsO).

Handelt es sich bei der Hauptverbindlichkeit um einen Leistungsanspruch, der sich infolge Verzugs (§§ 280 I, III, 281, 286) oder vom Schuldner zu vertretender Unmöglichkeit (§§ 280 I, III, 283, 275 IV) in einen Ersatzanspruch umwandelt, so bezieht sich die Bürgschaft auf diese Verbindlichkeit (§ 767 I S. 2). **Die Hauptschuld muss aber zunächst wirksam entstanden sein.** Sie darf also nicht, z.B. wegen Formmangels (§ 125) oder Sittenwidrigkeit (§ 138), nichtig oder vom Schuldner wirksam (§ 142) angefochten worden sein! In den letzten Fällen haftet der Bürge auch nicht für die auf Rückgewähr gerichteten Bereicherungsansprüche oder für den Anspruch auf Ersatz des Vertrauensschadens aus

§ 122. Eine solche Haftung könnte nur dann eintreten, wenn sich etwa der Bürge „für alle sich aus der Geschäftsbeziehung zwischen G und S ergebenden Verbindlichkeiten" verbürgt hätte.

(2) Schwierigkeiten bestehen, wenn eine durch Bürgschaft gesicherte Forderung in ein **Kontokorrent** aufgenommen wird. Beim Kontokorrent werden die beiderseitigen Forderungen in Rechnung gestellt und in regelmäßigen Zeitabschnitten (§ 355 HGB) verrechnet, sodass nur ein Saldo verbleibt. Da die durch die Bürgschaft gesicherte Forderung infolge der Aufnahme in die laufende Rechnung ihre Selbständigkeit verliert, entsteht angesichts des Grundsatzes der Akzessorietät die Frage, ob die Bürgschaft noch weiter bestehen bleiben kann. Hier greift § 356 HGB ein: Kraft ausdrücklicher Vorschrift bezieht sich die Bürgschaft in einem solchen Falle auf den Saldo.

(3) Der Bürge soll nicht strenger haften als der Schuldner. Er kann deshalb die dem Hauptschuldner zustehenden Einreden (Verjährung, Stundung) geltend machen, selbst wenn der Schuldner auf sie verzichtet hat (§ 768). Auf dem gleichen Gedanken beruht § 770: Hat der Schuldner das Recht zur Anfechtung oder Aufrechnung, ohne hiervon Gebrauch zu machen, so kann zwar der Bürge nicht statt seiner diese Rechte ausüben, er hat aber ein Leistungsverweigerungsrecht. § 770 gilt analog bei einem Rücktritts- oder Wandlungsrecht des Schuldners.[38]

(4) Der Bürge soll nur für den Notfall einstehen. Deshalb steht ihm grundsätzlich die Einrede der Vorausklage gem. § 771 zu, solange nicht der Gläubiger eine Zwangsvollstreckung gegen den Hauptschuldner ohne Erfolg versucht hat. Verzichtet der Bürge im Voraus auf die Einrede der Vorausklage, so bezeichnet man ihn als **selbstschuldnerischen** Bürgen. Der Kaufmann ist, falls die Bürgschaft für ihn ein Handelsgeschäft (§ 343 HGB) darstellt, stets selbstschuldnerischer Bürge (§ 349 HGB).

II. Die Regressansprüche des Bürgen

Befriedigt der Bürge den Gläubiger, so kann er seinen Rückgriffsanspruch gegen den Schuldner auf zweierlei Weise begründen:

(1) zunächst aus dem Innenverhältnis, meist einem Auftrag (§ 670), sonst aus Geschäftsführung ohne Auftrag (§§ 683 S. 1, 670) oder aus Bereicherung (§ 812);

(2) außerdem kann er aus der Forderung des Gläubigers gegen den Schuldner vorgehen, da diese nicht erloschen, sondern kraft Gesetzes auf ihn übergegangen ist (§ 774 I S. 1, sog. cessio legis). Dieser Forderungsübergang hat für den Bürgen vor allem dann Vorteile, wenn die Forderung außer durch die Bürgschaft noch durch ein Pfandrecht oder eine Hypothek gesichert ist. Denn diese Sicherheiten sind dann mit der Forderung auf ihn übergegangen (§§ 401, 412), und er kann sich nunmehr aus ihnen befriedigen.

---

[38] RG 62, 53.

III. Bürgschaftsähnliche Schuldverhältnisse

Liegt eine „altruistische" Zusage im oben bezeichneten Sinne nicht vor, so kann trotz fehlender Schriftform eine Haftung des Zusagenden eintreten, wenn nicht Bürgschaft, sondern ein Vertrag anderer Art gegeben ist. Hier ist jedoch besondere Vorsicht geboten: Der Schutzgedanke des § 766 darf nicht umgangen werden. In Zweifelsfällen wird man deshalb wohl besser das Vorliegen einer (wegen Formmangels nichtigen) Bürgschaft annehmen. Die in Betracht kommenden Vertragstypen haben jeweils besondere Voraussetzungen.

1. Kreditauftrag

Gem. §§ 778, 662 erfordert der Kreditauftrag einen rechtsgeschäftlichen Auftrag, welcher der Annahme durch den Beauftragten bedarf und diesen dann gem. § 662 BGB „**verpflichtet**", dem Schuldner im eigenen Namen und auf eigene Rechnung Kredit zu geben. Es genügt nicht etwa die bloße Ermächtigung, welche den Angegangenen nicht verpflichten soll.

  📖   Bitte lesen Sie §§ 778, 662.

2. Kumulative Schuldübernahme

Der Schuldbeitritt ist im Gesetz nur in einigen Einzelfällen geregelt (z.B. in § 25 HGB: Der Übernehmer haftet neben dem alten Inhaber), aber allgemein zulässig aufgrund der das Schuldrecht beherrschenden Vertragsfreiheit. Der neue Schuldner tritt neben den alten Schuldner und haftet, ohne diesen von der Haftung zu befreien. Die Annahme einer solchen Schuldübernahme ist nur möglich bei Vorliegen eines **unmittelbaren sachlichen, nicht lediglich persönlichen Interesses**. Mangels einer besonderen Anspruchsnorm ist dann Anspruchsgrundlage der allgemein gehaltene § 241 I BGB.

Die kumulative Schuldübernahme erfolgt in der Regel durch einen Vertrag zwischen dem Dritten und dem **Gläubiger**.

Sie kann auch durch einen Vertrag zwischen dem Dritten und dem **Schuldner** herbeigeführt werden und wird dann Erfüllungsübernahme genannt. Die **Erfüllungsübernahme** kommt ohne Mitwirkung des Gläubigers zustande und führt grundsätzlich nur zu einer Verpflichtung **gegenüber dem Schuldner**, ist also im Zweifel kein Vertrag zugunsten Dritter (vgl. die Auslegungsregel § 329).

Die kumulative Schuldübernahme ist von der **befreienden** (privativen) Schuldübernahme, bei der der Dritte **an die Stelle** des Schuldners tritt, streng zu unterscheiden. Zu der privativen Schuldübernahme ist stets die Einwilligung des Gläubigers erforderlich (§§ 414, 415).

3. Selbständiger Garantievertrag

Auch der selbständige Garantievertrag ist nicht im Gesetz geregelt. Er muss eine **Risikoübernahme** beinhalten, also ein Einstehen für einen bestimmten Erfolg oder die Übernahme der Gefahr eines **künftigen, noch nicht eingetretenen Schadens**. Die Risikoübernahme stellt meist eine Ausfallgarantie bei besonderen Unternehmungen (Ausstellungen, Experimente, Expeditionen usw.) dar.

§ 82. Zusammenfassung und Aufbauschema: Haftung für Verbindlichkeiten Dritter kraft Vertrages

Die Bürgschaft und die der Bürgschaft verwandten Verträge sind ein sehr beliebtes Prüfungsthema. Das folgende Schema gibt einen Teil des am Ende dieses Buches (unten § 126) abgedruckten „Sonderschemas" wieder, das außerdem die Fälle der Haftung für Verbindlichkeiten Dritter **kraft Gesetzes** umfasst.

Der Aufbau des Gutachtens wird durch **zwei** Voraussetzungen bestimmt:

I. Verbindlichkeit des Dritten

Es muss eine Verbindlichkeit des Dritten bestehen, für die gehaftet werden soll.

1. Besonderer Haftungsgrund

Außerdem muss ein besonderer Haftungsgrund vorliegen. Im Allgemeinen haftet jeder nur für seine eigenen Schulden. Wenn jemand für fremde Schulden haftet oder fremde Schulden zu seinen eigenen Schulden machen soll, muss ein **besonderer** Grund vorliegen, der sich aus einem entsprechenden VERTRAG oder aus dem GESETZ ergeben kann.

Hat sich jemand **vertraglich** verpflichtet, für eine fremde Schuld einzustehen, so prüft man zunächst, ob eine BÜRGSCHAFT vorliegt. Der Bürgschaftsvertrag wird zwischen Bürge und Gläubiger geschlossen (§ 765 BGB). Die Erklärung des Bürgen bedarf der Schriftform (§ 766 BGB), außer wenn der Bürge Kaufmann ist oder wie ein Kaufmann behandelt wird (Scheinkaufmann!) und die Bürgschaft für ihn ein Handelsgeschäft ist (§ 350 HGB). Andere Vertragstypen, die nicht der Schriftform bedürfen, sind aufgrund der Vertragsfreiheit zulässig, doch ist bei deren Annahme Zurückhaltung geboten, da andernfalls die Gefahr droht, dass die Formvorschrift des § 766 BGB aufgehoben wird. Die anderen Vertragstypen sind:

(1) KREDITAUFTRAG (§§ 778, 662 BGB). Setzt voraus, dass der Kreditgeber den Auftrag **annimmt** und sich dadurch **verpflichtet** (vgl. § 662 BGB), dem Dritten im eigenen Namen und für eigene Rechnung Kredit zu gewähren.

(2) SCHULDMITÜBERNAHME (Schuldbeitritt, kumulative Schuldübernahme, im Gesetz nicht geregelt, deshalb Anspruchsgrundlage § 241 BGB). Ist nur bei **unmittelbarem, sachlichem Interesse** des Versprechenden anzunehmen. Sie kommt normalerweise durch Vertrag zwischen dem Versprechenden und dem **Gläubiger** zu Stande. Eine entsprechende Vereinbarung zwischen Versprechendem und **Schuldner** wird **Erfüllungsübernahme** genannt. Sie führt grundsätzlich nur zu einer Verpflichtung **gegenüber dem Schuldner,** ist also im Zweifel kein Vertrag zugunsten Dritter (§ 329 BGB).

(3) Von der Schuldmitübernahme ist zu unterscheiden die BEFREIENDE (privative) SCHULDÜBERNAHME, bei welcher der neue Schuldner ausnahmsweise nicht neben, sondern **an die Stelle** des bisherigen Schuldners tritt. Bei der befreienden Schuldübernahme ist die Zustimmung des Gläubigers erforderlich (§§ 414, 415 BGB).

(4) GARANTIEVERTRAG. Nur bei Übernahme der Haftung für **zukünftigen, noch nicht eingetretenen Schaden** anzunehmen. Anspruchsgrundlage § 241 I.

Fünfter Abschnitt:
Kaufmann, Firma, Handelsgeschäfte

§ 83. Übersicht

Das Handelsgesetzbuch besteht zum größten Teil aus Sonderregeln, die auf den Grundregeln des Bürgerlichen Gesetzbuches aufbauen. Wir haben uns deshalb in dem Einführungsabschnitt (o. § 5) mit einem kurzen Überblick über den äußeren Aufbau des Handelsgesetzbuches begnügt und im Übrigen die einzelnen handelsrechtlichen Vorschriften jeweils zusammen mit den Grundregeln des bürgerlichen Rechts dargestellt. Nach unseren Erfahrungen ist dieses Vorgehen für den Lernenden ökonomischer als die abgetrennte Behandlung des gesamten Handelsrechts in einem besonderen Abschnitt. In diesem Abschnitt wollen wir uns auf drei spezielle handelsrechtliche Themenkreise beschränken, die im Jahre 1998 durch das Handelsrechtsreformgesetz (HRefG) und das Transportrechtsreformgesetz (TRG) eine tief greifende Neugestaltung erfahren haben, nämlich des Recht der **Kaufmannseigenschaft,** das **Firmenrecht** und das Recht der **Handelsgeschäfte.** Es ist wichtig, dass Sie sich vorher einen Überblick über den äußeren Aufbau des HGB verschaffen.

📕 Bitte arbeiten Sie o. § 5 durch und lassen Sie sich dabei Zeit.

Wir befassen uns jetzt also mit dem Ersten und dem Dritten Abschnitt des **Ersten** Buches (Kaufleute und Handelsfirma) und danach mit dem Ersten bis Sechsten Abschnitt des **Vierten** Buches (dem Allgemeinen und dem Besonderen Teil der Handelsgeschäfte).

1. Kapitel:
Kaufmann und Firma

§ 84. Kaufleute

Die Regelung der Kaufmannseigenschaft ist ein beliebtes Prüfungsthema, das sich durch alle Examina der Wirtschaftsberufe zieht. Da die einzelnen Regeln nicht ganz einfach zu verstehen sind, raten wir ihnen, sich eingehende Kenntnisse auf diesem wichtigen Gebiet **in den folgenden drei Durchgängen** zu verschaffen: zunächst in der Übersicht, dann in der Darstellung der Einzelheiten und schließlich in der Zusammenfassung, die Sie auch als Arbeitsschema für die Bearbeitung eines praktischen Falls verwenden können.

I. Übersicht

Gem. § 1 I HGB ist Kaufmann, wer ein Handelsgewerbe betreibt. „Kaufmann sein" und „ein Handelsgewerbe betreiben" sind also Ausdrücke mit gleicher Bedeutung.

📖 Bitte lesen Sie § 1 I HGB.

Aus den Worten „Handelsgewerbe betreiben" ist zu entnehmen, dass Kaufmann nur sein kann, wer überhaupt ein **Gewerbe** betreibt, d.h. wer **selbständig ist und eine auf Dauer angelegte, auf Gewinnerzielung gerichtete Tätigkeit ausübt.**

1. Formkaufleute

Eine Ausnahme hierzu stellen die sog. **Formkaufleute** dar: die Aktiengesellschaft, die Kommanditgesellschaft auf Aktien, die Gesellschaft mit beschränkter Haftung, die eingetragene Genossenschaft und der größere Versicherungsverein auf Gegenseitigkeit. Sie sind aufgrund von Vorschriften in Sondergesetzen Kaufleute **ohne Rücksicht auf den Gegenstand des Unternehmens.**

📖 Bitte lesen Sie § 6 II HGB, § 3 I AktG.

Beispiele hierfür sind viele kommunale Betriebe (Zoo, Verkehrsbetriebe), die nicht Erwerbszwecken dienen, aber als AG oder GmbH organisiert und deshalb Kaufleute sind.

2. Gewerbe

Für Unternehmen, die **nicht** Formkaufleute sind, ist das Gewerbe notwendige Voraussetzung zur Erlangung der Kaufmannseigenschaft. Alus diesem Grunde sind die **freien Berufe** keine Kaufleute.

Liegt ein Gewerbe **vor**, so muss man unterscheiden:

a) Kaufmann kraft Betätigung (Istkaufmann, Musskaufmann)

Wenn das Unternehmen nach Art oder Umfang einen in kaufmännischer Weise eingerichteten Geschäftsbetrieb erfordert, ist der Unternehmer Kaufmann, gleichgültig, ob die Firma im Handelsregister eingetragen oder nicht eingetragen ist.

📖 Bitte lesen Sie nochmals § 1 HGB.

b) Kaufmann kraft Eintragung (Kannkaufmann)

Wenn das Unternehmen einen solchen Geschäftsbetrieb **nicht** erfordert, ist der Unternehmer **kein** Kaufmann (Kleingewerbetreibender).

📖 Bitte lesen Sie **nochmals** § 1 II HGB.

Der Kleingewerbetreibende **kann** aber freiwillig seine Firma in das Handelsregister eintragen lassen und **wird** dadurch nach § 2 HGB Kaufmann. Er ist **Kannkaufmann.** Dies wird in § 5 HGB ausdrücklich bestätigt.

📖 Bitte lesen Sie §§ 2, 5 HGB.

c) Land- und Forstwirte (Kannkaufleute)

Eine Sonderregelung gilt für die Land- und Forstwirte.

(1) Sie sind grundsätzlich **keine** Kaufleute.

📕 Bitte lesen Sie § 3 I HGB.

(2) Wenn es sich um ein Unternehmen handelt, das einen kaufmännischen Geschäftsbetrieb erfordert, kann der Unternehmer sich jedoch mit seinem gesamten Unternehmen in das Handelsregister eintragen lassen und dadurch Kaufmann werden. Auch der Land- oder Forstwirt ist also ein **Kannkaufmann**!

📕 Bitte lesen Sie §§ 3 II, 2 HGB.

(3) Der Unternehmer kann sich stattdessen nur mit einem **Nebengewerbe** des land- oder forstwirtschaftlichen Unternehmens eintragen lassen, falls dieses Nebengewerbe einen kaufmännischen Geschäftsbetrieb erfordert, und wird dann Kaufmann **nur** hinsichtlich dieses Nebengewerbes.

📕 Bitte lesen Sie §§ 3 III, 2 HGB.

3. Scheinkaufleute

Die Regeln über den Scheinkaufmann gelten, wenn ein Nichtkaufmann den Anschein erweckt, dass er Kaufmann sei. Zu unterscheiden sind zwei Fallgruppen.

(1) Wenn der Anschein der Kaufmannseigenschaft durch die Eintragung eines Nichtkaufmanns im **Handelsregister** erweckt wird, kommt der **abstrakte Registerschutz** nach § 15 HGB zum Zuge.

📕 Bitte lesen Sie § 15 I, II HGB.

(2) Die Fälle, in denen ein Nichtkaufmann auf **andere** Weise als durch Eintragung im Handelsregister den Anschein der Kaufmannseigenschaft erweckt, werden von der **allgemeinen Rechtsscheinhaftung** erfasst (Gewohnheitsrecht).

II. Die Kaufleute im Einzelnen

Wir gehen nun die ganze Regelung noch einmal durch, dieses Mal mit mehr Einzelheiten.

1. Formkaufleute

Wenn in einem praktischen Fall die Kaufmannseigenschaft zu prüfen ist, muss man zunächst untersuchen, ob der Unternehmer Formkaufmann ist. Formkaufleute sind

(1) die Aktiengesellschaft (§ 3 AktG),

(2) die Kommanditgesellschaft auf Aktien (§§ 3, 278 III AktG),

(3) die Gesellschaft mit beschränkter Haftung (§ 13 III GmbHG),

(4) die eingetragene Genossenschaft (§ 17 II GenG),

(5) der größere Versicherungsverein auf Gegenseitigkeit (§ 53 VAG).

Ist der Unternehmer Formkaufmann, so entfällt die weitere Prüfung, ob ein Gewerbe betrieben wird. Denn die Formkaufleute sind bereits Kaufleute **kraft Rechtsform und ohne Rücksicht auf den Gegenstand des Unternehmens** (§ 6 II HGB).

2. Gewerbe

Nur wenn der Unternehmer **nicht** Formkaufmann ist, muss man prüfen, ob ein Gewerbe d.h. eine **selbständige, auf Dauer angelegte, auf Gewinnerzielung gerichtete Tätigkeit** vorliegt.

(1) **Kein** Gewerbe betreibt, wer nicht kontinuierlich, sondern nur **gelegentlich** eine auf Gewinnerzielung gerichtete Tätigkeit ausübt, z.B. ein früherer Unternehmer, der sein Unternehmen aufgegeben hat, aber noch ab und zu tätig wird, oder ein Studienrat, der ab und zu auf dem Flohmarkt die auf seinen Ferienreisen erworbenen Andenken verkauft.

(2) Kein Gewerbe betreiben außerdem die Angehörigen der **Freien Berufe,** die (nach herkömmlicher Ansicht) **überhaupt keine** auf Gewinnerzielung gerichtete Tätigkeit ausüben. Die Legaldefinition des § 1 II S. 1 Partnerschaftsgesellschaftsgesetz gilt auch für das HGB:

„Die Freien Berufe haben im Allgemeinen auf der Grundlage besonderer beruflicher Qualifikation oder schöpferischer Begabung die persönliche, eigenverantwortliche und fachlich unabhängige Erbringung von Dienstleistungen höherer Art im Interesse der Auftraggeber und der Allgemeinheit zum Inhalt."

Freiberufler sind Rechtsanwälte, Wirtschaftsprüfer, vereidigte Buchprüfer, Steuerberater, Ärzte, Psychotherapeuten, freie Lehrer, Architekten, Künstler usw.

Wird ein Gewerbe betrieben, so ist zu unterscheiden:

a) Kaufmann kraft Betätigung (Istkaufmann, Musskaufmann)

Wenn das Unternehmen einen kaufmännischen Geschäftsbetrieb erfordert, ist sein Gewerbe ein Handelsgewerbe, der Unternehmer ist Kaufmann unabhängig von der Eintragung (§ 1 II HGB). Der Unternehmer muss seine Firma eintragen lassen, die Eintragung ist dann **deklaratorisch.**

📖 Bitte lesen Sie § 29 HGB.

Das Kriterium des in kaufmännischer Weise eingerichteten Geschäftsbetriebs ist in der Praxis oft schwer zu bestimmen, zumal es nicht darauf ankommt, ob das Unternehmen eine solche Einrichtung **hat,** sondern ob es sie **erfordert.** Entscheidend für ein solches Erfordernis ist die **Art** der Geschäftstätigkeit, z.B. die Vielfalt der angebotenen Waren und Dienstleistungen, und der **Umfang**: die Höhe des Kapitals und des Umsatzes, die Größe des Geschäftslokals, die Zahl der Arbeitnehmer und der Betriebsstätten. Maßgebend ist stets das **Gesamtbild.**[1]

Um trotz des etwas verschwommenen Kriteriums klare Rechtsverhältnisse zu schaffen, hat man in § 1 II HBG durch eine **Beweislastumkehr** eine Vermutung für

---

[1] BGH BB 1960, 917.

das Erfordernis aufgestellt („es sei denn"). Wer ein Gewerbe betreibt, aber sich der Anwendung des Handelsrechts entziehen will, muss also beweisen, dass eine kaufmännische Einrichtung **nicht** erforderlich ist.

b) Kaufmann kraft Eintragung (Kannkaufmann)

Unternehmer, deren Gewerbebetrieb einen kaufmännischen Geschäftsbetrieb **nicht** erfordert – die Kleingewerbebetreibenden – sind **keine** Kaufleute. Sie können aber – müssen nicht – Kaufmannseigenschaft erlangen, indem sie sich in das Handelsregister eintragen lassen (§ 2 S. 1 HGB) – man kann sie deshalb **Kannkaufleute** nennen. Die Eintragung ist **konstitutiv**.

Ist das Unternehmen einmal eingetragen, so kann der Unternehmer sich nicht darauf berufen, dass sein Unternehmen einen kaufmännischen Geschäftsbetrieb nicht erfordert – er **ist** jetzt Kaufmann. Dies wird in § 5 HGB ausdrücklich bestätigt. Der Unternehmer kann den Vorgang aber rückgängig machen, indem er die Löschung der Firma herbeiführt (§ 2 S. 3 HGB). Dann ist er, was er vorher war: **kein Kaufmann**.

c) Land- und Forstwirt (Kannkaufmann)

Eine Sonderstellung unter den Gewerbetreibenden nehmen die Land- und Forstwirte ein. Für sie gilt zunächst die Sonderregel § 3 I HGB: Sie sind **keine** Kaufleute.

Allerdings kann auch ein land- oder forstwirtschaftlicher Unternehmer durch freiwillige Eintragung Kaufmann werden. Voraussetzung ist allerdings – anders als bei § 2 HGB – dass ein kaufmännischer Geschäftsbetrieb erforderlich ist. Ist er einmal eingetragen, so kann er seine Löschung nur betreiben, wenn das eingetragene Unternehmen kaufmännische Einrichtung nicht erfordert. Dies ergibt sich aus § 3 II HGB, einer Sonderregel zu § 3 I HGB.

Eine Sonderregel zu § 3 II ist wiederum § 3 III HGB: Ist mit dem Betrieb der Land- oder Forstwirtschaft ein Unternehmen verbunden, das nur ein **Nebengewerbe** darstellt, aber eine kaufmännische Leitung erfordert, so hat der Unternehmer noch eine weitere Option: Er kann nur das Nebengewerbe eintragen lassen und dadurch Kaufmann nur hinsichtlich des Nebengewerbes werden, während er hinsichtlich des Hauptbetriebes **Nichtkaufmann** bleibt. Ein Nebengewerbe liegt vor, wenn in einem Sonderbetrieb eigene und fremde (aber nicht ausschließlich fremde) land- oder forstwirtschaftliche Produkte be- oder verarbeitet werden und die Be- und Verarbeitung über den Rahmen der reinen Land- und Forstwirtschaft hinausgeht. Beispiele sind: Brennerei, Brauerei, Molkerei, Mühle, Zuckerfabrik, Sägewerk.

Wegen des engen Zusammenhangs rechnet man zum Nebengewerbe auch Kies- und Tongruben sowie Ziegeleien, die auf dem land- oder forstwirtschaftlichen Gelände liegen.

Land- oder Forstwirte können also – bei entsprechender Betriebsgröße – nach ihrer Wahl sein

(1) Kaufleute hinsichtlich des Gesamtbetriebs oder

(2) Kaufleute nur hinsichtlich des Nebengewerbes oder

(3) überhaupt keine Kaufleute.

3. Scheinkaufmann

Man kann beim Scheinkaufmann zwischen den Fällen des speziellen Register-schutzes und den von der allgemeinen Rechtsscheinhaftung erfassten Fällen unter-scheiden. (In der Literatur werden gewöhnlich nur die letzterwähnten Fälle dem Begriff des Scheinkaufmanns zugeordnet.)

a) Unrichtige Eintragung im Handelsregister

Der spezielle Tatbestand – die Eintragung eines Nichtkaufmanns im Handelsregis-ter – kommt nur vor, wenn der Eingetragene **kein Gewerbe** betreibt (sonst wäre er ja Kaufmann nach § 1 oder § 2 oder § 3 II, III HGB). Zu denken ist hier an die (oben erwähnten) Fälle, dass

(1) der Eingetragene nicht **kontinuierlich,** sondern nur gelegentlich eine auf Ge-winnerzielung gerichtete Tätigkeit ausübt,

(2) der Eingetragene Freiberufler ist, d.h. **überhaupt keine** auf Gewinnerzielung ausgerichtete Tätigkeit ausübt.

Diese Fälle werden nicht von § 5 HGB erfasst, da dieser ein Gewerbe voraus-setzt (vgl. den Wortlaut von § 5 HGB: „das unter der Firma betriebene **Ge-werbe**"). Dritte werden aber durch die Registervorschriften § 15 I, III HGB ge-schützt, es sei denn, dass sie die Unrichtigkeit kannten. § 15 I, III HGB geben den für Registereintragungen typischen **abstrakten Vertrauensschutz:** Der Dritte braucht nicht konkret nachzuweisen, dass er im Vertrauen auf die (un-richtige) Eintragung gehandelt hat.

b) Sonstige Fälle

Von den Fällen der unrichtigen Registereintragung sind die Fälle zu unterscheiden, in denen jemand **auf andere** Weise als durch Registereintragung den Anschein der Kaufmannseigenschaft erweckt. Zu denken ist hier vor allem an **Kleingewerbebe-treibende,** die den Anschein eines größeren Gewerbebetriebs (d.h. den Anschein der Kaufmannseigenschaft nach § 1 HGB) erwecken, indem sie z.B. hochtrabende Geschäftsbezeichnungen führen (etwa „Computerfachgeschäft" oder „Computer Center" für eine kleine Bastelwerkstatt in der Garage). In solchen Fällen kommt der **konkrete** Vertrauensschutz nach allgemeinen Rechtsscheingrundsätzen in Betracht. Es müssen vier Voraussetzungen erfüllt sein:

(1) **Rechtsscheintatbestand:** Es muss der Rechtsschein der Kaufmannseigenschaft entstanden sein.

(2) **Kausalität:** Wenn der Schein nicht durch öffentliche Kundgebung (Zeitungsan-zeigen, Rundschreiben), sondern durch das Verhalten gegenüber dem Dritten geschaffen wurde, muss der Dritte beweisen, dass er sich bei seinem geschäft-lichen Verhalten auf den Rechtsschein verlassen hat.[2]

(3) **Gutgläubigkeit:** Der Dritte darf dabei nicht fahrlässig gewesen sein.

---

[2] BGB 22, 238.

(4) **Zurechenbarkeit:** Der Rechtsschein muss dem Haftenden zuzurechnen sein, d. h. der Haftende muss den Rechtsschein selbst gesetzt oder den von einem anderen gesetzten Rechtsschein pflichtwidrig und schuldhaft nicht beseitigt haben. Außerdem muss der Haftende **voll geschäftsfähig** sein; der Schutz der Minderjährigen und der ihnen Gleichgestellten darf durch die Rechtsscheingrundsätze keine Einbuße erleiden.[3]

c) Scheinhandelsgesellschaft

Der spezielle und der allgemeine Tatbestand gelten auch für den Fall, dass nicht eine einzelne Person, sondern **mehrere** Personen handeln und den Anschein einer **Personenhandelsgesellschaft** (OHG oder KG) erwecken. Man spricht dann von einer Scheinhandelsgesellschaft.

4. Zusammenfassung und Prüfungsschema

Wenn in einem praktischen Fall die Kaufmannseigenschaft zu prüfen ist, geht man am besten nach dem folgenden Schema vor.

I. Man prüft zunächst, ob der Unternehmensträger FORMKAUFMANN ist. Nur wenn dies nicht der Fall ist, prüft man weiter, ob vorliegt ein

II. GEWERBE.

(1) Liegt ein Gewerbe **vor,** so muss man prüfen, ob der Gewerbetreibende **eingetragen** ist.

  (a) **Ist** er eingetragen, so steht fest, dass der Gewerbetreibende **Kaufmann** ist. Man kann die Prüfung mit diesem Ergebnis abbrechen und dahingestellt sein lassen, ob Kaufmannseigenschaft nach §§ 1, 2 oder 3 II, III HGB besteht.

  (b) Nur wenn der Gewerbetreibende **nicht** eingetragen ist, prüft man also weiter, ob ein **kaufmännischer Geschäftsbetrieb** erforderlich ist (wobei man die Vermutung gem. § 1 II HGB beachten muss).

    (aa) **Ist** ein Geschäftsbetrieb erforderlich, so ist der Gewerbetreibende Kaufmann nach § 1 HGB, es sei denn, dass er **Land- oder Forstwirt** ist.

    (bb) Ist ein Geschäftsbetrieb **nicht** erforderlich, so ist der (Klein-)Gewerbetreibende **nicht** Kaufmann. Aber: wenn er ein Unternehmen **vortäuscht,** das eine solche Einrichtung erfordert, ist er **Scheinkaufmann** nach allgemeinen Rechtsscheingrundsätzen (konkreter Vertrauensschutz).

(2) Wer **kein** Gewerbe betreibt (weil er **Freiberufler** ist oder nur **gelegentlich** oder **überhaupt nicht** selbständig erwerbstätig ist), ist **kein** Kaufmann. Aber:

  (a) Wenn der Nichtgewerbetreibende im **Handelsregister** eingetragen ist, wird er gem. § 15 I HGB wie ein Kaufmann behandelt (abstrakter Vertrauensschutz).

---

[3] BGH NJW 1977, 623.

(b) Wenn er **auf andere Weise** als durch Eintragung Kaufmannseigenschaft vortäuscht, ist er **Scheinkaufmann** nach allgemeinen Rechtsscheingrundsätzen (konkreter Vertrauensschutz).

Bitte prägen Sie sich dieses Schema gut ein.

§ 85. Personenhandelsgesellschaften

Nach der etwas umständlichen Formulierung des § 6 I HGB gilt das HGB nicht nur für Einzelkaufleute, sondern auch für die Handelsgesellschaften, d.h. für OHG, KG, AG, KommAG und GmbH. Da – wie oben erwähnt – AG, KommAG, GmbH und außerdem die eG und der große VVaG ohnehin **Formkaufleute** sind (§ 6 II HGB), hat § 6 I HGB nur für die beiden Personenhandelsgesellschaften – die OHG und die KG – praktische Bedeutung. Für die OHG und damit für die KG (§ 161 II HGB) gilt § 105 II HGB, der als gesellschaftsrechtliche Parallele zu § 1 II HGB zu verstehen ist. Die beiden Gesellschaften müssen also ein Gewerbe betreiben, das oberhalb der „Erforderlichkeitsschwelle" liegt, **oder** eingetragen sein.

I. Kleingewerbetreibende

Den Kleingewerbetreibenden stehen somit zwei Wege in das Handelsrecht offen: Sie können sich gem. § 2 HGB als **Einzelkaufleute** eintragen lassen; sie können sich aber auch zu einer **Gesellschaft** zusammenschließen und dann durch Eintragung gem. §§ 105 II, 161 II HGB den Status einer Personenhandelsgesellschaft erlangen.

Ob es für Kleingewerbetreibende günstig ist, **Einzelkaufleute** zu werden und sich den strengen Vorschriften des HGB zu unterwerfen, ist schwer zu beurteilen. Wahrscheinlich überwiegen die Nachteile.

Dagegen ist die Möglichkeit, eine **Personenhandelsgesellschaft** zu gründen, eindeutig ein Vorteil. Die Kleingewerbetreibenden können sich nämlich als GmbH & Co KG organisieren und sich auf diese Weise – ebenso wie die größeren Gewerbetreibenden – der persönlichen Haftung entziehen.

II. Besitzgesellschaften

§ 105 II – die gesellschaftsrechtliche Parallele zu § 1 II HGB – enthält einen **Zusatz,** der über die reine Parallele hinausgeht: Eine Gesellschaft kann auch dann OHG (und KG) werden, wenn ihre Tätigkeit sich auf die **Verwaltung des Vermögens** beschränkt (bitte lesen Sie nochmals § 105 II HGB). Dieser Zusatz ist wichtig, weil die reine Vermögensverwaltung streng genommen **kein** Gewerbe ist.[4] Der Grund für dieses der OHG und der KG – **nicht** den Einzelkaufleuten – zugestandene Privileg ist die in der Praxis häufige **Aufspaltung** von Unternehmen in eine Besitz- und eine Betriebsgesellschaft: Das Betriebsvermögen gehört der Besitzgesellschaft, die das Vermögen an die das unternehmerische Risiko tragende Betriebsgesellschaft ver-

---

[4] BGH ZIP, 1990, 505.

mietet. Mit der über § 2 HGB hinaus gehenden Ausweitung des zulässigen Gesellschaftszwecks einer Personenhandelsgesellschaft in § 105 II HGB hat der Gesetzgeber einem Bedürfnis der unternehmerischen Praxis entsprochen und der Besitzgesellschaft den Weg in das HGB ermöglicht.

§ 86. Die Firma

I. Begriff

Nach § 17 I HGB, der auch für Handelsgesellschaften und Formkaufleute gilt (§ 6 HGB), ist die Firma eines Kaufmanns „der Name, unter dem er seine Geschäfte betreibt und die Unterschrift abgibt". Das Gesetz weicht hier von dem allgemeinen Sprachgebrauch ab, der Firma und Unternehmen gleichsetzt. Bei der konkreten Ausgestaltung der Firma ist der Kaufmann grundsätzlich frei, er kann zwischen einer **Personenfirma**, einer **Sachfirma**, einer **Phantasiefirma** und einer **Mischfirma** wählen. Diese Wahlfreiheit[5] steht allen Kaufleuten zu, auch den Handelsgesellschaften und den Formkaufleuten.

Ein Beispiel: Die mit asiatischen Einrichtungsgegenständen handelnde Einzelkauffrau Margarete Kleinholz kann firmieren „Margarete Kleinholz e.K." (Personenfirma), „Asien Möbel e.K." (Sachfirma), „Typhoon e.K." (Phantasiefirma) oder „Kleinholz Typhoon e.K.", „Maggy's Typhoon e.K.", „Typhoon Möbel e.K." (Mischfirmen).

II. Firmengrundsätze

Allerdings wird die Wahlfreiheit durch fünf Grundsätze eingeschränkt, die teilweise miteinander kollidieren: die Grundsätze der **Firmenwahrheit,** der **Firmenunterscheidbarkeit,** der **Firmenbeständigkeit,** der **Firmeneinheit** und der **Firmenöffentlichkeit.**

Die privatrechtliche Durchsetzung dieser Grundsätze erfolgt nach den Vorschriften über den **Firmenschutz.**

1. Firmenwahrheit

Da für alle Unternehmen Sach- und Fantasienamen zugelassen sind, gibt die Firma **keine** Auskunft über die Identität der Personen, die das Unternehmen führen. Es ist aber zwingend vorgeschrieben, dass durch einen **Rechtsformzusatz** in der Firma die **Gesellschafts- und Haftungsverhältnisse** offen gelegt werden: Nach § 19 I Nr. 1 HGB müssen **Einzelkaufleute** die Bezeichnung „eingetragener Einzelkaufmann" oder „eingetragene Einzelkauffrau" oder eine allgemein verständliche Abkürzung wie „e.K." führen; Entsprechendes gilt für die Gesellschaften, bei denen die Rechts-

---

[5] Die Wahlfreiheit ist im Gesetz nicht ausdrücklich geregelt. Rein formal ergibt sie sich daraus, dass (seit 1998) Vorschriften, die für bestimmte Rechtsformen eine bestimmte Firmenart vorschreiben, im Gesetz fehlen (Umkehrschluss).

form in der Firma entweder ausgeschrieben oder allgemein verständlich abgekürzt angegeben sein muss (§ 19 I Nr. 2, 3 HGB, §§ 4, 279 AktG, § 4 GmbHG, § 3 GenG). Wenn bei einer OHG oder KG keine natürliche Person persönlich haftet, muss auch dies durch eine entsprechende Bezeichnung (z.B. GmbH & Co KG, AG & Co KG) gekennzeichnet sein (§ 19 II HGB).

Die firmenrechtlichen Vorschriften werden ergänzt durch Bestimmungen über konkrete Pflichtangaben auf **Geschäftsbriefen** und **Bestellscheinen,** die ebenfalls für alle kaufmännischen Unternehmensformen und außerhalb des Handelsrechts für die Partnerschaftsgesellschaft gelten (§§ 37 a, 125 a, 177 a HGB, §§ 80, 278 III AktG, § 35 a GmbHG, § 7 IV PartGG).

Außerdem ist in § 18 II HGB bestimmt, dass die Firma keine Angaben enthalten darf, die geeignet sind, über geschäftliche Verhältnisse, die für die angesprochenen Verkehrskreise wesentlich sind, **irrezuführen.** Im Eintragungsverfahren wird die Eignung zur Irreführung allerdings nur dann berücksichtigt, wenn sie **ersichtlich** ist (§ 18 II S. 2 HGB).

2. Firmenunterscheidbarkeit (Firmenexklusivität)

Neben dem Grundsatz der Firmenwahrheit hat der in § 18 I HGB geregelte Grundsatz der Firmenunterscheidbarkeit besondere Bedeutung, da er die **Kennzeichnungsfunktion** der Firma sichert. Zusätzlich ist in § 30 HGB bestimmt, dass jede neue Firma sich von allen eingetragenen Firmen **desselben** Ortes deutlich unterscheiden muss.

3. Firmenbeständigkeit (Firmenkontinuität)

Der Grundsatz der Firmenbeständigkeit ermöglicht die unveränderte Fortführung der Firma auch dann, wenn in der Person des Inhabers oder im Gesellschafterbestand einer Personenhandelsgesellschaft eine Änderung eintritt. Der Grundsatz führt also zu einem **Bestandsschutz.** Tritt die Änderung bei einem Inhaber oder einem Gesellschafter ein, dessen Name in der Firma enthalten ist, kann der Bestandsschutz zu einer **Durchbrechung** des Grundsatzes der Firmenwahrheit führen. Man kann drei Fallgruppen unterscheiden.

Fallgruppe 1: Der Inhaber oder der Gesellschafter, dessen Name in der Firma geführt wird, **ändert** seinen Namen (z.B. durch Heirat, Adoption, Wiederannahme eines früheren Namens nach einer Scheidung). § 21 HGB gestattet in diesem Fall die unveränderte Fortführung der Firma.

Fallgruppe 2: Ein kaufmännisches Unternehmen wird im Wege der **Einzelrechtsnachfolge** oder durch Erbgang auf einen neuen Rechtsträger übertragen oder ein kaufmännisches Unternehmen wird in eine neu gegründete OHG oder KG **eingebracht** oder es tritt **im Gesellschafterbestand** einer OHG oder KG eine Änderung ein (Ein- oder Austritt). Nach §§ 22, 24 HGB kann in diesen Fällen die alte Firma unverändert fortgeführt werden, auch wenn in der Firma der Name des früheren Gesellschafters oder eines ausgeschiedenen Gesellschafters enthalten ist.

Fallgruppe 3: Ein kaufmännisches Unternehmen wird im Wege der **Gesamtrechtsnachfolge** auf einen neuen Rechtsträger übertragen. Das Umwandlungsrecht gestattet weitgehend die unveränderte Fortführung der Firma (§ 18 UmwG).

In Fallgruppe 1 wird die Öffentlichkeit nicht getäuscht, da Inhaber und Gesellschafter identisch bleiben. Der Grundsatz der Firmenwahrheit wird deshalb nicht tangiert.

Anders liegen die Verhältnisse in den Fallgruppen 2 und 3. Die Fortführung der unveränderten Firma führt dazu, dass die Firma nunmehr falsche Angaben über die Identität des Inhabers oder eines Gesellschafters enthält. Der Grundsatz der Firmenwahrheit wird also durchbrochen. Die Durchbrechung wird hier in Kauf genommen, weil das Unternehmen als organisatorische Einheit mit der Firma verbunden bleibt und sich nur vom **Unternehmensträger** (ganz oder teilweise) gelöst hat. Außerdem wird in diesen Fällen durch **einschränkende** Vorschriften eine zu weit gehende Irreführung des Handelsverkehrs verhindert:

(1) Die Abtrennung der Firma nicht nur vom Unternehmensträger, sondern auch vom Unternehmen – die sog. **Leerübertragung** – ist unzulässig (§ 23 HGB).

(2) Persönliche Titel (z.B. „Dr.", in Österreich auch: „Hofrat") oder Auszeichnungen eines früheren Inhabers oder Gesellschafters dürfen nur dann fortgeführt werden, wenn der neue Inhaber oder einer der derzeitigen Gesellschafter die gleiche Qualifikation besitzt.[6]

(3) In allen Fällen müssen die Vorschriften über den **Rechtsformzusatz** eingehalten werden. Darauf wird in § 19 I HGB ausdrücklich hingewiesen.

4. Firmeneinheit

Der Grundsatz der Firmeneinheit ist von der Rechtsprechung entwickelt worden:[7] Wer mehrere Unternehmen hat, kann für jedes Unternehmen eine besondere Firma führen. Wer nur ein Unternehmen hat, kann nur **eine** Firma führen, da anderenfalls der Rechtsverkehr getäuscht wird.

5. Firmenöffentlichkeit (Firmenpublizität)

Jeder Kaufmann ist verpflichtet, eine Firma anzunehmen und durch einen Antrag die Eintragung in das Handelsregister und deren Bekanntmachung zu bewirken (§ 29 HGB). Im Dienste der Firmenöffentlichkeit stehen auch die oben erwähnten Vorschriften über die **Pflichtangaben** auf Geschäftsbogen und Bestellscheinen.

III. Firmenschutz

Wer in seinen Rechten dadurch verletzt wird, dass ein anderer eine Firma unbefugt gebraucht, kann Ansprüche auf Unterlassung und auf Schadensersatz haben.

---

[6] St. Rspr., BGH 53, 67.
[7] BGH NJW 1991, 2033.

(1) **Unterlassungsansprüche** setzen außer der Widerrechtlichkeit der Firmenführung **Wiederholungsgefahr** voraus. Sie ist z.B. gegeben, wenn der Verletzer die unzulässige Firma trotz Abmahnung weiter benutzt. Anspruchsgrundlagen sind vor allem § 37 II HGB und § 15 II, III MarkenG, der einen sachlich und räumlich weiter reichenden Schutz gewährt.

(2) **Schadensersatzansprüche** setzen außer Rechtswidrigkeit und Verschulden einen **Vermögensschaden** voraus (der oft schwer zu beweisen ist). Anspruchsgrundlage ist hier vor allem § 823 I BGB (die Firma ist ein absolutes Recht) und § 15 V MarkenG.

2. Kapitel:
Handelsgeschäfte

§ 87. Handelsgeschäfte

Bitte schlagen Sie noch einmal das Inhaltsverzeichnis des HGB auf und lesen Sie die Überschriften der Abschnitte des **Vierten** Buches.

Das gesamte Vierte Buch besteht aus **Sonderregeln,** die den Büchern 1–3 des BGB aufgesetzt sind. **Innerhalb** des Vierten Buches ist der Erste Abschnitt Allgemeiner Teil, Abschnitte 2–6 sind Besonderer Teil.

Allerdings sind die Handelsgeschäfte nicht nur im Vierten Buch geregelt. Auch Teile des **Ersten** Buches gehören hierher, z.B. die Vorschriften über den **Handelsvertreter** und den **Handelsmakler.**

I. Grundzüge

Die wichtigsten Vorschriften über die Handelsgeschäfte kann man in den folgenden Grundgedanken zusammenfassen:

1. Erhöhte Pflichten

Es werden an den Kaufmann erhöhte Anforderungen in Bezug auf **Umsichtigkeit, Sorgfalt** und **Pünktlichkeit** gestellt. Das wird allgemein in der Generalklausel § 347 HGB und konkret in einer Reihe von Einzelvorschriften festgelegt:

(1) Bestimmte Regeln des BGB, die den Handelnden vor ÜBEREILUNGEN schützen, gelten nicht für den Kaufmann: Er kann eine zu hohe **Vertragsstrafe** nicht herabsetzen lassen, er haftet als **Bürge** immer gesamtschuldnerisch, er ist an **mündlich** abgegebene Bürgschaftserklärungen, Schuldversprechen und Schuldanerkenntnisse gebunden (§§ 348–350 HGB).

(2) Sein **Schweigen** gilt in bestimmten Fällen abweichend vom BGB als **Zustimmung** (Einzelheiten o. § 13 II).

(3) Er muss alle bei ihm eingehenden Waren **unverzüglich** untersuchen und im Falle eines Mangels oder einer sonstigen Abweichung von der vertraglichen Beschaffenheit rügen (§ 377 HGB, Einzelheiten o. § 48 VI 3).

(4) Wenn er ein **Fixgeschäft** (z. B. ein „Just-in-Time"-Geschäft) nicht einhält, geht das Gesetz ohne weiteres vom **Interessenwegfall** des anderen Vertragsteils aus (§ 376 HGB, Einzelheiten o. § 46 IV 1 a).

2. Erweiterte Rechte

Dem Kaufmann werden aber nicht nur Belastungen auferlegt. Er genießt auch **Vorteile** aus seiner **genauen Berechnung von Zeit und Geld** (§§ 352–354 HGB).

3. Besondere Sicherungsmittel

Außerdem erhält er besondere SICHERUNGSMITTEL, die ihn im Falle der Insolvenz des Schuldners zur **abgesonderten Befriedigung** berechtigen:

(1) Das HGB kennt vier besondere gesetzliche **Pfandrechte** (des Kommissionärs, Frachtführers, Spediteurs, Lagerhalters).

(2) Außerdem hat der Kaufmann ein **kaufmännisches Zurückbehaltungsrecht,** das – anders als nach § 273 BGB – auch für Forderungen aus **früheren** Geschäften geltend gemacht werden kann (§ 369 HGB).

4. Erhöhter Vertrauensschutz

Ein besonders wichtiges Thema (und ein besonders beliebtes Examensthema des Handelsrechts) ist der erhöhte **Vertrauensschutz im Handelsverkehr.**

(1) Bei allen Handelsgesellschaften ist der Rahmen der VERTRETUNGSMACHT der Gesellschafter bzw. Mitglieder der Organe starr festgelegt und kann nicht mit Wirkung gegenüber außenstehenden Dritten beschränkt werden. Auch die Vertretungsmacht eines **Prokuristen** ist unbeschränkbar (§§ 49, 50 HGB). Nur die Vertretungsmacht eines **Handlungsbevollmächtigten** kann beliebig eingeschränkt werden, doch gelten die Beschränkungen gegenüber einem Dritten nur dann, wenn dieser die Beschränkungen kennt oder kennen muss (§ 54 III HGB).

(2) Zum Vertrauensschutz zu rechnen sind auch einige Grundsätze des Handelsrechts, die wir unter dem Gesichtspunkt des RECHTSSCHEINS behandelt haben: die Grundsätze über

(a) das **Handelsregister** (o. § 32 I) und

(b) den **Scheinkaufmann** (o. § 32 II).

(3) In diesen Zusammenhang gehören auch die Vorschriften über die Haftung bei der **Übertragung** eines kaufmännischen Unternehmens und bei der **Einbringung** eines einzelkaufmännischen Unternehmens in eine neugegründete OHG oder KG.

(a) Wer ein kaufmännisches Unternehmen **samt Firma** durch Vertrag erwirbt und fortführt, haftet gesamtschuldnerisch neben dem Veräußerer für alle alten Geschäftsschulden (§§ 25, I 26 HGB). Grundlage dieser Haftung ist nicht der interne Übertragungsvertrag, sondern die an die **Öffentlichkeit** gerichtete Erklärung des Erwerbers, die schon in der rein tatsächlichen

Fortführung liegen kann. Die Haftung tritt deshalb auch ein, wenn der Übertragungsvertrag **unwirksam** ist!

Die Haftung ist **unbeschränkt,** kann aber durch Vereinbarung zwischen Veräußerer und Erwerber **ausgeschlossen** werden. Gegenüber einem Dritten ist eine solche Vereinbarung nur wirksam, wenn sie in das Handelsregister eingetragen und bekannt gemacht oder dem Dritten mitgeteilt worden ist (§ 25 II HGB).

(b) Wenn jemand als Gesellschafter in das Geschäft eines Einzelkaufmanns eintritt, haftet die **Gesellschaft** (OHG oder KG), auch wenn sie die frühere Firma **nicht** fortführt, für die Altschulden des früheren Inhabers (§ 28 HGB). Die Haftung tritt auch dann ein, wenn der Gesellschaftsvertrag unwirksam wird.

Die Haftung der Gesellschaft ist **unbeschränkt,** aber wie bei § 25 II HGB **ausschließbar** gegenüber Dritten durch Eintragung in das Handelsregister oder durch besondere Mitteilung (§ 28 II HGB). Zu beachten ist, dass § 28 HGB nur zur Folge hat, dass die Altschulden **Gesellschaftsschulden** werden. Ob der eintretende Gesellschafter für diese Schulden beschränkt oder unbeschränkt haftet, hängt davon ab, ob er persönlich haftender Gesellschafter oder Kommandit ist (§§ 128, 161 II, 171 I HGB).

(4) Zum Vertrauensschutz gehört weiterhin § 366 I HGB. Danach gibt es einen gutgläubigen Erwerb von Eigentum gem. §§ 932 ff. BGB auch dann, wenn der Erwerber nicht an das Eigentum, sondern an die **Veräußerungsbefugnis** (z.B. an die Verfügungsermächtigung) des Veräußerers glaubt (Einzelheiten o. § 71 II). Außerdem genießen die in § 366 III HGB aufgeführten Hilfspersonen des Kaufmanns Gutglaubensschutz auch hinsichtlich ihrer **gesetzlichen Pfandrechte** (Einzelheiten o. § 72 II).

II. Der Begriff des Handelsgeschäfts

Wenn man in einem praktischen Fall eine Vorschrift aus dem Vierten Buch des HGB anwenden will, genügt nicht die Feststellung, dass einer der beiden Vertragspartner oder beide Vertragspartner Kaufleute gem. §§ 1ff. HGB sind. Man muss zwischen die Kaufleute (oder den Kaufmann) und die Vorschriften ein Zwischenglied einschieben. Dieses **Zwischenglied** ist das Wort „Handelsgeschäft". Es hat drei Voraussetzungen, die in § 343 HGB geregelt sind:

(1) Ein **Kaufmann** muss

(2) ein **Rechtsgeschäft** vornehmen,

(3) das zum **Betrieb seines Handelsgewerbes** gehört.

Das Rechtsgeschäft muss also **betriebsbezogen** sein, wobei allerdings ein entfernter, lockerer Zusammenhang genügt.[8] Um trotz des etwas generalklauselartigen Be-

---

[8] BGH 63, 35.

griffs klare Rechtsverhältnisse zu schaffen, hat man im Gesetz **zwei Vermutungen** vorgesehen:

(1) Nach § 344 I HGB gelten die Geschäfte eines Kaufmanns „im Zweifel" als betriebsbezogen. Wenn der Fall also nicht **ganz eindeutig** privat ist (ganz eindeutig privat ist der Fall z.B., wenn der Kaufmann zum Frisör oder Zahnarzt oder Heiratsvermittler geht), muss der Kaufmann beweisen, dass das Geschäft zu seinem Privatbereich gehört und dass dies dem anderen auch **erkennbar** war.[9]

(2) Die Vermutung nach § 344 II HGB geht noch einen Schritt weiter: Wenn ein Kaufmann einen Schuldschein unterzeichnet (Schuldschein ist hier im weitesten Sinne zu verstehen: jede Urkunde, in der der Kaufmann eine Schuld bestätigt oder begründet), so gilt der Schuldschein als im Betrieb des Handelsgewerbes gezeichnet, sofern nicht aus dem **Urkundentext** sich das Gegenteil ergibt. Hier werden also die Umstände der Ausstellung überhaupt nicht berücksichtigt.

§ 88. Personeller Anwendungsbereich der Vorschriften über die Handelsgeschäfte

I. Scheinkaufleute

Für einen Scheinkaufmann – nach § 15 HGB oder nach allgemeinen Rechtsscheingrundsätzen – gelten die Vorschriften über Handelsgeschäfte nur insoweit, als diese sich zu seinen **Ungunsten** auswirken. Diese Einschränkung ist notwendig, da sich sonst jeder allein durch entsprechendes Auftreten im Verkehr zum Kaufmann machen könnte.

II. Nichtkaufleute

Zu der Frage, ob die einzelnen Vorschriften auch für Nichtkaufleute gelten, enthält § 345 HGB eine **Regel**: Auch wenn es sich um ein **einseitiges Handelsgeschäft**[10] handelt, d.h. wenn das Geschäft nur für **eine** Seite ein Handelsgeschäft ist, gilt die Vorschrift gleichmäßig für **beide** Seiten (bitte unbedingt § 345 HGB lesen). Allerdings wird im zweiten Halbsatz von § 345 HGB darauf hingewiesen, dass es zu diesem Grundsatz **Ausnahmen** gibt. Es gibt zwei Arten von Ausnahmen. **Welche** der beiden Ausnahmen vorliegt, kann man jeweils aus dem Wortlaut der Vorschrift entnehmen.

(1) Die eine Art von Ausnahme liegt darin, dass die Vorschrift nur für **beiderseitige Handelsgeschäfte**[10] gilt, dass also das Geschäft für **beide Seiten** ein Handelsgeschäft sein muss. Eine solche Ausnahme ist z.B. § 346 HGB, wonach die Han-

---

[9] BGH WM 1976, 424.
[10] Die Unterscheidung zwischen einseitigen und beiderseitigen Handelsgeschäften ist nicht zu verwechseln mit der Einteilung in einseitige und mehrseitige Rechtsgeschäfte (s.o. § 8 IV 1 A).

delsbräuche nur „unter Kaufleuten" gelten. Weitere Ausnahmen dieser Art, die man sofort an ihrem Wortlaut erkennen kann, sind § 352 I („bei beiderseitigen Handelsgeschäften"), § 353 („Kaufleute untereinander"), § 369 („Ein Kaufmann … gegen einen anderen Kaufmann"), §§ 377, 379 HGB („Ist der Kauf für beide Teile ein Handelsgeschäft …").

(2) Nach der anderen Ausnahme gilt die Vorschrift zwar auch bei einseitigen Handelsgeschäften. Da die Vorschrift aber **belastenden** Charakter hat, tritt die Wirkung nur auf der **kaufmännischen** Seite ein. Ein Beispiel ist § 347 HGB, der die Sorgfalt eines ordentlichen Kaufmanns nur der kaufmännischen Seite auferlegt. Weitere Beispiele sind die bereits erwähnten „Übereilungsparagraphen" §§ 348–350 HGB.

(3) Ist aus einer Vorschrift eine Ausnahme weder in dem einen noch in dem anderen Sinne zu entnehmen, so ist dies ein Zeichen dafür, dass die Vorschrift unter die **Regel** fällt. Die Regelvorschriften stellen im Allgemeinen Teil des Vierten Buches eine **Minderheit** dar. Beispiele sind §§ 358, 359 HGB.

III. Die selbständigen Hilfspersonen des Kaufmanns

Eine Sondergruppe hinsichtlich der Anwendung des HGB bilden die selbständigen Hilfspersonen des Kaufmanns: Handelsvertreter, Handelsmakler, Kommissionär, Frachtführer, Spediteur und Lagerhalter. Das für jede dieser sechs Hilfspersonen und deren Kunden im HGB vorgesehene spezifische Vertragsrecht gilt nämlich auch dann, wenn die Hilfsperson **kein Kaufmann** ist, weil ihr Unternehmen weder kaufmännische Einrichtung erfordert noch im Handelsregister eingetragen ist.

Bei den vier Hilfspersonen, deren spezifische Vertragsrechte im Vierten Buch des HGB geregelt sind – Kommissionär, Frachtführer, Spediteur und Lagerhalter – geht das Gesetz noch einen Schritt weiter: Für diese Hilfspersonen gelten, wenn sie Nichtkaufleute sind, **zusätzlich** die Vorschriften des **Allgemeinen Teils** der Handelsgeschäfte mit Ausnahme der gefährlichen „Übereilungsparagraphen" 348–350 HGB.

Bitte lesen Sie unbedingt §§ 84, 93, 383, 407, 453, 467 HGB.[11]

---

[11] Diese eigenartige Behandlung der nichtkaufmännischen Hilfspersonen ist nur im Hinblick auf die Abschaffung des früher in § 4 HGB geregelten **Minderkaufmanns** durch das Handelsrechtsreformgesetz von 1998 verständlich. Die unterhalb der „Erforderlichkeitsschwelle" arbeitenden nicht eingetragenen Hilfspersonen waren früher Minderkaufleute, für sie galt – mit einigen Ausnahmen – das HGB. Mit der Streichung des § 4 HGB wurden sie **Nichtkaufleute**. Um zu verhindern, dass diese Nichtkaufleute aus dem HGB herausfielen und von ihren spezifischen Vertragsrechten getrennt wurden, fügte der Gesetzgeber in den ersten Paragraphen des jeweiligen Vertragsrechts einen Absatz ein, der diese unerwünschte Konsequenz verhinderte. (Wenn Sie die oben zitierten Paragraphen gelesen haben, werden Ihnen diese Absätze aufgefallen sein.) Wenig einleuchtend ist allerdings, dass der Gesetzgeber sich entschloss, die Kleinunternehmer, deren Vertragsrecht im Vierten Buch des HGB geregelt ist, **zusätzlich** dem Allgemeinen Teil der Handelsgeschäfte zu unterwerfen und die Kleinhandelsvertreter und Kleinhandelsmakler von diesem Zusatz auszuschließen.

Sechster Abschnitt:
Wertpapiere

§ 89. Einführung

Vom Wertpapierrecht wird oft gesagt, dass es eine sehr schwierige und komplizierte Materie sei. Wir glauben, dass dies ein Vorurteil ist. Nach unseren Erfahrungen beruhen die Lernschwierigkeiten im Wertpapierrecht meist auf Unsicherheiten in den Grundlagen. Man findet sich nämlich im Wertpapierrecht nur dann zurecht, wenn man das ABSTRAKTIONSPRINZIP verstanden hat und das RECHTSSCHEINPRINZIP kennt. Wir raten, zunächst noch einmal die kurzen Ausführungen über die abstrakten **Verpflichtungsgeschäfte** zu lesen (o. § 27). Wir konzentrieren uns auf die für Sie wichtigen Papiere: den Wechsel, den Scheck und das Sparbuch. Die anderen Papiere werden nur gestreift.

I. Das Dreierverhältnis bei Wechsel und Scheck

Wir hoffen, dass wir nicht zu viel erwarten, wenn wir annehmen, dass Sie schon einmal ein Scheckformular in der Hand gehabt und ein Wechselformular wenigstens schon einmal gesehen haben. (Man erhält es im Papierwarengeschäft.) Sie werden wohl auch wissen, dass der Scheck ein **Zahlungspapier** ist, das den bargeldlosen Zahlungsverkehr erleichtern soll, während der Wechsel ein **Kreditpapier** ist. Gemeinsam ist den beiden Papieren, dass sie von einem Dreierverhältnis ausgehen:

(1) Der Aussteller (A) füllt das Formular aus und unterschreibt es.

(2) Dadurch wird der Bezogene (B) angewiesen, die bezeichnete Geldsumme zu zahlen („Gegen diesen Scheck bzw. Wechsel zahlen Sie").

(3) Außerdem hat der Aussteller die Person angegeben, an die die Zahlung erfolgen soll. Im Scheck- und Wechselgesetz heißt diese Person „Nehmer", wir verwenden den in der Praxis üblichen Ausdruck „Remittent" (R).

II. Der Scheck

Betrachten wir nun die Verhältnisse beim Scheck etwas näher. Der Aussteller hat das Scheckformular von einer Bank erhalten, deren Kunde er ist. Die Bank hat bei der Eröffnung des Kontos mit ihm einen **Geschäftsbesorgungsvertrag** geschlossen, sie hat sich im Voraus verpflichtet, alle vom Aussteller ordnungsgemäß ausgefüllten Schecks einzulösen, soweit Deckung vorhanden ist, sei es aus Guthaben, sei es aus Kreditgewährung (§§ 675, 676f). Dieses der Scheckausstellung zugrunde liegende Verhältnis bezeichnen wir als DECKUNGSVERHÄLTNIS.

Außerdem liegt der Scheckausstellung ein Verhältnis zum Remittenten zu Grunde. Meist will der Aussteller eine Schuld begleichen, es kann aber z.B. auch Schenkung oder Darlehensgewährung bezweckt sein. Wir nennen dieses Verhältnis das VALUTAVERHÄLTNIS.

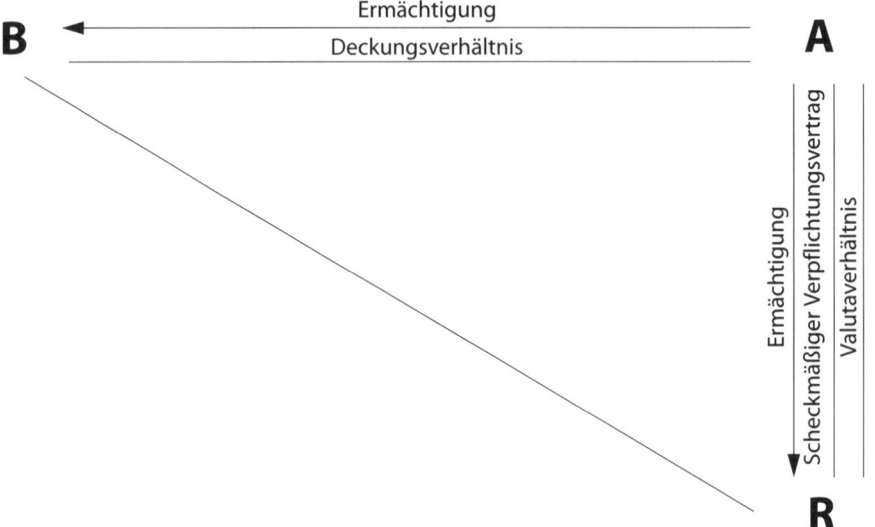

Bisher war nur von den Verhältnissen die Rede, die der Scheckausstellung **zugrunde** liegen. Was ist nun auf der **Scheckebene** geschehen, wenn der Aussteller dem Remittenten den ausgefüllten Scheck übergeben hat? Zunächst hat der Aussteller dem Remittenten das **Eigentum** am Papier übertragen (§ 929). Außerdem hat er eine DOPPELERMÄCHTIGUNG erteilt:

(1) Er hat den Bezogenen (die Bank B) ermächtigt, die genannte Summe im eigenen Namen an den Remittenten auszuzahlen.

(2) Er hat den Remittenten (R) ermächtigt, die Zahlung im eigenen Namen vom Bezogenen entgegenzunehmen (zu „erheben").

Die Doppelermächtigung hat nicht zur Folge, dass der Remittent gegen die Bank einen Anspruch auf Auszahlung hat. Dies gilt auch dann, wenn der Scheck ordnungsgemäß ausgestellt und auf dem Konto Deckung vorhanden ist, denn

(1) in der Übergabe liegt, jedenfalls nach deutschem Recht, nur eine Ermächtigung an den Remittenten, nicht etwa eine Abtretung des Guthabens, das der Aussteller bei der Bank hat;

(2) die Ermächtigung gibt dem Remittenten nur die Befugnis, die Zahlung entgegenzunehmen, nicht etwa, sie einzuklagen;

(3) entsprechend ist die Bank dem Remittenten gegenüber zur Auszahlung **nur ermächtigt, nicht verpflichtet**. Die Bank ist zwar aus dem der Ermächtigung zugrunde liegenden Geschäftsbesorgungsvertrag auch **verpflichtet**, der Ermächtigung nachzukommen, diese Verpflichtung besteht aber **nur dem Aus-**

steller gegenüber: Der Geschäftsbesorgungsvertrag, den die Bank mit dem Aussteller geschlossen hat, ist kein Vertrag zu Gunsten Dritter im Sinne des § 328.

Der Remittent, der von der Bank keine Zahlung erhält, hat deshalb scheckrechtlich nur die Möglichkeit, im **Regress** gegen den Aussteller vorzugehen. Denn der Aussteller, der seine Unterschrift auf den Scheck gesetzt hat, hat mit dem Remittenten bei der Übergabe (stillschweigend) einen scheckmäßigen Verpflichtungsvertrag geschlossen: Er hat erklärt, dass er für die Einlösung des Schecks einstehe (Art. 12 SchG). Der Remittent kann seinen Anspruch in einem stark verkürzten Verfahren, dem Scheckprozess, einklagen (s. o. § 80 I 4).

III. Die Anweisung des bürgerlichen Rechts

Wenn wir die Doppelermächtigung als ein Wesensmerkmal des Schecks hervorheben, können wir den Scheck als eine Sonderform der Anweisung des bürgerlichen Rechts bezeichnen. Die Anweisung im Sinne des § 783 hat in der Praxis eine viel geringere Bedeutung als ihre Sonderformen, wir gehen aber auf sie ein, weil sie uns als systematische Ausgangsbasis dient.

§ 783 sagt in allgemeiner Fassung, was wir oben über den Scheck geschrieben haben, nur ist die Terminologie etwas anders; es heißt hier Anweisender statt Aussteller (A), Angewiesener statt Bezogener (B), Anweisungsempfänger statt Remittent (R). (Bitte lesen Sie jetzt noch einmal § 783.) Dagegen ergibt sich aus § 784 auch eine Verschiedenheit in sachlicher Hinsicht: Der Angewiesene (B) kann die Anweisung „annehmen", wobei er seine Unterschrift auf das Papier setzen muss. Durch diese Annahme wird ein neues Rechtsverhältnis begründet. Während nämlich bisher der Angewiesene (B) nur aufgrund des Deckungsverhältnisses gegenüber dem Anweisenden (A) verpflichtet war, übernimmt er nun die Verpflichtung dem Anweisungsempfänger (R) gegenüber. Jetzt erst hat der Anweisungsempfänger (R) einen direkten Anspruch gegen den Angewiesenen (B). Die Verpflichtung, die der Angewiesene (B) gegenüber dem Anweisungsempfänger (R) übernommen hat, ist abstrakt, d.h. vom Grundverhältnis zum Anweisenden (A) unabhängig.

📖 Bitte lesen Sie diesen letzten Absatz noch einmal, damit Sie die Personen klar auseinander halten können. Dann lesen Sie noch einmal §§ 783, 784.

IV. Wechsel und Scheck

Nach der letzten Ausführung über die Anweisung ist es zum Wechselrecht nur noch ein kleiner Schritt, denn auch der Wechsel ist eine Sonderform der Anweisung, und der Unterschied zwischen Wechsel und Scheck liegt darin, dass der Wechsel angenommen werden kann, der Scheck dagegen nicht. (Bitte lesen Sie Art. 28 WG, Art. 4 SchG.) Der Gesetzgeber wollte mit dem Wechsel ein Kreditpapier, mit dem Scheck ein reines Zahlungspapier schaffen. Um zu verhindern, dass der Scheck zu Kreditzwecken benutzt wird, wurde die Annahme des Schecks verboten. Eine verbotswidrige Annahme des Schecks kann auch nicht in eine Verpflichtung anderer Art umgedeutet werden, da sie als „nicht geschrieben" gilt (Art. 4 SchG).

1. Kapitel:
Der Wechsel

§ 90. Die Ausstellung des Wechsels

Der Wechsel wird normalerweise, nicht notwendigerweise, vom Aussteller ausgestellt, es kommt auch vor, dass der Bezogene den Wechsel ausstellt, akzeptiert (d.h. durch „Querschreiben" annimmt) und dann dem Aussteller schickt. In der Praxis benutzt man durchweg – obwohl das gesetzlich nicht vorgeschrieben ist – die im Handel erhältlichen Wechselformulare. Die Verwendung eines solchen Formulars ist erforderlich, wenn der Wechsel später bei einer Bank diskontiert werden soll, aber auch in allen anderen Fällen nützlich, da der Aussteller sonst leicht ein Formerfordernis übersehen und einen nichtigen Wechsel ausstellen könnte. Art. 1 WG zählt **acht Bestandteile** auf, deren Fehlen grundsätzlich zur Nichtigkeit des Wechsels führt (Ausnahmen Art. 2 II-IV WG). Natürlich wäre es unsinnig, die einzelnen Bestandteile **auswendig** zu lernen. Man muss wissen, „wo es steht", und es steht in den ersten Artikeln des Wechselgesetzes.

📖 Bitte lesen Sie Art. 1–7, 33 WG.

Die Bestandteile des gezogenen Wechsels sind:

(1) **die Bezeichnung als Wechsel im Text der Urkunde,** und zwar in der Sprache, in der die Urkunde ausgestellt ist. Ausreichend sind auch Wortzusammensetzungen wie „Wechselbrief, Wechselanweisung" usw. Dagegen genügen nicht Bezeichnungen wie „Urkunde, Tratte, wechselmäßig" oder die Überschrift „Wechsel", denn Art. 1 verlangt Angabe **im Text;**

(2) **die unbedingte Anweisung,** eine bestimmte Geldsumme zu zahlen. Jeder Vermerk, der z.B. die Zahlung von der Wirksamkeit des Grundgeschäfts oder der Bewirkung einer Gegenleistung abhängig macht, vernichtet demnach den Wechsel;

(3) **der Name des Bezogenen,** der mit dem Namen des Ausstellers identisch sein kann (dann handelt es sich um einen trassiert-eigenen Wechsel, Art. 3 II). Für die Gültigkeit des Wechsels ist hierbei nicht von Bedeutung, ob die als Bezogener angegebene Person überhaupt existiert: Auch der Wechsel mit einer erdichteten Person als Bezogenem, der sog. Kellerwechsel, ist ein formgültiger Wechsel, und die Unterschriften der übrigen haben volle Gültigkeit (Art. 7), wenn es sich bei dem erdichteten Namen um eine Person handelt, die wenigstens **möglich** ist (nichtig wäre z.B. ein Wechsel auf „Herrn Adolf Hitler, Obersalzberg", denn Hitler ist seit 1945 eine unmögliche Person);

(4) **die Angabe der Verfallzeit.** Sie ist entbehrlich, der Wechsel gilt dann als Sichtwechsel (Art. 2 II), d.h., er ist bei Vorlegung fällig (Art. 34). Bezüglich der Verfallzeit kann der Wechsel gezogen werden (Art. 33):

    (a) **auf einen bestimmten Tag** (Tagwechsel). Dies ist der Regelfall. Der Tag ist auch bestimmt, wenn als Verfallzeit „Anfang, Ende" oder „Mitte" eines Monats angegeben wird (Art. 36 III). Ist ein Sonntag oder ein gesetzlicher

Feiertag bezeichnet worden, so wird die Zahlungspflicht bis zum folgenden Werktag aufgeschoben (Art. 72 I). Aus diesem Grunde sind auch Angaben wie „Ostern", „Pfingsten", „Weihnachten" trotz der zwei Feiertage ausreichend, da die Zahlung ohnehin erst am Tage nach dem zweiten Feiertag verlangt werden kann.[1]

(b) **auf Sicht** („jederzeit, a vista"). Der Sichtwechsel ist bei Vorlegung fällig (Art. 34);

(c) **auf eine bestimmte Zeit nach Sicht.** Der Nachsichtwechsel wird eine bestimmte Zeit nach Annahme oder nach Protest mangels datierter Annahme fällig (Art. 35 I, 25 II);

(d) **auf einen bestimmten Tag nach Ausstellung** (Datowechsel: Zahlung „in drei Monaten", „vierzehn Tagen" usw.).

Wechsel mit anderen oder mit mehreren aufeinander folgenden Verfallzeiten (Ratenwechsel) sind nichtig (Art. 33 II);

(5) **die Angabe des Zahlungsortes.** Hier genügt nicht wie bei den Personennamen ein erdichteter Ort: Der Ort muss wirklich existieren. Fehlt die besondere Angabe eines Zahlungsortes, so entscheidet der bei dem Namen des Bezogenen angegebene Ort (Art. 2 III); fehlt auch dieser, so ist der Wechsel nichtig (Art. 2 I);

(6) **der Name des Wechselnehmers** (Remittent). Der Aussteller darf sich selbst als Remittent bezeichnen („an mich, an Order eigene"), es liegt dann ein sog. Wechsel an eigene Order vor (Art. 3 I);

(7) **die Angabe des Tages und des Ortes der Ausstellung.** Auch hier müssen Tag und Ort nur möglich sein. (Nichtig z.B. Wechsel vom 30. Februar.) Der Ausstellungsort ist entbehrlich, falls ein Ort beim Namen des Ausstellers angegeben ist (Art. 2 IV);

(8) **die Unterschrift des Ausstellers.** Diese braucht wiederum nicht echt zu sein, es muss sich nur um die Unterschrift einer möglichen Person handeln.

§ 91. Die Annahme des Wechsels

Durch die Ausstellung des Wechsels wird der Bezogene zunächst nur **ermächtigt,** an den Remittenten zu zahlen (bei Verrechnung mit dem Aussteller im Deckungsverhältnis). Seine wechselmäßige Verpflichtung entsteht erst durch die Annahme, die im Verkehr auch Akzeptierung oder „Querschreiben" genannt wird.

📖 Bitte lesen Sie Art. 25 I, 26, 28 I, 29 I WG.

Die Annahmeerklärung ist nicht an den Aussteller, sondern an den Remittenten gerichtet. Der Aussteller, der dem Remittenten später den akzeptierten Wechsel übergibt, ist nur Überbringer dieser Erklärung. Wenn der Remittent den Wechsel erlangt und dabei die Annahmeerklärung des Bezogenen annimmt, kommt zwischen ihm und dem Bezogenen, der nunmehr Akzeptant (Annehmer) heißt, ein

---

[1] Baumbach/Hefermehl, Art. 33 Rnr. 5.

wechselmäßiger Verpflichtungsvertrag zustande, der vom Grundverhältnis völlig losgelöst (abstrakt) ist und die Begründung einer selbständigen Wechselverbindlichkeit zum Inhalt hat. Der Akzeptant kann gegenüber dem Remittenten keine Einreden erheben, die aus seinem Grundverhältnis zum Aussteller stammen, es sei denn, dass der Remittent beim Erwerb des Wechsels bewusst zum Nachteil des Akzeptanten gehandelt, z.B. mit dem Aussteller arglistig zusammengespielt hat (Art. 17 WG).

Darüber hinaus ist es dem Akzeptanten sogar grundsätzlich verwehrt, sich gegenüber dem Remittenten auf die Nichtigkeit der abstrakten Annahmeerklärung zu berufen. Wenn z.B. der Akzeptant nur zum Scherz oder unter dem Einfluss von Täuschung oder Drohung seitens des Ausstellers oder unter wucherischen Umständen unterschrieben hat, so ist das abstrakte Rechtsgeschäft der Annahme zwar nichtig. Aber der Akzeptant hat durch seine Unterschrift auf dem Wechsel den **Schein** einer wirksamen Wechselerklärung erweckt und wird an diesem Schein festgehalten, wenn der Remittent beim Erwerb des Wechsels gutgläubig war.

§ 92. Die Übertragung des Wechsels

I. Der Übertragungsvertrag

1. Übertragung an den Remittenten

Wenn der Aussteller den Wechsel an den Remittenten weitergibt, will er – sachenrechtlich betrachtet – diesem nicht nur den Besitz an dem Papier, sondern auch das Eigentum verschaffen. Bei der Übergabe findet deshalb eine Übereignung des Papiers gem. § 929 BGB statt. Ist der Wechsel bereits akzeptiert, so erwirbt der Remittent mit dem Eigentum am Papier die Wechselforderung gegen den Akzeptanten. Manchmal wird ein Wechsel weitergegeben, der noch nicht akzeptiert ist. Dann erlangt der Remittent mit dem Eigentum nur die Ermächtigung, die Leistung beim Bezogenen im eigenen Namen zu erheben, und muss versuchen, den Bezogenen zur Akzeptierung zu veranlassen.

2. Die Weiterübertragung durch Indossament

Häufig will auch der Remittent den Wechsel weiterübertragen, z.B. an einen Gläubiger, der sich den Wechsel erfüllungshalber geben lässt (§ 364 II), oder an eine Bank, die den Wechsel ankauft (Diskont). Auch diese Übertragung erfolgt in der Form des § 929: Der Remittent einigt sich mit dem Erwerber darüber, dass das Eigentum am Papier und gleichzeitig alle Rechte aus dem Papier auf den Erwerber übergehen sollen, außerdem wird der Wechsel übergeben. Hinzu kommen muss aber noch ein Indossament, das auf die Rückseite gesetzt wird und die Anweisung auf der Vorderseite variiert. Auf der Vorderseite hatte der Aussteller den Bezogenen angewiesen, „an R" zu zahlen. R erteilt nun die weitere Anweisung, „für mich an I" oder kürzer „an I" zu zahlen. Gleiches gilt für alle weiteren Übertragungen. Der Übertragende wird jeweils Indossant, der Erwerber Indossatar genannt. Das

Indossament kann auch aus der bloßen Unterschrift des Indossanten bestehen. Ein solches Blankoindossament verschafft dem Indossatar die Möglichkeit, den Wechsel gem. § 929 ohne ein weiteres Indossament weiterzuübertragen.

📖 Bitte lesen Sie Art. 11–14 WG.

II. Der gutgläubige Erwerb des Wechsels

Der wechselmäßige Übertragungsvertrag kann trotz seiner Abstraktheit Mängel aufweisen, z.b. weil der Vormann Nichtberechtigter war (er hat den Wechsel seinem Vormann gestohlen und dessen Indossament gefälscht), oder weil der Vormann nicht geschäftsfähig und die Einigung mit dem Nachmann nichtig war. In solchen Fällen ist ein gutgläubiger Erwerb des Wechsels möglich, falls vom Remittenten bis zum Erwerber eine ununterbrochene Kette von äußerlich ordnungsmäßigen Indossamenten läuft. Allerdings bleiben hierbei § 932 BGB, § 366 HGB außer Anwendung, da Art. 16 II als ausschließliche Sonderregelung eingreift. Art. 16 II gibt nur negativ an, dass der Gutgläubige, wenn er gem. Art 16 I legitimiert ist, den Wechsel nicht herauszugeben hat; es ist daraus positiv zu schließen, dass er dann das Eigentum aufgrund seines guten Glaubens erworben hat.

Durch Art. 16 II wird der gute Glaube an die Berechtigung, Vertretungsmacht, Verfügungsermächtigung, an die Identität und sogar an die Geschäftsfähigkeit geschützt! Dieser umfangreiche Gutglaubensschutz ist notwendig wegen der besonderen Bedeutung des Wechsels als zum Umlauf bestimmtes Kreditpapier. Er ist auch formaljuristisch zu vertreten angesichts der weiten Fassung des Art. 16 II. Denn der nur dem Wechsel- und Scheckgesetz (Art. 21 SchG) eigene, aus der Übersetzung des offiziellen englischen und französischen Textes des Genfer Abkommens zu verstehende Ausdruck „irgendwie abhanden gekommen" bedeutet jeden gewollten oder ungewollten Besitzverlust eines früheren Inhabers ohne gültigen Übertragungsvertrag. Die Bedeutung des Wortes „abhanden gekommen" in § 935 BGB bleibt hier völlig außer Betracht.

§ 93. Die Verpflichtung aus dem Wechsel im Einzelnen

I. Die aus dem Wechsel verpflichteten Personen

In der Regel kommt bei der Übertragung des Wechsels neben dem Übertragungsvertrag gem. § 929 auch ein wechselmäßiger Verpflichtungsvertrag zu Stande. Z.B. erklärt der Aussteller dem Remittenten bei der Übergabe (stillschweigend), dass er für die Zahlung des Wechsels einstehe, das Gleiche erklärt der Remittent als Indossant bei der Weiterindossierung usw. Der wechselmäßige Verpflichtungsvertrag wurde bereits bei der Annahme des Wechsels durch den Akzeptanten erwähnt, hier wie dort sind stets die Unterschrift auf dem Wechsel und eine Einigung mit dem Remittenten bzw. Nachmann erforderlich. Ein Unterschied besteht nur insoweit, als der Akzeptant in wechselmäßiger Hinsicht nur einen Verpflichtungsvertrag schließt, während der Aussteller **stets,** der Indossant in der Regel zwei wechselmäßige Verträge, nämlich einen Übertragungs- und einen Verpflichtungsvertrag schließt. Sämtliche Forderungen gegen die Wechselverpflichteten werden durch das Indossament an die Nachmänner weitertransportiert. Je mehr Indossamente auf dem Wechsel stehen, desto mehr Forderungen hat der letzte Nachmann, desto kreditwürdiger ist der Wechsel. Als Wechselverpflichtete kommen in Betracht:

(1) **der Akzeptant** (Art. 28), der den Wechsel angenommen (akzeptiert) hat;

(2) **der Aussteller** (Art. 9). Er haftet, falls er einen noch nicht akzeptierten Wechsel weitergegeben hat, für die Annahme, kann diese Haftung aber ausschließen (Art. 9 II). In jedem Falle haftet er für die Zahlung; entgegenstehende Vermerke gelten als nicht geschrieben (Art. 9 II);

(3) **der Indossant** (Art. 15). Auch er haftet für Annahme und Zahlung (sog. Garantiefunktion des Indossaments), er kann seine Haftung bezüglich beider jedoch beschränken:

Er kann jegliche Haftung ausschließen, z.B. durch den Vermerk „ohne Haftung", „ohne obligo" (sog. Angstklausel), denn er haftet gem. Art. 15 I nur **mangels eines entgegenstehenden Vermerks.**

Er kann die Haftung einschränken, indem er die Weiterübertragung untersagt („für mich an Herrn D, nicht an dessen Order"). Der Wechsel bleibt in einem solchen Falle zwar Orderpapier, er kann auch wirksam weiterübertragen werden, doch haftet der Indossant dann nur seinem direkten Nachmann, nicht dessen Nachmännern (Art. 15 II);

(4) **der Wechselbürge** (Art. 30). Er kann sich voll oder mit Begrenzung für einen bestimmten Wechselschuldner verbürgen. Die Wechselbürgschaft wird durch die Worte „als Bürge" (Art. 31 II), „per Aval, als Garant" ausgedrückt.

Für die Wechselbürgschaft gelten nicht die §§ 765 ff. BGB, sondern das Wechselgesetz als Sonderregelung. Insbesondere setzt die Haftung des Bürgen nicht voraus, dass die Schuld, für welche er sich verbürgt hat, wirksam entstanden ist (Art. 32 II). Die Wechselbürgschaft ist selten.

Das Vorgehen gegen Aussteller, Indossanten und Wechselbürgen setzt einen rechtzeitig eingelegten PROTEST voraus.

📖 Bitte lesen Sie Art. 43–54, 28 II, 79–81, 84, 86 WG.

📖 Bitte lesen Sie noch einmal Art. 47, 48, 53 WG.

II. Übertragungs- und Verpflichtungsvertrag

Der wechselmäßige Übertragungsvertrag ist vom wechselmäßigen Verpflichtungsvertrag streng zu unterscheiden, wenngleich beide zeitlich zusammenfallen können. In der Literatur wird häufig das Wort „Begebungsvertrag" verwendet. Damit meint man manchmal den einen, manchmal den anderen Vertrag, manchmal beide zusammen. Wir vermeiden diesen Ausdruck, da er erfahrungsgemäß leicht Verwirrung stiftet.[2]

---

[2] Uns wurde als Student der Unterschied klar, als wir den Einleitungsteil des Kommentars von **Baumbach/Hefermehl**, Wechsel- und Scheckgesetz, lasen. Viele von den Gedanken, die in diesem Kapitel zu finden sind, stammen aus diesem ausgezeichneten Buch.

III. Mängel des Verpflichtungsvertrages, die nicht gegenüber jedermann wirken (dingliche Einwendungen mit relativer Wirkung)

Wenn jemand gem. § 929 oder gutgläubig gem. Art. 16 WG das Eigentum am Wechsel erworben hat, so steht noch nicht fest, dass er damit gleichzeitig eine Wechselforderung gegen alle diejenigen erlangt hat, deren Unterschriften auf dem Wechsel stehen. Es muss jetzt bei jedem der einzelnen möglichen Verpflichteten geprüft werden, ob er sich wirksam wechselmäßig verpflichtet hat. Die wechselmäßige Verpflichtung kann aus verschiedenen Gründen fraglich sein.

(1) Die Verpflichtung kann von Anfang an fehlen (rechtshindernde Einwendung), z.B.

    (a) weil der Schuldner überhaupt keinen Verpflichtungsvertrag geschlossen hat (z.B. wenn ihm der Wechsel, auf den er seine Unterschrift gesetzt hat, abhanden gekommen ist);

    (b) weil der Verpflichtungsvertrag wegen **Täuschung** oder **Drohung** angefochten worden ist (Im Falle des irrtumswird eine Anfechtung des abstrakten Verpflichtungsvertrages nur sehr selten in Betracht kommen, z.B. dann, wenn sich der Aussteller beim Einsetzen der Wechselsumme verschreibt.);

    (c) weil der Verpflichtete **bewuchert** worden ist (§ 138 II ergreift auch das „Gewähren").

(2) Die Verpflichtung kann wirksam entstanden, aber inzwischen durch Zahlung, also Erfüllung (§ 362), oder durch Aufrechnung (§ 389) untergegangen sein (rechtsvernichtende Einwendung).

Diese Einwendungen können jedoch nicht gegenüber **jedem** Inhaber geltend gemacht werden. Wird der Wechsel von einem Nachmann erworben, der das Fehlen der Wechselverpflichtung weder kannte noch infolge grober Fahrlässigkeit nicht kannte, so ist dem Schuldner die Einwendung diesem Gutgläubigen und dessen sämtlichen Nachmännern gegenüber versagt, da durch die Unterschrift der Rechtsschein einer wirksamen Wechselverbindlichkeit erweckt worden ist. Dies ist der Standpunkt der heute im Wechselrecht herrschenden **Rechtsscheintheorie.**

Das Abschneiden der Einwendungen ist im Wechselgesetz nicht positiv geregelt. Es ergibt sich nicht direkt aus Art. 16 II, da dieser nur die Frage des gutgläubigen Erwerbs der rechtmäßigen Inhaberschaft, also der Heilung von **Erwerbsmängeln** regelt. Hier ist über die wechselmäßige Verpflichtung, d.h. die Heilung von **Verpflichtungs**mängeln, zu entscheiden.

IV. Mängel des Verpflichtungsvertrages, die gegenüber jedermann wirken (dingliche Einwendungen mit absoluter Wirkung)

In einigen Fällen kann der aus dem Wechsel in Anspruch Genommene seine mangelnde Verpflichtung auch einem GUTGLÄUBIGEN gegenüber geltend machen.

(1) Hierzu gehören zunächst alle Einwendungen, die sich **aus dem Inhalt der Urkunde** ergeben (z.B. die Angstklausel „ohne obligo").

(2) Die anderen Fälle sind:

(a) **fehlende Geschäftsfähigkeit** bzw. fehlende Zustimmung des Betreuers bei Betreuung mit Einwilligungsvorbehalt (Es bleibt auch im Wechselrecht bei dem Grundsatz, dass Geschäftsunfähige und beschränkt Geschäftsfähige und Betreute mit Einwilligungsvorbehalt sich nicht verpflichten können. Indossiert z.B. ein Geschäftsunfähiger einen Wechsel an einen Gutgläubigen weiter, so wird zwar der Mangel des **Übertragungsvertrages** durch Art. 16 II geheilt. Der Gutgläubige wird also rechtmäßiger Inhaber und kann gegen alle übrigen Wechselverpflichteten vorgehen. Einen Anspruch gegen den geschäftsunfähigen Indossanten hat er dagegen nicht erworben, der fehlende **Verpflichtungsvertrag** kann durch den Rechtsschein nicht geheilt werden, da das Schutzinteresse der von den §§ 104 ff. erfassten Personen dem Schutzinteresse des Geschäftsverkehrs insoweit vorgeht.);

(b) **fehlender Handlungswille** und **fehlendes Erklärungsbewusstsein;**

(c) **Fälschung** (Der Namensträger haftet nicht, da er nicht seine Unterschrift auf den Wechsel gesetzt, mithin auch keinen Rechtsschein erzeugt hat.);

(d) **Verfälschungen** gem. Art. 69 (Der Namensträger haftet nur nach dem ursprünglichen Text, denn nur diesen hat er unterschrieben. Der Anschein, dass er den geänderten Text unterschrieben habe, wurde nicht von ihm, sondern vom Fälscher erweckt.);

(e) **fehlende Vollmacht.** (Der Vertretene haftet nicht, § 177, da er nicht selbst unterschrieben hat, es sei denn, dass er den Schein der Vollmacht erweckt hat.)

In diesen Fällen wird ganz deutlich, dass mit dem Erwerb des Eigentums am Papier nicht notwendig der Erwerb einer Wechselforderung verbunden ist.

§ 94. Die Leistungsverweigerungsrechte des Wechselschuldners (persönliche Einreden)

I. Einreden aus dem Grundverhältnis

Aus der abstrakten Natur des Wechselverpflichtungsvertrages folgt, dass die Nichtigkeit des Grundgeschäfts die Wechselverbindlichkeit grundsätzlich nicht beeinflusst. Ist das Grundgeschäft nichtig oder überhaupt nicht zu Stande gekommen oder hat es sich infolge von Rücktritt in ein gesetzliches Rückverschaffungsverhältnis (§ 346 BGB) umgewandelt, so bleibt die Wechselverbindlichkeit wirksam bestehen, aus § 812 II oder § 346 I BGB hat der Schuldner gegen seinen direkten Nachmann nur einen schuldrechtlichen Anspruch auf Befreiung von der Verbindlichkeit. Diesen Anspruch kann der Schuldner auch verteidigungsweise als Einrede (d.h. rechtshemmend) geltend machen, wenn ihn dieser Nachmann, ungeachtet des Rückforderungsanspruchs, mit dem abstrakten Wechselanspruch angreift, denn der Nachmann verlangt in einem solchen Falle etwas, was er sofort wieder (aufgrund des Rückforderungsanspruchs) an den Schuldner zurückgeben müsste (s. o. § 27, § 80 I 2). Diese Einrede der Bereicherung, des Rücktritts wird dem Schuldner gegenüber späteren Nachmännern durch Art. 17 WG abgeschnitten. Er behält sie nur dann gegen den späteren Nachmann, wenn sich die Einrede aus dem Inhalt der Urkunde ergibt oder wenn der Erwerber bewusst zum Schaden des Schuldners gehandelt hat.

II. Einreden aus Sonderabreden

Schließlich kann der Schuldner gegenüber einem bestimmten Gläubiger Einreden aus einer besonderen Vereinbarung geltend machen.

Die häufigste Absprache ist die Stundung **(Prolongation)**: Der Aussteller verspricht dem Akzeptanten, den Wechsel am Verfalltage einzulösen, vorausgesetzt, dass der Schuldner am Verfalltage einen neuen Wechsel akzeptiert. Diese Einrede wird, wenn sie sich nicht aus dem Inhalt der Urkunde ergibt, durch Art. 17 WG späteren Erwerbern gegenüber abgeschnitten.

Auch von der besonderen Absprache des **Gefälligkeitsakzepts** wird in der Praxis häufig Gebrauch gemacht: Der Aussteller bittet einen kreditwürdigen Bekannten oder eine Bank, den Wechsel aus Gefälligkeit zu akzeptieren, um den Wechsel besser unterbringen zu können, und verspricht, eine Inanspruchnahme des Akzeptanten durch rechtzeitige Einlösung des Wechsels zu verhüten. Auf diese Gefälligkeitsabrede kann sich der Akzeptant selbst dann nicht berufen, wenn der Erwerber des Wechsels die Eigenschaft des Akzepts als Gefälligkeitsakzept kannte; denn der Zweck des Gefälligkeitsakzepts ist, den Wechsel kreditwürdig zu machen, das ist aber nur möglich, wenn der Akzeptant auch wirklich haftet.

§ 95. Rechtmäßige Inhaberschaft und formelle Legitimation

Die Umlauffähigkeit des Wechsels beruht im Wesentlichen darauf, dass man sich auf den **Schein** weitgehend verlassen kann. Damit hängt die Bedeutung der formellen Legitimation zusammen, die von der rechtmäßigen Inhaberschaft, d. h. dem Eigentum am Papier, streng zu unterscheiden ist. Die formelle Legitimation ist nur der **Schein** der Berechtigung. An diesen Schein knüpfen sich weit reichende Folgen:

Der Inhaber eines Wechsels, der im Prozess sein Recht geltend macht, braucht nicht die sachliche Berechtigung, sondern nur die formelle Legitimation darzulegen und zu beweisen. Dann gilt zu seinen Gunsten die Vermutung, dass er Berechtigter ist (sog. LEGITIMATIONSWIRKUNG ZU GUNSTEN DES INHABERS). Diese Vermutung ist zwar widerlegbar, doch trifft denjenigen, der sie widerlegen will, die Beweislast. Die Parallele zu § 1006 I S. 1 BGB ist offensichtlich. Allerdings ist für die Legitimation beim Wechsel die bloße Innehabung noch nicht ausreichend. Das Recht des Inhabers muss sich auch aus dem Inhalt der Urkunde ergeben.

(1)   Der Remittent ist legitimiert, wenn er im Wechsel als Remittent benannt ist und der Wechsel kein Indossament aufweist.

(2)   Für die Legitimation eines Indossatars ist Art. 16 I maßgebend. (Bitte genau lesen.) Ob die Indossamente echt sind und ob ihnen eine rechtsgültige Übertra-

gung zugrunde liegt, ist hierbei völlig gleichgültig: Auch der Dieb, der den gestohlenen Wechsel auf sich selbst indossiert, ist legitimiert, wenn er dadurch eine ununterbrochene, vom Remittenten bis zu sich reichende Indossamentenkette hergestellt hat. Es kommt also lediglich auf die äußere Ordnungsmäßigkeit an.

Im Rahmen des Art. 16 I vernichtet jede Unterbrechung der Indossamentenkette die förmliche Legitimation. Streng genommen müsste nun der Inhaber zum Beweise seines Gläubigerrechts die Wirksamkeit jeder einzelnen Übertragung besonders nachweisen. Allerdings gilt hier eine wichtige Ausnahme: Kann der Inhaber beweisen, dass die Unterbrechung auf einer wirksamen außerwechselmäßigen Rechtsnachfolge (Erbgang, Fusion) beruht, so wird die Indossamentenkette als geschlossen angesehen; der Inhaber braucht die übrigen Übertragungen nicht zu beweisen, da nunmehr seine Berechtigung wieder vermutet wird.

Die Legitimation hat noch weitere Wirkungen: Zahlt der Wechselschuldner an einen formell Legitimierten, der nicht Gläubiger ist, so wird der Schuldner frei (Art. 40 III WG, sog. LIBERATIONSWIRKUNG). Außerdem kann, wie bereits oben in § 92 ausgeführt wurde, der Gutgläubige von einem legitimierten Nichtberechtigten den Wechsel erwerben (Art. 16 II WG). Schließlich kann nur ein Legitimierter den Wechsel zu PROTEST gehen lassen: Wer nicht legitimiert ist, kann keinen Rückgriff nehmen, mag er auch rechtmäßiger Inhaber und Gläubiger der Wechselforderung sein.

§ 96. Vollmacht, Ermächtigung

I. Stellvertretung bei der Verpflichtung

1. Handeln im fremden Namen

Wer sich aus einem Wechsel verpflichten will, kann den dazu erforderlichen Skripturakt und den abstrakten Verpflichtungsvertrag auch durch einen Stellvertreter (§ 164 I BGB) vornehmen lassen. Beim Skripturakt kann der Stellvertreter wie jeder andere Vertreter mit dem Namen des Vertretenen oder mit seinem eigenen Namen unterzeichnen, im letzteren Falle muss sich jedoch **aus dem Wechsel selbst,** etwa durch einen Zusatz, das Handeln im fremden Namen ergeben, da sonst nicht der Vertretene, sondern der Vertreter selbst haftet, welcher den Schein erweckt hat, als wolle er im eigenen Namen handeln (vgl. § 164 II BGB).

2. Fehlen der Vollmacht

Handelt der Vertreter ohne Vertretungsmacht und erfolgt keine Genehmigung durch den Vertretenen gem. §§ 177, 184 BGB, so gilt Folgendes:

a) Haftung des Vertretenen

Der Vertretene haftet nicht aus dem wechselmäßigen Verpflichtungsvertrag, er haftet auch nicht aus veranlasstem Rechtsschein, da er nicht den Schein eines für ihn verbindlichen Verpflichtungsvertrages erweckt hat. Nur in besonderen Ausnahmefällen kann die Berufung auf das Fehlen der Vollmacht unzulässig sein, so beim Vorliegen einer Scheinvollmacht (Analogie zu §§ 170 ff. BGB, § 56 HGB) oder im Falle einer unrichtigen Registereintragung (§ 15 I, III HGB).

b) Haftung des Vertreters

Der Vertreter unterliegt der verschärften wechselmäßigen Haftung aus Art. 8 S. 1. Er haftet ohne Rücksicht auf seine Kenntnis oder Nichtkenntnis vom Fehlen seiner Vollmacht auf die volle Wechselsumme. Dies gilt auch dann, wenn eine Vollmacht vorlag, aber überschritten wurde, etwa der Summe nach: Der Vertreter haftet auf die volle Summe gem. Art. 8 S. 2, daneben haftet der Vertretene, doch nur im Rahmen der erteilten Vollmacht.

Kannte der Erwerber des Wechsels den Mangel der Vertretungsmacht, so kommt, da Art. 8 WG seine innere Rechtfertigung nur in dem Gedanken des Vertrauensschutzes findet, eine Haftung des Vertreters aus dieser Vorschrift nicht in Betracht. Diese Einschränkung lässt sich aus einer Analogie zu § 179 III S. 1 BGB begründen.

II. Das Inkassoindossament

1. Übersicht

Wenn ein Gläubiger seine Forderung durch eine andere Person einziehen lassen will, kann er wählen:

(1) Er kann einen anderen gem. § 167 BGB bevollmächtigen. Der Bevollmächtigte tritt dann als Stellvertreter, also im fremden Namen gem. § 164 I BGB auf und zieht eine **fremde Forderung** ein.

(2) Er kann einen anderen gem. § 185 I ermächtigen, im **eigenen Namen** über die **fremde Forderung** durch Einziehung zu verfügen.

Auch der Gläubiger einer Wechselforderung kann von diesen Möglichkeiten durch ein entsprechendes Inkassoindossament Gebrauch machen. Von den hierbei entstehenden Problemen, deren Lösungen teilweise sehr streitig sind, soll nur die Frage behandelt werden, ob der Schuldner einem solchen Indossatar, der im Interesse des Indossanten vorgeht, alle Einwendungen entgegenhalten kann, die ihm gegen den Indossanten zustehen, wenn der Indossatar hinsichtlich der Einwendungen gutgläubig war.

2. Offenes Inkassoindossament

Der Indossatar ist Stellvertreter gem. § 164 BGB, wenn ein sog. **offenes Inkassoindossament** vorliegt, d.h., wenn das Indossament einen Vermerk enthält, aus dem zu entnehmen ist, dass der Indossatar nur für den Indossanten handeln soll. Dieser Fall ist in Art. 18 II geregelt. Der Schuldner kann auch einem gutgläubigen Indossatar alle ihm gegen den Indossanten zustehenden Einwendungen entgegenhalten.

3. Verdecktes Inkassoindossament

In den Fällen der Ermächtigung ist das Handeln im fremden Interesse nicht aus dem Indossament ersichtlich, es liegt ein sog. **verdecktes Inkassoindossament** vor. Der Indossant setzt ein Vollindossament auf den Wechsel, um den Indossatar nach außen hin formell als Gläubiger zu legitimieren, er bleibt aber Eigentümer des Papiers und Gläubiger der Forderung, der Indossatar hat nur die Befugnis, die fremde Forderung im eigenen Namen einzuziehen. Der Fall ist dem der Stellvertretung ähnlich: In beiden Fällen wird vom Indossatar ein fremdes Recht geltend gemacht. Deshalb ist Art. 18 II analog anwendbar.

§ 97. Wechselfälschung und Wechselverfälschung

I. Wechselfälschung, Handeln unter falschem Namen

Von dem mit dem Namen des Vertretenen unterzeichnenden Vertreter ohne Vertretungsmacht unterscheidet sich der Fälscher dadurch, dass er den Anschein erweckt, er **selbst** sei der Namensträger bzw. der nicht anwesende Namensträger habe **selbst** unterschrieben. Man spricht hier von Handeln unter falschem oder unter fremdem Namen. Eine allgemeine Regelung fehlt im deutschen Recht. In den meisten Fällen kommt man mit einer analogen Anwendung der Vorschriften über die Vertretung ohne Vertretungsmacht (§§ 177, 179 BGB, Art. 8 WG) zu sachgerechten Ergebnissen. Im Einzelnen ergibt sich Folgendes:

1. Formgültigkeit des Wechsels

Die Formgültigkeit des Wechsels und die Wirksamkeit der übrigen Unterschriften werden durch die gefälschte Unterschrift nicht berührt (Art. 7).

2. Haftung aus der Unterschrift

Der **Namensträger** haftet im Falle der Fälschung seiner Unterschrift nicht, da er weder einen Skripturakt gesetzt noch einen Rechtsschein erzeugt hat. Er haftet jedoch wechselmäßig, wenn er der Fälschung zugestimmt hat, sei es durch Einwilligung, sei es durch nachträgliche Genehmigung. Eine Genehmigung wird auch darin gesehen, dass der Namensträger erklärt, die Unterschrift sei echt, stamme von ihm, der Wechsel werde eingelöst, doch ist hierbei erforderlich, dass der Namensträger die Fälschung kannte oder wenigstens für möglich hielt. Im Falle der Genehmigung ist § 177 BGB analog anzuwenden.

Der **Fälscher** haftet analog Art. 8.

3. Gutgläubiger Erwerb

In den Fällen, in welchen die Unterschrift eines Wechselgläubigers zum Zwecke der **Übertragung** des Wechsels gefälscht wird, geht es zunächst nicht um die Frage, ob der Namensträger haften, sondern ob er seine Rechte aus dem Wechsel an einen gutgläubigen Erwerber verlieren soll. Der Erwerber glaubt daran, dass der Fälscher und der Namensträger ein und dieselbe Person seien, es liegt hier ein Fall des guten Glaubens an die Identität, die Nämlichkeit vor, der im deutschen Recht grundsätzlich nicht geschützt wird. Die weite Formulierung des Art. 16 II erfasst jedoch auch diesen Fall. Wenn der Wechsel dem Namensträger „irgendwie", z.B. durch Diebstahl, Unterschlagung, Verlorengehen, jedenfalls ohne gültigen Übertragungsvertrag, aus dem Besitz gelangt ist, erwirbt der Gutgläubige, wenn er nach Maßgabe des Art. 16 I legitimiert ist.

Die durch die gemeinsame Bezeichnung „Begebungsvertrag" etwas verwischte Unterscheidung von Übertragungs- und Verpflichtungsvertrag wird hier besonders deutlich: Überträgt der Dieb einen Wechsel, auf welchem er vorher das Indossament gefälscht hat, so verliert der bisherige Eigentümer sein Eigentum und damit seine Wechselforderung durch den gutgläubigen Erwerb des Nachmannes gem. Art. 16 II. Er haftet jedoch seinen Nachmännern nicht als Indossant gem. Art. 15, da es hierfür an seiner Unterschrift fehlt, er selbst auch keinen Rechtsschein erzeugt hat.

4. Leistung mit befreiender Wirkung

Der Namensträger kann auch dadurch sein Recht verlieren, dass ein Dieb den Wechsel beim Schuldner vorlegt und die Wechselsumme kassiert.

Gibt sich der Dieb für den Namensträger selbst aus, so wird der Schuldner, jedenfalls bei einem Namensindossament, nicht ohne weiteres frei, da er die Identität des Inhabers mit dem letzten Indossatar, z.B. durch Einsicht in den Personalausweis, prüfen muss. Doch schadet ihm hierbei nur **grobe** Fahrlässigkeit (Art. 40 III S. 1).

Hat der Dieb jedoch den Wechsel vorher durch Unterschriftsfälschung auf sich indossiert, so wird der Schuldner im Falle eines Namensindossaments nach Prüfung der (nunmehr hergestellten) Identität des Inhabers mit dem letztbenannten Indossatar, im Falle eines Blankoindossaments ohne eine entsprechende Prüfung frei, wenn er nur vorher die äußerliche Ordnungsmäßigkeit der Indossamentenkette festgestellt hat. Von der Prüfung der Echtheit der Unterschriften, auch der letzten Unterschrift, ist er kraft ausdrücklicher Vorschrift (Art. 40 III S. 2) befreit.

II. Verfälschung vollständiger Wechsel

Wird eine Erklärung auf einem Wechsel unbefugterweise geändert, z.B. mittels Durchstreichens, Radierens, Abreißens, Hinzuschreibens usw., so liegt eine Verfälschung des Wechsels vor.

Dieser Fall ist in Art. 69 positiv geregelt. Es gilt danach der Grundsatz, dass jeder nach dem Inhalt der Urkunde haftet, den die Urkunde zur Zeit seiner Unterschrift gehabt hat.

Dieser Satz gilt jedoch nicht ausnahmslos. Bei der Behandlung der Unterschriftsfälschung wurde bereits der Gedanke der **Zustimmung** entwickelt. Dieser Gedanke muss auch hier entsprechend gelten: Wer vor der Änderung der Urkunde unterschrieben hat, kann sich auf den ursprünglichen Text nicht berufen, wenn er der späteren Änderung zugestimmt hat.

§ 98. Der Blankowechsel

I. Wesen des Blankowechsels

1. Bewusste Unvollständigkeit

Man spricht von einem Blankowechsel, wenn ein Wechsel **bewusst** unvollständig ausgestellt und mit der Ermächtigung zur weiteren Ausfüllung übergeben wird.

2. Rückwirkende Kraft der Vervollständigung

Auch der Blankowechsel wird erst dann zu einem vollgültigen Wechsel, wenn er die zwingend vorgeschriebenen Wechselbestandteile enthält; der Unterschied zum nichtigen Wechsel, bei welchem ein wesentlicher Bestandteil **versehentlich** ausgelassen wurde, liegt aber in der **rückwirkenden Kraft der Vervollständigung:** Wer seine Unterschrift auf einen unvollständigen Blankowechsel gesetzt hat, wird durch die Ausfüllung rückwirkend nach Maßgabe des nunmehr vollständigen Wechseltextes verpflichtet.

3. Der Grad der Unvollständigkeit

Der Grad der Unvollständigkeit kann bei einem Blankowechsel sehr verschieden sein. Mindestvoraussetzungen bestehen nicht. Beim sogen. Blankoakzept akzeptiert der Bezogene oft ein Wechselformular, welches bis auf die Wechselsumme ausgefüllt ist. Manchmal fehlt auch noch die Angabe des Wechselnehmers, weil der Aussteller noch nicht weiß, bei wem er den Wechsel unterbringen kann. Ein Blankowechsel liegt sogar dann vor, wenn ein weißes Blatt Papier unterschrieben und mit der Ermächtigung weitergegeben wird, darüber bzw. daneben einen Wechseltext zu setzen. Andererseits braucht ein Blankowechsel nicht unbedingt unvollständig im Sinne von Art. 2 I zu sein. Er ist auch dann gegeben, wenn er die gesetzlichen Mindestvoraussetzungen erfüllt, aber der Aussteller den Wechselnehmer ermächtigt, noch weitere Klauseln, wie z.B. die Angabe der Verfallzeit (unwesentlich gem. Art. 2 II) oder einen Domizilvermerk (Art. 4), einzusetzen. Ob ein Blankowechsel vorliegt, hängt somit nicht unbedingt davon ab, ob ihm wesentliche Bestandteile fehlen – diese fehlen auch dem versehentlich unvollständigen Wechsel – , sondern davon, ob der Text der Urkunde nach dem Willen des Ausstellers in irgendeiner Hinsicht durch einen Dritten ergänzt werden sollte.

II. Überschreitung der Ausfüllungsermächtigung

Im Wechselgesetz hat der Blankowechsel keine grundlegende Regelung gefunden. Art. 10 setzt die Grundsätze über die rechtliche Behandlung des Blankowechsels voraus und gibt nur eine Erweiterung mit Rücksicht auf das Rechtsscheinprinzip: Wer einen Blankowechsel unterschreibt, kann sich nicht darauf berufen, dass der Ausfüllungsermächtigte seine Befugnisse überschritten hat, es sei denn, dass der Erwerber die Grenze der Ermächtigung kannte oder infolge grober Fahrlässigkeit nicht kannte.

§ 99. Zusammenfassung und Klausurschema: Wechselrecht

In einem praktischen Fall, in dem wechselmäßige Ansprüche zu prüfen sind, geht man in folgender Reihenfolge vor (der aus dem Wechsel Vorgehende wird kurz Kläger, der in Anspruch Genommene Beklagter genannt):

I. Legitimation

Man stellt zunächst fest, ob die Voraussetzungen vorliegen, die der Kläger in einem Prozess zu beweisen hätte:

(1) Formgültigkeit des Wechsels (Art. 1, 2, 7). Entscheidend ist die äußere Vollständigkeit, nicht die Wahrheit der Daten oder die Echtheit der Unterschriften. Die Formgültigkeit ist nur besonders zu prüfen, wenn der Sachverhalt dazu Veranlassung gibt.

(2) Innehabung + Indossamentenkette = Legitimation (Art. 16 I). Zu Gunsten des formell Legitimierten wird **vermutet**, dass er rechtmäßiger Inhaber ist.

(3) Fälligkeit. Wechsel ohne Angabe des Verfalltages sind bei Vorlegung fällig.

(4) Inanspruchnahme eines möglichen Verpflichteten: Akzeptant (Art. 28 I), Aussteller (Art. 9), Indossant (Art. 15), Wechselbürge (Art. 32).

(5) Nur bei Regress (Art. 9, 15): Protest (Art. 53 I).

II. Eigentum am Papier

Dann prüft man, ob der Kläger rechtmäßiger Inhaber, d.h. Eigentümer am Papier ist. Der Remittent erlangt das Eigentum durch einen Übertragungsvertrag (Begebungsvertrag) gem. § 929, bei seinen Nachmännern muss zum Übertragungsvertrag ein Indossament hinzukommen.

Das Eigentum am Papier kann gutgläubig gem. Art. 16 II WG erworben werden. Der sehr weit reichende Gutglaubensschutz umfasst auch Fälle des guten Glaubens an Identität und Geschäftsfähigkeit.

III. Bestand der Wechselforderung (Einwendungen)

Mit dem Eigentum am Papier hat der Kläger nur dann eine Wechselforderung gegen den Beklagten erlangt, wenn dieser sich wechselmäßig verpflichtet hat. Zur Begründung einer wechselmäßigen Verbindlichkeit sind Unterschrift auf dem Wechsel und wechselmäßiger Verpflichtungsvertrag (auch dieser Vertrag wird Begebungsvertrag genannt) erforderlich. Der Verpflichtungsvertrag kann durch den Rechtsschein einer wirksamen Verpflichtung ersetzt werden.

(1) Die Verpflichtung aus dem Vertrage fehlt, das Fehlen kann aber Gutgläubigen **nicht** entgegengehalten werden bei: Fehlen eines Vertrages überhaupt, Täuschung, Drohung, Wucher, außerdem bei Erlöschen durch Erfüllung, Aufrechnung.

(2) Gegenüber **jedem** Inhaber können geltend gemacht werden: Einwendungen aus dem Inhalt der Urkunde, Fälschung und Verfälschung (außer bei Zustimmung), fehlende Vollmacht (außer bei Scheinvollmacht) sowie Fehlen von Geschäftsfähigkeit, Handlungswille, Erklärungsbewusstsein.

IV. Leistungsverweigerungsrechte (persönliche Einreden)

Trotz wirksamer Wechselverpflichtung kann der Beklagte ein Leistungsverweigerungsrecht aus einer unmittelbaren Beziehung zum Kläger haben.

(1) Einreden aus dem Grundverhältnis liegen vor, wenn der Schuldner gegen den Inhaber einen Rückforderungsanspruch aus dem Grundverhältnis hat (§ 812 II oder § 346 I BGB), denn der Inhaber verlangt dann aus dem Wechselanspruch etwas, was er sofort zurückgeben müsste. Diese Einrede wird durch Art. 17 abgeschnitten.

(2) Einreden aus besonderen Absprachen sind

 (a) Prolongation (abgeschnitten durch Art. 17),

 (b) Gefälligkeitsakzept (kann auch dann nicht gegenüber Dritten geltend gemacht werden, wenn dieser Gefälligkeitscharakter des Akzepts kennt).

2. Kapitel:
Der Scheck

§ 100. Der Scheck als Zahlungspapier

I. Unterschiede zum Wechsel

Die rechtliche Regelung des Schecks ist der des Wechsels in so starkem Maße nachgebildet, dass im Wesentlichen auf die Ausführungen über den Wechsel verwiesen werden kann. Die Unterschiede gehen alle von einer wirtschaftlichen Zwecksetzung aus: Der Scheck soll Zahlungspapier, der Wechsel Kreditpapier sein (s. o. § 89 II). Im Einzelnen bestehen folgende Unterschiede:

(1) Der Scheck hat sechs, der Wechsel acht Formbestandteile (Art. 1, 2 SchG).

(2) „Der Scheck darf nur auf einen Bankier gezogen werden, bei dem der Aussteller ein Guthaben hat, und gemäß einer ausdrücklichen oder stillschweigenden Vereinbarung, wonach der Aussteller das Recht hat, über dieses Guthaben mittels Scheck zu verfügen" (Art. 3 S. 1 SchG).

(3) „Der Scheck kann nicht angenommen werden. Ein auf den Scheck gesetzter Annahmevermerk gilt als nicht geschrieben" (Art. 4 SchG). Eine Ausnahme gilt für Schecks, die auf die Deutsche Bundesbank gezogen sind. Die Bundesbank darf Schecks mit einem Bestätigungsvermerk versehen, durch den sie sich zur

Einlösung des Schecks bei Vorlegung innerhalb **acht Tagen** nach Scheckausstellung verpflichtet (§ 23 Bundesbankgesetz).

(4) Jeder Scheck ist ein Sichtscheck. Jede gegenteilige Angabe gilt als nicht geschrieben. Dies gilt auch dann, wenn der Scheck vordatiert worden ist und die Vorlegung vor dem Tag erfolgt, der auf dem Scheck als Ausstellungstag angegeben ist (Art. 28 SchG).

(5) Der Scheck hat kurze Vorlegungsfristen, die Frist beträgt für Inlandschecks acht Tage (Art. 29 SchG). Auch nach Ablauf dieser Frist kann die Bank einen Scheck noch einlösen (Art. 32 II SchG, sie tut dies auch im Regelfall); wenn aber die Bank die Einlösung verweigert, kann der Inhaber keinen Regress mehr nehmen (Art. 40, 41 SchG).

(6) Der Scheck ist zwar von Gesetzes wegen wie der Wechsel Orderpapier (d.h. durch Indossament übertragbar), er kann aber auch als Inhaberscheck ausgestellt werden, was in Deutschland fast durchweg geschieht (Art. 5 SchG). Der Wechsel kann nur Order- oder Namenspapier sein, er kann allerdings, wenn das letzte Indossament ein Blankoindossament ist, wie ein Inhaberpapier weiterübertragen werden, da ein Blankoindossament jeden Inhaber legitimiert.

II. Gemeinsamkeiten

Für den Regress gegen den Aussteller und die Indossanten gilt im Wesentlichen das Gleiche wie beim Wechsel, auch der Aufbau des Gutachtens erfolgt in der gleichen Reihenfolge. Darüber hinaus sind noch eine Reihe weiterer Vorschriften dem Wechselgesetz fast wörtlich nachgebildet. Der Leser kann sich davon am besten in Form einer kleinen Übung überzeugen.

□ Bitte suchen Sie im Scheckgesetz die Parallelartikel zu folgenden Artikeln des Wechselgesetzes: 6, 7, 8, 9, 10, 13, 14, 15, 16 I, 16 II, 17, 18, 20, 43, 45, 47, 48, 49, 90.

§ 101. Das Verhältnis zwischen Aussteller und Bank

I. Der Geschäftsbesorgungsvertrag

Über das Verhältnis zwischen Aussteller und Bank enthält das Scheckgesetz nur wenige Vorschriften, es sind deshalb ergänzend die Regeln des Bürgerlichen Gesetzbuchs heranzuziehen.

Dass die Ausstellung des Schecks nur eine Doppelermächtigung, nicht etwa eine Abtretung des Guthabens des Ausstellers an den Inhaber, darstellt, wurde bereits erwähnt (o. § 89 II). Die Ermächtigung ist abstrakt, die Verpflichtung der Bank zur Einlösung ergibt sich dem Aussteller gegenüber aus dem zu Grunde liegenden Scheckvertrag, der als Geschäftsbesorgungsvertrag im Rahmen eines Girovertrags (§ 676 f) anzusehen ist. Löst die Bank einen Scheck ein, so kann sie gem. §§ 675, 670 den Aussteller (Kontoinhaber) belasten.

II. Das Scheckrisiko

Kommt dem Kontoinhaber ein Scheckformular abhanden, das von einem Nichtberechtigten ausgefüllt wird, oder wird ein ausgefüllter Scheck verfälscht, so entsteht, falls die Bank diesen Scheck einlöst, die Frage, ob die Bank den Kontoinhaber mit dem ausgezahlten Betrag belasten darf.

(1) Eine Ermächtigung zur Auszahlung ist nicht oder (bei Verfälschung) jedenfalls nicht in dieser Art vom Kunden erteilt worden, die Bank hat deshalb keinen Erstattungsanspruch aus §§ 675, 670.

(2) Es kann aber eine positive Forderungsverletzung aufseiten des Kontoinhabers vorliegen, der aus dem Scheckvertrag verpflichtet ist, das Scheckbuch sorgfältig aufzubewahren und die Scheckformulare mit Sorgfalt auszufüllen, um Verfälschungen so weit wie möglich auszuschließen. Dann hat die Bank einen Schadensersatzanspruch in Höhe des ausgezahlten Betrages und kann das Konto entsprechend belasten (§ 280 I).

(3) Trifft den Kontoinhaber **kein** Verschulden, so hat die Bank nach dem Gesetz keine Ansprüche, sie muss den Schaden allein tragen. Diese Überlegung ist aber eher theoretisch. In der Praxis wälzen die Banken durch ihre Allgemeinen Geschäftsbedingungen das Scheckrisiko zumindest teilweise auf ihre Kunden.[3]

(4) Dies gilt allerdings nicht für den Fall, dass eine positive Forderungsverletzung auf Seiten der **Bank** vorliegt.

Die Rechtsprechung hat die mit der Einlösung von Schecks verbundenen Pflichten der Bank genau umschrieben. Sie hat dabei den Grundsatz aufgestellt, dass Barschecks nur nach vorangegangenem **Unterschriftenvergleich** eingelöst werden dürfen.

Andere Personen als der Kontoinhaber können Barschecks grundsätzlich nur bei der **kontoführenden Stelle** einreichen. Ist der Scheck auf einen **außergewöhnlich** hohen Betrag ausgestellt, so muss die Kontostelle außerdem beim Kontoinhaber telefonisch nachfragen oder die Personalien des Einreichers feststellen.[4]

Bei einer **nicht kontoführenden Stelle** kann grundsätzlich nur der Kontoinhaber (Aussteller) selbst einen Barscheck einlösen. Voraussetzung ist, dass er einen Ausweis vorlegt, der ihn als Kontoinhaber ausweist.[5]

Im Falle eines Prüfungsfehlers haftet die Bank aus positiver Forderungsverletzung für jede Fahrlässigkeit (§§ 276, 278). Eine Beschränkung der Haftung auf grobe Fahrlässigkeit durch Allgemeine Geschäftsbedingungen wäre gem. § 307 I AGBG nichtig.[6]

---

[3] BGH ZIP 1997, 838.
[4] BGB DB 1986, 536.
[5] BGH DB 1984, 2241.
[6] BGH a.a.O.

III. Sperrung von Schecks

Bei der Frage der Sperrung von Schecks ist von der **Grundregel** des § 790 BGB auszugehen. Danach kann eine Anweisung vom Anweisenden **jederzeit** widerrufen werden, es sei denn, dass sie bereits ausgeführt oder akzeptiert worden ist.

Nach der zum Schutz der Banken geschaffenen **Sonderregel** des Art. 32 SchG wird der Widerruf eines Schecks erst nach Ablauf der **Vorlegungsfrist** wirksam. (Die Vorlegungsfrist beträgt bei Inlandsschecks acht Tage, Art. 29 ScheckG.) Folgt man dieser Sonderregel, so kann die Bank also innerhalb der Vorlegungsfrist einen Scheck trotz Widerruf einlösen und das Konto des Ausstellers nach §§ 675, 670, entsprechend belasten.

Von dieser Möglichkeit machen die Banken jedoch keinen Gebrauch; sie beachten seit vielen Jahren routinemäßig **jeden** Widerruf unabhängig vom Lauf der Vorlegungsfrist. Da diese tatsächliche Übung dem Scheckkunden (Aussteller) weitgehend bekannt ist, wertet der Bundesgerichtshof[7] diese Übung als einen **Handelsbrauch,** der sich nach § 346 HGB auf die Auslegung des Girovertrages auswirkt: Die Bank verpflichtet sich **von vornherein,** also schon bei der Begründung des Girovertrages, **jeden** – auch einseitigen – Scheckwiderruf zu beachten. Art. 32 SchG wird also **immer** (stillschweigend) ausgeschlossen. Die Folge ist, dass später ein einseitiger Widerruf genügt, um die Verpflichtung der Bank zur Beachtung eines konkreten Scheckwiderrufs auszulösen.

Mit dieser eleganten Begründung hat der Bundesgerichtshof Art. 32 SchG praktisch außer Kraft gesetzt und die Rechtsposition des Scheckkunden (Ausstellers) verbessert.

3. Kapitel:
Die anderen Wertpapiere

§ 102. Übersicht

I. Die vier Grundbegriffe

Man findet sich im Wertpapierrecht verhältnismäßig schnell zurecht, wenn man mit den vier wichtigsten Begriffen des Wertpapierrechts umzugehen weiß. Der Leser kennt die Begriffe schon aus dem Wechselrecht:

(1) WERTPAPIERE sind solche Papiere, in denen ein Privatrecht dergestalt verbrieft ist, dass die Ausübung des Rechts **von der Innehabung der Urkunde** abhängig ist. Wertpapiere sind also **Vorlegungspapiere.**

(2) INHABERLEGITIMATION: Es wird zugunsten des Inhabers **vermutet,** dass er der Berechtigte ist. Diese Vermutung ist zwar widerlegbar. Bestreitet aber der

---

[7] ZIP 1988, 1105.

Schuldner die Berechtigung des Legitimierten, so trifft den Schuldner die Beweislast (Beispiel Art. 16 I WG).

(3) LIBERATIONSWIRKUNG: Der Legitimierte **gilt** zu Gunsten des Schuldners als der Berechtigte. Leistet also der Schuldner an den Legitimierten, so wird er frei, auch wenn der Legitimierte nicht der Berechtigte oder Verfügungsberechtigte (§ 164 oder § 185 BGB) ist (Beispiel Art. 40 III WG).

(4) GUTGLÄUBIGER ERWERB: Der Legitimierte **gilt** zu Gunsten des Erwerbers als der Berechtigte. Der Erwerber wird also aufgrund seines guten Glaubens Berechtigter, auch wenn der Veräußerer nicht der Berechtigte oder Verfügungsberechtigte ist (Beispiel Art. 16 II WG).

II. Die drei Arten der Wertpapiere

Dass es sich bei einem Papier um ein Wertpapier handelt, lässt sich meist schon aus einer ausdrücklichen gesetzlichen Regelung ersehen, wonach der Schuldner nur gegen Aushändigung der Urkunde zur Leistung verpflichtet ist. Oft findet sich ein Hinweis auf das Aufgebotsverfahren. Ein solches Verfahren ist notwendig, da der Beweis des Rechts dem Gläubiger nicht hilft, wenn er die Urkunde nicht in Händen hat. Das Ausschlussurteil am Ende des Aufgebotsverfahrens ersetzt die Urkunde.

Da bei den Wertpapieren die Innehabung der Forderung und das Eigentum am Papier nicht getrennt werden können (§ 952 BGB), sind für die Übertragung zwei Wege theoretisch denkbar:

(1) Die Übertragung erfolgt **schuldrechtlich,** also gem. § 398 BGB: Die Forderung wird abgetreten, das Eigentum am Papier folgt der Forderung gemäß § 952 BGB. „Das Recht am Papier folgt dem Recht aus dem Papier."

(2) Man kann sich auch eine **sachenrechtliche** Übertragung vorstellen: Das Eigentum am Papier wird durch Einigung und Übergabe gem. § 929 BGB übertragen, die Forderung folgt nach. „Das Recht aus dem Papier folgt dem Recht am Papier."

Das Gesetz hat von beiden Möglichkeiten praktischen Gebrauch gemacht. Die Übertragung gem. § 398 BGB wählte man für solche Papiere, die keinen oder nur einen geringen Verkehrsschutz besitzen sollten. Diese Papiere fasst man zusammen unter der Bezeichnung **Namens- oder Rektapapiere.** Bei den zum Umlauf bestimmten Papieren dagegen erschien dem Gesetzgeber die sachenrechtliche Übertragung und ein weitergehender Verkehrsschutz angebracht. Diese Papiere sind **Order- und Inhaberpapiere** (sog. Wertpapiere öffentlichen Glaubens, Wertpapiere im engeren Sinne).

§ 103. Einfache (schlichte) Liberationspapiere

Die einfachen Liberationspapiere (auch einfache **Legitimationspapiere** genannt) weisen eine gewisse Ähnlichkeit mit den Wertpapieren auf. Sie sollen deshalb hier mitbehandelt werden.

Betriebe, die Sachen zur Aufbewahrung oder Bearbeitung von einem größeren Personenkreis entgegennehmen (Gepäckaufbewahrung der Deutsche Bahn AG, Garderobenablagen, Wäschereien, Reparaturwerkstätten usw.), geben beim Empfang der Waren oft nummerierte Scheine oder Marken aus (Gepäckscheine, Garderobenmarken, Reparaturscheine).

(1) **Diese Papiere sind keine Wertpapiere,** denn der Kunde kann, falls er sein Recht beweist, dieses auch ohne Innehabung des Papiers geltend machen.

(2) Sie haben auch keine **Inhaberlegitimation,** denn aus den Umständen ist nicht ersichtlich, dass der Ausgebende auf das Recht verzichten will, die Berechtigung des Inhabers im Einzelfalle nachzuprüfen.

(3) Da die Forderung auf Herausgabe der Sache gem. § 398 BGB abgetreten wird, gibt es auch **keinen gutgläubigen Erwerb.**

(4) Der Schuldner, der die Scheine im Massenbetrieb ausgibt und deshalb seine Kunden oft nicht persönlich kennt, will sich aber vor Ersatzansprüchen schützen, falls dem Kunden der Schein aus dem Besitz gelangt und ein Nichtberechtigter unter Vorlage des (echten) Scheins die Leistung entgegennimmt. In einem solchen Falle will der Schuldner frei werden: Das Papier soll LIBERATIONSWIRKUNG besitzen. Dies ergibt sich für den Gepäckschein aus § 29 EVO, für die übrigen Papiere aus den für den Kunden ersichtlichen Umständen der Ausgabe und der Verkehrssitte. Oft tragen die Scheine auch einen entsprechenden ausdrücklichen Vermerk.

§ 104. Namenspapiere (Rektapapiere)

Wir wollen hier nur auf die Sparbücher näher eingehen.

(1) Da der Schuldner zur Leistung nur gegen Aushändigung der Urkunde verpflichtet ist, sind diese Papiere als WERTPAPIERE anzusehen (§ 808 II S. 1).

(2) Für die **Übertragung** gilt § 398 BGB. Die Forderung wird abgetreten, das Eigentum am Papier folgt gem. § 952 BGB. Um das verbriefte Recht **ausüben** zu können, muss der neue Gläubiger auch den Besitz der Urkunde erlangen. Daraus ergibt sich jedoch nicht, dass die Übergabe der Urkunde für den **Erwerb** des verbrieften Rechts erforderlich ist.

(3) Mit der Übertragung gem. § 398 BGB steht die Anwendung des § 404 BGB in Einklang: Einwendungen werden nicht abgeschnitten, ein gutgläubiger Erwerb ist ausgeschlossen.

(4) **Eine Inhaberlegitimation besteht nicht.** Der Inhaber muss sein Recht beweisen (§ 808 I S. 2).

(5) Die Papiere haben aber LIBERATIONSWIRKUNG (§ 808 I S. 1). Sie haben diese Eigenschaft mit den einfachen Liberationspapieren gemein, „qualifizieren" sich diesen gegenüber jedoch durch die Wertpapiereigenschaft (§ 808 II S. 1). Man nennt sie auch „hinkende Inhaberpapiere": Sie haben mit den Inhaberpapieren die Liberationswirkung gemein, „hinken" aber gegenüber den Inhaberpapie-

ren wegen der fehlenden Legitimationswirkung zugunsten des Inhabers (§ 808 I S. 2). Die Leistung an den Inhaber befreit den Schuldner nur dann nicht, wenn sie in Kenntnis von der Nichtberechtigung erfolgt, da sie in einem solchen Falle gegen Treu und Glauben verstößt. Fahrlässigkeit dagegen schadet dem Schuldner nicht, denn er ist zur Prüfung der Berechtigung nur berechtigt, nicht verpflichtet.

§ 105. Orderpapiere

I. Übersicht

Wenn Sie im Gesetz die Vorschriften über einzelne Orderpapiere nachlesen, werden Sie feststellen, dass meist auf ihnen bekannte Artikel aus dem Wechselgesetz verwiesen wird.

Die Zahl der Orderpapiere ist beschränkt. Man kann zwei Gruppen unterscheiden:

(1) **Die geborenen Orderpapiere** sind kraft Gesetzes Orderpapiere, ohne dass es einer besonderen Orderklausel („… oder Order") überhaupt bedarf. Es gibt nur fünf: Scheck, Wechsel, Anteilschein einer Kapitalanlagegesellschaft, der auf den Namen lautet (§ 33 I InvG), Namensaktie (§§ 10, 67 AktG), Zwischenschein (§§ 10 III, 67 IV AktG). Ein Merkwort ist hier ausnahmsweise angebracht: SCHWANZ.

(2) **Die gekorenen Orderpapiere** sind ihrer Natur nach Namenspapiere, sie werden zu Orderpapieren, „wenn sie an Order lauten". Das sind die sechs in § 363 HGB aufgezählten Papiere.

II. Die Eigenschaften der Orderpapiere

(1) **Die Übertragung** wird am Sachenrecht orientiert. Sie erfolgt durch Übergabe der indossierten Urkunde und Einigung gem. § 929 BGB.

(2) **Gutgläubiger Erwerb** ist möglich (Art. 16 II WG; Art. 21 SchG; § 68 I AktG und § 365 I HGB jeweils mit Verweisung auf Art. 16 II WG).

(3) **Einwendungen** werden **abgeschnitten** (direkt aus Rechtsschein oder aus Art. 17 WG; Art. 22 SchG; § 364 II HGB).

(4) Inhaberlegitimation ist geregelt in Art. 16 I WG; Art. 19 SchG; § 365 I HGB mit Verweisung auf Art. 16 I WG.

(5) **Liberationswirkungen** ergeben sich aus Art. 40 III WG; Art. 35 SchG; § 365 HGB mit Verweisung auf Art. 40 WG.

III. Traditionspapiere

Bei der Übersendung von Waren durch die Eisenbahn lässt sich der Absender manchmal einen Duplikatfrachtbrief ausstellen. Dies Papier ist kein Wertpapier, sondern nur ein Sperrpapier: Der Absender kann über das rollende Gut nicht mehr verfügen, wenn er das Duplikat aus der Hand gegeben hat (§ 72 VII EVO). In der Praxis benutzt man das Duplikat auch zur Eigentumsübertragung: Der Absender schickt dem Empfänger das Duplikat per Nachnahme zu. In der Zusendung liegt ein Angebot, das Eigentum gem. § 931 BGB übergehen zu lassen.

Ladeschein, Orderlagerschein und Konnossement weisen demgegenüber eine Besonderheit auf: Sie repräsentieren nicht nur die schuldrechtliche Beziehung zum Verfrachter oder Lagerhalter, sondern auch das Gut selbst, die Übergabe der indossierten Urkunde hat die gleiche Wirkung wie die Übergabe des Gutes. Das bedeutet, dass bei Zusendung dieser Papiere das Eigentum nicht nach § 931 BGB, sondern direkt nach § 929 BGB übergeht (§§ 448, 475g, 650 HGB). Man nennt diese Papiere deshalb Traditionspapiere. Die Traditionswirkung tritt allerdings nur ein, solange der Aussteller das Gut noch im Besitz hat und für den aus der Urkunde Berechtigten besitzen will.

§ 106. Inhaberpapiere

Die Inhaberpapiere sind meist schon äußerlich dadurch gekennzeichnet, dass sie nicht den Namen des Gläubigers erwähnen, sondern lediglich auf den Inhaber ausgestellt sind. (Der Inhaberscheck wird hier nicht mitbehandelt.)

I. Die einzelnen Inhaberpapiere

Inhaberpapiere sind die Inhaberaktie, der Anteilschein einer Kapitalanlagegesellschaft, der auf den Inhaber ausgestellt ist, der Inhabergrund- und -rentenschuldbrief sowie alle Inhaberschuldverschreibungen gem. § 793 BGB: Industrieobligationen, Anleihen der Länder und Kommunen, Gewinnanteilschein, Zinsschein, Lotterielos, Inhaberlagerschein.

II. Eigenschaften der Inhaberpapiere

(1) **Die Übertragung** erfolgt gem. § 929 BGB.

(2) **Gutgläubiger Erwerb** ist in gleichem Maße wie bei Geld möglich (§§ 932, 935 II BGB).

(3) **Einreden** werden **abgeschnitten** gem. §§ 794, 796 BGB.

(4) **Die Inhaberlegitimation** ergibt sich aus § 793 I S. 1 BGB.

(5) **Die Liberationswirkung** besteht gem. §§ 793 I S. 2, 797 S. 2 BGB. Der Schuldner wird nur dann nicht frei, wenn er die Nichtberechtigung des Inhabers kannte und diesen Mangel ohne größere Schwierigkeiten beweisen, die Vermutung des § 793 I S. 1 BGB somit widerlegen konnte.

Übersicht

	Übertragung	gutgl. Erwerb	Abschneiden von Einwendungen und Einreden	Inhaberlegitimation	Liberationswirkung
Sparbuch	§ 398	nein	Nein § 404	nein § 808 I S. 2	ja § 808 I S. 1
Wechsel	Indossament + § 929	ja Art. 16 II WG	ja Rechtsscheintheorie Art. 17 WG	ja Art. 16 I WG	ja Art. 40 III WG
Inhaberschuldverschreibung	§ 929	ja §§ 932, 935 II	ja §§ 794, 796	ja § 793 I S. 1	ja § 793 I S. 2

Siebenter Abschnitt:
Gesellschaften und Vereine

§ 107. Vorbemerkung

Das deutsche Recht kennt keine zusammenfassende Kodifikation des Gesellschaftsrechts. Man findet die Regeln über die einzelnen Vereinigungsarten im BGB, im HGB und in einigen Sondergesetzen. Es sind geregelt

(1)   die Gesellschaft bürgerlichen Rechts (GbR) in §§ 705 ff. BGB,

(2)   die offene Handelsgesellschaft (OHG) in §§ 105 ff. HGB,

(3)   die Kommanditgesellschaft (KG) in §§ 161 ff. HGB,

(4)   die Europäische wirtschaftliche Interessenvereinigung (EWIV) in der EG-Verordnung von 1985 und dem deutschen Ausführungsgesetz von 1988,

(5)   die Partnerschaft (PartG) im Partnerschaftsgesellschaftsgesetz (PartGG),

(6)   die stille Gesellschaft (stG) in §§ 230 ff. HGB,

(7)   der eingetragene Verein des BGB (e.V.) in §§ 21 ff., 55 ff. BGB,

(8)   der nichtrechtsfähige Verein des BGB in § 54 BGB,

(9)   die GmbH im GmbHG,

(10) die Aktiengesellschaft (AG) im Aktiengesetz (AktG),

(11) die Kommanditgesellschaft auf Aktien (KommAG) in §§ 278 ff. AktG,

(12) die eingetragene Genossenschaft (eG) im Genossenschaftsgesetz (GenG).[1]

Eine Reihe von Umwandlungsfragen ist außerdem im Umwandlungsgesetz geregelt.

Die einzelnen Regeln beruhen auf teilweise sehr verschiedenen Zielsetzungen. Jede Vereinigungsart hat ein anderes gesetzliches Leitbild. Hinzu kommt, dass die Regeln zu verschiedenen Zeiten entstanden sind und jeweils den gesellschaftlichen und rechtswissenschaftlichen Stand einer bestimmten Epoche wiedergeben. Wer sich in das Gesellschaftsrecht einarbeiten will, hat deshalb zunächst den Eindruck einer verwirrenden Vielfalt. Um diesen Schwierigkeiten zu begegnen, werden wir im Folgenden zunächst einige Ordnungsgesichtspunkte darstellen, die die verschiedenen Vereinigungsarten in ein zusammenhängendes System bringen. Dann werden wir bestimmte Rechtsfragen, die bei sämtlichen Vereinigungsarten auftauchen, als Grundprobleme des Gesellschaftsrechts querschnittartig durch die verschiedenen Vereinigungsarten hindurch verfolgen.

---

[1] Nicht berücksichtigt werden der wirtschaftliche Verein des BGB, der Versicherungsverein auf Gegenseitigkeit, die Reederei, die bergrechtliche Gewerkschaft und die Kolonialgesellschaft.

1. Kapitel:
Die Ordnungsgesichtspunkte

§ 108. Gesellschaften und Vereine

I. Die beiden Grundformen

Man kann alle Vereinigungsarten in zwei Gruppen zusammenfassen: die Gesellschaften (im engeren Sinne) und die Vereine. Der wesentliche Unterschied zwischen diesen beiden Gruppen ist in der verschiedenen **Struktur** zu sehen: Während die auf eine kleine Mitgliederzahl zugeschnittenen Gesellschaften individualrechtlich ausgestaltet sind (als „Kleingruppen"), sind die Vereine mit Rücksicht auf ihre große Mitgliederzahl körperschaftlich organisiert (als „Großgruppen"). Am deutlichsten zeigen sich die Unterschiede bei den beiden im BGB geregelten Grundformen: der GbR und dem e.V.

1. GbR und e.V.

Bei der GbR stehen die einzelnen Gesellschafter ganz im Vordergrund.

Beim e.V. stehen die einzelnen Mitglieder im Hintergrund. Der Verein ist vom Wechsel der Mitglieder **unabhängig**.

Die interne Willensbildung erfolgt durch die **Gesellschafter**.

Seiner körperschaftlichen Struktur entsprechend hat der Verein mindestens zwei Organe: die Mitgliederversammlung als oberstes Organ und den Vorstand als geschäftsführendes Organ. Die Mitgliederversammlung wählt den Vorstand, überwacht ihn und entscheidet im Übrigen nur über Fragen von besonderer Wichtigkeit.

Bei der Beschlussfassung gilt grundsätzlich das **Einstimmigkeitsprinzip**.

Bei der Beschlussfassung gilt das **Mehrheitsprinzip**. Der Vorstand erledigt die laufenden Angelegenheiten und vertritt den Verein nach außen.

Für die Schulden der Gesellschaft haften alle Gesellschafter den Gläubigern **persönlich** mit ihrem gesamten Vermögen.

Für die Schulden des Vereins haftet den Gläubigern gegenüber nur **der Verein als solcher**.

Die Gesellschaft als solche kann zwar Rechte erwerben und Verbindlichkeiten eingehen. Sie ist auch grundbuchfä-

Der Verein ist eine **juristische Person.** Das Vereinsvermögen gehört nicht den Mitgliedern, sondern **dem Verein als solchem.**

hig, d.h. sie kann beim Erwerb eines Grundstücks mit ihrem Namen und den Namen der Gesellschafter in das Grundbuch eingetragen werden. Sie ist aber **keine juristische Person.**

Beim Erwerb eines Grundstücks wird deshalb als Eigentümer **nur der Verein** eingetragen. Im Innenverhältnis sind die Mitglieder nur **dem Verein gegenüber** berechtigt und verpflichtet.

Die Rechtsgrundlage der GbR ist ein **Gesellschaftsvertrag,** der keiner Formvorschrift unterliegt und auch stillschweigend geschlossen werden kann.

Die Rechtsgrundlage des e.V. ist eine **Satzung,** die der Schriftform bedarf.

Die Gesellschaft kann auf Dauer angelegt sein, sie kann aber auch für einen vorübergehenden Gelegenheitszweck gegründet werden.

Der Verein ist auf **Dauer** angelegt.

2. Die Sonderformen

Sonderformen der GbR mit teilweise abweichenden Regeln sind einerseits die OHG und die Sonderformen der OHG: die KG, die PartG und die EWIV, andererseits die sogen. Innengesellschaft und die Sonderform der Innengesellschaft: die stille Gesellschaft.

Eine Sonderform des Vereins ist der nichtrechtsfähige Verein des BGB, der nach seiner gesetzlichen Regelung zwischen dem Verein und der Gesellschaft steht. Weitere Sonderformen sind die in Sondergesetzen geregelten juristischen Personen des Handelsrechts: die AG, die KommAG, die GmbH und die eG.

Wir gehen nun auf die einzelnen Gesellschaften und Vereine etwas näher ein.

II. Gesellschaften (im engeren Sinne)

1. Die Gesellschaft bürgerlichen Rechts als Grundform

Gemäß § 705 BGB ist die GbR dadurch gekennzeichnet, dass **mehrere Personen** sich gegenseitig **verpflichten,** die Erreichung eines **gemeinsamen Zweckes** in einer bestimmten Weise zu fördern. Grundsätzlich kommen hierbei alle nur denkbaren Zwecke in Betracht. Der gemeinsame Betrieb eines **Handelsgewerbes** scheidet allerdings als Zweck aus, da hierfür die Sonderformen der OHG und KG vorgesehen sind. Gesellschaften bürgerlichen Rechts sind

(1) Zusammenschlüsse im **privaten** Bereich, z.B. zum gemeinsamen Betrieb eines Wohnhaushalts (Wohngemeinschaften),

(2) gemeinsame Praxen von **Freiberuflern** (Rechtsanwälten, Wirtschaftsprüfern, vereidigten Buchprüfern, Steuerberatern, Ärzten): die Sozietäten und die Bürogemeinschaften,

(3) Zusammenschlüsse von **Kleingewerbetreibenden,** die nicht im Handelsregister eingetragen und deshalb gem. § 2 HGB keine Kaufleute sind,

(4) Zusammenschlüsse von größeren Unternehmen, die nur für einen **vorübergehenden** Zweck gegründet werden, z.B. Gründungskonsortien (Zusammenschlüsse von Banken, die sich an der Gründung einer AG beteiligen und die Aktien nach der Gründung an das Publikum verkaufen) und die „Arbeitsgemeinschaften" (Arge) in der Bauwirtschaft (Zusammenschlüsse mehrerer Unternehmen zur gemeinsamen Durchführung eines größeren Projekts).

Während früher die Ansicht vorherrschend war, dass Träger von Rechten und Pflichten nur die **Gesellschafter** in ihrer gesamthänderischen Verbundenheit seien, wird die GbR in diesen Fragen seit 2001 der OHG weitgehend gleichgestellt.[2]

2. Die OHG und die Sonderformen der OHG: KG, EWIV und Partnerschaft

a) Die OHG

Wenn der Zweck der Gesellschaft auf den Betrieb eines Handelsgewerbes unter gemeinschaftlicher Firma gerichtet und bei allen Gesellschaftern die Haftung gegenüber den Gesellschaftsgläubigern **unbeschränkt** ist, liegt eine im HGB geregelte Sonderform der GbR, nämlich eine OHG vor (§ 105 I HGB). Allerdings ist die OHG nicht ausschließlich im HGB geregelt. Die §§ 105 ff. HGB sind nämlich nur eine Zusammenfassung von Sonderregeln, die auf den Grundregeln der GbR aufbauen (bitte lesen sie § 105 III HGB).

Die OHG kann – ähnlich wie eine juristische Person – unter ihrer Firma Rechte erwerben und Verbindlichkeiten eingehen (§ 124 HGB). Erwirbt sie ein Grundstück, so wird **sie** als Eigentümerin in das Grundbuch eingetragen; bei einem späteren Gesellschafterwechsel ist – anders als bei der GbR – eine Änderung des Grundbuchs nicht erforderlich.

Die OHG ist Handelsgesellschaft und wird in das Handelsregister eingetragen (§§ 105, 106 HGB).

b) Die Kommanditgesellschaft

Wenn der Zweck der Gesellschaft auf den gemeinsamen Betrieb eines Handelsgewerbes unter gemeinschaftlicher Firma gerichtet ist und bei mindestens einem Gesellschafter die Haftung **beschränkt,** bei mindestens einem Gesellschafter die Haftung **unbeschränkt** ist, handelt es sich um eine KG (§ 161 HGB). Die KG ist im Gesetz als Sonderform der OHG ausgestaltet worden, die Sonderregeln des Rechts der KG beziehen sich fast ausschließlich auf den **beschränkt** haftenden Gesellschafter (Kommanditist, § 171 I HGB); der **unbeschränkt** haftende Gesellschafter (Komplementär) wird grundsätzlich wie der Gesellschafter einer OHG behandelt (bitte lesen Sie § 161 II HGB). Dadurch ergibt sich ein dreistufiger Aufbau bei der Rechtsanwendung: Wenn eine Rechtsfrage bei der KG zu klären ist, muss man die Antwort zunächst in den Sonderregeln der KG, dann in den Sonderregeln der OHG, dann in den Grundregeln der GbR suchen.

Die KG ist wie die OHG durch eine weit gehende rechtliche Verselbständigung und eine entsprechende Verfestigung der Organisationsstruktur gekennzeichnet. Sie

---

[2] BGH ZIP 2001, 330.

kann wie die OHG unter ihrer Firma Rechte erwerben und Verbindlichkeiten eingehen (§§ 124, 161 II HGB).

Sie ist auch Handelsgesellschaft und wird in das Handelsregister eingetragen.

c) Die Partnerschaft

Die **Partnerschaft** (Partnerschaftsgesellschaft, abgekürzt: PartG) beruht auf dem „Gesetz über Partnerschaftsgesellschaften Angehöriger Freier Berufe" (Partnerschaftsgesellschaftsgesetz, abgekürzt: PartGG) von 1994. Das Gesetz kommt mit nur 11 eigenen Paragrafen aus, da auf eine Reihe von Vorschriften der OHG und außerdem allgemein auf die GbR-Regeln verwiesen wird. Für die Rechtsanwendung ergibt sich Folgendes:

(1) Zunächst gilt das PartGG.

(2) Ergänzend finden eine Reihe von OHG-Regeln entsprechende Anwendung.

(3) Im Übrigen gilt das Recht der GbR (§ 1 IV PartGG).

Durch die Übernahme der OHG-Struktur, insbesondere des § 124 HGB (§ 1 IV PartGG), hat die PartG eine strukturelle Verfestigung erfahren, die den modernen Anforderungen an einen freien Beruf besser entspricht. Außerdem hat man versucht, die Vorschriften über die Haftung der Partner im Außenverhältnis der Eigenart des freien Berufes besser anzupassen, als dies nach den Vorschriften der OHG und der GbR möglich ist: Die Partner haften zwar für die Verbindlichkeiten der PartG neben dieser unbeschränkt und gesamtschuldnerisch (§ 8 I PartGG). Bei **fehlerhafter Berufsausübung** (fehlerhafter Beratung oder Begutachtung oder Prozessführung) haften jedoch – anders als bei der OHG und der GbR – nur diejenigen Partner neben der PartG auf Schadensersatz, die mit der Ausführung des Auftrags befasst waren (§ 8 II PartGG. Wegen Einzelheiten s. u. § 113 II 4).

Die PartG ist von der OHG und deren sonstigen Sonderformen dadurch deutlich unterschieden, dass sie **ausschließlich** für Freiberufler bestimmt ist, dass sie **keine** Handelsgesellschaft ist und **nicht** in das Handelsregister, sondern in das **Partnerschaftsregister** eingetragen wird (§§ 1, 4 PartGG).

d) Die EWIV

Eine durch das Europarecht entstandene Gesellschaftsform ist die **Europäische wirtschaftliche Interessenvereinigung** (EWIV) – die erste supranationale Unternehmensform Europas. Sie wurde 1985 durch eine **Verordnung** des Rates der EG (EWIVVO) geschaffen, beruht also auf (sekundärem) Gemeinschaftsrecht, das – anders als bei den umsetzungsbedürftigen **Richtlinien** – in jedem Mitgliedstaat der Gemeinschaft **unmittelbar** gilt (s. o. § 6 II).

Die EWIV soll den Unternehmen und den Angehörigen freier Berufe in der EG eine grenzüberschreitende Zusammenarbeit erleichtern, ohne dass sich die Mitglieder auf die nationale Gesellschaftsform eines bestimmten Mitgliedstaates einigen müssen, sie setzt deshalb voraus, dass mindestens zwei Gesellschafter ihren Sitz in verschiedenen Mitgliedstaaten der EU haben. Der **Zweck** der EWIV ist auf **Hilfstätigkeiten** beschränkt: sie soll die Tätigkeit ihrer Mitglieder als deren Hilfsinstrument fördern und erleichtern, sie darf nicht den Zweck verfolgen, **eigenen** Gewinn zu erzielen (Art. 3 EWIVVO). Insoweit unterscheidet sich die EWIV deutlich von der OHG. Ein weiterer Unterschied liegt darin, dass die Vertretung im Außenverhältnis durch besonders bestellte Geschäftsführer erfolgt, die nicht Gesellschafter sein müssen – ähnlich wie bei der GmbH.

Im Jahre 1988 wurde zu der EWIVVO ein deutsches Ausführungsgesetz erlassen (EWIVG), das die EWIVVO durch weitere Vorschriften ergänzt und außerdem bestimmt, dass im Übrigen die Vorschriften über die OHG anzuwenden sind.

Für die Rechtsanwendung ergibt sich damit bei der EWIV eine vierstufige Rangordnung:

(1) Als Recht mit höchstem Rang gilt die EWIVVO.

(2) Ergänzend greift das deutsche EWIVG ein,

(3) Im Übrigen gelten die Vorschriften über die OHG (§ 1 EWIVG, §§ 105 ff. HGB).

(4) Es bleibt ein Rest von Grundregeln der GbR (§ 1 EWIVG, § 105 II HGB, §§ 705 ff. BGB).

Die EWIV entspricht in ihrer Struktur weitgehend der OHG: Sie kann selbständig Träger von Rechten und Pflichten sein (Art. 1 EWIVVO). Ihre Mitglieder haften unbeschränkt für die Verbindlichkeiten der Vereinigung (Art. 24 EWIVVO).

Die EWIV gilt als Handelsgesellschaft und ist in das Handelsregister einzutragen, auch wenn ihre Mitglieder **Freiberufler** sind (§ 1 EWIVG).

Die EWIV wird nur hier in der Übersicht erwähnt und in den weiteren Darstellungen weggelassen.

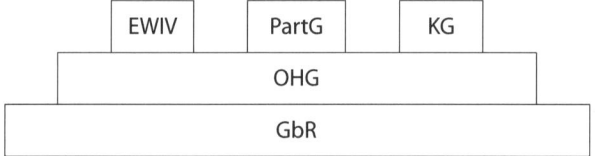

3. Die Innengesellschaft und ihre Sonderform: die stille Gesellschaft

a) Die Innengesellschaft

Eine andere Abweichung vom Grundtyp der GbR ist die sog. Innengesellschaft. Eine Innengesellschaft liegt vor, wenn die Gesellschaft im Innenverhältnis, d.h. im Verhältnis der Gesellschafter zueinander, Wirkungen hat, aber nach außen nicht in Erscheinung tritt. Innengesellschaften des Alltags sind z.B. die Toto- und Lottogemeinschaften: Mehrere Personen steuern wöchentlich einen bestimmten Betrag bei, spielen gemeinsam nach einem bestimmten „System", der Tippschein trägt aber den Namen nur einer Person. Diese Person ist dann dem Toto- oder Lottounternehmen gegenüber allein berechtigt und verpflichtet, im Falle eines Gewinnes aber den anderen Gesellschaftern gegenüber zur Teilung verpflichtet.

In der Wirtschaft spielen die Innengesellschaften als **Unterbeteiligungen** an Gesellschaftsanteilen, insbesondere an Anteilen einer GmbH oder KG, eine große Rolle. Die Unterbeteiligungsgesellschaft bestellt in solchen Fällen oft einen Treuhänder

(Treuhandgesellschafter, Treuhandkommanditist), der dann eine eigenartige Doppelstellung einnimmt: Im Verhältnis zur Unterbeteiligungsgesellschaft ist er an deren Beschlüsse gebunden, im Verhältnis zur GmbH oder KG dagegen ist nur er Gesellschafter mit allen Rechten und Pflichten.

Die Innengesellschaft hat im Gesetz keine besondere Regelung gefunden, sie richtet sich deshalb nach dem Recht der GbR, wobei allerdings nur die Regeln über das **Innenverhältnis** anzuwenden sind.

b) Die stille Gesellschaft

Ist bei einer Innengesellschaft die allein nach außen auftretende Person ein **Kaufmann,** so liegt eine im HGB geregelte Sonderform der Innengesellschaft, nämlich eine **stille Gesellschaft** vor (§ 230 HGB). Die wichtigste Abweichung vom Grundtyp liegt darin, dass kein gesamthänderisch gebundenes Gesellschaftsvermögen gebildet wird: Der Stille hat die Einlage so zu leisten, dass sie in das Vermögen des Inhabers des Handelsgeschäfts übergeht (§ 230 I HGB). Außerdem ist der Stille von der Geschäftsführung völlig ausgeschlossen, er hat lediglich ein Kontrollrecht (§ 233 HGB). Die stille Gesellschaft liegt im Grenzbereich des Gesellschaftsrechts, und die Abgrenzung zum partiarischen Darlehen (Darlehen mit Beteiligung an Gewinn und Verlust) bereitet oft große Schwierigkeiten.

Inhaber in einer stillen Gesellschaft kann eine natürliche Person, aber auch eine Gesellschaft sein. Gleiches gilt für den Stillen.

In einem Schema sehen der Grundtyp und die nach zwei Richtungen sich ergebenden Abweichungen so aus:

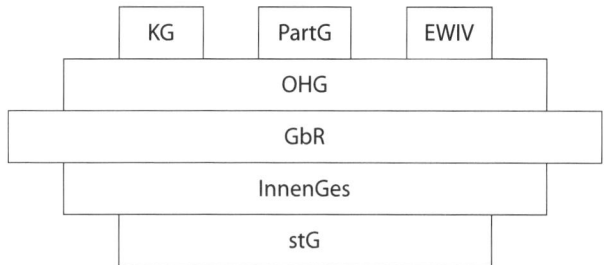

III. Vereine

1. Der eingetragene Verein

Der eingetragene Verein ist eine auf eine gewisse Dauer berechnete Personenvereinigung mit körperschaftlicher Verfassung, die einen Gesamtnamen führt, vom Wechsel der Mitglieder unabhängig ist und durch die Eintragung in das Vereinsregister eigene Rechtspersönlichkeit erlangt hat. Die Rechtsform des e.V. ist für sog. Idealvereine, d.h. für Vereine mit nichtwirtschaftlicher Zielsetzung, vorgesehen. Nur in Ausnahmefällen können Vereine des BGB mit wirtschaftlicher Zielsetzung Rechtsfähigkeit erlangen, sie erwerben diese dann durch besondere staatliche Verleihung (§ 22 BGB).

Der e. V. muss mindestens sieben Gründungsmitglieder haben. Sein höchstes Organ ist die Mitgliederversammlung, die ihre Beschlüsse mit einfacher Mehrheit fasst. Da erfahrungsgemäß nur ein Teil der Mitglieder an den Versammlungen teilnimmt, lässt das Gesetz die Mehrheit der erschienenen Mitglieder genügen (§ 32 I S. 3 BGB). Unklar ist, wie dabei Stimmenthaltungen zu bewerten sind. Wendet man das Gesetz wortwörtlich an, so werden sie (als Neinstimmen) mitgezählt. Die Rechtsprechung lehnt dies als unpraktikabel ab, nach ihr entscheidet die Mehrheit der abgegebenen Stimmen.[3]

Der Verein muss einen Vorstand als geschäftsführendes Organ haben. Die Mitgliederversammlung ist nur für solche Angelegenheiten zuständig, die nicht dem Vorstand übertragen worden sind. Auch die Vertretung nach außen obliegt dem Vorstand.

2. Der nichtrechtsfähige Verein

Vereine, die nicht im Vereinsregister eingetragen sind, besitzen keine eigene Rechtspersönlichkeit. Sie sollen gem. § 54 S. 1 BGB wie Gesellschaften bürgerlichen Rechts behandelt werden. Diese eigenartige Regelung hat politische Gründe. Der Gesetzgeber von 1896 stand den sich entwickelnden Organisationsformen seiner Bürger mit Misstrauen gegenüber. Er unterwarf deshalb die nichtrechtsfähigen Vereine ohne Rücksicht auf deren körperschaftliche Struktur den auf eine „Kleingruppe" zugeschnittenen Regeln der §§ 705 ff. BGB, um das Wachstum dieser Vereine zu behindern. Beantragte ein Verein die Eintragung in das Vereinsregister, so konnte die Verwaltungsbehörde nach dem damaligen § 61 II BGB Widerspruch einlegen, falls der Verein politische, sozialpolitische oder religiöse Zwecke verfolgte. Praktisch handelte es sich hier um den Versuch, ein auf dem Gebiete des öffentlichen Rechts liegendes Ziel mit privatrechtlichen Mitteln zu verwirklichen.

In der Praxis hat sich dieser Versuch als totaler Fehlschlag erwiesen. Die meisten Vereine sind bis auf den heutigen Tag nichtrechtsfähig geblieben, unter ihnen befinden sich Organisationen von großer politischer und sozialer Bedeutung (Arbeitnehmergewerkschaften, politische Parteien, Studentenkorporationen), und die Rechtsprechung hat in Zusammenarbeit mit der Lehre durch die Bildung von Gewohnheitsrecht die Wirkungen des § 54 S. 1 BGB weitgehend aufgehoben. In den wichtigsten Fragen ist der nichtrechtsfähige Verein heute dem e. V. gleichgestellt: Der Verein haftet für unerlaubte Handlungen seiner Organe analog § 31 BGB wie ein e. V.,[4] die Vereinsmitglieder haften gegenüber den Gläubigern nur mit dem Vereinsvermögen. Zwar ist der nichtrechtsfähige Verein im Prozess grundsätzlich nicht aktiv parteifähig, die Klage kann also nicht im Namen des Vereins, sondern nur im Namen aller Mitglieder erhoben werden. Der umständliche Nachweis der Bevollmächtigung durch jedes einzelne Mitglied kann aber durch die Einreichung der Satzung ersetzt werden. Darüber hinaus hat die Rechtsprechung die volle aktive Parteifähigkeit der Arbeitnehmergewerkschaften anerkannt,[5] nach § 3 des Par-

---

[3] BGH NJW 1982, 1585.
[4] BGH 50, 29.
[5] BGH 50, 325.

teiengesetzes von 1967 besitzen ohnehin alle politischen Parteien die aktive Parteifähigkeit. Außerdem sind alle nichtrechtsfähigen Vereine insolvenzfähig (§ 11 I S. 2 InsO) und nach h.L. auch grundbuchfähig.

Inzwischen hat sich die Meinung durchgesetzt, dass die Behinderung des nichtrechtsfähigen Vereins durch die Verweisung auf das Recht der GbR in § 54 gegen das **Grundrecht der Vereinigungsfreiheit** verstößt (Art. 9 GG). Die durch Rechtsprechung und Lehre entstandenen Änderungen lassen sich jetzt auch im Wege der **verfassungskonformen Auslegung** des BGB begründen.[5a]

Die AG, die KommAG, die Europäische Aktiengesellschaft (SE), die GmbH und die eG sind die juristischen Personen des Handelsrechts. Sie sind sämtlich Kaufleute ohne Rücksicht auf den Gegenstand des Unternehmens (Formkaufleute) und erlangen Rechtsfähigkeit durch Eintragung in das Handelsregister bzw. Genossenschaftsregister. Wegen ihrer körperschaftlichen Struktur sind sie als Vereine anzusehen (trotz des Namens „Gesellschaft"), allerdings stellen die Sondergesetze, in denen sie geregelt sind, nahezu erschöpfende Sonderregeln gegenüber dem BGB dar, sodass nur ganz wenige Regeln des allgemeinen Vereinsrechts auf diese Vereine Anwendung finden.

a) Die Aktiengesellschaft

Das Leitbild der **Aktiengesellschaft** war und ist heute noch das wirtschaftliche **Großunternehmen,** obwohl in letzter Zeit gesetzgeberische Versuche unternommen wurden, diese Rechtsform durch „Deregulierung" von Formalien auch für kleinere Unternehmen attraktiv zu machen. Das Grundkapital muss mindestens 50 000 Euro betragen; die Gesellschaft kann durch mehrere Gründer, sie kann aber auch durch einen Gründer als Einmann-AG gegründet werden. Notwendige Organe sind Hauptversammlung, Vorstand und Aufsichtsrat. Der Aufsichtsrat und die Abschlussprüfer werden von der Hauptversammlung gewählt, der Vorstand wird vom Aufsichtsrat bestellt. Die AG ist im Aktiengesetz geregelt.

b) Die Europäische Aktiengesellschaft

Neben der EWIV ist die Europäische Aktiengesellschaft (Societas Europaea, SE) die zweite supranationale Unternehmensform Europas. Sie wurde 2001 durch eine **Verordnung** des Rates der EG (SEVO) geschaffen, beruht also auf (sekundärem) Gemeinschaftsrecht, das in jedem Mitgliedstaat der Gemeinschaft **unmittelbar** gilt. Die Verordnung beschränkt sich auf **Rahmenbedingungen,** vor allem hinsichtlich der Gründung, und verweist im Übrigen auf das nationale Recht des jeweiligen Sitzstaates (Art. 9 SEVO). Ergänzt wird die Verordnung durch eine **Richtlinie** zu Fragen der Mitbestimmung.

Die SE ist als Rechtsform für Kapitalgesellschaften zugelassen, die – wie bei der EWIV – mit mindestens zwei Mitgliedstaaten der EU institutionell verbunden sind (z.B. infolge Verschmelzung von Aktiengesellschaften mit Sitz in verschiedenen Mitgliedstaaten).

[5a] Palandt/Heinrichs § 54 Rnr. 83. Die juristischen Personen des Handelsrechts.

Die SE ist als Aktiengesellschaft konzipiert. Das Mindestkapital beträgt 120 000 Euro. Die **Hauptversammlung** ist notwendiges Organ, ihre Kompetenzen richten sich weitgehend nach nationalem Recht.

Ein entscheidender Unterschied zwischen SE und deutscher AG liegt darin, dass die **Leitung** der Gesellschaft als **dualistisches** System mit Vorstand und Aufsichtsrat **oder** als **monistisches** System mit **einem** Verwaltungsorgan (Board) wie in Großbritannien ausgestattet werden kann.

Die SE wird nur hier in der Übersicht erwähnt und in den weiteren Darstellungen weggelassen.

c) Die Kommanditgesellschaft auf Aktien

Die im Aktiengesetz geregelte Kommanditgesellschaft auf Aktien ist eine Abart der Aktiengesellschaft, die zwischen dieser und der KG steht. Sie ist, kurz gesagt, eine AG, bei der die Vorstandsmitglieder hinsichtlich der Geschäftsführungsbefugnis, der Vertretungsmacht und der persönlichen Haftung wie Komplementäre einer KG behandelt werden. Die KommAG ist sehr selten.

d) Die GmbH und die UG

Die Rechtsform der mittleren und kleineren Unternehmen ist die GmbH: Das Stammkapital braucht nur 25 000 Euro zu betragen. Die Gesellschaft kann durch einen oder mehrere Gründer gegründet werden. Notwendige Organe sind der (oder die) Geschäftsführer und die Gesamtheit der Gesellschafter. Bei Gesellschaften mit mehr als 500 Arbeitnehmern ist außerdem durch das Betriebsverfassungsgesetz die Bildung eines Aufsichtsrats vorgeschrieben.

Auch die GmbH ist nach ihrer Struktur ein Verein, sie steht allerdings – besonders hinsichtlich des Mitwirkungsrechts der Gesellschafter – den Gesellschaften näher als die AG. Die GmbH ist im GmbHG von 1892 geregelt.

Um im Wettbewerb der GmbH als Rechtsform gegenüber ausländischen Rechtsformen, vor allem der britischen Limited, bestehen zu können, hat der deutsche Gesetzgeber im Jahre 2008 eine Unterform der GmbH, die „Unternehmergesellschaft (haftungsbeschränkt)" geschaffen (§ 5 a GmbHG). Sie kann mit einem Stammkapital von 1 Euro gegründet werden, was insbesondere Existenzgründern entgegenkommen dürfte, die typischerweise zu Beginn einer Unternehmenskarriere (vor allem im Dienstleistungsbereich) über nur wenige finanzielle Mittel verfügen. Die Gesellschaft muss in der Firma die Bezeichnung „Unternehmergesellschaft" oder „UG", jeweils mit dem Zusatz („haftungsbeschränkt"), führen (§ 5 a I GmbHG). Um nun doch im Laufe der Zeit das Mindestkapital zusammen zu bekommen, muss die Gesellschaft in der Bilanz eine gesetzliche Rücklage bilden, in die so lange ein Viertel des Jahresüberschusses eingestellt wird, bis der Mindestbetrag von 25 000 Euro angespart ist. Danach kann die UG (haftungsbeschränkt) zur klassischen GmbH umfirmieren. Sie muss es aber nicht.

e) Die Genossenschaft

Die eingetragene Genossenschaft nimmt unter den juristischen Personen des Handelsrechts eine Sonderstellung ein. Sie ist zwar Formkaufmann, sie strebt aber nicht eigenen Gewinn an, sondern will lediglich den Erwerb oder die Wirtschaft ihrer **Mitglieder** („Genossen") fördern, z.B. durch zentral betriebenen Verkauf der Produkte ihrer Mitglieder (Absatzgenossenschaften) oder durch zentral betriebenen Einkauf (Einkaufsgenossenschaften) oder durch zentral organisierte Beschaffung von Kredit (Kreditvereine, „Raiffeisenkassen", § 1 GenG). Außerdem hat die eG nicht wie die AG und GmbH ein festes Stammkapital; ihr Kapital steigt und sinkt mit dem Ein- und Austritt der Genossen. Die notwendigen Organe der eG sind Generalversammlung (bei Großgenossenschaften Vertreterversammlung), Vorstand und Aufsichtsrat. Aufsichtsrat **und** Vorstand werden von der Generalversammlung gewählt (anders als bei der AG). Die eG ist im Genossenschaftsgesetz von 1889 geregelt. Das Gesetz ist mehrmals durch „kleine Reformen" geändert worden.

IV. Schema Gesellschaften und Vereine

Die Gesellschaften und Vereine sind in dem folgenden Schema dargestellt.

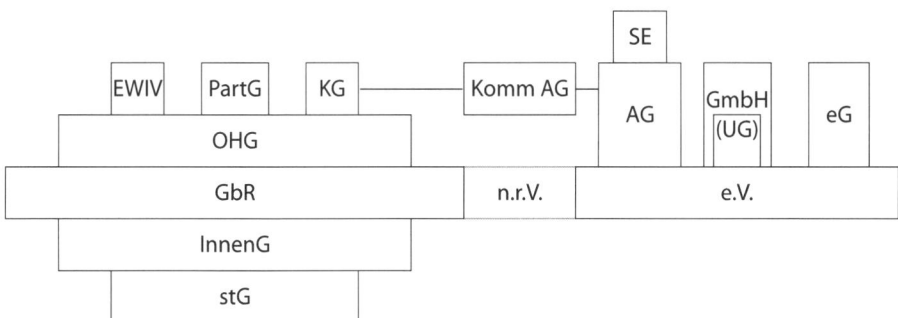

Es fällt auf, dass bei den Gesellschaften ein Stufenbau nach zwei Richtungen besteht, während die Sonderformen der Vereine jeweils allein stehen und nur die SE als Sonderform der AG zu betrachten ist. Die UG (haftungsbeschränkt) ist als Vorform in der GmbH enthalten. Der nichtrechtsfähige Verein steht als eigenartiges Zwischengebilde zwischen den beiden Grundtypen. Die KommAG ist etwas näher an die AG als an die KG gerückt.

Bitte prägen Sie sich dieses Bild gut ein.

V. Vor- und Nachteile des Systems

Das Ordnungssystem „Gesellschaft – Verein" hat den Vorteil, dass es allumfassend ist; jede Vereinigungsform ist darin unterzubringen. Der wichtigste Vorteil allerdings sind die Konsequenzen für die Rechtsanwendung: Man weiß, wo man weitersuchen muss, wenn man die Antwort auf eine bestimmte Frage nicht in den Sonderregeln für eine bestimmte Vereinigungsart findet. Dafür zwei Beispiele:

(1) Bei allen Gesellschaften (im engeren Sinne) kann die Frage auftauchen, ob die Gesellschafter bei Verlusten zum Nachschießen verpflichtet sind. Diese Frage ist beim Grundtyp, nämlich in § 707 BGB, geregelt (bitte lesen).

(2) Wenn bei einem handelsrechtlichen Verein der Vorstand fehlt oder handlungs-unfähig ist, entsteht die Frage, ob ein Notvorstand durch das Gericht zu bestellen ist. Diese Frage ist im AktG geregelt (§ 85 AktG). Dagegen fehlt eine solche Regelung im GmbHG und im GenG, weshalb bei diesen Vereinen die Notbestellung nach dem Vereinsrecht des BGB, nämlich gem. § 29 BGB, erfolgt (bitte lesen).

Der Nachteil des Ordnungssystems „Gesellschaft – Verein" ist, dass die Art der Beteiligung zu wenig berücksichtigt wird. Außerdem ist die Auffassung, dass AG, GmbH und Genossenschaft Vereine sind, in der Literatur nicht unbestritten.[6]

§ 109. Personen- und Kapitalgesellschaften

I. Die beiden Grundtypen

Ergiebiger für die Frage der Beteiligungsart ist der Gegensatz „Personengesellschaft – Kapitalgesellschaft", der allerdings nur auf Erwerbsgesellschaften anwendbar ist und deshalb den eingetragenen Verein des BGB und den nichteingetragenen Verein sowie die Genossenschaft nicht erfasst. Idealtypisch zugespitzt, lässt sich der Gegensatz folgendermaßen darstellen:

(1) Bei der **Personengesellschaft** stehen die einzelnen Gesellschafter ganz im Vordergrund. Sie führen die Geschäfte selbst und vertreten die Gesellschaft nach außen **(Selbstorganschaft)**. Für die Schulden haften sie persönlich mit ihrem gesamten Vermögen. Die Mitgliedschaft ist grundsätzlich **unübertragbar** und **unvererblich**.

(2) Bei der **Kapitalgesellschaft** steht die Persönlichkeit der Gesellschafter im Hintergrund, entscheidend ist die rein kapitalmäßige Beteiligung. Geschäftsführung und Vertretung können in den Händen von Nichtgesellschaftern liegen **(Dritt- oder Fremdorganschaft)**. Die Gesellschaft ist juristische Person. Im Innenverhältnis haftet jeder Gesellschafter gegenüber der Gesellschaft nur für die Leistung der von ihm übernommenen Einlage. Im Außenverhältnis haftet nur die Gesellschaft als solche. Die kapitalmäßige Beteiligung ist **veräußerlich** und **vererblich**.

II. Die einzelnen Gesellschaften[7]

Die Gegenüberstellung trifft nur auf die Extremfälle zu. Die meisten Gesellschaftsarten stellen einen Übergang dar. Es entsteht dadurch folgende Skala:

(1) Die GbR, die OHG und die PartG sind reine Personengesellschaften, sie weisen die oben erwähnten Merkmale auf (§§ 709 I, 717, 719, 727 BGB; §§ 114, 125 I, 128, 131 Nr. 4 HGB; §§ 6, 8 I PartGG). Bei der PartG ist allerdings die Haftung in bestimmten Fällen auf einzelne Partner begrenzt (§ 8 II PartGG).

---

[6] Wie hier BGH 18, 337.
[7] EWIV und SE werden, wie oben angekündigt, ab hier nicht mehr berücksichtigt.

(2) Die KG ist Personengesellschaft, zeigt aber hinsichtlich der Kommanditistenstellung bereits einen kapitalistischen Einschlag: Der Kommanditist hat nur ein Mitwirkungsrecht bei außergewöhnlichen Geschäften und im Übrigen nur ein Kontrollrecht. Er hat keine Vertretungsmacht, er haftet beschränkt, seine Mitgliedschaft ist grundsätzlich vererblich (§§ 164, 166 I, 170, 171, 177 HGB).

(3) Die stille Gesellschaft bildet die Mitte zwischen den beiden Extremen. Sie wird zwar noch zu den Personengesellschaften gerechnet, die Beteiligung des Stillen ist aber noch mehr als die des Kommanditisten auf die reine Kapitalbeteiligung gerichtet: Der Stille hat überhaupt kein Mitwirkungs-, sondern nur noch ein Kontrollrecht, hat keine Vertretungsmacht, haftet überhaupt nicht, auch nicht beschränkt, für die Schulden des Inhabers, durch seinen Tod wird die Gesellschaft nicht aufgelöst, seine Mitgliedschaft ist vererblich (§§ 230 II, 233, 234 II HGB).

(4) Die GmbH ist bereits Kapitalgesellschaft, sie zeigt aber noch einen deutlichen personenrechtlichen Einschlag. Geschäftsführung und Vertretung erfolgen nicht durch die Gesellschafter, sondern durch besonders bestellte Geschäftsführer, die Nichtgesellschafter sein können. Allerdings verbleiben den Gesellschaftern noch eine Reihe von Entscheidungen über Einzelheiten der Geschäftsführung, insbesondere verbleibt die Feststellung des Jahresabschlusses und die damit verbundene Entscheidung über die Festsetzung des Gewinns in ihrer Zuständigkeit (§ 46 GmbHG). Außerdem können die Gesellschafter den Geschäftsführern verbindlich **Weisungen** erteilen (§ 37 I GmbHG). Die GmbH ist juristische Person. Gegenüber den Gesellschaftsgläubigern haftet nur die Gesellschaft als solche. Im Innenverhältnis besteht aber gegenüber der Gesellschaft eine **kollektive Deckungspflicht** aller Gesellschafter für den Fall, dass ein Gesellschafter die von ihm übernommene Einlage nicht aufbringen kann (§ 24 GmbHG). Die Geschäftsanteile sind übertragbar und vererblich. Um aber den gewinnbringenden Handel mit Anteilen zu unterbinden, ist die Übertragung an die schwerfällige notarielle Form gebunden worden (§ 15 GmbHG). Durch den Gesellschaftsvertrag können Übertragung und Vererbung eines Geschäftsanteils von weiteren Voraussetzungen, insbesondere von der Genehmigung der Gesellschaft, abhängig gemacht werden (§§ 13, 15, 24, 37, 46 GmbHG).

(5) Die AG ist der Prototyp der Kapitalgesellschaft. Der Vorstand hat die Gesellschaft in eigener Verantwortung zu leiten, er kann nicht an Weisungen des Aufsichtsrats oder der Hauptversammlung gebunden werden. Die Aktionäre haften gegenüber Dritten überhaupt nicht, gegenüber der Gesellschaft haften sie nur in Höhe der von ihnen gezeichneten, noch nicht einbezahlten Aktienbeträge. Die Aktie ist übertragbar und vererblich. Die Übertragung der Anteile wird besonders erleichtert durch die Verbriefung in Namens- oder Inhaberaktien, die durch Einigung und Übergabe gem. § 929 BGB übertragen werden können (bei Namensaktien ist außerdem die Indossierung der Aktie erforderlich). Die Übertragbarkeit kann durch die Bindung an die Genehmigung der Gesellschaft eingeschränkt werden (Vinkulierung), die Vererbung dagegen nicht (§§ 1, 10 I, 54 I, 76 I AktG).

(6) Die KommAG gehört zu den Kapitalgesellschaften, ist aber eine eigenartige Mischform: Die Kommanditaktionäre werden wie die Aktionäre einer AG be-

handelt, wogegen sich die Geschäftsführungs- und Vertretungsmacht der persönlich haftenden Gesellschafter nach dem Recht der KG richtet (§ 278 AktG). Da die Rechtsstellung der Komplementäre einer KG dem Recht der OHG folgt, ist die KommAG eine Gesellschaft, in der die beiden Extreme des Systems – OHG und AG – vereinigt sind (§ 278 AktG).

III. Das System in der Praxis

Die Leistungsfähigkeit des Ordnungssystems „Personengesellschaft – Kapitalgesellschaft" wird häufig überschätzt. Man beachtet zu wenig, dass die meisten Vorschriften über das Innenverhältnis bei den einzelnen Gesellschaften dispositiv sind, so dass die Möglichkeit besteht, die oben angegebene Skala geradezu umzudrehen.

So können Personengesellschaften durch die rein kapitalistische Beteiligung von Gesellschaftern und den Ausschluss dieser Gesellschafter von der Geschäftsführung in die Nähe der Kapitalgesellschaften rücken; durch eine entsprechende Regelung im Gesellschaftsvertrag können außerdem die sonst unübertragbaren und unvererblichen Anteile frei veräußerlich und vererblich gemacht werden. (Ein Beispiel ist die der Kapitalanlage dienende Publikums-KG.) Andererseits kann eine GmbH durch die persönliche Mitarbeit der Gesellschafter (Gesellschafter-Geschäftsführer) und durch die satzungsmäßig vereinbarte Unveräußerlichkeit und Unvererblichkeit der Anteile den Charakter einer Personengesellschaft erhalten. Durch die Bildung von Einmann-Gesellschaften können die Rechtsformen der AG und der GmbH zur Schaffung eines Einzelunternehmens mit beschränkter Haftung benutzt werden.

Besonderer Beliebtheit erfreut sich in der Praxis die GmbH & Co KG, seitdem diese Rechtsform handelsrechtlich und auch steuerrechtlich anerkannt worden ist. Es handelt sich hierbei um eine KG, deren Komplementär eine GmbH ist (Mindestkapital 25 000 Euro), während die Kommanditisten natürliche Personen oder Personengesellschaften sind, die sich mit einer geringen Einlage (z.B. 500 DM) beteiligen, aber nach dem Gesellschaftsvertrag fast den gesamten Gewinn der Gesellschaft erhalten. Fällt die GmbH & Co KG in Konkurs, so haftet die GmbH „persönlich", während die Kommanditisten nur ihre Einlage verlieren. Die GmbH & Co KG kann auch gleichzeitig Einmanngesellschaft sein: Der Einmann muss zunächst eine Einmann-GmbH gründen, im Gesellschaftsvertrag der GmbH den Geschäftsführer zum Selbstkontrahieren ermächtigen und sich selbst zum Geschäftsführer bestellen. Dann gründet er eine KG, indem er beim Abschluss des Gesellschaftsvertrages der KG im Namen der GmbH als Komplementärin und im eigenen Namen als Kommanditist auftritt.

Durch die Aufspaltung in eine **Besitz-** und eine **Betriebsgesellschaft** ist es sogar möglich, eine mit dem zulässigen Mindestkapital ausgestattete GmbH & Co KG als Unternehmensform zu wählen, wenn das Unternehmen erhebliches Kapital für seine Betriebsmittel braucht. In diesem Falle verbleiben die Betriebsmittel im Eigentum einer anderen Gesellschaft (der Besitzgesellschaft) und werden an die GmbH & Co KG, die das unternehmerische Risiko trägt (die Betriebsgesellschaft), vermietet oder verpachtet. Bricht die Betriebsgesellschaft zusammen, so sind die Betriebsmittel dem Zugriff der Gläubiger entzogen. Im Insolvenzverfahren der Betriebsgesellschaft tritt die Besitzgesellschaft außerdem wegen ihrer rückständigen Miet- und Pachtforderungen als Gläubiger auf.

Die angeführten Beispiele zeigen, dass bei der Wahl einer bestimmten Gesellschaftsform für ein Unternehmen Gesichtspunkte ausschlaggebend sein können, die der ursprünglichen Tendenz der gesellschaftsrechtlichen Gesetzgebung direkt zuwiderlaufen. Meist überwiegen Gründe der Haftungsbeschränkung und steuerliche Gründe. Aber auch die Vorschriften über die Mitbestimmung und die Publizitätspflichten (bei der AG und der GmbH) können ein starkes Motiv für die Wahl einer bestimmten Unternehmensform sein.

§ 110. Handelsgesellschaften

Häufig werden die Handelsgesellschaften als Sondergruppe von den übrigen Gesellschaften abgehoben. Der Ordnungsgesichtspunkt ist hier der ZWECK der Gesellschaft. Handelsgesellschaften sind zunächst die OHG und die KG (die Personenhandelsgesellschaften), die **notwendigerweise** ein Handelsgewerbe betreiben. Handelsgesellschaften sind außerdem die GmbH, die AG und die KommAG. Da diese Gesellschaften Formkaufleute sind, brauchen sie nicht notwendigerweise auf Gewinnerzielung gerichtet zu sein, sie sind es aber **im Regelfalle**. Dagegen ist die eG **keine** Handelsgesellschaft, da sie nach ihrer Zweckbestimmung keinen eigenen Gewinn anstrebt, also kein Gewerbe betreibt. (Allerdings ist die eG Formkaufmann.) Auch die stille Gesellschaft ist keine Handelsgesellschaft, da sie im Handelsverkehr nicht als Gesellschaft auftritt, das Handelsgewerbe nicht von der Gesellschaft, sondern nur von dem Inhaber betrieben wird.

Die Handelsgesellschaften weisen gewisse Gemeinsamkeiten auf. Sie sind Kaufleute im Sinne des HGB, außerdem ist der Sachumfang der Vertretungsmacht ihrer Vertretungsorgane (Gesellschafter, Geschäftsführer, Vorstand) unbeschränkt und unbeschränkbar. Im Übrigen ist der Begriff der Handelsgesellschaft als Ordnungsgesichtspunkt nicht sehr ergiebig. Die angeführten Eigenschaften treffen z.B. auch auf die eG zu.

§ 111. Arten der Vermögensbindung

Wenn sich mehrere Personen zur Erreichung eines bestimmten Zwecks zusammenschließen, kommen für die Bindung des Vermögens drei Möglichkeiten in Betracht:

(1) Das Vermögen gehört nur **einem** Gesellschafter. Dies ist die Lösung bei der Innengesellschaft und bei der stillen Gesellschaft (§ 230 I HGB).

(2) Das Vermögen gehört den Gesellschaftern **zur gesamten Hand.** Die Lösung hat das Gesetz für alle Personengesellschaften, ausgenommen die stille Gesellschaft, gewählt. Typisch für die Gesamthand ist, dass kraft zwingenden Rechts niemand über seinen Anteil an den **Einzelgegenständen** verfügen kann.

   Bei den Gesellschaften kann darüber hinaus der Einzelne auch nicht über seinen Anteil am **Gesamtvermögen** verfügen (§ 719 BGB). Dies gehört aber nicht notwendigerweise zum Wesen der Gesamthand. Denn die Übertragbarkeit des

Anteils am **Gesamtvermögen** (zusammen mit der Mitgliedschaft) kann bei allen Personengesellschaften im Gesellschaftsvertrag vereinbart werden.

(3) Das Vermögen gehört dem mit Rechtsfähigkeit ausgestatteten Personenverband als solchem. Hier hat man zwischen das Vermögen und die Gesellschafter eine **juristische Person** eingeschoben, der das gesamte Vermögen gehört. Die Mitglieder sind damit vom Vermögen getrennt, sie haben zu der juristischen Person nur schuldrechtliche Beziehungen. Dieser juristische Kunstgriff ist bei einem größeren Personenverband angebracht, er verhindert eine Änderung der sachenrechtlichen Lage mit den daraus erwachsenden Konsequenzen (z.B. Änderung des Grundbuchs) im Falle eines Mitgliederwechsels. Juristische Personen sind alle handelsrechtlichen Vereine, d.h. die Kapitalgesellschaften und die Genossenschaft.

Eine eigenartige Sonderstellung nehmen in diesem System die OHG, die KG und die PartG ein. Es handelt sich bei ihnen jeweils um eine Gesamthand. Sie können aber unter ihrer Firma Rechte erwerben und Verbindlichkeiten eingehen, Eigentum und andere dingliche Rechte auch an **Grundstücken** erwerben (§§ 124, 161 II HGB, § 7 II PartGG). Sie werden also z.B. als Eigentümer im Grundbuch eingetragen, im Falle eines Gesellschafterwechsels ist eine Änderung des Grundbuchs nicht notwendig. Trotzdem werden diese drei Gesellschaften in Deutschland (im Gegensatz zu manchen ausländischen Rechtsordnungen) nicht als juristische Personen bezeichnet. Sie sind allerdings der juristischen Person stark angenähert.

Eine Art der Vermögensbindung, die bei keiner Gesellschaftsart vom Gesetz vorgesehen wurde, ist die in §§ 741 ff. BGB geregelte BRUCHTEILSGEMEINSCHAFT. Eine Bruchteilsgemeinschaft liegt vor, wenn ein Recht mehreren Personen zusteht und zwischen diesen Personen keine gesamthänderische Bindung vereinbart worden ist (Beispiel: Verbindung, Vermischung). Die Regeln über die Bruchteilsgemeinschaft kommen also nur hilfsweise (subsidiär) zur Anwendung. Da die Mitberechtigten sich nicht zu einem gemeinsamen Zweck zusammengeschlossen haben, sieht das Gesetz von einer engeren Bindung ab. Typisch für die Bruchteilsgemeinschaft ist, dass sie nur an EINZELGEGENSTÄNDEN, nicht an einem Gesamtvermögen bestehen kann. Außerdem kann jeder seinen Anteil an dem Einzelgegenstand übertragen (§ 747 S. 1 BGB).

2. Kapitel:
Die wichtigsten Fragen

§ 112. Geschäftsführung und Vertretung

I. Innenverhältnis und Außenverhältnis

Ein Gedanke, der sich durch das ganze Gesellschaftsrecht zieht und zu den beliebtesten Examensthemen gehört, ist die Unterscheidung zwischen dem Innenverhältnis und dem Außenverhältnis. Unter dem **Innenverhältnis** versteht man die Beziehungen der einzelnen Mitglieder zueinander und zur Vereinigung, unter dem **Außenverhältnis** die Beziehungen der Vereinigung und ihrer Mitglieder zu außenstehenden Dritten. Man kann sich bei der Einarbeitung in das Gesellschaftsrecht viel Verwirrung und unnötige Arbeit ersparen, wenn man sich gleich zu Anfang daran gewöhnt, bei jeder gesellschaftsrechtlichen Vorschrift zunächst zu klären, auf welches von diesen beiden Verhältnissen diese Vorschrift sich bezieht.

Die hier dargelegte Unterscheidung findet eine konkrete Ausgestaltung in der Unterscheidung zwischen der Geschäftsführungsbefugnis und der Vertretungsmacht. Die Geschäftsführungsbefugnis ist die Befugnis, INTERN Entscheidungen zu treffen oder bei internen Entscheidungen mitzuwirken, die dann für alle Mitglieder **bindend** sind. Sie hat nur für das **Innenverhältnis** Bedeutung. Dagegen ist die Vertretungsmacht die Fähigkeit, die Vereinigung gegenüber außenstehenden Dritten zu vertreten, sie wirkt sich nur im **Außenverhältnis** aus. Im normalen Alltag wird der Unterschied nicht deutlich, da bei den gewöhnlichen Geschäften Geschäftsführungsbefugnis und Vertretungsmacht meist in einer Person zusammenfallen. Für die GbR gilt auch ganz allgemein die Regel, dass ein Gesellschafter insoweit Vertretungsmacht hat, als er Geschäftsführungsbefugnis besitzt (§ 714 BGB). Anders ist die Lage bei den Gesellschaftern bzw. Vereinen des Handelsrechts. Hier haben die **geschäftsführenden Gesellschafter** bzw. die Mitglieder der geschäftsführenden Organe (bei AG und eG die Vorstandsmitglieder, bei der GmbH die Geschäftsführer) kraft Gesetzes eine sehr weit reichende und (aus Gründen des Verkehrsschutzes) auch **unbeschränkbare** Vertretungsmacht, sie sind aber hinsichtlich der Geschäftsführungsbefugnis (intern) oft ganz erheblichen Beschränkungen unterworfen. Diese Inkongruenz von Vertretungsmacht und Geschäftsführungsbefugnis kann dazu führen, dass Verträge mit Außenstehenden geschlossen werden, die zwar von der Vertretungsmacht des Handelnden gedeckt sind, aber den Rahmen seiner Geschäftsführungsbefugnis überschreiten. In solchen Fällen ist die Vereinigung gegenüber dem außenstehenden Dritten an den Vertrag gebunden, sie kann aber im Innenverhältnis den Handelnden auf Schadensersatz in Anspruch nehmen.

II. Die Entscheidungsbereiche im Innenverhältnis

Nun muss man aber beachten, dass nicht jede interne Willensbildung in einer Gesellschaft den Regeln über die Geschäftsführung unterliegt. Man kann bei den Personengesellschaften drei, bei den Kapitalgesellschaften und Genossenschaften sogar vier Entscheidungsbereiche unterscheiden.

1. Personengesellschaften

(1) Bei den Personengesellschaften gehören zum ersten Bereich die GEWÖHNLICHEN Geschäfte.

(2) In den zweiten Bereich fallen die AUSSERGEWÖHNLICHEN Geschäfte. Die Unterscheidung zwischen gewöhnlichen und außergewöhnlichen Geschäften hat allerdings nur für die Personenhandelsgesellschaften (OHG und KG) und die PartG Bedeutung.

(3) Der dritte Bereich umfasst Entscheidungen über die GRUNDLAGEN der Gesellschaft. Hier handelt es sich nicht mehr um Fragen der Geschäftsführung, sondern um eine Änderung des **Gesellschaftsvertrages**, der der **Einstimmigkeit** bedarf.

2. Kapitalgesellschaften und Genossenschaften

(1) Bei den körperschaftlich organisierten Verbänden ist der erste Bereich der Bereich der eigentlichen GESCHÄFTSFÜHRUNG, der in die Zuständigkeit der geschäftsführenden Organe fällt und grundsätzlich auch **außergewöhnliche** Geschäfte umfasst. In gewissen Grenzen kann der Bereich durch die Mitglieder erweitert oder eingeengt werden. Sein Umfang ist bei der AG und der eG weiter als bei der GmbH.

(2) Der zweite Bereich gehört in die Zuständigkeit der Mitgliederversammlung (Gesellschafterversammlung, Hauptversammlung, Generalversammlung}, Entscheidungen werden von ihr mit **einfacher Mehrheit** getroffen. Hierzu gehören vor allem

   (a) die Wahl der anderen Organe: bei der GmbH die Bestellung der Geschäftsführer und eines etwaigen Aufsichtsrats; bei der AG die Bestellung des Aufsichtsrats und der Abschlussprüfer; bei der eG die Bestellung des Vorstandes und des Aufsichtsrats,

   (b) die Entlastung von Vorstand und Aufsichtsrat,

   (c) Entscheidungen im Zusammenhang mit dem Jahresabschluss (bei der AG nur die Entscheidung über die Verwendung des Bilanzgewinns, § 119 AktG).

(3) In die Zuständigkeit der Mitgliederversammlung gehört auch der dritte Bereich: Entscheidungen über die GRUNDLAGEN der Gesellschaft. Solche Entscheidungen bedürfen immer eines Beschlusses mit **qualifizierter Mehrheit** (§ 179 II AktG). Entscheidungen über die Grundlagen sind alle Satzungsänderungen, außerdem Auflösung, Verschmelzung und sonstige Umwandlungen.

(4) Zum vierten Bereich gehören Satzungsänderungen, die besonders tief in die Rechte einzelner oder aller Mitglieder eingreifen und deshalb nicht nur einer qualifizierten Mehrheit in der Mitgliederversammlung, sondern darüber hinaus der Zustimmung ALLER BETROFFENEN bedürfen. Der vierte Bereich ist sehr klein. Er umfasst

   (a) die Begründung **neuer Leistungspflichten** der Mitglieder (§ 180 AktG, § 53 III GmbHG),

   (b) die **Vinkulierung** der Anteile bei der AG und GmbH, d.h. die Abhängigmachung der Anteilsübertragung von der Zustimmung der Gesellschaft (§ 180 AktG),

   (c) die Beeinträchtigung von **Sonderrechten** einzelner Mitglieder. § 35 BGB gilt für alle Vereine. Bei der AG ist dieser Grundsatz allerdings etwas abgeschwächt: Die Benachteiligung einer Aktiengattung ist zulässig, wenn die **Gattung** in einer Sonderabstimmung mit qualifizierter Mehrheit zustimmt (§ 179 III AktG).

Dieses Schema mutet vielleicht auf den ersten Blick etwas kompliziert an, ist aber in Wirklichkeit eine Vereinfachung. In der Praxis werden oft durch Gesellschaftsvertrag oder Satzung noch weitere Bereiche geschaffen, die in die Zuständigkeit zweier Organe fallen, wobei das eine (meist das geschäftsführende Organ) an die Zustimmung oder die Weisung des anderen Organs gebunden wird.

In den weiteren Ausführungen konzentrieren wir uns auf den Bereich der Geschäftsführung und erörtern gleichzeitig die Frage der Vertretungsmacht.

III. Entscheidungsbereich. Allein- und Gesamtbefugnis

Hierbei müssen wir noch eine weitere Differenzierung vornehmen. Es gibt bei der Geschäftsführung und bei der Vertretung zwei Fragen, die man klar auseinander halten muss.

(1) Die eine Frage ist, wie weit der **Umfang,** d.h. der sachliche Aufgabenkreis der Geschäftsführungsbefugnis oder Vertretungsmacht reicht, ob er sich z.B. nur auf gewöhnliche oder auf außergewöhnliche Geschäfte erstreckt.

(2) Die andere Frage ist, ob von mehreren Gesellschaftern oder Vorstandsmitgliedern jeder allein handeln kann oder ob nur mehrere oder sogar alle zusammen handeln können. Man spricht von **Alleingeschäftsführungsbefugnis** bzw. **Alleinvertretungsmacht** einerseits, **gemeinschaftlicher Geschäftsführungsbefugnis** bzw. **Gesamtvertretungsmacht** andererseits. Die Gesamtvertretungsmacht kann dabei eine echte (jeweils mehrere Gesellschafter oder Vorstandsmitglieder zusammen) oder unechte (gemischte) sein (ein Gesellschafter mit einem Prokuristen).

Führt man diese zusätzliche Unterscheidung in das System ein, so kann man sich das Verständnis der Einzelheiten wesentlich erleichtern; man kann auch in einigen Kurzformen die immer wieder auftauchende Frage beantworten, ob die einzelnen Regeln im Gesellschaftsrecht jeweils dispositiv oder zwingend sind.

(1) Bezüglich der **Geschäftsführungsbefugnis** ist bei allen Gesellschaften und Vereinen davon auszugehen, dass die Regeln grundsätzlich dispositiv sind, da sie das Innenverhältnis betreffen.

    (a) Die gesetzlichen Regeln über **Allein- oder Gesamtgeschäftsführung** können also abgeändert werden. Bei der AG ist allerdings zu beachten, dass eine Satzungsbestimmung unzulässig ist, wonach der Vorsitzende des Vorstandes eine Entscheidung gegen die **Mehrheit** der Vorstandsmitglieder treffen kann (§ 77 I S. 2 AktG).

    (b) Auch von der gesetzlichen Regelung des **Umfangs** der Geschäftsführungsbefugnis kann abgewichen werden. Bei der AG kann jedoch der Vorstand nur bezüglich bestimmter Geschäfte oder bestimmter Arten von Geschäften an die **Zustimmung** des Aufsichtsrats gebunden werden, eine weiter gehende Bindung, insbesondere eine Bindung des Vorstands an **Weisungen** des Aufsichtsrats, ist unzulässig. Gleiches gilt für den Vorstand der eG, der allerdings auch an die Zustimmung der **Generalversammlung** gebunden werden kann. Dagegen ist Weisungsgebundenheit der **Geschäftsführer** bei der GmbH zulässig.

(2) Bei der Frage der **Vertretungsmacht** sind die beiden Unterfragen besonders wichtig.

(a) Die Regeln über **Allein- oder Gesamtvertretungsmacht** sind dispositiv. Bei den Handelsgesellschaften und der Genossenschaft ist eine vom Gesetz abweichende Regelung gegen Dritte aber nur dann wirksam, wenn sie in das Handels- bzw. Genossenschaftsregister eingetragen und bekannt gemacht worden ist.

(b) Dagegen sind die Vorschriften über den **Umfang** der Vertretungsmacht bei allen Handelsgesellschaften und bei der Genossenschaft zwingendes Recht. Die im Gesetz so häufig anzutreffende Formel, dass „Beschränkungen der Vertretungsmacht gegenüber Dritten unwirksam" seien, bezieht sich also nur auf den **Umfang** der Vertretungsmacht!

Wir gehen nun auf die Regelung der Geschäftsführungsbefugnis und der Vertretungsmacht bei den einzelnen Gesellschaften ein.

IV. Personengesellschaften

1. Gesellschaft bürgerlichen Rechts

a) Geschäftsführung

Bei der GbR ist die Geschäftsführung schwerfällig, aber ungefährlich geregelt: Alle handeln gemeinschaftlich, für jede Handlung ist also **Einstimmigkeit** erforderlich (§ 709 I BGB). Ist Mehrheitsentscheidung vereinbart, so ist die Mehrheit der Gesellschafter (nicht der auf der Gesellschafterversammlung **erschienenen** Gesellschafter) maßgebend (§ 709 II BGB). Der Sachumfang der Geschäftsführungsbefugnis richtet sich nach dem Gesellschaftsvertrag, insbesondere nach dem Zweck der Gesellschaft.

b) Vertretung

Die Vertretungsmacht richtet sich im Zweifel nach der Geschäftsführungsbefugnis (§ 714 BGB). Ein Gesellschafter hat also Vertretungsmacht insoweit, als er Geschäftsführungsbefugnis besitzt, vorausgesetzt, dass die Geschäftsführung überhaupt ein Auftreten nach außen notwendig macht.

2. Offene Handelsgesellschaft

a) Geschäftsführung

Bei der OHG muss man hinsichtlich der Geschäftsführung zwischen gewöhnlichen und außergewöhnlichen Geschäften unterscheiden. Für **gewöhnliche** Geschäfte hat jeder Gesellschafter Alleingeschäftsführungsbefugnis, jeder andere kann die Maßnahme durch ein (vorher eingelegtes) Veto verhindern (§§ 114–116 I HGB). Für **außergewöhnliche** Geschäfte ist die Zustimmung aller Gesellschafter, für die Prokuraerteilung die Zustimmung aller **geschäftsführenden** Gesellschafter erforderlich (§ 116 II, III HGB). Die Unterscheidung ist wichtig, wenn einzelne Gesellschafter durch den Gesellschaftsvertrag von der Geschäftsführung ausgeschlossen sind. Ein solcher Ausschluss bezieht sich also normalerweise nur auf die gewöhnlichen Geschäfte und die Prokuraerteilung!

b) Vertretung

Jeder Gesellschafter der OHG hat Alleinvertretungsmacht. Der Gesellschaftsvertrag kann Gesamtvertretung vorsehen (§ 125 II, III HGB). Die Vertretungsmacht ist ins Handelsregister einzutragen (§ 106 II Nr. 4 HGB).

Die Vertretungsmacht erstreckt sich auf alle – **auch außergewöhnlichen und branchenfremden** – Geschäfte (§ 126 I HGB). Geschäftsführungsbefugnis und Vertretungsmacht sind also **nicht** deckungsgleich! Eine Beschränkung des **Umfangs** der Vertretungsmacht ist unzulässig (§ 126 II HGB).

3. Kommanditgesellschaft

Die Regelung der KG ist der OHG nachgebildet: Der Komplementär wird wie der Gesellschafter einer OHG behandelt, dagegen hat der **Kommanditist** die Stellung eines Gesellschafters der OHG, der von der Geschäftsführung und Vertretung ausgeschlossen ist:

a) Geschäftsführung

Der Kommanditist hat keine Geschäftsführungsbefugnis für **gewöhnliche** Geschäfte. Bei **außergewöhnlichen** Geschäften muss jedoch seine Zustimmung eingeholt werden (§§ 164 S. 1, 116 II HGB). Für die Prokuraerteilung bedarf es nicht seiner Zustimmung, da diese nur durch die **geschäftsführenden** Gesellschafter erfolgt (§§ 164 S. 2, 116 II HGB). Der Gesellschaftsvertrag kann Abweichendes vorsehen (§ 163 HGB), es kann z.B. die Geschäftsführungsbefugnis fast ausschließlich bei den Kommanditisten oder einem Kommanditistenausschuss liegen, nach dessen Weisungen der Komplementär zu handeln hat.

b) Vertretung

Der Kommanditist hat keine Vertretungsmacht als Gesellschafter (§ 170 HGB). Dies ist zwingendes Recht. Notfalls muss ihm also Prokura oder Handlungsvollmacht erteilt werden.

4. Partnerschaft

Auch die Regelung der PartG ist der OHG nachgebildet.

a) Geschäftsführung

Falls der Gesellschaftsvertrag nichts Abweichendes vorsieht, haben also alle Partner für **gewöhnliche** Geschäfte Allein-, für **außergewöhnliche** Geschäfte Gesamtgeschäftsführungsbefugnis (§ 6 III PartGG, § 116 I, II HGB).

Allerdings ist bei der PartG zu beachten, dass die Partner **Freiberufler** sind und die für sie geltenden berufsrechtlichen Regeln **Vorrang** haben. Um dies klarzustellen, ist in § 6 I, II PartGG ausdrücklich bestimmt, dass die Partner „ihre beruflichen Leistungen unter Beachtung des für sie geltenden Berufsrechts" erbringen und dass einzelne Partner im Gesellschaftsvertrag nur von der Führung „sonstiger" Geschäfte (z.B. dem Erwerb von Grundstücken, dem Abschluss von Miet- und Arbeitsverträgen) ausgeschlossen werden können. Es kann also ein Partner nicht vom **Hauptinhalt** seiner Geschäftsführung, nämlich seiner freien Berufsausübung ausgeschlossen werden.

b) Vertretung

Hinsichtlich der Vertretungsmacht verweist § 7 III PartGG auf das Recht der OHG. Jeder Partner hat also Alleinvertretungsmacht, der Gesellschaftsvertrag kann Gesamtvertretung vorsehen (§ 125 I, II HGB). Eine **unechte** Gesamtvertretung – ein Partner zusammen mit einem Prokuristen – scheidet allerdings aus, da die PartG kein Kaufmann ist und deshalb keine Prokuristen haben kann. Folgerichtig fehlt in § 7 III PartGG eine Verweisung auf § 125 III HGB.

5. Stille Gesellschaft

a) Geschäftsführung

Bei der stillen Gesellschaft liegt die Geschäftsführung (auch für außergewöhnliche Geschäfte) ausschließlich in den Händen des Inhabers, der Stille hat nur einige Kontrollrechte (§ 233 HGB). Dies kann zugunsten des Stillen abgeändert werden.

b) Vertretung

Vertretungsmacht besteht bei der stillen Gesellschaft überhaupt nicht, da der Inhaber im eigenen Namen auftritt. Dies ist zwingendes Recht. Es muss also dem Stillen notfalls Prokura oder Handlungsvollmacht erteilt werden.

V. Kapitalgesellschaften und Genossenschaft

Für die juristischen Personen des Handelsrechts gilt der (dispositive) Grundsatz der **Gesamtgeschäftsführung** und **Gesamtvertretung**.

1. Gesellschaft mit beschränkter Haftung

a) Geschäftsführung

Die Geschäftsführer der GmbH haben **Gesamtgeschäftsführungsbefugnis.** Die Satzung kann Abweichendes vorsehen.

Der Umfang der Geschäftsführungsbefugnis der Geschäftsführer wird begrenzt durch den satzungsmäßigen Gegenstand des Unternehmens und die Befugnis der **Gesellschafter,** die z.B. über die Bestellung von Prokuristen und Generalhandlungsbevollmächtigten entscheiden (§ 46 Nr. 7 GmbHG). Weitere Beschränkungen sind beliebig zulässig, soweit sie den Geschäftsführern nicht jede Geschäftsführung entziehen. So können z.B. bestimmte Geschäfte oder Geschäftsarten von der Zustimmung der Gesellschafter oder des Aufsichtsrats abhängig gemacht werden. Auch **Weisungsgebundenheit** ist zulässig (§ 37 I GmbHG). Der Grundsatz der Fremdorganschaft ist also – soweit es die Geschäftsführung betrifft – bei der GmbH nicht sehr stark ausgeprägt, da viele Entscheidungen in der Zuständigkeit der Gesellschafter verbleiben.

b) Vertretung

Zur Vertretung sind alle Geschäftsführer **gemeinschaftlich** befugt. Abweichungen sind zulässig (§ 35 II S. 2 GmbHG).

Dagegen ist der **Umfang** der Vertretungsmacht unbeschränkt und unbeschränkbar (§ 37 II GmbHG), die Geschäftsführer können z.B. auch Prokuristen und Generalhandlungsbevollmächtigte bestellen! (Ob sie es intern **dürfen,** ist eine andere Frage.)

2. Aktiengesellschaft

a) Geschäftsführung

Der Vorstand der AG hat **Gesamtgeschäftsführungsbefugnis,** die Satzung oder die Geschäftsordnung des Vorstandes kann Abweichendes vorsehen. Das Gesetz verbietet aber das „Führerprinzip", d.h. die Übertragung eines Entscheidungsrechts an einzelne Vorstandsmitglieder gegen die Mehrheit der übrigen Mitglieder (§ 77 I S. 2 AktG). Zulässig bleibt die Bestimmung in der Satzung oder Geschäftsordnung, dass bei Stimmengleichheit die Stimme des Vorsitzenden den Ausschlag gibt.

Der **Umfang** der Geschäftsführung wird gesetzlich durch den satzungsmäßigen Zweck der Gesellschaft und die gesetzlichen Kompetenzen der anderen Organe begrenzt. Im Übrigen leitet der Vorstand die Gesellschaft „unter eigener Verantwortung" (§ 76 I AktG); eine Satzungsbestimmung, wonach der Vorstand **Weisungen** des Aufsichtsrats oder der Hauptversammlung zu befolgen hat, wäre nichtig. Eine Einschränkung ergibt sich nur insoweit, als sowohl die Satzung als auch der Aufsichtsrat bestimmen können, dass bestimmte Geschäfte oder Geschäftsarten nur mit **Zustimmung** des Aufsichtsrats vorgenommen werden können. Allerdings ist eine solche Bindung nur bei Geschäften von besonderer Bedeutung zulässig, die Bindung darf nicht zu einer Verschiebung der Zuständigkeiten führen. Verweigert der Aufsichtsrat seine Zustimmung, so kann der Vorstand den Aufsichtsrat überspielen, indem er die Frage der Hauptversammlung zur Entscheidung vorlegt. Für die Zustimmung der Hauptversammlung ist allerdings eine Mehrheit von 3/4 der abgegebenen Stimmen zwingend vorgeschrieben (§ 111 IV AktG). Außerdem kann der Vorstand ganz allgemein eine Frage der Geschäftsführung der Hauptversammlung zur Entscheidung vorlegen (z.B. um sich Rückendeckung für eine bestimmte Maßnahme zu verschaffen, § 119 II AktG). Die Hauptversammlung entscheidet dann mit einfacher Mehrheit. Der Beschluss ist für den Vorstand bindend (§ 83 II AktG).

b) Vertretung

Für das Außenverhältnis sieht das Gesetz **Gesamtvertretung** durch alle Vorstandsmitglieder vor. Die Satzung kann Abweichendes bestimmen, insbesondere kann sie Alleinvertretung oder unechte Gesamtvertretung (mit einem Prokuristen) vorsehen. Außerdem können gesamtvertretungsberechtigte Vorstandsmitglieder einzelne von ihnen für bestimmte Geschäfte oder Geschäftsarten zur Alleinvertretung ermächtigen (eine Art Untervollmacht, str., bitte lesen Sie § 78 AktG).

Der **Umfang** der Vertretungsmacht ist unbeschränkt und unbeschränkbar (§ 82 I AktG).

3. Kommanditgesellschaft auf Aktien

Das Gesetz bestimmt für die KommAG, dass sich die Geschäftsführungs- und Vertretungsbefugnis der persönlich haftenden Gesellschafter nach dem Recht der KG richtet (bitte lesen Sie § 278 AktG). Da die Rechtsverhältnisse der Komplementäre der KG sich weitgehend nach dem Recht der OHG richten, kommt also letztlich eine Reihe von Vorschriften über die OHG zur Anwendung:

a) Geschäftsführung

Jeder persönlich haftende Gesellschafter kann bei gewöhnlichen Geschäften **allein** handeln, jeder hat ein Vetorecht, Prokurabestellungen bedürfen der Zustimmung aller persönlich haftenden Gesellschafter. Für jedes außergewöhnliche Geschäft ist die Zustimmung aller Kommanditaktionäre erforderlich (§ 278 AktG, §§ 164, 161 II, 114–116 HGB).

Die Satzung kann die Kommanditaktionäre beliebig an der Geschäftsführung beteiligen (§ 278 AktG, § 163 HGB, es gilt also nicht § 119 II AktG).

b) Vertretung

Die persönlich haftenden Gesellschafter haben **Alleinvertretungsmacht,** die Satzung kann Abweichendes vorsehen (§ 278 AktG, §§ 161 II, 125 HGB).

Der **Umfang** der Vertretungsmacht ist unbeschränkt und unbeschränkbar (§ 278 AktG, §§ 161 II, 126 HGB).

4. Genossenschaft

Im GenG muss man beachten (ähnlich wie im GmbHG), dass Geschäftsführung und Vertretung gesetzestechnisch und terminologisch noch nicht sehr scharf geschieden sind. Manchmal wird von Vertretung gesprochen, aber Geschäftsführung ist gemeint.

a) Geschäftsführung

Der Vorstand hat **Gesamtgeschäftsführungsbefugnis.** Abweichungen sind zulässig.

Der Umfang der Geschäftsführungsbefugnis kann zwar durch das Statut eingeschränkt werden, insbesondere kann die Zustimmungsbedürftigkeit bestimmter Geschäfte oder Geschäftsarten festgelegt werden, Weisungsgebundenheit ist jedoch unzulässig: Der Vorstand hat die Genossenschaft „unter eigener Verantwortung zu leiten" (§ 27 I GenG).

b) Vertretung

Nach außen besteht **Gesamtvertretung** durch alle. Abweichungen sind möglich (§ 25 GenG).

Der **Umfang** der Vertretungsmacht ist unbeschränkt und unbeschränkbar (§ 27 II GenG).

VI. Die Vereine des BGB

1. Eingetragener Verein

Im Vereinsrecht des BGB sind die Einzelfragen der Geschäftsführung und Vertretung nicht präzise geregelt (bitte lesen Sie §§ 26–28 BGB).

a) Geschäftsführung

Der Vorstand des e.V. hat **Gesamtgeschäftsführungsbefugnis,** er kann aber seine Entscheidungen mit **Mehrheitsbeschluss** treffen (§§ 28, 32 BGB).

Der **Umfang** seiner Geschäftsführungsbefugnis kann durch die Satzung beliebig eingeschränkt werden.

b) Vertretung

Im Außenverhältnis besteht **Gesamtvertretungsmacht** (str.). Die Satzung kann Abweichungen vorsehen. Die Vertretungsmacht erstreckt sich auf alle Geschäfte, die nicht völlig außerhalb des Satzungszweckes liegen.

Der **Umfang** der Vertretungsmacht kann durch die Satzung eingeschränkt werden, allerdings wirkt die Einschränkung gegen Dritte erst von der Eintragung in das Vereinsregister an (§§ 26 II S. 2, 70, 68 BGB).

2. Nichtrechtsfähiger Verein

Folgt man der Verweisung auf das Recht der GbR in § 54 S. 1 BGB, so muss man die Vorstandsmitglieder eines nichtrechtsfähigen Vereins wie die geschäftsführenden und vertretungsberechtigten Gesellschafter, die anderen Mitglieder wie von der Geschäftsführung und der Vertretung ausgeschlossene Gesellschafter behandeln (§§ 710, 714 BGB). Eine solche Regelung wird aber der **körperschaftlichen Struktur** des nichtrechtsfähigen Vereins nicht gerecht. Es sind deshalb die Regeln über den e.V. entsprechend anzuwenden.[8]

§ 113. Haftung. Beitrags- und Nachschusspflicht

I. Unterscheidungen

Bei der Haftung der Gesellschafter muss man scharf zwischen zwei Fragen trennen, nämlich

(1) ob die Gesellschafter im AUSSENVERHÄLTNIS gegenüber den Gesellschaftsgläubigern für die Gesellschaftsschulden haften (unbeschränkt oder beschränkt) und

(2) in welchem Maße die Gesellschafter im INNENVERHÄLTNIS zur Beitragsleistung und zur Leistung von Nachschüssen verpflichtet sind.

Wir gehen im Folgenden auf beide Fragen ein.

---

[8] BayObLG 90, 75.

II. Personengesellschaften

§§ 705–707 BGB enthalten für alle Personengesellschaften die grundsätzliche Regelung der Beitragspflicht im Innenverhältnis. Die Gesellschafter haben also im Zweifel gleiche Leistungen zu erbringen, eine Nachschusspflicht besteht nicht. Der Gesellschaftsvertrag kann beliebige Abweichungen vorsehen, allerdings ist eine nachträgliche Änderung nur mit Zustimmung **aller** Gesellschafter zulässig (Entscheidung über die Grundlagen!). Jeder Gesellschafter ist berechtigt, von einem säumigen Gesellschafter die Leistung an die Gesellschaft zu verlangen, auch wenn er von der Geschäftsführung ausgeschlossen ist (sog. actio pro socio).[9]

Unterschiede zwischen den verschiedenen Gesellschaften bestehen nur bezüglich der Haftung im **Außenverhältnis:**

1. Gesellschaft bürgerlichen Rechts

Hinsichtlich der Haftung im Außenverhältnis ist die GbR inzwischen der OHG weitgehend gleichgestellt, es gelten §§ 124, 128 HGB analog. Die GbR haftet auch für unerlaubte Handlungen ihrer geschäftsführenden Gesellschafter analog § 31 BGB.[10]

2. Offene Handelsgesellschaft

Die OHG kann unter ihrer Firma Rechte erwerben und Verbindlichkeiten eingehen, wodurch sie sich der juristischen Person annähert (§ 124 HGB). Deshalb werden Verträge im Namen der OHG geschlossen, die Verbindlichkeiten sind also Verbindlichkeiten der OHG. Die Gesellschafter haften aber neben der OHG für diese Verbindlichkeiten direkt, persönlich und gesamtschuldnerisch (§ 128 HGB).

Die persönliche Haftung der Gesellschafter erstreckt sich auf alle Gesellschaftsschulden, also auch auf Schulden aus unerlaubter Handlung. In diesem Zusammenhang ist zu beachten, dass die OHG analog § 31 BGB für die unerlaubten Handlungen ihrer geschäftsführenden Gesellschafter haftet.

3. Kommanditgesellschaft

Der **Komplementär** der KG haftet wie der Gesellschafter der OHG (§§ 161 II, 128 HGB). Nur bezüglich der Haftung des **Kommanditisten** enthält das Recht der KG eine Sonderregelung. Danach haftet der Kommanditist den Gläubigern bis zur Höhe seiner Einlage persönlich und unmittelbar; die Haftung ist ausgeschlossen, soweit die Einlage geleistet ist (§ 171 I HGB). Unter Einlage ist hier stets die HAFT-EINLAGE (Haftsumme) zu verstehen, d.h. der Betrag, bis zu welchem der Kommanditist im **Außenverhältnis** haften soll. Im Gegensatz hierzu ist die PFLICHTEINLAGE der Betrag, den der Kommanditist nach der Vereinbarung im Innenverhältnis in das Gesellschaftsvermögen zu leisten hat. Während die Gesellschafter im Innenverhältnis die **Pflichteinlage** beliebig ändern oder auch dem Kommanditisten ganz er-

---

[9]   BGH NJW 60, 433.
[10] BGH ZIP 2003, 664.

lassen können, ist eine Änderung der **Haftsumme** nur unter bestimmten Voraussetzungen möglich (bitte lesen Sie § 172 I-III HGB). Der Kommanditist soll nur insoweit von der persönlichen Haftung befreit werden, als er seine Hafteinlage in das Vermögen der KG geleistet und darin belassen hat. Dies ist die Tendenz des § 172 IV, V HGB. Allerdings ist § 172 V HGB in seiner Formulierung irreführend; gemeint ist nicht die Freistellung von der Rückzahlungspflicht im Innenverhältnis, sondern von der **persönlichen Haftung im Außenverhältnis.**

Der Kommanditist kann seine Hafteinlage leisten

(1) durch Barzahlung,

(2) durch Aufrechnung,

(3) durch Sachleistungen (Sacheinlagen),

(4) durch Stehenlassen von Gewinnanteilen.

Barzahlung, Aufrechnung und Sachleistungen können statt an die Gesellschaft auch an einen Gesellschaftsgläubiger erfolgen. Sie führen zur Haftungsbefreiung des Kommanditisten, da die Gesellschaft insoweit von einer Gesellschaftsschuld befreit wird.

4. Partnerschaft

Nach § 8 I PartGG haften die Partner – wie bei der OHG – für die Verbindlichkeiten der PartG neben dieser unbeschränkt und gesamtschuldnerisch.

(1) In § 8 II PartGG ist allerdings eine wichtige Ausnahme für den Fall vorgesehen, dass nur **einzelne** Partner mit der Bearbeitung eines Auftrags befasst sind (der Regelfall bei Rechtsanwälten, Wirtschaftsprüfern, Steuerberatern). Für **berufliche Fehler** haften nämlich dann **nur diese Partner** neben der Partnerschaft.

(2) Außerdem kann nach § 8 III PartGG durch Gesetz für einzelne Berufe eine Beschränkung der Haftung auch der **Partnerschaft** auf Schadensersatz wegen **fehlerhafter Berufsausübung** (z.B. wegen fehlerhafter Beratung oder Prozessführung) auf einen bestimmten **Höchstbetrag** zugelassen werden, wenn zugleich eine Pflicht zum Abschluss einer Berufshaftpflichtversicherung begründet wird. Dies ist 1994 durch eine entsprechende Änderung der Berufsordnungen für Rechtsanwälte, Wirtschaftsprüfer, vereidigte Buchprüfer und Steuerberater geschehen (§ 51 a BRAO, §§ 54 a, 130 WPO, § 67 a StBerG).[11]

Die Beschränkung der Haftung der PartG führt automatisch zu einer Beschränkung der Haftung der Partner.

---

[11] Die Änderungen in den Berufsordnungen kommen auch Angehörigen dieser Berufe zugute, die sich in anderen Gesellschaftsformen zusammengeschlossen haben:
a) Die vertragliche Beschränkung der Haftung auf **Höchstbeträge** ist bei allen Zusammenschlüssen in den erwähnten Berufen zulässig.
b) Die vertragliche Beschränkung der persönlichen Haftung auf den **zuständigen Gesellschafter** ist dagegen nur für Sozietäten, d.h. für Zusammenschlüsse in der Rechtsform der GbR, zugelassen (§ 51 a II BRAO, §§ 54 a 11, 130 WPO, § 67 a II StBerG).

5. Stille Gesellschaft

Bei der stillen Gesellschaft tritt der Inhaber im eigenen Namen auf. Er wird deshalb allein berechtigt und verpflichtet (§ 230 II HGB). Im Innenverhältnis ist der Stille dem Inhaber gegenüber zur Leistung der Einlage verpflichtet (§ 230 I HGB).

III. Kapitalgesellschaften und Genossenschaft

1. Kapitalgesellschaften

Die GmbH und die AG sind juristische Personen, sie haften als solche für die Gesellschaftsverbindlichkeiten. Die Gesellschafter (Aktionäre) haften im Außenverhältnis, d.h. gegenüber den Gesellschaftsgläubigern, überhaupt nicht (§ 13 II GmbHG, § 1 I AktG). Allerdings ist es ein Fehlschluss, wenn man die Nichthaftung der Mitglieder als eine zwingende Folgerung aus dem Wesen der juristischen Person herleitet. Der Gesetzgeber ist nicht gehindert, dennoch eine Haftung der Mitglieder für die Schulden der juristischen Person vorzunehmen, und er hat bei der KommAG von dieser Möglichkeit auch Gebrauch gemacht: Die KommAG ist juristische Person, die persönlich haftenden Gesellschafter haften aber wie die Komplementäre einer KG, d.h. persönlich, direkt und gesamtschuldnerisch (§ 278 AktG, §§ 161 II, 128 HGB).

Da das Nennkapital (Stammkapital, Grundkapital) die Vertrauensgrundlage der Kapitalgesellschaft ist, findet man bei der GmbH und AG sehr strenge Vorschriften für den Fall des Säumnisses eines Gesellschafters (Aktionärs) mit seiner Einzahlung: Er muss Zinsen zahlen; außerdem kann die Gesellschaft bei Säumnis hinsichtlich der Bareinlagen (nicht Sacheinlagen!) das KADUZIERUNGS-VERFAHREN durchführen, indem sie ihn zur Zahlung auffordert (einmal bei der GmbH, dreimal bei der AG) und ihn nach fruchtlosem Ablauf der gesetzten Frist seiner Mitgliedschaft einschließlich der bereits geleisteten Einlagen für verlustig erklärt. Nach der Kaduzierung können die Vormänner in Anspruch genommen werden. Ist auch von diesen der volle Betrag nicht zu erlangen, so kann die Gesellschaft die Mitgliedschaft verkaufen. Einen Mehrerlös darf die Gesellschaft behalten, für einen Mindererlös haften das ausgeschlossene Mitglied und dessen Vormänner.

Die Vorschriften des GmbHG und des AktG stimmen inhaltlich weitgehend überein. Es gibt aber zwei wichtige Unterschiede, die den personalistischen Einschlag der GmbH deutlich machen:

(1) Bei der GmbH besteht für den Fall, dass auch durch den Verkauf des Geschäftsanteils und die Inanspruchnahme der Vormänner die Einlage nicht aufzubringen ist, im **Innenverhältnis** eine kollektive Deckungspflicht aller Mitglieder, die den Fehlbetrag aufbringen müssen (§ 24 GmbHG). Eine solche Regelung ist der AG fremd.

(2) Die Satzung der GmbH kann – im **Innenverhältnis** – eine NACHSCHUSSPFLICHT vorsehen. Die Nachschusspflicht kann beschränkt oder unbeschränkt sein. Soll sie nachträglich in die Satzung aufgenommen werden, so ist die Zustimmung

aller Gesellschafter erforderlich. Im Falle der unbeschränkten Nachschusspflicht kann sich ein Gesellschafter durch Preisgabe seines Geschäftsanteils befreien (Abandon).

Das Aktienrecht lässt nur eine Nebenleistung zu, die **nicht in Geld** besteht.

📖 Bitte lesen Sie §§ 19–28 GmbHG, 54–57, 63–66 AktG.

2. Genossenschaft

Für die Schulden der Genossenschaft haftet den Gläubigern nur die Genossenschaft als solche, die Genossen haften im Außenverhältnis nicht.

Die „Haftpflicht der Genossen" besteht nur in Form einer Nachschusspflicht gegenüber der Genossenschaft (also im Innenverhältnis!) für den Fall, dass die Genossenschaft insolvent wird. Sie kann unbeschränkt oder beschränkt oder ganz ausgeschlossen sein.

(1) Bei der eG mit beschränkter Nachschusspflicht wird der Höchstbetrag, bis zu welchem der Genosse nachschusspflichtig werden kann, als HAFTSUMME bezeichnet. Die Haftsumme darf nicht niedriger als der Geschäftsanteil sein.

(2) Der GESCHÄFTSANTEIL ist der Höchstbetrag, bis zu welchem sich der Genosse an der Genossenschaft beteiligen **kann.**

(3) Vom Geschäftsanteil ist die MINDESTEINLAGE (Pflichteinlage) zu unterscheiden. Dies ist der Mindestbetrag, mit dem sich jeder Genosse beteiligen **muss.** Die Mindesteinlage muss mindestens einem Zehntel des Geschäftsanteils entsprechen (§ 7 Nr. 1 GenG). Die Mindesteinlage kann nicht erlassen werden, die Aufrechnung gegen die Genossenschaft ist unzulässig.

(4) Dagegen ist das GESCHÄFTSGUTHABEN der Betrag, mit dem der Genosse tatsächlich beteiligt **ist.**

(5) Das Statut kann bestimmen, dass sich die Genossen mit **mehreren** Geschäftsanteilen beteiligen müssen (bei einer Molkereigenossenschaft z.B. mit je einem Anteil pro Kuh). Die Zahl der Anteile, mit der sich ein Genosse beteiligen muss, nennt man die PFLICHTBETEILIGUNG (§ 7 a II GenG).

Wenn Sie eine Prüfung im Genossenschaftsrecht vor sich haben, ist es notwendig, dass Sie sich diese fünf Begriffe gut einprägen. Erfahrungsgemäß wirft man sie immer wieder durcheinander.

IV. Die Vereine des BGB

1. Eingetragener Verein

Für die Schulden des e.V. haftet nur der Verein persönlich. Im Innenverhältnis sind die Mitglieder dem Verein gegenüber zur Leistung ihrer satzungsmäßigen Beiträge verpflichtet.

2. Nichtrechtsfähiger Verein

Die Verweisung auf das Recht der GbR in § 54 S. 1 BGB führt dazu, dass der Vorstand eines nichtrechtsfähigen Vereins nicht als Vertreter des Vereins, sondern der einzelnen Mitglieder auftritt. Aus Rechtsgeschäften müssten deshalb alle Mitglieder den Gläubigern gegenüber persönlich und gesamtschuldnerisch haften (§ 427 BGB). Diese Regelung ist inzwischen durch Gewohnheitsrecht beseitigt worden: Die Mitglieder haften nur noch mit Beschränkung auf das vorhandene Vereinsvermögen.

Bestehen geblieben ist dagegen die Regelung des § 54 S. 2 BGB, wonach alle für den Verein Handelnden persönlich und gesamtschuldnerisch haften. Hierbei ist es gleichgültig, ob die Handelnden Vereinsmitglieder sind. Allerdings sind die Wirkungen des § 54 S. 2 BGB durch eine einschränkende Auslegung etwas abgeschwächt worden: Es ist ein **unmittelbares** Handeln für den Verein erforderlich. Deshalb haften z.B. Vereinsmitglieder nicht schon deshalb, weil sie dem Rechtsgeschäft in der Mitgliederversammlung zugestimmt haben.

Bei der Haftung aus unerlaubter Handlung ist § 31 BGB analog anwendbar. Auch insoweit ist der nichtrechtskräftige Verein dem e.V. gleichgestellt.

§ 114. Gründung

I. Personengesellschaften

1. Gesellschaftsvertrag

Alle Personengesellschaften entstehen durch einen Gesellschaftsvertrag, d.h. durch die gemeinsame Verpflichtung der Gesellschafter, die Erreichung eines bestimmten gemeinsamen Zweckes in einer bestimmten Weise zu fördern (§ 705 BGB). Für den Gesellschaftsvertrag ist bei der PartG Schriftform vorgeschrieben (§ 3 PartGG). Bei den anderen Personengesellschaften gibt es solche Formvorschriften nicht, der Vertrag kann deshalb auch durch **schlüssiges Verhalten** zu Stande kommen. So kann z.B. eine Erbengemeinschaft in eine OHG umgewandelt werden, wenn die Erben ein ererbtes Handelsgeschäft weiter betreiben und zu erkennen geben, dass sie enger als in einer bloßen Erbengemeinschaft verbunden sein wollen, z.B. die einseitige Lösung von der Gemeinschaft ausschließen.[12]

Soll ein Grundstück eingebracht werden, so ist notarielle Form erforderlich, falls das Grundstück übereignet, nicht nur zur Nutzung überlassen werden soll (§ 313 b I BGB).

Bei Einbringung eines ganzen Unternehmens oder größerer Wertobjekte ist § 1365 BGB zu beachten, falls der Einbringende verheiratet ist und im gesetzlichen Güterstand der Zugewinngemeinschaft steht. Stellt die Sacheinlage das **wesentliche Vermögen** des Einbringenden dar, so ist die Zustimmung des Ehegatten erforderlich.

---

[12] Baumbach/Hopt, HGB § 105 Anm. 5C.

Hierbei ist es ohne Bedeutung, dass der Einbringende als Gegenwert einen gesamt-händerischen Anteil am Gesellschaftsvermögen erwirbt, da § 1365 BGB keinen Unterschied zwischen entgeltlichen oder unentgeltlichen Verfügungen macht.[13]

2. Gründungsprüfung

Eine Gründungsprüfung durch besondere Gründungsprüfer ist bei den Personengesellschaften nicht vorgeschrieben, insbesondere findet keine Überprüfung der Sacheinlagen des Kommanditisten statt. Jeder Gläubiger einer KG kann sich aber später darauf berufen, dass die Sacheinlagen überbewertet waren und der Kommanditist insoweit von seiner persönlichen Haftung nicht frei geworden ist.

3. Eintragung

a) Personenhandelsgesellschaften

Eine Anmeldung zum **Handelsregister** erfolgt nur bei den beiden Personenhandelsgesellschaften (OHG und KG). Die Anmeldung ist von sämtlichen Gesellschaftern vorzunehmen, die Unterschriften müssen notariell beglaubigt sein (§§ 12, 106–108, 162 HGB). Bezüglich der Rechtsfolgen der Eintragung ist zu unterscheiden (§§ 105 II, 123 HGB):

(a) Grundsätzlich entsteht die Gesellschaft nach außen mit der Eintragung, die Eintragung ist dann also **konstitutiv** (§ 123 I HGB).

(b) Beginnt die Gesellschaft ihre Geschäfte schon **vor** der Eintragung, so tritt die Wirksamkeit bereits mit Geschäftsbeginn ein, falls die Gesellschaft ein Gewerbe im Sinne von § 1 HGB betreibt. Betreibt sie ein Kleingewerbe (§ 2 HGB) oder verwaltet sie nur ihr eigenes Vermögen, so tritt die Wirksamkeit erst mit der Eintragung ein (§§ 123 II, 105 II HGB). Dabei ist allerdings zu beachten, dass durch das Auftreten der Gesellschaft im Handelsverkehr der Schein einer bereits eingetragenen Gesellschaft entstehen kann. Dann liegt eine Scheinhandelsgesellschaft vor, die nach allgemeinen Rechtsscheingrundsätzen behandelt wird (s.o. § 84 C II).

Das Wirksamwerden infolge vorzeitigen Geschäftsbeginns ist bei der OHG nicht sehr gefährlich, da ohnehin alle Gesellschafter persönlich haften wollen. Es ist aber eine Gefahr für den **Kommanditisten,** der sich nicht auf seine Haftungsbeschränkung berufen kann, wenn die ein Gewerbe im Sinne von § 1 HGB betreibende KG die Geschäfte mit seiner Einwilligung begonnen hat, die Eintragung noch nicht erfolgt ist und der Gesellschaftsgläubiger von der Haftungsbeschränkung nichts wusste (§ 176 I HGB). Wer sich als Kommanditist beteiligt, muss sich deshalb durch eine Vertragsklausel sichern, wonach die KG ihre Geschäfte erst nach der Eintragung aufnehmen darf. Tritt der Kommanditist in ein bereits bestehendes Unternehmen ein, so muss die Klausel lauten, dass der Eintritt erst mit der Eintragung in das Handelsregister wirksam werden soll (andernfalls gilt § 176 II HGB).

---

[13] BGH 35, 144.

b) Partnerschaft

Auch die PartG ist eintragungspflichtig: Sie ist in das **Partnerschaftsregister** einzutragen (§ 4 PartGG, §§ 106 I, 108 HGB). Die Eintragung ist aber **stets** konstitutiv, ein etwaiger Geschäftsbeginn vor der Eintragung kann **nicht** zur Entstehung der PartG mit Wirkung nach außen führen (§ 7 I PartGG). Diese Abweichung vom Recht der OHG soll verhindern, dass andere Zusammenschlüsse von Freiberuflern in der Rechtsform der GbR als „Scheinpartnerschaften" in den Bereich des PartGG geraten. Die Partner können aber außenstehenden Dritten nach GbR-Recht haften.

4. Mangelhafte Gründungsakte

Bei mangelhaften Gründungsakten ist zu unterscheiden:

(1) Solange noch keine Ausführungshandlungen erfolgt sind, können alle Nichtigkeits- und Anfechtbarkeitsgründe unbeschränkt geltend gemacht werden.

(2) Mit dem **Vollzug** der Gesellschaft kommen die Regeln über die **fehlerhafte Gesellschaft** zum Zuge. Die fehlerhafte Gesellschaft hat drei Voraussetzungen:

   (a) Es muss ein – fehlerhafter – **Gesellschaftsvertrag** vorliegen.

   (b) Die Gesellschaft muss **in Vollzug** gesetzt worden sein.

   (c) Der rechtlichen Anerkennung der Gesellschaft dürfen nicht **vorrangige Interessen** der Allgemeinheit oder schutzwürdiger Personen entgegenstehen.

Die Gründungsmängel führen nur zur Aufhebung der Gesellschaft mit Wirkung für die **Zukunft** (Einzelheiten o. § 33 III).

II. Kapitalgesellschaften und Genossenschaft

Die Gründungsvorschriften über die juristischen Personen des Handelsrechts haben bei aller Kompliziertheit eine Reihe gemeinsamer Züge, insbesondere ist der Ablauf der einzelnen Gründungsvorgänge gleich.

1. Errichtung der Satzung

Die Errichtung (Feststellung) der Satzung, d.h. die Einigung der Gründer auf bestimmte, schriftlich fixierte Regeln, ist der erste Akt einer Gründung, denn es muss zunächst klargestellt werden, nach welchem „Grundgesetz" der Verein funktionieren soll. Das Gesetz schreibt nur für die Genossenschaft eine Mindestzahl von Gründern (sieben) vor. Außerdem sind gewisse Formvorschriften zu beachten: Bei der AG und der GmbH notarielle Beurkundung, bei der Genossenschaft lediglich Schriftform.

Durch die GmbH-Reform von 2008 wurde für die Unternehmergesellschaft (beschränkt) und die „klassische" GmbH ein vereinfachtes Gründungsverfahren eingeführt: Wenn die Gesellschaft höchstens drei Gesellschafter und einen Geschäftsführer hat, kann das in der Anlage zum GmbHG vorgesehene kostengünstige **Musterprotokoll** verwendet werden (§ 2 II GmbHG).

2. Übernahme der Anteile

Außerdem muss gleich zu Anfang klargestellt werden, wie viel Kapital jeder von den einzelnen Gründern aufbringen soll. Bei der AG und der Genossenschaft ist die Übernahme der Aktien (Geschäftsanteile) ein von der Feststellung der Satzung unterschiedener Vorgang, bei der GmbH fallen beide Vorgänge zusammen, da die Übernahme der Stammeinlagen bereits im Gesellschaftsvertrag enthalten sein muss. Nur wer sich an der Kapitalaufbringung beteiligt, ist Gründer im Sinne des Gesetzes.

Ist die Satzung festgestellt und die Kapitalaufbringung geregelt, so ist der Verein „errichtet", d.h. es besteht eine AG, GmbH, UG (haftungsbeschränkt) oder Genossenschaft, die bereits den Sondergesetzen (AktG, GmbHG, GenG) untersteht, aber noch keine Rechtsfähigkeit besitzt.

3. Bestellung der Organe

Außerdem ist der Verein nach außen noch nicht handlungsfähig. Deshalb ist der nächste notwendige Schritt die Bestellung der Organe. Bei der AG muss der indirekte Weg Aufsichtsrat – Vorstand eingehalten werden, außerdem wählen die Gründer der AG die ersten Abschlussprüfer. Bei der GmbH bestellen die Gründergesellschafter die Geschäftsführer. Bei der Genossenschaft wählen die Gründergenossen den Aufsichtsrat und den Vorstand.

4. Leistung auf die Einlage

Vor der Registereintragung zur Erlangung der Rechtsfähigkeit muss bei den Kapitalgesellschaften ein Teil des Kapitals eingezahlt werden: Bei der AG und der „klassischen" GmbH sind 25 Prozent der gesamten Bareinlagen einzuzahlen, außerdem müssen die Sacheinlagen voll erbracht werden.

5. Gründungsbericht

Bei der AG ist ein Gründungsbericht durch die Gründer zu erstatten. Bei der GmbH ist ein Gründungsbericht nur für den Fall einer Sachgründung vorgeschrieben.

6. Gründungsprüfung

Der Gründungsbericht ist die Grundlage der bei der AG vorgeschriebenen Gründungsprüfung. Die Gründungsprüfung erfolgt durch Vorstand und Aufsichtsrat. In einigen Fällen, insbesondere bei Sachgründungen, oder wenn Gründer gleichzeitig Mitglieder des Aufsichtsrats oder des Vorstandes werden, müssen außerdem Gründungsprüfer durch das Gericht bestellt werden. Die Genossenschaft muss sich einer Prüfung durch den genossenschaftlichen Prüfungsverband unterziehen (§ 11 GenG). Das GmbHG kennt keine Gründungsprüfung.

7. Anmeldung zum Register

Alle Vereine müssen die Anmeldung zum Register durchführen. Die AG und GmbH werden zum Handelsregister, die Genossenschaft zum Genossenschaftsregister angemeldet. Beide Register werden beim Amtsgericht geführt.

Bei der UG (haftungsbeschränkt) darf die Anmeldung erst erfolgen, wenn das Stammkapital angespart ist (§ 5 a II S. 1 GmbHG).

8. Prüfung durch das Gericht

Vor der Eintragung erfolgt bei allen Vereinen eine Prüfung sämtlicher Unterlagen durch das Gericht.

9. Eintragung

Mit der Eintragung ist die Gründung vollendet: Der Verein ist rechtsfähig. Die Eintragung hat also stets konstitutive **Wirkung.**

Der rechtsfähig gewordene Verein setzt automatisch alle in der Zeit zwischen Gründung und Eintragung entstandenen Rechte und Pflichten fort.

10. Mangelhafte Gründungsakte

Bei den Kapitalgesellschaften und der Genossenschaft muss man – anders als bei den Personengesellschaften – zwischen **drei Phasen** unterscheiden.

(1) Wenn der Verein gegründet, aber noch nicht in Vollzug gesetzt worden ist, können alle Mängel unbeschränkt geltend gemacht werden.

(2) Mit der **Invollzugsetzung** des Vereins kommen die Grundsätze über die fehlerhafte Gesellschaft zum Zuge (drei Voraussetzungen s. o.). Zwar können alle Nichtigkeits- und Anfechtbarkeitsgründe des BGB geltend gemacht werden, sie wirken aber nur für die **Zukunft.**

(3) Mit der Eintragung in das Handels- bzw. Genossenschaftsregister wird die Geltendmachung von Mängeln **noch weiter** eingeschränkt. Bei einer eingetragenen Kapitalgesellschaft ist die Nichtigkeitsklage nur dann zulässig, wenn entweder eine Angabe über das Nennkapital (Stammkapital, Grundkapital) fehlt oder die Bestimmung über den Gegenstand des Unternehmens fehlt oder nichtig ist. Außerdem können die Mängel durch satzungsändernden Beschluss geheilt werden, soweit sie die Bestimmungen über den Gegenstand des Unternehmens betreffen. Unheilbar ist nur das Fehlen einer Bestimmung über das Nennkapital. Die Nichtigkeitsklage führt zur Nichtigkeitserklärung durch das Gericht und damit zur Auflösung. Die Nichtigkeitserklärung hat also keine rückwirkende Kraft. Daneben besteht gem. § 144 FGG die Möglichkeit der Löschung von Amts wegen.

Bei der Genossenschaft gibt es überhaupt keinen unheilbaren Mangel, da die Genossenschaft kein festes Kapital besitzt. Dafür ist der Kreis der Satzungsbestimmungen, deren Fehlen zur Nichtigkeitsklage oder Löschung von Amts wegen führen kann, erheblich größer.

📖 Bitte lesen Sie §§ 23, 26–30, 32–34, 37–39, 41, 46–52, 275–277 AktG.

Übersicht Gründung der handelsrechtlichen Vereine

Aktiengesellschaft notarielle Beurkundung	GmbH notarielle Beurkundung	Genossenschaft Schriftform
1. Feststellung der Satzung	1. Abschluss des Gesellschaftsvertrages mit Übernahme der Geschäftsanteile. Vereinfachte Gründung: Musterprotokoll	1. Errichtung der Satzung (7 Gründer)
2. Übernahme der Aktien		2. Übernahme der Geschäftsanteile
3. Bestellung der Organe (Gründer wählen AR. AR bestellt Vorstand)	2. Bestellung der Organe (Gründer bestellen Geschäftsführer)	3. Bestellung der Organe (Gründer bestellen AR und Vorstand)
4. Einzahlung (25 %) und Sacheinlagen	3. Einzahlung (25 %) und Sacheinlagen (nicht bei UG)	–
5. Gründungsbericht der Gründer	Gründungsbericht nur bei Sachgründung (nicht bei UG)	–
6. Gründungsprüfung (AR, V, evtl. GP)	–	4. Prüfung durch Prüfungsverband
7. Anmeldung zum HR	4. Anmeldung zum HR (Bei KG erst nach Ansparen)	5. Anmeldung z. GenR
8. Prüfung durch Gericht	5. Prüfung durch Gericht	6. Prüfung durch Gericht
9. Eintragung	6. Eintragung	7. Eintragung

III. Die Vereine des BGB

1. Eingetragener Verein

Die Gründung eines Vereins ist im Vergleich zu den Kapitalgesellschaften einfach: Eine schriftliche Satzung muss von mindestens sieben Mitgliedern errichtet und unterzeichnet werden. Ein Vorstand muss gewählt werden, der den Verein zur Eintragung in das Vereinsregister beim Amtsgericht anmeldet. Mit der Eintragung erlangt der Verein Rechtsfähigkeit.

    Bitte lesen Sie §§ 55–60, 64–66 BGB.

2. Nichtrechtsfähiger Verein

Der nichtrechtsfähige Verein entsteht durch die Errichtung einer Satzung, für die keine Formvorschrift besteht. Es muss aber vereinbart sein, dass der Verein körperschaftliche Struktur haben soll, d.h. dass er mindestens in Vorstand und Mitgliederversammlung gegliedert ist, dass in der Mitgliederversammlung das Mehrheitsprinzip gilt und dass der Verein vom Wechsel der Mitglieder unabhängig ist. Liegen diese Mindestvoraussetzungen nicht vor, so besteht kein nichtrechtsfähiger Verein, sondern eine GbR.

§ 115. Die Übertragung von Mitgliedschaften

I. Personengesellschaften

Das Gesetz geht bei den Personengesellschaften von der Unübertragbarkeit der Mitgliedschaft aus (§§ 717 S. 1, 719 I BGB). Ein Gesellschafter soll nicht die Möglichkeit haben, seinen Mitgesellschaftern einen neuen Partner gegen deren Willen aufzudrängen. Deshalb ist die Übertragung der Mitgliedschaft zulässig, wenn der Gesellschaftsvertrag dies vorsieht oder wenn alle Gesellschafter zustimmen.[14]

Da keine gesetzlichen Formvorschriften bestehen, kann die Übertragung durch formlosen Vertrag zwischen Alt- und Neugesellschafter erfolgen, es sei denn, dass der Gesellschaftsvertrag eine besondere Form vorschreibt. Ist der Übertragungsvertrag **fehlerhaft**, so gelten die Regeln über die fehlerhafte Gesellschaft entsprechend (Einzelheiten o. § 33 III).

Die Übertragung führt bei den Personengesellschaftern zu schwierigen Detailfragen hinsichtlich der Haftung des Alt- und des Neugesellschafters gegenüber den Gesellschaftsgläubigern. Will man sich hier zunächst einen Überblick verschaffen, so kann man Folgendes feststellen:

(1) Der **Altgesellschafter** haftet grundsätzlich nur für die **Altschulden,** d.h. für die **vor** dem Gesellschafterwechsel begründeten Schulden. Er haftet für diese Schulden auch nur im Rahmen der sog. **Nachhaftung,** d.h. nur insoweit, als die Schulden innerhalb von fünf Jahren nach seinem Ausscheiden fällig und gegen ihn gerichtlich geltend gemacht werden (§ 160 HGB, § 736 II BGB).

Bei OHG, KG, PartG haftet der Altgesellschafter ausnahmsweise auch für **Neuschulden,** d.h. für nach dem Gesellschafterwechsel begründete Schulden, falls die **Registereintragung** nicht rechtzeitig erfolgt ist.

(2) Der **Neugesellschafter** haftet für die **Neuschulden,** aufgrund von **Sonderregeln** auch für die **Altschulden.**

Wir gehen nun auf die Regeln über die Haftung bei den einzelnen Gesellschaftern näher ein. Die stille Gesellschaft wird nicht erwähnt, da der Stille im Außenverhältnis **überhaupt nicht** haftet (§ 230 II HGB).

---

[14] Grundlegend BGH NJW 1954, 1155.

1. Gesellschaft bürgerlichen Rechts

Bei der GbR haftet der Altgesellschafter den Gläubigern **nur** für die **Altschulden** (im Rahmen der Nachhaftung gem. § 736 II BGB, § 160 HGB).

Der **Neugesellschafter** haftet für die **Neuschulden** und analog § 130 HGB auch für Altschulden.[15]

2. Offene Handelsgesellschaft

Bei der OHG ist der Gläubigerschutz verstärkt.

Der **Altgesellschafter** haftet für die **Altschulden** (im Rahmen der Nachhaftung gem. § 160 HGB). Außerdem ist § 15 I HGB zu beachten. Er haftet also auch für die **Neuschulden,** die bis zur Eintragung **und** Bekanntmachung seines Ausscheidens entstanden sind, außer wenn dem Neugläubiger sein Ausscheiden bekannt war.

Der **Neugesellschafter** haftet für alle Neuschulden **und** aufgrund der Sonderregel § 130 HGB für die Altschulden und kann diese Haftung nicht mit Wirkung nach außen ausschließen.

Es kommt hier also zumindest hinsichtlich der Altschulden zu einer **Schuldnerverdoppelung.** Die Lage ist ähnlich wie im Falle der Übertragung eines Handelsgeschäfts gem. §§ 25, 26 HGB. Ein Unterschied besteht insoweit, als der Übernehmer eines Handelsgeschäfts die Haftung für Altschulden gänzlich ausschließen kann (bitte vergleichen Sie §§ 25 II, 130 II HGB!).

3. Kommanditgesellschaft

Noch komplizierter sind die Vorgänge bei der KG.

Die Haftung des **Altkommanditisten** umfasst alle Altschulden (im Rahmen der Nachhaftung gem. §§ 160, 161 II HGB) und bei verspäteter Registereintragung gem. § 15 I HGB auch Neuschulden. Hat der Altkommanditist seine Einlage voll geleistet und in der Gesellschaft belassen, ist er von der Haftung frei (§ 171 I HGB). Lässt er sich sein Auseinandersetzungsguthaben auszahlen, so lebt die Haftung in Höhe des zurückgezahlten Betrages wieder auf (§ 172 IV S. 1 HGB).

Der **Neukommanditist** haftet gem. § 171 1 HGB persönlich bis zur Höhe seiner Einlage für Neuschulden **und** (aufgrund der Sonderregel § 173 HGB) für Altschulden.

Auch hier kommt es also mindestens hinsichtlich der Altschulden zu einer **Schuldnerverdoppelung.**

Außerdem haftet der Neukommanditist **unbeschränkt** für alle Neuschulden, die zwischen Eintritt und **Eintragung** des Eintritts entstehen (§ 176 II HGB). Diese unbeschränkte Haftung kann der Neukommanditist vermeiden, indem er mit den anderen Gesellschaftern vereinbart, dass sein Eintritt erst im Zeitpunkt der Eintragung in das Handelsregister wirksam werden soll.

Auch die **Schuldnerverdoppelung** kann vermieden werden. Dazu ist erforderlich, dass der Altkommanditist seine Mitgliedschaft **samt der zur Haftungsbefreiung**

---

[15] BGH DB 2003, 1164.

führenden geleisteten Einlage auf den Neukommanditisten überträgt. Dadurch sind **beide** Kommanditisten von der Haftung befreit. Die Haftungsbefreiung setzt allerdings voraus, dass das Ausscheiden des Altkommanditisten, der Eintritt des Neukommanditisten und **ein Vermerk über die Rechtsnachfolge** in das Handelsregister eingetragen werden.[16]

4. Partnerschaft

Bei der PartG besteht kraft Verweisung der gleiche Gläubigerschutz wie bei der OHG. Es haftet also der **Altpartner** für die **Altschulden** (im Rahmen der Nachhaftung gem. § 10 II PartGG, § 160 HGB), bei verspäteter Eintragung gem. § 5 II PartG, § 15 HGB auch für Neuschulden.

Der **Neupartner** haftet für Alt- und Neuschulden nach § 8 I S. 2 PartG, § 130 HGB.

II. Kapitalgesellschaften

Im Gegensatz zu den Personengesellschaften ist bei den Kapitalgesellschaften die Übertragbarkeit der Mitgliedschaft **die gesetzliche Regel.**

1. GmbH

Der Geschäftsanteil der GmbH ist veräußerlich. Allerdings schreibt das Gesetz für die Abtretung notarielle Form vor, um den gewinnsuchenden Handel mit Anteilen zu unterbinden. Durch den Gesellschaftsvertrag kann der Geschäftsanteil vinkuliert werden (§ 15 GmbHG). Die Frage, ob die Übertragung durch den Gesellschaftsvertrag gänzlich ausgeschlossen werden kann, wird allgemein bejaht.

Im Verhältnis zur Gesellschaft ist die Eintragung in die beim Handelsregister geführte Gesellschafterliste maßgebend. Für rückständige Leistungen haftet der Veräußerer neben dem Erwerber weiter (bitte lesen Sie §§ 15, 16 GmbHG). Außerdem kommt im Falle der Kaduzierung eine Haftung auch früherer Vormänner gegenüber der Gesellschaft in Betracht (§ 22 GmbHG).

2. Aktiengesellschaft

Die Aktie ist veräußerlich. Die Veräußerlichkeit kann durch die Satzung nicht ausgeschlossen werden. Bei der Übertragung ist zu unterscheiden:

(1) **Inhaberaktien** sind Inhaberpapiere (§ 10 AktG). Sie werden gem. §§ 929 ff. BGB übertragen.

(2) **Namensaktien** sind Orderpapiere (nicht, wie der Name vermuten lässt, Namenspapiere), sie werden durch Einigung und Übergabe der indossierten Urkunde übertragen. Solange die volle Einlage noch nicht geleistet ist, darf die AG nur Namensaktien ausstellen, damit im Falle der Kaduzierung die Vormänner leichter festgestellt werden können (§ 10 II AktG). Die AG muss aber wenigstens im Handelsregister eingetragen sein, vorher ausgegebene Aktien

---

[16] BGH DB 1981, 2019.

sind nichtig (§ 41 IV AktG). Das bedeutet praktisch, dass mindestens ein Viertel des Grundkapitals und das Agio eingezahlt sein müssen.

(3) **Vinkulierte (gebundene) Namensaktien** sind ebenfalls Orderpapiere, ihre Übertragung ist aber nach der Satzung an die Zustimmung der Gesellschaft gebunden (§ 68 II AktG). Die Zustimmung steht grundsätzlich im freien Ermessen des Vorstandes.

(4) **Zwischenscheine** (früher Interimscheine) sind Anteilscheine, die vor der Aktienausgabe erteilt werden, wenn die volle Einlage noch nicht geleistet ist und die AG später Inhaberaktien ausgeben will. Auch Zwischenscheine dürfen erst **nach der Eintragung** der AG ausgegeben werden (§ 41 IV AktG). Sie werden wie Namensaktien behandelt: Sie sind Orderpapiere und können vinkuliert werden.

Während der Inhaber einer Inhaberaktie durch die bloße Innehabung gegenüber der AG legitimiert ist, richtet sich die Legitimation bei der Namensaktie und bei Zwischenschein nach der Eintragung im **Aktienregister**. Es haftet auch der Gesellschaft auf Leistung der Einlage zunächst nur der letzte, im Aktienregister eingetragene Aktionär. Erst nach dem Kaduzierungsverfahren werden frühere Aktionäre von der AG zur Zahlung herangezogen, aber nur insoweit, als sie im Aktienregister eingetragen sind (§ 65 AktG).

📖 Bitte lesen Sie §§ 10, 41 IV, 67, 68, 65 AktG.

III. Genossenschaften

Die Mitgliedschaft in einer Genossenschaft ist unübertragbar. Eine abweichende statutarische Bestimmung ist nichtig. Es lässt sich aber eine der Übertragung ähnliche Wirkung herbeiführen, wenn ein Genosse austritt und ein anderer gleichzeitig eintritt. An diesen kann der Ausscheidende nämlich sein **Geschäftsguthaben** übertragen (§ 76 I GenG). Die Übertragung des Geschäftsguthabens bedarf der Schriftform. Außerdem muss der Eintretende die übliche **unbedingte Beitrittserklärung** unterzeichnen (§ 15 GenG); die Mitgliedschaft entsteht dann durch die Zulassung der Genossenschaft (§ 15 GenG).

Das Statut kann die Übertragung des Geschäftsguthabens erschweren oder ganz ausschließen.

📖 Bitte lesen Sie §§ 15, 76 I GenG.

§ 116. Auflösung und Abwicklung

Im Gesellschaftsrecht muss man streng zwischen der Auflösung, der Abwicklung (Liquidation) und der Beendigung einer Gesellschaft unterscheiden. Wenn eine Gesellschaft aufgelöst wird, bleibt sie in ihrer Identität zunächst unberührt, die Gesellschaft ändert nur ihren Zweck: Aus der werbenden Gesellschaft wird eine auf Abwicklung (Liquidation) gerichtete Gesellschaft.

Die Abwicklung kann bei den Personengesellschaften ausgeschlossen werden; an die Stelle der Abwicklung kann z.B. die Übernahme des gesamten Gesellschaftsvermögens durch einen Gesellschafter treten. Bei der stillen Gesellschaft findet überhaupt keine Abwicklung statt, der Inhaber hat dem Stillen nur dessen Auseinandersetzungsguthaben auszuzahlen.

Bei den Kapitalgesellschaften und der Genossenschaft dagegen ist die Abwicklung zwingend vorgeschrieben. Die Abwicklung dient vor allem dem Gläubigerschutz (Aufruf der Gläubiger, Einhaltung eines Sperrjahres usw.). Die unterschiedliche Regelung erklärt sich aus der Tatsache, dass bei der Personengesellschaft die Gesellschaftsgläubiger durch die fortbestehende persönliche Haftung der Gesellschafter hinreichend geschützt sind. Bei der GmbH und der AG dagegen ist die Vertrauensgrundlage nur das Kapital. Die KommAG hat eine doppelte Vertrauensgrundlage: das Grundkapital und die persönliche Haftung der Komplementäre. Auch die Genossenschaft hat eine doppelte Vertrauensgrundlage, wenn das Statut eine Nachschusspflicht vorsieht: das Kapital und die (beschränkte oder unbeschränkte) Nachschusspflicht der Genossen.

Beendet ist eine Gesellschaft erst dann, wenn das letzte Vermögensstück verteilt bzw. an einen Gläubiger herausgegeben worden ist.

Achter Abschnitt:
Zivilprozess und Insolvenzverfahren

1. Kapitel:
Der Zivilprozess

§ 117. Übersicht

I. Erkenntnisverfahren und Zwangsvollstreckung

Wer einen privatrechtlichen Anspruch hat, kann diesen Anspruch nicht eigenmächtig gegen den Widerstand des anderen durchsetzen: Das Faustrecht ist abgeschafft. An seine Stelle ist der Zivilprozess, ein streng bis in die Einzelheiten geregeltes Verfahren, getreten.

Normalerweise durchläuft der Zivilprozess zwei Stadien.

1. Erkenntnisverfahren

Das erste Stadium ist das in der Zivilprozessordnung (ZPO) geregelte ERKENNTNISVERFAHREN: Auf Antrag des **Klägers** wird geprüft, ob das Recht, das er gegen den **Beklagten** geltend macht, überhaupt besteht. Das Erkenntnisverfahren kann durch mehrere Instanzen gehen, es endet in der Regel mit einem **rechtskräftigen Urteil.**

2. Zwangsvollstreckung

An das Erkenntnisverfahren schließt sich die ZWANGSVOLLSTRECKUNG an: Wenn der unterlegene Beklagte, der nun **Schuldner** genannt wird, dem Urteil sich nicht fügt, kann der obsiegende Kläger, der nun **Gläubiger** heißt, beantragen, dass sein Anspruch durch besondere staatliche Organe (Gerichtsvollzieher, Vollstreckungsgericht) zwangsweise durchgesetzt wird. Die Zwangsvollstreckung ist in der ZPO und im Zwangsversteigerungsgesetz geregelt.

3. Ausnahmen

Ein **rechtskräftiges Urteil,** d.h. ein Urteil, gegen das kein Rechtsmittel mehr eingelegt werden kann, ist **nicht ausnahmslos** Voraussetzung für die Zwangsvollstreckung. Oft dauert es Jahre, bis der Kläger in der letzten Instanz ein Urteil erstritten hat. Um zu verhindern, dass der Beklagte Rechtsmittel einlegt und den Prozess durch die Instanzen schleppt, nur um die Zwangsvollstreckung hinauszuzögern, wird in der Regel schon das erstinstanzliche Urteil für **vorläufig voll-**

streckbar erklärt. In manchen Fällen käme auch ein erstinstanzliches Urteil zu spät; der Kläger hat deshalb unter Umständen die Möglichkeit, im Wege des **Arrests** oder der **einstweiligen Verfügung** eine vorläufige Sicherung seines Rechts zu bewirken. Hierbei genügt es, dass er sein Recht **glaubhaft** macht. Schließlich gibt es Fälle, in denen selbst für diese „Schnellverfahren" keine Zeit mehr bleibt. Dann ist der Gläubiger **ausnahmsweise** zur **Selbsthilfe** berechtigt (bitte lesen Sie §§ 229–231 BGB).

II. Rechtsstaatliche Grundsätze

Unser heutiges Zivilprozessrecht ist das Ergebnis einer langen Entwicklung, in deren Verlauf gewisse rechtsstaatliche Grundsätze entwickelt worden sind. Die wichtigsten sind die Folgenden:

1. Gewaltenteilung

Die Rechtsprechung liegt in den Händen von Richtern, die nach dem auf Montesquieu zurückgehenden Grundsatz der Gewaltenteilung möglichst unbeeinflusst von den beiden anderen Gewalten (Legislative und Exekutive) arbeiten sollen. Das Grundgesetz bestimmt, dass die Richter sachlich „unabhängig und nur dem Gesetz unterworfen" sind (Art. 97 I GG). Die Richter sind also im Gegensatz zu anderen Beamten nicht weisungsgebunden. Die sachliche Unabhängigkeit soll außerdem durch eine gewisse persönliche Unabhängigkeit gesichert werden: „Die hauptamtlich und planmäßig angestellten Richter können wider ihren Willen nur kraft richterlicher Entscheidung und nur aus Gründen und unter den Formen, welche die Gesetze bestimmen, vor Ablauf ihrer Amtszeit entlassen oder dauernd oder zeitweise ihres Amtes enthoben oder an eine andere Stelle oder in den Ruhestand versetzt werden" (Art. 97 II S. 1 GG).

2. Öffentlichkeit

Der Zivilprozess soll ein kontrolliertes und grundsätzlich auch für jedermann kontrollierbares Verfahren sein. Deshalb gilt für die dem Urteil vorausgehende **mündliche Verhandlung** der Grundsatz der **Öffentlichkeit** (wichtige Ausnahme: Ehesachen). Außerdem muss das Urteil **öffentlich verkündet** werden. Schließlich ist jedes Urteil grundsätzlich schriftlich zu **begründen.**

3. Rechtsmittel

Eine verstärkte Garantie für die Richtigkeit der einzelnen richterlichen Entscheidung und gleichzeitig für die Einheitlichkeit der gesamten Rechtsprechung sind die **Rechtsmittel.** Sie führen zu einer Überprüfung der Entscheidung durch ein Gericht höherer Instanz.

(1) Urteile der **Amtsgerichte** werden dabei grundsätzlich durch eine Berufung zum **Landgericht** überprüft (Ausnahme: Familiensachen und bestimmte Fälle mit Auslandsbezug, § 119 I GVG). Berufungsinstanz gegen Urteile der **Landgerichte** ist das **Oberlandesgericht.**

(2) Alle Berufungsurteile – gleichgültig ob sie von den Landgerichten oder den Oberlandesgerichten stammen – können beim **Bundesgerichtshof** mit der **Revision** angegriffen werden, wenn das Berufungsgericht die Revision **zugelassen** hat.

4. Prozesskostenhilfe

Prozesse können sehr kostspielig sein. Wer klagen will, muss dem Gericht zunächst einen Kostenvorschuss leisten. Nimmt er einen Anwalt (bei den Familiengerichten und vom Landgericht an herrscht **Anwaltszwang!**), so wird er auch diesem einen Vorschuss zahlen müssen. Verliert er den Prozess, so muss er die gesamten Gerichtskosten und die Gebühren für die Anwälte auf beiden Seiten tragen. Der wirtschaftlich Schwache wird deshalb schon mit Rücksicht auf das Kostenrisiko vor einem Prozess zurückschrecken, wenn die Rechtslage oder die Beweislage unklar ist, während der wirtschaftlich Starke gerade in einem solchen Falle Aussicht hat, seinen Gegner durch die Drohung mit einem aufwendigen Prozess einzuschüchtern. Einen nach dem Rechtsstaatprinzip und dem Gleichheitsgrundsatz gebotenen Ausgleich hat man in einem gewissen Grade durch die Prozesskostenhilfe (früher: das Armenrecht) geschaffen. Sie wird einer Partei auf deren Gesuch hin gewährt, wenn (§ 114 ZPO)

(1) die Partei die Prozesskosten nicht oder nur zum Teil oder nur in Raten aufbringen kann und

(2) die Sache der Partei hinreichend Aussicht auf Erfolg bietet und nicht mutwillig erscheint.

Die Bewilligung durch das Gericht hat zur Folge, dass die Partei von den Gerichtskosten und von den Kosten für den eigenen Anwalt befreit ist. Je nach Einkommen ist die Partei aber zu Ratenzahlungen verpflichtet. Verliert die Partei den Prozess, so bleibt es bei der Befreiung. Die Partei muss aber dem **Gegner** dessen Kosten (vor allem dessen Anwaltskosten) voll ersetzen (§ 123 ZPO).

§ 118. Die Gerichte im Zivilprozess

1. Staatliche Gerichte

Beim Zivilprozess, der einen Teil der ordentlichen Gerichtsbarkeit ausmacht, lässt sich die im Gerichtsverfassungsgesetz geregelte Zuständigkeit der Gerichte in großen Zügen folgendermaßen darstellen:

a) Amtsgerichte

Die AMTSGERICHTE sind zuständig für alle Streitigkeiten bis zu einem Streitwert von 5000 Euro, außerdem unabhängig von der Höhe des Streitwerts u.a. für bestimmte Mietstreitigkeiten und Streitigkeiten über gesetzliche Unterhaltspflichten (§§ 23, 23 a GVG). Außerdem bestehen am Amtsgericht die (für alle Familiensachen zuständigen) Familiengerichte. Den Amtsgerichten stehen Einzelrichter vor (§ 22 GVG).

b) Landgerichte

Die LANDGERICHTE, an denen Anwaltszwang besteht, sind zuständig

in erster Instanz für alle Streitigkeiten mit einem Streitwert von über 5000 Euro sowie unabhängig vom Streitwert u. a. für die Ansprüche aus Amtspflichtverletzungen (§ 71 GVG);

in zweiter Instanz für die Berufung bzw. Beschwerde gegen Urteile bzw. Beschlüsse der Amtsgerichte (§ 72 GVG).

An den Landgerichten bestehen Kammern, die entweder durch drei Richter (Vorsitzender und zwei Beisitzer) oder durch einen Einzelrichter entscheiden; grundsätzlich ist der Einzelrichter zuständig (§ 348 ZPO). Außerdem können besondere **Kammern für Handelssachen** gebildet werden, die mit einem Berufsrichter als Vorsitzendem und zwei ehrenamtlichen, aus der kaufmännischen Praxis stammenden Richtern besetzt sind (§§ 59, 60, 93 GVG).

c) Oberlandesgerichte

Die OBERLANDESGERICHTE sind zuständig nur in zweiter Instanz, und zwar für die Berufung bzw. Beschwerde gegen die erstinstanzlichen Entscheidungen der Landgerichte und der Familiengerichte (§ 119 GVG).

An den Oberlandesgerichten bestehen Senate mit je einem Vorsitzenden Richter und zwei weiteren Richtern (§§ 115, 116 GVG).

d) Bundesgerichtshof

Der BUNDESGERICHTSHOF ist zuständig als Revisionsinstanz für die Berufungsurteile der Landgerichte und Oberlandesgerichte (§ 133 GVG).

Am Bundesgerichtshof bestehen Senate mit einem Vorsitzenden Richter und vier weiteren Richtern (§ 139 GVG).

2. Private Schiedsgerichte

a) Schiedsrichter

Die Zivilprozessordnung sieht außerdem die Möglichkeit vor, dass zivilrechtliche Streitigkeiten durch private **Schiedsrichter** verbindlich entschieden werden, falls die Parteien einen entsprechenden Schiedsvertrag geschlossen haben.

b) Schiedsgutachter

Vom Schiedsrichter ist der **Schiedsgutachter** zu unterscheiden. Dieser entscheidet nicht über den gesamten Rechtsstreit, sondern stellt nur bestimmte **Tatsachen** fest, die für die rechtliche Entscheidung bedeutsam sind (in der Praxis häufig bei Streitigkeiten über Sachmängel oder die Höhe von Versicherungsschäden). Auch das Schiedsgutachten ist nur bei einer entsprechenden Vereinbarung der Parteien zulässig. Die Entscheidung des Schiedsgutachters ist für Parteien und Gericht bindend.

§ 119. Das Erkenntnisverfahren

I. Partei- und Prozessfähigkeit

Einen Prozess kann nur führen, wer die **Parteifähigkeit** besitzt. Das ist die Fähigkeit, Partei in einem Prozess zu sein. Parteifähig ist, wer die **Rechtsfähigkeit,** d.h. die Fähigkeit, Träger von Rechten und Pflichten zu sein, besitzt (§ 50 ZPO). Parteifähig sind also alle natürlichen und juristischen Personen. Partei in einem Prozess kann demnach auch ein Minderjähriger sein. Er kann den Prozess aber nicht **selbst,** sondern nur durch seinen Vertreter führen, denn ihm fehlt die **Prozessfähigkeit,** d.h. die Fähigkeit, selbst Prozesshandlungen mit wirksamer Kraft vorzunehmen. Prozessfähig ist nur, wer die **Geschäftsfähigkeit** besitzt: die Fähigkeit, Rechtsgeschäfte mit wirksamer Kraft vorzunehmen (§§ 51 ff. ZPO).

II. Die örtliche Zuständigkeit

des anzugehenden Gerichts richtet sich grundsätzlich nach dem allgemeinen Gerichtsstand des Beklagten. Das ist dessen Wohnsitz, bei juristischen Personen deren Sitz. Wahlweise kann der Kläger z.B. auch am Gerichtsstand des Erfüllungsorts oder am Gerichtsstand der unerlaubten Handlung, d.h. dem Ort der Begehung der unerlaubten Handlung, klagen (§§ 12 ff. ZPO). Diese Wahl hat der Kläger **nicht,** wenn das Gesetz (z.B. in § 29 a GVG für Mietsachen) einen **ausschließlichen** Gerichtsstand vorschreibt.

III. Die Klage

gilt als erhoben, die Rechtshängigkeit ist eingetreten, wenn die vom Kläger beim Gericht eingereichte Klageschrift dem Beklagten zugestellt worden ist (§ 253 I ZPO). Die Klage muss die Bezeichnung der Parteien und des Gerichts sowie einen bestimmten Klageantrag enthalten. Außerdem muss der **Klagegrund** bezeichnet, d.h., es müssen die **Tatsachen** angegeben werden, auf die sich die Klage stützt (§ 253 II ZPO). Es genügt nicht, wenn der Kläger schreibt: „Der Anspruch ist als Schadensersatzanspruch aus § 325 BGB begründet": Da mihi factum, dabo tibi jus. (Gib mir die Tatsachen, dann gebe ich dir das Recht.)

Den drei Arten von Urteilen entsprechend (Leistungsurteil, Feststellungsurteil, Gestaltungsurteil) gibt es drei Arten von Klagen.

1. Leistungsklage

Die LEISTUNGSKLAGE kommt in der Praxis am häufigsten vor: Der Beklagte soll zu einem Tun oder Unterlassen verurteilt werden (Zahlung, Lieferung, Herausgabe einer Sache, Unterlassung von unlauteren Wettbewerbshandlungen usw.).

2. Feststellungsklage

Die FESTSTELLUNGSKLAGE ist auf die Feststellung des Bestehens oder Nichtbestehens eines Rechtsverhältnisses oder der Echtheit oder Unechtheit einer Urkunde gerichtet. Sie setzt ein rechtliches Interesse an alsbaldiger Feststellung durch richterliche Entscheidung voraus. Dieses Interesse fehlt, wenn sogleich auf Leistung geklagt werden kann (§ 256 ZPO).

3. Gestaltungsklage

Die GESTALTUNGSKLAGE strebt die Änderung eines bestehenden Rechtszustandes durch richterliche Entscheidung an. Gestaltungsklagen sind vor allem die Auflösungsklage bei Handelsgesellschaften sowie die Anfechtung von Hauptversammlungsbeschlüssen einer AG.

IV. Die Einlassungsfrist

ist die Zeit zwischen der Zustellung der Klageabschrift beim Beklagten und der ersten mündlichen Verhandlung. Der Beklagte hat nun Gelegenheit, sich auf die Klage einzulassen. In den sog. vorbereitenden Schriftsätzen legen Kläger und Beklagter Gründe und Gegengründe dar und erklären, welche Anträge sie in der mündlichen Verhandlung stellen werden. Die Einlassungsfrist beträgt mindestens zwei Wochen (§§ 274 III, 495 ZPO). Im Wechsel- und Scheckprozess (§§ 604, 605 a ZPO) gelten kürzere Fristen.

Um den Rechtsstreit in einer umfassend vorbereiteten mündlichen Verhandlung (Haupttermin) zu erledigen, kann der Vorsitzende zwei Wege einschlagen: Er kann ein schriftliches Vorverfahren anordnen oder – wenn der Haupttermin keiner umfangreichen Vorbereitung bedarf – einen „frühen ersten Termin" anberaumen (§ 272 ZPO).

V. Die mündliche Verhandlung

ist öffentlich und beginnt mit dem Aufruf der Sache. Der Kläger stellt seinen Klageantrag, und der Beklagte kann sich dazu erklären, d.h., er kann den Klageanspruch anerkennen – dann ergeht Anerkenntnisurteil (§ 307 ZPO) – oder Klageabweisung beantragen. Anschließend haben Kläger und Beklagter die Gründe, d.h. die ihre Anträge stützenden Tatsachen, darzulegen. Das geschieht meist unter Bezugnahme auf die eingereichten Schriftsätze und mit nur ergänzenden mündlichen Erläuterungen.

VI. Darlegungs- und Beweisstation

Die Arbeit des Richters, der aufgrund der vorbereitenden Schriftsätze schon mit der Sache vertraut ist, geht nun in folgender Weise vor sich:

Der Richter prüft zunächst, ob die Klage **schlüssig** ist, d.h., ob die vom Kläger dargelegten streitigen Tatsachen sowie die unstreitigen Tatsachen, **wenn sie wahr wären,** den Klageantrag überhaupt rechtfertigen würden. Ergibt sich, dass die Klage nicht schlüssig ist, weil die vom Kläger dargelegten Tatsachen zur Begründung des Anspruchs nicht ausreichen, so wird die Klage abgewiesen, **ohne** dass es eines Eingehens auf die Darlegung des Beklagten und einer Erörterung der Beweisfrage bedarf. In entsprechender Weise überprüft der Richter die vom Beklagten zur Verteidigung vorgebrachten Tatsachen auf ihre **Erheblichkeit**.

Der Gedanke, dass im Prozess die rechtliche Prüfung der tatsächlichen vorangeht, ist Ihnen vielleicht etwas ungewohnt. Stellen Sie sich folgenden **Fall** vor: Der Kläger klagt aus einer mündlich erklärten Bürgschaft (§ 766 BGB!). Der Beklagte, der kein Kaufmann ist, bestreitet, jemals zu dem Kläger gesagt zu haben: „Ich werde für die Zahlung des X gerade stehen." Hier wäre es völlig falsch, wenn der Richter zunächst Beweis über die Tatsache der mündlichen Bürgschaftserklärung erheben würde. Er müsste sonst am Ende des durch die Beweiserhebung vielleicht recht kostspielig gewordenen Prozesses verkünden: „Die Klage wird abgewiesen. Der Kläger hat zwar bewiesen, dass der Beklagte gesagt hat: ‚Ich werde für die Zahlung des X gerade stehen', die Bürgschaftserklärung war aber wegen Formmangels nichtig. Es war also völlig gleichgültig, ob der Beklagte die bestrittene Äußerung gemacht hat oder nicht."

In die Beweisstation braucht der Richter demnach nur einzutreten, wenn die Klage **schlüssig** ist und die für die Schlüssigkeit entscheidenden Tatsachen vom Beklagten bestritten werden oder wenn der Beklagte die vom Kläger vorgebrachten Tatsachen zwar nicht bestreitet, aber weitere rechtserhebliche Tatsachen vorbringt, die nun vom Kläger bestritten werden. Nehmen wir wieder einen **Fall**: Der Kläger beantragt, den Beklagten zur Zahlung von 5000 Euro zu verurteilen. Er behauptet, er habe dem Beklagten eine Sache für 5000 Euro verkauft. Die Klage ist dann schlüssig aus § 433 II BGB. Nun kann der Beklagte sich u.a. auf folgende Weise verteidigen:

(1) Er bestreitet, dass der Kläger ihm die Sache für 5000 Euro verkauft hat. Dann muss Beweis über die streitige Tatsache des Vertragsschlusses erhoben werden.

(2) Er bestreitet nicht den Vertragsschluss, behauptet aber, er habe schon gezahlt (§ 362 BGB). Bestreitet der Kläger die Zahlung, so muss Beweis über die Tatsache der Zahlung erhoben werden.

Im Falle des Bestreitens erlässt der Richter auf Antrag einen **Beweisbeschluss**, falls nicht der Beweis gleich in der mündlichen Verhandlung angetreten werden kann. Dagegen kann er seiner Entscheidung ohne weiteres solche Tatsachen als „wahr" zu Grunde legen, die die andere Partei zugesteht oder wenigstens nicht bestreitet (§ 138 III ZPO). Es gilt hier der GRUNDSATZ DER FORMELLEN WAHRHEIT: Die andere Partei wird sich schon melden, wenn etwas nicht stimmt (wichtige Ausnahme: Ehesachen).

Beweismittel sind:

(1) Augenschein des Richters (§§ 371 ff. ZPO),

(2) Zeugen (§§ 373 ff. ZPO),

(3) Sachverständige (§§ 402 ff. ZPO),

(4) Urkunden (§§ 415 ff. ZPO),

(5) Parteivernehmung (nur falls andere Beweismittel nicht ausreichen, §§ 445 ff. ZPO).

In der Würdigung des Beweises ist der Richter frei. Sieht er die vom Kläger vorgebrachten Tatsachen als wahr an, so ist die Klage nicht nur schlüssig, sondern auch **begründet.**

VII. Entscheidungen und Rechtsmittel

Es gibt drei Arten von gerichtlichen Entscheidungen: Urteile, Beschlüsse und Verfügungen. Um welche Art von Entscheidung es sich handelt, ergibt sich meist aus dem Gesetz. Es ist wichtig, den Unterschied zwischen den Entscheidungsarten zu beachten, da von der Art der Entscheidung die Art des Rechtsmittels abhängt.

1. Urteile

URTEILE sind Entscheidungen über den gesamten Rechtsstreit oder über seine wichtigsten Teile. Sie ergehen in der Regel nach voraufgegangener mündlicher Verhandlung.

a) Berufung

Die BERUFUNG findet gegen die Endurteile der Amtsgerichte und gegen die erstinstanzlichen Urteile der Landgerichte statt (§ 511 ZPO). Zuständig ist jeweils das Gericht des nächsthöheren Rechtszuges. Die Berufung ist nur zulässig, wenn der Wert des Beschwerdegegenstands 600 Euro übersteigt oder – falls das nicht der Fall ist – das erstinstanzliche Gericht die Berufung wegen der grundsätzlichen Bedeutung der Sache, der Fortbildung des Rechts oder der Einheitlichkeit der Rechtsprechung **zugelassen** hat.

Berufung ist die Nachprüfung eines Urteils in tatsächlicher **und** rechtlicher Hinsicht durch das nächsthöhere Gericht.

b) Revision

Die REVISION findet gegen die in der Berufungsinstanz von den Landgerichten und den Oberlandesgerichten erlassenen Endurteile statt (§ 543 ZPO). Zuständig ist der Bundesgerichtshof. Die Revision ist grundsätzlich nur zulässig, wenn das Berufungsgericht sie im Berufungsurteil zugelassen hat; die Revision ist zuzulassen wegen grundsätzlicher Bedeutung oder der Rechtsfortbildung oder einer einheitlichen Rechtsprechung. Wird die Revision **nicht** zugelassen, gibt es die **Nichtzulassungsbeschwerde** zum Bundesgerichtshof (§ 544 ZPO – bis Ende 2011 aber nur bei einer Beschwer von über 20 000 Euro).

2. Beschlüsse und Verfügungen

sind Entscheidungen, die den Gang des Verfahrens betreffen und – im Gegensatz zum Urteil – nicht über den Streitgegenstand entscheiden. Sie ergehen in der Regel ohne voraufgegangene mündliche Verhandlung. Verfügungen sind Entscheidungen eines einzelnen Mitgliedes eines Kollegialgerichts über Verfahrensfragen von untergeordneter Bedeutung.

Gegen Beschlüsse und Verfügungen ist meist das Rechtsmittel der BESCHWERDE an das nächsthöhere Gericht zulässig. Gegen die Entscheidung über die Beschwerde findet ein weiteres Rechtsmittel grundsätzlich nicht statt.

VIII. Das Versäumnisurteil

ergeht auf Antrag, wenn eine ordnungsmäßig geladene Partei nicht erscheint oder erscheint, aber nicht verhandelt, d.h. keine Anträge stellt.

(1) Erscheint der **Kläger** nicht, so wird die Klage auf Antrag des Beklagten abgewiesen (§ 330 ZPO).

(2) Erscheint der **Beklagte** nicht, so gilt, falls der Kläger ein Versäumnisurteil beantragt, das tatsächliche mündliche Vorbringen des Klägers als **zugestanden**, soweit es rechtzeitig schriftsätzlich mitgeteilt war. Der Richter hat dann die vom Kläger vorgebrachten Tatsachen seiner Entscheidung zu Grunde zu legen und entscheidet nach Antrag, wenn die Klage **schlüssig** ist. Die Beweisstation fällt also weg (§ 331 ZPO).

(3) Besonderes gilt in dem oben erwähnten schriftlichen Vorverfahren: Wenn der Beklagte dem Gericht nicht rechtzeitig angezeigt hat, dass er sich gegen die Klage verteidigen wolle, trifft auf Antrag des Klägers das Gericht die Entscheidung ohne mündliche Verhandlung (§ 331 III ZPO).

Gegen das Versäumnisurteil ist der **Einspruch** möglich (§ 338 ZPO). Der Einspruch bedarf keiner Begründung, er wird bei dem Gericht eingelegt, welches das Versäumnisurteil erlassen hat. Der Prozess wird dann in die alte Lage zurückversetzt (§ 342 ZPO). Erscheint die Partei auch in dem neu angesetzten Termin nicht, so ergeht erneut ein Versäumnisurteil, gegen welches die Partei keinen Einspruch, nur in Ausnahmefällen Berufung einlegen kann (§§ 345, 514 ZPO).

IX. Das Mahnverfahren

soll dem Antragsteller einen vollstreckbaren Titel ohne einen vorangegangenen Prozess verschaffen (§§ 688 ff. ZPO).

Es ist nur bei Ansprüchen auf **Geld** zulässig. Die Leistung darf nicht von einer noch nicht erfolgten Gegenleistung abhängig sein. Zuständig ist ohne Rücksicht auf die Höhe der Geldsumme **stets das Amtsgericht.** Es erlässt auf Antrag einen Mahnbescheid an den Antragsgegner. Gegen den Mahnbescheid kann der Antragsgegner innerhalb von zwei Wochen Widerspruch einlegen. Der Widerspruch bedarf keiner Begründung. Das Verfahren geht dann in einen normalen Prozess über. Wird **nicht** fristgemäß Widerspruch erhoben, so kann auf Antrag des Antragstellers auf den Mahnbescheid ein Vollstreckungsbescheid gesetzt werden, der die gleiche Wirkung wie ein Versäumnisurteil hat: Er ist ein vollstreckbarer Titel, gegen den Einspruch möglich ist (§§ 699, 700 ZPO).

X. Schiedsrichterliches Verfahren und Schiedsgutachten

1. Schiedsgericht

In der kaufmännischen Praxis werden zivilrechtliche Streitigkeiten häufig von einem privaten Schiedsgericht erledigt.

Der Schiedsvertrag (§§ 1025 ff. ZPO) ist die Voraussetzung für die Zulässigkeit des schiedsrichterlichen Verfahrens. Er ist die Vereinbarung zwischen den Parteien, dass die Entscheidung eines Rechtsstreits durch einen oder mehrere Schiedsrichter erfolgen soll und dass beide Parteien sich dieser Entscheidung im Voraus unterwerfen. Der Schiedsvertrag muss ausdrücklich und schriftlich abgeschlossen werden; ist daran ein **Verbraucher** (§ 13 BGB) beteiligt, so dürfen andere Vereinbarungen nicht in dem Vertrag enthalten sein.

Der Schiedsvertrag kann für bestehende oder zukünftige Streitigkeiten geschlossen werden; er muss sich aber stets auf ein **bestimmtes Rechtsverhältnis** beziehen. Die staatliche Gerichtsbarkeit kann also nicht für alle beliebigen Streitigkeiten zwischen zwei Personen ausgeschlossen werden (§ 1029 ZPO).

Das Verfahren in seinen Einzelheiten sowie die Ernennung der Schiedsrichter richtet sich nicht nach den allgemeinen Vorschriften der ZPO, sondern nach dem Schiedsvertrag. Ist in dem Schiedsvertrag eine Bestimmung über die Ernennung der Schiedsrichter nicht enthalten, so wird von jeder Partei ein Schiedsrichter ernannt; die beiden Schiedsrichter bestellen dann gemeinsam den dritten Schiedsrichter (§§ 1034 I, 1035 III ZPO). Soweit der Schiedsvertrag keine Verfahrensbestimmungen enthält, bestimmt der Schiedsrichter den Gang des Verfahrens nach seinem Ermessen (§ 1042 IV ZPO). Nur wenige Verfahrensvorschriften sind zwingend einzuhalten, z.B. der Grundsatz des rechtlichen Gehörs für jede Partei (§ 1042 I ZPO).

Der Schiedsspruch beendet das Schiedsgerichtsverfahren, falls die Parteien keinen Vergleich schließen. Unter den Parteien hat der Schiedsspruch die gleiche Wirkung wie ein rechtskräftiges Urteil, doch findet die Zwangsvollstreckung erst dann statt, wenn der Schiedsspruch durch ein staatliches Gericht für vollstreckbar erklärt worden ist (§§ 1055, 1060, 1062 ZPO).

2. Schiedsgutachter

Vom Schiedsrichter ist der Schiedsgutachter zu unterscheiden. Dieser entscheidet nicht über den **gesamten Rechtsstreit,** sondern stellt nur **bestimmte Tatsachen** fest, die für die rechtliche Entscheidung von Bedeutung sind. Auch das Schiedsgutachten ist nur bei einer entsprechenden Vereinbarung der Parteien zulässig.

Auf die Schiedsgutachtenvereinbarung sind §§ 317 ff. BGB entsprechend anwendbar (Bestimmung der Leistung durch einen Dritten). Das bedeutet, dass das Schiedsgutachten zwar für das Gericht grundsätzlich bindend ist, dass das Gericht aber von dem Schiedsgutachten abweichen darf, wenn das Schiedsgutachten **offenbar unbillig** ist (§ 319 I BGB).

§ 120. Die Zwangsvollstreckung

Versteht man unter Zwangsvollstreckung ein Verfahren, in welchem Ansprüche zwangsweise durchgesetzt werden, so kann man zweierlei Arten der Zwangsvollstreckung unterscheiden:

(1) Die Zwangsvollstreckung erfolgt wegen der Rechte eines **einzelnen** Gläubigers. Sie ist auf **einzelne** Gegenstände des Schuldners gerichtet (Einzelvollstreckung).

(2) Die Zwangsvollstreckung erfolgt im Interesse **aller** Gläubiger des Schuldners. Sie richtet sich auf das **gesamte** Vermögen des Schuldners (Gesamtvollstreckung: Insolvenzverfahren).

Zunächst soll nur die Einzelvollstreckung behandelt werden, und nur diese wird hier als Zwangsvollstreckung bezeichnet. Danach gehen wir auf das Insolvenzverfahren ein.

I. Die Voraussetzungen der Zwangsvollstreckung

sind vollstreckbarer Titel, Vollstreckungsklausel und Zustellung des Titels an den Schuldner.

1. Vollstreckbare Titel sind:

RECHTSKRÄFTIGE URTEILE, d.h. Urteile, die nicht mehr durch ein Rechtsmittel angreifbar sind, sei es, dass der Instanzenzug erschöpft ist, sei es, dass die Frist für die Einlegung des Rechtsmittels ungenutzt verstrichen ist;

FÜR VORLÄUFIG VOLLSTRECKBAR ERKLÄRTE URTEILE (§ 704 I ZPO). Grundsätzlich wird jedes Urteil schon vor Eintritt der Rechtskraft für vorläufig vollstreckbar erklärt. Es soll dadurch von vornherein verhindert werden, dass der Schuldner die Vollstreckung durch Einlegung eines Rechtsmittels verschleppt. Allerdings geht der Gläubiger, wenn er aus einem solchen Urteil vollstreckt, ein Risiko ein: Er muss dem Schuldner vollen Schadensersatz leisten, falls das Urteil in einer höheren Instanz aufgrund eines Rechtsmittels des Schuldners aufgehoben wird (§ 717 II ZPO). Die Haftung tritt ohne Verschulden ein. Da der Anspruch auf Schadensersatz geht, ist für seine Höhe nicht maßgebend, um wie viel der Gläubiger bereichert wurde, sondern wie viel der Schuldner verloren hat;

PROZESSVERGLEICHE, d.h. im Prozess vor einem deutschen Gericht abgeschlossene Vergleiche zur Beilegung des Rechtsstreits (§ 794 Nr. 1 ZPO);

VOLLSTRECKBARE URKUNDEN (§ 794 Nr. 5 ZPO), d.h. gerichtliche oder notarielle Urkunden über Ansprüche auf Zahlung einer bestimmten Geldsumme oder Leistung einer **bestimmten** Menge anderer vertretbarer Sachen, in denen sich der Schuldner der sofortigen Zwangsvollstreckung unterworfen hat. Wir haben die vollstreckbaren Urkunden bereits im Hypothekenrecht besprochen, da sie dort große Bedeutung besitzen: Die Grundpfandrechte sind nur im Wege der Zwangsvollstreckung zu verwirklichen; deshalb ersparen die vollstreckbaren Urkunden dem Gläubiger den sonst zur Erlangung eines Titels (Urteil) erforderlichen Prozess. Da die Urkunde die Zahlung einer **bestimmten** Geldsumme beinhalten muss, kann sie bei einer Höchstbetragshypothek nicht ausgestellt werden. Das ist, abgesehen von der Beweisfrage, ein Grund für den Gläubiger, an Stelle der Höchstbetragshypothek eine Grundschuld zu wählen (s.o. § 76 II).

VOLLSTRECKUNGSBESCHEIDE auf Mahnbescheiden im Mahnverfahren (§ 794 Nr. 4 ZPO);

ARRESTE UND EINSTWEILIGE VERFÜGUNGEN.

Weitere Titel sind u.a. die Tabelle im Insolvenzverfahren, der bestätigte Insolvenzplan und der angenommene Schuldenbereinigungsplan im Verbraucherinsolvenzverfahren (§§ 178 III, 257 I, 308 I S. 2 InsO).

2. Die Vollstreckungsklausel

wird vom Urkundsbeamten der Geschäftsstelle des Gerichts, bei notariellen Urkunden s.o.) vom Notar auf eine Ausfertigung des Titels gesetzt. Gem. § 725 ZPO soll sie folgenden Wortlaut haben:

> „Vorstehende Ausfertigung wird dem usw. (Bezeichnung der Partei) zum Zwecke der Zwangsvollstreckung erteilt."

> Gerichtssiegel   gez. Unterschrift des Urkundsbeamten.

3. Die Zustellung des Titels

an den Schuldner kann vor oder gleichzeitig mit der Durchführung der Vollstreckung erfolgen (§ 750 I ZPO).

II. Die Durchführung der Zwangsvollstreckung

richtet sich nach der Art des zu vollstreckenden Anspruchs.

(1) **Wegen Geldforderungen** kann in bewegliche Sachen, in Forderungen und sonstige Rechte sowie in Grundstücke vollstreckt werden.

(a) **Bewegliche Sachen** werden zunächst gepfändet, indem der Gerichtsvollzieher sie in Besitz nimmt (§ 808 I ZPO). Meist werden sie nicht auf die Pfandkammer geschafft, sondern im Gewahrsam des Schuldners belassen. Dann muss die Pfändung durch Siegelmarken oder auf sonstige Weise (z.B. durch Anbringung eines Schreibens an der Stalltür) kenntlich gemacht werden (§ 808 II ZPO). Durch die Pfändung entsteht ein öffentlich-rechtliches Verstrickungsverhältnis und ein Pfandrecht des Gläubigers an der Sache (§ 804 I ZPO).

Der Pfändung folgt die Verwertung im Wege der öffentlichen Versteigerung durch den Gerichtsvollzieher. Man sieht sie in den Zeitungen als „Zwangsversteigerung" angekündigt.

Aus sozialen Gründen sind die für den Schuldner zur Führung eines bescheidenen Lebens erforderlichen Sachen unpfändbar (Aufzählung in § 811 ZPO).

(b) **Die Vollstreckung in Geldforderungen** ist die wichtigste Art der Vollstreckung in Rechte. Sie erfolgt durch Zustellung eines Pfändungs- und Überweisungsbeschlusses.

(aa) Der **Pfändungsbeschluss** richtet ein Verbot an den Drittschuldner, an den Schuldner zu leisten, und ein Gebot an den Schuldner, Verfügungen über die Forderung, insbesondere deren Einziehung, zu unterlassen (§ 829 I ZPO).

(bb) Der **Überweisungsbeschluss** überweist die Forderung an den Gläubiger nach dessen Wahl entweder

zur Einziehung. Dann ist der Gläubiger ermächtigt, die Forderung im eigenen Namen einzuziehen und gilt nur in Höhe des tatsächlich bei ihm eingegangenen Betrages als befriedigt (§ 835 I ZPO);

oder an Zahlungs statt zum Nennwert. Dann erwirbt der Gläubiger die Forderung und gilt als befriedigt in Höhe des Nennwertes der Forderung (§ 835 II ZPO). Diese Art der Überweisung belastet den Gläubiger mit dem Risiko der Realisierung der Forderung und ist deshalb in der Praxis sehr selten.

Unpfändbar sind Arbeitseinkommen bis zu einem im Gesetz bestimmten Höchstbetrag zuzüglich weiterer Beträge für jeden Unterhaltsberechtigten. Auch von dem verbleibenden Mehrbetrag bis zu einer im Gesetz bestimmten Grenze ist noch ein gewisser Teil unpfändbar. (Der Schuldner soll ein Interesse daran haben, mehr zu verdienen.) Schließlich fallen für Unterhaltsberechtigte noch weitere Zehnteile des Mehrbetrages unter die Unpfändbarkeit § 850–850 k ZPO).

(c) Die **Vollstreckung in Grundstücke** erfolgt durch Zwangsversteigerung, Zwangsverwaltung oder Eintragung einer Zwangshypothek. Die Art der Vollstreckung kann der Gläubiger grundsätzlich frei wählen.

Die **Zwangsversteigerung** wird er vorziehen, wenn er sofort eine größere Geldsumme bekommen will.

Die **Zwangsverwaltung** stellt eine Befriedigung aus den Erträgen des Grundstücks unter Erhaltung der Substanz für den Schuldner dar. Sie ist die geeignete Befriedigung von Ansprüchen auf laufende Zahlungen.

Die **Zwangshypothek** ist zunächst nur Sicherung des Gläubigers, lohnt sich also nur für denjenigen, der noch keine dingliche Sicherung am Grundstück hat. Die Zwangshypothek ist stets **Sicherungshypothek,** also streng akzessorisch.

In der ZPO finden sich nur Vorschriften über die Zwangshypothek (§§ 866 ff.). Zwangsversteigerung und Zwangsverwaltung haben in dem Gesetz über Zwangsversteigerung und Zwangsverwaltung (ZVG) eine besondere Regelung gefunden.

(2) **Ansprüche auf Herausgabe einer Sache** werden im Wege des unmittelbaren Zwangs vollstreckt:

Bewegliche Sachen werden dem Schuldner vom Gerichtsvollzieher weggenommen und dem Gläubiger übergeben (§ 883 I ZPO).

Bei Grundstücken, insbesondere Räumen, hat der Gerichtsvollzieher den Schuldner „aus dem Besitz zu setzen" und den Gläubiger in den Besitz einzuweisen (§ 885 ZPO).

(3) **Bei geschuldeten Handlungen,** die weder in der Zahlung von Geld noch in der Herausgabe von Sachen bestehen (z.B. bei Leistungen aus Werkverträgen), kann der Gläubiger

    (a) die Handlung durch Dritte auf Kosten des Schuldners durchführen lassen (sog. Ersatzvornahme, § 887 ZPO);

    (b) falls die Handlung nur durch den Schuldner selbst vorgenommen werden kann, die Vornahme aber allein von dessen Willen abhängt (unvertretbare Handlungen: Auskunfterteilung, Zeugnisausstellung, Widerruf einer Beleidigung), den Schuldner durch Zwangshaft (bis zu 6 Monaten!) oder Zwangsgeld von jeweils bis zu 25 000 Euro zur Vornahme der Handlung anhalten lassen (§ 888 I ZPO).

    Urteile auf Leistung von unvertretbaren Dienstleistungen aus Dienstverträgen und Urteile auf Herstellung der ehelichen Gemeinschaft sind nicht vollstreckbar (§ 888 II ZPO).

    c) Besteht die vom Schuldner vorzunehmende Handlung in der **Abgabe einer Willenserklärung** – z.B. wenn der Schuldner aus § 433 I BGB zur Übereignung gem. § 929 BGB verpflichtet ist – so ist das umständliche und bei einem „harten" Schuldner eventuell ergebnislose Beugeverfahren überflüssig: Mit Eintritt der Rechtskraft des Urteils gilt die Erklärung als abgegeben (§ 894 ZPO).

III. Arrest und einstweilige Verfügung

sind gerichtliche Maßnahmen, die nicht die direkte Befriedigung des Gläubigers, sondern die **Sicherung** seiner Rechte bezwecken.

1. Der Arrestbefehl

wird auf Antrag erlassen, wenn der Gläubiger glaubhaft macht,

(1) dass er eine Geldforderung oder einen Anspruch hat, der in eine Geldforderung übergehen kann, und

(2) dass ohne den Arrest, d.h. die Beschlagnahme von Vermögensstücken des Schuldners, die Vollstreckung eines ergangenen oder noch zu ergehenden Urteils **vereitelt oder wesentlich erschwert** würde (§§ 916, 917 ZPO). Ein Arrestgrund liegt z.B. vor, wenn der Schuldner Vermögensstücke verschleudert oder verschiebt oder ins Ausland übersiedeln will; Letzteres spielt aber keine Rolle, wenn die Vollstreckung im Bereich der EU erfolgen müsste (§ 917 II S. 2 ZPO).

2. Die einstweilige Verfügung

ist zunächst ein Parallelfall zum Arrest. Sie wird unter den gleichen Voraussetzungen wie dieser zur Sicherung **anderer Ansprüche** als Geldforderungen erlassen. Wichtige Fälle sind die Ansprüche auf Vornahme einer Rechtsänderung an einem Grundstück (dann Vormerkung aufgrund einer einstweiligen Verfügung) und Ansprüche auf Grundbuchberichtigung (Widerspruch). Außerdem können einstweilige Verfügungen zur **vorläufigen Regelung eines streitigen Rechtsverhältnisses** erlassen werden, wenn anderenfalls dem Gläubiger wesentliche Nachteile (Wettbewerbsrecht!) oder Gewaltanwendung (Wirtin bedroht Untermieter) drohen (§ 940 ZPO).

3. Gemeinsame Vorschriften

Die Vollstreckung aus einem Arrestbefehl oder aus einer einstweiligen Verfügung ist wie die Vollstreckung aus einem nur vorläufig vollstreckbaren Urteil für den Gläubiger riskant: Ihm droht die Verpflichtung zum Schadensersatz, wenn Arrest oder einstweilige Verfügung sich später als von Anfang an ungerechtfertigt erweisen (§ 945 ZPO).

Arrestbefehl und einstweilige Verfügung ergehen entweder ohne mündliche Verhandlung durch Beschluss – dann kann der Schuldner Widerspruch einlegen – oder nach mündlicher Verhandlung durch Endurteil, das mit der Berufung anfechtbar ist.

2. Kapitel:
Das Insolvenzverfahren

§ 121. Übersicht

Seit 1999 gilt die Insolvenzordnung (InsO), die in den alten Bundesländern an die Stelle der Konkursordnung und der Vergleichsordnung, in den neuen Bundesländern an die Stelle der Gesamtvollstreckung getreten ist.

Im Insolvenzverfahren soll das gesamte Vermögen des Schuldners erfasst und zur gleichmäßigen Befriedigung der Gläubiger verwertet werden. Dabei sind für die Verwertung drei Arten vorgesehen, die **gleichrangig** nebeneinander stehen: die **Liquidation,** bei der das Vermögen zu Geld gemacht und der Erlös verteilt wird, die **Sanierung** (auch „investive Verwertung" genannt), bei der das Unternehmen saniert und die Gläubiger aus den erwirtschafteten Erträgen befriedigt werden, und die **übertragende Sanierung** (auch „sanierende Liquidation" genannt), bei der das Unternehmen oder ein Unternehmensteil auf einen anderen Rechtsträger übertragen und der Kaufpreis an die Gläubiger verteilt wird.

Für **jede** dieser drei Verwertungsarten gibt es verfahrensrechtlich **zwei Wege:** das **Regelverfahren** nach den Vorschriften der InsO und ein von diesen Vorschriften abweichender, von den Gläubigern autonom beschlossener **Insolvenzplan.**

Ein weiteres, in § 1 S. 2 InsO ausdrücklich benanntes Ziel ist die **Restschuldbefreiung** des redlichen Schuldners. Auch hierfür sind zwei Wege – das Restschuldbefreiungsverfahren nach der InsO und der Insolvenzplan – vorgesehen.

Das insolvenzrechtliche Regelverfahren kommt nur für Selbständige sowie für Gesellschaften und juristische Personen in Betracht. Für natürliche Personen, die nicht oder nur geringfügig selbständig tätig sind, gibt es weniger aufwendige Verfahren, nämlich das **Verbraucherinsolvenzverfahren,** bei dem nach einem vom Schuldner vorgelegten **Schuldenbereinigungsplan** vorgegangen wird, oder, falls dieses Verfahren nicht zu Stande kommt, das **vereinfachte Insolvenzverfahren.**

§ 122. Das Verfahren

I. Das Eröffnungsverfahren

1. Voraussetzungen für die Verfahrenseröffnung

Durch den **Antrag** des Schuldners oder eines Gläubigers beim zuständigen Amtsgericht wird das **Eröffnungsverfahren** eingeleitet (§ 13 I InsO). Das Gericht prüft nun, ob ein **Eröffnungsgrund** vorliegt und ob die Insolvenzmasse ausreicht, um wenigstens die **Verfahrenskosten** zu decken.

a) Antragsrecht und Antragspflicht

Antragsberechtigt sind die Gläubiger und der Schuldner (§§ 13 I, 14 InsO). Ist der Schuldner eine Gesellschaft oder eine juristische Person, so kann der Antrag von jedem Mitglied des Vertretungsorgans (Vorstand, Geschäftsführer), jedem persönlich haftenden Gesellschafter und jedem Liquidator (Abwickler) gestellt werden (§ 15 InsO).

Eine **Antragspflicht** besteht für den Schuldner grundsätzlich **nicht. Ausnahmen** gelten für die Organe juristischer Personen und die GmbH & Co KG (§ 42 II BGB, § 92 II AktG, § 64 I GmbHG, § 99 GenG, §§ 130 a, 177 a HGB).

b) Eröffnungsgrund

Das Gesetz kennt drei Eröffnungsgründe:

(1) **Zahlungsunfähigkeit** (der allgemeine, d.h. für alle Schuldner geltende Eröffnungsgrund, § 17 InsO), außerdem

(2) **drohende Zahlungsunfähigkeit.** Dies gilt allerdings nur für den Fall, dass der Schuldner den Antrag stellt (§ 18 InsO) und

(3) **Überschuldung** bei juristischen Personen und bei der GmbH & Co KG (§ 19 InsO).

c) Ausreichende Masse

Die **Verfahrenskosten,** die von der Masse gedeckt sein müssen, sind die Gerichtskosten und die Kosten von Insolvenzverwalter und Gläubigerausschuss (§ 54

InsO). Bei unzureichender Masse weist das Gericht den Antrag ab und trägt den Schuldner in das vom Gericht geführte Schuldnerverzeichnis (die „Schwarze Liste") ein (§ 26 II InsO).

2. Vorläufige Sicherungsmaßnahmen

Während des Eröffnungsverfahrens kann das Gericht Maßnahmen ergreifen, um eine weitere Schmälerung der Masse zu verhindern; vor allem kann es einen **vorläufigen Insolvenzverwalter** einsetzen, der den Schuldner überwacht (§ 21 II Nr. 1 InsO). Wird die Einsetzung mit dem Erlass eines **allgemeinen Veräußerungsverbots** an den Schuldner verbunden, so erlangt der vorläufige Verwalter das Verwaltungs- und Verfügungsrecht über die Masse und wird dann **Sequester** genannt (§§ 21 II Nr. 2, 22 I InsO).

3. Eröffnungsbeschluss

Liegen die Voraussetzungen für die Eröffnung vor, so eröffnet das Gericht das eigentliche Insolvenzverfahren durch einen Beschluss, in dem auch der **Insolvenzverwalter** (vorläufig) bestellt, die Gläubiger zur **Anmeldung** ihrer Forderungen beim Insolvenzverwalter aufgerufen und die beiden ersten Gläubigerversammlungen – der **Berichtstermin** und der **Prüfungstermin** – festgesetzt werden. Außerdem werden die **Schuldner** des Schuldners aufgefordert, nur noch an den Verwalter zu leisten. Wegen der einschneidenden Bedeutung der Eröffnung ist im Beschluss die Stunde der Eröffnung **genau** anzugeben; wird dies versäumt, so gilt als Eröffnungszeit die Mittagsstunde (§§ 27–29 InsO). Der Beschluss wird veröffentlicht und zur Eintragung an die **Registergerichte** (Grundbuch, Handelsregister usw.) weitergeleitet (§§ 31, 32 InsO).

II. Die Subjekte des Verfahrens

1. Insolvenzgericht

Mit dem Eröffnungsbeschluss schafft das Gericht den Verfahrensrahmen, in dem die Verfahrensbeteiligten – Schuldner, Verwalter, Gläubiger – tätig werden. Danach beschränkt sich das Gericht im Wesentlichen auf die Beaufsichtigung des Insolvenzverwalters, die Einsetzung des Gläubigerausschusses und die Leitung der Gläubigerversammlung (§§ 58 I, 67 I, 76 I InsO). Später ist das Gericht in besonderen Verfahrensangelegenheiten tätig, vor allem bei der Aufstellung und Überwachung des Insolvenzplans und bei der Restschuldbefreiung.

2. Schuldner

Der Schuldner bleibt nach dem Eröffnungsbeschluss Inhaber seines Vermögens und ist auch weiter voll geschäftsfähig. Er verliert aber die Befugnis, das zur Insolvenzmasse gehörende Vermögen zu verwalten und darüber zu verfügen (§ 80 InsO).

Alle Verfügungen, die der Schuldner nun über Gegenstände der Insolvenzmasse trifft, sind **unwirksam.** Gutgläubige Dritte, die von der Eröffnung des Verfahrens keine Kenntnis hatten, können sich auf ihren guten Glauben **nicht** berufen. Eine Ausnahme gilt nur für den Erwerb von Rechten an **Grundstücken**. Hier wird der Gutgläubige durch § 892 BGB geschützt, falls die Eröffnung im Zeitpunkt des Erwerbs noch nicht im **Grundbuch** eingetragen war (§ 81 InsO).

Ein **Schuldner** des Schuldners kann jedoch nach Verfahrenseröffnung mit befreiender Wirkung an den Schuldner leisten, wenn er von der Eröffnung keine Kenntnis hatte. War die Eröffnung z. Zt. der Leistung schon öffentlich bekannt gemacht, so muss der Schuldner seine Unkenntnis beweisen, bei Leistungen vor der Bekanntmachung wird die Unkenntnis vermutet (§ 82 InsO).

3. Insolvenzverwalter

Mit der Verfahrenseröffnung erlangt der Verwalter das Verwaltungs- und Verfügungsrecht über die Masse (§ 80 I InsO), er muss deshalb die Masse **sofort** in Besitz und Verwaltung nehmen (§ 148 I InsO). Danach muss er sich einen ersten Überblick verschaffen, indem er ein **Verzeichnis der Massegegenstände** (jeweils mit Angabe des Wertes), ein **Gläubigerverzeichnis** (jeweils mit Angabe der Forderungshöhe) und eine zusammenfassende Gegenüberstellung in einer **Vermögensübersicht** erstellt (§§ 151–153 InsO).

Auch im weiteren Verlauf ist der Insolvenzverwalter die zentrale Figur des Verfahrens. Er trägt die Verantwortung dafür, dass das Verfahren nach den Gesichtspunkten wirtschaftlicher Zweckmäßigkeit und einer möglichst gleichmäßigen Befriedigung der Gläubiger durchgeführt wird, und wird dabei vom Gericht beaufsichtigt und vom Gläubigerausschuss überwacht (§§ 58 I, 69 S. 1 InsO).

Der Insolvenzverwalter ist Inhaber eines privaten Amtes, das er **im eigenen Namen** ausübt (so die herrschende Amtstheorie, BGH NJW 1985, 1484), er ist also **nicht Stellvertreter** des Schuldners oder der Masse. Bei schuldhafter Verletzung seiner Pflichten haftet er **allen Beteiligten** auf Schadensersatz (deshalb schließt er rechtzeitig eine Haftpflichtversicherung ab). Für seine **Hilfskräfte** haftet er nach § 278 BGB. Soweit er sich allerdings der Angestellten des **Schuldners** bedienen muss, haftet er nur, wenn er seine Pflicht verletzt, die Angestellten zu überwachen und wichtige Entscheidungen selbst zu treffen (§ 60 InsO).

4. Gläubiger

Das Insolvenzrecht kennt verschiedene Gläubigergruppen. Meist sind mit Gläubigern i.S. der InsO die Insolvenzgläubiger gemeint, d.h. die Gläubiger, die **einen z. Zt. der Eröffnung begründeten schuldrechtlichen Anspruch gegen den Schuldner** haben (§ 38 InsO).

a) Aussonderungsberechtigte

Wer geltend machen kann, dass ein Gegenstand nicht zur Insolvenzmasse gehört, ist Aussonderungsberechtigter. Zur Aussonderung berechtigen in erster Linie **Eigentum** (auch Eigentumsvorbehalt, **nicht** Sicherungseigentum) und Rückgabeansprüche aus Gebrauchsüberlassungsverträgen (Miete, Pacht, Leihe).

Die Aussonderungsberechtigten machen ihre Rechte unabhängig vom Verfahren nach bürgerlichem Recht geltend. Sie sind **keine Insolvenzgläubiger** (§ 47 InsO).

b) Absonderungsberechtigte Gläubiger

Wer an einem zur Insolvenzmasse gehörenden Gegenstand ein **Befriedigungsrecht** hat, ist Absonderungsberechtigter. Befriedigungsrechte gewähren vor allem die **Grundpfandrechte** (Hypothek, Grundschuld, Rentenschuld), die **vertraglichen** und die gesetzlichen **Pfandrechte an beweglichen Sachen und an Rechten**, die **Sicherungsübereignung und Sicherungszession** sowie das **sachenrechtliche Zurückbehaltungsrecht** wegen nützlicher Verwendungen auf die Sache gem. §§ 1000, 994 BGB und das **handelsrechtliche Zurückbehaltungsrecht** gem. § 369 HGB (**nicht** aber das **schuldrechtliche Zurückbehaltungsrecht** gem. § 273 BGB), außerdem das **Pfändungspfandrecht,** das allerdings nicht erst durch eine Pfändung im letzten Monat vor dem Eröffnungsantrag entstanden sein darf (§§ 49–50, 88 InsO).

Das Absonderungsrecht wird dadurch realisiert, dass der Gegenstand verwertet und der absonderungsberechtigte Gläubiger aus dem Erlös befriedigt wird. Übersteigt der Erlös seine Forderung, fließt der Mehrerlös in die Masse. Bei einem Mindererlös wird der Gläubiger mit seiner Ausfallforderung wie die anderen Insolvenzgläubiger **quotal** befriedigt. Im Einzelnen ist zu unterscheiden:

(1) Bei **Grundstücken** können sowohl Gläubiger als auch Insolvenzverwalter die Zwangsvollstreckung oder Zwangsverwaltung betreiben (§§ 49, 165 InsO).

(2) **Bei beweglichen Sachen** ist der **Verwalter** zur Verwertung berechtigt, wenn er die Sache in seinem **unmittelbaren** Besitz hat (§ 166 I InsO). Das gilt vor allem für die Sachen, die der Schuldner **zur Sicherheit übereignet** hatte, da der Gläubiger gem. § 930 BGB nur **mittelbaren** Besitz erlangte, während der Schuldner **unmittelbarer** Besitzer blieb. Gleiches gilt für die gesetzlichen Pfandrechte des Vermieters, Verpächters und Gastwirts – auch bei ihnen war der Schuldner **unmittelbarer** Besitzer geblieben, der Gläubiger hatte **überhaupt keinen** Besitz erlangt (besitzlose Pfandrechte). Nach § 166 II InsO hat der Verwalter außerdem das Verwertungsrecht bei Forderungen, die der Schuldner **zur Sicherheit abgetreten** hatte (§ 398 BGB). Die Sachen kann er freihändig verwerten, die Forderungen kann er einziehen (§ 166 InsO). Dem Erlös kann er pauschal 4 % für die Kosten der Feststellung und pauschal 5 % für die Kosten der Verwertung sowie die angefallene USt entnehmen (§§ 170, 171 InsO). Er darf die Sachen auch **benutzen,** muss dann aber den Wertverlust durch laufende Zahlungen an den Gläubiger ausgleichen (§ 172 I InsO).

Handelt es sich dagegen um Sachen, die der **Gläubiger** im unmittelbaren Besitz hat, so ist der **Gläubiger** zur Verwertung berechtigt (§ 173 I InsO). Das ist der Fall bei den vertraglichen und den mit Besitz verbundenen gesetzlichen Pfandrechten (Werkunternehmer, Kommissionär, Frachtführer, Spediteur, Lagerhalter).

c) Massegläubiger

Massegläubiger sind **keine Insolvenzgläubiger,** da ihre Forderungen erst **nach** Verfahrenseröffnung entstehen und durch das Verfahren selbst veranlasst werden. Masseforderungen sind

(1) die **Verfahrenskosten,** d.h. die Gerichtskosten sowie die Vergütung und die Auslagen (Haftpflichtversicherung!) des Verwalters und des Gläubigerausschusses (§ 54 InsO),

(2) Ansprüche, die durch **Handlungen des Verwalters** oder sonst wie durch die Verwaltung, Verwertung und Verteilung der Masse entstehen, z.B. die erwähnten Ausgleichsansprüche wegen der Nutzung von Sicherheitsgut oder Ansprüche wegen Warenlieferungen bei der Fortführung des Unternehmens (§ 55 I Nr. 1, II InsO),

(3) Ansprüche aus **vor** der Eröffnung geschlossenen **gegenseitigen Verträgen,** soweit deren Erfüllung zur Masse verlangt wird oder für die Zeit **nach** Eröffnung erfolgen muss (z.B. weiterlaufende Arbeits- und Mietverträge, § 55 I Nr. 2 InsO),

(4) Ansprüche aus einer ungerechtfertigten Bereicherung der Masse nach Eröffnung (z.B. versehentliche Zahlung einer Nichtschuld, § 55 I Nr. 3 InsO),

(5) Ansprüche aus einem **Sozialplan,** der **nach** Eröffnung aufgestellt wird (§ 123 II S. 1 InsO),

(6) **Unterhalt,** den die Gläubigerversammlung für den Schuldner, seine minderjährigen Kinder, seinen Ehegatten, seinen früheren Ehegatten und seine Geliebte bewilligt hat (§ 100 InsO).

Die Massegläubiger werden **mit Rang vor den Insolvenzgläubigern** befriedigt (§ 53 InsO). Reicht die Insolvenzmasse für alle Massegläubiger nicht aus, so erfolgt die Befriedigung der Massegläubiger nach der in § 209 InsO bestimmten Rangordnung (Verfahrenskosten zuerst, Unterhalt zum Schluss).

d) Insolvenzgläubiger

Für die Forderungen der Insolvenzgläubiger gelten folgende Grundsätze:

(1) **Nicht fällige** Forderungen gelten als fällig (§ 41 InsO).

(2) **Nicht auf Geld** gerichtete Forderungen (Warenforderungen) werden mit ihrem Schätzwert beteiligt (§ 45 InsO).

(3) **Wiederkehrende** Leistungen werden kapitalisiert (§ 46 InsO).

(4) **Auflösend** bedingte Forderungen werden wie unbedingte behandelt (§ 42 InsO). Gleiches gilt für **aufschiebend** bedingte Forderungen; allerdings wird deren Befriedigung bis zur Schlussverteilung aufgeschoben (§ 191 I InsO).

Bei der Verteilung ist zwischen **nicht nachrangigen** und **nachrangigen** Insolvenzgläubigern zu unterscheiden. Die nicht nachrangigen Insolvenzgläubiger erhalten **gleiche Quoten,** wogegen die nachrangigen **nach** den nicht nachrangigen Insolvenzgläubigern und in der in § 39 InsO geregelten Rangfolge befriedigt werden. Nachrangig sind vor allem

(1) **Zinsen** der Insolvenzforderungen ab Eröffnung,

(2) Forderungen aus **kapitalersetzenden Darlehen** eines Gesellschafters und gleichgestellte Forderungen,

(3) Forderungen mit **Nachrangvereinbarungen** („Rangrücktrittserklärungen").

5. Gläubigerorganisation

Die **Gläubigerversammlung** wird vom Insolvenzgericht einberufen und geleitet (§§ 74 I S. 1, 76 I InsO). **Teilnahmeberechtigt** sind (neben Insolvenzverwalter und Schuldner) alle Absonderungsberechtigten, alle Insolvenzgläubiger und die Mitglieder des Gläubigerausschusses (§ 74 I S. 2 InsO).

Ein **Stimmrecht** gewähren die Forderungen, die angemeldet und nicht bestritten sind. Bei **bestrittenen** Forderungen und bei Forderungen von **Absonderungsberechtigten** entscheidet das Gericht über das Stimmrecht, falls Insolvenzverwalter und die übrigen Gläubiger sich nicht einigen (§ 77 InsO). **Nachrangige** Gläubiger sind **nicht** stimmberechtigt (§ 77 I S. 2 InsO). Die Versammlung fasst ihre Entschlüsse mit der Mehrheit der an der Abstimmung beteiligten Forderungsbeträge (§ 76 II InsO).

Die wichtigsten Versammlungen sind der **Berichtstermin,** der **Prüfungstermin,** der **Schlusstermin** und, falls ein Insolvenzplan ausgearbeitet worden ist, der **Erörterungs- und Abstimmungstermin.**

Die Gläubigerversammlung setzt einen **Gläubigerausschuss** ein, der den Verwalter überwacht und unterstützt (§§ 68, 69 InsO).

III. Insolvenzmasse, Istmasse, Sollmasse

Zur Insolvenzmasse gehört das gesamte Vermögen, das dem Schuldner **z. Zt. der Eröffnung des Verfahrens gehört und das er während des Verfahrens erwirbt** (mit Ausnahme der unpfändbaren Gegenstände). Dieser durch § 35 InsO bestimmte **rechtliche** Umfang des Vermögens ist die **Sollmasse.** Der **tatsächliche** Umfang der Masse, die der Verwalter übernimmt, ist die **Istmasse,** die im Laufe des Verfahrens durch Aussonderung und Absonderung, durch die Abwicklung schwebender Verträge, durch Aufrechnung und Anfechtung geändert wird.

1. Die Abwicklung schwebender Rechtsgeschäfte

(1) **Einseitige Ansprüche,** d.h. Ansprüche, die nicht von einer Gegenleistung abhängig sind, werden vom Insolvenzverwalter eingezogen, notfalls eingeklagt.

(2) Bei **gegenseitigen Verträgen** lassen sich drei Fälle unterscheiden:

   (a) Ist bisher **von keiner Seite erfüllt** worden, so muss sich der Insolvenzverwalter entscheiden: Entweder verlangt er vom anderen Teil Erfüllung. Das wird er bei einem für die Masse günstigen Vertrag tun. Dann muss der andere Teil erfüllen, und sein Anspruch auf die Gegenleistung wird als Masseschuld aus der Masse bevorzugt befriedigt (§ 103 I InsO). Der Insolvenzverwalter kann aber auch – und wird immer bei einem ungünstigen Vertrage – die Erfüllung verweigern. Dann erfüllt keiner von beiden, der andere Teil kann den Anspruch auf Ersatz des entgangenen Gewinns als **Insolvenzgläubiger** geltend machen (§ 103 II InsO).

   (b) Hat der **Schuldner** bereits erfüllt, so kann der Insolvenzverwalter ohne weiteres die Forderung auf die Gegenleistung einziehen.

(c) Schlecht sind diejenigen gestellt, die bereits ihre Leistung erbracht, vom Schuldner aber noch nicht die Gegenleistung erhalten haben. Diese Personen machen die Mehrzahl der **Insolvenzgläubiger** aus. Sie werden quotal befriedigt.

(3) **Miet- und Pachtverhältnisse** bleiben bestehen.

Wenn der **Schuldner Mieter (Pächter)** ist hat der Insolvenzverwalter ein **Wahlrecht:** Er kann den Vertrag fortsetzen – dann ist die Miete **Masseschuld** gem. § 55 I Nr. 2 InsO. Er kann den Vertrag aber auch mit dreimonatiger Kündigungsfrist kündigen oder – bei angemietetem Wohnraum – erklären, dass nach Ablauf der Kündigungsfrist Mietforderungen nicht mehr im Insolvenzverfahren geltend gemacht werden können, und zwar ohne Rücksicht auf die vereinbarte Vertragsdauer. In diesem Falle kann der Vermieter wegen vorzeitiger Vertragsbeend-igung als **Insolvenzgläubiger Schadensersatz** verlangen (§ 109 I InsO).

(4) Auch **Arbeitsverhältnisse** bleiben bestehen (§ 108 I InsO). Hier haben aber **beide Seiten** ein Wahlrecht: Sie können den Vertrag fortsetzen – dann sind Löhne und Gehälter **Masseschulden** gem. § 55 I Nr. 2 InsO. Sie können aber auch den Vertrag unter Einhaltung der gesetzlichen oder tarifvertraglichen Kündigungsfrist kündigen, wobei eine Frist von drei Monaten nicht überschritten werden darf. Kündigt der **Insolvenzverwalter**, so kann der **Arbeitnehmer** wegen vorzeitiger Vertragsbeendigung als **Insolvenzgläubiger** Schadensersatz verlangen (§ 113 I InsO).

Rückständige Löhne aus der Zeit vor der Verfahrenseröffnung sind **einfache Insolvenzforderungen.** Bei Ausfällen erhalten die Arbeitnehmer vom Arbeitsamt Insolvenzausfallgeld (§§ 141 a ff. AFG). Für Betriebsrenten tritt gem. §§ 3, 7, 14 BetrAVG der Pensionssicherungsverein ein. Für die von der Entlassung betroffenen Arbeitnehmer kann in einem **Sozialplan** ein Gesamtbetrag von bis zu 21/ 2 Monatsverdiensten pro Arbeitnehmer vereinbart werden. Die Arbeitnehmer sind dann insoweit **Massegläubiger.** Jedoch darf der Gesamtbetrag aller Sozialplanforderungen ein Drittel der Insolvenzmasse nicht übersteigen (§ 123 InsO).

2. Aufrechnung

Auch im Insolvenzverfahren kann ein Gläubiger mit seiner Forderung gegen eine Forderung des Schuldners aufrechnen (§§ 387 ff. BGB). Die Aufrechnungslage muss aber bereits **bei Verfahrenseröffnung** bestanden haben (§ 94 InsO).

IV. Insolvenzanfechtung, Anfechtungsgesetz

Die Vorschriften über die Insolvenzanfechtung (§§ 129 ff. InsO) schließen systematisch an die oben erwähnten Vorschriften über Rechtshandlungen des Schuldners **nach** der Verfahrenseröffnung an. Sie erweitern den Schutz der Insolvenzgläubiger auf die **vor** der Eröffnung liegenden Fälle. Mit der Anfechtung nach § 142 BGB hat diese Anfechtung allerdings nichts zu tun. Sie führt nämlich nicht zur Nichtigkeit des Rechtsgeschäfts, sondern gibt dem Insolvenzverwalter nur einen **schuldrechtli-**

chen Anspruch auf Rückgewähr von bestimmten Leistungen, die normalerweise voll gültig wären, aber im Falle der Insolvenz als ungerechte Benachteiligung der Insolvenzgläubiger gewertet werden müssen (§§ 129, 143 InsO).

Die Literatur (nicht die InsO) unterscheidet zwischen der allgemeinen und der besonderen Anfechtung.

1. Allgemeine Anfechtung

Bei der **allgemeinen** Anfechtung handelt es sich um Anfechtungstatbestände, die nicht nur in der InsO, sondern auch im **Anfechtungsgesetz** (AnfG) – einer **wichtigen Ergänzung** zur InsO – geregelt sind. Das AnfG ermöglicht die Anfechtung von Rechtshandlungen **außerhalb** des Insolvenzverfahrens, wenn die Einzelvollstreckung fruchtlos verlaufen oder aussichtslos ist und ein Insolvenzverfahren mangels Masse nicht in Betracht kommt. Es gibt drei allgemeine Anfechtungstatbestände:

(1) **vorsätzliche Gläubigerbenachteiligung:** Rechtshandlungen aus den letzten **zehn Jahren** vor dem Eröffnungsantrag (§ 133 InsO, § 3 AnfG),

(2) **Unentgeltlichkeit:** unentgeltliche Leistungen aus den letzten **vier Jahren** (§ 134 InsO, § 4 AnfG),

(3) **kapitalersetzendes Darlehen:** Sicherheitsleistungen an den Gesellschafter in den letzten zehn Jahren oder Darlehensrückzahlungen in den letzten 12 Monaten (§ 135 InsO, § 6 AnfG). Bei der **stillen Gesellschaft** gibt es einen ähnlichen Anfechtungstatbestand, der aber auf die InsO beschränkt ist (§ 136 InsO).

2. Besondere Anfechtung

Die nur in der InsO geregelte **besondere** Anfechtung betrifft Rechtshandlungen, die in der Krise, d.h. in den letzten drei Monaten vor dem Eröffnungsantrag oder in den Tagen zwischen Antrag und Eröffnung, vorgenommen worden sind. Die besondere Anfechtung ist für die Praxis besonders bedeutsam, da in dieser Phase der Schuldner oft versucht, sich durch Verschleudern seiner Ware über Wasser zu halten, und mit Vorzug jene Gläubiger befriedigt, die am meisten „Druck" machen.

Man unterscheidet drei Tatbestände: die **kongruente** Deckung, die **inkongruente** Deckung und die **unmittelbar nachteilige Rechtshandlung.** Die konkrete Ausgestaltung dieser Tatbestände im Gesetz ist ein differenziertes Spiel mit Beweislastverteilungen (§§ 130–132 InsO. Nachlesen nur auf eigene Gefahr).

V. Der Gang des Verfahrens

1. Berichtstermin

Normalerweise ist der Berichtstermin die erste Gläubigerversammlung. Auf der Grundlage des Berichts des Insolvenzverwalters beschließen die Gläubiger über die konkrete **Verwertungsart** (Liquidation oder Sanierung oder übertragende Sanierung) und über den Verfahrensweg (Regelverfahren nach InsO oder Insolvenzplan, §§ 29 I Nr. 1, 156, 157 InsO). Die Gläubiger können auch anstelle des vom Gericht bestellten Verwalters einen anderen Verwalter wählen, dessen Bestellung das Gericht nur dann verweigern darf, wenn der Gewählte **ungeeignet** ist (§ 57 InsO). Außerdem können sie einen Gläubigerausschuss wählen (§ 68 InsO).

Nach dem Berichtstermin hat der Verwalter unverzüglich mit der Verwertung der Masse zu beginnen (§ 159 InsO). Die Art der Verwertung liegt grundsätzlich in seinem freien Ermessen, er ist aber an die Beschlüsse der Gläubigerversammlung gebunden (§ 157 InsO).

2. Prüfungstermin

Bereits im Eröffnungsbeschluss werden die Gläubiger aufgefordert, ihre Forderungen innerhalb einer bestimmten Frist (höchstens drei Monaten) beim Verwalter anzumelden (§§ 28, 174 InsO). Der Verwalter trägt jede angemeldete Forderung in eine Tabelle ein (§ 175 InsO). Nach Ablauf der Anmeldefrist erfolgt die Prüfung der angemeldeten Forderungen im **Prüfungstermin** (§ 176 InsO). Der Verwalter und jeder Insolvenzgläubiger können eine Forderung bestreiten – dann muss der Gläubiger gegen den Bestreitenden prozessieren (§ 179 InsO). Erfolgt **kein** Widerspruch, so gilt die Forderung als festgestellt (§ 178 InsO).

Versäumt – was häufig geschieht – ein Insolvenzgläubiger die Anmeldefrist, so verliert er nicht seine Forderung. Es können ihm aber zusätzliche Kosten entstehen (§ 177 InsO). Sehr verspätete Gläubiger können außerdem für die Schlussverteilung zu spät kommen und leer ausgehen.

3. Verteilung, Schlusstermin und Aufhebung des Verfahrens

Nach dem Prüfungstermin kann der Verwalter mit **Abschlagsverteilungen** beginnen, soft hinreichende Barmittel vorhanden sind (§ 87 InsO). Die **Schlussverteilung** erfolgt, sobald die Verwertung der Masse beendet ist (§ 196 InsO). Die abschließende Gläubigerversammlung ist der **Schlusstermin,** in dem vor allem die Schlussrechnung des Verwalters erörtert wird (§ 197 InsO).

Nach der Schlussverteilung beschließt das Gericht die Aufhebung des Verfahrens (§ 200 InsO). Damit erlangt der Schuldner sein Verfügungsrecht über sein Vermögen zurück, soweit es nicht verwertet worden ist.

VI. Die Restschuldbefreiung

Außerdem ist der Schuldner jetzt dem unbeschränkten Zugriff der Gläubiger ausgesetzt, es sei denn dass eine Restschuldbefreiung erfolgt – entweder nach den Vorschriften der InsO oder nach einem Insolvenzplan (§ 201 InsO).

Das gesetzliche Schuldbefreiungsverfahren liegt in den Händen des Gerichts und ist von der Zustimmung der Gläubiger unabhängig (§ 289 InsO). Der Schuldner muss eine **sechsjährige Wohlverhaltensperiode** einhalten, in der sein pfändbares Einkommen zwecks Verteilung an die Gläubiger einem vom Gericht bestimmten **Treuhänder** zufließt (§ 287 I, II InsO). Danach beschließt das Gericht die Befreiung (§§ 300 I, 301 I InsO).

VII. Der Insolvenzplan

Die Vorschriften über den Insolvenzplan (§§ 217 ff. InsO) lassen der Gläubigerautonomie einen breiten Raum. Der Plan kann die Verwertung und Restschuldbefreiung unter Abweichung von den Regelvorschriften der InsO vorsehen und als **Liquidationsplan, Sanierungsplan** oder **Übertragungsplan** ausgestattet werden.

Beteiligte sind auf der Gläubigerseite nur die Insolvenzgläubiger und die **absonderungsberechtigten Gläubiger** (§ 217 InsO). Die Aussonderungsberechtigten und die Massegläubiger sind nicht beteiligt, da der Plan nicht in ihre Rechte eingreift.

Der Plan besteht aus einem darstellenden und einem gestaltenden Teil (§ 219 InsO). Im **darstellenden Teil** wird beschrieben, welche Maßnahmen die Grundlage für die Gestaltung der Rechte der Beteiligten sein sollen (§ 220 InsO). Im **gestaltenden Teil** werden die konkreten Änderungen der einzelnen Rechtspositionen mitgeteilt, z.b. Teilerlass oder Stundung oder beides (§§ 221, 223, 224 InsO). Dabei gelten die Forderungen der **nachrangigen** Insolvenzgläubiger grundsätzlich als **erlassen** (sie würden ohnehin nichts bekommen, § 225 InsO). Die Gläubigergruppen können in Untergruppen mit verschiedenen Rechten aufgeteilt werden (z.B. in Großgläubiger mit Teilerlass und Kleingläubiger mit voller Befriedigung, § 222 II InsO).

Über den Plan entscheidet die Gläubigerversammlung im **Erörterungs- und Abstimmungstermin**. Dabei haben Gläubiger, die **volle Befriedigung** erhalten sollen (z.B. die erwähnten Kleingläubiger), kein Stimmrecht, da der Plan ihre Rechte nicht tangiert (§ 237 II). Das Abstimmungsverfahren ist etwas kompliziert. Grundsätzlich gilt Folgendes:

(1) In **allen** Gruppen muss eine Mehrheit nach Köpfen **und** nach Forderungsbeträgen zustande kommen (§ 244 I InsO).

(2) Allerdings gilt das **Obstruktionsverbot** (§ 245 InsO): Wenn nicht alle Gruppen, sondern nur die **meisten** Gruppen zustimmen, gilt der Plan trotzdem als angenommen, wenn die ablehnenden Gruppen durch den Plan im Ergebnis nicht schlechter stehen, als sie ohne Plan stünden. Das ist z.B. der Fall bei Gläubigern, die auf 90 % ihrer Forderungen verzichten sollen und auch im Regelverfahren nicht mehr als 10 % zu erwarten hätten.

(3) Auch der **Schuldner** muss dem Plan zustimmen, doch kann auch ihn das Obstruktionsverbot treffen (§ 247 InsO): Sein Widerspruch ist unbeachtlich, wenn auch er durch den Plan nicht schlechter gestellt wird, als er ohne Plan stünde.

Der Plan bedarf der Bestätigung durch das Gericht (§§ 248, 250 InsO), danach erfolgt die Aufhebung des Verfahrens (§ 258 InsO). Der Schuldner erlangt das Verfügungsrecht über die Masse zurück (§ 259 InsO). Sieht der Plan die Überwachung des Schuldners vor, so erfolgt diese durch den Verwalter (§ 260 InsO). Im Übrigen treten mit der Rechtskraft der Bestätigung alle im Plan vorgesehenen Wirkungen einschließlich der Restschuldbefreiung ein (§ 254 InsO).

VIII. Besondere Verfahrensgestaltungen

1. Eigenverwaltung

Auf Antrag des Schuldners kann das Gericht in geeigneten Fällen die Eigenverwaltung anordnen (§ 270 InsG). In diesem Falle behält der Schuldner das Verwaltungs- und Verfügungsrecht über die Masse und führt auch die Verwertung und Verteilung an die Gläubiger durch (§§ 282, 283 InsO). Er wird dabei von einem **Sachwalter** überwacht, den das Gericht bestellt (§ 274 InsO).

Die Eigenverwaltung verursacht weniger Kosten als das Regelverfahren; sie ist aber für die Gläubiger nicht ungefährlich.

2. Verbraucherinsolvenzverfahren und sonstige Kleinverfahren

Noch weniger aufwändig soll nach der Absicht des Gesetzgebers das Verbraucherinsolvenzverfahren sein, das an Stelle des Regelverfahrens **zwingend** vorgeschrieben ist, wenn der Schuldner keine selbständige wirtschaftliche Tätigkeit ausübt, also Arbeitnehmer oder Arbeitsloser ist. Gleiches gilt bei einem Schuldner, der eine selbständige wirtschaftliche Tätigkeit ausübt, wenn seine Vermögensverhältnisse überschaubar sind und gegen ihn keine Forderungen aus Arbeitsverhältnissen bestehen (§§ 304 ff. InsO). Auch hier stehen verfahrensmäßig zwei Wege offen. Welcher Weg beschritten wird, hängt davon ab, ob (auch) der **Schuldner** den Eröffnungsantrag stellt.

(1) Stellt (auch) der **Schuldner** den Antrag, so muss er durch eine Bescheinigung nachweisen, dass innerhalb des letzten Halbjahres eine außergerichtliche Einigung mit den Gläubigern über eine Schuldenbereinigung **erfolglos versucht** worden ist. Außerdem muss er ein **Vermögensverzeichnis** und einen **Schuldenbereinigungsplan** vorlegen (§ 305 InsO). Wird dieser Plan von den Gläubigern mehrheitlich angenommen, so bestehen die Ansprüche der Gläubiger nur noch nach Maßgabe des Plans.

(2) Wenn der Schuldenbereinigungsplan **nicht** angenommen wird oder der Eröffnungsantrag **nur** von der Gläubigerseite gestellt wird, kommt es zu einem **vereinfachten Insolvenzverfahren** unter Mitwirkung eines Treuhänders (§§ 311, 314 InsO). Auch das vereinfachte Insolvenzverfahren sieht eine Restschuldbefreiung vor. Anders als beim Schuldenbereinigungsplan, der einen sofortigen oder kurzfristigen Teilerlass vorsehen kann, gelten jedoch im vereinfachten Verfahren gem. § 314 III S. 1 InsO die Bestimmungen des **gesetzlichen** Restschuldbefreiungsverfahrens (sechs Jahre Wohlverhalten!).

Neunter Abschnitt:
Die juristische Klausurarbeit

§ 123. Die juristische Aufbautechnik

I. Die Aufgabenarten

In den Prüfungsklausuren kommen verschiedene Aufgabenarten vor, die man in technischer Hinsicht in drei Gruppen einteilen kann:

(1) Die Aufgabe kann darin bestehen, dass ein THEMA gestellt wird (z.B. „Der Eigentumsvorbehalt", „Möglichkeiten und Grenzen der Sicherungsübereignung", „Die Haftung des Warenherstellers gegenüber dem Verbraucher"). Die Bearbeitung eines solchen Themas erfolgt meist in der Weise, dass die Bearbeiter ihr ganzes Wissen über dieses Thema „abladen". Das ist eine reine Freude für diejenigen, die in dem konkreten Rechtsgebiet zufällig Bescheid wissen – und eine Katastrophe für alle anderen, da man hier mit seinem juristischen **Verständnis** nicht viel ausrichten kann. „Themen" sind deshalb in der privatrechtlichen Klausur **äußerst** selten, und das ist gut so.

(2) Weitaus häufiger wird ein FALL gestellt. Hier wirkt sich der Zufall viel weniger aus, denn wer etwas juristisches Verständnis besitzt, kann selbst bei einem ganz unbekannten Fall noch wenigstens „über die Runden" kommen. Man muss allerdings etwas von der juristischen **Aufbautechnik** verstehen, da man sonst nicht weiß, wie man den Fall anpacken soll.

(3) Eine dritte Gruppe bilden die EINZELFRAGEN. Sie können aus verschiedenen Rechtsgebieten stammen und haben dann den Nachteil, dass sie reine Wissensfragen sind. Meist knüpfen sie aber an einen praktischen Fall an, der zunächst mitgeteilt wird (Beispiel: „Ist das Eigentum übergegangen?", „Ist der Gesellschafter A an die Abstimmung gebunden?", „Kann S den Vertrag anfechten?", „Ist die Mängelrüge verspätet?"). In den letzteren Fällen handelt es sich praktisch um Falllösungen. Die einzelnen Fragen sollen nur den Aufbau erleichtern.

Bei der Vorbereitung auf die Klausur konzentriert man sich am besten auf die zweite Gruppe. Hat man die Aufbautechnik einer Falllösung erlernt, so gibt es auch bei den beiden anderen Aufgabenarten keine technischen Schwierigkeiten mehr.

II. Die drei Grundregeln

Die juristische Aufbautechnik ist nach unseren Erfahrungen viel leichter zu erlernen, als die meisten Studenten ahnen. Man muss einmal begriffen haben, dass im Grunde nur ein paar allgemeine Grundsätze wissenschaftlichen Arbeitens auf den besonderen Fall des Rechts angewendet werden. Wer die juristische Aufbautechnik beherrscht, hat deshalb auch immer einen Gewinn für die Arbeit in anderen Wissenschaftszweigen: Er hat gelernt, sich gedanklich zu disziplinieren, und kann besser beim Thema bleiben, außerdem hat er einen sicheren Blick für „Relevanz", d.h.

er kann leichter entscheiden, ob bestimmte Tatsachen oder Gedanken für eine bestimmte Fragestellung erheblich sind oder nicht.

Bei der juristischen Aufbautechnik sind vor allem drei Grundregeln zu beachten:

(1) Man muss den GUTACHTENSTIL anwenden. Das bedeutet:

    (a) Am **Anfang** gibt man an, was man überhaupt prüfen will.

    (b) Dann folgt die genaue Untersuchung.

    (c) Das Ergebnis steht am **Ende**.

    Diese Reihenfolge wird letztlich bei fast jeder wissenschaftlichen Untersuchung angewendet. Falsch wäre der sog. **Urteilstil,** bei dem das Ergebnis am **Anfang** steht und nachträglich begründet wird.

(2) Man muss das Gutachten SYSTEMATISCH aufbauen, d.h. man muss von bestimmten **Anspruchsgrundlagen** ausgehen, deren Voraussetzungen dann untersucht werden. Damit man keine Anspruchsgrundlage übersieht, benutzt man dabei zweckmäßigerweise ein **Anspruchsschema**. Falsch wäre der sog. HISTORISCHE Aufbau, bei dem alle im Sachverhalt erwähnten Ereignisse in chronologischer Reihenfolge auf ihre Rechtsfolgen hin untersucht werden. Solche Untersuchungen sind oft für das Ergebnis ohne jede praktische Bedeutung und deshalb unökonomisch.

(3) Die Prüfung der einzelnen Voraussetzungen einer Anspruchsnorm erfolgt im Wege der SUBSUMTION: Man stellt zunächst fest, welche Voraussetzungen die Anspruchsnorm hat, und prüft dann, ob jede einzelne Voraussetzung in dem zu beurteilenden Fall gegeben ist.

III. Die einzelnen Arbeitsgänge

Es ist zweckmäßig, die einzelnen Arbeitsgänge bei der Bearbeitung eines Falles in einer bestimmten Reihenfolge abzuwickeln. Jeder Arbeitsgang hat seine Eigenarten und seine Fehlerquellen.

Am besten gehen Sie folgendermaßen vor:

(1) Lesen Sie zunächst **langsam** den Aufgabentext durch, am besten **zweimal**. Machen Sie beim Lesen eine Zeichnung, in die Sie die abgekürzten Namen der **Personen** des Sachverhalts eintragen und mit Strichen verbinden. Unterstreichen Sie alle **Zeitangaben**. Beachten Sie die Fragestellung: WONACH IST GEFRAGT? Es lohnt sich, in diesen ersten Arbeitsgang etwas Zeit und Geduld zu investieren. Erfahrungsgemäß schleichen sich nämlich an dieser Stelle leicht die ersten Fehler ein, sei es, dass man den **Sachverhalt** falsch erfasst, z.B. Personen oder Zeitabläufe durcheinander bringt, sei es, dass man die **Fragestellung** nicht genau beachtet und Prüfungen anstellt, die außerhalb der Fragestellung liegen.

(2) Im zweiten Arbeitsgang entwickeln Sie Ihre LÖSUNGSSTRATEGIE. Sie gehen dabei von der Fragestellung aus:

    (a) Wird nach einem **bestimmten Anspruch** gefragt (z.B. „Kann A von B die Zahlung von 5000 Euro verlangen?"), so überlegen Sie, welches besondere

Anspruchsschema in Betracht kommt. Sie können sich die Auswahl des Schemas erleichtern, indem Sie vorweg prüfen, um welchen **Falltypus** es sich handelt.

Haben Sie den – sehr seltenen – Ausnahmefall vor sich, dass keines Ihrer Anspruchsschemata zu verwenden ist (z.B. einen Fall aus dem Firmenrecht), so müssen Sie sich **etwas mehr Zeit nehmen:** Sie überlegen zunächst, wo Vorschriften über diesen Fall im Gesetz stehen können, und benutzen dabei das Inhaltsverzeichnis und notfalls auch das Sachregister. Wenn Sie dann – nach mehr oder weniger langem Suchen – solche Vorschriften gefunden haben (z.B. in dem Firmenfall die §§ 17 ff. HGB), gehen Sie diese Vorschriften nacheinander **langsam** durch und notieren sich dabei die Paragraphen, die für Ihren Fall in die engere Wahl kommen. Werden Sie nicht nervös, wenn Sie die Anspruchsgrundlage nicht gleich finden: Es gibt Fälle, in denen die Anspruchsnorm der letzte Absatz des letzten Paragraphen des einschlägigen Sachgebiets ist: (In unserem Firmenfall ist es § 37 II HGB.)

(b) Manchmal ist die Fragestellung **allgemeiner:** „Welche Ansprüche hat A gegen B?" oder „Zu welchem Vorgehen ist dem A zu raten?". Dann müssen Sie zuerst die Vorfrage klären, welche **Ziele** den Interessen des A entsprechen, und anschließend für diese Ziele die entsprechende juristische Form finden (z.B. Anspruch auf Erfüllung, Schadensersatz, Rückerstattung, Herausgabe). Danach verfahren Sie wie unter a).

(c) Die dritte Art der Fragestellung ist ganz allgemein gefasst: „Wie ist die Rechtslage?" Streng genommen müssen Sie in einem solchen Falle die Ansprüche **aller gegen alle** prüfen. Allerdings können Sie auch hier eine Auswahl treffen.

Zunächst fallen alle Personen weg, die ganz **offensichtlich** keine Ansprüche haben. Außerdem können Sie sich, wenn die Zeit knapp ist, auf die **wirtschaftlich wichtigsten** Ansprüche beschränken. Wenn z.B. A den Installateur B mit Arbeiten in seiner Wohnung beauftragt und der Gehilfe des B bei der Ausführung der Arbeiten einen Spiegel des A infolge grober Unachtsamkeit zertrümmert, scheiden Ansprüche des Gehilfen von vornherein aus. Sie gliedern also

A.   Ansprüche des A

1.   gegen B

2.   gegen den Gehilfen des B

B.   Regressansprüche des B gegen seinen Gehilfen.

Ist die Zeit knapp, so lassen Sie die Regressansprüche des B weg und untersuchen nur die Ansprüche des A. Ist die Zeit noch knapper, so beschränken Sie sich auf die Ansprüche des A gegen B und lassen die Ansprüche gegen den Gehilfen weg, da diese wirtschaftlich nicht sehr bedeutsam sind.

Eine weitere Einschränkung kann sich aus dem **Zusammenhang der Aufgabenstellung** ergeben. Manchmal lautet die Aufgabe: „A verlangt von B Schadensersatz. Wie ist die Rechtslage?" Dann brauchen Sie nur die Schadensersatzansprüche des A gegen B zu untersuchen. Der Fragesatz über die „Rechtslage" ist eigentlich überflüssig. Manchmal findet sich die Frage nach der „Rechtslage" auch in einer **Fallvariante**. In der ersten Variante des Falles wird z. B. nach den Ansprüchen des A gegen B gefragt. Anschließend heißt es in Variante 2: „Wie ist die Rechtslage, wenn …" In diesem Falle ist die Fragestellung nicht eindeutig. Meist bezieht sie sich nur auf den in der ersten Variante angegebenen Anspruch. Manchmal ist aber aus dem Fall zu entnehmen, dass auch etwaige Gegenansprüche oder Regressansprüche im Sinne „alle gegen alle" zu untersuchen sind. Hier bleiben oft Unklarheiten. Versuchen Sie, die Unklarheiten durch eine Frage an den Aufsichtsführenden auszuräumen. Ist das nicht möglich, so müssen Sie sich entscheiden und Ihre Entscheidung in der Arbeit **kurz** begründen.

Wenn Sie einen Lösungsansatz gefunden haben, ist es wichtig, dass Sie die weitere Lösungsstrategie in Form einer GLIEDERUNG skizzieren, die später noch vervollständigt, notfalls auch abgeändert wird. Anfänger neigen dazu, das Verfahren in diesem Punkt abzukürzen: Sie schreiben die Lösung zunächst herunter, um schnell fertig zu werden, und „gliedern" später, indem sie nachträglich einige Ziffern vor den Text setzen. Das kann gut gehen. Meist geht es daneben, weil man infolge Fehlens einer Gesamtstrategie zu leicht in Ausführungen gerät, die für das Ergebnis ohne Bedeutung sind.

(3) Wenn Ihre Gliederung halbwegs ausführlich steht und Sie den Gedankengang Ihrer Lösung einigermaßen übersehen können, ist es Zeit für den ersten Satz Ihres Gutachtens. Falls Sie für die Lösung 3 Stunden oder weniger zur Verfügung haben, müssen Sie den Text gleich in REINSCHRIFT schreiben. Verschwenden Sie also nicht Ihre Zeit mit Fingerübungen, indem Sie Ihre Ausführungen zuerst in Stichworten niederlegen und danach „ins Reine" schreiben.

Im Reintext Ihres Gutachtens muss der erste Satz zugleich der OBERSATZ für Ihre weiteren Ausführungen sein: Es muss klar aus ihm hervorgehen, was im Folgenden untersucht wird, insbesondere muss die **Anspruchsgrundlage** erwähnt werden. Am besten geben Sie im ersten Satz gleich an, WER VON WEM WAS WORAUS verlangt, z. B. „Der Anspruch des A gegen den B auf Schadensersatz für den zerbrochenen Spiegel könnte aus einer positiven Forderungsverletzung nach §§ 280 I, 241 II BGB begründet sein".

Untersuchen Sie dann im Wege der **Subsumtion**, ob die Voraussetzungen der Anspruchsnorm gegeben sind. Gehen Sie dabei **gründlich** vor, und erwähnen Sie **jede einzelne Voraussetzung!**

Halten Sie den **Gutachtenstil** ein: Beginnen Sie mit dem **möglicherweise** gegebenen Anspruch, untersuchen Sie dessen Voraussetzungen und bringen Sie das Ergebnis am **Ende**. Den **Urteilstil** dürfen Sie ausnahmsweise verwenden, wenn das Ergebnis offensichtlich ist und Sie sich kurz fassen wollen: Sie stellen das Ergebnis kurz fest und begründen es im Nebensatz.

Achten Sie während des Schreibens darauf, dass Sie **beim Thema bleiben**. Im Idealfall muss Sie jeder Satz dem Ergebnis ein Stück näher bringen! Setzen Sie vor jede neue Anspruchsgrundlage eine Zahl. Machen Sie möglichst viele **Ab-**

sätze, um die Übersichtlichkeit zu erleichtern. Schreiben Sie **leserlich.** Sie sammeln auf diese Weise Pluspunkte, die sich günstig auf die Gesamtbeurteilung auswirken.

(4) Wenn Sie mit der Lösung fertig sind und Ihnen noch einige Minuten bis zur Abgabe zur Verfügung stehen, können Sie nochmals Pluspunkte sammeln: Sie lesen Ihre Arbeit noch einmal langsam durch und korrigieren kleine Flüchtigkeitsfehler (Interpunktion!).

IV. Schwerpunktbildung

Wenn Sie mit Ihrer Klausur nicht nur „über die Runden" kommen, sondern auch eine anständige Note erzielen wollen, ist es ratsam, die einzelnen Anspruchsgrundlagen nicht mit der gleichen Ausführlichkeit zu prüfen, sondern SCHWERPUNKTE je nach Lage des Falles zu bilden. Beachten Sie dabei die folgenden Regeln:

(1) Was besonders **schwierig** ist, wird ausführlich behandelt und besonders eingehend begründet. Die ausführliche und verständige Würdigung des „Problems der Arbeit" ist in der Prüfung wichtiger als das Ergebnis, das vielleicht richtig ist, aber nur infolge der „Verkennung des Problems" erzielt wurde.

(2) Was **unproblematisch** ist und sich ohne weiteres aus dem Gesetz ergibt, wird **kurz** behandelt. Öden Sie nie den Prüfer durch langatmige Ausführungen über Selbstverständlichkeiten an! Sie sollen nicht um jeden Preis Ihr Wissen abladen, sondern einen Fall zügig lösen.

(3) Anspruchsgrundlagen, die in einem Falle **ganz abwegig** wären, werden überhaupt nicht erwähnt. Versuchen Sie nicht, Ihr Anspruchsschema ohne Rücksicht auf die Eigenart des Falles herunterzuleiern!

V. Die beiden Klippen

Noch ein Wort zur Psychologie des Klausurschreibens. In einer Prüfungsklausur gibt es vor allem zwei Klippen, die man von vornherein kennen und einkalkulieren muss, damit sie einem nicht gefährlich werden.

1. Die erste Klippe

Die erste Klippe liegt gleich am Anfang. Man liest die Aufgabe, bekommt einen Schreck, weil man seine schlimmsten Befürchtungen noch übertroffen sieht, und denkt: „Aus. Erledigt." Mit einem solchen Unglücksfall muss **jeder,** auch der gut vorbereitete Student, rechnen, denn niemand geht mit einem lückenlosen Wissen in die Prüfung. Man kann aber auch in **dieser** Situation noch eine Menge tun. Zunächst: Vergeuden Sie **keinen Augenblick** mit destruktiven Phantasien wie „Hätte ich doch …" – **jeder** Student „hätte"! Wenn Sie sehr aufgeregt oder niedergeschlagen sind, atmen Sie erst ein paar Mal ruhig durch und entspannen Sie sich. **Dann** lesen Sie den ganzen Fall noch einmal **langsam** durch und überlegen, wo im Gesetz etwas über diesen Fall stehen **könnte.** Dabei benutzen Sie das Inhaltsverzeichnis und das Sachregister. Haben Sie nichts gefunden, so denken Sie an das Anspruchsschema und überlegen Sie, an welcher Stelle man vielleicht ansetzen könnte. Eines von beiden hilft FAST IMMER! Hilft es nicht beim ersten Mal, so **wiederholen** Sie das Ganze. Also: ein paar Mal ruhig durchatmen, entspannen, und dann überlegen … **Aufgeben** dürfen Sie auf keinen Fall vor Ablauf von 1 1/2 Stunden! Sonst kann es passieren, dass Ihnen vor der Tür des Prüfungssaals plötzlich die „Erleuchtung" kommt – und dann stehen Sie da mit Ihren Selbstvorwürfen und Ihrer depressiven Verstimmung!

2. Die zweite Klippe

Die zweite Klippe ist seltener, aber besonders heimtückisch. Sie liegt in der zweiten Hälfte oder im letzten Viertel der Bearbeitungszeit: Mitten im Schreiben beschleicht einen plötzlich der Gedanke, dass man die ganze Aufgabe falsch angepackt hat. In diesem Falle kommt häufig der Impuls, alles schnell beiseite zu schieben und noch einmal von vorn anzufangen. Vorsicht! Prüfen Sie zunächst einmal – notfalls nach Durchatmen und Entspannung – ob dieser neue Gedanke überhaupt **richtig** ist, und seien Sie dabei kritisch! In der Hälfte aller Fälle handelt es sich nämlich um eine verrückte Idee! Ist der Gedanke berechtigt, so sehen Sie auf die Uhr und überlegen Sie ganz realistisch, was besser ist: eine neue Lösung anzufangen oder – falls die Zeit zu weit fortgeschritten ist – die alte Lösung **zuerst** zu Ende zu bringen und in einem kurzen Zusatz zu vermerken:

„Der Verfasser hat nachträglich gegen die obige Entscheidung, dass …, Bedenken, da …" Das ist immer noch besser als die Abgabe von zwei halbfertigen Lösungen am Ende der Klausurzeit.

§ 124. Zusammenstellung der Falltypen und Klausurschemata

Die Aufbau- und Prüfungsschemata, die Sie in diesem Buch finden, haben eine doppelte Funktion: Sie sind stark gestraffte Zusammenfassungen der Hauptgebiete und dienen insoweit der **Wiederholung**, außerdem geben sie Hilfen für die **Fallbearbeitung**. Zur weiteren Erleichterung der Fallbearbeitung haben wir **Falltypen** aufgestellt und diesen Typen die einzelnen Aufbauschemata zugeordnet.

In dem folgenden § 125 finden Sie ein großes Grundschema, das die meisten Einzelschemata systematisch zusammenfasst.

I. Die vom Grundschema erfassten Schemata

Folgende Falltypen und Schemata werden von dem Grundschema erfasst:

(1) alle Fälle mit Schwerpunkt im **Schuldrecht** (und Allgemeinen Teil des BGB, ausführliche Übersicht oben § 56 III), nämlich die Falltypen

    (a) **Erfüllung eines Vertrags** (Primäransprüche) mit den Untertypen

        (aa) Zustandekommen des Vertrags,

        (bb) Befreiung des Schuldners von seiner Leistungspflicht,

        (cc) Befreiung des Gläubigers von seiner Gegenleistungspflicht

    (b) **Schadensersatz und andere Sekundäransprüche,**

(2) von den Fällen mit Schwerpunkt im **Sachenrecht** (und Allgemeinen Teil, Übersicht oben § 78)

   (a) **Herausgabe einer konkreten Sache,**

   (b) **Abwehransprüche** (§ 79).

II. Die vom Grundschema nicht erfassten Schemata

Drei Sonderschemata sind in das Grundschema nicht aufgenommen worden:

(1) **Rechtsbehelfe Dritter in der Zwangsvollstreckung und im Insolvenzverfahren** (oben § 69). Dieses Schema mit Schwerpunkt im Sachenrecht baut auf Vorschriften der ZPO und der InsO auf, deren Kenntnis nicht an allen Hochschulen erwartet wird.

(2) **Haftung für Verbindlichkeiten Dritter** (unten § 126). Dieses sehr wichtige Sonderschema erfasst die Fälle der

   (a) Haftung kraft Vertrages (Bürgschaft und ähnliche Verträge),

   (b) Haftung kraft Gesetzes (die wichtigsten Haftungsvorschriften des Handels- und Gesellschaftsrechts).

(3) **Der Fall im Wechselrecht** (oben § 99).

§ 125. Das große Grundschema

Das folgende große Grundschema stellt einen Extrakt der besonders prüfungsrelevanten Teile dieses Buches dar, es kann deshalb zur **Generalwiederholung** vor der Prüfung benutzt werden. Da es gleichzeitig die meisten in diesem Buch dargestellten Aufbauschemata in einem großen integrierten System vereinigt, kann es außerdem als **Generalhilfe zur Fallbearbeitung** verwendet werden. Ergänzend sind die drei oben § 124 II erwähnten Sonderschemata heranzuziehen.

Das Grundschema hat einen viergliedrigen Aufbau:

(I) Vertragliche und vertragsähnliche Ansprüche

A. Vorprüfung: Zustandekommen eines Vertrags

B. Vertragliche Ansprüche
   (A) Primäransprüche (Gegennormen wegen Nichterfüllung)
   (B) Sekundäransprüche wegen der Leistungsstörungen:
      1. Unmöglichkeit
      2. Leistungsverzögerung und Verzug
      3. positive Forderungsverletzung
      4. Mangel[1]

---

[1] Das Gesetz kenn die Mängelhaftung beim Kauf (§§ 434 ff.) und beim Mietvertrag (§§ 536 ff.). Außerdem gibt es den Werkmangel beim Werkvertrag (§§ 633 ff.) und den Reisemangel beim Reisevertrag (§ 651 c ff.). In diesem Buch wird nur die Mängelhaftung beim Kauf und beim Werkvertrag behandelt.

C. Vertragsähnliche Ansprüche
  1. Vertragsverhandlung (culpa in contrahendo)
  2. Geschäftsführung ohne Auftrag

(II) Ansprüche aus Eigentum

1. Der Herausgabeanspruch aus § 985[2]

2. Der Abwehranspruch aus § 1004

(III) Ansprüche aus unerlaubter Handlung und Gefährdungshaftung

A. Unerlaubte Handlung

B. Gefährdungshaftung
  1. Kraftfahrzeughalter
  2. Tierhalter
  3. Hersteller

(IV) Ansprüche aus ungerechtfertigter Bereicherung

1. Die beiden Alternativen des § 812 I S. 1

2. Der Sondertatbestand § 816

Bitte prägen Sie sich diesen Aufbau gut ein, ehe Sie die Einzelheiten des Grundschemas durcharbeiten. Der Aufbau gibt gleichzeitig die **Reihenfolge** an, die man bei der Prüfung der einzelnen Ansprüche einhalten muss.

Nun die Einzelheiten:

I. Vertragliche und vertragsähnliche Ansprüche

Die vertraglichen und vertragsähnlichen Ansprüche sind zuerst zu untersuchen.

A. Vorprüfung. Zustandekommen eines Vertrages

Jede vertragliche Anspruchsnorm setzt voraus, dass ein wirksamer Vertrag vorliegt. Steht diese Voraussetzung außer Zweifel, so kann man sich mit einer kurzen Feststellung begnügen. Nur wenn der Fall **besondere Veranlassung** gibt, muss dieser Punkt eingehender behandelt werden. Die Hauptfragen sind:

(1) Liegt überhaupt KONSENS vor, d.h. haben sich die Parteien durch einander entsprechende Erklärungen (Angebot und Annahme) **objektiv** geeinigt?

  (a) Erklärungen müssen wirksam **abgegeben**, verkörperte Erklärungen müssen **zugegangen** sein (§ 130. Ausnahme: § 151).

  (b) **Schweigen** auf ein Vertragsangebot ist grundsätzlich **keine** Annahme (wichtigste Ausnahme: Schweigen auf ein Bestätigungsschreiben unter Kaufleuten).

  (c) Bei unklaren Äußerungen ist **Auslegung** erforderlich (§§ 133, 157). Auslegung geht vom **Empfängerhorizont** aus.

---

[2] Juristen müssen an dieser Stelle die in diesem Buch nicht behandelten weiteren Vorschriften über das Verhältnis zwischen Eigentümer und Besitzer einfügen (§§ 987–1003).

(d) Unklare Äußerungen und irrtümlich falsche Bezeichnungen schaden nicht, wenn die Parteien sich trotzdem verständigt haben und im Willen einig sind. Es gilt dann das Gewollte (sog. falsa demonstratio).

(2) Ist der vereinbarte Vertrag INHALTLICH ZULÄSSIG? Nichtigkeit oder Teilnichtigkeit (§ 139 beachten) kann sich ergeben durch

(a) Verstoß gegen **zwingendes** Recht,

(b) Verstoß gegen **gesetzliches Verbot** (§ 134),

(c) Verstoß gegen die **guten Sitten** (§ 138).

(d) Verstoß gegen die Vorschriften über AGB (Definition § 305 I). Geltung der AGB setzt **Einbeziehungsvereinbarung** voraus (§ 305 II). **Inhaltskontrolle** erfolgt durch § 309 (Verbotskatalog ohne Wertungsmöglichkeit), § 308 (Verbotskatalog mit Wertungsmöglichkeit) und § 307 (Generalklausel) – **in dieser Reihenfolge.** Ist die andere Partei ein Unternehmer (§ 15) oder eine juristische Person des öffentlichen Rechts, so gelten nicht die Vorschriften über die Einbeziehungsvereinbarung und die beiden Verbotskataloge § 310 I S. 1), wohl aber gilt die Generalklausel § 307. Nichtigkeit von einzelnen Klauseln lässt die Gültigkeit des übrigen Vertrags unberührt, § 306 I ist insoweit Sonderregel zu § 139 BGB.

(3) Sind etwaige FORMVORSCHRIFTEN beachtet? Das Gesetz kennt 5 gesetzliche Formen: Schriftform, elektronische Form, Textform, notarielle Beglaubigung, notarielle Beurkundung (§§ 126–129). Bei Verstoß gegen gesetzliche Formvorschrift ist Rechtsgeschäft nichtig (§ 125). Allerdings ist zu beachten:

(a) **Kaufleute** (und Scheinvollkaufleute) sind bei der Bürgschaftserklärung, dem abstrakten Schuldversprechen und Schuldanerkenntnis auch ohne Schriftform gebunden (§ 350 HGB).

(b) Formmangel kann in einigen Fällen **durch Erfüllung geheilt** werden (§§ 313 S. 2, 518 II, 766 S. 2).

(c) Berufung auf Formmangel kann in Ausnahmefällen gegen **Treu und Glauben** verstoßen (z. B. wegen venire contra factum proprium).

(4) Ist einer der Vertragschließenden NICHT VOLL GESCHÄFTSFÄHIG?

(a) Die Erklärung eines **Geschäftsunfähigen** ist unheilbar nichtig, er muss deshalb **immer** vertreten werden (§§ 105 I, 104). Ausnahme: § 105 a.

(b) Die Erklärung eines **beschränkt Geschäftsfähigen** oder eines Betreuten mit Einwilligungsvorbehalt ist wirksam, wenn sie ihm lediglich einen **rechtlichen** (nicht nur wirtschaftlichen) Vorteil bringt, andernfalls ist sie genehmigungsbedürftig (§§ 107, 106, 1903 III).

(c) Bei Minderjährigen und Betreuten mit Einwilligungsvorbehalt sind stets die §§ 1821, 1822, 1643, 1908i I zu beachten (Genehmigung durch das **Vormundschaftsgericht**). Bei Rechtsgeschäften der Eltern mit ihren Kindern muss außerdem wegen § 181 **Ergänzungspfleger** bestellt werden, falls die Kinder nicht nur einen rechtlichen Vorteil erlangen.

(5) Falls ein VERTRETER am Vertragsschluss teilgenommen hat:

    (a) Ist Vertreter gem. § 164 I S. 1 **im fremden Namen** aufgetreten? (sonst gilt § 164 II).

    (b) Hatte Vertreter **Vertretungsmacht** (§ 164 I S. 1)? Hat er die **Grenzen** seiner Vertretungsmacht eingehalten? (Sonst gelten §§ 177 I, 179.) Gegebenenfalls Scheinvollmacht und § 15 HGB prüfen!

    (c) Liegt **Selbstkontrahieren** vor? (§ 181).

        (aa) Selbstkontrahieren ist nach § 181 zulässig bei Gestattung durch den Vertretenen und bei Erfüllung einer Verbindlichkeit.

        (bb) Selbstkontrahieren ist außerdem nach der Rechtsprechung zulässig bei Geschäften, die dem Vertretenen lediglich einen rechtlichen Vorteil bringen, und bei Beschlüssen in einer Gesellschaft.

(6) Ist der Vertrag ANGEFOCHTEN worden (§ 142 I)? Die wichtigsten Anfechtungsgründe sind

    (a) **Irrtum** gem. § 119 I: Die Erklärung weicht vom Geschäftswillen ab; der Erklärende erklärt, was er nicht will.

    (b) **Täuschung und Drohung** (§ 123). Anfechtbar sind **alle** auf Täuschung oder Drohung zurückzuführenden Rechtsgeschäfte (auch die abstrakten Rechtsgeschäfte!).

Die Anfechtung hat rückwirkende Kraft (§ 142 I), außer bei Arbeitsverhältnissen und Gesellschaftsverträgen (sog. fehlerhafte Verhältnisse).

B. Vertragliche Ansprüche

Die Rechte und Pflichten aus dem Vertrag bestehen grundsätzlich **nur zwischen den Vertragspartnern.** Es kann sich aber aus den Umständen, insbesondere aus dem Zweck des Vertrages, ergeben, dass ein **Dritter** Rechte aus dem Vertrag hat (Vertrag zugunsten Dritter, § 328). Der Dritte kann aus dem Vertrag einen selbständigen Anspruch gegen den Schuldner auf Erfüllung der **Leistungspflichten** haben (echter Vertrag zu Gunsten Dritter). Es kann sich auch aus dem Vertrag ergeben, dass dem Dritten gegenüber nur die in § 241 II geregelten **Schutzpflichten** zu beachten sind, deren schuldhafte Verletzung zur Haftung aus positiver Forderungsverletzung führt (Vertrag mit Schutzwirkung für Dritte).

Der Vertrag ist primär auf Erfüllung der vertraglichen Primärpflichten gerichtet. Das Zurückbleiben des Schuldners hinter einer Pflicht ist eine Pflichtverletzung. Nach dem Dreiphasenmodell kann man unterscheiden:

(1) Im Normalfall bewegen sich Schuldner und Gläubiger nur in der **Phase der Erfüllung der Primärleistungspflicht:** Der Schuldner bewirkt die geschuldete Leistung, und die Pflicht erlischt durch Erfüllung (§ 362 I). Schon in dieser Phase kann es allerdings zu Schutzpflichtverletzungen mit der Folge der Pflicht zum Schadensersatz **neben** der Leistung kommen (§ 280 I).

(2) Ist die Leistung nicht oder nicht wie geschuldet erbracht, aber **nachholbar,** so tritt das Schuldverhältnis in die **Phase der nachgeholten Erfüllung** ein. Typisch für diese Phase sind das Fortbestehen der Leistungspflicht (Nacherfül-

lungspflicht) und (bei Vertretenmüssen) Ansprüche auf Schadensersatz **neben** der Leistung.

(3) Die **Phase der endgültigen Nichterfüllung** ist dadurch gekennzeichnet, dass die Leistung (Nacherfüllung) **nicht oder nicht mehr nachholbar oder nicht mehr zumutbar** ist. Der Gläubiger kann deshalb zurücktreten (außer wenn er selbst für die Pflichtverletzung verantwortlich ist) und (bei Vertretenmüssen des Schuldners) Schadensersatz **statt** der Leistung oder Aufwendungsersatz verlangen (§§ 280 III, 284).

(A) Primäransprüche

Die **Anspruchsnorm** für den vertraglichen Primäranspruch steht normalerweise im Besonderen Teil des Schuldrechts und ist dort meist der unter einem „Titel" oder „Untertitel" zuerst aufgeführte Paragraph (z.B. § 433 I oder § 433 II). Handelt es sich ausnahmsweise um einen im Gesetz nicht geregelten Fall (Gestaltungsfreiheit!), so kann man auf die allgemeine Anspruchsnorm § 241 I zurückgreifen.

Die Wirkung der Anspruchsnorm kann durch eine **Gegennorm** eingeschränkt oder aufgehoben werden, weil beim Schuldner eine Störung vorliegt, die zur Befreiung von einer Leistungspflicht führt.

(1) In Betracht kommt zunächst die Befreiung des **Schuldners** (des einen Teils) von einer Pflicht, nämlich

   (a) die Befreiung von seiner **primären Leistungspflicht** wegen Unmöglichkeit oder Unzumutbarkeit seiner Leistung nach § 275 I-III,

   (b) die Befreiung von seiner **Nacherfüllungspflicht** (bei einem Mangel) wegen Unmöglichkeit oder Unzumutbarkeit seiner Nacherfüllung nach §§ 275 I-III, 439 III, 635 III.

   (c) die Befreiung von seiner **primären Leistungspflicht** wegen übermäßiger **Erschwerung** der Leistung, d.h. wegen Störung der Geschäftsgrundlage nach § 313.

(2) Beim gegenseitigen Vertrag kann die Befreiung des Schuldners auch zur Befreiung des **Gläubigers** (des anderen Teils) von seiner Gegenleistungspflicht führen,

   (a) wenn die Erfüllung oder Nacherfüllung durch den Schuldner noch nicht bewirkt, aber **möglich** ist, hat der Gläubiger die Einrede des nichterfüllten Vertrags (§§ 320, 322).

   (b) Ist die Erfüllung bzw. Nacherfüllung dem Schuldner **unmöglich** oder **unzumutbar**, so ist zu unterscheiden:

     (aa) Bei Unmöglichkeit oder Unzumutbarkeit der **Leistung** (§ 275 I-III) wird der Gläubiger (der andere Teil) **automatisch** von seiner Gegenleistungspflicht befreit (§ 326 I S. 1), es sei denn, dass die Gegenleistungsgefahr (Vergütungsgefahr) bereits auf ihn übergegangen ist (durch Übergabe, §§ 446, 447 oder Annahmeverzug § 326 II S. 1)

     (bb) Bei Unmöglichkeit oder Unzumutbarkeit der **Nacherfüllung** (§§ 275 I-III, 439 III, 635 III) kann der Gläubiger (der andere Teil) **nicht** die Sache einfach behalten und die Gegenleistung verweigern. Er muss sich **entscheiden**: Rücktritt, Minderung, Schadensersatz statt der Leistung.

(B) Die einzelnen Pflichtverletzungen

1. Unmöglichkeit

Die Leistung ist nicht erbracht und nicht nachholbar. Es gibt deshalb keine Phase der nachgeholten Erfüllung.

Das Gesetz unterscheidet drei Arten:

(1) wirkliche Unmöglichkeit (§ 275 I),

(2) faktische Unmöglichkeit (§ 275 II, abzugrenzen von der wirtschaftlichen Unmöglichkeit, einer Störung der Geschäftsgrundlage, § 313),

(3) persönliche Unzumutbarkeit (§ 275 III).

In dem Fall des § 275 I entfällt die Leistungspflicht automatisch (Einwendung); in den Fällen des § 275 II, III hat der Schuldner ein Leistungsverweigerungsrecht (Einrede). Die Leistungsbefreiung tritt auch dann ein, wenn der Schuldner die Pflichtverletzung zu vertreten hat.

a) Rechte des Gläubigers

Unter dem Gesichtspunkt des Vertretenmüssens sieht das Gesetz drei Möglichkeiten vor.

(1) Hat der **Schuldner** die Unmöglichkeit zu vertreten, so kann der Gläubiger wählen:

    (a) Er kann vom Vertrag zurücktreten (§ 326 V) oder sich nur auf § 326 I S. 1 berufen, wonach er automatisch von seiner Gegenleistungspflicht befreit ist.

    (b) Er kann **außerdem** Schadensersatz statt der Leistung verlangen (§§ 280 I, III, 283 bei nachträglicher Unmöglichkeit, § 311 a II bei anfänglicher Unmöglichkeit).

    (c) Er kann an Stelle von Schadensersatz statt der Leistung den Ersatz vergeblicher Aufwendungen verlangen (§ 284).

    (d) Er kann außerdem Herausgabe des Surrogats verlangen, muss dann aber eine entsprechende Minderung seines Ersatzanspruchs hinnehmen (§ 285).

(2) Hat **keiner** von beiden die Unmöglichkeit zu vertreten, so hat der Gläubiger keinen Anspruch auf Schadensersatz oder Aufwendungsersatz. Er hat noch folgende Wahl:

Er kann vom Vertrag zurücktreten (§ 326 V) oder sich nur auf § 326 I S. 1 berufen. Beide Rechte entfallen, wenn die Unmöglichkeit eingetreten ist nach Übergang der Vergütungsgefahr (Gegenleistungsgefahr) auf den Gläubiger infolge von

    (a) Annahmeverzug des Gläubigers (§§ 326 II S. 1, 326 V, 323 VI, 446 I S. 1, 3).

    (b) Übergabe der Sache beim Kauf (§ 446).

    (c) Übergabe an Transportperson beim Versendungskauf (§ 447).

    Dies gilt nicht beim Verbrauchsgüterkauf (§ 474 II).

Der Gläubiger kann die Herausgabe eines Surrogats nach § 285 verlangen, bleibt dann allerdings zu einer dem Wert des Surrogats entsprechenden Gegenleistung verpflichtet (§ 326 III)

(3) Ist der **Gläubiger** für die Unmöglichkeit allein oder weit überwiegend verantwortlich, so hat er weder einen Ersatzanspruch noch ein Rücktrittsrecht noch einen Anspruch auf das Surrogat und wird auch nicht von seiner Gegenleistungspflicht befreit. Für den Ersatzanspruch ergibt sich diese Rechtsfolge aus § 254 (sehr hoher Grad von Mitverschulden), für das Rücktrittsrecht und die Befreiung von der Gegenleistung aus §§ 326 II, V, 323 VI.

2. Leistungsverzögerung und Verzug

Die Leistung ist trotz Fälligkeit nicht erbracht, aber **nachholbar**. Es kommt deshalb eine Phase der nachgeholten Erfüllung in Betracht.

a) Rechte des Gläubigers in der Phase der nachgeholten Erfüllung

Ist die Leistung **verzögert,** so bleibt der Leistungsanspruch bestehen. Liegen die zusätzlichen Voraussetzungen für den **Verzug** vor, so kann der Gläubiger neben der Leistung Ersatz seines Verzögerungsschadens (§§ 280 I, II, 286), bei Geldforderungen als Mindestschaden 5 % (bzw. 8 %) über dem Basiszinssatz verlangen (§ 288).

Verzug setzt **zusätzliches** Vertretenmüssen der Nichtleistung und eine Mahnung voraus (§ 286 I, IV).

Die Mahnung ist entbehrlich bei

(1) Bestimmung der Leistungszeit nach dem Kalender oder nach einem Ereignis (§ 286 II Nr. 1, 2),

(2) ernsthafter und endgültiger Verweigerung durch den Schuldner (§ 286 II Nr. 3),

(3) besonderen Gründen (§ 286 II Nr. 4),

(4) 30 Tagen nach Rechnung bei Entgeltforderungen (§ 286 III).

b) Rechte des Gläubigers in der Phase der endgültigen Nichterfüllung

Diese Phase setzt nicht Verzug, aber zusätzlich zur Verzögerung eine vergebliche **Nachfristsetzung** voraus. Die Fristsetzung ist entbehrlich bei

(1) ernsthafter und endgültiger Erfüllungsverweigerung (§§ 323 II Nr. 1, 2, 281 II) oder

(2) (relativem) Fixgeschäft oder sonstigen besonderen Umständen (§§ 323 II Nr. 2, 3, 281 II).

Auch hier sieht das Gesetz unter dem Gesichtspunkt des Vertretenmüssens drei Möglichkeiten vor.

(1) Hat der **Schuldner** die Nichtleistung zu vertreten, so kann der Gläubiger nicht nur vom Vertrag zurücktreten (§ 323), sondern außerdem auch Schadensersatz **statt** der Leistung (§§ 280 I, III, 281) oder Ersatz vergeblicher Aufwendungen verlangen (§ 284).

(2) Hat **keiner von beiden** die Nichtleistung zu vertreten, so hat der Gläubiger keinen Anspruch auf Schadensersatz oder Aufwendungsersatz. Er kann aber vom Vertrag zurücktreten (§ 323).

(3) Ist der **Gläubiger** für die Nichtleistung allein oder weit überwiegend verantwortlich oder hat er sich beim Eintritt des entscheidenden Umstands im Annahmeverzug befunden, so hat er keine **Ersatzansprüche** (§ 254) und kein Rücktrittsrecht (§ 323 VI).

c) Absolutes Fixgeschäft

Ist die Leistungszeit so entscheidend, dass bei einer Verzögerung die Leistung nicht mehr nachholbar ist, so gelten die Regeln über die Unmöglichkeit.

3. Positive Forderungsverletzung (Schutzpflichtverletzung)

Verletzung einer Schutzpflicht nach § 241 II. Sie kann in jeder Phase des Schuldverhältnisses auftreten.

a) Schadensersatz neben der Leistung

Der Anspruch auf Schadenersatz neben der Leistung gem. §§ 280 I, 241 II setzt voraus: Schuldverhältnis, Schutzpflicht nach § 241 II, Verletzung, Vertretenmüssen (§ 280 I S. 2, wird vermutet).

b) Rechte des Gläubigers in der Phase der endgültigen Nichterfüllung

Ausnahmsweise bringt die Pflichtverletzung das Schuldverhältnis in die Phase der endgültigen Nichterfüllung, wenn dem Gläubiger die Leistung **nicht mehr zumutbar** ist (wegen der Schwere der Pflichtverletzung oder wegen Wiederholungen trotz Abmahnung). Es ist auch hier zu unterscheiden:

(1) Hat der **Schuldner** die Schutzpflichtverletzung(en) zu vertreten, so kann der Gläubiger nicht nur zurücktreten (§ 324), sondern außerdem auch Schadensersatz **statt** der Leistung oder Aufwendungsersatz verlangen (§§ 282, 284).

(2) Hat **keiner** von beiden die Pflichtverletzung(en) zu vertreten, so hat der Gläubiger keinen Anspruch auf Schadensersatz oder Aufwendungsersatz. Er kann aber zurücktreten (§ 324).

(3) Ist der **Gläubiger** für die Pflichtverletzung(en) allein oder weit überwiegend verantwortlich, so kann er nicht zurücktreten, da die Leistung für ihn **zumutbar** ist (Eine Parallele zu §§ 323 VI, 326 II S. 1 fehlt in § 324). Er hat auch keinen Anspruch auf Schadensersatz oder Aufwendungsersatz (§ 254).

4. Mängelhaftung beim Kauf

Die Verletzung der primären Leistungspflicht, die Sache dem Käufer frei von Sach- und Rechtsmängeln zu verschaffen (§ 433 I S. 2), führt grundsätzlich zunächst zu einer **Nacherfüllungspflicht**. Ist die Nacherfüllung **möglich,** kann das Schuldverhältnis in die Phase der Nacherfüllung (nachgeholten Erfüllung) eintreten. Ist die Nacherfüllung **unmöglich,** so geht das Schuldverhältnis sogleich in die Phase der endgültigen Nichterfüllung über.

a) Gefahrübergang, Sach- und Rechtsmangel

Maßgebender Zeitpunkt ist der Übergang der Vergütungsgefahr (Gegenleistungsgefahr) auf den Käufer durch Übergabe (§ 446 I S. 1), Annahmeverzug des Käufers (§ 446 I S. 3), Übergabe an die Transportperson beim Versendungskauf (§ 447, der gem. § 474 II nicht beim Verbrauchsgüterkauf gilt).

(1) Die Sache hat einen **Sachmangel,** wenn sie nicht die vertragsmäßige Beschaffenheit i.S.v. § 434 I hat (vereinbarte Beschaffenheit oder Eignung für vertraglich vorausgesetzte oder gewöhnliche Verwendung). Sachmängel sind auch mangelhafte Montagen oder Montageanleitungen sowie Falsch- und Zuweniglieferungen (§ 434 II, III).

(2) Die Sache hat einen **Rechtsmangel,** wenn Dritte dingliche (sachenrechtliche) oder obligatorische (schuldrechtliche) oder öffentliche Rechte in Bezug auf die Sache haben (§§ 434, 435).

Ist die Sache mangelhaft, so bestimmen sich die Rechte des Käufers gem. § 437 nach den allgemeinen Regeln über die Pflichtverletzung (Rechtsgrundverweisung), außerdem nach ergänzenden Sondervorschriften des Kaufrechts.

b) Rechte des Käufers in der Phase der Nacherfüllung

Nach §§ 437 Nr. 1, 439 I hat der Käufer zunächst den Anspruch auf Nacherfüllung, außerdem kommen Ansprüche auf Schadensersatz **neben** der Leistung in Betracht.

(1) Der Käufer kann zwischen Mangelbeseitigung und Ersatzlieferung wählen. Die Kosten trägt der Verkäufer (§ 439 II). Wenn hinsichtlich einer Form der Nacherfüllung

    (a) einer der drei Fälle der Unmöglichkeit gem. § 275 I-III oder

    (b) Unverhältnismäßigkeit gem. § 439 III

vorliegt, beschränkt sich die Nacherfüllungspflicht auf die andere Form (§ 439 III).

(2) Außerdem kommen Ansprüche auf Schadensersatz **neben** der Leistung wegen der folgenden mangelbedingten Schäden in Betracht, wobei jeweils Vertretenmüssen vorausgesetzt wird:

    (a) Schaden durch mangelhafte Lieferung (§§ 437 Nr. 3, 280 I),

    (b) Schaden an anderen Rechtsgütern des Käufers infolge mangelhafter Lieferung (Mangelfolgeschaden, §§ 437 Nr. 3, 280 I).

    (c) Schaden durch verzögerte Nacherfüllung (Verzögerungsschaden, §§ 437 Nr. 3, 280 I, II, 439, 286),

c) Rechte des Käufers in der Phase der endgültigen Nichterfüllung

Das Schuldverhältnis tritt in diese Phase ein, wenn

(1) hinsichtlich **beider** Formen der Nacherfüllung einer der drei Fälle der Unmöglichkeit gem. § 275 I-III oder Unverhältnismäßigkeit gem. § 439 III vorliegt (§§ 437, 326 V, 283, 311 a, 440 S. 1) oder

(2) der Verkäufer die Nacherfüllung ernsthaft und endgültig verweigert (§§ 323 II Nr. 1, 281 II) oder

(3) ein (relatives) Fixgeschäft oder sonstige besondere Umstände vorliegen (§§ 323 II Nr. 2, 3, 281 II) oder

(4) die Nacherfüllung fehlgeschlagen oder dem **Käufer** unzumutbar ist (§§ 323 II, 281 II, 440, 439 III).

Unter dem Gesichtpunkt des Vertretenmüssens kommen drei Möglichkeiten in Betracht:

(1) Hat der **Verkäufer** den Mangel zu vertreten, so kann der Käufer zurücktreten (§§ 437 Nr. 2, 440, 323 II) oder den Kaufpreis mindern (§ 441). Ist der Mangel **unerheblich,** so kann der Käufer nur mindern, nicht zurücktreten (§§ 437 Nr. 2, 323 V S. 2, 326 V).

Außerdem hat der Käufer den Anspruch auf Schadensersatz **statt** der Leistung. Dabei kann er zwischen dem **großen** Schadensersatz (Schadensersatz statt der **ganzen** Leistung) und dem **kleinen** Schadensersatz wählen. Ist der Mangel unerheblich, so kann er nur den kleinen Schadensersatz verlangen.

An Stelle von Schadensersatz statt der Leistung kann der Käufer auch Aufwendungsersatz verlangen (§§ 437 Nr. 3, 284).

(2) Hat **keiner von beiden** den Mangel zu vertreten, so hat der Käufer nicht den Anspruch auf Schadensersatz statt der Leistung oder den Aufwendungsersatzanspruch. Er kann aber zurücktreten oder mindern, bei einem unerheblichen Mangel nur mindern.

(3) Ist der **Käufer** für den Mangel allein oder weit überwiegend verantwortlich, oder ist der Mangel während des Gläubigerverzugs (d.h. nach Gefahrübergang) entstanden, so hat der Käufer keinen Anspruch auf Schadensersatz oder Aufwendungsersatz (§ 254), er kann auch nicht zurücktreten oder mindern (§§ 437 Nr. 2, 323 VI, 326 V).

d) Spezielle Ansprüche aus unselbständiger Garantie

Der Käufer oder ein Dritter (Hersteller) kann **neben** der gesetzlichen Mängelhaftung aus einer (unselbständigen) Beschaffenheitsgarantie (§ 276 I S. 1) oder Haltbarkeitsgarantie haften (§ 443).

e) Verjährung. Rügefrist

Die Ansprüche aus der Mängelhaftung verjähren **regelmäßig bei Grundstücken** in zwei Jahren von der Übergabe an, sonst in zwei Jahren von der Ablieferung an (§ 438 I Nr. 3, II). Ausnahmen:

(1) 30 Jahre bei Rechtsmängeln, wenn dingliche Rechte Dritter zu Herausgabeansprüchen berechtigen oder im Grundbuch eingetragen sind (§ 438 I Nr. 1),

(2) 5 Jahre bei Bauwerken und Baumaterialien (§ 438 I Nr. 2),

(3) 3 Jahre ab Jahresschluss nach Kenntnis oder grob fahrlässiger Unkenntnis, d.h. mit regelmäßiger Verjährung bei Arglist (§ 438 III).

Rücktritt und Minderung können als Gestaltungsrechte nicht verjähren. Für sie ist die Verjährung des Nacherfüllungsanspruchs maßgebend (§§ 438 IV, V, 218).

Beim **beiderseitigen Handelskauf** kann der Käufer seine Rechte schon vor Eintritt der Verjährung verlieren, wenn er nicht rechtzeitig rügt (§ 377 HGB).

f) Konkurrenzfragen

Die Mängelhaftung gilt erst **ab Gefahrübergang** (§ 434 I S. 1). **Vorher** sind deshalb die allgemeinen Vorschriften über die Pflichtverletzung anwendbar. **Danach** sind Mangelvorschriften Sonderregeln.

(1) Der Käufer kann deshalb den Kaufvertrag nicht wegen Eigenschaftsirrtum gem. § 119 II anfechten, da andernfalls die Verjährung nach § 438 unterlaufen würde.

(2) Dagegen ist die Anfechtung wegen arglistiger Täuschung gem. § 123 zulässig, da der arglistige Verkäufer keinen Schutz verdient.

(3) Ansprüche wegen Schutzpflichtverletzung **direkt** aus §§ 280 I, 241 II, die der regelmäßigen Verjährung unterliegen, sind insoweit **nicht** ausgeschlossen, als sie mit einem Mangel nichts zu tun haben. Gleiches gilt für die culpa in contrahendo (§§ 280 I, 311 II, 241 II).

(4) Ansprüche aus unerlaubter Handlung und Gefährdungshaftung können dagegen auch dann geltend gemacht werden, wenn sie auf Mangelfolgeschäden beruhen. Sie unterliegen der regelmäßigen Verjährung gem. §§ 195 ff.

g) Verbrauchsgüterkauf

Sonderregeln für den Verkauf beweglicher Sachen von einem Unternehmer an einen Verbraucher (§§ 14, 13).

(1) § 447 (Versendungskauf) ist nicht anwendbar.

(2) Mängelrechte können nicht eingeschränkt werden (§ 475). Ausnahmen:

    (a) Verjährungsfristen können verkürzt werden; es gibt aber absolute Mindestfristen: bei neuen Sachen zwei Jahre, bei gebrauchten ein Jahr (§ 475 II).

    (b) Schadensersatzansprüche können ausgeschlossen oder eingeschränkt werden (§ 475 III).

(3) Wenn ein Mangel sich innerhalb von sechs Monaten nach Gefahrübergang zeigt, wird Vorliegen des Mangels bei Gefahrübergang vermutet (§ 476).

(4) Rückgriff des Unternehmers gegenüber Lieferanten ist erleichtert.

    (a) Keine Fristsetzung nötig, wenn Rückgriffsanspruch auf Mängelrechte begründet ist (§ 478 I). Spezieller Anspruch auf Ersatz von Aufwendungen wegen Nacherfüllung gegenüber Verbrauchern (§ 478 II).

    (b) Beweislastumkehr: Frist läuft auch im Rückgriff ab Ablieferung an **Verbraucher** (§§ 478 III, 476).

    (c) Verjährung des Rückgriffsanspruchs frühestens 2 Monate, nachdem Unternehmer Ansprüche des Verbrauchers erfüllt hat. Absolute Obergrenze fünf Jahre (§ 479 II).

Ansprüche können infolge Rügeverspätung verloren gehen (§ 377 HGB). Erleichterung der Rückgriffsrechte gilt auch für Lieferant und andere Unternehmer in der Lieferkette (§ 479 III).

5. Mängelhaftung beim Werkvertrag

Die Regelung läuft weitgehend parallel zum Kauf.

Auch beim Werkvertrag besteht eine primäre Pflicht zur mangelfreien Leistung (§ 633). Ist das Werk mangelhaft, gilt die Grundverweisung in § 634.

a) Rechte des Bestellers in der Phase der Nacherfüllung

Nach §§ 634 Nr. 1, 635 kann der Besteller Nacherfüllung verlangen.

(1) Die Wahl zwischen Mangelbeseitigung oder Neuherstellung trifft hier jedoch der **Unternehmer** (§ 635 I).

(2) Außerdem kommen wie beim Kauf Ansprüche auf Schadensersatz **neben** der Leistung wegen Schäden durch mangelhafte Leistung oder verzögerte Nacherfüllung oder wegen Mangelfolgeschäden in Betracht (§§ 634 Nr. 4, 280 I, II, 241 II)

b) Rechte des Bestellers in der Phase der endgültigen Nichterfüllung

Voraussetzung für den Eintritt des Schuldverhältnisses in diese Phase ist die erfolglose Nachfristsetzung (§§ 634 Nr. 3, 4, 323 I, 281 I S. 1).

Die Ausnahmen von dieser Voraussetzung sind die gleichen wie beim Kauf.

Auch die **Rechtsfolgen** sind die gleichen. Anders als beim Kauf hat jedoch der Besteller das Recht zur **Selbstvornahme**, das Vertretenmüssen nicht vorausetzt (§ 637).

c) Verjährung

Hier ist zu unterscheiden

(1) Bei einem **körperlich** sachbezogenen Werk, das kein Bauwerk ist, geht die Verjährung wie beim Kauf über **zwei** Jahre (§ 634 a I Nr. 1, II).

(2) Bei einem **Bauwerk** beträgt die Frist **fünf** Jahre (§ 634 a I Nr. 2).

(3) Für die übrigen Werke (nicht-körperliche Werke und Werke am menschlichen Körper) gilt die **regelmäßige** Verjährung: **drei** Jahre ab Jahresende nach Kenntnis oder grober Fahrlässigkeit des Bestellers (§§ 634 a Nr. 3, 195, 199).

C. Vertragsähnliche Ansprüche

1. Vertragsverhandlung

Bereits durch die einseitige Anbahnung von Vertragsverhandlungen und **unabhängig** von einem späteren Vertragsschluss entsteht zwischen den Parteien kraft Gesetzes ein vertragsähnliches Schuldverhältnis.

(1) Im Fall der Scherzerklärung sowie im Falle der Irrtumsanfechtung gilt § 122. Der Erklärende muss dem Gegner den **Vertrauensschaden** ersetzen: Er muss den Gegner so stellen, wie dieser stehen würde, **wenn vom Vertrag nie die Rede gewesen wäre** (sog. negatives Interesse). § 122 setzt kein Verschulden voraus, er ist ein Fall der **Veranlassungshaftung.** Der Anspruch entfällt, wenn der Gegner in seinem Vertrauen auf die Gültigkeit der Erklärung fahrlässig war (§ 122 II).

(2) Der Vertreter ohne Vertretungsmacht haftet aus § 179. Dabei setzt nur § 179 I Verschulden voraus.

(3) In den anderen Fällen greift der allgemeine Rechtsbehelf der **culpa in contrahendo** ein (§§ 280 I, 311 II, 241 II). Die culpa in contrahendo ist **Verschuldenshaftung.**

2. Geschäftsführung ohne Auftrag

Voraussetzung ist, dass jemand für einen anderen ein Geschäft (im weitesten Sinne) besorgt, ohne von ihm beauftragt oder ihm gegenüber sonst dazu berechtigt zu sein (§ 677). Entspricht Geschäftsführung dem Interesse und dem wirklichen oder mutmaßlichen Willen des Geschäftsherrn, so liegt **berechtigte,** andernfalls liegt **unberechtigte** GoA vor. Im Falle des § 679 und bei Selbstmordversuch ist entgegenstehender Wille des Geschäftsherrn unbeachtlich.

(1) Der **Geschäftsführer** hat bei **berechtigter** GoA Anspruch auf Ersatz seiner Aufwendungen (§§ 683, 670), bei Gefahrenabwehr auch Anspruch auf Ersatz seiner Schäden. Bei Tötung des Geschäftsführers kommt Ersatzanspruch seiner Hinterbliebenen analog §§ 844, 845 in Betracht. **Bei unberechtigter** GoA hat Geschäftsführer keine Ansprüche aus GoA.

(2) Der **Geschäftsherr** hat bei **berechtigter und unberechtigter** GoA Anspruch auf Herausgabe des Erlangten (§§ 681 S. 2, 667). Er hat außerdem Schadenersatzanspruch, wenn Geschäftsführer bei der Übernahme (§ 678) oder bei der Durchführung (§ 677) der GoA schuldhaft gehandelt hat (§ 276). Bei Gefahrenabwehr haftet Geschäftsführer nur für grobe Fahrlässigkeit (§ 680).

II. Ansprüche aus Eigentum

1. Herausgabeanspruch

Der wichtigste Anspruch ist der **Herausgabeanspruch** aus § 985.

(1) Voraussetzungen:

    (a) Kläger ist Eigentümer. Ist die Sache durch mehrere Hände gegangen, so ist es am leichtesten, wenn man an dieser Stelle historisch vorgeht: Man stellt zunächst fest, wer am Anfang Eigentümer war. Dann prüft man, ob das Eigentum wirksam durch Rechtsgeschäft (§§ 932, 935 BGB, § 366 HGB beachten!) oder durch Realakt (§§ 946 ff.) übergegangen ist. Auch Ersitzung kann in Betracht kommen (§ 937).

    (b) Beklagter ist Besitzer.

(2) Besitzer kann die Herausgabe verweigern, wenn er ein **Recht zum Besitz** hat (§ 986). Als Rechte zum Besitz kommen in Betracht:

    (a) vertragliche Rechte (Miete, Pacht, Leihe, Kauf mit Eigentumsvorbehalt),

    (b) Pfandrechte an beweglichen Sachen, und zwar:

        (aa) das vertragliche Pfandrecht (gutgläubiger Erwerb **möglich**),

        (bb) die gesetzlichen Pfandrechte (im BGB: des Vermieters, Verpächters, Gastwirts, Werkunternehmers – gutgläubiger Erwerb **nicht** möglich. Im HGB: des Kommissionärs, Spediteurs, Lagerhalters, Frachtführers – gutgläubiger Erwerb **möglich**),

    (c) die Zurückbehaltungsrechte:

        (aa) das allgemeine **schuldrechtliche** Zurückbehaltungsrecht gem. § 273. Voraussetzung: fälliger Gegenanspruch „aus demselben rechtlichen Verhältnis" (sog. Konnexität),

        (bb) das **sachenrechtliche** Zurückbehaltungsrecht gem. §§ 1000, 994 wegen Verwendungen auf die Sache. Entsteht nur dann, wenn Besitzer nicht aufgrund eines Vertrages mit dem Eigentümer (direkt oder indirekt) besitzt,

        (cc) das **kaufmännische** Zurückbehaltungsrecht gem. § 369 HGB. Setzt keine Konnexität voraus (also Zurückhaltung wegen alter Forderungen zulässig), entsteht aber nur unter Kaufleuten.

2. Berichtigungsanspruch

Bei Grundstücken ist der **Berichtigungsanspruch** aus § 894 BGB neben dem Herausgabeanspruch von Bedeutung (wegen der Gefahr des § 892!).

3. Abwehransprüche

Weniger wichtig sind die **Abwehransprüche** gem. § 1004 im Falle der Störung auf **Beseitigung** und (bei Wiederholungsgefahr) auf **Unterlassung**. Voraussetzungen:

(1) Kläger ist Eigentümer,

(2) Beklagter stört widerrechtlich (zu beachten §§ 1004 II, 906 BGB, § 14 BImSchG).

III. Ansprüche aus unerlaubter Handlung und Gefährdungshaftung

A. Unerlaubte Handlung

Die Haftung aus unerlaubter Handlung geht auf vollen Schadensersatz, setzt einen deliktischen Tatbestand der §§ 823 ff. voraus, es gilt das Enumerationsprinzip. In den Fällen der §§ 844, 845 wird ausnahmsweise der **Drittschaden** ersetzt.

(1) Die Grundtatbestände sind

    (a) § 823 I (absolutes Recht rechtswidrig und schuldhaft verletzt),

    (b) § 823 II (Schutzgesetz rechtswidrig und schuldhaft verletzt),

    (c) § 826 (Sittenwidrigkeit und Vorsatz).

(2) Bei der Haftung des Geschäftsherrn ist zu unterscheiden:

   (a) Er haftet grundsätzlich gem. §§ 831 I, 823 ff. für rechtswidrige, unerlaubte Handlungen seiner **Verrichtungsgehilfen,** kann aber gem. § 831 I S. 2 den Entlastungsbeweis (Exkulpationsbeweis) führen.

   (b) Daneben kommt eine Haftung des Geschäftsherrn **direkt** aus § 823 I in Betracht, wenn dem Geschäftsherrn eine Rechtspflicht zum Handeln (z.B. die allgemeine Verkehrssicherungspflicht) oblag und infolge seines Nichthandelns eine Rechtsverletzung im Sinne des § 823 I eingetreten ist.

(3) **Juristische Personen des Privatrechts** haften für Organe ohne Entlastungsmöglichkeit gem. §§ 31, 823 ff., für andere Gehilfen nur gem. § 831. Dies gilt entsprechend auch für die GbR, OHG, KG und den nichtrechtsfähigen Verein.

(4) **Öffentlich-rechtliche Dienstherren** haften bei hoheitlicher Betätigung ohne Entlastungsmöglichkeit nach § 839 BGB, Art. 34 GG, bei privatrechtlicher Tätigkeit wie juristische Personen des Privatrechts.

B. Gefährdungshaftung

Die Gefährdungshaftung entsteht unabhängig vom Verschulden, sie wird unabhängig von der unerlaubten Handlung (im Sinne der Verschuldenshaftung) geprüft. Wichtig für uns sind nur

(1) die Haftung des KRAFTFAHRZEUGHALTERS gem. § 7 StVG. Der Halter haftet, außer wenn der Unfall durch **höhere Gewalt** verursacht worden ist. Die Haftung ist auf Höchstsummen beschränkt. Schmerzensgeld gem. § 11 S. 2 StVG;

(2) die Haftung des TIERHALTERS gem. § 833 S. 1. Da diese Haftung im BGB geregelt ist, haftet der Halter ohne Begrenzung auf eine Höchstsumme, in den Fällen des § 253 II auch auf Schmerzensgeld;

(3) die Haftung des HERSTELLERS gem. ProdHaftG für Mangelfolgeschäden seiner Produkte und die Haftung des INHABERS bestimmter ANLAGEN gem. UmwelthaftungsG für Umweltschäden. Die Haftung ist auf Höchstsummen beschränkt. Schmerzensgeld gem. § 8 ProdHaftG, § 18 S. 2 UmweltHaftungsG.

IV. Ansprüche aus ungerechtfertigter Bereicherung

Bei den Ansprüchen aus ungerechtfertigter Bereicherung ist die Verführung zur „Subsumtionsschlamperei" besonders groß. Es empfiehlt sich deshalb, bei der Prüfung der einzelnen Voraussetzungen sehr sorgfältig vorzugehen. Ansprüche aus ungerechtfertigter Bereicherung werden auch Kondiktionsansprüche genannt.

(1) § 812 I S. 1, 1. Alt. (Leistungskondiktion) ist in erster Linie (nicht ausschließlich) als schuldrechtliches Korrektiv des Abstraktionsprinzips zu verstehen. Das Merkmal „auf dessen Kosten" gehört **nicht** zur 1. Alternative des § 812 I S. 1. Geprüft wird:

   (a) Beklagter hat etwas erlangt.

   (b) durch die Leistung des Klägers (d.h. durch eine vom Kläger bewusst und zweckgerichtet bewirkte Vermehrung des Beklagtenvermögens)

(c) ohne rechtlichen Grund (d.h. ohne eine dieser Leistung entsprechende **wirksame** schuldrechtliche Beziehung zwischen Kläger und Beklagtem).

(2) Erfolgte die Bereicherung gem. § 812 I S. 1, 2. Alt. „in sonstiger Weise" (Nichtleistungskondiktion), wurde sie z.B. durch eine Handlung des **Beklagten** herbeigeführt (Eingriffskondiktion, wichtigster Fall der Nichtleistungskondiktion), so muss das Merkmal „auf dessen Kosten" stets geprüft werden, um die Person des Bereicherungsgläubigers festzustellen. § 812 I S. 1, 2. Alt. setzt voraus:

(a) Beklagter hat etwas erlangt

(b) nicht durch eine Leistung des Klägers, sondern in sonstiger Weise

(c) auf Kosten des Klägers (d.h. unter Minderung oder Beeinträchtigung der Rechtsgüter des Klägers)

(d) ohne rechtlichen Grund (d.h. ohne dass der erlangte Vorteil dem Beklagten nach der Rechtsordnung **gebührt**).

(3) § 816 I ist ein Unterfall der Eingriffskondiktion, der aber als gesetzlicher **Sondertatbestand** ausgestaltet worden ist. Er hat ganz andere Voraussetzungen als § 812, insbesondere fehlen bei ihm die allgemeinen Erfordernisse „auf dessen Kosten" und „ohne rechtlichen Grund". Es handelt sich hier um ein schuldrechtliches Korrektiv der **Gutglaubensvorschriften:** Der ehemalige Berechtigte hat gegen den (unbefugt) Verfügenden, der die Gutglaubensvorschriften in Funktion gebracht hat, einen Anspruch auf das **volle** Entgelt, das dieser von dem gutgläubigen Erwerber erlangt hat. Die Voraussetzungen sind:

(a) Beklagter ist Nichtberechtigter,

(b) Kläger war Berechtigter,

(c) Beklagter hat (unbefugt) über einen Gegenstand eine Verfügung getroffen,

(d) die dem Berechtigten gegenüber wirksam ist,

(e) Beklagter hat durch die Verfügung etwas erlangt. Hat der Beklagte nichts erlangt, weil er den Gegenstand an den Gutgläubigen **verschenkt** hat, so haftet der gutgläubige Beschenkte auf Herausgabe gem. § 816 I S. 2.

(4) Die Bereicherungshaftung ist sehr milde. Der Schuldner soll nur die Bereicherung bzw. das Erlangte herausgeben und nicht in sein übriges Vermögen eingreifen müssen. Deshalb entfällt die Verpflichtung, wenn die Bereicherung (mit oder ohne Verschulden des Bereicherten) weggefallen ist (§ 818 III). Beim Wegfall der Bereicherung ist aber sorgfältig zu prüfen, ob der Bereicherte **Aufwendungen erspart** hat. Ist die Bereicherung infolge **Verschenkens** weggefallen, so haftet der Beschenkte anstelle des frei gewordenen Bereicherten gem. § 822.

Vom Zeitpunkt der **Rechtshängigkeit** (Klageerhebung) und vom Zeitpunkt der **Kenntnis** vom Fehlen des Rechtsgrundes an unterliegt der Bereicherte einer **verschärften** Haftung: Er haftet für jedes Verschulden auf Schadensersatz (§§ 819, 818 IV, 292, 989).

§ 126. Sonderschema: Haftung für Verbindlichkeiten Dritter

In den Prüfungsklausuren werden häufig Fälle gestellt, die zu der Frage führen, ob jemand für die Verbindlichkeit **eines anderen** einzustehen hat. Es ist dann zweckmäßig, das folgende Sonderschema zu benutzen.

Der Aufbau des Gutachtens wird durch zwei Voraussetzungen bestimmt:

I. Verbindlichkeit des Dritten

Es muss eine Verbindlichkeit des Dritten bestehen, für die gehaftet werden soll.

II. Besonderer Haftungsgrund

Außerdem muss ein besonderer Haftungsgrund vorliegen. Im Allgemeinen haftet jeder nur für seine eigenen Schulden. Wenn jemand für fremde Schulden haften oder fremde Schulden zu seinen eigenen Schulden machen soll, muss ein **besonderer** Grund vorliegen, der sich aus einem entsprechenden VERTRAG oder aus dem GESETZ ergeben kann.

A. Haftung kraft Vertrages

Hat sich jemand **vertraglich** verpflichtet, für eine fremde Schuld einzustehen, so prüft man zunächst, ob eine BÜRGSCHAFT vorliegt. Der Bürgschaftsvertrag wird zwischen Bürge und Gläubiger geschlossen (§ 765 BGB). Die Erklärung des Bürgen bedarf der Schriftform (§ 766 BGB), außer wenn der Bürge Kaufmann ist oder wie ein Kaufmann behandelt wird (Scheinkaufmann!) und die Bürgschaft für ihn ein Handelsgeschäft ist (§ 350 HGB). Andere Vertragstypen, die nicht der Schriftform bedürfen, sind aufgrund der Vertragsfreiheit zulässig, doch ist bei deren Annahme Zurückhaltung geboten, da andernfalls die Gefahr droht, dass die Formvorschrift des § 766 BGB aufgehoben wird (Näheres o. § 82 III). Die anderen Vertragstypen sind:

1. Kreditauftrag

Setzt voraus, dass der Kreditgeber den Auftrag **annimmt** und sich dadurch **verpflichtet** (vgl. § 662 BGB), dem Dritten im eigenen Namen und für eigene Rechnung Kredit zu gewähren (§§ 778, 662 BGB).

2. Kumulative Schuldübernahme

SCHULDMITÜBERNAHME (Schuldbeitritt, kumulative Schuldübernahme, im Gesetz nicht geregelt, deshalb Anspruchsgrundlage § 241 I BGB). Ist nur bei **unmittelbarem, sachlichem Interesse** des Versprechenden anzunehmen. Sie kommt normalerweise durch Vertrag zwischen dem Versprechenden und dem **Gläubiger** zu Stande. Eine entsprechende Vereinbarung zwischen Versprechendem und **Schuldner** wird **Erfüllungsübernahme** genannt. Sie führt grundsätzlich nur zu einer Verpflichtung **gegenüber dem Schuldner,** ist also im Zweifel kein Vertrag zugunsten Dritter (§ 329 BGB).

3. Befreiende Schuldübernahme

Von der Schuldmitübernahme zu unterscheiden ist die BEFREIENDE (privative) SCHULDÜBERNAHME, bei welcher der neue Schuldner ausnahmsweise nicht neben, sondern **an die Stelle** des bisherigen Schuldners tritt. Bei der befreienden Schuldübernahme ist die Zustimmung des Gläubigers erforderlich (§§ 414, 415 BGB).

4. Garantievertrag

Nur bei Übernahme der Haftung für **zukünftigen, noch nicht eingetretenen Schaden** anzunehmen. Anspruchsgrundlage § 241 I BGB.

B. Haftung kraft Gesetzes

In einigen Fällen tritt die Haftung kraft Gesetzes, d.h. **ohne** einen besonderen Haftungsvertrag ein. Die Vorschriften hierüber sind über mehrere Gesetze verstreut.

1. Übertragungen unter Lebenden

Unter diesem Sammelbegriff kann man zwei Vorschriften zusammenfassen.

(1) **Geschäftsübernahme** (§ 25 HGB). Haftungsgrundlage ist die an die **Öffentlichkeit** gerichtete Erklärung des neuen Inhabers, die Haftung tritt deshalb auch dann ein, wenn der interne Übertragungsvertrag nichtig oder anfechtbar ist (Rechtsscheinprinzip). § 25 I HGB setzt voraus, dass die alte **Firma** fortgeführt wird. Die Haftung ist **unbeschränkt**, aber **ausschließbar** unter den Voraussetzungen des § 25 II HGB.

(2) **Betriebsübernahme.** Außerdem ist § 613 a BGB über die **Betriebsübernahme** zu beachten. Danach tritt der Übernehmer eines Betriebes oder Betriebsteils in die Rechte und Pflichten der im Zeitpunkt des Übergangs bestehenden Arbeitsverhältnisse ein, auch wenn die alte Firma **nicht** fortgeführt wird.

2. Übergang von Todes wegen

(1) **Erbschaft.** Wer Erbe ist, haftet für die Verbindlichkeiten des Erblassers (§ 1967 BGB). Die Haftung ist grundsätzlich **unbeschränkt**. Sie beschränkt sich auf den Nachlass, wenn der Erbe **Nachlassverwaltung** oder, bei Überschuldung des Nachlasses, das Nachlassinsolvenzverfahren beantragt (§ 1975 BGB). Bei unzulänglicher Masse ist die Haftung auch ohne diese Maßnahme beschränkt, der Erbe braucht nur die Vollstreckung in die Nachlassgegenstände zu dulden (§ 1990 BGB).

(2) **Fortführung eines ererbten Geschäfts.** Gehört zum Nachlass ein Handelsgeschäft, das der Erbe mit der alten Firma fortführt, so wird die Haftungsbeschränkung nach dem BGB hinsichtlich der **Geschäftsschulden** durch einige Sondervorschriften des HGB erschwert.

Der Erbe muss

(a) die Beschränkung der Haftung **unverzüglich** in das Handelsregister eintragen lassen oder den einzelnen Gläubigern besonders mitteilen (§§ 27 I, 25 II HGB) **oder,** falls er dies schon versäumt hat,

(b) das Geschäft binnen drei Monaten nach Kenntnis von der Erbschaft einstellen (§ 27 II HGB).

3. Zugehörigkeit zu einer Personengesellschaft

Hier ist zu unterscheiden:

(1) **Gesellschaft bürgerlichen Rechts, Personenhandelsgesellschaft** (OHG und KG) und **Partnerschaft:** Die Verträge werden im Namen **der Gesellschaft** geschlossen (§§ 124, 161 II HGB, § 1 IV PartGG). Für unerlaubte Handlungen der geschäftsführenden Gesellschafter haftet die Gesellschaft analog § 31 BGB. Die Gesellschafter einer GbR und einer OHG, die Komplementäre einer KG und die Partner einer PartG haften für die Gesellschaftsschulden **unbeschränkt und gesamtschuldnerisch** (§§ 128, 161 II HGB, § 8 I PartGG. Bei der PartG gibt es aber die Sonderregel § 8 II PartGG). **Kommanditisten** haften mit Beschränkung auf ihre Einlage (§ 171 I HGB, aber § 176 I HGB beachten!).

Die Haftung tritt auch dann ein, wenn der Gesellschaftsvertrag nichtig oder anfechtbar ist oder völlig fehlt, es gelten dann die Grundsätze über die fehlerhafte Gesellschaft und das Rechtsscheinprinzip.

(a) Scheidet ein Gesellschafter aus, so haftet er (unbeschränkt oder beschränkt) nur für die bis zu seinem Ausscheiden begründeten (Alt-)Schulden der Gesellschaft und für diese auch nur im Rahmen der sog. Nachhaftung (§§ 160, 161 II HGB, § 10 II PartGG). Bei OHG, KG und PartG kann er infolge Verzögerung der Registereintragung ausnahmsweise auch für nach seinem Ausscheiden begründete (Neu-)Schulden der Gesellschaft haften (§ 15 I HGB, § 5 II PartGG).

(b) Tritt ein Gesellschafter ein, so haftet er kraft Gesetzes (unbeschränkt oder beschränkt) für **alle – auch für die vor seinem Eintritt begründeten – Gesellschaftsschulden. Diese Haftung ist nicht ausschließbar (§§ 130, 128; 161 II, 173, 171 I, 176 II HGB, § 8 I S. 2 PartGG).

(2) **Stille Gesellschaft:** Da die stille Gesellschaft im Verkehr nicht erscheint, nimmt der Inhaber alle Geschäfte **im eigenen Namen** vor. Deshalb haftet er allein, der Stille haftet überhaupt nicht (§ 335 II HGB).

4. Zugehörigkeit zu einem Verein

Auch hier ist zu unterscheiden:

(1) **Rechtsfähige Vereine:** Im **Außenverhältnis** haftet nur der Verein, die Mitglieder haften nicht. Im **Innenverhältnis** gilt Folgendes:

(a) Beim e. V. und bei der AG besteht nur eine Pflicht gegenüber der Vereinigung zur Zahlung der Beiträge bzw. zur Leistung der übernommenen, noch nicht eingezahlten Aktienbeträge.

(b) Bei der GmbH besteht darüber hinaus hinsichtlich der Leistung der Einlage eine **kollektive Deckungspflicht** aller Gesellschafter gegenüber der Gesellschaft (§ 24 GmbHG).

(c) Bei der **Genossenschaft** besteht – je nach der Regelung im Statut – eine beschränkte oder unbeschränkte oder überhaupt keine Nachschusspflicht gegenüber der Genossenschaft im Falle der Insolvenz (§ 6 Nr. 3 GenG).

(2) **Nichtrechtsfähige Vereine:** Die Mitglieder eines nichtrechtsfähigen Vereins haften nur mit dem Vereinsvermögen (Gewohnheitsrecht). Allerdings haften **persönlich und gesamtschuldnerisch** alle Personen, die im Namen des nichtrechtsfähigen Vereins **nach außen aufgetreten** sind (§ 54 S. 2 BGB).

Persönlich und gesamtschuldnerisch haften außerdem alle Personen, die Rechtsgeschäfte im Namen einer **neugegründeten, noch nicht eingetragenen** AG oder GmbH vornehmen (§ 41 AktG, § 11 GmbHG).

Verzeichnis lateinischer Wörter und Sprüche

Actio pro socio. Befugnis des Gesellschafters einer Personengesellschaft und einer GmbH, Ansprüche der Gesellschaft gegen einen Gesellschafter im eigenen Namen einzuklagen. Rechtsgrundlage ist § 705. Die Befugnis ist unabhängig von Vertretungsmacht oder Geschäftsführungsbefugnis des Gesellschafters. Die Klage ist auf Leistung an die Gesellschaft gerichtet (o. § 113 II).

Argumentum e contrario. Umkehrschluss (o. § 1 IV 2 b).

Cessio legis. Forderungsübergang kraft Gesetzes (o. § 81 II).

Clausula rebus sic stantibus. Klausel, wonach jeder Vertrag nur gelten soll, wenn die derzeitigen Umstände weiterhin bestehen bleiben (sich nicht grundlegend ändern). Die gemeinrechtliche Rechtsdoktrin sah diese Klausel als jedem Vertrag zugrunde liegend an. Begrenzte Fortgeltung dieses Gedankens in der „Störung der Geschäftsgrundlage" nach § 313 (o. § 50).

Conditio sine qua non. Ein Ereignis ist ursächlich für einen Erfolg, wenn es nicht hinweggedacht werden kann, ohne dass der Erfolg entfiele. Klassische Formel für die Kausalität im logisch-naturwissenschaftlichen Sinne (o. § 42 I 1).

Culpa in contrahendo. Verschulden bei der Vertragsverhandlung, seit 2002 in § 311 II geregelt (o. § 47 IV 1 b).

Culpa post contractum finitum. Verschulden nach beendetem Vertrag. Fortgeltung der Schutzpflichten (§ 241 II) nach Erfüllung der Leistungspflichten (o. § 47 IV 1 a).

Da mihi factum, dabo tibi jus. Gib mir die Tatsache(n), dann gebe ich dir das Recht. Die Parteien brauchen vor Gericht keine Rechtsausführungen zu machen. Es genügt, dass sie die Tatsachen vortragen, aus denen sich ihr Recht ergibt. Das Recht ist dem Gericht bekannt (o. § 119 III).

Delictum. Unerlaubte Handlung.

Dolo agit qui petit quod statim redditurus est. Arglistig handelt (moderner: gegen Treu und Glauben verstößt), wer etwas verlangt, was er sogleich zurückgeben muss (o. § 27).

Falsus procurator. Vertreter ohne Vertretungsmacht (o. § 28 VI).

Lex posterior derogat legi priori. Das spätere (jüngere) Gesetz hebt das frühere (ältere) Gesetz auf (o. § 7 II).

Nemo plus juris transferre potest quam ipse habet. Niemand kann mehr an Recht übertragen, als er selbst hat. Deshalb gibt es keinen gutgläubigen Erwerb vom Nichtberechtigten. Gemeinrechtliche Doktrin, die im heutigen Recht nur noch bei der Übertragung von Forderungen gilt (o. § 25 IV).

Pacta sunt servanda. Verträge sind einzuhalten. Spannungsverhältnis zur Lehre von der Geschäftsgrundlage (o. § 50 I).

Venire contra factum proprium. Sich mit seinem eigenen Verhalten in Widerspruch setzen. Sonderfall der unzulässigen Rechtsausübung (o. § 11, 4).

Paragraphenregister

Sachregister